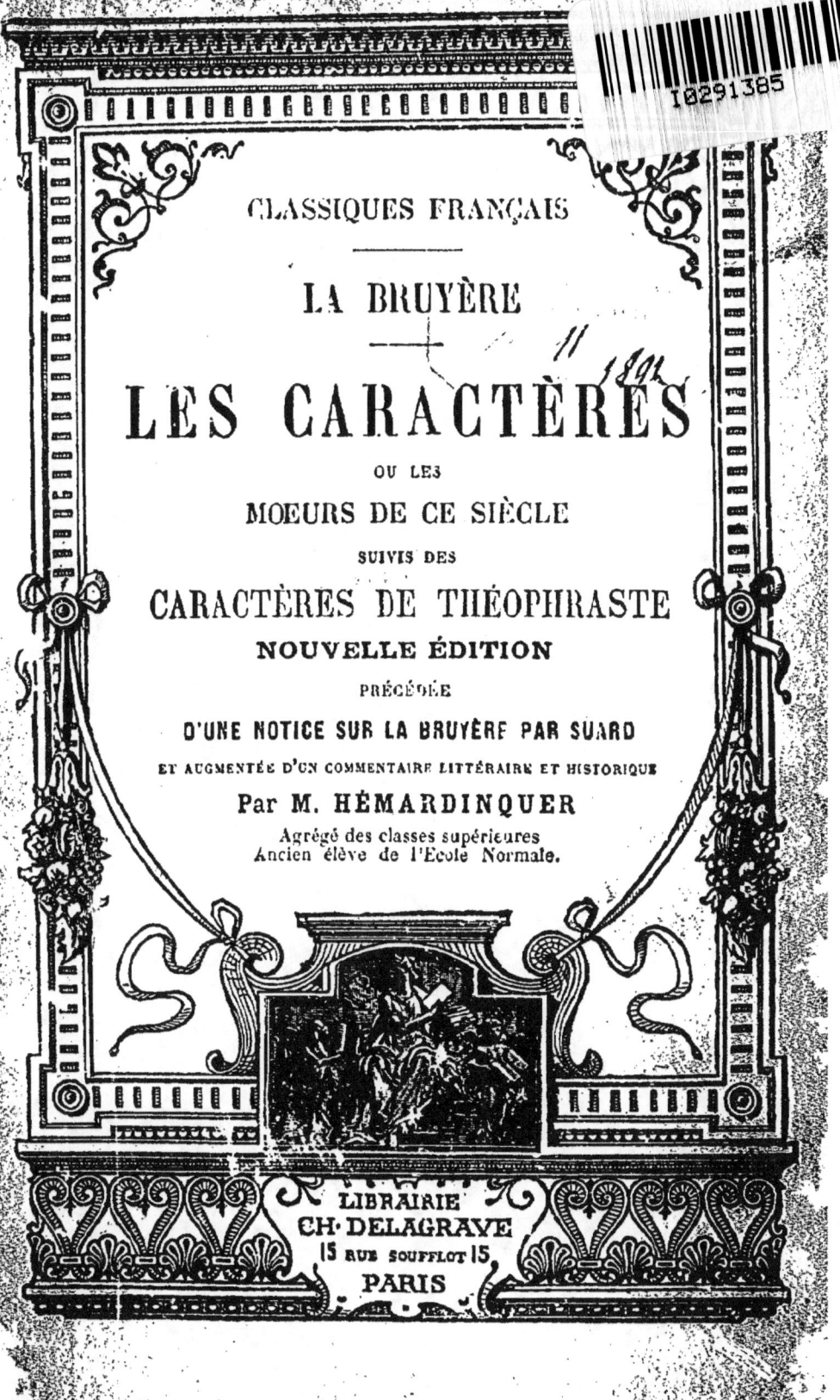

8° R
10931

COLLECTION NOUVELLE DES CLASSIQUES FRANÇAIS.

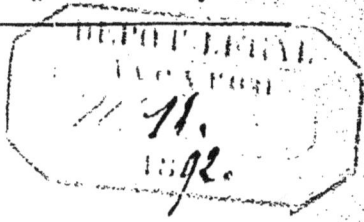

LA BRUYÈRE

ET

THÉOPHRASTE

SOCIÉTÉ ANONYME D'IMPRIMERIE DE VILLEFRANCHE-DE-ROUERGUE
Jules BARDOUX, Directeur.

LA BRUYÈRE

LES CARACTÈRES

OU LES

MŒURS DE CE SIÈCLE

SUIVIS DES

CARACTÈRES DE THÉOPHRASTE

Nouvelle édition collationnée sur les meilleurs textes

PRÉCÉDÉE

D'UNE NOTICE SUR LA BRUYÈRE PAR SUARD

ET AUGMENTÉE D'UN COMMENTAIRE LITTÉRAIRE ET HISTORIQUE

Par M. HÉMARDINQUER

Agrégé des classes supérieures, ancien Élève de l'École normale.

PARIS
LIBRAIRIE CH. DELAGRAVE
15, RUE SOUFFLOT, 15

1891

Tout exemplaire de cet ouvrage non revêtu de ma griffe sera reputé contrefait.

AVERTISSEMENT
SUR CETTE NOUVELLE ÉDITION.

Le livre de La Bruyère est un des plus ingénieux et des plus originaux de notre langue. Rien n'est plus instructif que cette peinture vive et fidèle des mœurs d'un grand siècle faite par un esprit élevé, indépendant et satirique. Mais la lecture des *Caractères* présente bien des difficultés, surtout pour les jeunes gens à qui nous avons spécialement destiné notre travail. Quoique La Bruyère ait cru devoir s'élever avec force contre les commentateurs, et l'abus qu'ils font quelquefois d'une érudition facile, il ne peut guère se passer d'annotations. Les mœurs, les institutions, changent; les usages se perdent; les allusions, transparentes pour les contemporains, deviennent obscures; la langue elle-même subit des variations qu'il faut bien expliquer. Enfin, la finesse et la concision quelquefois trop grandes du style, arrêtent et embarrassent les intelligences qui ne sont pas encore exercées. Nous espérons que le commentaire perpétuel qui, pour la première fois, accompagnera le texte des *Caractères*, rendra plus facile à nos élèves l'étude de ce chef-d'œuvre de bon sens et d'éloquence.

Nous avons expliqué et paraphrasé la pensée de l'auteur, toutes les fois qu'elle nous a paru offrir quelque difficulté. Nous avons donné sur les lois, les institutions, les mœurs dont il est question dans ce livre, les mêmes détails que s'il se fût agi d'un classique ancien. Il est nécessaire, pour l'intelligence de La Bruyère, d'avoir quelques notions sur la société au milieu de laquelle il a vécu et qu'il décrit. En connaissant mieux le XVIIe siècle, on apprendra à l'admirer davantage, et peut-être aussi à être plus juste pour notre temps actuel.

On trouve dans presque toutes les éditions de La Bruyère une *clef* indiquant les noms des personnages qui servirent, dit-on, de modèles à ses portraits. Nous avons recueilli ces traditions chaque fois qu'elles nous ont paru vraisemblables, et nous y avons ajouté quelques détails extraits des mémoires du temps. La Bruyère prenait ses originaux autour de lui. Sans doute il a eu dessein de représenter l'homme en général; il n'a point voulu faire de satire directe et personnelle; mais il a été vivement frappé des travers, des vices et des vertus dont il avait le spectacle sous les yeux; il les a plus volontiers reproduits, et il est toujours curieux et utile de comparer l'original et la copie. Nous avons souvent consulté à cet égard le savant travail de M. Walckenaër [1].

Nous sommes entrés dans d'assez grands détails sur tout ce qui regarde la langue. Écrivain savant et original, La Bruyère a renouvelé des tours surannés, en a créé de nouveaux qui sont restés. Ses tentatives n'ont pas été toujours heureuses, mais il est encore bon de les constater. Nous avons relevé les incorrections, qui sont loin d'être aussi nombreuses qu'on pourrait le croire.

Enfin, nous avons quelquefois fait ressortir la nouveauté des images, des tournures, des mouvements, et la variété inépuisable du style. Plus souvent nous avons rapproché de quelques passages de La Bruyère des morceaux analogues de Montaigne, de Pascal, de Molière, de Vauvenargues, etc. N'est-il pas utile, en effet, de voir la lutte de ces grands esprits, s'imitant les uns les autres, ou se rencontrant par hasard, et trouvant dans les mêmes sujets des pensées différentes? La Bruyère qui a beaucoup emprunté, sait presque toujours, comme tous les écrivains originaux, donner aux pensées qui ne sont point de lui un tour nouveau et singulier.

Le texte a été collationné avec soin sur les meilleures éditions, et particulièrement sur l'édition de M. Walckenaër. Nous avons indiqué par un astérisque (*), mis en tête de l'alinéa, les pensées, les paragraphes, les portraits que La Bruyère lui-même avait séparés, comme on le voit dans les éditions originales de son livre. Faute de ces indications, que bien peu d'éditions modernes ont reproduites, il y a quelquefois confusion dans le texte, et surprise pour le lecteur dont l'attention ne serait pas toujours éveillée.

Nous avons mis entre crochets [ ] le titre : *chapitre* et son *numéro*; parce que La Bruyère n'avait mis partout que des énonciations sans division indiquée par *chapitres*.

Enfin, pour donner un attrait de plus à notre édition, nous avons reproduit en tête l'excellente *Notice de Suard, sur la personne et les écrits de La Bruyère*.

---

1. *Les Caractères de Théophraste, traduits du grec; avec les Caractères ou les mœurs de ce siècle, par La Bruyère, première édition complète; précédée d'une Étude sur La Bruyère et sur son livre.* 2 vol in-12, 2e tirage, Paris, 1845.

H

NOTICE

SUR LA PERSONNE ET LES ÉCRITS

DE LA BRUYÈRE,

PAR SUARD, DE L'ACADÉMIE FRANÇAISE

Jean de La Bruyère naquit à Dourdan en 1639 [1]. Il venait d'acheter une charge de trésorier de France à Caen, lorsque Bossuet le fit venir à Paris pour enseigner l'histoire à M. le Duc [2]; et il resta jusqu'à la fin de sa vie attaché au prince en qualité d'homme de lettres, avec mille écus de pension. Il publia son livre des *Caractères* en 1687, fut reçu à l'Académie française en 1693, et mourut en 1696.

Voilà tout ce que l'histoire littéraire nous apprend de cet écrivain, à qui nous devons un des meilleurs ouvrages qui existent dans aucune langue; ouvrage qui, par le succès qu'il eut dès sa naissance, dut attirer les yeux du public sur son auteur, dans ce beau règne, où l'attention que le monarque donnait aux productions du génie, réfléchissait sur les grands talents un éclat dont il ne reste plus que le souvenir.

On ne connaît rien de la famille de La Bruyère : et cela est fort

---

[1] « En 1639. » Cette date n'est point certaine. D'Olivet le fait naître en 1644.

[2] « A M. le Duc. » C'était le petit-fils du Grand Condé. Voici le portrait que fait de l'élève de La Bruyère, Saint-Simon, qui est peu flatteur dans ses jugements, et qui n'aimait pas les Condés : « Monsieur le Duc était d'un jaune livide, l'air presque furieux, mais en tous temps si fier et si audacieux, qu'on avait peine à s'accoutumer à lui. Il avait de l'esprit, de la lecture, *des restes d'une excellente éducation*, de la politesse et des grâces même, quand il voulait; mais il le voulait très-rarement. Il avait toute la valeur de ses pères, et avait montré de l'application et de l'intelligence à la guerre. Ses mœurs perverses lui parurent une vertu. C'était une meute toujours en l'air, qui faisait fuir devant elle, et dont ses amis n'étaient jamais en sûreté, tantôt par des insultes extrêmes, tantôt par des plaisanteries cruelles, et qui emportaient la pièce. Aussi fut-il payé en même monnaie, et plus cruellement encore; s'il était redoutable, il était encore plus déchiré. »

indifférent ; mais on aimerait à savoir quel était son caractère, son genre de vie, la tournure de son esprit dans la société ; et c'est ce qu'on ignore aussi.

Peut-être que l'obscurité même de sa vie est un assez grand éloge de son caractère. Il vécut dans la maison d'un prince ; il souleva contre lui une foule d'hommes vicieux ou ridicules, qu'il désigna dans son livre, ou qui s'y crurent désignés ; il eut tous les ennemis que donne la satire, et ceux que donnent les succès : on ne le voit cependant mêlé dans aucune intrigue, engagé dans aucune querelle. Cette destinée suppose, à ce qu'il me semble, un excellent esprit, et une conduite sage et modeste.

« On me l'a dépeint, dit l'abbé d'Olivet, comme un philosophe qui ne « songeait qu'à vivre tranquille avec des amis et des livres ; faisant un « bon choix des uns et des autres ; ne cherchant ni ne fuyant le plai- « sir ; toujours disposé à une joie modeste, et ingénieux à la faire « naître ; poli dans ses manières, et sage dans ses discours ; craignant « toute sorte d'ambition, même celle de montrer de l'esprit[1]. » HISTOIRE DE L'ACADÉMIE FRANÇAISE.

On conçoit aisément que le philosophe qui releva avec tant de finesse et de sagacité les vices, les travers et les ridicules, connaissait trop les hommes pour les rechercher beaucoup ; mais qu'il pût aimer la société sans s'y livrer ; qu'il devait y être très-réservé dans son ton et dans ses manières ; attentif à ne pas blesser des convenances qu'il sentait si bien ; trop accoutumé enfin à observer dans les autres les défauts du caractère et les faiblesses de l'amour-propre, pour ne pas les réprimer en lui-même…

Le livre des *Caractères* fit beaucoup de bruit dès sa naissance. On attribua cet éclat aux traits satiriques qu'on y remarqua, ou qu'on crut y voir. On ne peut pas douter que cette circonstance n'y contri-

---

1. « De l'esprit. » Saint-Simon, qui l'avait connu, lui est tout aussi favorable : « Le public, dit-il, a perdu un homme illustre par son esprit, par son style, et par la connaissance des hommes ; je veux dire La Bruyère, qui a surpassé Théophraste en travaillant d'après lui, et qui a peint les hommes de notre temps, dans ses nouveaux *Caractères*, d'une manière inimitable. C'était un fort honnête homme et de très-bonne compagnie, simple sans rien de pédant, et fort désintéressé. » Ce dernier mot est remarquable et très-vrai. La Harpe interprétant mal un passage de La Bruyère, lui reproche d'afficher un trop grand amour pour l'argent. Il ne savait pas que La Bruyère ne voulut jamais tirer aucun profit de son livre, et qu'il en fit don au libraire qui y trouva sa fortune.

buât en effet. Peut-être que les hommes en général n'ont ni le goût assez exercé, ni l'esprit assez éclairé, pour sentir tout le mérite d'un ouvrage de génie dès le moment où il paraît, et qu'ils ont besoin d'être avertis de ses beautés par quelque passion particulière, qui fixe plus fortement leur attention sur elles. Mais, si la malignité hâta le succès du livre de La Bruyère, le temps y a mis le sceau : on l'a réimprimé cent fois; on l'a traduit [1] dans toutes les langues; et, ce qui distingue les ouvrages originaux, il a produit une foule de copistes [2]; car c'est précisément ce qui est inimitable que les esprits médiocres s'efforcent d'imiter.

Sans doute La Bruyère, en peignant les mœurs de son temps, a pris ses modèles dans le monde où il vivait; mais il peignit les hommes, non en peintre de portrait, qui copie servilement les objets et les formes qu'il a sous les yeux, mais en peintre d'histoire, qui choisit et rassemble différents modèles; qui n'en imite que les traits de caractère et d'effet, et qui sait y ajouter ceux que lui fournit son imagination, pour en former cet ensemble de vérité idéale et de vérité de nature qui constitue la perfection des beaux-arts.

C'est là le talent du poëte comique : aussi a-t-on comparé La Bruyère à Molière, et ce parallèle offre des rapports frappants; mais il y a si loin de l'art d'observer des ridicules et de peindre des caractères isolés, à celui de les animer et de les faire mouvoir sur la scène, que nous ne nous arrêtons pas à ce genre de rapprochement, plus propre à faire briller le bel esprit qu'à éclairer le goût. D'ailleurs, à qui convient-il de tenir ainsi la balance entre des hommes de génie? On peut bien comparer le degré de plaisir, la nature des impressions qu'on reçoit de leurs ouvrages; mais qui peut fixer exactement la mesure d'esprit et de talent qui est entré dans la composition de ces mêmes ouvrages?

On peut considérer La Bruyère comme moraliste et comme écrivain. Comme moraliste, il paraît moins remarquable par la profondeur que par la sagacité. Montaigne, étudiant l'homme en soi-même, avait pénétré plus avant dans les principes essentiels de la nature humaine. La Rochefoucauld a présenté l'homme sous un rapport plus général, en rapportant à un seul principe le ressort de toutes les actions humaines. La Bruyère s'est attaché particulièrement à observer les différences

---

1. « On l'a traduit. » Le livre de La Bruyère semble peu traduisible pour le fond comme pour la forme.

2. « Copistes » Voy. page 40, note 8, de notre édition.

a.

que le choc des passions sociales, les habitudes d'état et de profession, établissent dans les mœurs et la conduite des hommes. Montaigne et La Rochefocauld ont peint l'homme de tous les temps et de tous les lieux; La Bruyère a peint le courtisan, l'homme de robe, le financier, le bourgeois du siècle de Louis XIV.

Peut-être que sa vue n'embrassait pas un grand horizon, et que son esprit avait plus de pénétration que d'étendue. Il s'attache trop à peindre les individus [1], lors même qu'il traite des plus grandes choses. Ainsi, dans son chapitre intitulé, DU SOUVERAIN OU DE LA RÉPUBLIQUE, au milieu de quelques réflexions générales sur les principes et les vices des gouvernements, il peint toujours la cour et la ville, le négociateur et le nouvelliste. On s'attendait à parcourir avec lui les républiques anciennes et les monarchies modernes; et l'on est étonné à la fin du chapitre de n'être pas sorti de Versailles [2].

Il y a cependant dans ce même chapitre des pensées plus profondes qu'elles ne le paraissent au premier coup d'œil. J'en citerai quelques-unes, et je choisirai les plus courtes. « Vous pouvez aujourd'hui, dit-il, « ôter à cette ville ses franchises, ses droits, ses privilèges; mais de- « main ne songez pas même à réformer ses enseignes [3].

« Le caractère des Français demande du sérieux dans le souve- « rain [4].

« Jeunesse du prince, source des belles fortunes [5]. » On attaquera peut-être la vérité de cette dernière observation; mais si elle se trouvait démentie par quelque exemple, ce serait l'éloge du prince [6], et non la critique de l'observateur.

Un grand nombre des maximes de La Bruyère paraissent aujourd'hui communes; mais ce n'est pas non plus la faute de La Bruyère. La justesse même, qui fait le mérite et le succès d'une pensée lorsqu'on la met au jour, doit la rendre bientôt familière et même triviale; c'est le sort de toutes les vérités d'un usage universel.

On peut croire que La Bruyère avait plus de sens que de philosophie. Il n'est pas exempt de préjugés, même populaires. On voit avec

1. « Individus. » Voy. page 267, note 4.
2. « Versailles. » Voy. page 227, note 2.
3. « Enseignes. » Voy. page 226, note 1.
4. « Souverain. » Voy. page 238, note 1.
5. « Fortunes. » Voy. page 186.
6. « Du prince. » Eloge délicat à l'adresse de Louis XVI.

peine qu'il n'était pas éloigné de croire un peu à la magie et au sortilége. « En cela, dit-il, chap. XIV, DE QUELQUES USAGES, il y a un parti « à trouver entre les âmes crédules et les esprits forts [1]. » Cependant il a eu l'honneur d'être calomnié comme philosophe; car ce n'est pas de nos jours que ce genre de persécution a été inventé. La guerre que la sottise, le vice et l'hypocrisie ont déclarée à la philosophie est aussi ancienne que la philosophie même, et durera vraisemblablement autant qu'elle. « Il n'est pas permis, dit-il, de traiter quelqu'un de phi- « losophe; ce sera toujours lui dire une injure, jusqu'à ce qu'il ait plu « aux hommes d'en ordonner autrement [2]. » Mais comment se réconciliera-t-on jamais avec cette raison si incommode qui, en attaquant tout ce que les hommes ont de plus cher, leurs passions et leurs habitudes, voudrait les forcer à ce qui leur coûte le plus, à réfléchir et à penser par eux-mêmes?

En lisant avec attention les *Caractères* de La Bruyère, il me semble qu'on est moins frappé des pensées que du style; les tournures et les expressions paraissent avoir quelque chose de plus brillant, de plus fin, de plus inattendu que le fond des choses mêmes; et c'est moins l'homme de génie que le grand écrivain qu'on admire.

Mais le mérite de ce grand écrivain, quand il ne supposerait pas le génie, suppose une réunion des dons de l'esprit, aussi rare que le génie.

L'art d'écrire est plus étendu que ne le pensent la plupart des hommes, la plupart même de ceux qui font des livres.

Il ne suffit pas de connaître les propriétés des mots, de les disposer dans un ordre régulier, de donner même aux membres de la phrase une tournure symétrique et harmonieuse; avec cela on n'est encore qu'un écrivain correct, et tout au plus élégant.

Le langage n'est que l'interprète de l'âme; et c'est dans une certaine association des sentiments et des idées avec les mots qui en sont les signes, qu'il faut chercher le principe de toutes les propriétés du style.

Les langues sont encore bien pauvres et bien imparfaites. Il y a une infinité de nuances, de sentiments, et d'idées qui n'ont point de signes : aussi ne peut-on jamais exprimer tout ce qu'on sent. D'un

---

1. « Esprits forts. » Voy page 304.
2. « Autrement. » Voy page 327.

autre côté, chaque mot n'exprime pas d'une manière précise et abstraite une idée simple et isolée; par une association secrète et rapide qui se fait dans l'esprit, un mot réveille encore des idées accessoires à l'idée principale dont il est le signe. Ainsi, par exemple, les mots CHEVAL et COURSIER, AIMER et CHÉRIR, BONHEUR et FÉLICITÉ, peuvent servir à désigner le même objet ou le même sentiment, mais avec des nuances qui en changent sensiblement l'effet principal.

Il en est des tours, des figures, des liaisons de phrase, comme des mots : les uns et les autres ne peuvent représenter que des idées, des vues de l'esprit, et ne les représentent qu'imparfaitement.

Les différentes qualités du style, comme la clarté, l'élégance, l'énergie, la couleur, le mouvement, etc., dépendent donc essentiellement de la nature et du choix des idées; de l'ordre dans lequel l'esprit les dispose; des rapports sensibles que l'imagination y attache; des sentiments enfin que l'âme y associe, et du mouvement qu'elle y imprime.

Le grand secret de varier et de faire contraster les images, les formes et les mouvements du discours, suppose un goût délicat et éclairé; l'harmonie, tant des mots que de la phrase, dépend de la sensibilité plus ou moins exercée de l'organe; la correction ne demande que la connaissance réfléchie de sa langue.

Dans l'art d'écrire, comme dans tous les beaux-arts, les germes du talent sont l'œuvre de la nature; et c'est la réflexion qui les développe et les perfectionne.

Il a pu se rencontrer quelques esprits qu'un heureux instinct semble avoir dispensés de toute étude, et qui, en s'abandonnant sans art aux mouvements de leur imagination et de leur pensée, ont écrit avec grâce, avec feu, avec intérêt : mais ces dons naturels sont rares; ils ont des bornes et des imperfections très-marquées, et ils n'ont jamais suffi pour produire un grand écrivain.

Je ne parle pas des anciens chez qui l'élocution était un art si étendu et si compliqué; je citerai Despréaux et Racine, Bossuet et Montesquieu, Voltaire et Rousseau : ce n'était pas l'instinct qui produisait sous leur plume ces beautés et ces grands effets auxquels notre langue doit tant de richesses et de perfection; c'était le fruit du génie sans doute, mais du génie éclairé par des études et des observations profondes.

Quelque universelle que soit la réputation dont jouit La Bruyère, il paraîtra peut-être hardi de le placer, comme écrivain, sur la même ligne que les grands hommes qu'on vient de citer; mais ce n'est qu'après avoir relu, étudié, médité ses *Caractères*, que j'ai été frappé de l'art prodigieux et des beautés sans nombre qui semblent mettre cet ouvrage au rang de ce qu'il y a de plus parfait dans notre langue.

Sans doute La Bruyère n'a ni les élans et les traits sublimes de Bossuet; ni le nombre, l'abondance et l'harmonie de Fénelon; ni la grâce brillante et abandonnée de Voltaire; ni la sensibilité profonde de Rousseau : mais aucun d'eux ne m'a paru réunir au même degré la variété, la finesse et l'originalité des formes et des tours, qui étonnent dans La Bruyère. Il n'y a peut-être pas une beauté de style propre à notre idiome, dont on ne trouve des exemples et des modèles dans cet écrivain. . . . .

Despréaux observait, à ce qu'on dit, que La Bruyère, en évitant les transitions, s'était épargné ce qu'il y a de plus difficile dans un ouvrage. Cette observation ne me paraît pas digne d'un si grand maître. Il savait trop bien qu'il y a dans l'art d'écrire des secrets plus importants que celui de trouver ces formules qui servent à lier les idées, et à unir les parties du discours.

Ce n'est point sans doute pour éviter les transitions, que La Bruyère a écrit son livre par fragments et par pensées détachées. Ce plan convenait mieux à son objet; mais il s'imposait dans l'exécution une tâche tout autrement difficile que celle dont il s'était dispensé.

L'écueil des ouvrages de ce genre est la monotonie. La Bruyère a senti vivement ce danger; on peut en juger par les efforts qu'il a faits pour y échapper. Des portraits, des observations de mœurs, des maximes générales, qui se succèdent sans liaison, voilà les matériaux de son livre. Il sera curieux d'observer toutes les ressources qu'il a trouvées dans son génie pour varier à l'infini, dans un cercle si borné, ses tours, ses couleurs et ses mouvements. Cet examen intéressant pour tout homme de goût, ne sera peut-être pas sans utilité pour les jeunes gens qui cultivent les lettres et se destinent au grand art de l'éloquence.

Il serait difficile de définir avec précision le caractère distinctif de son esprit : il semble réunir tous les genres d'esprit. Tour à tour noble et familier, éloquent et railleur, fin et profond, amer et gai, il change avec une extrême mobilité de ton, de personnage, et même de sentiment, en parlant cependant des mêmes objets.

Et ne croyez pas que ces mouvements si divers soient l'explosion naturelle d'une âme très-sensible, qui, se livrant à l'impression qu'elle reçoit des objets dont elle est frappée, s'irrite contre un vice, s'indigne d'un ridicule, s'enthousiasme pour les mœurs et la vertu. La Bruyère montre partout les sentiments d'un honnête homme; mais il n'est ni apôtre, ni misanthrope. Il se passionne, il est vrai; mais c'est comme le poëte dramatique qui a des caractères opposés à mettre en action. Racine n'est ni Néron ni Burrhus; mais il se pénètre fortement des idées et des sentiments qui appartiennent au caractère et à la situation de ses personnages, et il trouve dans son imagination exaltée par les sentiments et les idées dont il est plein, tous les traits dont il a besoin pour les peindre.

Ne cherchons donc dans le style de La Bruyère, ni l'expression de son caractère, ni l'épanchement involontaire de son âme; mais observons les formes diverses qu'il prend habilement pour nous intéresser ou nous plaire.

Une grande partie de ses pensées ne pouvaient se présenter que comme les résultats d'une observation tranquille et réfléchie; mais, quelque vérité, quelque finesse, quelque profondeur même qu'il y eût dans les pensées, cette forme froide et monotone aurait bientôt ralenti et fatigué l'attention, si elle eût été trop continuement prolongée.

Le philosophe n'écrit pas seulement pour se faire lire, il veut persuader ce qu'il écrit; et la conviction de l'esprit, ainsi que l'émotion de l'âme, est toujours proportionnée au degré d'attention qu'on donne aux paroles. Quel écrivain a mieux connu l'art de fixer l'attention par la vivacité ou la singularité des tours, et de la réveiller sans cesse par une inépuisable variété?

Tantôt il se passionne et s'écrie avec une sorte d'enthousiasme: « Je voudrais qu'il me fût permis de crier de toute ma force à ces « hommes saints qui ont été autrefois blessés des femmes: Fuyez les « femmes, ne les dirigez point; laissez à d'autres le soin de leur salut [1]. »

Tantôt, par un autre mouvement aussi extraordinaire, il entre brusquement en scène: « Fuyez, retirez-vous; vous n'êtes pas assez loin. Je « suis, dites-vous, sous l'autre tropique. Passez sous le pôle et dans « l'autre hémisphère; montez aux étoiles si vous le pouvez. M'y voilà. « Fort bien, vous êtes en sûreté. Je découvre sur la terre un homme

---

1. « Leur salut. » Voy page 74.

« avide, insatiable, inexorable [1], etc. » C'est dommage peut-être que la morale qui en résulte n'ait pas une importance proportionnée au mouvement qui la prépare.

Tantôt c'est avec une raillerie amère ou plaisante qu'il apostrophe l'homme vicieux ou ridicule.

« Tu te trompes, Philémon, si avec ce carrosse brillant, ce grand
« nombre de coquins qui te suivent, et ces six bêtes qui te traînent,
« tu penses que l'on t'en estime davantage : l'on écarte tout cet attirail,
« qui t'est étranger, pour pénétrer jusques à toi, qui n'es qu'un fat [2]. »

« Vous aimez, dans un combat ou pendant un siège, à paraître en
« cent endroits, pour n'être nulle part; à prévenir les ordres du géné-
« ral, de peur de les suivre, et à chercher les occasions plutôt que de
« les attendre et les recevoir : votre valeur serait-elle fausse [3] ? »

Quelquefois une réflexion qui n'est que sensée, est relevée par une image ou un rapport éloigné, qui frappe l'esprit d'une manière inattendue. « Après l'esprit de discernement, ce qu'il y a au monde de « plus rare, ce sont les diamants et les perles [4]. » Si La Bruyère avait dit simplement que rien n'est plus rare que l'esprit de discernement, on n'aurait pas trouvé cette réflexion digne d'être écrite [5].

C'est par des tournures semblables qu'il sait attacher l'esprit sur des observations qui n'ont rien de neuf pour le fond, mais qui deviennent piquantes par un certain air de naïveté sous lequel il sait déguiser la satire.

« Il n'est pas absolument impossible qu'une personne qui se trouve
« dans une grande faveur, perde un procès [6].

« C'est une grande simplicité que d'apporter à la cour la moindre
« roture, et de n'y être pas gentilhomme [7]. »

Il emploie la même finesse de tour dans le portrait d'un fat, lorsqu'il dit : « Iphis met du rouge, mais rarement; il n'en fait pas habitude [8]. »

Il serait difficile de n'être pas vivement frappé du tour aussi fin

1. « Inexorable. » Voy. page 137.
2. « Fat. » Voy. page 53.
3. « Fausse. » Voy. page 333.
4. « Perles. » La Harpe n'est point de cet avis, et dit avec raison : « Ce rapprochement est bien singulier; et puis les perles et les diamants sont-ils donc si rares? »
5. « Ecrite. » Voy. page 323.
6. « Procès. » Voy. page 385.
7. « Gentilhomme. » Voy. page 174, note 6.
8. « N'en fait pas habitude. » Voy. page 358.

qu'énergique qu'il donne à la pensée suivante, malheureusement aussi vraie que profonde: « Un grand dit de Timagène, votre ami, qu'il est un « sot, et il se trompe. Je ne demande pas que vous répliquiez qu'il est « homme d'esprit; osez seulement penser qu'il n'est pas un sot[1]. »

C'est dans les portraits surtout que La Bruyère a eu besoin de toutes les ressources de son talent. Il interroge; il a l'air de sortir d'une méditation profonde; il met en scène les personnages qu'il veut peindre; il se met lui-même en scène avec eux. Il est presque toujours dramatique.

Théophraste, que La Bruyère a traduit, n'emploie pour peindre ses Caractères que la forme d'énumération ou de description. En admirant beaucoup l'écrivain grec, La Bruyère n'a eu garde de l'imiter, ou si quelquefois il procède comme lui par énumération, il sait ranimer cette forme languissante par un art dont on ne trouve ailleurs aucun exemple.

Relisez les portraits du riche et du pauvre : « Giton a le teint frais, « le visage plein, la démarche ferme, etc. Phédon a les yeux creux, « le teint échauffé[2], etc. » Et voyez comment ces mots, IL EST RICHE, IL EST PAUVRE, rejetés à la fin des deux portraits, frappent comme deux coups de lumière, qui, en se réfléchissant sur les traits qui précèdent, y répandent un nouveau jour, et leur donnent un effet extraordinaire.

Quelle énergie dans le choix des traits dont il peint ce vieillard presque mourant qui a la manie de planter, de bâtir, de faire des projets pour un avenir qu'il ne verra point! « Il fait bâtir une maison « de pierre de taille, raffermie dans les encoignures par des mains « de fer, et dont il assure, en toussant et avec une voix frêle et débile, « qu'on ne verra jamais la fin. Il se promène tous les jours dans ses « ateliers sur les bras d'un valet qui le soulage. Il montre à ses amis « ce qu'il a fait, et leur dit ce qu'il a dessein de faire. Ce n'est pas « pour ses enfants qu'il bâtit, car il n'en a point; ni pour ses héritiers, « personnes viles et qui sont brouillées avec lui : c'est pour lui seul, et il mourra demain[3]! »

Ailleurs il nous donne le portrait d'une femme aimable, comme un fragment imparfaitement trouvé par hasard; et ce portrait est charmant : je ne puis me refuser au plaisir d'en citer un passage. « Loin de

1. « Un sot. » Voy. page 195.
2. « Echauffé. » Voy. pages 152 et 153.
3. « Demain. » Voy. page 292.

« s'appliquer à vous contredire avec esprit... ARTÉNICE s'approprie vos
« sentiments; elle les croit siens, elle les étend, elle les embellit;
« vous êtes content de vous d'avoir pensé si bien, et d'avoir mieux
« dit encore que vous n'aviez cru. Elle est toujours au-dessus de la
« vanité, soit qu'elle parle, soit qu'elle écrive; elle oublie les traits
« où il faut des raisons; elle a déjà compris que la simplicité est élo-
« quente[1]. »

Comment donnera-t-il plus de saillie au ridicule d'une femme du monde qui ne s'aperçoit pas qu'elle vieillit, et qui s'étonne d'éprouver la faiblesse et les incommodités qu'amènent l'âge et une vie trop molle? Il en fait un apologue. C'est IRÈNE qui va au temple d'Épidaure consulter Esculape. D'abord elle se plaint qu'elle est fatiguée: « Le dieu prononce que cela lui arrive par la longueur du chemin qu'elle
« vient de faire : ... elle lui déclare que le vin lui est nuisible; l'oracle
« lui dit de boire de l'eau... Ma vue s'affaiblit, dit Irène : prenez des
« lunettes, dit Esculape. Je m'affaiblis moi-même, continue-t-elle, je
« ne suis ni si forte ni si saine que je l'ai été. C'est, dit le dieu, que vous
« vieillissez. Mais quel moyen de guérir de cette langueur? Le plus
« court, Irène, c'est de mourir comme ont fait votre mère et votre
« aïeule[2]. » A ce dialogue, d'une tournure naïve et originale, substituez une simple description à la manière de Théophraste, et vous verrez comment la même pensée peut paraître commune ou piquante, suivant que l'esprit ou l'imagination sont plus ou moins intéressés par les idées et les sentiments accessoires dont l'écrivain a su l'embellir.

La Bruyère emploie souvent cette forme d'apologue, et presque toujours avec autant d'esprit que de goût. Il y a peu de chose dans notre langue d'aussi parfait que l'histoire d'ÉMIRE[3]. C'est un petit roman plein de finesse, de grâce et même d'intérêt.

Ce n'est pas seulement par la nouveauté et par la variété des mouvements et des tours que le talent de La Bruyère se fait remarquer; c'est encore par un choix d'expressions vives, figurées, pittoresques; c'est surtout par ces heureuses alliances de mots, ressource féconde des grands écrivains, dans une langue qui ne permet pas, comme presque toutes les autres, de créer ou de composer des mots, ni d'en transplanter d'un idiome étranger.

---

1. « Eloquente. » Voy. page 315.
2. « Aïeule. » Voy. page 264.
3. « Emire. » Voy. page 85.

« Tout excellent écrivain est excellent peintre, » dit La Bruyère lui-même, et il le prouve dans tout le cours de son livre. Tout vit et s'anime sous son pinceau, tout y parle à l'imagination : « La véritable « grandeur se laisse TOUCHER ET MANIER... elle SE COURBE par bonté « vers ses inférieurs, et REVIENT sans effort dans son naturel[1]. »

« Il n'y a rien, dit-il ailleurs, qui mette plus subitement un homme « à la mode, et qui le SOULÈVE davantage, que le grand jeu[2]. »

Veut-il peindre ces hommes qui n'osent avoir un avis sur un ouvrage, avant de savoir le jugement du public : « Ils ne hasardent point leurs « suffrages, et ils veulent être PORTÉS PAR LA FOULE et ENTRAÎNÉS « par la multitude[3]. »

Veut-il tourner en ridicule la manie du fleuriste; il vous le montre PLANTÉ ET QUI A PRIS RACINE devant ses tulipes[4]. Il en fait un arbre de son jardin. Cette figure hardie est piquante, surtout par l'analogie des objets.

« Il n'y a rien qui rafraîchisse le sang comme d'avoir su éviter de « faire une sottise[5]. » C'est une figure heureuse que celle qui transforme ainsi en sensation le sentiment qu'on veut exprimer.

L'énergie de l'expression dépend de la force avec laquelle l'écrivain s'est pénétré du sentiment ou de l'idée qu'il a voulu rendre. Ainsi La Bruyère, s'élevant contre l'usage des serments, dit : « Un honnête « homme qui dit oui et non, mérite d'être cru : son caractère JURE « pour lui[6]. »

Il est d'autres figures de style, d'un effet moins frappant, parce que les raports qu'elles expriment demandent, pour être saisis, plus de finesse et d'attention dans l'esprit : je n'en citerai qu'un exemple.

« Il y a dans quelques femmes un MÉRITE PAISIBLE, mais solide, « accompagné de mille vertus qu'elles ne peuvent COUVRIR de toute « leur modestie[7]. »

Ce MÉRITE PAISIBLE offre à l'esprit une combinaison d'idées fines et délicates, qui doit, ce me semble, plaire d'autant plus qu'on aura le goût plus délicat et plus exercé.

1. « Dans son naturel. » Voy. page 63.
2. « Que le grand jeu. » Voy. page 334.
3. « Par la multitude. » Voy. page 43.
4. « Ses tulipes. » Voy. page 346.
5. « Sottise. » Page 271.
6. « Pour lui. » Voy. page 108.
7 « Modestie. » Voy. page 65

En parlant de ces artifices de toilette, par lesquels les femmes gâtent souvent leurs grâces naturelles, il dit : « Ce n'est pas sans peine qu'elles « plaisent moins. » Il faut un peu d'attention pour saisir la finesse de cette tournure.

Mais les grands effets de l'art d'écrire, comme de tous les arts, tiennent surtout aux contrastes.

Ce sont les rapprochements ou les oppositions de sentiments et d'idées, de formes et de couleurs, qui, faisant ressortir tous les objets les uns par les autres, répandent dans une composition la variété, le mouvement, et la vie. Aucun écrivain peut-être n'a mieux connu ce secret, et n'en a fait un plus heureux usage que La Bruyère. Il a un grand nombre de pensées qui n'ont d'effet que par le contraste.

« Il s'est trouvé des filles qui avaient de la vertu, de la santé, de la « ferveur, et une bonne vocation ; mais qui n'étaient pas assez riches « pour faire dans une riche abbaye vœu de pauvreté[1]. »

Ce dernier trait, rejeté si heureusement à la fin de la période pour donner plus de saillie au contraste, n'échappera pas à ceux qui aiment à observer dans les productions des arts les procédés de l'artiste. Mettez à la place, « qui n'étaient pas assez riches pour faire vœu de pau« vreté dans une riche abbaye ; » et voyez combien cette légère transposition, quoique peut-être plus favorable à l'harmonie, affaiblirait l'effet de la phrase. Ce sont ces artifices que les anciens recherchaient avec tant d'étude, et que les modernes négligent trop. Lorsqu'on en trouve des exemples chez nos bons écrivains, il semble que c'est plutôt l'effet de l'instinct que de la réflexion.

On a cité ce beau trait de Florus, lorsqu'il nous montre Scipion, encore enfant, qui croît pour la ruine de l'Afrique : *Qui in exitium Africæ crescit*. Ce rapport supposé entre deux faits naturellement indépendants l'un de l'autre, plaît à l'imagination et attache l'esprit. Je trouve un effet semblable dans cette pensée de La Bruyère.

« Pendant qu'Oronte augmente avec ses années son fonds et ses « revenus, une fille naît dans quelque famille, s'élève, croît, s'embellit, « et entre dans sa seizième année ; il se fait prier à cinquante ans pour « l'épouser, jeune, belle, spirituelle : cet homme sans naissance, sans « esprit et sans le moindre mérite, est préféré à tous ses rivaux[2]. »

Si je voulais, par un seul passage, donner à la fois une idée du grand

---

[1]. « Pauvreté. » Voy. page 379.
[2]. « Rivaux. » Voy. page 145.

talent de La Bruyère et un exemple frappant de la puissance des contrastes dans le style, je citerai ce bel apologue qui contient la plus éloquente satire du faste insolent et scandaleux des parvenus.

« Ni les troubles, Zénobie, qui agitent votre empire, ni la guerre
« que vous soutenez virilement contre une nation puissante depuis la
« mort du roi votre époux, ne diminuent rien de votre magnificence :
« vous avez préféré à toute autre contrée les rives de l'Euphrate pour
« y élever un superbe édifice; l'air y est sain et tempéré, la situation
« en est riante; un bois sacré l'ombrage du côté du couchant; les
« dieux de Syrie, qui habitent quelquefois la terre, n'y auraient pu
« choisir une plus belle demeure; la campagne autour est couverte
« d'hommes qui taillent et qui coupent, qui vont et qui viennent, qui
« roulent ou qui charrient le bois du Liban, l'airain et le porphyre ;
« les grues et les machines gémissent dans l'air, et font espérer, à ceux
« qui voyagent vers l'Arabie, de revoir à leur retour en leurs foyers
« ce palais achevé, et dans cette splendeur où vous désirez de le porter,
« avant de l'habiter vous et les princes vos enfants. N'y épargnez rien,
« grande reine; employez-y l'or et tout l'art des plus excellents ou-
« vriers; que les Phidias et les Zeuxis de votre siècle déploient toute
« leur science sur vos plafonds et sur vos lambris; tracez-y de vastes et
« de délicieux jardins, dont l'enchantement soit tel qu'ils ne paraissent
« pas faits de la main des hommes ; épuisez vos trésors et votre indus-
« trie sur cet ouvrage incomparable; et après que vous y aurez mis,
« Zénobie, la dernière main, quelqu'un de ces pâtres, qui habitent les
« sables voisins de Palmyre, devenu riche par les péages de vos rivières,
« achètera un jour à deniers comptants cette royale maison pour
« l'embellir, et la rendre plus digne de lui et de sa fortune [1]. »

Si l'on examine avec attention tous les détails de ce beau tableau, on verra que tout y est préparé, disposé, gradué avec un art infini pour produire un grand effet. Quelle noblesse dans le début! quelle importance on donne au projet de ce palais! que de circonstances adroitement accumulées pour en relever la magnificence et la beauté! et quand l'imagination a été bien pénétrée de la grandeur de l'objet, l'auteur amène un PATRE, enrichi DU PÉAGE DE VOS RIVIÈRES, qui achète A DENIERS COMPTANTS cette ROYALE maison, POUR L'EMBELLIR ET LA RENDRE PLUS DIGNE DE LUI

---

1. « Fortune. » Voy. page. 150.

Il est bien extraordinaire qu'un homme qui a enrichi notre langue de tant de formes nouvelles, et qui avait fait de l'art d'écrire une étude si approfondie, ait laissé dans son style des négligences, et même des fautes qu'on reprocherait à de médiocres écrivains. Sa phrase est souvent embarrassée ; il a des constructions vicieuses, des expressions incorrectes, ou qui ont vieilli... On voit qu'il avait encore plus d'imagination que de goût, et qu'il recherchait plus la finesse et l'énergie des tours que l'harmonie de la phrase.....

Je ne rapporterai aucun exemple de ces défauts, que tout le monde peut relever aisément ; mais il peut être utile de remarquer des fautes d'un autre genre, qui sont plutôt de recherche que de négligence, et sur lesquelles la réputation de l'auteur pourrait en imposer aux personnes qui n'ont pas un goût assez sûr et assez exercé.

N'est-ce pas exprimer, par exemple, une idée peut-être fausse par une image bien forcée et même obscure, que de dire : « Si la pauvreté « est la mère des crimes, le défaut d'esprit en est le père[1] ? »

La comparaison suivante ne paraît pas d'un goût bien délicat : « Il « faut juger des femmes depuis la chaussure jusqu'à la coiffure exclu- « sivement, à peu près comme on mesure le poisson, entre queue « et tête[2]. »

On trouverait aussi quelques traits d'un style précieux et maniéré. Marivaux aurait pu revendiquer cette pensée : « Personne presque ne « s'avise de lui-même du mérite d'un autre[3]. »

Mais ces taches sont rares dans La Bruyère. On sent que c'était l'effet du soin même qu'il prenait de varier ses tournures et ses images ; et elles sont effacées par les beautés sans nombre dont brille son ouvrage.

Je terminerai cette analyse par observer que cet écrivain, si original, si hardi, si ingénieux et si varié, eut de la peine à être admis à l'Académie française, après avoir publié ses *Caractères*. Il eut besoin de crédit pour vaincre l'opposition de quelques gens de lettres qu'il avait offensés, et les clameurs de cette foule d'hommes malheureux qui, dans tous les temps, sont importunés des grands talents et des grands succès ; mais La Bruyère avait pour lui Bossuet, Racine, Des-

---

1. « Père. » Voy. page 259.
2. « Tête. » Voy. page 66, note 4.
3. « Autre » Voy. page 44.

préaux et le cri public; il fut reçu. Son discours est un des plus ingénieux qui aient été prononcés dans cette Académie. Il est le premier qui ait loué des académiciens vivants. On se rappelle encore les traits heureux dont il caractérisa Bossuet, La Fontaine, et Despréaux. Les ennemis de l'auteur affectèrent de regarder ce discours comme une satire. Ils intriguèrent pour en faire défendre l'impression; et, n'ayant pu y réussir, ils le firent déchirer dans les journaux, qui dès lors étaient déjà, pour la plupart, des instruments de la malignité et de l'envie entre les mains de la bassesse et de la sottise. On vit éclore une foule d'épigrammes et de chansons, où la rage est égale à la platitude, et qui sont tombées dans le profond oubli qu'elles méritent. On aura peut-être peine à croire que ce soit pour l'auteur des *Caractères* qu'on a fait ce couplet:

> Quand La Bruyère se présente,
> Pourquoi faut-il crier haro?
> Pour faire un nombre de quarante,
> Ne fallait-il pas un zéro?

Cette plaisanterie a été trouvée si bonne, qu'on l'a renouvelée depuis à la réception de plusieurs académiciens.

Que reste-t-il de cette lutte éternelle de la médiocrité contre le génie? Les épigrammes et les libelles ont bientôt disparu; les bons ouvrages restent, et la mémoire de leurs auteurs est honorée et chérie par la postérité.

Cette réflexion devrait consoler les hommes supérieurs, dont l'envie s'efforce de flétrir les succès et les travaux; mais la passion de la gloire, comme toutes les autres, est impatiente de jouir; l'attente est pénible, et il est triste d'avoir besoin d'être consolé. (*Mélanges de littérature*, t. II.)

FIN DE LA NOTICE SUR LA BRUYÈRE.

JUGEMENTS LITTÉRAIRES
SUR LA BRUYÈRE.

I

« Il n'y a presque point de tour dans l'éloquence qu'on ne trouve dans La Bruyère ; et si on y désire quelque chose, ce ne sont pas certainement les expressions, qui sont d'une force infinie et toujours les plus propres et les plus précises qu'on puisse employer. Peu de gens l'ont compté parmi les orateurs, parce qu'il n'y a pas une suite sensible dans ses *Caractères*. Nous faisons trop peu d'attention à la perfection de ces fragments, qui contiennent souvent plus de matière que de longs discours, plus de proportion et plus d'art.

« On remarque dans tout son ouvrage un esprit juste, élevé, nerveux, pathétique, également capable de réflexion et de sentiment, et doué avec avantage de cette invention qui distingue la voix des maîtres et qui caractérise le génie.

« Personne n'a peint les détails avec plus de feu, plus de force, plus d'imagination dans l'expression, qu'on n'en voit dans ses *Caractères*. Il est vrai qu'on n'y trouve pas aussi souvent que dans les écrits de Bossuet et de Pascal de ces traits qui caractérisent non-seulement une passion ou les vices d'un particulier, mais le genre humain. Ses portraits les plus élevés ne sont jamais aussi grands que ceux de Fénelon et de Bossuet[1] ; ce qui vient en grande partie de la différence des genres qu'ils ont traités. La Bruyère a cru, ce me semble, qu'on ne pouvait peindre les hommes assez petits ; et il s'est bien plus attaché à relever leurs ridicules que leur force. » VAUVENARGUES, *sur La Bruyère.*

II

« La Bruyère est meilleur moraliste, et surtout bien plus grand écrivain que La Rochefoucauld : il y a peu de livres en aucune langue où l'on trouve une aussi grande quantité de pensées justes, solides, et un

---

[1] Ce rapprochement paraît assez singulier. Voy. page 56, note 1.

choix d'expressions aussi heureux et aussi varié. La satire est chez lui bien mieux entendue que dans La Rochefoucauld; presque toujours elle est particularisée et remplit le titre du livre : ce sont des *caractères*; mais ils sont peints supérieurement. Ses portraits sont faits de manière que vous les voyez agir, parler, se mouvoir, tant son style a de vivacité et de mouvement. Dans l'espace de peu de lignes, il met ses personnages en scène de vingt manières différentes ; et en une page il épuise tous les ridicules d'un sot, ou tous les vices d'un méchant, ou toute l'histoire d'une passion, ou tous les traits d'une ressemblance morale. Nul prosateur n'a imaginé plus d'expressions nouvelles, n'a créé plus de tournures fortes ou piquantes. Sa concision est pittoresque et sa rapidité lumineuse. Quoiqu'il aille vite, vous le suivez sans peine : il a un art particulier pour laisser souvent dans sa pensée une espèce de réticence qui ne produit pas l'embarras de comprendre, mais le plaisir de deviner; en sorte qu'il fait, en écrivant, ce qu'un ancien prescrivait pour la conversation : il vous laisse encore plus content de votre esprit que du sien. » LA HARPE, *Cours de littérature*, 2e partie, liv. II, chap. 3.

III.

« La Bruyère avait un génie élevé et véhément, une âme forte et profonde. Logé à la cour sans y vivre, et placé là comme en observation, on le voit rire amèrement et quelquefois s'indigner du spectacle qui se passe sous ses yeux. Il observe ceux qui se succèdent et les dépeint à grands traits, souvent les apostrophe vivement, court à eux, les dépouille de leurs déguisements et va droit à l'homme qu'il montre nu, petit, hideux et dégénéré. On voit dans Tacite la douleur de la vertu, dans La Bruyère son impatience. L'auteur des *Caractères* n'est pas ou indifférent comme Montaigne, ou froidement détracteur comme La Rochefoucauld; c'est l'homme, son frère, qu'il trouve ainsi avili, et duquel il dit avec un regret douloureux : il devrait être meilleur. » A. THIERS, *Éloge de Vauvenargues*.

LES CARACTÈRES

ou

LES MŒURS DE CE SIÈCLE.

> Admonere voluimus, non mordere; prodesse, non lædere; consulere moribus hominum, non officere.
> ERASM. [1]

Je rends au public ce qu'il m'a prêté : j'ai emprunté de lui la matière de cet ouvrage; il est juste que, l'ayant achevé avec toute l'attention pour la vérité dont je suis capable, et qu'il mérite de moi, je lui en fasse la restitution [2]. Il peut regarder avec loisir ce portrait que j'ai fait de lui d'après nature; et, s'il se connaît quelques-uns des défauts que je touche [3], s'en corriger. C'est l'unique fin que l'on doit se proposer en écrivant, et le succès aussi que l'on doit moins se promettre [4]; mais, comme les hommes ne se dégoûtent point du vice, il ne faut pas aussi [5] se lasser de leur reprocher [6]; ils seraient peut-être pires, s'ils venaient à man-

---

1. « Erasme. » Célèbre littérateur, érudit, philologue, critique, poëte latin, né à Rotterdam en 1467, mort en 1536. Il a laissé 10 vol. in-fol. Ses principaux ouvrages sont les *Adages*, les *Colloques*, les *Apologies*, les *Apophthegmes* et l'*Eloge de la folie*. Erasme est le plus spirituel de tous les écrivains latins modernes. La Bruyère l'a cité, dans son livre, comme un de ceux dont le mérite personnel est au-dessus de toutes les dignités.
2. « Je lui en fasse la restitution. » Je lui fasse la restitution de cet ouvrage.
3. « Que je touche. » Dont je parle : métaphore tirée de la peinture.
4. « Moins » pour « le moins. » Latinisme qui commençait à vieillir, mais dont il se trouve encore beaucoup d'exemples :

> L'honneur, qui sous faux titre habite avecque nous,
> Qui nous ôte la vie et les plaisirs *plus* doux. RÉGNIER, *Sat.* 6.

« Quatre cent mille soldats qu'elle (l'Egypte) entretenoit étoient ceux de ses citoyens qu'elle exerçoit avec *plus* de soin. » BOSSUET, *Hist. universelle.*

5. « Aussi. » Archaïsme, pour « non plus. » Voyez la note 5, page 25.
6. « De leur reprocher. » Archaïsme, pour « leur faire des reproches. » Ce verbe a ici le sens complet de *disputer, quereller, tanser* et autres, qui s'emploient sans un régime de chose qui les détermine. Régnier a dit, *Sat.* 13 :

> Moi-même qui ne croy de léger (facilement) aux merveilles
> Qui *reproche* souvent mes yeux et mes oreilles.

quer de censeurs ou de critiques : c'est ce qui fait que l'on prêche et que l'on écrit. L'orateur et l'écrivain ne sauraient vaincre la joie qu'ils ont d'être applaudis ; mais ils devraient rougir d'eux-mêmes, s'ils n'avaient cherché, par leurs discours ou par leurs écrits, que des éloges[1] ; outre que l'approbation la plus sûre et la moins équivoque est le changement de mœurs et la réformation de ceux qui les lisent ou qui les écoutent. On ne doit parler, on ne doit écrire que pour l'instruction ; et, s'il arrive que l'on plaise, il ne faut pas néanmoins s'en repentir, si[2] cela sert à insinuer et à faire recevoir les vérités qui doivent instruire : quand donc il s'est glissé dans un livre quelques pensées ou quelques réflexions qui n'ont ni le feu, ni le tour, ni la vivacité des autres, bien qu'elles semblent y être admises pour la variété, pour délasser l'esprit, pour le rendre plus présent[3] et plus attentif à ce qui va suivre, à moins que d'ailleurs elles ne soient sensibles[4], familières, instructives, accommodées au simple peuple, qu'il n'est pas permis de négliger[5], le lecteur peut les condamner, et l'auteur les doit proscrire ; voilà la règle[6]. Il y en a une autre, et que j'ai intérêt que[7] l'on veuille suivre, qui est de[8] ne pas perdre

---

1. « Que des éloges. » Ces pensées se retrouvent beaucoup mieux exprimées dans le chapitre *des Ouvrages de l'esprit*. Fénelon a dit avec beaucoup de vivacité et d'élévation : « L'éloquence est un art très-sérieux qui est destiné à instruire, à réprimer les passions, à corriger les mœurs, à soutenir les lois, à diriger les délibérations publiques, à rendre les hommes bons et heureux. Plus un déclamateur ferait d'efforts pour m'éblouir par les prestiges de son discours, plus je me révolterais contre sa vanité. Son empressement pour faire admirer son esprit, me paraîtrait le rendre indigne de toute admiration. Je cherche un homme sérieux qui me parle pour moi et non pour lui ; qui veuille mon salut et non sa vaine gloire. L'homme digne d'être écouté est celui qui ne se sert de la parole que pour la pensée, et de la pensée que pour la vérité et la vertu. » *Lettre sur les occupations de l'Académie* ; édit. de M. Despois, p. 21.
2. « Si. » Répétition d'une grande négligence.
3. « Plus présent. » C'est le sens latin du mot ; il est fâcheux qu'on l'ait laissé perdre.
4. « Sensibles. » A moins que ces pensées n'aient un tour frappant, saisissant.
5. « Pas permis, etc. » Réflexion très-judicieuse.
6. « Voilà la règle. » Phrase bien embarrassée et bien obscure. L'auteur veut dire qu'il faut rejeter toutes les pensées où il n'y a ni agrément, ni instruction.
7. « Que j'ai intérêt que. » Ces deux *que* font une tournure peu élégante, surtout quand ils sont suivis d'un « qui » ; néanmoins c'est une locution commode, fort en usage au XVIIe siècle et même plus tard : « Mon Dieu, Scapin, fais-nous un peu ce récit *qu'*on m'a dit *qui* est si plaisant. » MOLIÈRE, *les Fourberies de Scapin*, III, 1. — « Voici cette épître de Corneille *qu'*on prétend *qui* lui attira tant d'ennemis » VOLTAIRE, *Commentaire sur l'épître d'Ariste*.
8. « Qui est. » Il ne s'agit pas ici d'une règle, mais d'une observation qu'on prie le lecteur de faire.

mon titre de vue, et de penser toujours, et dans toute la lecture de cet ouvrage, que ce sont les caractères ou les mœurs de ce siècle [1] que je décris, car, bien que je les tire souvent de la cour de France et des hommes de ma nation, on ne peut pas néanmoins les restreindre à une seule cour [2] ni les renfermer en un seul pays, sans que mon livre ne perde beaucoup de son étendue et de son utilité, ne s'écarte du plan que je me suis fait d'y peindre les hommes en général, comme des raisons [3] qui entrent dans l'ordre des chapitres, et dans une certaine suite insensible des réflexions qui les composent. Après cette précaution si nécessaire, et dont on pénètre assez les conséquences [4], je crois pouvoir protester contre tout chagrin, toute plainte, toute maligne interprétation, toute fausse application et toute censure ; contre les froids plaisants et les lecteurs malintentionnés [5]. Il faut savoir lire, et ensuite se taire, ou pouvoir rapporter ce qu'on a lu, et ni plus ni moins que ce qu'on a lu ; et, si on le peut [6] quelquefois, ce n'est pas assez, il faut encore le vouloir faire : sans ces conditions, qu'un auteur exact et scrupuleux est en droit d'exiger de certains esprits pour l'unique récompense de son travail, je doute qu'il doive continuer d'écrire [7], s'il préfère du moins sa propre satis-

---

1. « De ce siècle. » De ce siècle tout entier.
2. « Les restreindre à une seule cour. » C'est ce qu'avait fait, non sans malice, l'académicien Charpentier, dans sa réponse au discours de réception de La Bruyère à l'Académie française. C'est le même Charpentier qui faisait partie de l'académie des Inscriptions, et dont Boileau s'est tant moqué.
3. « Comme des raisons » se rapporte à ce qui est plus haut : « ne s'écarte du plan, ainsi que des raisons. » La Bruyère a voulu dire : « Bien que je tire mes caractères de la cour de France, on ne peut les restreindre à un seul pays ; car alors on ferait perdre à mon livre l'étendue que j'ai voulu lui donner ; on ne comprendrait pas mon plan, qui est de peindre l'homme en général ; on ne concevrait rien à l'ordre des chapitres, ni même à la suite des réflexions particulières. » Ce que l'auteur veut dire de sa méthode et de son plan est très-juste ; il est fâcheux qu'il l'ait exprimé en termes si négligés.
4. « Les conséquences. » Les deux derniers chapitres sont intitulés : *De la Chaire.— Des Esprits forts.* Voyez la préface du Discours à l'Académie.
5. « Malintentionnés. » Cette précaution fut, comme on le pense bien, parfaitement inutile ; il y avait trop d'allusions directes, de satires personnelles, et le succès fut trop grand, pour qu'il ne s'élevât pas de tous les côtés des envieux et des censeurs. M. de Malézieux avait dit à La Bruyère qui lui montrait son livre : « Voilà de quoi vous procurer beaucoup de lecteurs et beaucoup d'ennemis. »
6. « Si on le peut. » Si on peut rapporter ce qu'on a lu.
7. « Continuer d'écrire. » « Si quelque chose était capable de dégoûter l'auteur de faire des comédies, c'étaient les ressemblances qu'on y voulait toujours trouver, et dont ses ennemis tâchaient malicieusement d'appuyer la pensée, pour lui rendre de

faction à l'utilité de plusieurs[1] et au zèle de la vérité[2]. J'avoue d'ailleurs que j'ai balancé dès l'année 1690, et avant la cinquième édition[3], entre l'impatience de donner à mon livre plus de rondeur[4] et une meilleure forme par de nouveaux caractères, et la crainte de faire dire à quelques-uns: Ne finiront-ils point ces caractères, et ne verrons-nous jamais autre chose de cet écrivain? Des gens sages me disaient[5] d'une part: La matière[6] est solide, utile, agréable, inépuisable; vivez longtemps, et traitez-la sans interruption pendant que vous vivrez: que pourriez-vous faire de mieux? il n'y a point d'année que les folies des hommes ne puissent vous fournir un volume. D'autres, avec beaucoup de raison, me faisaient redouter les caprices de la multitude et la légèreté du public, de qui j'ai néanmoins de si grands sujets d'être content, et ne manquaient pas de me suggérer que, personne presque depuis trente années ne lisant plus que pour lire[7], il fallait aux hommes, pour les amuser, de nouveaux chapitres et un nouveau titre; que cette indolence avait rempli les boutiques et peuplé le monde, depuis tout ce temps, de livres froids et ennuyeux, d'un mauvais style et de nulle ressource[8], sans règles et sans la moindre justesse, contraires aux mœurs et aux bienséances, écrits avec précipitation, et lus de même, seulement par[9] leur nouveauté; et que, si je ne savais qu'augmenter un

mauvais offices auprès de certaines personnes à qui il n'a jamais pensé. » MOLIÈRE, l'Impromptu de Versailles.

1. « De plusieurs. » Plurimorum, du plus grand nombre.
2. « Zèle de la vérité. » On dirait maintenant pour la vérité, » — sans qu'on puisse dire la raison de ce changement. — La Bruyère est revenu sur tout ce qu'il dit ici dans sa préface du Discours à l'Académie.
3. « La cinquième édition. » La première est de 1688. Le livre avait donc eu un succès dont il y a peu d'exemples.
4. « Plus de rondeur. » C'est-à-dire de le grossir.
5. « Des gens sages me disaient. » C'est également par un dialogue que Boileau se justifie d'écrire des satires. Molière a fait très heureusement son apologie en comédie. P.-L. Courier, dans un de ses plus jolis ouvrages, nous présente deux personnes sages, l'une hostile, l'autre favorable à la publication de ses pamphlets.
6. « La matière. » Molière présente les mêmes idées avec beaucoup plus de force et de verve. Voyez l'Impromptu de Versailles, etc.
7. « Que pour lire. » C'est-à-dire pour passer le temps, sans souci de l'instruction.
8. « De nulle ressource. » Où il n'y a rien à gagner.
9. « Par. » A cause de. « J'ai ouï condamner cette comédie à de certaines gens, par les mêmes choses que j'ai vu d'autres estimer le plus. » MOLIÈRE, Critique de l'École des Femmes.

livre raisonnable, le mieux que je pouvais faire était de me reposer[1]. Je pris alors quelque chose de ces deux avis si opposés, et je gardai un tempérament[2] qui les rapprochait : je ne feignis point[3] d'ajouter quelques nouvelles remarques à celles qui avaient déjà grossi du double[4] la première édition de mon ouvrage ; mais, afin que le public ne fût point obligé de parcourir ce qui était ancien pour passer à ce qu'il y avait de nouveau, et qu'il trouvât sous ses yeux ce qu'il avait seulement envie de lire, je pris soin de lui désigner cette seconde augmentation par une marque particulière[5]. Je crus aussi qu'il ne serait pas inutile de lui distinguer la première augmentation par une autre marque plus simple, qui servît à lui montrer le progrès de mes Caractères, et à aider son choix dans la lecture qu'il en voudrait faire : et, comme il pouvait craindre que ce progrès n'allât à l'infini, j'ajoutais à toutes ces exactitudes[6] une promesse sincère de ne plus rien hasarder en ce genre. Que si quelqu'un m'accuse d'avoir manqué à ma parole en insérant dans les trois éditions[7] qui ont suivi un assez grand nombre de nouvelles remarques, il verra du moins qu'en les confondant avec les anciennes par la suppression entière de ces différences, qui se voient par apostille[8], j'ai moins pensé à lui faire lire rien de nouveau, qu'à laisser peut-être un ouvrage de mœurs

---

1. « De me reposer. » Il y a beaucoup de malice et de finesse dans cette satire des auteurs et des lecteurs.

2. « Tempérament. » Juste milieu ; c'est le sens latin fort en usage alors.

3. « Je ne feignis point. » Je n'hésitai point à… « Nous ne *feignons pas de* tout mettre en usage. » MOLIÈRE, *Pourceaugnac*, 1, 3.

4. « Grossi du double. » C'est la quatrième édition que l'auteur avait grossie du double, sans prévenir le public autrement que par le titre. Il fit de nouvelles remarques dans la cinquième, à l'occasion de laquelle il inséra dans sa préface ce petit avertissement.

5. « Par une marque particulière. » Ce ne fut qu'à la cinquième édition que La Bruyère, tant pour le motif allégué dans sa préface, que pour satisfaire aux exigences de la censure, dut distinguer par un signe les nouveaux caractères des anciens. Les pensées des trois premières éditions furent précédées comme toujours du signe * ; les additions de la quatrième du même signe entre parenthèses (*), et celles de la cinquième du signe entre deux parenthèses ((*)).

6. « Ces exactitudes. » Ces preuves d'exactitude. Exactitude ne s'emploierait pas aujourd'hui au pluriel.

7. « Dans les trois éditions. » Les parenthèses fort incommodes, furent supprimées dans la sixième édition ; dans la septième une table placée à la fin de l'ouvrage, indiqua les additions ; dans la huitième, elles furent précédées d'une main ☞. La neuvième (1696), la plus correcte de toutes, ne fut imprimée qu'au moment même de la mort de l'auteur ; elle ne porte pas d'autre signe qu'un trait de séparation entre chaque caractère ou article.

8. « Par apostille. » A la table des matières.

plus complet, plus fini et plus régulier, à la postérité. Ce ne sont point, au reste, des maximes que j'aie voulu écrire; elles sont comme des lois dans la morale, et j'avoue que je n'ai ni assez d'autorité ni assez de génie pour faire le législateur. Je sais même que j'aurais péché contre l'usage des maximes, qui veut qu'à la manière des oracles elles soient courtes et concises [1]. Quelques-unes de ces remarques le sont, quelques autres sont plus étendues. On pense les choses d'une manière différente [2], et on les explique par un tour aussi tout différent, par une sentence, par un raisonnement, par une métaphore ou quelque autre figure, par un parallèle, par une simple comparaison, par un fait tout entier, par un seul trait, par une description, par une peinture [3]; de là procède la longueur ou la brièveté de mes réflexions. Ceux enfin qui font des maximes veulent être crus : je consens, au contraire, que l'on dise de moi que je n'ai pas quelquefois bien remarqué, pourvu que l'on remarque mieux [4].

1. «Concises.» Allusion au livre des *Maximes* de La Rochefoucauld.
2. «Différente.» Les unes des autres.
3. «Par une peinture.» La Bruyère rend ici très-bien compte de la variété qu'il a réussi à mettre dans son ouvrage, quoique cela fût fort difficile.
4. «Mieux.» Cette préface est écrite avec négligence, et n'est pas toujours claire. L'auteur y insérait à chaque édition des phrases nouvelles, qui dérangent la suite des pensées. Il est fâcheux qu'il n'ait pas songé à la revoir dans son entier, et à lui donner plus de correction et d'unité.

LA BRUYÈRE.

[Chapitre Ier

DES OUVRAGES DE L'ESPRIT.

* Tout est dit[1], et l'on vient trop tard depuis plus de sept mille ans qu'il y a des hommes, et qui pensent[2]. Sur ce qui concerne les mœurs, le plus beau et le meilleur est enlevé ; l'on ne fait que glaner[3] après les anciens et les habiles[4] d'entre les modernes.

* Il faut chercher seulement à penser et à parler juste, sans vouloir amener les autres à notre goût et à nos sentiments[5] ; c'est une trop grande entreprise[6].

* C'est un métier[7] que de faire un livre, comme de faire une pendule ; il faut plus que de l'esprit pour être auteur. Un magistrat allait par son mérite à la première dignité, il était homme délié et pratique dans les affaires ; il a fait imprimer un ouvrage moral qui est rare par le ridicule.

* Il n'est pas si aisé de se faire un nom par un ouvrage parfait que d'en faire valoir un médiocre par le nom qu'on s'est déjà acquis.

---

1. « Tout est dit. » « On a tout dit, si l'on croit les hommes qui n'ont rien à dire. Heureusement l'erreur est évidente. En quelque genre que ce soit, l'art est semblable à la nature son modèle : il a des règles comme la nature a des lois ; il n'a point de bornes, puisque la nature est infinie. » J. CHÉNIER, *Tableau de la littérature au* XVIIIe *siècle*. La Bruyère a suffisamment prouvé qu'il n'était pas un de ceux qui n'ont rien à dire. Ce mot est ici une simple formule de modestie, une précaution oratoire et rien de plus.

2. « Et qui pensent. » Tournure vive, assez familière aux écrivains du XVIIe siècle, dont le style était formé sur celui des anciens : les Grecs et les Latins emploient souvent ce tour, pour insister davantage sur une pensée et la mieux faire remarquer. — καὶ ταῦτα « Hominem tantum nudum (natura) et in nuda humo, natali die, abjicit ad lacrymas, *et has* protinus vitae principio. » PLINE, *Hist. nat.* VII. « La nature a jeté l'homme au jour de sa naissance nu sur la terre nue, l'a livré aux larmes, et dès les premiers moments de sa vie. »

3. « Glaner. » Expression charmante ; comparaison à peine indiquée, et qui s'achève dans l'esprit du lecteur.

4. « Les habiles » « Habile a presque changé de signification. On ne le dit plus guère, pour dire docte et sçavant ; et on entend par un homme habile, un adroit et qui a de la conduite. » BOUHOURS, *Entretiens d'Ariste*. — La Bruyère, qui s'est souvent servi de cette expression, ainsi que Molière, dans le sens où elle est ici, n'a pu la rajeunir et l'empêcher de tomber en désuétude.

5. « Sentiments. » Ce mot s'employait, au XVIIe siècle surtout, dans le sens l'opinion. « J'ai un certain valet nommé Mascarille, qui passe au *sentiment* de beaucoup de gens pour une manière de bel esprit. » MOLIÈRE, *les précieuses ridicules*. Le jugement des académiciens sur *le Cid* est intitulé : *Sentiments de l'Académie sur le Cid*.

6. « Entreprise. » Molière s'est servi de la même expression dans le même sens : « C'est une étrange *entreprise* que celle de faire rire les honnêtes gens. »

7. « C'est un métier. » C'est-à-dire que, pour faire un livre, il ne suffit pas d'avoir les idées ; il faut encore de l'art, l'habitude de la composition et du stylo, etc. La Bruyère insiste beaucoup sur les difficultés de l'art d'écrire, et sur la perfection qu'un auteur sérieux doit donner à son œuvre.

* Un ouvrage satirique ou qui contient des faits, qui est donné en feuilles sous le manteau aux conditions d'être rendu de même, s'il est médiocre, passe pour merveilleux; l'impression est l'écueil.

* Si l'on ôte de beaucoup d'ouvrages de morale l'avertissement au lecteur, l'épître dédicatoire, la préface, la table, les approbations, il reste à peine assez de pages pour mériter le nom de livre.

* Il y a de certaines choses dont la médiocrité est insupportable, la poésie [1], la musique, la peinture, le discours public.

Quel supplice que celui d'entendre déclamer pompeusement un froid discours, ou prononcer de médiocres vers avec toute l'emphase d'un mauvais poëte!

* Certains poëtes sont sujets dans le dramatique à de longues suites de vers pompeux [2], qui semblent forts, élevés, et remplis de grands sentiments Le peuple écoute avidement, les yeux élevés et la bouche ouverte, croit que cela lui plaît [3], et à mesure qu'il y comprend moins [4], l'admire davantage; il n'a pas le temps de respirer, il a à peine le temps de se récrier et d'applaudir. J'ai cru autrefois, et dans ma première jeunesse, que ces endroits étaient clairs et intelligibles pour les acteurs, pour le parterre et l'amphithéâtre; que leurs auteurs s'entendaient eux-mêmes [5]; et

1. « La poésie. » On peult faire le sot partout ailleurs, mais non en la poésie;

Mediocribus esse poetis
Non di, non homines, non concessere columnæ.

[Personne ne pardonne la médiocrité aux poëtes, ni les dieux, ni les hommes, ni les colonnes. Hor. Art. poet. 372.]
Pleust à Dieu que cette sentence se trouvast au front des boutiques de touts nos imprimeurs, pour en deffendre l'entrée à tant de versificateurs!

Verum
Nil securius est malo poeta. »

[Mais rien n'est si confiant qu'un mauvais poëte. Mart. XII, 63.]

Montaigne, Essais, II, 17.

2. « Sujets. » Expression piquante: *sujets à de longues suites de vers pompeux*, comme on est *sujet* à une indisposition, à une maladie.

3. « Croit que cela lui plaît. » Cette admiration naïve pour des choses que l'on ne comprend pas, est plaisamment indiquée par cette phrase de Voltaire parlant d'un vieux poëte: « On me fit accroire autrefois que j'avais du plaisir en le lisant. »

4. « Qu'il y comprend moins. » Voyez la 6e scène du IIe acte du *Médecin malgré lui*: quand Sganarelle a terminé sa burlesque et inintelligible démonstration, chacun se récrie:

Géronte. Ah! que n'ai-je étudié!
Jacqueline. L'habile homme que v'là!
Lucas. Oui, ça est si biau que je n'y entends goutte!

5. « S'entendaient eux-mêmes. » « J'ai ouï dire que le fameux évêque du Belley, Jean-Pierre Camus, étant en Espagne, et ne pouvant entendre un sonnet de Lope de Végue, qui vivait alors, pria ce poëte de le lui expliquer; mais que Lope ayant lu et

qu'avec toute l'attention que je donnais à leur récit, j'avais tort de n'y rien entendre : je suis détrompé.

* L'on n'a guère vu, jusques à présent, un chef-d'œuvre d'esprit, qui soit l'ouvrage de plusieurs[1] : Homère a fait l'*Iliade*, Virgile l'*Énéide*, Tite-Live ses *Décades*, et l'Orateur romain ses *Oraisons*.

* Il y a dans l'art un point de perfection, comme de bonté ou de maturité dans la nature : celui qui le sent et qui l'aime[2] a le goût parfait; celui qui ne le sent pas, et qui aime en deçà ou au delà, a le goût défectueux. Il y a donc un bon et un mauvais goût, et l'on dispute des goûts[3] avec fondement.

* Il y a beaucoup plus de vivacité que de goût parmi les hommes; ou, pour mieux dire, il y a peu d'hommes dont l'esprit soit accompagné d'un goût sûr et d'une critique judicieuse.

* La vie des héros a enrichi l'histoire, et l'histoire a embelli les actions des héros : ainsi, je ne sais qui sont plus redevables, ou ceux qui ont écrit l'histoire à ceux qui leur en ont fourni une si noble matière, ou ces grands hommes à leurs historiens[4].

* Amas d'épithètes[5], mauvaises louanges ; ce sont les faits qui louent, et la manière de les raconter.

---

relu plusieurs fois son sonnet, avoua sincèrement qu'il ne *l'entendait pas lui-même*. » BOUHOURS, *Manière de bien penser*.

1. « De plusieurs. » « Leibnitz a judicieusement remarqué que, dans l'espace d'une seule année, cent hommes qui rassembleront leurs forces et leurs lumières pour les diriger vers un même but, feront plus pour l'avancement d'une science que ne pourra faire un seul homme dans l'espace de cent ans ; mais verra-t-on jamais sortir un chef-d'œuvre de poésie, d'éloquence, de peinture et de musique, des idées combinées et réunies d'une société de poëtes, d'orateurs, d'artistes? C'est par la communication des faits, des observations, des expériences, des découvertes, que la science s'accroît et se perfectionne ; or la sensibilité, l'imagination, le génie, sont incommunicables. » C'est dans un discours sur Homère que l'abbé *Arnault* s'exprime ainsi : ni lui, ni La Bruyère ne semblent avoir soupçonné qu'on se demanderait un jour si *l'Iliade n'est pas l'ouvrage de plusieurs*.

2. « Et qui l'aime. » Les passages suivants de *Voltaire* sont ici un excellent commentaire de La Bruyère : « Il ne suffit pas, pour le goût, de voir, de connaître la beauté d'un ouvrage ; il faut le sentir, en être touché. Il ne pas suffit d'en être touché d'une manière confuse, il faut démêler les différentes nuances ; rien ne doit échapper à la promptitude du discernement.

3. « Et l'on dispute des goûts. » « On dit qu'il ne faut pas disputer des goûts ; et on a raison, quand il n'est question que du goût sensuel, de la répugnance qu'on a pour certaine nourriture, de la préférence qu'on donne à une autre ; on n'en dispute pas, parce qu'on ne peut corriger un défaut d'organes. Il n'en est pas de même dans les arts : comme ils ont des beautés réelles, il y a un bon goût qui les discerne, et un mauvais goût qui les ignore ; et l'on corrige souvent le défaut d'esprit qui donne un goût de travers. Il y a aussi des âmes froides, des esprits faux, qu'on ne peut ni réchauffer, ni redresser ; c'est avec eux qu'il ne faut point disputer des goûts, parce qu'ils n'en ont point. » VOLTAIRE.

4. « Historiens. » Voyez dans FÉNELON, *Dialog. des morts*, le dialogue d'Achille et d'Homère, et l'ode d'Horace, IV, 9 : *Ne forte credas interitura*.

5. « Amas d'épithètes. » Les titres ne servent de rien pour la postérité ; le nom

* Tout l'esprit d'un auteur consiste à bien définir et à bien peindre[1]. Moïse[2], Homère, Platon, Virgile, Horace, ne sont au-dessus des autres écrivains que par leurs expressions et par leurs images : il faut exprimer le vrai pour écrire naturellement, fortement, délicatement.

* On a dû faire du style ce qu'on a fait de l'architecture[3] : on a entièrement abandonné l'ordre gothique, que la barbarie avait introduit[4] pour les palais et pour les temples ; on a rappelé le dorique, l'ionique et le corinthien : ce qu'on ne voyait plus que dans les ruines de l'ancienne Rome et de la vieille Grèce, devenu moderne[5], éclate dans nos portiques et dans nos péristyles. De même, on ne saurait en écrivant rencontrer le parfait, et, s'il se peut, surpasser les anciens que par leur imitation[6].

Combien de siècles se sont écoulés avant que les hommes, dans les sciences et dans les arts, aient pu[7] revenir au goût des anciens, et reprendre enfin le simple et le naturel !

On se nourrit[8] des anciens et des habiles modernes ; on les

d'un homme qui a fait de grandes choses impose plus de respect que toutes les épithètes. » Voltaire, *Siècle de Louis XIV*, c. 13.

1. « Bien définir. » Il ne s'agit pas d'une définition sèche et technique ; bien définir, c'est avoir une conception nette et précise de son objet. « Bien peindre, » rendre cette pensée si clairement conçue, d'une manière sensible et frappante. La Bruyère dit en parlant des avares : « De telles gens ne sont ni amis, ni citoyens, ni chrétiens, ni peut-être des hommes ; ils ont de l'argent. » C'est là définir. — « Vous voyez le fleuriste planté, et qui a pris racine au milieu de ses tulipes. » C'est ce qui s'appelle peindre. — « *Image et précision*, dit Voltaire ; ces deux mots sont tout un traité de rhétorique. »

2. Quand même on ne le considère que comme un homme qui a écrit. *Note de La Bruyère.*

3. « Ce qu'on a fait de l'architecture. » Fénelon s'est servi de la même comparaison et presque du même langage. Il a traité assez longuement, et avec autant de grâce que de raison, la question si débattue des anciens et des modernes. Nous renvoyons à la *Lettre sur les occupations de l'Académie française*, § x, et aux notes de M. Despois.

4. « Que la barbarie avait introduit. » Tout le monde alors partageait ce mépris fort injuste pour les chefs-d'œuvre du moyen age. Perrault lui-même, lorsqu'il s'agissait d'architecture, était Grec comme La Bruyère et Fénelon.

5. « Ce qu'on ne voyait plus, devenu moderne. » Voici une tournure tout à fait antique. *Ce que* est un véritable pronom neutre, et il est ici à la fois sujet et régime, comme cela se pratique souvent en latin.

6. « Leur imitation. » « Comme les jeunes artistes copient longtemps d'après l'antique, ne pensez-vous pas que l'imitation des jeunes littérateurs devrait être la même, et qu'avant de tenter quelque chose de nous, nous devrions aussi nous occuper de traduire d'après les poëtes et les orateurs anciens ? Notre goût, fixé d'abord par des beautés sévères que nous serions pour ainsi dire appropriées, ne pourrait plus rien souffrir de médiocre et de mesquin. » Diderot, *Correspondance.*

7. « Avant que..., les hommes aient pu. » On a élevé la question de savoir si « avant que » devait être suivi de « ne. » Les bons écrivains sont presque unanimes pour la suppression de la négative.

8. « On se nourrit. » Les partisans des modernes avaient le malheur d'avoir contre

presse, on en tire le plus que l'on peut, on en renfle ses ouvrages [1]; et quand enfin l'on est auteur, et que l'on croit marcher tout seul, on s'élève contre eux, on les maltraite, semblable à ces enfants drus [2] et forts d'un bon lait qu'ils ont sucé, qui battent leur nourrice [3].

Un auteur moderne [4] prouve ordinairement que les anciens nous sont inférieurs en deux manières, par raison et par exemple : il tire la raison de son goût particulier, et l'exemple de ses ouvrages [5].

Il avoue que les anciens, quelque inégaux et peu corrects qu'ils soient, ont de beaux traits ; il les cite, et ils sont si beaux qu'ils font lire sa critique.

Quelques habiles prononcent en faveur des anciens contre les modernes ; mais ils sont suspects [6], et semblent juger en leur propre cause, tant leurs ouvrages sont faits sur le goût de l'antiquité : on les récuse.

* L'on devrait aimer à lire ses ouvrages à ceux qui en savent assez pour les corriger et les estimer [7].

Ne vouloir être ni conseillé ni corrigé sur son ouvrage est un pédantisme.

eux tous ceux qu'ils auraient pu opposer avec le plus d'avantage aux anciens. Boileau et Racine surtout les accablaient de l'autorité de leur nom, de leur science et leurs sarcasmes. La dispute dura néanmoins longtemps, et on peut lui attribuer en grande partie l'affaiblissement des études classiques dans le xviiie siècle. Perrault ne savait pas le grec; Saint-Evremond ne voulait rien souffrir de ce qui n'avait pas le ton de la cour; Lamotte pour défigurer Homère, n'eut qu'à le traduire ; Fontenelle avait fait de trop méchants vers, pour estimer la poésie. Tous avaient de l'esprit, mais de ce bel esprit qui excelle dans les petites choses et ne peut atteindre ni comprendre les grandes.

1. « On en renfle ses ouvrages. » Métaphore heureuse et précise. « Son latin et son grec, dit Montaigne, l'ont rendu plus sot et plus présomptueux qu'il n'estoit party de la maison. Il en debvoit rapporter l'ame pleine, il ne l'en rapporte que bouffie; et l'a seulement enflée, au lieu de la grossir. » — Et Voltaire :

Seule elle demeura
Avec l'orgueil, compagnon dur et triste :
Bouffi, mais sec, ennemi des ébats,
Il renfle l'âme, et ne la nourrit pas.

2. « Drus. » « Terme de fauconnerie qui se dit des oiseaux qui sont prêts à s'envoler du nid. On le dit figurément de ce qui est déjà crû, qui se porte bien. Cet enfant est bien dru, bien grand pour son âge. En vieux français, il signifiait gaillard. » FURETIÈRE.

3. « Nourrice. » Comparaison à la fois jolie et malicieuse.

4. On peut conjecturer que La Bruyère désigne ici Charles Perrault, de l'Académie française, qui venait de faire paraître son Parallèle des anciens et des modernes.

5. « De ses ouvrages. » Voyez dans une lettre de Boileau à Antoine Arnauld la liste plaisante des ouvrages de Perrault, Peau d'Ane mise en vers, l'Amour Godenot, Elégie à Iris, etc.

6. « Ils sont suspects. » Louange détournée et délicate à l'adresse de Racine et de Boileau.

7. « Les estimer. » Les juger, trouver bon ce qui est bon, et meilleur ce qui est meilleur. C'est le sens latin, æstimare.

Il faut qu'un auteur reçoive avec une égale modestie [1] les éloges et la critique que l'on fait de ses ouvrages.

* Entre toutes les différentes expressions qui peuvent rendre une seule de nos pensées, il n'y en a qu'une qui soit la bonne ; on ne la rencontre pas toujours en parlant ou en écrivant : il est vrai néanmoins qu'elle existe, que tout ce qui ne l'est point [2] est faible, et ne satisfait point un homme d'esprit qui veut se faire entendre.

Un bon auteur, et qui écrit avec soin, éprouve souvent que l'expression qu'il cherchait depuis longtemps sans la connaître, et qu'il a enfin trouvée, est celle qui était la plus simple, la plus naturelle, qui semblait devoir se présenter d'abord et sans efforts [3].

Ceux qui écrivent par humeur sont sujets à retoucher à leurs ouvrages ; comme elle n'est pas toujours fixe, et qu'elle varie en eux selon les occasions, ils se refroidissent bientôt pour les expressions et les termes qu'ils ont le plus aimés.

* La même justesse d'esprit qui nous fait écrire de bonnes choses, nous fait appréhender qu'elles ne le soient pas assez [4] pour mériter d'être lues.

Un esprit médiocre croit écrire divinement ; un bon esprit croit écrire raisonnablement.

* L'on m'a engagé, dit *Ariste* [5], à lire mes ouvrages à *Zoïle*, je l'ai fait ; ils ont saisi [6] d'abord, et, avant qu'il ait eu le loisir

---

1. « Modestie. » Calme, modération, sans s'irriter ni s'enorgueillir ; en latin *modestia*. On voit que La Bruyère tient beaucoup à conserver aux mots le sens le plus rapproché de leur étymologie.
2. « Tout ce qui ne l'est point. » Tout ce qui n'est pas cette expression.
3. « Sans efforts. » Tout ce que dit La Bruyère de la justesse et de la vérité de l'expression est excellent. Il revient à plusieurs reprises sur ce sujet, et il en parle en maître, d'après son expérience. Pascal, dans ses *Réflexions sur l'art d'écrire*, a surtout insisté sur la logique, et la suite des pensées ; Fénelon sur la simplicité et la vérité de la passion ; Buffon sur l'ordre et la noblesse. Chacun d'eux nous a mis dans la confidence de sa pensée et de son travail. C'est à La Bruyère qu'il appartenait de parler de l'élocution. Il n'est point de plus habile ouvrier de langage, et tous les mérites divers de l'expression éclatent dans ses compositions si petites et si achevées.
4. « Qu'elles ne le soient pas assez. » « Au demourant, rien ne me desplait tant en la sottise, que de quoy elle se plaist plus qu'aulcune raison ne se peult raisonnablement plaire. C'est malheur que la prudence vous defend de vous satisfaire et fier de vous, et vous renvoye tousjours mal content et craintif, là où l'opiniastreté et la temerité remplissent leurs hostes d'esfouissance et d'asseurance. C'est aux plus malhabiles de regarder les aultres hommes par dessus l'espaule, s'en retournants tousjours du combat pleins de gloire et d'alaigresse. » MONTAIGNE, *Essais*, III, 8.
5. « Dit Ariste. » La forme narrative donne ici de la vivacité et de l'agrément à la pensée.
6. « Saisi. » Expression simple et énergique.

de les trouver mauvais, il les a loués modestement en ma présence, et il ne les a pas loués depuis devant personne : je l'excuse, et je n'en demande pas davantage à un auteur, je le plains même d'avoir écouté de belles choses qu'il n'a point faites.

Ceux qui, par leur condition, se trouvent exempts de la jalousie d'auteur, ont ou des passions, ou des besoins qui les distraient et les rendent froids sur les conceptions d'autrui : personne presque, par la disposition de son esprit, de son cœur et de sa fortune, n'est en état de se livrer au plaisir que donne la perfection d'un ouvrage [1].

* Le plaisir de la critique [2] nous ôte celui d'être vivement touché de très-belles choses.

* Bien des gens vont jusques à sentir le mérite d'un manuscrit qu'on leur lit, qui [3] ne peuvent se déclarer en sa faveur, jusques à ce qu'ils aient vu le cours qu'il aura dans le monde par l'impression, ou quel sera son sort parmi les habiles : ils ne hasardent point leurs suffrages, et ils veulent être portés [4] par la foule et entraînés par la multitude ; ils disent alors qu'ils ont les premiers approuvé cet ouvrage, et que le public est de leur avis.

Ces gens laissent échapper les plus belles occasions de nous convaincre qu'ils ont de la capacité et des lumières, qu'ils savent juger, trouver bon ce qui est bon, et meilleur ce qui est meilleur. Un bel ouvrage tombe entre leurs mains, c'est un premier ouvrage [5], l'auteur ne s'est pas encore fait un grand nom, il n'a rien qui prévienne en sa faveur ; il ne s'agit point de faire sa cour ou de flatter les grands en applaudissant à ses écrits : on ne vous

---

1. « La perfection d'un ouvrage. » Il semble que La Bruyère, qui a eu un si grand succès et de si violents ennemis, n'ait guère été plus satisfait de l'un que des autres. S'il fait des efforts pour prévenir la censure, ou tout au moins pour s'y résigner, il a l'air de craindre tout autant l'approbation des ignorants et des indifférents, qui s'amusaient des allusions malignes de son livre et n'en sentaient pas le mérite.

2. « Le plaisir de la critique. » « Moquons-nous de cette chicane où ils veulent assujettir le goût du public, et ne consultons dans une comédie que l'effet qu'elle fait sur nous. Laissons-nous aller de bonne foi aux choses qui nous prennent par les entrailles, et ne cherchons point de raisonnement pour nous empêcher d'avoir du plaisir. » MOLIÈRE, Critique de l'École des femmes.

3. « Qui. » La règle qui veut que le relatif soit immédiatement précédé de son antécédent, est très-souvent violée par nos meilleurs écrivains :

Un loup survient à jeun, qui cherchait aventure.
LA FONTAINE

4. « Portés. » Voyez la notice de Suard, en tête du volume.

5. « C'est un premier ouvrage. » Ces petites phrases courtes et rapides sont ici du meilleur effet.

demande pas, *Zélotes*[1], de vous récrier : « C'est un chef-d'œuvre
« de l'esprit : l'humanité ne va pas plus loin : c'est jusqu'où la
« parole humaine peut s'élever : on ne jugera à l'avenir du goût
« de quelqu'un[2] qu'à proportion qu'il en aura pour cette pièce, »
phrases outrées, dégoûtantes, qui sentent la pension[3] ou l'abbaye;
nuisibles à cela même[4] qui est louable et qu'on veut louer. Que
ne disiez-vous seulement : Voilà un bon livre; vous le dites, il est
vrai, avec toute la France, avec les étrangers comme avec vos
compatriotes, quand il est imprimé par toute l'Europe, et qu'il est
traduit en plusieurs langues[5]; il n'est plus temps.

* Quelques-uns de ceux qui ont lu un ouvrage en rapportent
certains traits dont ils n'ont pas compris le sens, et qu'ils altèrent
encore par tout ce qu'ils y mettent du leur[6]; et ces traits ainsi
corrompus et défigurés, qui ne sont autre chose que leurs propres
pensées et leurs expressions, ils les exposent[7] à la censure, sou-

---

1. « Zélotes. » L'apostrophe est vive, inattendue, et cependant naturelle.
2. « On ne jugera à l'avenir, etc. » Voyez comment madame de Sévigné parle de la représentation d'*Esther*. Elle n'était pas, comme on sait, grande admiratrice de Racine, qu'elle ne put jamais regarder autrement que comme un jeune homme d'esprit. Mais cette fois, le roi était là et lui a parlé : « Le maréchal de Bellefonds vint se mettre, par choix, à mon côté droit, et devant, c'étaient mesdames d'Auvergne, de Coislin, de Sully. Nous écoutâmes, le maréchal et moi, cette tragédie, avec une attention qui fut remarquée, et de certaines louanges sourdes et bien placées. Je ne puis vous dire l'excès de l'agrément de cette pièce : c'est une chose qui n'est pas aisée à représenter, et qui ne sera jamais imitée; c'est un rapport de la musique, des vers, des chants, des personnes, si parfait et si complet, qu'on n'y souhaite rien; les filles qui font des rois et des personnages sont faites exprès; on est attentif, et on n'a point d'autre peine que celle de voir finir une si aimable pièce. Tout y est simple, tout y est innocent, tout y est sublime et touchant; cette fidélité de l'histoire sainte donne du respect; tous les chants convenables aux paroles, qui sont tirées des Psaumes ou de la *Sagesse*, et mises dans le sujet, sont d'une beauté qu'on ne soutient pas sans larmes : *la mesure de l'approbation qu'on donne à cette pièce, c'est celle du goût et de l'attention.* » *Lettres à madame de Grignan*, 21 février, 1689.
3. « Qui sentent la pension. » Phrases qui semblent avoir pour but d'obtenir une pension, ou les revenus d'une abbaye. Expression énergique et originale.
4. « A cela même. » A ce livre même. L'emploi de ces pronoms indéterminés était beaucoup plus fréquent dans la langue du XVIIe siècle que dans celle du nôtre. On s'en servait souvent là où nous mettons un substantif ; « *ce qu'une* judicieuse prévoyance n'a pu mettre dans l'esprit des hommes, une maîtresse plus impérieuse, l'expérience, les a forcés de le croire. » BOSSUET. — « Bien qu'elle ait de l'esprit, elle a suivi le mauvais exemple de celles qui, étant sur le retour de l'âge, veulent remplacer *de quelque chose* ce qu'elles voient qu'elles perdent, et prétendent que les grimaces d'une pruderie scrupuleuse, leur tiendront lieu de jeunesse et de beauté. » MOLIÈRE. — Ces tournures se rapprochent tout à fait du neutre latin.
5. « Plusieurs langues. » Il est ici évidemment question du présent livre des *Caractères*.
6. « Du leur. » Façon de parler plus souvent alors usitée qu'aujourd'hui :

Si j'ajoute *du mien* à son invention
C'est pour peindre nos mœurs et non point par envie.
LA FONTAINE.

7. « Ils les exposent. » Les critiques du temps reprochaient avec bien peu de raison

tiennent qu'ils sont mauvais, et tout le monde convient qu'ils sont mauvais. mais l'endroit de l'ouvrage que ces critiques croient citer, et qu'en effet ils ne citent point, n'en est pas pire.

* Que dites-vous [1] du livre d'*Hermodore*? Qu'il est mauvais, répond *Anthime*. Qu'il est mauvais? Qu'il est tel, continue-t-il, que ce n'est pas un livre, ou qui mérite du moins que le monde en parle. Mais l'avez-vous lu? Non, dit Anthime. Que n'ajoute-t-il que *Fulvie* et *Mélanie* l'ont condamné sans l'avoir lu, et qu'il est ami de Fulvie et de Mélanie [2].

* *Arsène*, du plus haut de son esprit [3], contemple les hommes; et, dans l'éloignement d'où il les voit, il est comme effrayé de leur petitesse : loué, exalté, et porté [4] jusqu'aux cieux par de certaines gens qui se sont promis de s'admirer réciproquement, il croit, avec quelque mérite qu'il a, posséder tout celui qu'on peut avoir, et qu'il n'aura jamais : occupé et rempli de ces sublimes

---

à La Bruyère ces inversions, qui donnent de la variété à la phrase, et que Fénelon regrettait de ne pas trouver assez fréquemment dans nos écrivains.

1. « Que dites-vous? » Les écrivains satiriques ont toujours recherché la forme du dialogue. Horace et Boileau en font un grand usage, le premier surtout. Ils se rapprochent par là de la comédie. On a pu soutenir avec raison que les *Provinciales* de Pascal avaient contribué à former Molière.

2. « Et de Mélanie. » *Le marquis.* Quoi! chevalier, est-ce que tu prétends soutenir cette pièce?
Dorante. Oui, je prétends la soutenir.
Le marquis. Parbleu, je la garantis détestable.
Dorante. La caution n'est pas bourgeoise. Mais, marquis, par quelle raison, de grâce, cette comédie est-elle ce que tu dis?
Le marquis. Pourquoi elle est détestable?
Dorante. Oui.
Le marquis. Elle est détestable, parce qu'elle est détestable.
Dorante. Après cela, il n'y a plus rien à dire; voilà son procès fait. Mais encore, instruis-nous, et nous dis les défauts qui y sont.
Le marquis. Que sais-je, moi? je ne me suis pas seulement donné la peine de l'écouter. Mais enfin je sais bien que je n'ai jamais rien vu de si méchant. Dieu me sauve, et Dorilas, contre qui j'étais, a été de mon avis.
Dorante. L'autorité est belle, et te voilà bien appuyé. »
MOLIÈRE, *Critique de l'École des femmes*, sc. 6.
Souvenez-vous que la pièce de Molière fut publiée en 1663, et ce caractère de La Bruyère en 1689.

3. « Du plus haut de son esprit. »
Aux conversations même il trouve à reprendre;
Ce sont propos trop bas pour y daigner descendre;
Et les deux bras croisés, du haut de son esprit,
Il regarde en pitié tout ce que chacun dit!
MOLIÈRE, *le Misanthrope*, acte II, sc. 5.
Voyez tout le portrait qui est fort beau. La Bruyère, qui ne publia ses *Caractères* que plus de vingt ans après le *Misanthrope*, a beaucoup emprunté à Molière; il ne lui est pas ici inférieur.

4. « Porté. » Heureuse gradation.

idées, il se donne à peine le loisir de prononcer quelques oracles ; élevé par son caractère au-dessus des jugements humains, il abandonne aux âmes communes le mérite d'une vie suivie et uniforme, et il n'est responsable de ses inconstances [1] qu'à ce cercle d'amis qui les idolâtrent ; eux seuls savent juger, savent penser, savent écrire, doivent écrire [2] ; il n'y a point d'autre ouvrage d'esprit si bien reçu dans le monde et si universellement goûté des honnêtes gens [3], je ne dis pas qu'il veuille approuver [4], mais qu'il daigne lire ; incapable d'être corrigé par cette peinture, qu'il ne lira point.

* *Théocrine* sait des choses assez inutiles, il a des sentiments toujours singuliers ; il est moins profond que méthodique, il n'exerce que sa mémoire ; il est abstrait [5], dédaigneux, et il semble toujours rire en lui-même de ceux qu'il croit ne le valoir pas : le hasard fait que je lui lis mon ouvrage, il l'écoute ; est-il lu [6], il

---

1. « Inconstances. » Marques d'inconstance. Ce pluriel est rare ; l'auteur a dit de même dans la préface, *des exactitudes*.

2. « Eux seuls savent, etc. »
   Nul n'aura de l'esprit, hors nous et nos amis.
   MOLIÈRE, *les Femmes savantes*.

3. « Des honnêtes gens. » Ce mot revient à chaque instant dans les écrivains du xviie siècle, mais il n'avait que rarement le sens sérieux et solide que nous y attachons. Ἄριστοι chez les Grecs, signifie souvent les plus riches ; *boni viri*, en latin, les partisans du sénat. L'honnête homme du temps de La Bruyère, c'était juste l'opposé du pédant, l'esprit éclairé et poli, qui fuyait toute affectation de science, et qui sans écrire, aimait les lettres et savait en juger. « Si je pouvais lutter en ces vieux champions là (les grands écrivains de l'antiquité), je serois *honneste* homme. » MONTAIGNE, *Essais*, I, 25. « Parmi les occupations les plus importantes, César ne laisse pas de donner quelques heures aux belles-lettres, dont Atticus, cet *honnête homme* des anciens, n'avait pas manqué d'une connaissance plus délicate dans la douceur de son repos, et la tranquillité de ses études. » SAINT-ÉVREMOND, *Observations sur Salluste*. — « Je dois ces réflexions sur Malherbe, à un *honnête homme* de nos amis, qui a tout le discernement qu'on peut avoir, et qui dans la fleur de son âge, joint une grande capacité avec une grande sagesse. » BOUHOURS, *Manière de bien penser*, IV. » Pascal a donné une définition étendue de l'*honnête homme* dans un curieux passage de ses *Pensées*.

4. « Approuver. » Le père Bouhours a fait un portrait tout semblable, qui a servi à La Bruyère, aussi bien que celui de Molière. Voici ce passage dont la pureté élégante montre encore mieux ce que vaut la perfection savante et énergique de notre auteur : « Je ne hais rien tant que certains esprits qui s'en font extrêmement accroire. Ils ont dans leur mine, dans leurs gestes, et jusque dans le ton de leur voix, un air de fierté et de suffisance, qui fait juger qu'ils sont fort contents d'eux-mêmes. Ils font profession de n'estimer rien, et de trouver à redire à tout. Il ne se fait pas un ouvrage d'esprit, qui ne leur fasse pitié ; mais en récompense, ils ne font rien qu'ils n'admirent. Ils prennent quelquefois un ton d'oracle, et décident de tout souverainement dans les compagnies. Pour leurs ouvrages, ils en font un grand mystère, ou par affectation, ou pour exciter davantage la curiosité de ceux qui ont envie de les voir, ou parce qu'ils jugent peu de personnes capables d'en connaître le juste prix. Ce sont des trésors cachés, qu'ils ne communiquent qu'à trois ou quatre de leurs admirateurs. » *Entretiens d'Ariste et d'Eugène*, IV.

5. « Abstrait. » Distrait, celui qui ne peut appliquer son attention à aucun sujet, abstrait, celui qui la concentre en lui-même et sur ses idées.

6. « Est-il lu. » Tournure vive, qui ressemble à l'ablatif absolu des latins.

me parle du sien. Et du vôtre, me direz-vous, qu'en pense-t-il? je vous l'ai déja dit, il me parle du sien.

* Il n'y a point d'ouvrage accompli qui ne fondît[1] tout entier au milieu de la critique, si son auteur voulait en croire tous les censeurs, qui ôtent chacun l'endroit qui leur plaît le moins[2].

* C'est une expérience faite, que, s'il se trouve dix personnes qui effacent d'un livre une expression ou un sentiment, l'on en fournit aisément un pareil nombre qui les réclame ; ceux-ci s'écrient : Pourquoi supprimer cette pensée ? elle est neuve, elle est belle, et le tour en est admirable ; et ceux-là affirment, au contraire, ou qu'ils auraient négligé cette pensée, ou qu'ils lui auraient donné un autre tour. Il y a un terme, disent les uns, dans votre ouvrage, qui est rencontré[3], et qui peint la chose au naturel; il y a un mot, disent les autres, qui est hasardé, et qui d'ailleurs ne signifie pas assez ce que vous voulez peut-être faire entendre : et c'est du même trait et du même mot que tous ces gens s'expliquent ainsi ; et tous sont connaisseurs et passent pour tels. Quel autre parti pour un auteur, que d'oser pour lors être de l'avis de ceux qui l'approuvent?

* Un auteur sérieux n'est pas obligé de remplir son esprit de toutes les extravagances, de toutes les saletés, de tous les mauva[is] mots que l'on peut dire, et de toutes les ineptes applications que l'on peut faire au sujet de quelques endroits de son ouvrage, et encore moins de les supprimer; il est convaincu que, quelque scrupuleuse exactitude que l'on ait dans sa manière d'écrire, la raillerie froide des mauvais plaisants est un mal inévitable, et que les meilleures choses ne leur servent souvent qu'à leur faire rencontrer une sottise.

* Si certains esprits vifs et décisifs[4] étaient crus, ce serait en-

---

1. « Qui ne fondît. » Métaphore juste et heureuse. « Que ceulx qui nous ont voulu bastir ces années passées, un exercice de religion si contemplatif et si immateriel, ne s'estonnent point s'il s'en trouve qui pensent qu'elle feust eschappée et *fondue* entre leurs doigts, si elle ne tenoit parmy nous comme marque, tiltre et instrument de division et de part, plus que par soy-mesme. » Montaigne, *Essais*, III, 8.

2. « Qui leur plaît le moins. » « M. de Termes ne s'accommode pas, dites-vous, du mot de lubricité. Eh ! bien, qu'il en cherche un autre. Mais moi, pourquoi ôterois-je un mot qui est dans tous les dictionnaires au rang des mots les plus usités ? Où en seroit-on, si l'on vouloit contenter tout le monde ? *Quid dem ? quid non dem ? Renuis tu quod jubet alter.* Tout le monde juge et personne ne sait juger. » Boileau, *Correspondance*.

3. « Rencontré. » On emploie plus souvent de nos jours *trouvé*, qui vaut moins.

4. « Décisifs. » Ne s'emploie guère qu'en parlant des choses, une raison *décisive*

core trop que les termes pour exprimer les sentiments, il faudrait leur parler par signes, ou sans parler[1] se faire entendre. Quelque soin qu'on apporte à être serré et concis, et quelque réputation qu'on ait d'être tel, ils vous trouvent diffus : il faut leur laisser tout à suppléer, et n'écrire que pour eux seuls : ils conçoivent une période par le mot qui la commence, et par une période tout un chapitre : leur avez-vous lu un seul endroit de l'ouvrage, c'est assez, ils sont dans le fait et entendent l'ouvrage : un tissu d'énigmes leur serait une lecture divertissante, et c'est une perte pour eux que ce style estropié[2] qui les enlève[3] soit rare, et que peu d'écrivains s'en accommodent. Les comparaisons tirées d'un fleuve dont le cours, quoique rapide, est égal et uniforme, ou d'un embrasement qui, poussé par les vents, s'épand au loin dans une forêt où il consume les chênes et les pins, ne leur fournissent aucune idée de l'éloquence[4] : montrez-leur un feu grégeois qui les surprenne, ou un éclair qui les éblouisse, ils vous quittent du bon et du beau.

* Quelle prodigieuse distance entre un bel ouvrage et un ouvrage parfait ou régulier[5] ! je ne sais s'il s'en est encore trouvé de ce dernier genre. Il est peut-être moins difficile aux rares génies de rencontrer le grand et le sublime que d'éviter toute sorte de fautes. Le *Cid* n'a eu qu'une voix pour lui à sa naissance, qui a été celle de l'admiration ; il s'est vu plus fort que l'autorité et la

---

un argument *décisif*. Un esprit *décisif* forme pourtant un beau sens, et qu'aucun autre mot ne remplace.

1. « Sans parler. » Il serait à souhaiter que nous fussions comme les anges, qui se communiquent leurs pensées sans le secours des paroles ; mais n'étant pas de purs esprits, nous sommes contraints d'avoir recours au langage, pour exprimer ce que nous pensons ; et telle pensée ne peut s'entendre sans un certain nombre de mots si vous en retranchez quelque chose, sous prétexte de rendre la pensée plus forte, vous tombez infailliblement dans l'obscurité. » BOUHOURS, *Manière de penser*. IV.

2. « Ce style estropié. » « N'avez-vous pas pris garde que l'obscurité des pensées vient encore de ce qu'elles sont *estropiées*, si j'ose m'exprimer de la sorte ; je veux dire que le sens n'en est pas complet, et qu'elles ont quelque chose de monstrueux, comme ces statues imparfaites ou toutes mutilées, qui ne donnent qu'une idée confuse de ce qu'elles représentent, et qui n'en donnent même aucune ? » BOUHOURS, *Ibid*. La Bruyère, comme tous les écrivains originaux, a beaucoup pris partout ; on voit combien il restait original, en s'emparant des pensées et même des expressions des autres.

3. « Qui les enlève. » Qui les charme ; *capit*, *rapit*.

4. « D'un embrasement, etc. » C'est la comparaison dont se sert Quintilien, pour vanter l'éloquence de Cicéron.

5. « Parfait ou régulier. » Si La Bruyère veut parler ici d'un ouvrage absolument parfait, où il n'y ait rien à reprendre, il est évident qu'il n'en sortira jamais un seul de la main de l'homme ; tout ce que peuvent faire ces rares génies dont on parle, c'est d'approcher autant que possible de la perfection. Seulement ils suivent moins les règles des autres qu'ils n'imposent les leurs ; ils sont originaux. Les imitateurs viennent ensuite qui marchent religieusement sur leurs traces, ils sont réguliers.

DES OUVRAGES DE L'ESPRIT.

politique[1], qui ont tenté vainement de le détruire; il a réuni en sa faveur des esprits toujours partagés d'opinions et de sentiments, les grands et le peuple; ils s'accordent tous à le savoir de mémoire, et à prévenir au théâtre les acteurs qui le récitent. Le *Cid* enfin est l'un des plus beaux poëmes que l'on puisse faire; et l'une des meilleures critiques[2] qui ait été faite sur aucun sujet, est celle du *Cid*.

* Quand une lecture vous élève l'esprit, et qu'elle vous inspire des sentiments nobles et courageux[3], ne cherchez pas une autre règle[4] pour juger de l'ouvrage, il est bon, et fait de main d'ouvrier.

* *Capys*, qui s'érige en juge du beau style, et qui croit écrire comme BOUHOURS[5] et RABUTIN[6], résiste à la voix du peuple, et dit tout seul que *Damis* n'est pas un bon auteur. Damis cède à la multitude, et dit ingénument, avec le public, que Capys est froid écrivain.

L'usage a eu raison de n'allier presque jamais, parfait et régulier, comme on le voit ici, mais correct et régulier. Voyez ce que l'auteur dit plus loin des esprits sublimes et des esprits justes.

1. « La politique. » En vain contre le Cid un ministre se ligue,
Tout Paris, pour Chimène a les yeux de Rodrigue;
L'Académie en corps a beau le censurer,
Le public révolté s'obstine à l'admirer.
BOILEAU, *Sat.* IX.

2. « L'une des meilleures critiques. » N'y a-t-il pas beaucoup d'exagération dans cette espèce d'égalité qu'on veut établir entre Corneille et ses juges! Les *Sentiments de l'Académie sur le Cid*, méritent-ils l'éloge qu'en fait ici La Bruyère, et qu'on a trop souvent répété? Il semble que M. Daunou a très-bien jugé cette critique: « En vain le public, guidé cette fois par un pur instinct, avait accueilli avec transport les premières représentations du Cid; cette production miraculeuse du génie français, insultée dans un libelle de Scudéri, était magistralement critiquée au sein de l'Académie française, où siégeait Faret, et où ne siégeait pas Corneille. Il règne à la vérité quelque modération, quelque décence dans cette censure solennelle; mais au moment où Corneille, s'élevant soudainement au-dessus de ses contemporains et de lui-même, fesait le plus grand pas qui jamais peut-être ait été fait dans aucun art, c'était demeurer bien au-dessous de lui que de s'appliquer à tempérer, par un examen minutieux et peu juste, l'heureux enthousiasme qu'un tel chef-d'œuvre avait excité. » *Éloge de Boileau*.

3. « Courageux. » Courage et cœur s'employaient encore très-souvent l'un pour l'autre.

4. « Ne cherchez pas une autre règle. » Celle-ci est en effet infaillible et éternelle. Voilà de la véritable critique et digne d'un esprit supérieur. Il ne faut pas mépriser les minuties des rhéteurs et les chicanes des grammairiens; elles sont parfois d'une grande utilité. Mais les premières et les plus solides règles du goût sont d'un ordre plus relevé. Longin avait dit avant La Bruyère : « Tout ce qui est véritablement sublime a cela de propre quand on l'écoute, qu'il élève l'âme, et lui fait concevoir une plus haute opinion d'elle-même. » *Du Sublime*, ch. v, trad. de Boileau.

5. « Bouhours. » Ingénieux et savant jésuite, profondément versé dans la connaissance de la langue française, beaucoup trop vanté de son temps et trop oublié du nôtre. Il avait cité La Bruyère avec éloge dans son *Recueil des Pensées ingénieuses*.

« Rabutin. » Bussy-Rabutin, cousin de madame de Sévigné, homme de beaucoup

* Le devoir du nouvelliste¹ est de dire : Il y a un tel livre qui court, et qui est imprimé chez Cramoisy² en tel caractère ; il est bien relié et en beau papier ; il se vend tant : il doit savoir jusques à l'enseigne du libraire qui le débite ; sa folie est d'en vouloir faire la critique.

Le sublime du nouvelliste est le raisonnement creux sur la politique.

Le nouvelliste se couche³ le soir tranquillement sur une nouvelle qui se corrompt la nuit, et qu'il est obligé d'abandonner le matin à son réveil.

* Le philosophe consume sa vie à observer les hommes, et il use ses esprits⁴ à en démêler les vices et le ridicule : s'il donne quelque tour⁵ à ses pensées, c'est moins par une vanité⁶ d'auteur, que pour mettre une vérité qu'il a trouvée dans tout le jour nécessaire pour faire l'impression qui doit servir⁷ à son dessein. Quelques lecteurs croient néanmoins le payer avec usure, s'ils disent magistralement qu'ils ont lu son livre, et qu'il y a de l'esprit, mais il leur renvoie tous leurs éloges, qu'il n'a pas cherchés par son travail et par ses veilles : il porte plus haut ses projets, et agit pour une fin plus relevée⁸ : il demande des hommes un plus grand

---

d'esprit, quoique fort peu estimable Il avait voulu faire entrer La Bruyère à l'Académie française, et n'y put réussir. L'auteur des *Caractères* ne fut reçu que quelque temps après la mort de Bussy.

1. « Nouvelliste. » Il s'agit des journaux encore dans leur enfance. On voit avec quelle irrévérence les traite La Bruyère ; on ne se doutait guère de l'importance qu'ils devaient prendre un jour. Voltaire en parle déjà avec plus de respect : « Les puissances européennes ont-elles une querelle à démêler ? elles plaident d'abord par-devant les gazetiers, qui les jugent en premier ressort, et ensuite elles appellent de ce tribunal à celui de l'artillerie. » Mais à la même époque, d'Alembert disait : « J'ai su qu'il n'y a rien à apprendre dans les journaux, sinon que le journaliste est l'ami ou l'ennemi de celui dont il parle, et cela ne m'a pas paru fort intéressant à savoir. »

2. « Cramoisy. » Sébastien-Mabre-Cramoisy, imprimeur du roi, rue Saint-Jacques, aux Cicognes. Autrefois toutes les boutiques avaient des enseignes, parce que les maisons n'étaient point numérotées l'enseigne était l'unique moyen de les faire reconnaître.

3. « Se couche. » Expression piquante et originale dont l'auteur s'est servi encore fort heureusement dans cet autre passage : « L'on *se couche* à la cour, et on se lève sur l'intérêt. »

4. « Ses esprits. » Le système de Descartes sur les *esprits animaux*, qu'il disait nécessaires à la vie et au mouvement, avait rendu ce pluriel fort commun.

5. « Quelque tour. » S'il donne à sa pensée une tournure ingénieuse et piquante.

6. « Une vanité. » L'auteur se sert volontiers de cette espèce d'article.

7. « Qui doit servir. » La construction est traînante. Ces phrases longues et négligées, qui ressemblent à celles de la conversation, se trouvent dans les meilleurs écrivains. La Bruyère ne semble pas avoir voulu les éviter.

8. « Une fin plus relevée. » La Bruyère parle ici de lui-même et avec l'accent d'un honnête homme

et un plus rare succès que les louanges, et même que les récompenses, qui est[1] de les rendre meilleurs[2].

* Les sots lisent un livre, et ne l'entendent point : les esprits médiocres croient l'entendre parfaitement : les grands esprits ne l'entendent quelquefois pas tout entier ; ils trouvent obscur ce qui est obscur, comme ils trouvent clair ce qui est clair : les beaux esprits[3] veulent trouver obscur ce qui ne l'est point, et ne pas entendre ce qui est fort intelligible.

* Un auteur cherche vainement à se faire admirer par son ouvrage. Les sots admirent quelquefois, mais ce sont des sots. Les personnes d'esprit ont en eux les semences de toutes les vérités et de tous les sentiments, rien ne leur est nouveau, ils admirent peu ; ils approuvent.

* Je ne sais[4] si l'on pourra jamais mettre dans des lettres plus d'esprit, plus de tour, plus d'agrément et plus de style que l'on

1. « Qui est. » Nous avons déjà remarqué que le relatif se trouve ainsi souvent placé loin de son antécédent, sans que la phrase cesse d'être claire et correcte.
2. « Meilleurs. » « Devray, le soing et la despense de nos peres ne vise qu'à nous meubler la teste de science ; du jugement et de la vertu, peu de nouvelles. Criez d'un passant à nostre peuple : O le sçavant homme ! Et d'un autre : O le bon homme ! Il ne fauldra pas de detourner les yeulx et son respect vers le premier. Il y fauldroit un tiers crieur : O les lourdes testes ! Nous nous enquerons volontiers : Sçait-il du grec ou du latin ? escrit-il en vers ou en prose ? Mais s'il est devenu meilleur ou plus advisé, c'estoit le principal, et c'est ce qui demeure derriere. » MONTAIGNE, Essais, I, 24.
3. « Les beaux esprits. » Ce mot n'avait pas encore partout le sens défavorable qu'il a ici et qu'il a conservé :

Oh ! que tu changerais d'avis et de langage,
Si deux jours seulement, libre du jardinage,
Tout à coup devenu poète et *bel esprit*
Tu t'allais engager à polir un écrit
Qui dit, sans s'avilir, les plus petites choses.
BOILEAU, Ep. IX.

« Homère est peut-être le plus vaste et le *plus bel esprit* qui ait jamais été. » PERRAULT, *Parallèle des anciens et des modernes*. « C'est une chose singulière qu'un *bel esprit* allemand ou moscovite, et, s'il y en a quelques-uns au monde, ils sont de la nature de ces esprits qui n'apparaissent jamais sans causer de l'étonnement. » BOUHOURS, *Du bel esprit, Entretiens d'Ariste et d'Eugène*.
4. « Je ne sais. » Voltaire est plus affirmatif. « Loin que j'aie reproché à Voiture d'avoir mis de l'esprit dans ses lettres, j'ai trouvé au contraire qu'il n'en avait pas assez, quoiqu'il cherchât toujours. On dit que les maîtres à danser font mal la révérence, parce qu'ils la veulent trop bien faire. J'ai cru que Voiture était souvent dans ce cas. Ses meilleures lettres sont étudiées. On sent qu'il se fatigue pour trouver ce qui se présente si naturellement au comte Hamilton, à madame de Sévigné, et à tant d'autres dames, qui écrivent sans effort ces bagatelles mieux que Voiture ne les écrivait avec peine. — Balzac avait un mauvais goût tout contraire. Il écrivait des lettres familières avec une étrange emphase. Son genre de style n'aurait pas été mauvais pour une oraison funèbre. » — *Balzac*, né à Angoulême en 1592, a laissé, entre autres ouvrages : *le Socrate chrétien*, *le Prince*, *l'Aristippe* et un très-grand nombre de lettres ; il a donné de la noblesse et de l'harmonie à la langue française. — *Voiture*, né à Amiens en 1598 ; l'Académie française prit le deuil quand il mourut ; *Lettres et poésies diverses* très vantées de son temps.

en voit dans celles de Balzac et de Voiture. Elles sont vides de sentiments qui n'ont régné que depuis leur temps, et qui doivent aux femmes leur naissance : ce sexe va plus loin [1] que le nôtre dans ce genre d'écrire ; elles trouvent sous leur plume des tours et des expressions qui souvent en nous ne sont l'effet que d'un long travail et d'une pénible recherche, elles sont heureuses dans le choix des termes, qu'elles placent si juste, que, tout connus qu'ils sont, ils ont le charme de la nouveauté, et semblent être faits seulement pour l'usage où elles les mettent : il n'appartient qu'à elles de faire lire dans un seul mot [2] tout un sentiment, et de rendre délicatement une pensée qui est délicate ; elles ont un enchaînement de discours inimitable qui se suit naturellement, et qui n'est lié que par le sens. Si les femmes étaient toujours correctes, j'oserais dire que les lettres de quelques-unes d'entre elles seraient peut-être ce que nous avons dans notre langue de mieux écrit.

* Il n'a manqué à Térence [3] que d'être moins froid : quelle pureté, quelle exactitude, quelle politesse, quelle élégance, quels caractères ! Il n'a manqué à Molière que d'éviter le jargon et le barbarisme, et d'écrire purement [4] : quel feu, quelle naïveté, quelle source de la bonne plaisanterie, quelle imitation des mœurs,

---

1. « Plus loin. » La phrase de P. Louis Courier est devenue célèbre : « Gardez-vous bien de croire que quelqu'un ait écrit en français depuis le règne de Louis XIV ; la moindre femmelette de ce temps-là vaut mieux pour le langage que les Jean-Jacques, Diderot, d'Alembert, contemporains et postérieurs ; ceux-là sont tous ânes bâtés, *sous le rapport de la langue*, pour user d'une de leurs phrases. »

2. « Un seul mot. » Madame de Sévigné écrivait à sa fille : « Je suis *toute* à vous ; » et à ses connaissances : « Je suis *tout* à vous. » Elle trouvait moyen de changer en un sentiment une simple formule de politesse.

3. « Térence. » Remarquez qu'il n'est pas du tout ici question de Plaute. Térence a eu de tout temps en France une meilleure fortune que son rival. Montaigne l'appelle la mignardise et les grâces du langage latin. Fénelon dit qu'il a une naïveté inimitable. Diderot, dans un charmant passage, le compare à quelques-unes de ces précieuses statues qui nous restent des Grecs, une Vénus de Médicis, un Antinoüs. Elles ont peu de passions, peu de caractère, presque point de mouvement, mais on y remarque tant de pureté, tant d'élégance et de vérité, qu'on n'est jamais las de les considérer. On revient à Plaute de nos jours, on estime moins la politesse et la pureté que la force et le naturel. Ces changements de goût pourraient être très-curieux et très-utiles à étudier.

4. « D'écrire purement. » La Bruyère a peut-être ici exagéré sa pensée pour le besoin de l'antithèse et de la symétrie. Il va beaucoup plus loin que Fénelon, qui pardonne à la prose de Molière, et condamne ses vers, jugement dont Voltaire s'est beaucoup moqué avec raison. Rien de plus facile que de relever des négligences et des fautes, dans un si grand nombre de pièces écrites pour la plupart de verve et que l'auteur n'avait souvent pas le temps de revoir. Mais quel langage fut jamais plus vif, plus naturel, plus français, on peut dire aussi, plus savant et plus fourni de vieilles et solides locutions gauloises ? Au moins les Latins admiraient-ils le style antique de Plaute, et n'y recherchaient pas des barbarismes. Il s'en faut de beaucoup, au reste, que les jugements littéraires de La Bruyère soient toujours irrécusables.

quelles images, et quel fléau du ridicule! mais quel homme on aurait pu faire de ces deux comiques¹!

* J'ai lu Malherbe et Théophile². Ils ont tous deux connu la nature, avec cette différence, que le premier, d'un style plein et uniforme³, montre tout à la fois ce qu'elle a de plus beau et de plus noble, de plus naïf et de plus simple; il en fait la peinture ou l'histoire⁴. L'autre, sans choix, sans exactitude, d'une plume libre et inégale, tantôt charge ses descriptions, s'appesantit sur les détails; il fait une anatomie : tantôt il feint⁵, il exagère, il passe le vrai dans la nature; il en fait le roman.

* Ronsard et Balzac ont eu, chacun dans leur genre, assez de bon et de mauvais pour former après eux de très-grands hommes⁶ en vers et en prose.

* Marot⁷, par son tour et par son style, semble avoir écrit depuis Ronsard : il n'y a guère, entre ce premier et nous, que la différence de quelques mots⁸.

1. « De ces deux comiques. » Il paraît assez difficile de savoir ce que produirait l'alliance de deux génies si opposés. *Diderot* a très-bien dit : « Comme c'est le visage réel de l'homme, et jamais la charge de ce visage que Térence nous montre, il ne fait point éclater de rire. On n'entendra point un de ses pères s'écrier d'un ton plaisamment douloureux : Que diable allait-il faire dans cette galère? Térence n'est pas possédé de ce démon-là, il porte dans son sein une muse plus douce et plus tranquille. »
2. « Théophile. » Le rapprochement n'est pas heureux. Il s'agit de ce Théophile que Boileau a immortalisé pour le ridicule, en citant ces fameux vers :

Ah! voici le poignard qui du sang de son maître
S'est souillé lâchement. Il en rougit, le traître!

Il disait encore : la charrue écorche la plaine; et dans un autre endroit : je baignerai mes mains dans les ondes de tes cheveux. — Théophile Viaud, né à Clérac en 1590. Il a fait des tragédies, des élégies, des odes, des sonnets, etc.
3. « Uniforme. » Toujours égal. Ce mot s'emploie rarement comme un éloge ; Montaigne a dit beaucoup mieux : « *l'égale polissure* et cette perpétuelle douceur de beauté fleurissante des épigrammes de Catulle. »
4. « L'histoire. » Cet éloge qui conviendrait à Fénelon ou à Virgile, n'est-il pas exagéré, lorsqu'on l'applique à Malherbe?
5. « Il feint. » *Fingit*, il invente, il est dans le faux.
6. « De très-grands hommes. » Cela est plus vrai de Balzac que de Ronsard. Voyez sur ce poëte le jugement de Fénelon, *Lettre sur les occupations de l'Académie française*, édition de M. Despois, p. 37. — Ronsard, né près de Vendôme en 1525, passa de son temps pour un Homère, et s'essaya dans tous les genres; il a laissé quelques jolies pièces; sa tentative de réformer la langue française et de la calquer sur le grec fit beaucoup de bruit, et eut peu de succès.
7. « Marot. » Clément Marot, né à Cahors en 1495. Il a laissé des épîtres et des poésies légères encore très-estimées.
8. « Que la différence de quelques mots. » Il faut remarquer aussi que Marot n'a réussi que dans le genre familier, badin, plus naturel au génie français, plus facile, et où déjà il avait des modèles qui ne manquaient pas de mérite. Ronsard a échoué, c'est que son entreprise était plus rude, et que la noblesse du style soutenu et élevé ne se rencontre guère que lorsque la langue est mûre, et les esprits et le goût déjà formés. Il avait fallu dans la prose, Rabelais, Amyot, Montaigne, et les immenses travaux des grammairiens, avant d'arriver à Descartes et à Pascal.

* Ronsard et les auteurs ses contemporains ont plus nui au style [1] qu'ils ne lui ont servi : ils l'ont retardé dans le chemin de la perfection ; ils l'ont exposé à la manquer pour toujours, et à n'y plus revenir. Il est étonnant que les ouvrages de Marot, si naturels et si faciles, n'aient su faire de Ronsard, d'ailleurs plein de verve et d'enthousiasme, un plus grand poëte que Ronsard et que Marot ; et, au contraire, que Belleau, Jodelle et du Bartas [2] aient été sitôt suivis d'un Racan [3] et d'un Malherbe, et que notre langue, à peine corrompue, se soit vue réparée.

* Marot et Rabelais [4] sont inexcusables d'avoir semé l'ordure [5] dans leurs écrits : tous deux avaient assez de génie et de naturel pour pouvoir s'en passer, même à l'égard de ceux qui cherchent moins à admirer qu'à rire dans un auteur. Rabelais surtout est incom-

---

1. « Ont plus nui au style. » Ce n'est pas l'avis de Bouhours, qui semble ici être plus dans le vrai : « Ils donnèrent, dit-il, à la langue, un caractère d'élégance et de doctrine qu'elle n'avait point encore auparavant, en l'enrichissant des dépouilles de la Grèce et de l'Italie. Amyot, Joachim du Bellay et *Ronsard* eurent le plus de part à ce changement : mais tout ce que firent *ces grands maîtres* ne fut qu'une ébauche, dont les traits furent effacés ou corrigés dans les règnes suivants. Desportes, du Perron, Malherbe et Coeffeteau réformèrent le langage d'Amyot, de du Bellay et de Ronsard, comme Amyot, du Bellay et Ronsard avaient réformé le langage de ceux qui les avaient précédés. Les changements qui se sont faits depuis trente ans ont servi de dernières dispositions à cette perfection, où la langue française devait parvenir sous le règne du plus grand monarque de la terre. » *Entretiens d'Ariste et d'Eugène ; de la langue française.* — Style est mis ici pour *langue*. La Bruyère, à l'exemple de Boileau dans l'Art poétique, esquisse rapidement l'histoire de la langue, et de ses progrès successifs.

2. « Belleau. » Belleau, Jodelle et du Bartas, faisaient partie de la Pléiade poétique avec Ronsard, Baïf, Jean Dorat, du Bellay et Ponthus. — Dans les éditions antérieures à celle de 1696, La Bruyère avait mis Saint-Gelais, au lieu de du Bartas. Mais Saint-Gelais, poète d'ailleurs encore assez lu, est un disciple de Marot ; tandis que du Bartas, auteur du long poëme de *la Semaine ou les sept Jours de la Création*, a outré tous les défauts de Ronsard.

3. « Racan. » Né en 1589, a laissé des *Mémoires sur la vie de Malherbe*, des *Bergeries*, etc. Son morceau sur la *Retraite* est connu de tout le monde. Boileau a dit :

Racan chante Philis, les bergers et les bois.

Malherbe, né à Caen en 1556, réformateur de la poésie française, a laissé des odes dont quelques-unes sont encore très admirées. — La Bruyère n'a rien dit de *Desportes*, faible d'idées et de style, mais déjà correct et harmonieux, et qui a rendu de grands services à la langue.

4. « Rabelais. » Né à Chinon en 1483, cordelier, prédicateur, bénédictin, médecin, secrétaire d'ambassadeur, chanoine, mort curé de Meudon en 1553.

5. « Semé l'ordure. » Ce mot était fort bien employé dans le style soutenu. Mais on le trouve presque toujours au pluriel :

Chaque instant de ma vie est chargé de souillures ;
Elle n'est qu'un amas de crimes et d'ordures.
MOLIÈRE, *Tartufe*, III, 6.

Pascal a dit au singulier : « que le cœur de l'homme est creux et plein d'ordure ! » *Pensées.* Ce mot énergique est aujourd'hui d'un emploi rare, la langue s'efféminant à force de délicatesse.

préhensible [1]; son livre est une énigme, quoi qu'on veuille dire, inexplicable; c'est une chimère, c'est le visage d'une belle femme avec des pieds et une queue de serpent [2], ou de quelque autre bête plus difforme; c'est un monstrueux assemblage d'une morale fine et ingénieuse et d'une sale corruption : où il est mauvais, il passe bien loin au delà du pire, c'est le charme de la canaille : où il est bon, il va jusques à l'exquis et à l'excellent, il peut être le mets des plus délicats [3].

* Deux écrivains [4] dans leurs ouvrages ont blâmé Montagne, que je ne crois pas, aussi bien qu'eux [5], exempt de toute sorte de blâme; il paraît que tous deux ne l'ont estimé en nulle manière. L'un ne pensait pas assez pour goûter un auteur qui pense beaucoup; l'autre pense trop subtilement pour s'accommoder de pensées qui sont naturelles [6].

* Un style grave, sérieux, scrupuleux [7] va fort loin : on lit Amyot [8] et Coeffeteau [9] : lequel lit-on de leurs contemporains?

1. « Incompréhensible. » Il le fallait bien. S'il n'avait pris le masque de la folie, on ne l'aurait pas laissé impunément se moquer des rois, des grands, des magistrats, et des religieux. En le lisant encore aujourd'hui, on est étonné de ses hardiesses. Il ne pouvait se sauver qu'en affectant souvent le grotesque et l'inintelligible.

2. « Chimère, etc. » Souvenir du commencement de l'Art poétique d'Horace.

3. « Des plus délicats. » La Fontaine en faisait sa lecture favorite, et le vantait à tous propos. Molière lui a emprunté des idées, des expressions, et jusqu'à des passages entiers. Le jugement de La Bruyère est très-solide et ingénieux.

4. « Deux écrivains. » Nicole et Malebranche. Le premier est celui qui *ne pense pas assez*, et le second, celui qui *pense trop subtilement*.

5. « Aussi bien qu'eux. » Que je ne crois pas non plus exempt de blâme. Cet emploi de *aussi* dans les phrases négatives est très-fréquent au XVIIe siècle : « Ces paroles ne peuvent donc servir qu'à vous convaincre vous-même d'imposture, et elles *ne* servent pas *aussi* davantage pour justifier Vasquez. » Pascal, 12e *provinciale*. « Il n'est pas juste qu'il puisse entrer dans les terres de ses voisins; il n'est pas juste *aussi* que ses voisins puissent entrer dans les siennes. » Fénelon, *Télémaque*, IX.

Ma foi je n'irai pas.
— Je n'irai pas *aussi*.
Molière, *l'École des femmes*, I, 2.

6. « Naturelles. » Montaigne semble avoir prévu ces critiques, et il dit d'après un ancien : « que si ces *Essais* estoient dignes qu'on en jugeast, il en pourroit advenir à mon advis, qu'ils ne plairoient guères aux esprits communs et vulgaires, ny guères aux singuliers et excellents; ceux-là n'y entendroient pas assez; ceux-ci y entendroient trop; ils pourroient vivoter en la moyenne région. » I, 54.

7. « Un style scrupuleux. » Et plus haut : Quelque *scrupuleuse* exactitude que l'on ait dans sa manière d'écrire. » Fénelon a dit : « Combien notre langue est-elle timide et *scrupuleuse* en comparaison ! » On conçoit très-bien d'après le style de chacun de ces écrivains, pourquoi l'un fait un éloge d'un mot dont l'autre fait un blâme.

8. « Amyot. » Né à Melun en 1513, évêque d'Auxerre, traducteur de Plutarque et des romans grecs de Longus et d'Héliodore. Montaigne lui donne la palme sur tous nos écrivains français, tant pour la naïveté et pureté de son langage, que parce qu'il a su choisir un livre si digne et si à propos pour en faire présent au pays.

9. « Coeffeteau. » Né dans le Maine, en 1574, auteur d'une *Histoire romaine*, etc. Vaugelas disait de lui que le galimatias n'était pas plus incompatible avec son esprit

Balzac, pour les termes et pour l'expression, est moins vieux que Voiture ; mais si ce dernier, pour le tour, pour l'esprit et pour le naturel, n'est pas moderne, et ne ressemble en rien à nos écrivains, c'est qu'il leur a été plus facile de le négliger que de l'imiter, et que le petit nombre de ceux qui courent après lui ne peu l'atteindre [1].

* Le H. G. [2] est immédiatement au-dessous de rien, il y a bien d'autres ouvrages qui lui ressemblent. Il y a autant d'invention à s'enrichir par un sot livre, qu'il y a de sottise à l'acheter ; c'est ignorer le goût du peuple, que de ne pas hasarder quelquefois de grandes fadaises.

* L'on voit bien que l'*opéra* [3] est l'ébauche d'un grand spectacle ; il en donne l'idée.

Je ne sais pas comment l'*opéra*, avec une musique si parfaite et une dépense toute royale, a pu réussir à m'ennuyer.

Il y a des endroits dans l'*opéra* qui laissent en désirer d'autres ;

---

que les ténèbres avec la lumière. Il ne pouvait presque recevoir de phrase qui ne fût dans ses ouvrages, et à son jugement, il n'y avait point de salut hors de l'*histoire romaine*, non plus que hors de l'église romaine. Cependant Saint-Evremond le tourne déjà en ridicule, et il est aujourd'hui complétement oublié.

1. « L'atteindre. » La Bruyère reproduit ici, presque mot pour mot, les jugements de Bouhours. On sait du reste que la réputation de Voiture fut respectée même par Boileau ; et il est difficile de ne pas convenir, que s'il a peu de *naturel*, il a cependant beaucoup d'agrément, et quelquefois de goût.

2. « Le H. G. » Le *Mercure galant*, journal politique et littéraire qui paraissait tous les mois, et donnait les nouvelles de la cour, de l'armée et de la littérature. Il était rédigé par Donneau de Visé, qui avait eu assez de vogue pour obtenir une pension, et un logement au Louvre. Le *Mercure* était à la fois fort répandu dans le monde, et fort méprisé de tous les vrais écrivains. Il prenait parti pour Perrault contre Boileau, et admirait fort les pastorales de Fontenelle. De Visé était le même, qui furieux du succès de l'*Ecole des femmes*, avait composé contre Molière *Zélinde, ou la Critique de la Critique* ; n'ayant pu faire représenter sa pièce, il avait essayé dans une lettre fort curieuse, de soulever contre notre grand comique toute la noblesse de France, et de le faire déclarer coupable de lèse-majesté. Voyez la préface du discours à l'Académie.

3. « L'opéra. » Croirait-on qu'un critique contemporain de La Bruyère l'ait accusé de rechercher le caractère fort à la mode de misanthrope, parce qu'il s'ennuyait à l'opéra ? Notre auteur n'a fait que suivre le sentiment de Saint-Evremond, qui écrit en termes beaucoup plus durs encore, au duc de Buckingham : « J'avoue que la magnificence de l'opéra me plaît assez ; que les machines ont quelque chose de surprenant ; que la musique en quelques endroits est touchante ; que le tout ensemble paraît merveilleux, mais il faut aussi m'avouer que ces merveilles deviennent bientôt *ennuyeuses*, car où l'esprit a si peu à faire, c'est une nécessité que les sens viennent à languir. Après le premier plaisir que nous donne la surprise, les yeux s'occupent et se lassent ensuite d'un continuel attachement aux objets ; la lassitude devient si grande, qu'on ne *songe qu'à sortir*, et le seul plaisir qui reste à des spectateurs languissants, c'est l'espérance de voir finir bientôt le spectacle qu'on leur donne. Une sottise chargée de musique, de danses, de machines, de décorations, est une sottise magnifique, mais toujours sottise. Si vous voulez savoir ce que c'est qu'un opéra, je vous dirai que c'est un travail bizarre de poésie et de musique, où le poète et le musicien également gênés l'un par l'autre, se donnent bien de la peine à faire un méchant ouvrage. »

il échappe quelquefois de souhaiter la fin de tout le spectacle ; c'est faute de théâtre, d'action et de choses qui intéressent.

L'*opéra* jusques à ce jour n'est pas un poëme, ce sont des vers, ni un spectacle, depuis que les machines ont disparu par le bon ménage d'*Amphion* et de sa race[1] : c'est un concert, ou ce sont des voix soutenues par des instruments. C'est prendre le change et cultiver un mauvais goût, que de dire, comme l'on fait, que la machine[2] n'est qu'un amusement d'enfants, et qui ne convient qu'aux marionnettes : elle augmente et embellit la fiction, soutient dans les spectateurs cette douce illusion qui est tout le plaisir du théâtre, où elle jette encore le merveilleux. Il ne faut point de vols, ni de chars, ni de changements aux Bérénices[3] et à Pénélope[4], il en faut aux *opéras*[5] ; et le propre de ce spectacle est de tenir les esprits, les yeux et les oreilles dans un égal enchantement.

* Ils ont fait le théâtre ces empressés, les machines, les ballets, les vers, la musique, tout le spectacle, jusqu'à la salle où s'est donné le spectacle, j'entends le toit et les quatre murs dès leurs fondements. Qui doute que la chasse sur l'eau[6], l'enchantement de la table[7], la merveille du labyrinthe[8], ne soient encore de leur invention ? J'en juge par le mouvement qu'ils se donnent, et par l'air content dont ils s'applaudissent sur tout le succès. Si je me trompe, et qu'ils n'aient contribué en rien à cette fête[9] si superbe,

---

1. « Race. » Lulli et son école.
2. « La machine. » Chars, enlèvements, apparition, palais formés et détruits en un clin d'œil, tout ce qui se fait et se défait dans un opéra par l'art du machiniste.
3. « Bérénices. » Tragédies de Corneille et de Racine.
4. « Pénélope. » Tragédie de l'abbé Genest, jouée en 1684, et tout à fait oubliée aujourd'hui. Il est singulier que La Bruyère ait ainsi rapproché ces trois pièces d'un mérite si différent.
5. « Il en faut aux opéras. » On voit que La Bruyère ne demandait pas plus de spectacle pour la tragédie. Il est assez remarquable que l'art dramatique ait baissé chez presque toutes les nations, à proportion que se perfectionnait tout l'appareil théâtral. Voltaire a très-bien dit : « Comme il est plus aisé de faire une belle décoration qu'une belle scène, plus aisé d'indiquer des attitudes que de bien écrire, il est vraisemblable qu'on gâtera la tragédie en croyant la perfectionner. » Son théâtre en offre la meilleure preuve.
6. « La chasse sur l'eau. » Divertissement d'une invention fort originale : on fit jeter dans un étang des sangliers, des cerfs, des biches, le tout au son du hautbois. Des dames embarquées dans des bateaux couverts de feuillage, prenaient les cerfs en leur jetant un nœud coulant autour du cou, puis s'amusaient à les remettre en liberté.
7. « De la table. » Rendez-vous de chasse dans la forêt de Chantilly. (*Note de La Bruyère.*) La *Table* était le nom d'un carrefour dans le bois où aboutissaient douze routes. Là, un concert et un repas magnifique attendaient les invités.
8. « La merveille du labyrinthe. » Collation ingénieuse donnée dans le labyrinthe de Chantilly. (*Note de La Bruyère.*)
9. « Cette fête. » Il s'agit de la fête que le prince de Condé, fils du grand Condé,

si galante, si longtemps soutenue, et où un seul a suffi pour le projet et pour la dépense, j'admire deux choses, la tranquillité et le flegme de celui qui a tout remué [1], comme l'embarras et l'action de ceux qui n'ont rien fait.

* Les connaisseurs, ou ceux qui se croient tels, se donnent voix délibérative et décisive sur les spectacles, se cantonnent aussi, et se divisent en des partis contraires, dont chacun, poussé par un tout autre intérêt que par celui du public ou de l'équité, admire un certain poëme [2] ou une certaine musique, et siffle toute autre. Ils nuisent également, par cette chaleur à défendre leurs préventions, et à la faction opposée, et à leur propre cabale; ils découragent par mille contradictions les poëtes et les musiciens, retardent le progrès des sciences et des arts, en leur ôtant le fruit qu'ils pourraient tirer de l'émulation et de la liberté qu'auraient plusieurs excellents maîtres de faire, chacun dans leur genre et selon leur génie, de très-beaux ouvrages [3].

* D'où vient [4] que l'on rit si librement au théâtre, et que l'on a honte d'y pleurer? Est-il moins dans la nature de s'attendrir sur le pitoyable [5] que d'éclater sur le ridicule? Est-ce l'altération des traits qui nous retient? Elle est plus grande dans un ris immodéré que dans la plus amère douleur; et l'on détourne son visage pour rire comme pour pleurer en la présence des grands et de tous ceux que l'on respecte. Est-ce une peine que l'on sent à laisser voir que

---

donna au dauphin, en 1688, et qui dura huit jours. La Bruyère flatte le prince, dont il élevait le fils, en lui attribuant tout l'honneur du projet et de la disposition. On croyait ces bagatelles dignes de figurer dans un livre écrit pour la postérité.

1. « Remué. » Expression juste et énergique.

2. « Un certain poëme. » Voyez dans les lettres de madame de Sévigné l'exagération singulière des partisans exclusifs de Corneille et de Racine.

3. « Ouvrages. » La phrase est longue et embarrassée. Mais ce n'est qu'au XVIIe siècle qu'on exigea des écrivains une construction toujours nette et d'une élégance qui devient quelquefois monotone. Les contemporains de La Bruyère n'y regardaient pas de si près. Ce n'était pas un grand défaut que le redoublement des qui, des que, et l'enchaînement des conjonctions se continuant l'une l'autre. Ils avaient conservé dans le style le libre aller, le naturel et les longueurs de la conversation, et aussi de la phrase latine. La Bruyère, dont la langue est si travaillée, se permet volontiers ces négligences On pourrait répéter cette observation à chaque page.

4. « D'où vient. » L'interrogation donne du mouvement et de la vivacité à cette petite et intéressante dissertation.

5 « Pitoyable. » Sur ce qui est digne de pitié. Saint-Evremond dit : « Je faisais dire à mon héros ce que je sentais moi-même; si je me trouvais *pitoyable*, je ne manquais pas de fournir des infortunes à ma pitié. » Ce mot aujourd'hui se prend presque toujours dans le sens ironique, et signifie faible, mauvais, qui fait pitié et mépris On remarque dans notre langue cet envahissement toujours croissant du sens ironique, qui a gâté les plus beaux mots, tels que bon, misérable, simple, prude, etc., etc.

l'on est tendre, et à marquer quelque faiblesse, surtout en un sujet faux, et dont il semble que l'on soit la dupe[1]? Mais, sans citer les personnes graves ou les esprits forts[2] qui trouvent du faible dans un ris excessif comme dans les pleurs, et qui se les défendent également, qu'attend-on d'une scène tragique? qu'elle fasse rire[3]? Et d'ailleurs la vérité n'y règne-t-elle pas aussi vivement par ses images que dans le comique? L'âme ne va-t-elle pas jusqu'au vrai[4] dans l'un et l'autre genre avant que[5] de s'émouvoir? Est-elle même si aisée à contenter? Ne lui faut-il pas encore le vraisemblable? Comme donc ce n'est point une chose bizarre d'entendre s'élever de tout un amphithéâtre un ris universel sur quelque endroit d'une comédie, et que cela suppose au contraire qu'il est plaisant et très-naïvement exécuté, aussi l'extrême violence que chacun se fait à contraindre ses larmes, et le mauvais ris dont on veut les couvrir, prouvent clairement que l'effet naturel du grand tragique serait de pleurer tous franchement et de concert à la vue l'un de l'autre, et sans autre embarras que d'essuyer ses larmes : outre qu'après être convenu de s'y abandonner, on éprouverait encore qu'il y a souvent moins lieu de craindre de pleurer au théâtre que de s'y morfondre[6].

* Le poëme tragique vous serre le cœur dès son commencement[7],

1. « La dupe. » Cette raison est bonne. Il y en a encore une autre : c'est que par un sentiment de fierté naturelle à la nation, et que la poésie a fortifié, nous regardons les larmes comme une faiblesse, et les plaintes comme efféminées. L'Hercule et le Philoctète de Sophocle ne seraient pas supportés sur notre scène. Saint-Évremond a dit de notre tragédie, en termes précieux, mais avec justesse : « J'aime à voir plaindre l'infortune d'un grand homme malheureux, j'aime qu'il s'attire de la compassion, et qu'il se rende quelquefois maître de nos larmes; mais je veux que ces larmes tendres et généreuses regardent ensemble ses malheurs et ses vertus, et qu'avec le triste sentiment de la pitié, nous ayons celui d'une admiration animée, qui fasse naître en notre âme, comme un amoureux désir de l'imiter. » *De la tragédie ancienne et moderne*. Avec ces sentiments, nos tragédies peuvent être belles, mais froides, et le public plus facile à transporter qu'à émouvoir.
2. « Esprits forts. » Il ne s'agit pas ici des esprits sceptiques dont il est question dans le dernier chapitre de cet ouvrage. Le mot est pris dans son sens propre; les esprits forts sont austères par nature, comme les personnes graves le sont par la nécessité de leur position.
3. « Qu'elle fasse rire. » Questions courtes, vives et pressantes.
4. « Ne va-t-elle pas jusqu'au vrai. » Expression juste et originale.
5. « Avant que de. » Nous supprimons maintenant *que*, et avec raison. On le conservait très-souvent au XVIIe siècle : « Je les conjure de tout mon cœur de ne point condamner les choses *avant que* de les voir. » Molière, *Préface du Tartufe*. — « *Avant que de* les mener sur la place, il fit habiller les deux premiers, le plus proprement qu'il put. » La Fontaine, *Vie d'Ésope*.
6. « Que de s'y morfondre. » L'épigramme termine agréablement tout ce morceau plein de vérité et de bon sens.
7. « Dès son commencement. » On trouve souvent *son* se rapportant à un nom de

vous laisse à peine dans tout son progrès la liberté de respirer et le temps de vous remettre ; ou, s'il vous donne quelque relâche, c'est pour vous replonger dans de nouveaux abîmes et dans de nouvelles alarmes. Il vous conduit à la terreur par la pitié, ou réciproquement à la pitié par le terrible ; vous mène par les larmes, par les sanglots, par l'incertitude, par l'espérance, par la crainte, par les surprises et par l'horreur, jusqu'à la catastrophe[1]. Ce n'est donc pas un tissu[2] de jolis sentiments[3], de déclarations tendres, d'entretiens galants, de portraits agréables, de mots *doucereux*, ou quelquefois assez plaisants pour faire rire, suivi, à la vérité, d'une dernière scène où les mutins[4] n'entendent aucune raison, et où, pour la bienséance, il y a enfin du sang répandu, et quelque malheureux à qui il en coûte la vie.

* Ce n'est point assez que les mœurs du théâtre[5] ne soient point mauvaises, il faut encore qu'elles soient décentes et instructives : il peut y avoir un ridicule si bas et si grossier, ou même si fade et si indifférent, qu'il n'est ni permis au poëte d'y faire attention, ni possible aux spectateurs de s'en divertir. Le paysan ou l'ivrogne[6] fournit quelques scènes à un farceur ; il n'entre qu'à peine dans le vrai comique : comment pourrait-il faire le fond ou l'action principale de la comédie ? Ces caractères, dit-on, sont naturels : ainsi, par cette règle, on occupera bientôt tout l'amphi-

chose : « *Lysidas* parlant de sa pièce : tous ceux qui étaient là doivent venir à *sa* première représentation. » MOLIÈRE, *Critique de l'École des femmes*, sc. 7. « Le commerce est comme certaines sources, si l'on détourne *leur* cours, vous les faites tarir. » FÉNELON, *Télémaque*, III.

1. « Catastrophe. » Le dénouement, le plus souvent terrible.
2. « Tissu. » Molière dit de même : « Laissez-nous faire à loisir le *tissu* de notre roman, et n'en pressez point tant la conclusion. » *Les Précieuses ridicules*, sc. 5.
3. « De jolis sentiments. » Fénelon se raille également de l'abus qu'on faisait du bel esprit au théâtre : « Nos poëtes ont rendu ces spectacles fades et doucereux comme des romans ; on n'y parle que de feux, de chaînes, de tourments. On y veut mourir en se portant bien ; une personne très-imparfaite est nommée un soleil, ou tout au moins une aurore ; ses yeux sont deux astres. Tous les termes sont outrés et rien ne montre une vraie passion. » *Lettre sur les occupations de l'Académie*, édition de M. Despois, p. 53. Mais Fénelon a le tort de faire tomber ces critiques sur Corneille et Racine ; la Bruyère ne parle que des méchants poëtes, et avec beaucoup plus d'agrément.
4. « Dernière scène où les mutins. » Sédition, dénouement vulgaire de tragédies. *Note de La Bruyère.*)
5. « Les mœurs du théâtre. » Les mœurs des personnages qu'on nous représente ur la scène.
6. « Le paysan ou l'ivrogne. » Il est assez singulier qu'ils soient mis ici sur le même pied l'un que l'autre. On ne voit pas d'ivrogne, même dans les farces de Molière. Au contraire, il a tiré grand parti du paysan. Il s'est plu quelquefois à cacher un très-grand sens sous des paroles rustiques et grossières, et ce contraste ne manque ni de vérité, ni d'agrément.

théâtre[1] d'un laquais qui siffle, d'un malade dans sa garde-robe[2], d'un homme ivre qui dort ou qui vomit : y a-t-il rien de plus naturel ? C'est le propre d'un efféminé de se lever tard, de passer une partie du jour à sa toilette, de se voir au miroir, de se parfumer[3], de se mettre des mouches, de recevoir des billets et d'y faire réponse : mettez ce rôle sur la scène ; plus longtemps vous le ferez durer, un acte, deux actes, plus il sera naturel et conforme à son original[4] ; mais plus aussi il sera froid et insipide.

* Il semble que le roman et la comédie[5] pourraient être aussi utiles qu'ils sont nuisibles. L'on y voit de si grands exemples de constance, de vertu, de tendresse et de désintéressement, de si beaux et de si parfaits caractères[6], que quand une jeune personne jette de là sa vue sur tout ce qui l'entoure, ne trouvant que des sujets indignes et fort au-dessous de ce qu'elle vient d'admirer, je m'étonne[7] qu'elle soit capable pour eux de la moindre faiblesse.

* CORNEILLE ne peut être égalé dans les endroits où il excelle, il a pour lors un caractère original et inimitable ; mais il est inégal. Ses premières comédies[8] sont sèches, languissantes, et ne laissaient pas espérer qu'il dût ensuite aller si loin ; comme ses dernières font qu'on s'étonne qu'il ait pu tomber de si haut. Dans quelques-unes de ses meilleures pièces, il y a des fautes inexcusables contre les mœurs[9], un style de déclamateur qui arrête

---

1. « Tout l'amphithéâtre. » Toute la salle.
2. « D'un malade dans sa garde-robe. » Molière a osé l'essayer, on sait avec quel succès.
3. « De se parfumer. » « Je ne vois partout que blancs d'œufs, lait virginal, et mille autres brimborions que je ne connais pas. Elles ont usé, depuis que nous sommes ici, le lard d'une douzaine de cochons pour le moins, et quatre valets vivraient tous les jours des pieds de moutons qu'elles emploient. Il est bien nécessaire vraiment de faire tant de dépenses pour se graisser le museau. » MOLIÈRE, les Précieuses ridicules, sc. 4. — On le voit, il est bien difficile de préciser les sujets où il est impossible au talent de réussir, et un habile homme sait tirer parti de toutes choses. Cependant la distinction faite par La Bruyère entre le naturel intéressant et le naturel insipide, n'en est pas moins très-juste. Les arts ont pour mission, non-seulement de rechercher le vrai, mais encore et surtout le beau, chacun à leur manière, vérité élémentaire qu'on s'est trop plu à violer, et qu'il est toujours bon de répéter.
4. « A son original. » A son modèle.
5. « La comédie. » Le théâtre, y compris la tragédie dont il est surtout ici question. On dit encore aujourd'hui, la comédie française, pour le théâtre français.
6. « De si parfaits caractères. » Fine critique sous la forme d'un éloge.
7. « Je m'étonne. » Le changement de sujet arrête heureusement l'attention, sans nuire à la clarté.
8. « Ses premières comédies. » L'appréciation de Voltaire est plus juste : « Ses premières comédies sont à la vérité indignes de notre siècle, mais elles furent longtemps ce qu'il y avait de moins mauvais en ce genre, tant nous étions loin de la plus légère connaissance des beaux-arts. » Commentaire sur Corneille.
9. « Contre les mœurs. » Les mœurs dramatiques. Pécher contre les mœurs, c'est

l'action et la fait languir; des négligences [1] dans les vers et dans l'expression, qu'on ne peut comprendre en un si grand homme. Ce qu'il y a eu en lui de plus éminent, c'est l'esprit, qu'il avait sublimé [2], auquel il a été redevable de certains vers [3] les plus heureux qu'on ait jamais lus ailleurs, de la conduite de son théâtre, qu'il a quelquefois hasardée contre les règles des anciens [4], et enfin de ses dénouements; car il ne s'est pas toujours assujetti au goût des Grecs et à leur grande simplicité, il a aimé, au contraire, à charger la scène [5] d'événements dont il est presque toujours sorti avec succès: admirable surtout par l'extrême variété et le peu de rapport qui se trouve pour le dessein entre un si grand nombre [6] de poëmes qu'il a composés. Il semble qu'il y ait plus de ressemblance [7]

de point faire agir un personnage d'une manière conforme à ce qu'exigent le caractère qu'on lui a donné, et la situation où il se trouve. Nous voyons Cinna tout différent dans les derniers actes de ce qu'il a été dans les premiers. Rodogune annoncée comme un personnage intéressant, demande à deux princes vertueux d'assassiner leur mère.

1. « Des négligences. » Les négligences se comprennent aussi facilement et même plus dans un grand homme que dans un autre. Il faut ajouter qu'on a fort exagéré celles qu'on peut reprocher à Corneille. C'est le tort de Voltaire dans son excellent commentaire. Il condamne comme mauvaises toutes les locutions inusitées de son temps, sans se demander, si l'usage du XVIIIe siècle pouvait faire loi au commencement du XVIIe, et si la langue nouvelle valait mieux que l'ancienne. Les Romains estimaient que Lucrèce était tout aussi latin que Virgile.

2. « L'esprit, qu'il avait sublimé. » La pensée est claire, mais l'expression et la tournure sont fort embarrassées.

3. « Certains vers. » Racine disait à son fils: « Corneille fait des vers cent fois plus beaux que les miens, » et il lui enseignait à les comprendre et à les admirer.

4. « Contre les règles des anciens. » Les pédants faisaient un grand crime à Corneille de n'avoir pas suivi les règles d'Aristote, les beaux esprits lui en faisaient un mérite. Saint-Evremond dit avec beaucoup de sens: « Il faut convenir que la poétique d'Aristote est un excellent ouvrage; cependant il n'y a rien d'assez parfait pour régler toutes les nations et tous les siècles. Descartes et Gassendi ont découvert des vérités qu'Aristote ne connaissait pas; nos philosophes ont remarqué des erreurs dans sa physique, Corneille a trouvé des beautés pour le théâtre, qui ne lui étaient pas connues. »

5. « A charger la scène. » Les chefs-d'œuvre de Corneille, le Cid, Horace, Cinna, Polyeucte, ne sont point chargés d'événements. Il est permis de croire que les scènes sublimes de Rodogune et d'Héraclius ne perdraient rien à sortir d'une intrigue moins compliquée et moins obscure.

6. « Entre un si grand nombre. » Cet éloge a presque l'air d'une épigramme. Laharpe demande avec raison si l'on peut savoir gré à Corneille d'avoir produit le plan de Suréna, de Pulchérie, d'Agésilas, de Pertharite, de Théodore, etc. Ce n'est pas par là qu'il se montre surtout admirable. On voit combien il est difficile, même à un esprit excellent et impartial, de juger les contemporains. Boileau seul y a presque toujours réussi.

7. « Plus de ressemblance. » Cela est vrai, surtout des jeunes princes amoureux. Britannicus, Xipharès, Antiochus, Bajazet, Hippolyte, tiennent tous à peu près le même langage. Mais quelle différence pourrait-on établir entre les Valère et les Horace de toutes les comédies, même de celles de Molière? Quel héros de roman intéresse, s'il n'est qu'amoureux? Ces personnages sont monotones, mais ils ne sont pas sur le premier plan; il ne serait guère possible de trouver d'autre rapport de ressemblance que celui d'une égale perfection, entre Phèdre et Roxane, Hermione et Andromaque, Agrippine et Clytemnestre.

dans ceux de Racine, et qu'ils tendent un peu plus à une même chose ; mais il est égal, soutenu, toujours le même partout, soit pour le dessein et la conduite de ses pièces, qui sont justes, régulières, prises dans le bon sens et dans la nature; soit pour la versification, qui est correcte, riche dans ses rimes, élégante, nombreuse, harmonieuse : exact imitateur des anciens, dont il a suivi scrupuleusement[1] la netteté et la simplicité de l'action ; à qui le grand et le merveilleux n'ont pas même manqué, ainsi qu'à Corneille[2] ni le touchant, ni le pathétique[3]. Quelle plus grande tendresse que celle qui est répandue dans tout le *Cid*, dans *Polyeucte* et dans les *Horaces*? Quelle grandeur ne se remarque point en Mithridate, en Porus et en Burrhus? Ces passions encore favorites des anciens, que les tragiques aimaient à exciter sur les théâtres, et qu'on nomme la terreur et la pitié, ont été connues de ces deux poëtes : Oreste dans l'*Andromaque* de Racine, et *Phèdre*, du même auteur, comme l'*OEdipe*[4] et les *Horaces* de Corneille, en sont la preuve. Si cependant il est permis de faire entre eux quelque comparaison, et les marquer l'un et l'autre par ce qu'ils ont eu de plus propre, et par ce qui éclate le plus ordinairement dans leurs ouvrages, peut-être qu'on pourrait parler ainsi. Corneille nous assujettit à ses caractères et à ses idées, Racine se conforme aux nôtres ; celui-là peint les hommes comme ils devraient être[5], celui-ci les peint tels qu'ils sont. Il y a plus dans le premier

1. « Scrupuleusement. » Pas autant qu'on le croyait de son temps.
2. « Ainsi qu'à » Nous dirions : « non plus qu'à Corneille. » Voyez la note 5, p. 25.
3. « Pathétique. » La Bruyère est ici juste et original.
4. « OEdipe. » Il est assez curieux de voir figurer cette pièce à côté d'*Horace*. La Bruyère la cite encore dans son discours de réception à l'Académie, et on l'a accusé, fort à tort, de mauvaise foi. Saint-Evremond dit que l'*OEdipe* doit compter parmi les chefs-d'œuvre de l'art. Nous jugeons plus sainement, et n'y avons sans doute pas grand mérite.
5. « Comme ils devraient être. » « Pour vous prouver avec quelle précipitation l'on juge, et comme un bon mot tient lieu de raison, je ne veux vous citer que cette décision de La Bruyère, qui a été la source de tant d'énormes dissertations. Cela est éblouissant, mais cela est très-faux. » Voltaire qui s'exprime ainsi n'a que trop raison, si l'on prend cette phrase à la lettre et séparée du reste du morceau. Évidemment ce serait chose fâcheuse, si tous les amoureux tuaient le père de leur amante à la façon du Cid, si tous les gendres de gouverneur saccageaient les temples, comme fait Polyeucte, si tous les frères traitaient leur sœur comme Horace traite Camille. Tous ces personnages qu'on peut juger diversement au nom de la morale, sont ce qu'ils doivent être dans la tragédie. Mais à ne consulter que les mœurs théâtrales, César doit-il dire à Cléopâtre que c'est pour elle seule qu'il a livré tant de batailles; Sertorius doit-il être assez lâche pour se priver d'une épouse qu'il aime, par obéissance aux ordres de Sylla? Ce serait faire tort à La Bruyère que de l'interpréter de cette façon littérale. Il y a exagération dans l'expression plutôt que dans la pensée, qui s'explique par la suite. Il a voulu rendre d'une manière trop concise et trop frappante,

de ce que l'on admire et de ce que l'on doit même imiter, il y a plus dans le second de ce que l'on reconnaît dans les autres, ou de ce que l'on éprouve dans soi-même. L'un élève, étonne, maîtrise, instruit ; l'autre plaît, remue, touche, pénètre. Ce qu'il y a de plus beau, de plus noble et de plus impérieux[1] dans la raison est manié par le premier ; et par l'autre, ce qu'il y a de plus flatteur et de plus délicat dans la passion. Ce sont dans celui-là des maximes, des règles, des préceptes ; et dans celui-ci du goût et des sentiments. L'on est plus occupé aux pièces de Corneille ; l'on est plus ébranlé et plus attendri à celles de Racine. Corneille est plus moral, Racine plus naturel. Il semble que l'un imite SOPHOCLE[2], et que l'autre doit plus à EURIPIDE.

* Le peuple[3] appelle éloquence la facilité que quelques-uns ont de parler seuls et longtemps, jointe à l'emportement du geste, à l'éclat de la voix et à la force des poumons. Les pédants[4] ne l'admettent aussi que dans le discours oratoire, et ne la distinguent pas de l'entassement des figures, de l'usage des grands mots et de la rondeur des périodes.

Il semble[5] que la logique est l'art de convaincre de quelque vérité ; et l'éloquence un don de l'âme[6], lequel nous rend maîtres du cœur et de l'esprit des autres ; qui fait que nous leur inspirons ou que nous leur persuadons tout ce qui nous plaît[7].

---

l'idée qui est le fond de toute la comparaison, et qui est très-juste, qu'il y a plus de vérité dans l'un et plus de force morale dans l'autre. « Corneille, a dit Voltaire, vieux Romain parmi les Français, a établi sur le théâtre une école de grandeur d'âme. » La Bruyère n'a pas voulu dire autre chose.

1. « Impérieux. » Épithète belle et bien appliquée. Toute cette analyse est juste et éloquente. On voit, par son discours à l'Académie, que La Bruyère préférait Racine à Corneille. Mais dans ce parallèle si souvent cité, il s'est efforcé, et il a réussi, à tenir la balance égale entre ces deux maîtres de la scène française.

2. « Sophocle. » On n'est point frappé de la ressemblance de Corneille et de Sophocle.

3. « Le peuple. » Buffon a développé la même idée au commencement de son discours à l'Académie, et l'a encore exagérée. Il n'y a plus du tout d'orateurs au XVIIIe siècle, et il y a un grand nombre d'écrivains éloquents.

4. « Les pédants. » Les anciens et surtout les Latins sont tombés dans la même faute. Cicéron admire surtout les écrivains qui se rapprochent des tournures et de l'emphase oratoires, et Quintilien ne les estime qu'autant qu'ils peuvent servir à l'avocat qu'il veut former. L'habitude de vivre et de parler en public donnait aux plus simples ouvrages, aux lettres mêmes, un air solennel et travaillé. Il semble qu'il y ait plus de naturel et de sincérité dans les modernes.

5. « Il semble. » La Bruyère se sert très-souvent de cette tournure plus modeste que l'affirmation directe. Il la fait presque toujours suivre de l'indicatif.

6. « Un don de l'âme. » Belle et heureuse expression.

7. « Ce qui nous plaît. » « Nihil præstabilius videtur, quam posse dicendo tenere

DES OUVRAGES DE L'ESPRIT.

L'éloquence peut se trouver dans les entretiens et dans tout genre d'écrire ; elle est rarement où on la cherche, et elle est quelquefois où on ne la cherche point.

L'éloquence est au sublime ce que le tout est à sa partie.

Qu'est-ce que le sublime[1] ? Il ne paraît pas qu'on l'ait défini. Est-ce une figure[2] ? Naît-il des figures, ou du moins de quelques figures ? Tout genre d'écrire reçoit-il le sublime, ou s'il n'y a que les grands sujets qui en soient capables[3] ? peut-il briller autre chose dans l'églogue qu'un beau naturel, et dans les lettres familières comme dans les conversations[4] qu'une grande délicatesse ? ou plutôt le naturel et le délicat ne sont-ils pas le sublime des ouvrages dont ils font la perfection ? Qu'est-ce que le sublime ? où entre le sublime ?

Les synonymes sont plusieurs dictions[5], ou plusieurs phrases différentes qui signifient une même[6] chose. L'antithèse est une opposition de deux vérités qui se donnent du jour[7] l'une à l'autre. La métaphore ou la comparaison emprunte d'une chose étrangère

« hominum cœtus, mentes allicere, voluntates impellere, unde autem velit deducere. » Cicero, de Orat., 1. « Rien n'est plus beau ni plus grand que de pouvoir diriger, par la parole, les assemblées, s'emparer des esprits, pousser ou ramener à son gré les volontés des hommes. » Mais pour Cicéron, cette puissance est surtout le fruit de l'art, c'est une habileté.

1. « Qu'est-ce que le sublime. » « La concision abstraite du style de La Bruyère nous éclairera moins qu'elle ne nous fera penser. » LAHARPE. Ajoutons qu'en général le propre des discussions littéraires est plutôt d'exciter la curiosité que de la satisfaire et que la recherche importe plus que la solution.

2. « Une figure. » Il n'y a point de figures dans ces exemples de sublime souvent cités : « Dieu dit : Que la lumière soit ; et la lumière fut. — Reconnais-tu ce sang ? Je reconnais mon frère. — Que vouliez-vous qu'il fît contre trois ? Qu'il mourût. »

3. « Capables. » « Il faut dire qui en soient *susceptibles*. *Capable* signifie qui est en état de faire, et se dit des personnes ; *susceptible* qui peut recevoir et se dit des choses. » LAHARPE. — *Capable* est ici dans le sens latin, non erat *capax ingenii materia* (PLIN. Hist. nat. 1) et paraît meilleur que *susceptible* qui est bien lourd. Il s'en fallait de beaucoup que la distinction entre les adjectifs qui conviennent aux personnes ou aux choses fût aussi tranchée que le veulent les grammairiens de nos jours.

4. « Conversations. » Cette femme dit un mot sublime, qui répondit à un prêtre, à propos du sacrifice d'Isaac ordonné à son père Abraham : « Dieu n'aurait jamais ordonné ce sacrifice à une mère. » Madame de Sévigné est sublime en parlant de la mort de Louvois. Il est plus facile de dire les sujets où le sublime entre le plus naturellement, que d'indiquer ceux qui l'excluent absolument. Qui peut prévoir les exceptions ? Mais la perfection des petites choses si fort estimée au XVIIe siècle, ne peut guère s'appeler le sublime.

5. « Dictions. » Expressions.

6. « Même. » Semblable, non identique.

7. « Se donnent du jour. » La métaphore de Pascal explique celle de La Bruyère : « Ceux qui font des antithèses en forçant les mots, sont comme ceux qui font de fausses fenêtres pour la symétrie. »

une image sensible [1] et naturelle d'une vérité L'hyperbole exprime au delà de la vérité pour ramener l'esprit à la mieux connaître. Le sublime ne peint que la vérité, mais en un sujet noble ; il la peint tout entière dans sa cause et dans son effet [2] ; il est l'expression ou l'image la plus digne de cette vérité. Les esprits médiocres ne trouvent point l'unique expression, et usent de synonymes. Les jeunes gens sont éblouis de l'éclat de l'antithèse, et s'en servent. Les esprits justes [3], et qui aiment à faire des images qui soient précises, donnent naturellement dans la comparaison [4] et la métaphore. Les esprits vifs, pleins de feu, et qu'une vaste [5] imagination emporte hors des règles et de la justesse, ne peuvent s'assouvir [6] de l'hyperbole. Pour le sublime, il n'y a même entre les grands génies que les plus élevés qui en soient capables.

* Tout écrivain, pour écrire nettement, doit se mettre à la place de ses lecteurs, examiner son propre ouvrage comme quelque chose qui lui est nouveau, qu'il lit pour la première fois, où [7] il n'a nulle part, et que l'auteur aurait soumis à sa critique ; et se persuader ensuite qu'on n'est pas entendu seulement à cause que l'on s'entend soi-même, mais parce qu'on est en effet intelligible.

* L'on n'écrit que pour être entendu ; mais il faut du moins en

---

1. « Sensible. » Que les sens peuvent saisir.
2. « Son effet » Il faut distinguer entre le sublime du trait qui nous enlève par un mot ; c'est celui dont nous venons de citer des exemples, et le sublime soutenu, comme la poésie d'*Athalie* ou de *Polyeucte*. C'est à celui-ci que s'applique la définition de La Bruyère.
3. « Les esprits justes. » La Bruyère en est lui-même un exemple
4. « Donnent dans. » Expression familière et heureuse que l'on commençait seulement à employer.
5. « Vaste. » Il y eut de grandes discussions à propos de ce mot : l'Académie voulait qu'il fût toujours un éloge, Saint-Evremond qu'il apportât souvent l'idée de blâme. Il dit avec beaucoup de raison : « Esprit vaste se prend en bonne ou en mauvaise part, selon les choses qui s'y trouvent ajoutées ; un esprit *vaste*, merveilleux, pénétrant, marque une capacité admirable ; au contraire, un esprit *vaste* et démesuré est un esprit qui se perd en des pensées vagues, en de belles mais vaines idées, en des desseins trop grands et peu proportionnés aux moyens qui nous peuvent faire réussir. » La Bruyère s'est servi de cette expression dans l'un et l'autre sens, et toujours avec justesse.
6. « S'assouvir. » Expression précise et énergique.
7. « Où. » Les écrivains du xviie siècle se sont presque toujours servis de cette locution vive et rapide, au lieu d'employer comme nous *à quoi, auquel, par laquelle, dans lesquels*, etc., tour long et pénible. « Vous ne sauriez m'ordonner rien *où* je ne réponde aussitôt par une obéissance aveugle. » Molière, *la Princesse d'Elide*, II, 4. — « Serait-ce quelque chose *où* je puisse vous aider ? » Id., *le Médecin malgré lui*, I, 5. — « Si un animal faisait par esprit ce qu'il fait par instinct, et s'il parlait par esprit ce qu'il parle par instinct......, il parlerait aussi bien pour dire des choses *où* il a plus d'affection, comme pour dire : rongez cette corde qui me blesse, et *où* je ne puis atteindre. » Pascal, *Pensées*. — « Mais pensez un peu *où* vous vous engagez. » Id., 12e *Provinciale*.

écrivant faire entendre de belles choses : l'on doit avoir une diction pure, et user de termes qui soient propres, il est vrai ; mais il faut que ces termes si propres expriment des pensées nobles, vives, solides, et qui renferment un très-beau sens. C'est faire de la pureté et de la clarté du discours un mauvais usage, que de les faire servir à une matière aride, infructueuse, qui est sans sel, sans utilité, sans nouveauté. Que sert¹ aux lecteurs de comprendre aisément et sans peine des choses frivoles et puériles, quelquefois fades et communes, et d'être moins incertains de la pensée d'un auteur qu'ennuyés de son ouvrage² ?

Si l'on jette quelque profondeur³ dans certains écrits ; si l'on affecte une finesse de tour, et quelquefois une trop grande délicatesse, ce n'est que par la bonne opinion⁴ qu'on a de ses lecteurs.

* L'on a cette incommodité à essuyer dans la lecture des livres faits par des gens de parti et de cabale, que l'on n'y voit pas toujours la vérité : les faits y sont déguisés, les raisons réciproques n'y sont point rapportées dans toute leur force, ni avec une entière exactitude ; et, ce qui use la plus longue patience, il faut lire un grand nombre de termes durs et injurieux que se disent des hommes graves, qui, d'un point de doctrine ou d'un fait contesté, se font une querelle⁵ personnelle. Ces ouvrages ont cela de particulier qu'ils ne méritent ni le cours prodigieux qu'ils ont pendant

---

1. « Que sert. » Remarquez comme l'interrogation dans cette phrase, et la symétrie dans celles qui précèdent, relèvent et rendent agréable une vérité qui est de soi nue et simple.

2. « Qu'ennuyés. » Saint-Évremond dit avec beaucoup d'esprit : « Le fort de la critique consiste principalement à remarquer mes expressions embarrassées ; je pourrais prendre la censure pour un bon conseil, car j'ai intérêt qu'on entende mes pensées. Je lui dois conseil pour conseil : qu'il mette moins de netteté dans les siennes ; on a trop de facilité à les connaître. Les choses communes font regretter le temps qu'on met à les lire ; celles qui sont finement pensées donnent à un lecteur délicat le plaisir de son intelligence et de son goût. »

3. « Jette quelque profondeur. » La métaphore a été critiquée avec raison.

4. « Par la bonne opinion. » « Auditoribus grata sunt hæc, quæ cùm intellexerint, acumine suo delectantur, et gaudent quasi non audiverint, sed quasi invenerint. » QUINTILIEN. « L'auditeur aime ces pensées fines qu'il est gré à sa sagacité de bien saisir ; il s'en rapporte tout l'honneur, et l'on ne dirait pas qu'il les a comprises, mais qu'il les a trouvées. » — Remarquez que La Bruyère ne se perd jamais de vue dans ses réflexions sur l'art d'écrire, et insiste surtout sur les qualités qui le distinguent ; il ne dissimule pas qu'il les porte quelquefois à l'excès.

5. « Une querelle. » Lamotte, qui a eu si souvent à se défendre, et qui l'a fait avec tant de calme et de modération, disait : « J'aurais peine à trouver des modèles dans les disputes des gens de lettres. Ce n'est guère l'honnêteté qui les assaisonne. On attaque d'ordinaire par des railleries, et l'on se défend par des injures ; ainsi les manières font perdre le fruit des choses, et les auteurs s'avilissent eux-mêmes plus qu'ils n'instruisent les autres. Quelle honte que, dans ce genre d'écrire, ce soit être nouveau que d'être raisonnable ! »

un certain temp[...] le profond oubli où ils tombent, lorsque, le feu et la divisio[n...] à s'éteindre, ils deviennent des almanachs de l'autre année [1].

* La gloire ou le mérite de certains hommes est de bien écrire; et de quelques autres, c'est de n'écrire point [2].

* L'on écrit régulièrement [3] depuis vingt années; l'on est esclave de la construction; l'on a enrichi la langue de nouveaux mots, secoué le joug du latinisme, et réduit le style à la phrase purement française; l'on a presque retrouvé le nombre que MALHERBE et BALZAC avaient les premiers rencontré, et que tant d'auteurs depuis eux ont laissé perdre; l'on a mis enfin dans le discours tout l'ordre et toute la netteté dont il est capable : cela conduit insensiblement à y mettre de l'esprit.

* Il y a des artisans [4] ou des habiles dont l'esprit est aussi vaste [5] que l'art et la science qu'ils professent; ils lui rendent avec avantage, par le génie et par l'invention, ce qu'ils tiennent d'elle et de ses principes; ils sortent de l'art pour l'ennoblir, s'écartent des règles, si elles ne les conduisent pas au grand et au sublime; ils marchent seuls et sans compagnie, mais ils vont fort haut et pénètrent fort loin, toujours sûrs et confirmés [6] par le succès des

---

1. « Des almanachs de l'autre année. » « Tout cela tombe comme les feuilles en automne. » VOLTAIRE.

2. « De n'écrire point. » Il y a, parmi les gens du monde certaines personnes qui doivent tout le bonheur de leur vie à leur réputation de gens d'esprit et toute leur réputation à leur paresse. Toujours spectateurs et jamais acteurs, lisant sans cesse et n'écrivant jamais, censeurs de tout et dispensés de rien produire, ils deviennent des juges très-redoutables; mais ils manquent un peu de générosité : c'est sans doute un terrible avantage de n'avoir rien fait, mais il ne faut pas en abuser. » RIVAROL, *Petit Almanach de nos grands hommes.*

3. « Régulièrement. » Ce passage est ironique. On sait que l'auteur regrettait comme Fénelon beaucoup de vieux mots et d'anciennes tournures. Personne n'est moins que lui esclave de la construction, et on lui en a fait de grands reproches. Ce passage semble une allusion aux écrivains comme Perrault et Lamotte, qui sont corrects sans originalité, mais non toujours sans esprit.

4. « Artisans. » L'auteur a déjà dit : « C'est un *métier* que de faire un livre comme de faire une pendule. » Ces métaphores peuvent nous paraître exagérées, parce que nous sommes habitués à distinguer l'art et le métier, l'artisan et l'artiste; mais la différence n'était pas si profonde à une époque où les arts manuels étaient si peu avancés, et où il fallait du talent pour y réussir. Un père Sébastien fut en grand honneur à la cour de Louis XIV, et passa pour un grand mathématicien, pour avoir su raccommoder une montre qui venait d'Angleterre. La Fontaine a dit (III, 10) en parlant d'un peintre :

« On exposait une peinture
Où l'*artisan* avait tracé
Un lion d'immense stature, etc. »

5. « Aussi vaste. » Voyez la note 3, page 36.

6. « Toujours sûrs et confirmés. » *Securi et confirmati.* Aujourd'hui ces deux adjectifs s'emploieraient rarement seuls. Sûr de soi-même, confirmé dans sa résolution. On voit que La Bruyère n'a guère souci de *secouer le joug du latinisme.*

avantages que l'on tire quelquefois de l'irrégularité. Les esprits justes, doux, modérés, non-seulement ne les atteignent pas, ne les admirent pas, mais ils ne les comprennent point[1], et voudraient encore moins les imiter. Ils demeurent tranquilles[2] dans l'étendue de leur sphère, vont jusques à un certain point qui fait les bornes de leur capacité et de leurs lumières ; ils ne vont pas plus loin, parce qu'ils ne voient rien au delà. Ils ne peuvent au plus qu'être es premiers d'une seconde classe, et exceller dans le médiocre[3].

* Il y a des esprits, si je l'ose dire, inférieurs et subalternes, qui ne semblent faits que pour être le recueil, le registre[4] ou le magasin de toutes les productions des autres génies. Ils sont plagiaires, traducteurs, compilateurs ; ils ne pensent point. Ils disent ce que les auteurs ont pensé ; et, comme le choix des pensées est invention[5], ils l'ont mauvais, peu juste, et qui les détermine plutôt à rapporter beaucoup de choses que d'excellentes choses : ils n'ont rien d'original[6] et qui soit à eux ; ils ne savent que ce qu'ils ont appris, et ils n'apprennent que ce que tout le monde veut bien ignorer, une science vaine, aride, dénuée d'agrément et d'utilité, qui ne tombe point dans la conversation[7], qui est hors de com-

---

1. « Ils ne les comprennent point. » La répétition du sujet n'est pas seulement nécessaire pour l'harmonie, elle permet encore d'insister sur le mot principal.
2. « Tranquilles. » Toutes les expressions sont d'une justesse remarquable. Le tour est simple, parce que la pensée est originale et intéresse par elle-même.
3. « Dans le médiocre. » Rien n'explique mieux l'obstination de Lamotte à nier le génie d'Homère.
4. « Le registre. » Expressions originales et piquantes. — « Compilateurs. »
    L'abbé Trublet avait alors la rage
    D'être à Paris un petit personnage.
    Au peu d'esprit que le bonhomme avait,
    L'esprit d'autrui par supplément servait ;
    Il entassait adage sur adage,
    Il compilait, compilait, compilait ;
    On le voyait sans cesse écrire, écrire,
    Ce qu'il avait jadis entendu dire,
    Et nous lassait, sans jamais se lasser.
    Il me choisit pour l'aider à penser ;
    Trois mois entiers ensemble nous pensâmes,
    Lûmes beaucoup et rien n'imaginâmes.
                     VOLTAIRE.
5. « Invention. » Pensée juste et féconde, qui n'est ici qu'indiquée et abandonnée à la sagacité du lecteur.
6. « Rien d'original. » De tous les auteurs il n'y en a point que je méprise plus que les compilateurs, qui vont de tous les côtés chercher des lambeaux des ouvrages des autres, qu'ils plaquent dans les leurs, comme des pièces de gazon dans un parterre ; ils ne sont point au-dessus de ces ouvriers d'imprimerie, qui rangent des caractères, qui combinés ensemble, font un livre où ils n'ont fourni que la main. » MONTESQUIEU
7. « Qui ne tombe point, etc. » Non cadit in sermonem. Rare en ce sens.

merce, semblable à une monnaie[1] qui n'a point de cours. On est tout à la fois étonné de leur lecture et ennuyé de leur entretien ou de leurs ouvrages. Ce sont ceux que les grands et le vulgaire[2] confondent avec les savants, et que les sages renvoient au pédantisme[3].

* La critique souvent n'est pas une science, c'est un métier, où il faut plus de santé[4] que d'esprit, plus de travail que de capacité, plus d'habitude que de génie. Si elle vient d'un homme qui ait moins de discernement que de lecture, et qu'elle s'exerce sur de certains chapitres, elle corrompt et les lecteurs et l'écrivain.

* Je conseille à un auteur né copiste, et qui a l'extrême modestie de travailler d'après quelqu'un, de ne se choisir pour exemplaires[5] que ces sortes d'ouvrages où il entre de l'esprit, de l'imagination, ou même de l'érudition : s'il n'atteint pas ses originaux, du moins il en approche, et il se fait lire. Il doit, au contraire, éviter comme un écueil de vouloir imiter ceux qui écrivent par humeur[6], que le cœur fait parler, à qui il inspire les termes et les figures, et qui tirent, pour ainsi dire, de leurs entrailles tout ce qu'ils expriment sur le papier ; dangereux modèles et tout propres à faire tomber dans le froid, dans le bas et dans le ridicule ceux qui s'ingèrent de les suivre. En effet, je rirais d'un homme qui voudrait sérieusement parler mon ton de voix[7], ou me ressembler de visage[8].

---

1. « Une monnaie. » « Elle passe de main en main pour cette seule fin d'en faire parade, d'en entretenir aultruy, et d'en faire des contes, comme *une vaine monnoye*, inutile à tout autre usage et employte qu'à [bonne seulement à] compter et jecter. » MONTAIGNE, *Essais*, I, 24.

2. « Les grands et le vulgaire. » Alliance de mots hardie et piquante.

3. « Pédantisme. » Au XVIIe siècle, où l'on estimait tant le bel esprit et l'honnête homme, ce mot était une injure beaucoup plus cruelle qu'au nôtre. Montaigne et Molière ont surtout poursuivi les pédants de leurs plaisanteries, qui n'ont pas toujours été très-bien reçues de tout le monde. C'était le reproche que les Jésuites se plaisaient à répéter aux écrivains de Port-Royal, et dont ceux-ci se vengeaient en opposant au pédantisme lourd et plagiaire des savants, le pédantisme encore plus insupportable de la vanité, qui tranche tout sans rien savoir. On ferait un chapitre beaucoup plus considérable que ce chapitre de La Bruyère, seulement avec les définitions différentes qu'on a données du pédantisme.

4. « Santé. » Pour travailler sans cesse. L'expression est maligne, mais pas assez claire.

5. « Exemplaires. » *Vos exemplaria græca*. Modèle.

6. « Humeur. » Mot excellent qu'on a laissé trop longtemps tomber en désuétude.

7. « Parler mon ton de voix. » En grec et en latin, le verbe neutre a souvent pour régime direct, le substantif qui a le même sens, *ire viam*, πόλεμον πολεμεῖν. Les écrivains français ont quelquefois suivi cette règle. Bossuet a dit : « Dormez votre sommeil, grands de la terre. »

8. « Me ressembler. » La Bruyère parle ici de ses copistes. Il n'y a point d'écrivain

* Un homme né chrétien,[1] et Français se trouve contraint dans la satire, les grands sujets lui sont défendus ; il les entame quelquefois, et se détourne ensuite sur de petites choses, qu'il relève par la beauté de son génie et de son style[2].

* Il faut éviter le style vain et puéril, de peur de ressembler à *Dorilas* et *Hanbdurg*[3] : l'on peut, au contraire, en une sorte d'écrits, hasarder de certaines expressions, user de termes transposés[4] et qui peignent vivement, et plaindre ceux qui ne sentent pas le plaisir qu'il y a à s'en servir ou à les entendre.

* Celui qui n'a égard en écrivant qu'au goût de son siècle songe plus à sa personne qu'à ses écrits : il faut toujours tendre à la perfection, et alors cette justice qui nous est quelquefois refusée par nos contemporains, la postérité sait nous la rendre[5].

* Il ne faut point mettre un ridicule où il n'y en a point ; c'est se gâter le goût, c'est corrompre son jugement et celui des autres :

plus original, ni qui ait été plus imité. On ne voyait que *Caractères* ; les boutiques des libraires en étaient remplies : *Caractères des vertus et des vices* ; *Caractères tirés de l'Écriture sainte et appliqués aux mœurs de ce siècle* ; *Caractères naturels des hommes en forme de dialogue* ; *Ouvrage dans le goût des Caractères* ; *Suite des Caractères de Théophraste et des mœurs de ce siècle*, etc., etc. Ceux-ci étaient les plus impertinents qui prenaient le titre même de l'auteur. La Bruyère a confondu dans un commun mépris tous ses imitateurs.

1. « Né chrétien. » Tournure latine. Nous avons vu plus haut : « Je conseille à un auteur né copiste. » Chrétien, il ne peut traiter les matières religieuses ; Français, la politique lui est interdite. La concision était nécessaire ici, et elle ne nuit pas à la clarté.

2. « Style. » Il n'est pas nécessaire de chercher bien loin pour voir à qui cela s'applique. Il n'y a qu'à lire le chapitre *des Esprits forts*, et celui *du Souverain*, pour comprendre le regret sincère, quoique discret, que La Bruyère exprime en ce passage.

3. « Dorilas Handburg. » On prétend que par le nom de *Dorilas* La Bruyère désigne Varillas, historien assez agréable, mais fort inexact. Quant au nom de *Handburg* il n'y a pas la moindre incertitude : il est la parodie exacte de Maimbourg, *Hand* voulant dire main, en anglais et en allemand. Madame de Sévigné a dit du P. Maimbourg qu'il a ramassé le délicat des mauvaises ruelles. Ce jugement s'accorde fort bien avec celui de La Bruyère.

4. « De termes transposés. » Il s'agit de l'inversion que La Bruyère a souvent employée avec succès. La construction régulière donne à la phrase beaucoup de netteté, mais aussi un peu de monotonie. « Notre langue, dit Fénelon, n'ose jamais procéder que suivant la méthode la plus scrupuleuse et la plus uniforme de la grammaire : on voit toujours venir d'abord un nominatif substantif qui mène son adjectif comme par la main ; son verbe ne manque pas de marcher derrière, suivi d'un adverbe qui ne souffre rien entre deux ; et le régime appelle aussitôt un accusatif, qui ne peut jamais se déplacer. C'est ce qui exclut toute suspension de l'esprit, toute attention, toute surprise, toute variété, et souvent toute magnifique cadence. » *Lettre sur les occupations de l'Académie*, p. 38, de l'édition de M. Despois. — La lecture de La Bruyère suffit pour montrer ce qu'il y a d'exagéré dans cette spirituelle critique de nos écrivains.

5. « Nous la rendre. » Voici un exemple fort heureux de termes transposés. L'inversion donne plus de fermeté et d'énergie à cette phrase.

mais le ridicule qui est quelque part, il faut l'y voir, l'en tirer avec grâce, et d'une manière qui plaise et qui instruise[1].

* Horace ou Despréaux l'a dit avant vous. Je le crois sur votre parole ; mais je l'ai dit comme mien. Ne puis-je pas penser après eux une chose vraie[2], et que d'autres encore penseront après moi?

[Chapitre II.]

DU MÉRITE PERSONNEL.

* Qui peut, avec les plus rares talents et le plus excellent mérite[3], n'être pas convaincu de son inutilité, quand il considère qu'il laisse, en mourant, un monde qui ne se sent pas de sa perte, et où tant de gens se trouvent pour le remplacer[4]?

* De bien des gens il n'y a que le nom qui vale[5] quelque chose : quand vous les voyez de fort près, c'est moins que rien : de loin ils imposent.

* Tout persuadé que je suis que ceux que l'on choisit pour de différents emplois, chacun selon son génie[6] et sa profession font

---

1. « Qui instruise. »
   Ridiculum acri
   Fortius ac melius magnas plerumque secat res.
   Hor.
   La satire, en leçons, en nouveautés fertile,
   Sait seule assaisonner le plaisant et l'utile, etc.
   Boileau, Sat. IX.
   On voit qu'ils ne disent pas précisément la même chose.

2. « Une chose vraie. » « La vérité et la raison sont communes à un chascun, et ne sont non plus à qui les a dictes premièrement, qu'à qui les dict après : ce n'est non plus selon Platon que selon moy, puisque luy et moy l'entendons et voyons de mesme. » Montaigne, Essais, I, 25.

3. « Le plus excellent mérite. » Ce superlatif est admis par l'Académie, et se retrouve dans nos meilleurs écrivains. Montaigne intitule le chapitre 36 du liv. II, de ses Essais : Des plus excellents hommes. « J'aurais voulu faire voir, dit Molière, que les plus excellentes choses sont sujettes à être copiées par de mauvais juges. » Préface des Précieuses Ridicules.

4. « Remplacer. » Cette pensée ressemble beaucoup à celle qui commence le premier chapitre : « Tout est dit, etc. » Après avoir loué dans le passé tant de rivaux qui ont pensé et parlé avant lui, La Bruyère semble encore se défier de l'avenir, bien convaincu à la fois de son inutilité et de son mérite.

5. « Qui vale, » au lieu de « qui vaille. » C'est l'orthographe que La Bruyère a toujours suivie. Il aurait voulu que le verbe valoir se conjuguât comme prévaloir qui en dérive, et qui fait prévale au subjonctif et non prévaille. Mais l'usage n'a jamais varié pour le verbe valoir et son subjonctif, et l'usage fait loi.

6. « Selon son génie. » Génie, du latin genius, talent inné et naturel de chascun.

bien ¹, je me hasarde ² de dire qu'il se peut faire qu'il y ait au monde plusieurs personnes connues ou inconnues, que l'on n'emploie pas, qui feraient très-bien ; et je suis induit à ce sentiment par le merveilleux succès de certaines gens que le hasard seul a placés, et de qui jusques alors on n'avait pas attendu de fort grandes choses.

Combien d'hommes admirables, et qui avaient de très-beaux génies, sont morts sans qu'on en ait parlé ³ ? Combien vivent encore dont on ne parle point, et dont on ne parlera jamais ?

* Quelle horrible peine à un homme qui est sans prôneurs et sans cabale, qui n'est engagé dans aucun corps, mais qui est seul, et qui n'a que beaucoup de mérite pour toute recommandation, de se faire jour à travers l'obscurité où il se trouve, et de venir au niveau d'un fat ⁴ qui est en crédit !

Ce mot avait, au XVIIe siècle, un sens voisin de son étymologie, et beaucoup plus modeste que celui qu'il a pris plus tard et qu'il a conservé. L'auteur dit un peu plus bas : « Le *génie* et les grands talents manquent souvent ; » nous renverserions cette gradation ; et dans la même page : « Combien d'hommes admirables et qui avaient de très-beaux *génies* ; » l'épithète était nécessaire de son temps, où la valeur des mots n'était pas encore surfaite ; elle serait inutile du nôtre.

1. « Font bien. » Font leur devoir, et avec éclat. L'expression est juste et concise, et il est regrettable qu'elle tombe en désuétude. Horace a dit : « Si chartæ sileant, quod bene feceris. » Si les livres ne disent point que vous avez *bien fait*. — Montaigne : « De ceulx mesmes que nous voyons *bien faire* (sur le champ de bataille) trois mois ou trois ans après qu'ils y sont demeurez, il ne s'en parle non plus que s'ils n'eussent jamais esté. » *Essais*, II, 16. — Et Bossuet : « Dans les grandes actions, il faut uniquement songer à *bien faire*, et laisser venir la gloire après la vertu. » *Or. funèbre du prince de Condé*, p. 304 de l'édition annotée de M. A. Didier.

2. « Je me hasarde. » Cette précaution oratoire est ironique. La vérité que l'auteur annonce avec tant de circonspection est si frappante, qu'elle est commune. Le contraste entre la timidité et l'évidence de sa pensée lui donne un tour original et un peu recherché. — Vauvenargues a dit avec plus de concision et de franchise : « Les plus grands ministres ont été ceux que la fortune avait placés plus loin du ministère. »

3. « Sans qu'on en ait parlé. » « Peut-être, dans ces tombes abandonnées, gisent des hommes dont le cœur fut inspiré du souffle céleste, dont la main aurait soulevé le sceptre d'un grand empire, ou tiré de la lyre un son mélodieux. — Mais la science n'avait jamais déroulé à leurs yeux ses longues pages, riches des dépouilles du temps ; la pauvreté avait retenu leur noble essor et tari la source du génie. — Ainsi, dans le fond de l'Océan sont cachées les perles à l'éclat pur et brillant ; ainsi, dans des plages inconnues, les fleurs s'épanouissent au matin, et livrent au souffle de l'air silencieux leur parfum que jamais mortel ne respira. — Peut-être est là enseveli quelque Hampden, qui aurait combattu avec énergie les tyrans de la patrie ; peut-être est là couché quelque Milton muet et sans gloire, quelque Cromwell pur du sang de ses concitoyens. » Traduit de GRAY, *le Cimetière de Campagne*.

4. « Au niveau d'un fat. » « Lorsque parut le livre de La Bruyère, ses habitudes étaient prises, sa vie réglée ; il n'y changea rien. La gloire soudaine qui lui vint ne l'éblouit pas ; il y avait songé de longue main, l'avait retournée en tous sens, et savait fort bien qu'il aurait pu ne pas l'avoir, et ne pas valoir moins pour cela. Loué, attaqué, recherché, il se trouva seulement peut-être un peu moins heureux après qu'avant son succès, et regretta sans doute, à certains jours, d'avoir livré au public une si grande part de son secret. » SAINTE-BEUVE.

* Personne presque ne s'avise[1] de lui-même du mérite d'un autre.

Les hommes sont trop occupés d'eux-mêmes pour avoir le loisir de pénétrer ou de discerner[2] les autres : de là vient qu'avec un grand mérite et une plus grande modestie l'on peut être longtemps ignoré.

* Le génie et les grands talents manquent souvent, quelquefois aussi les seules occasions[3] : tels peuvent être loués de ce qu'ils ont fait, et tels de ce qu'ils auraient fait.

* Il est moins rare de trouver de l'esprit que des gens qui se servent du leur, ou qui fassent valoir celui des autres, et le mettent[4] à quelque usage.

* Il y a plus d'outils[5] que d'ouvriers, et de ces derniers plus de mauvais que d'excellents : que pensez-vous de celui qui veut scier avec un rabot, et qui prend sa scie pour raboter?

* Il n'y a point au monde un si pénible métier que celui de se faire un grand nom ; la vie s'achève[6], que l'on a à peine ébauché son ouvrage.

* Que faire d'*Egésippe*, qui demande un emploi? le mettra-t-on dans les finances ou dans les troupes? Cela est indifférent, et il faut que ce soit l'intérêt seul qui en décide ; car il est aussi capable de manier de l'argent, ou de dresser des comptes, que de porter les armes : il est propre à tout, disent ses amis ; ce qui signifie toujours qu'il n'a pas plus de talent pour une chose que pour une

---

1. « Ne s'avise. » La pensée suivante explique celle-ci qui est d'une concision obscure et affectée.
2. « Pénétrer, » voir ce que valent les autres ; « discerner, » les distinguer de ceux qui leur sont inférieurs.
3. « Les seules occasions. » C'est ce qui explique comment certaines époques sont si fécondes et d'autres si stériles en grands hommes.
4. Le mettent. » L'emploient, l'appliquent à quelque usage.
5. « Il y a plus d'outils. » Ce caractère dépend de celui qui précède ; il s'agit des gens qui ne savent pas tirer parti de leur esprit. — Ces comparaisons familières et piquantes se rencontrent fréquemment dans La Bruyère. On sait que Platon, dont il faisait sa lecture favorite, en a rempli ses divins dialogues. Il fait dire par les sophistes à Socrate : « Ne parlerez-vous donc jamais que de cordonniers et de maçons? ne cesserez-vous de nous tenir ce langage trivial et grossier? » Les écrivains du XVII° siècle n'ont peut-être pas encore assez imité le tour familier, simple et mâle que les anciens, et surtout les Grecs, donnaient à leur pensée ; mais ils étaient toutefois encore bien éloignés de cette dignité soutenue et affectée, de cette noblesse perpétuelle du style, qui ne prévalut que plus tard, et que Buffon érigea en règle pour son siècle.
6. « La vie s'achève. » Il est difficile de ne pas voir ici une allusion à l'auteur lui-même et à l'apparition tardive de son livre.

autre; ou, en d'autres termes, qu'il n'est propre à rien [1]. Ainsi la plupart des hommes, occupés d'eux seuls dans leur jeunesse, corrompus par la paresse ou par le plaisir, croient faussement dans un âge plus avancé qu'il leur suffit d'être inutiles ou dans l'indigence, afin que [2] la république [3] soit engagée à les placer ou à les secourir; et ils profitent rarement de cette leçon [4] si importante: que les hommes devraient employer les premières années de leur vie à devenir tels [5] par leurs études et par leur travail, que la république elle-même eût besoin de leur industrie et de leurs lumières; qu'ils fussent comme une pièce nécessaire à tout son édifice; et qu'elle se trouvât portée [6] par ses propres avantages à faire leur fortune ou à l'embellir.

Nous devons travailler à nous rendre très-dignes de quelque emploi; le reste ne nous regarde point, c'est l'affaire des autres.

* Se faire valoir par des choses qui ne dépendent point des autres, mais de soi seul, ou renoncer à se faire valoir: maxime inestimable et d'une ressource infinie dans la pratique, utile aux

---

1. « Propre à rien. » Socrate se raille fort agréablement des ambitieux qui se croient capables de tout, parce qu'ils ne savent rien : « Dès qu'Euthydème aura l'âge, il ne manquera pas de profiter de la première délibération publique, pour demander la parole, car il est prêt sur tous les sujets. Il pourra, ce me semble, tirer un bien bel exorde, et bien oratoire, des précautions qu'il a prises afin de paraître n'avoir rien à apprendre de personne. Évidemment, au début de sa harangue, il s'exprimera ainsi : « Ne croyez pas, Athéniens, que j'aie jamais rien appris, ou que la réputation des gens de savoir ou de mérite m'ait jamais attiré auprès d'eux, ou que j'aie jamais voulu recevoir les leçons de qui en savait plus que moi; croyez plutôt que j'ai fait tout le contraire. Je me suis bien appliqué à ne rien apprendre de personne, et même à le faire voir; toutefois les bonnes idées que le hasard va m'inspirer, je vais vous les communiquer sur-le-champ. » Que l'on consulte l'assemblée sur le choix d'un des médecins nommés et payés par la ville, le même discours lui servira : il pourra tout aussi bien débuter par cet exorde : « Ne croyez pas, Athéniens, que j'aie jamais appris la médecine, ou que j'aie jamais recherché et écouté les leçons d'un médecin, quel qu'il fût. Je me suis bien appliqué à fuir les médecins et ce qu'ils enseignent, et à faire voir que je n'en savais pas le premier mot. Toutefois choisissez-moi pour vous médicamenter; j'essayerai à vos risques et périls de devenir un peu plus savant. » Tous ceux qui étaient là ne purent s'empêcher de rire de cette belle harangue; et Socrate continuant : « C'est une chose admirable, dit-il, que ceux qui veulent passer pour habiles sur la cithare, sur la flûte, en équitation ou en quoi que ce soit, travaillent sans cesse, se fatiguent et souffrent pour savoir leur métier, et non pas tous seuls, mais auprès de ceux qui passent pour les maîtres, dont le suffrage impose et donne la réputation; et que nos grands politiques, qui veulent nous persuader et nous gouverner, s'imaginent devenir subitement capables de tout, d'instinct, sans étude et sans préparation. » XÉNOPHON, *Mémorables*, IV, 2.
2. « Afin que. » Il faudrait plus correctement « pour que. »
3. « La république. » *Res publica*, la chose publique, la patrie, l'État.
4. « Leçon. » Ils profitent rarement de ce précepte, que...
5. « Tels que. » *Eos, tales qui*. L'emploi de ce mot est très-fréquent dans La Bruyère, et c'est un véritable latinisme.
6. « Portée. » Et que la république trouvât son intérêt à faire leur fortune. Il n'y a pas beaucoup de suite dans ces métaphores.

faibles, aux vertueux, à ceux qui ont de l'esprit, qu'elle rend maîtres de leur fortune ou de leur repos; pernicieuse pour les grands, qui diminuerait leur cour, ou plutôt le nombre de leurs esclaves; qui ferait tomber leur morgue avec une partie de leur autorité, et les réduirait presque à leurs entremets[1] et à leurs équipages; qui les priverait du plaisir[2] qu'ils sentent à se faire prier, presser, solliciter, à faire attendre ou à refuser, à promettre et à ne pas donner; qui les traverserait[3] dans le goût qu'ils ont quelquefois à mettre les sots en vue, et à anéantir le mérite[4] quand il leur arrive de le discerner; qui bannirait des cours les brigues, les cabales, les mauvais offices, la bassesse, la flatterie, la fourberie; qui ferait d'une cour orageuse, pleine de mouvements et d'intrigues, comme une pièce comique ou même tragique, dont les sages ne seraient que les spectateurs; qui remettrait de la dignité[5] dans les différentes conditions des hommes, de la sérénité sur leurs visages; qui étendrait leur liberté; qui réveillerait en eux, avec les talents naturels, l'habitude du travail et de l'exercice; qui les exciterait à l'émulation, au désir de la gloire, à l'amour de la vertu; qui, au lieu de courtisans vils, inquiets, inutiles[6], souvent

---

1. « Leurs entremets. » Les grands n'auraient plus d'autres avantages sur le commun des hommes, que de manger mieux et de se promener en voiture.

2. « Du plaisir. » « Vous voyez des puissants, dit Sénèque, qui ont la malheureuse vanité de retarder sans cesse l'exécution de leurs promesses, pour ne point diminuer la foule de leurs solliciteurs; les favoris des rois prennent plaisir à prolonger le spectacle qu'ils nous donnent de leur orgueil; ils se croiraient moins grands, s'ils ne nous faisaient souvent et longtemps sentir combien ils sont plus grands que nous; ils ne peuvent rien faire du coup et sur-le-champ; leurs injures vont vites, mais leurs bienfaits savent se faire attendre. » *Des Bienfaits*, II.

3. « Qui les traverserait. » Qui les empêcherait de satisfaire leur goût.

4. « Anéantir le mérite. » Empêcher les hommes de mérite de sortir du néant. L'auteur s'est servi plusieurs fois de cette expression énergique.

5. De la dignité. » Il règne dans tout ce morceau un ton de fierté et de noblesse qui honore La Bruyère. Perdu dans la foule des serviteurs des princes, obscur et sans importance, malgré son mérite, pouvait-il ne pas être indigné d'un état social où la faveur était tout et la capacité rien? Il ne faut pas oublier que presque tous les grands écrivains du XVIIe siècle, que Molière lui-même représente la cour comme l'arbitre du goût et la protectrice des talents. La Rochefoucauld exprimait l'opinion générale de son temps sur un ton moitié sérieux, moitié ironique : « Les rois font des hommes comme des pièces de monnaie; ils les font valoir ce qu'ils veulent, et l'on est forcé de les recevoir selon leur cours, et non pas selon leur véritable prix. » *Maximes*. — La Bruyère, en réclamant, au nom de la dignité humaine, les droits du travail et du mérite, et en les opposant à l'esclavage avilissant des cours, se rapproche déjà des hardiesses du XVIIIe siècle.

6. « Courtisans vils, etc. » Toutes ces é... sont justes, mais bien vives et bien remarquables pour le temps. Fénelon, do... tyle est si différent de La Bruyère, mais qui se rapproche souvent de lui par... ardiesse de son esprit indépendant et aventureux, écrivait au duc de Bourgogne : « Le métier d'adroit courtisan perd tout dans un État. Les esprits les plus courts et les plus corrompus sont souvent ceux qui

onéreux à la république, en ferait ou de sages économes, ou d'excellents pères de famille, ou des juges intègres, ou de bons officiers, ou de grands capitaines, ou des orateurs, ou des philosophes, et qui ne leur attirerait à tous nul autre inconvénient que celui peut-être de laisser à leurs héritiers moins de trésors que de bons exemples.

* Il faut en France beaucoup de fermeté et une grande étendue d'esprit pour se passer des charges et des emplois[1], et consentir ainsi à demeurer chez soi et à ne rien faire[2]. Personne presque n'a assez de mérite pour jouer ce rôle avec dignité[3], ni assez de fonds pour remplir le vide du temps[4] sans ce que le vulgaire appelle des affaires. Il ne manque cependant à l'oisiveté du sage qu'un meilleur nom, et que méditer, parler, lire et être tranquille s'appelât travailler.

* Un homme de mérite, et qui est en place[5], n'est jamais in-

---

apprennent le mieux cet indigne métier. Ce métier gâte tous les autres : le médecin néglige la médecine ; le prélat oublie les devoirs de son ministère ; le général d'armée songe bien plus à faire sa cour qu'à défendre l'État ; l'ambassadeur négocie bien plus pour ses propres intérêts à la cour de son maître, qu'il ne négocie pour les véritables intérêts de son maître à la cour où il est envoyé. L'art de faire sa cour gâte les hommes de toutes les professions et étouffe le vrai mérite. » *Examen de conscience sur les devoirs de la royauté.*

1. « Des charges. » Ne semble-t-il pas que cela soit écrit de nos jours ? Cette maladie n'a fait que croître, et n'est pas près de se guérir.

2. « A ne rien faire. » *Otiari*, n'avoir point d'affaires, d'occupations déterminées, à remplir son loisir comme bon lui semble. Scipion le premier Africain avait coutume de dire qu'il ne travaillait jamais tant que lorsqu'il n'avait rien à faire.

3. « Avec dignité. » C'était le vœu si fréquemment exprimé par Cicéron : « Du loisir avec dignité. »

4. « Le vide du temps. » « On charge les hommes, dès l'enfance, du soin de leur honneur, de leurs biens, et même du bien et de l'honneur de leurs parents et de leurs amis. On les accable de l'étude des langues, des sciences, des exercices et des arts. On les charge d'affaires. On leur fait entendre qu'ils ne sauraient être heureux, s'ils ne font en sorte, par leur industrie et par leur soin, que leur fortune et leur honneur, et même la fortune et l'honneur de leurs amis, soient en bon état, et qu'une seule de ces choses qui manque les rend malheureux. Aussi on leur donne des charges et des affaires qui les font tracasser dès la pointe du jour. Voilà, direz-vous, une étrange manière de les rendre heureux ! Que pourrait-on faire de mieux pour les rendre malheureux ? Demandez-vous ce qu'on pourrait faire ? Il ne faudrait que leur ôter tous ces soins ; car alors ils se verraient, et ils penseraient à eux-mêmes ; et c'est ce qui leur est insupportable. Aussi, après s'être chargés de tant d'affaires, s'ils ont quelque temps de relâche, ils tâchent encore de le perdre à quelque divertissement qui les occupe tout entiers et les dérobe à eux-mêmes.—Prenez garde ! Qu'est-ce autre chose d'être surintendant, chancelier, premier président, que d'avoir un grand nombre de gens qui viennent de tous côtés, pour ne pas leur laisser une heure en la journée où ils puissent penser à eux-mêmes ? Et quand ils sont dans la disgrâce, et qu'on les envoie à leurs maisons de campagne, où ils ne manquent ni de biens, ni de domestiques pour les assister en leurs besoins, ils ne laissent pas d'être misérables, parce que personne ne les empêche plus de songer à eux. » Pascal, *Pensées.*

5. « Qui est en place. » Qui a une place, un emploi important.

commode par sa vanité ; il s'étourdit moins du poste qu'il occupe [1] qu'il n'est humilié par un plus grand qu'il ne remplit pas, et dont il se croit digne : plus capable d'inquiétude que de fierté ou de mépris pour les autres, il ne pèse qu'à soi-même.

* Il coûte à un homme de mérite de faire assidûment sa cour, mais par une raison bien opposée [2] à celle que l'on pourrait croire : il n'est point tel sans une grande modestie, qui l'éloigne de penser qu'il fasse le moindre plaisir aux princes s'il se trouve sur leur passage, se poste devant leurs yeux, et leur montre son visage ; il est plus proche de [3] se persuader qu'il les importune, et il a besoin de toutes les raisons tirées de l'usage et de son devoir [4] pour se résoudre à se montrer. Celui, au contraire, qui a bonne opinion de soi, et que le vulgaire appelle un glorieux [5], a du goût à se faire voir ; et il fait sa cour avec d'autant plus de confiance, qu'il est incapable de s'imaginer que les grands dont il est vu pensent autrement de sa personne qu'il fait [6] lui-même.

*Un honnête homme se paye par ses mains de l'application qu'il

1. « Il s'étourdit moins, etc. » L'orgueil du poste qu'il occupe ne lui fait pas perdre la raison.

2. « Une raison opposée. » Ce n'est pas par vanité et par orgueil, comme on pourrait le croire.

3. « Proche de » a vieilli ; on se sert plutôt de *près de*, qui n'est pas meilleur.

4. « De son devoir. » Singulier usage et singulier devoir que celui de cette revue quotidienne dont rois et courtisans s'acquittaient avec une égale gravité.

« Apprenons, dit Régnier, à

> Faire la cour aux grands, et dans leurs antichambres,
> Le chapeau dans la main, nous tenir sur nos membres,
> Sans oser ny cracher, ny tousser, ny s'asseoir,
> Et, nous couchant au jour, leur donner le bonsoir. *Sat* 4.

Montesquieu suppose un roi qui publie une ordonnance avec ce préambule : « Le courage infatigable de quelques-uns de nos sujets à nous demander des pensions, ayant exercé sans relâche notre magnificence royale, nous avons enfin cédé à la multitude des requêtes qu'ils nous ont présentées, lesquelles ont fait jusqu'ici la plus grande sollicitude du trône. Ils nous ont représenté qu'ils n'ont pas manqué depuis notre avénement à la couronne, de se trouver à notre lever ; que nous les avons toujours vus sur notre passage immobiles comme des bornes, et qu'ils se sont extrêmement élevés pour regarder, sur les épaules les plus hautes, notre sérénité, nous avons ordonné ce qui suit, etc. »

5. « Glorieux. » La Bruyère dit : Celui que le vulgaire appelle *glorieux*, parce que ce mot se prenait encore en bonne part, même appliqué à une personne. « *Glorieux*, dit Furetière, celui qui a acquis de la gloire par son mérite, par son savoir, par sa vertu, ou de ce qui donne de la gloire. Cet auteur est bien *glorieux* d'avoir fait un si bel ouvrage.

6. « Qu'il fait. » Autrement veut ordinairement être suivi de *ne*. — L'emploi du verbe *faire* pour suppléer un verbe qui se trouve dans la phrase précédente est très-fréquent : « Il s'ouvrira plutôt à vous, qu'il ne *ferait* à sa mère. » LA FONTAINE, *Psyché*. — « Quel astre brille davantage dans le firmament que le prince de Condé *n'a fait* en Europe ? » BOSSUET. — « Elle le reçut bien, comme elle *fesait* tous les passants, surtout ceux de son pays. » J.-J. ROUSSEAU.

a à son devoir par le plaisir qu'il sent à le faire, et se désintéresse[1] sur les éloges l'estime et la reconnaissance, qui lui manquent quelquefois.

* Si j'osais[2] faire une comparaison entre deux conditions tout à fait inégales, je dirais qu'un homme de cœur pense à remplir ses devoirs, à peu près comme le couvreur songe à couvrir ; ni l'un ni l'autre ne cherchent à exposer leur vie, ni ne sont détournés par le péril ; la mort pour eux est un inconvénient dans le métier et jamais un obstacle. Le premier aussi n'est guère plus vain d'avoir paru à la tranchée[3], emporté un ouvrage[4] ou forcé un retranchement, que celui-ci d'avoir monté sur de hauts combles ou sur la pointe d'un clocher : ils ne sont tous deux appliqués qu'à bien faire, pendant que le fanfaron travaille à ce que l'on dise de lui qu'il a bien fait.

* La modestie[5] est au mérite ce que les ombres sont aux figures dans un tableau : elle lui donne de la force et du relief.

Un extérieur simple est l'habit des hommes vulgaires ; il est taillé pour eux et sur leur mesure ; mais c'est une parure[6] pour ceux qui ont rempli leur vie de grandes actions ; je les compare à une beauté négligée, mais plus piquante.

Certains hommes contents d'eux-mêmes, de quelque action ou de quelque ouvrage qui ne leur a pas mal réussi, et ayant ouï dire

1. « Se désintéresse. » Et ne compte pas sur les éloges. L'expression est nouvelle et cependant fort juste, parce qu'elle fait antithèse avec le verbe *payer* qui est dans la phrase précédente.
2. « Si j'osais. » Il y a des comparaisons basses d'elles-mêmes, qui deviennent nobles en quelque façon par le lieu où on les place et par la manière dont on les tourne. Le correctif que l'auteur met d'abord en disant : *si j'osais faire une comparaison*, adoucit celle qu'il fait, et ce qu'il considère dans le couvreur tient si peu de la bassesse du métier, que la comparaison n'a rien de choquant. » BOUHOURS, *Pensées ingénieuses*.
3. « Tranchée. » Fossé qu'on creuse dans la terre pour approcher à couvert du corps de la place assiégée.
4. « Ouvrage. » En terme de fortification, dehors qu'on avance pour couvrir un bastion, une courtine, ou pour gagner du terrain.
5. « La modestie. » Cette comparaison ingénieuse est devenue proverbiale.
6. « C'est une parure. » « Turenne se cache, mais sa réputation le découvre ; il marche sans suite et sans équipage, mais chacun dans son esprit le met sur un char de triomphe. On compte en le voyant les ennemis qu'il a vaincus, non pas les serviteurs qui le suivent ; tout seul qu'il est, on se figure autour de lui ses vertus et ses victoires qui l'accompagnent ; il y a je ne sais quoi de noble dans cette honnête simplicité ; et moins il est superbe, plus il devient vénérable. » FLÉCHIER. — La tournure oratoire rend l'art trop sensible et trop uniforme dans Fléchier ; il n'a qu'un ton qui fatigue bientôt. Le travail du style est tout aussi grand dans La Bruyère, mais bien plus varié. Il ne laisse rien échapper que d'achevé et de parfait ; mais cette perfection plaît toujours parce qu'elle n'est jamais la même.

que la modestie sied bien aux grands hommes osent être modestes [1], contrefont les simples [2] et les naturels; semblables à ces gens d'une taille médiocre qui se baissent aux portes, de peur de se heurter [3].

* Votre fils est bègue, ne le faites pas monter sur la tribune, votre fille [4] est née pour le monde, ne l'enfermez pas parmi les vestales. *Xantus* [5], votre affranchi, est faible et timide, ne différez pas, retirez-le des légions et de la milice. Je veux l'avancer, dites-vous: comblez-le de biens, surchargez-le de terres, de titres et de possessions; servez-vous du temps [6]; nous vivons dans un siècle [7] où elles lui feront plus d'honneur que la vertu. Il m'en coûterait trop, ajoutez-vous. Parlez-vous sérieusement, *Crassus?* songez-vous que c'est une goutte d'eau que vous puisez du Tibre pour enrichir Xantus que vous aimez, et pour prévenir les honteuses suites d'un engagement [8] où il n'est pas propre?

1. « Osent être modestes. » L'auteur revient avec beaucoup de grâce sur la pensée qui précède et en présente une face nouvelle. Lorsqu'il arrive à La Bruyère d'exprimer une de ces vérités vulgaires, qu'il sait rajeunir par la beauté du style, il ne semble pas assez satisfait de lui-même. Il n'aime pas à se tenir longtemps sur les idées de sens commun et du domaine public. Il cherche même alors quelque repli, quelque coin ignoré, qui lui appartienne en propre. Il est rare qu'une observation faite depuis longtemps, il ne fasse pas sortir une observation originale et inattendue. On retrouve dans ce passage la trace et l'effort de sa sagacité pénétrante. — « Osent être modestes, » est une alliance de mots originale et plaisante.

2. « Contrefont les simples. » Imitent, singent la simplicité et la noblesse.

3. « Se heurter. » L'auteur est heureux dans ses comparaisons. En voilà plusieurs qui se suivent, et qui sont justes et agréables. Sénèque aussi abonde en comparaisons ingénieuses, et prises dans la nature; mais il ne sait pas se borner en cela plus qu'en autre chose; il les multiplie sans choix et sans raison, égayant et fatiguant à la fois le lecteur. La Bruyère ne dit que ce qui est nécessaire; un trait lui suffit, mais ce trait est toujours choisi avec goût.

4. « Votre fils est bègue. » Du Harlay, avocat général, fils du premier président du Harlay. — « Votre fille. » Mademoiselle du Harlay.

5. « Xanthus. » M. de Courtenvaux, fils de Louvois. « C'était, dit Saint-Simon, un fort petit homme, obscurément débauché, avec une voix ridicule, qui avait peu et mal servi, méprisé et compté pour rien dans sa famille et à la cour, où il ne fréquenta personne. » Louvois, désolé de son incapacité et ne sachant qu'en faire, le fit commandant des Cent-Suisses, faute de mieux.

6. « Servez-vous du temps. » *Utere temporibus*, profitez du temps. C'est un véritable latinisme.

7. « Dans un siècle. »

L'argent, l'argent, dit-on; sans lui tout est stérile;
La vertu sans l'argent, n'est qu'un meuble inutile;
L'argent en honnête homme érige un scélérat;
L'argent seul au Palais peut faire un magistrat.
    BOILEAU, *Ép.* 5, v. 85-88, édit. annotée par M. J. Travers

Y a-t-il un siècle où ces plaintes n'aient été répétées?

8. « D'un engagement. » D'un poste qu'il ne saurait remplir avec honneur.

DU MÉRITE PERSONNEL.

* Il ne faut regarder dans ses amis que la seule vertu qui nous attache à eux, sans aucun examen de leur bonne ou de leur mauvaise fortune ; et quand on se sent capable de les suivre dans leur disgrâce, il faut les cultiver hardiment et avec confiance jusque dans leur plus grande prospérité [1].

* S'il est ordinaire d'être vivement touché des choses rares, pourquoi le sommes-nous si peu de la vertu ?

* S'il est heureux [2] d'avoir de la naissance, il ne l'est pas moins d'être tel qu'on ne s'informe plus si vous en avez [3].

* Il apparaît de temps en temps sur la surface de la terre des hommes rares, exquis [4], qui brillent par leur vertu, et dont les qualités éminentes jettent un éclat prodigieux : semblables à ces étoiles extraordinaires dont on ignore les causes [5], et dont on sait encore moins ce qu'elles deviennent après avoir disparu, ils n'ont ni aïeuls ni descendants ; ils composent seuls toute leur race.

* Le bon esprit nous découvre notre devoir, notre engagement à le faire [6] ; et s'il y a du péril, avec péril : il inspire le courage, ou il y supplée.

* Quand on excelle dans son art, et qu'on lui donne toute la perfection dont il est capable, l'on en sort [7] en quelque manière, et l'on s'égale à ce qu'il y a de plus noble et de plus relevé. V**. est un peintre, C**. un musicien, et l'auteur de Pyrame [8] est un

---

1. « Prospérité. » La maxime vulgaire et fort juste dit qu'il ne faut pas abandonner ses amis dans l'adversité. La pensée de La Bruyère est originale et plus délicate.
2. « S'il est heureux. » Un descendant d'Harmodius reprochait à Iphicrate l'obscurité de sa naissance : Ma noblesse, répliqua ce grand homme, commence en moi ; la vôtre finit en vous.
3. « Si vous en avez. » « La seule noblesse c'est la vertu ; sois Paulus, Drusus ou Cossus par tes mœurs ; préfère-les aux images de tes pères ; si tu es consul, qu'elles marchent en avant même de tes faisceaux. J'examine d'abord si ton âme est honnête. As-tu mérité le titre d'homme juste par tes discours et tes actions, je reconnais un grand. Honneur à toi Gétulicus, à toi Silanus, de quelque sang que tu sois né ; félicitant ma patrie de t'avoir donné le jour, je fais à ton aspect éclater les mêmes transports que l'Égyptien qui retrouve Osiris. » JUVÉNAL, Sat. 8.
4. « Exquis » s'emploie rarement en parlant d'un homme, et ne choque cependant point dans ce passage.
5. « Les causes. » On ignore les causes qui l'ont fait subitement paraître.
6. « Notre engagement à le faire. » Et que nous sommes engagés à le faire.
7. « L'on en sort. » On n'est pas seulement un grand artiste, on est un homme éminent.
8. « V*. » Vignon, peintre d'histoire. — « C*. » Colasse, gendre de Lulli, et son froid imitateur, qui, d'enfant de chœur, devint maître de la chapelle du roi. — « L'auteur de Pyrame. » Pradon, que sa rivalité avec Racine et les satires de Boileau ont rendu plus célèbre que ses ouvrages. — « Un poète. » Nous dirions un *versificateur*.

poëte : mais Mignard est Mignard [1], Lully [2] est Lully, et Corneille est Corneille.

* Un homme libre [3], et qui n'a point de femme, s'il a quelque esprit, peut s'élever au-dessus de sa fortune, se mêler dans le monde, et aller de pair avec les plus honnêtes gens [4] : cela est moins facile à celui qui est engagé ; il semble que le mariage met tout le monde dans son ordre [5].

* Après le mérite personnel, il faut l'avouer, ce sont les éminentes dignités et les grands titres dont les hommes tirent plus de distinction et plus d'éclat [6], et qui ne sait être un Érasme doit penser à être évêque. Quelques-uns [7], pour étendre leur renommée [8], entassent sur leurs personnes des pairies, des colliers d'ordre, des primaties, la pourpre, et ils auraient besoin d'une tiare. mais quel besoin a *Trophime* [9] d'être cardinal ?

---

1. « Mignard, » peintre célèbre surtout par ses portraits, naquit à Troyes en 1608, et mourut à Paris, âgé de 60 ans. Le portrait de Mme d'Hervart, l'amie de La Fontaine, passait pour son chef-d'œuvre ; et l'on entendit souvent le perroquet de cette dame parler à ce portrait comme si c'était sa maîtresse.
2. « Lulli, » né à Florence en 1633, mort à Paris en 1687, est le créateur de la musique française.
3. « Un homme libre. » « Molière, à l'étudier de près, ne fait pas ce qu'il prêche. Il représente les inconvénients, les passions, les ridicules, et dans sa vie il y tombe ; La Bruyère, jamais. Les petites inconséquences de Tartuffe, il les a saisies, et son Onuphre est irréprochable : de même pour sa conduite, il pense à tout, et se conforme à ses maximes, à son expérience. Molière est poète, entraîné, irrégulier, mélange de naïveté et de feu, et plus grand, plus aimable peut-être par ses contradictions mêmes : La Bruyère est sage ; il ne se maria jamais. » Sainte-Beuve.
4. « Les plus honnêtes. » Les plus honorés, les plus nobles, qui ne sont pas toujours les plus honnêtes comme nous l'entendons aujourd'hui.
5. « Son ordre. » Dans sa condition, dans la place que lui donne sa naissance.
6. « Après le mérite, etc. » Dites : les hommes tirent une distinction plus véritable du mérite personnel que des places et des dignités ; ce sera vrai, mais commun. Le tour dont se sert La Bruyère renouvelle la pensée et la rend agréable. Il ne faut pas dédaigner ces artifices. La vérité est toujours bonne à répéter, et c'est bien mériter des hommes que de la leur dire de façon à ce qu'ils veuillent bien l'entendre. — Pascal a rendu la même pensée avec sa grandeur habituelle : « Les grands génies ont leur empire, leur éclat, leur grandeur, leurs victoires et n'ont nul besoin des grandeurs charnelles, qui n'ont nul rapport avec celles qu'ils cherchent. Ils sont vus des esprits, non des yeux, mais c'est assez. Les saints ont leur empire, leur éclat, leurs grandeurs, leurs victoires, et n'ont nul besoin des grandeurs charnelles ou spirituelles, qui ne sont pas de leur ordre, et qui n'ajoutent ni n'ôtent à la grandeur qu'ils désirent. Ils sont vus de Dieu et des anges, et non des corps et des esprits curieux : Dieu leur suffit. »
7. « Quelques-uns. » Les clefs nomment ici Charles-Maurice Letellier, archevêque de Reims, élu proviseur de Sorbonne après la mort de M. de Harlay, archevêque de Paris. Louvois voulut, en vain, le faire nommer cardinal.
8. « Étendre leur renommée. » L'auteur s'est servi plusieurs fois heureusement de cette expression, étendre sa liberté, sa renommée. En latin, *dilatare*.
9. « Trophime. » Ce trait s'applique si évidemment à Bossuet, que plusieurs éditeurs, au lieu de *Trophime* ont imprimé *Bénigne*, prénom de l'évêque de Meaux. Mais la louange est beaucoup plus délicate, lorsque le lecteur trouve de lui-même le nom auquel elle s'applique. On sait pourquoi Bossuet, que La Bruyère appelle ailleurs un

« L'or éclate, dites-vous, sur les habits de *Philémon* : il éclate de même chez les marchands. Il est habillé des plus belles étoffes : le sont-elles¹ moins toutes déployées dans les boutiques et à la pièce? Mais la broderie² et les ornements y ajoutent encore la magnificence : je loue donc le travail de l'ouvrier. Si on lui demande quelle heure il est, il tire une montre qui est un chef-d'œuvre ; la garde de son épée est un onyx³ ; il a au doigt un gros diamant qu'il fait briller aux yeux, et qui est parfait : il ne lui manque aucune de ces curieuses bagatelles que l'on porte sur soi autant pour la vanité que pour l'usage, et il ne se plaint⁴ non plus toute sorte de parure qu'un jeune homme qui a épousé une riche vieille. Vous m'inspirez enfin de la curiosité ; il faut voir du moins des choses si précieuses : envoyez-moi cet habit et ces bijoux de Philémon, je vous quitte de la personne⁵.

Tu te trompes⁶, Philémon, si avec ce carrosse brillant, ce grand

Père de l'Église, ne fut pas cardinal. C'est lui qui fut chargé de rédiger la fameuse déclaration du clergé en 1682, qui proclama les droits de l'Église gallicane. Il la défendit dans un ouvrage prodigieux d'érudition. La cour de Rome ne put se résoudre à lui pardonner. — La Bruyère était très-lié avec Bossuet, qui le plaça chez M. le Duc. Ils se promenaient souvent ensemble en dissertant avec Pélisson, Fénelon, l'abbé Fleury et quelques autres hommes, dans cette allée du parc de Versailles que les courtisans eux-mêmes appelaient l'allée des philosophes. Il serait bien curieux de savoir ce que Bossuet, qui a si sévèrement condamné les comédies de Molière et les satires de Boileau, pensait des *Caractères* de La Bruyère, où il y a tant d'allusions directes et personnelles.

1. « Le sont-elles. » Ces étoffes sont-elles moins belles, lorsqu'on les voit toutes déployées. Il y a ici peut-être excès de concision.

2. « Mais la broderie. » C'est l'interlocuteur qui prend la parole. La Bruyère n'a pas jugé à propos de répéter chaque fois « dites-vous. » Le dialogue gagne en vivacité à cette suppression, et ne perd pas en clarté.

3. Agate. (*Note de La Bruyère.*)

4. Il ne se plaint. » Il n'épargne rien, il ne se prive de rien pour sa parure. Boileau a dit de même :

    Oh! que si cet hiver un rhume salutaire,
    Guérissant de tous maux mon avare beau-père,
    Pouvait, bien confessé, l'étendre en un cercueil,
    Et remplir sa maison d'un agréable deuil !
    Que mon âme, en ce jour de joie et d'opulence,
    D'un superbe convoi *plaindrait* peu la dépense !
              Ep. 5, v. 60-65.

Et Lesage : « Je me disposai à exercer la médecine aux dépens de qui il appartiendrait. Je débutai par un alguazil qui avait une pleurésie. J'ordonnai qu'on le saignât sans miséricorde, et qu'on ne lui *plaignît* point l'eau. » *Gil Blas*, II, 3.

5. « Je vous quitte de la personne. » Ce trait est ingénieux et plaisant ; l'auteur sent qu'il n'en a pas assez dit, et laisse éclater son indignation dans le paragraphe suivant, puis il revient à l'indulgence froide et satirique. Personne ne sait plus facilement que lui

    Passer du grave au doux, du plaisant au sévère.

6. « Tu te trompes. » Quelle énergie et quelle éloquence dans cette soudaine apostrophe ! Comme toutes ces expressions portent coup. Ces *coquins* et ces *bêtes* font

nombre de coquins qui te suivent, et ces six bêtes qui te traînent, tu penses que l'on t'en estime davantage : l'on écarte tout cet attirail qui t'est étranger, pour pénétrer jusques à toi, qui n'es qu'un fat.

Ce n'est pas qu'il faut [1] quelquefois pardonner à celui qui, avec un grand cortége, un habit riche et un magnifique équipage, s'en croit plus de naissance et plus d'esprit : il lit cela dans la contenance et dans les yeux de ceux qui lui parlent [2].

* Un homme à la cour, et souvent à la ville, qui a un long manteau de soie ou de drap de Hollande, une ceinture large et placée haut sur l'estomac, le soulier de maroquin, la calotte de même, d'un beau grain, un collet bien fait et bien empesé, les cheveux arrangés, et le teint vermeil [3]; qui avec cela se souvient de quelques distinctions métaphysiques [4], explique ce que c'est que la lumière de gloire, et sait précisément comment l'on voit Dieu ; cela s'appelle [5] un docteur. Une personne humble, qui est ensevelie dans le cabinet, qui a médité, cherché, consulté, confronté, lu ou écrit pendant toute sa vie, est un homme docte [6].

une courte et vive peinture. On ne saurait exprimer d'une façon plus rapide et plus véhémente le mépris

De l'honnête homme à pied pour le fat en litière.

1. « Ce n'est pas qu'il faut. » Ce n'est pas que je ne convienne qu'il faut pardonner. Voltaire a dit de même : « *Ce n'est pas* que depuis quelques années les acteurs *ont* enfin hasardé d'être ce qu'ils doivent être, des peintures vivantes ; auparavant ils déclamaient. »

2. « Qui lui parlent. » « Que l'on a bien fait de distinguer les hommes par l'extérieur, plutôt que par les qualités intérieures ! Qui passera de nous deux ? qui cédera la place à l'autre ? le moins habile ? Mais je suis aussi habile que lui. Il faudra se battre sur cela. Il a quatre laquais et je n'en ai qu'un : cela est visible ; il n'y a qu'à compter ; c'est à moi à céder, et je suis un sot si je conteste. Nous voilà en paix par ce moyen : ce qui est le plus grand des biens. Cela est admirable ! On ne veut pas que j'honore un homme vêtu de brocatelle et suivi de sept à huit laquais ! Eh ! quoi ! Il me fera donner des étrivières, si je ne le salue. Cet habit, c'est une force ; il n'en est pas de même d'un cheval bien enharnaché à l'égard d'un autre. » PASCAL, *Pensées*.

3. « Ce teint vermeil. »
Qu'il paraît bien nourri ! quel vermillon ! quel teint !
Le printemps dans sa fleur sur son visage est peint.
BOILEAU, *Satire* X.

4. « Métaphysiques. » Sait définir et distinguer les choses surnaturelles, entend les subtilités de la théologie. On sait combien la controverse fut à la mode dans tout le XVIIe siècle. Les femmes mêmes prenaient parti ; madame de Sévigné lisait aussi facilement les discussions des jésuites et de Port-Royal, que les romans interminables de Scudéry et de La Calprenède. Boileau faisait en vers une dissertation sur la manière dont il faut aimer Dieu, et ce n'était pas le moins goûté de ses ouvrages. Notre docteur n'est donc point ici un pédant, mais un homme du monde et qui fera son chemin. Il serait curieux de comparer à cette définition du docteur mondain et subtil de la cour de Louis XIV, ce qu'on nous dit des abbés à la mode dans le siècle suivant.

5. « Cela s'appelle. » Façon de parler dédaigneuse.

6. « Un homme docte. » Les clefs nomment ici le père Mabillon, savant et illustre bénédictin de la congrégation de Saint-Maur, né en 1632, mort en 1707.

* Chez nous, le soldat est brave, et l'homme de robe est savant ; nous n'allons pas plus loin [1]. Chez les Romains l'homme de robe était brave, et le soldat était savant : un Romain était tout ensemble et le soldat et l'homme de robe.

* Il semble que le héros est d'un seul métier, qui est celui de la guerre, et que le grand homme est de tous les métiers, ou de la robe, ou de l'épée, ou du cabinet, ou de la cour : l'un et l'autre mis ensemble ne pèsent pas [2] un homme de bien.

* Dans la guerre, la distinction entre le héros et le grand homme est délicate ; toutes les vertus militaires font l'un et l'autre : il semble néanmoins que le premier soit jeune, entreprenant, d'une haute valeur, ferme dans les périls, intrépide ; que l'autre excelle par un grand sens, par une vaste prévoyance, par une haute capacité, et par une longue expérience. Peut-être qu'ALEXANDRE n'était qu'un héros [3], et que CÉSAR était un grand homme.

---

1. « Pas plus loin. » « La vie des Romains était partagée aux fonctions différentes de diverses professions. En effet, il n'y a guère eu de grands personnages à Rome qui n'aient passé par les dignités du sacerdoce, qui n'aient été du sénat, et tirés du sénat pour commander les armées. Aujourd'hui chaque profession fait un attachement particulier. La plus grande vertu des gens d'Église est de se donner tout entiers aux choses ecclésiastiques, et ceux que leur ambition a poussés au maniement des affaires, ont essuyé mille reproches d'avoir corrompu la sainteté de vie où ils s'étaient destinés. Les gens de robe sont traités de ridicules aussitôt qu'ils veulent sortir de leur profession ; et un homme de guerre ordinairement a de la honte de savoir quelque chose au delà de son métier. » SAINT-EVREMOND, *Discours sur les historiens français*. Oserions-nous dire que ce préjugé ait entièrement disparu de nos mœurs ?

2. « Ne pèsent pas, » est beaucoup meilleur que « ne valent pas. » « Vrayement, dit Montaigne, il est bien plus aysé de parler comme Aristote, et vivre comme César, qu'il n'est aysé de parler et vivre comme Socrates : là, loge l'extrême degré de perfection et de difficulté ; l'art n'y peult joindre (atteindre). » *Essais*, III, 12. — L'un et l'autre écrivains, en exprimant leur pensée avec cette brièveté originale, que le lecteur doit commenter dans son esprit, sont restés dans le vrai. La Bruyère s'est bien gardé de la déclamation si fréquente au XVIIIe siècle, qui dépréciait et méprisait la gloire militaire, et ne savait pas l'acquérir. En même temps qu'on tonnait dans la chaire et dans les écrits des philosophes contre l'ambition des conquérants, l'honneur de la France était presque partout à la merci de l'étranger. La Bruyère comprend qu'il est aussi facile qu'inutile de réclamer contre la gloire dont les hommes ont toujours récompensé le talent et le courage ; il met seulement la gloire au-dessous de la vertu, se conformant ainsi à la vraie morale et à sa conduite.

3. « N'était qu'un héros. » Cette distinction est plus ingénieuse que solide. Montaigne, d'accord avec l'histoire, n'hésite pas à attribuer à Alexandre toutes les qualités que La Bruyère lui dénie : « Qui considérera quand et quand tant de vertus militaires, diligence, pourvoyance, patience, discipline, subtilité, magnanimité, résolution, bonheur, en quoy, quand l'auctorité d'Hannibal ne nous l'auroit apprins, il a esté le premier des hommes ; les rares beautez et conditions de sa personne, jusques au miracle ; ce port, et ce vénérable maintien soubs un visage si jeune, vermeil et flamboyant ; l'excellence de son sçavoir et capacité ; la durée et grandeur de sa gloire, pure, nette, exempte de tache et d'envie... Il confessera, tout cela mis ensemble, que j'ay eu raison de le préférer à César mesme, qui seul m'a peu mettre en doubte du choix. » *Essais*, II, 36. — Saint-Evremond dit en excellents termes : « César, par des moyens praticables, a exécuté les plus grandes choses ; il s'est fait le premier des Romains,

* *Æmile*[1] était né[2] ce que les grands hommes ne deviennent qu'à force de règles, de méditation et d'exercice ; il n'a eu dans ses premières années qu'à remplir des talents[3] qui étaient naturels, et qu'à se livrer à son génie ; il a fait, il a agi avant que de savoir, ou plutôt il a su ce qu'il n'avait jamais appris. Dirai-je que les jeux de son enfance ont été plusieurs victoires ? Une vie accompagnée d'un extrême bonheur joint à une longue expérience serait illustre[4] par les seules actions qu'il avait achevées dès sa jeunesse : toutes les occasions de vaincre qui se sont depuis offertes, il les a embrassées ; et celles qui n'étaient pas[5], sa vertu et son étoile les ont fait naître : admirable même et par les choses qu'il a faites, et par celles qu'il aurait pu faire. On l'a regardé comme un homme incapable de céder à l'ennemi, de plier sous le nombre ou sous les obstacles ; comme une âme du premier ordre, pleine de ressources et de lumières, et qui voyait encore où personne ne voyait plus[6] ;

Alexandre était naturellement au-dessus des hommes ; vous diriez qu'il était né le maître de l'univers, et que, dans ses expéditions, il allait moins combattre des ennemis, que se faire reconnaître de ses peuples. » *Jugement sur César et sur Alexandre.* — On s'explique facilement le dissentiment de Montaigne et de La Bruyère : Montaigne se nourrissait des traductions d'Amyot, et était de l'avis de Plutarque ; le XVIIe siècle en croyait plutôt les Latins et Tite-Live. Il est regrettable cependant pour Boileau qu'il ait mis dans une de ses satires Alexandre aux petites maisons.

1. « Emile. » Le grand Condé, dont La Bruyère était le commensal, et avec lequel il avait vécu pendant longtemps sur le pied d'une certaine familiarité. Cet éloge a été inséré pour la première fois dans la septième édition, qui parut en 1692. L'oraison funèbre, qui est le dernier et le plus beau des chefs-d'œuvre oratoires de Bossuet, avait été prononcée en 1687. La Bruyère l'a imitée en plusieurs endroits, pour lesquels nous renvoyons à l'édition et aux notes de M. A. Didier. C'est peut-être en songeant à ce caractère que Vauvenargues a pu dire, que les portraits de La Bruyère n'étaient ni aussi grands ni aussi élevés que ceux de Bossuet : on peut ajouter, ni aussi ressemblants. Rien n'est plus vif, rien n'est plus précis et plus exact que la peinture de Bossuet. Avec quel soin ne distingue-t-il pas les réflexions profondes, les vifs et continuels efforts de Turenne, des soudaines illuminations et de l'instinct admirable de Condé ! L'éloge de La Bruyère, qui a de beaux traits, mais qui pousse quelquefois l'hyperbole trop loin, conviendrait aussi bien à l'un qu'à l'autre ; et plusieurs éditeurs même ont cru, à tort, qu'il s'agissait, dans toute la seconde partie, de Turenne.

2. « Etait né. » Vous vérifiez bien ce qui a été dit autrefois que la vertu vient aux Césars avant le temps, car, vous qui êtes un vrai César, en esprit et en science, César en diligence, en vigilance, en courage, César *et per omnes casus* ; César, vous avez trompé le jugement et passé l'espérance des hommes ; vous avez fait voir que l'expérience n'est nécessaire qu'aux âmes ordinaires, que la vertu des héros vient par d'autres chemins, qu'elle ne monte pas par degrés, et que les ouvrages du ciel sont en leur perfection dès le commencement. » VOITURE. — Il est fâcheux de voir un grand homme loué avec tant d'hyperboles.

3. « Remplir des talents. » Est ici dans le même sens où l'on dit, remplir des espérances ; ses talents naturels sont devenus achevés et accomplis. L'expression est juste et concise et tout à fait latine ; *ingenii sui numeros implere.*

4. « Illustre. » « C'en serait assez pour illustrer une autre vie que la sienne ; mais, pour lui, c'est le premier pas de sa course. » BOSSUET, *Or. funèb.*, p. 302 de l'édition annotée de M. A. Didier.

5. « Celles qui n'étaient pas. » L'auteur est ici dans l'hyperbole et dans le vague.

6. « Ne voyait plus. » « La rêverie de M. de Turenne, son esprit retiré en lui-

comme celui qui, à la tête des légions, était pour elles un présage de la victoire, et qui valait seul plusieurs légions ; qui était grand dans la prospérité, plus grand quand la fortune lui a été contraire ; la levée d'un siége [1], une retraite, l'ont plus ennobli que ses triomphes ; l'on ne met qu'après [2] les batailles gagnées et les villes prises ; qui était rempli de gloire et de modestie [3] ; on lui a entendu dire : *Je fuyais* [4], avec la même grâce qu'il disait : *Nous les battîmes* ; un homme dévoué à l'État [5], à sa famille [6], au chef de sa famille [7] ; sincère pour Dieu et pour les hommes, autant admirateur du mérite que s'il lui eût été moins propre [8] et moins familier ;

même, plein de ses projets et de sa conduite, l'ont fait passer pour timide, irrésolu, incertain ; quoiqu'il donnât une bataille avec autant de facilité que M. de Gassion allait à une escarmouche. Le naturel ardent de M. le Prince (Condé) l'a fait croire impétueux dans les combats, lui qui se possède mieux dans la chaleur de l'action qu'homme du monde ; lui qui avait plus de présence d'esprit à Lens, à Fribourg, à Norling et à Senef, qu'il n'en aurait eu peut-être dans son cabinet. » SAINT-ÉVREMOND, *Discours sur les historiens français.*

1. « La levée d'un siége. » « L'archiduc et le prince de Condé assiégeaient la ville d'Arras (1654). Turenne les assiégea dans leur camp, et força leurs lignes ; les troupes de l'archiduc furent mises en fuite. Condé, avec deux régiments de Français et de Lorrains, soutint seul les efforts de l'armée de Turenne ; et tandis que l'archiduc fuyait, il battit le maréchal d'Hocquincourt, il repoussa le maréchal de La Ferté, et se retira victorieux en couvrant la retraite des Espagnols vaincus. Aussi le roi d'Espagne lui écrivit ces propres paroles : J'ai su que tout était perdu, et que vous avez tout conservé. » VOLTAIRE, *Siècle de Louis XIV*, c. 6. — Il est assez remarquable que La Bruyère n'ait pas craint de parler des exploits de Condé pendant sa révolte.

2. « L'on ne met qu'après. » On regarde comme inférieures. En latin, *postponere*.

3. « De gloire et de modestie. » Simple et belle antithèse.

4. « Je fuyais. » Ce trait semblerait plutôt convenir à Turenne. « Il ne se cachoit point, dit Mascaron, il ne se montroit point. Il parloit, lorsqu'il le falloit, et de ses victoires, et de ses désavantages, aussi attentif à relever la gloire des uns, qu'à déguiser le malheur des autres ; aussi éloigné dans ses récits du faste de la modestie, que de celui de l'orgueil. » *Or. funèbre.*

5. « Dévoué à l'État. » Il ne faut pas oublier cependant que Condé fit la guerre au roi dans la Fronde, et commanda ensuite les Espagnols contre les Français. Ces trahisons étaient couvertes par l'éclat des services et la grandeur de la naissance. Il s'en faut de beaucoup, au reste, qu'on jugeât cette conduite avec autant de sévérité dans ce temps que dans le nôtre. La cour était tout pour les grands, la patrie peu de chose. Conspirer avec l'étranger était un acte de pure cabale, que les plus honnêtes gens s'étaient permis sous Richelieu, une forme d'opposition contre les ministres, dont la noblesse ne perdit que très-tard l'habitude. Cela n'empêchait pas de rentrer dans le devoir, de devenir un bon sujet et un assidu courtisan.

6. « A sa famille. » Condé hâta sa mort en accourant auprès de sa belle-fille, la duchesse de Bourbon, qui avait été subitement attaquée de la petite-vérole. Voyez l'*Oraison funèbre de Bossuet.*

7. « Au chef de sa famille. » Louis XIV, avec les filles naturelles duquel il allia son fils et son neveu.

8. « Moins propre. » *Minus proprium et domesticum.* Il admirait le mérite comme s'il n'en avait point eu lui-même, et que c'eût été pour lui une chose extraordinaire. Condé protégea Boileau, Racine, Molière, dans la conversation duquel il disait qu'il trouvait toujours quelque chose à gagner. Molière nous a transmis lui-même un mot du prince, hardi et heureux, sur le *Tartuffe*. Il recevait familièrement Bourdaloue et Bossuet, qui firent son éloge.

un homme vrai, simple, magnanime, à qui il n'a manqué que les moindres vertus [1].

* Les enfants des dieux [2], pour ainsi dire, se tirent [3] des règles de la nature, et en sont comme l'exception : ils n'attendent presque rien du temps et des années. Le mérite chez eux devance l'âge. Ils naissent instruits [4], et ils sont plus tôt des hommes parfaits que le commun des hommes ne sort de l'enfance.

* Les vues courtes [5], je veux dire les esprits bornés et resserrés dans leur petite sphère, ne peuvent comprendre cette universalité de talents que l'on remarque quelquefois dans un même sujet [6] : où ils voient l'agréable, ils en excluent le solide ; où ils croient découvrir les grâces du corps, l'agilité, la souplesse, la dextérité, ils ne veulent plus y admettre [7] les dons de l'âme, la profondeur,

---

1. « Les moindres vertus. » Condé était d'une humeur fort inégale, emportée quelquefois. La franchise de La Bruyère ne va pas ici plus loin que celle de Bossuet : « Ce n'est plus ces promptes saillies qu'il savait si vite et si agréablement réparer, mais enfin qu'on lui voyait quelquefois dans les occasions ordinaires ; vous diriez qu'il y a en lui un autre homme, à qui sa grande âme abandonne de moindres ouvrages, où elle ne daigne se mêler. » Page 327 de l'édition de M. A. Didier.

2. « Les enfants des dieux. » Fils, petits-fils, issus de rois. (*Note de La Bruyère.*) L'auteur a mis l'adresse à son compliment, crainte d'erreur. Il s'agit ici des descendants du grand Condé, associés un peu témérairement à la gloire de leur aïeul. La Bruyère, dans un autre passage, s'est élevé contre la maxime latine et vulgaire, que les fils des héros ne sont que des sots. On conçoit, du reste, l'impression profonde et étrange que devait faire sur lui cette famille de Condé, brillante, héroïque, éloquente, et en même temps féroce, débauchée, jamais médiocre, et portant avec elle l'empreinte de la grandeur héréditaire. Elle se tirait des règles de la nature aussi bien par ses vices que par ses qualités.

3. « Se tirent. » Sortent des règles de la nature.

4. « Ils naissent instruits. » L'hyperbole est poussée bien loin. Cela a le malheur de trop ressembler à la fameuse phrase de Mascarille : « Les gens de qualité savent tout, sans avoir jamais rien appris. »

5. « Les vues courtes. » Il semble que La Bruyère veuille ici parler de lui-même, et exprimer son étonnement pour ce mérite universel des princes qu'il admire, sans pouvoir se l'expliquer.

6. « Un même sujet. » Un même homme.

7. « Y admettre. » *Y* signifie ici en lui, en cette personne. Chez les écrivains du XVIIe siècle, qui font de cette particule un usage fréquent, *y* est le corrélatif de *où* et s'emploie de la même manière à la place de *à*, *avec*, *en*, *dans*, etc. On trouve *y* en relation avec des noms de choses et de personnes. Molière a dit :

Je ne distingue rien en celui qui m'offense,
Tout *y* devient l'objet de mon juste courroux.
Amphitryon, II, 6.

Cette phrase ne serait plus correcte de notre temps, non plus que celle de La Bruyère, et avec raison. *Y* est un véritable neutre, qui répond au latin *illic*, *illuc*, « là, en cet endroit, » et qui ne peut en conséquence s'appliquer qu'aux choses inanimées. « C'est ma place et j'*y* tiens. — C'est mon ami et je tiens *à lui*. » C'est là la nuance qu'a consacrée l'usage, d'accord avec le sens véritable des mots.

la réflexion, la sagesse ; ils ôtent de l'histoire de Socrate qu'il ait dansé.

* Il n'y a guère d'homme si accompli et si nécessaire aux siens, qu'il n'ait de quoi se faire moins regretter [1].

* Un homme d'esprit, et d'un caractère simple et droit, peut tomber dans quelque piége ; il ne pense pas que personne veuille lui en dresser, et le choisir pour être sa dupe : cette confiance le rend moins précautionné, et les mauvais plaisants l'entament par cet endroit. Il n'y a qu'à perdre pour ceux qui en viendraient à une seconde charge [2] ; il n'est trompé qu'une fois.

J'éviterai avec soin d'offenser personne, si je suis équitable ; mais sur toutes choses [3] un homme d'esprit, si j'aime le moins du monde mes intérêts [4].

* Il n'y a rien de si délié [5], de si simple, et de si imperceptible, où il n'entre des manières qui nous décèlent. Un sot ni n'entre, ni ne sort, ni ne s'assied, ni ne se lève, ni ne se tait, ni n'est sur ses jambes, comme un homme d'esprit.

* Je connais *Mopse* d'une visite [6] qu'il m'a rendue sans me connaître : il prie des gens qu'il ne connaît point de le mener chez d'autres dont il n'est pas connu : il écrit à des femmes qu'il connaît de vue : il s'insinue dans un cercle de personnes respectables, et qui ne savent quel il est [7] ; et là, sans attendre qu'on l'interroge, ni sans sentir qu'il interrompt, il parle, et souvent, et

---

1. « Regretter. » Cette pensée est profonde et triste. La Bruyère avait pu voir combien peu le grand Condé lui-même avait été regretté de sa famille, qui redoutait sa hauteur et sa violence.
2. « Charge. » Métaphore empruntée à l'art de l'escrime, comme celle qui précède : l'entamant par cet endroit.
3. « Mais sur toutes choses. » Mais surtout.
4. « Mes intérêts. » La brièveté et la concision relèvent cette pensée vraie, mais commune en elle-même.
5. « Délié. » De si mince, de si insignifiant. Madame disait d'un marquis, grand parleur et grand rieur : Il n'y a pas jusqu'au ton de sa voix qui ne soit une sottise.
6. « D'une visite. » La préposition *de* est souvent employée comme dans le latin *de*, dans le sens de « touchant, par, à cause de : »

Mais je hais vos messieurs *de* leurs honteux délais.
   MOLIÈRE, *Amphitryon*, III, 8.

Evrard a beau gémir *du* repas déserté,
Lui-même est au barreau par le nombre emporté.
   BOILEAU, *le Lutrin*.

7. « Quel il est. » Latinisme pour : qui il est. — Il y a peu de caractères qui aient été plus souvent tracés que celui-là ; et soit que ce genre de sottise blesse plus vivement les Français, ou qu'il soit plus fréquent chez nous que partout ailleurs, il y a une infinité de mots pour l'exprimer : importun, important, fat ; *fâcheux*, titre d'une comédie de Molière, nécessaire, etc.

ridiculement. Il entre une autre fois dans une assemblée, se place où il se trouve, sans nulle attention aux autres ni à soi-même ; on l'ôte d'une place destinée à un ministre, il s'assied à celle du duc et pair[1] : il est là précisément celui dont la multitude rit, et qui seul est grave et ne rit point. Chassez un chien du fauteuil du roi, il grimpe à la chaire du prédicateur ; il regarde[2] le monde indifféremment, sans embarras, sans pudeur ; il n'a pas, non plus que le sot, de quoi rougir[3].

* Celse[4] est d'un rang médiocre, mais des grands le souffrent ; il n'est pas savant, il a relation avec des savants ; il a peu de mérite, mais il connaît des gens qui en ont beaucoup ; il n'est pas habile, mais il a une langue qui peut servir de truchement, et des pieds qui peuvent le porter d'un lieu à un autre. C'est un homme né pour les allées et venues, pour écouter des propositions et les rapporter, pour en faire d'office[5], pour aller plus loin que sa commission, et en être désavoué ; pour réconcilier des gens qui se querellent[6] à leur première entrevue ; pour réussir dans une affaire, et en manquer mille ; pour se donner toute la gloire de la réussite, et pour détourner sur les autres la haine d'un mauvais succès[7]. Il sait les bruits communs[8], les historiettes de la ville ; il ne fait rien, il dit ou il écoute ce que les autres font ; il est nouvelliste ; il sait même le secret des familles ; il entre dans de plus hauts mystères ; il vous dit pourquoi celui-ci est exilé, et pourquoi on rappelle cet autre ; il connaît le fond et les causes de la brouillerie des deux

---

1. « Du duc et pair. » Grand crime, difficile à pardonner. Saint-Simon rapporte quelque part avec joie, la mésaventure d'un infortuné président qui s'assit par mégarde à la place d'un duc. Étonné de cette folie, le grand seigneur prend un fauteuil, se plante devant l'usurpateur, et le serre de manière à l'empêcher de se remuer. Il fallut l'intervention des princes pour lui faire lâcher prise. Encore notre maladroit président fut-il contraint de faire de très-humbles et publiques excuses. Le duc fut félicité comme d'une victoire, par la cour et par la ville et par le roi lui-même. Et notez que c'était le duc de Coislin, l'homme le plus poli de France.

2. « Il regarde. » Le portrait du fâcheux a été souvent tracé, et par des maîtres, mais jamais avec plus de verve et d'humeur. Ce petit tableau qui le termine est très-comique par la vérité et la naïveté de l'exécution.

3. « Il n'a pas de quoi rougir. » Il ne peut, il ne sait rougir.

4. « Celse. » On prétend que ce caractère s'applique au baron de Breteuil qui a été ambassadeur à Mantoue.

5. « D'office. » Pour prendre sur soi des propositions sans en être chargé.

6. « Qui se querellent. » Voyez la scène de maître Jacques dans l'*Avare*, IV, 4.

7. « La haine d'un mauvais succès. » Le ridicule, l'odieux d'un mauvais succès. C'est tout à fait le sens du latin, *invidia*.

8. « Les bruits communs. » Les bruits qui courent la ville, qui sont du domaine public.

frères, et de la rupture des deux ministres [1] : n'a-t-il pas prédit aux premiers les tristes suites de leur mésintelligence? n'a-t-il pas dit de ceux-ci que leur union ne serait pas longue? n'était-il pas présent à de certaines paroles qui furent dites? n'entra-t-il pas dans une espèce de négociation? le voulut-on croire? fut-il écouté? à qui parlez-vous de ces choses? qui a eu plus de part que Celse à toutes ces intrigues de cour? Et si cela n'était ainsi, s'il ne l'avait du moins ou rêvé ou imaginé, songerait-il à vous le faire croire? aurait-il l'air important et mystérieux d'un homme revenu d'une ambassade?

* *Ménippe* [2] est l'oiseau paré de divers plumages qui ne sont pas à lui : il ne parle pas, il ne sent pas ; il répète [3] des sentiments et des discours, se sert même si naturellement de l'esprit des autres, qu'il y est le premier trompé [4], et qu'il croit souvent dire

---

1. « La rupture des deux ministres. » Allusion à la rupture qui éclata entre Le Tellier, Louvois et Seignelai. Il s'agissait de savoir si l'on aiderait le roi Jacques à remonter sur le trône. Seignelai soutint qu'il y allait de la dignité de la France à entreprendre cette guerre ; Louvois, qu'il ne fallait point se charger d'une affaire longue, onéreuse et désespérée. On prétendit qu'il était secrètement piqué contre le roi d'Angleterre, qui avait refusé d'appuyer les prétentions de son frère, l'archevêque de Reims, au chapeau de cardinal. Louis XIV fut de l'avis de Seignelai. Mais l'on n'envoya que peu de troupes en Irlande ; Jacques fut battu près de la Boyne, le 10 juillet 1690, s'enfuit à Dublin et repassa en France. Il mourut au vieux château de Saint-Germain-en-Laye, le 16 septembre 1701.
2. « Ménippe. » Villeroi si heureux à la cour et si malheureux à la guerre, sur lequel on a fait tant de couplets satiriques :

>Villeroi,
>Villeroi,
>A fort bien servi le roi.
>Guillaume, Guillaume.

Et lorsqu'il fut fait prisonnier à Crémone :

>Palsembleu, la nouvelle est bonne
>Et notre bonheur sans égal ;
>Nous avons recouvré Crémone
>Et perdu notre général.

« Le maréchal de Villeroi, dit Saint-Simon, était un grand homme, bien fait, avec un visage fort agréable ; fort vigoureux, sain, qui, sans s'incommoder, faisait tout ce qu'il voulait de son corps. Il était magnifique en tout, fort noble dans toutes ses manières ; glorieux à l'excès, et bas aussi à l'excès, pour peu qu'il en eût besoin ; et à l'égard du roi et de madame de Maintenon, valet à tout faire. Point méchant gratuitement. Sa politesse avait une hauteur qui repoussait. Il était brave de sa personne, mais sans capacité militaire ; nulle instruction, ne connaissant ni les gens ni les choses. Il avait cet esprit de la cour et du monde, que le grand usage donne, et que l'intrigue et les vues aiguisent, avec ce jargon qu'on y apprend, qui n'a que le tuf, mais qui éblouit les sots. C'était un homme fait exprès pour présider à un bal, pour être juge d'un carrousel, et s'il avait eu de la voix, pour chanter à l'Opéra les rôles de rois et de héros, fort propre encore à donner des modes, et rien au delà. »
3. « Il répète. » C'est ce que Montaigne appelle une suffisance relative et mendiée.
4. « Le premier trompé. » La naïveté de l'orgueil incapable est ici très-bien rendue.

son goût ou expliquer sa pensée, lorsqu'il n'est que l'écho de quelqu'un qu'il vient de quitter. C'est un homme qui est de mise[1] un quart d'heure de suite, qui le moment d'après baisse, dégénère, perd le peu de lustre qu'un peu de mémoire lui donnait, et montre la corde : lui seul ignore combien il est au-dessous du sublime et de l'héroïque ; et, incapable de savoir jusqu'où l'on peut avoir de l'esprit, il croit naïvement que ce qu'il en a est tout ce que les hommes en sauraient avoir : aussi a-t-il l'air et le maintien de celui qui n'a rien à désirer sur ce chapitre, et qui ne porte envie à personne[2]. Il se parle souvent à soi-même, et il ne s'en cache pas, ceux qui passent le voient[3], et qu'il[4] semble toujours prendre un parti, ou décider qu'une telle chose est sans réplique. Si vous le saluez quelquefois, c'est le jeter dans l'embarras de savoir s'il doit rendre le salut ou non ; et pendant qu'il délibère, vous êtes déjà hors de portée. Sa vanité l'a fait honnête homme, l'a mis au-dessus de lui-même, l'a fait devenir ce qu'il n'était pas. L'on juge en le voyant qu'il n'est occupé que de sa personne ; qu'il sait que tout lui sied bien, et que sa parure est assortie ; qu'il croit que tous les yeux sont ouverts sur lui, et que les hommes se relayent[5] pour le contempler.

1. « Qui est de mise. » La métaphore est originale ; l'auteur compare ce fat à un vieil habit qui est de mise un instant, mais qui perd bientôt son lustre emprunté et qui montre la corde.
2. « Envie à personne. » N'est-ce pas du même homme que Fénelon disait dans l'*Examen de conscience des devoirs de la royauté*, qui est une sanglante satire de Louis XIV et de sa cour : « Un prince montre la grossièreté de son goût et la faiblesse de son jugement, lorsqu'il ne sait pas discerner combien ces esprits si hardis, et qui ont l'art d'imposer, sont superficiels et pleins de défauts méprisables. Un prince sage et pénétrant n'estime ni les esprits évaporés, ni les grands parleurs, ni ceux qui décident d'un ton de confiance, ni les critiques dédaigneux, ni les moqueurs, qui tournent tout en plaisanterie. Il méprise ceux qui trouvent tout facile, qui applaudissent à tout ce qu'il veut, qui ne consultent que ses yeux ou le ton de sa voix, pour deviner sa pensée et pour l'approuver. Il recule loin des emplois de confiance ces hommes qui n'ont que des dehors sans fond. »
3. « Le voient. » Voient qu'il se parle à lui-même.
4. « Et qu'il. » Le verbe gouverne d'abord un pronom et ensuite un verbe, construction plus rapide que régulière. Virgile a dit : *Discite justitiam moniti, et non temnere divos* « que cet exemple vous apprenne la justice, et à ne pas *mépriser* les Dieux ; » et Racine (*Iphigénie*, I, 2), par une licence moins forte :

Achille seul, Achille à son amour s'applique ?
Voudrait-il *insulter* à la crainte publique,
Et *que* le chef des Grecs irritant les destins,
Préparât d'un hymen la pompe et les festins ?

5. « Se relayent. » Expression vive et comique. « Si la modestie est une vertu nécessaire à ceux à qui le ciel a donné de grands talents, que peut-on dire de ces insectes qui osent faire paraître un orgueil qui déshonorerait les plus grands hommes ? »

* Celui qui logé chez soi dans un palais, avec deux appartements pour les deux saisons, vient coucher au Louvre dans un entresol, n'en use pas ainsi par modestie. Cet autre qui, pour conserver une taille fine, s'abstient du vin et ne fait qu'un seul repas, n'est ni sobre ni tempérant ; et d'un troisième qui, importuné d'un ami pauvre, lui donne enfin quelque secours, l'on dit qu'il achète son repos, et nullement qu'il est libéral. Le motif seul fait le mérite des actions des hommes, et le désintéressement y met la perfection.

* La fausse grandeur est farouche [1] et inaccessible : comme elle sent son faible, elle se cache, ou du moins ne se montre pas de front [2], et ne se fait voir qu'autant qu'il faut pour imposer et ne paraître point ce qu'elle est, je veux dire une vraie petitesse. La véritable grandeur [3] est libre, douce, familière, populaire ; elle se laisse toucher [4] et manier, elle ne perd rien à être vue de près, plus on la connaît, plus on l'admire : elle se courbe par bonté vers ses inférieurs, et revient sans effort dans son naturel ; elle s'abandonne quelquefois, se néglige, se relâche de ses avantages, toujours en pouvoir de les reprendre et de les faire valoir ; elle rit, joue et badine, mais avec dignité ; on l'approche tout ensemble avec liberté et avec retenue [5] : son caractère est noble et facile,

---

Je vois de tous côtés des hommes qui parlent sans cesse d'eux-mêmes ; leurs conversations sont un miroir qui représente toujours leur impertinente figure. Ils ont tout fait, tout vu, tout dit, tout pensé : ils sont un modèle universel, un sujet de comparaison inépuisable, une source d'exemples qui ne tarit jamais. Oh ! que la louange est fade lorsqu'elle réfléchit vers le lieu d'où elle part. » Montesquieu. — Ce dernier trait est bien recherché. La Bruyère n'aurait point voulu de plaisanterie scientifique.

1. « Farouche. » Massillon a dit de même dans son sermon sur l'aumône : « Une charité si sèche et si *farouche*. »

2. « Ne se montre pas de front. » Expression ingénieuse que l'auteur éclaircit et développe dans ce qui suit.

3. « La véritable grandeur. » M. de Turenne.

4. « Toucher. » Voyez la notice de M. Suard, en tête du volume.

5. « Retenue. » La Bruyère peut ici soutenir la comparaison avec un des plus beaux passages de Bossuet : « La bonté devait donc faire comme le fond de notre cœur, et devait être en même temps le premier attrait que nous aurions en nous-mêmes pour gagner les autres hommes. La grandeur qui vient par-dessus, loin d'affaiblir la bonté, n'est faite que pour l'aider à se communiquer davantage, comme une fontaine publique qu'on élève pour la répandre. Les cœurs sont à ce prix ; et les grands dont la bonté n'est pas le partage, par une juste punition de leur dédaigneuse insensibilité, demeureront privés éternellement du plus grand bien de la vie humaine, c'est-à-dire des douceurs de la société. Jamais homme ne les goûta mieux que le prince dont nous parlons ; jamais homme ne craignit moins que la familiarité blessât le respect. Est-ce là celui qui forçait les villes et qui gagnait les batailles ? Quoi ! il semble avoir oublié ce haut rang qu'on lui a vu si bien défendre ! Reconnaissez le héros qui, toujours égal à lui-même, sans se hausser pour paraître grand, sans s'abaisser pour être civil et obligeant, se trouve naturellement tout ce qu'il doit être envers tous les hommes. » *Oraison funèbre du prince de Condé*, p. 317 de l'édition annotée de M. A. Didier.

inspire le respect et la confiance, et fait que les princes nous paraissent grands, et très-grands, sans nous faire sentir que nous sommes petits.

* Le sage guérit de l'ambition par l'ambition même; il tend à de si grandes choses, qu'il ne peut se borner à ce qu'on appelle des trésors, des postes, la fortune et la faveur; il ne voit rien dans de si faibles avantages qui soit assez bon et assez solide pour remplir son cœur, et pour mériter ses soins et ses désirs, il a même besoin d'efforts pour ne les pas trop dédaigner. Le seul bien capable de le tenter est cette sorte de gloire qui devrait naître de la vertu toute pure et toute simple; mais les hommes ne l'accordent guère, et il s'en passe [1].

* Celui-là est bon, qui fait du bien aux autres : s'il souffre pour le bien qu'il fait, il est très-bon; s'il souffre de ceux à qui il a fait ce bien, il a une si grande bonté qu'elle ne peut être augmentée que dans le cas où ses souffrances viendraient à croître; et s'il en meurt, sa vertu ne saurait aller plus loin : elle est héroïque, elle est parfaite.

[Chapitre III.]

DES FEMMES.

* Les hommes et les femmes conviennent [2] rarement sur le mérite d'une femme; leurs intérêts sont trop différents : les femmes ne se plaisent point les unes aux autres par les mêmes agréments qu'elles [3] plaisent aux hommes; mille manières qui allument dans

---

1. «Et il s'en passe.» Il entre beaucoup de sagesse, et peut-être un peu d'orgueil, dans ce mépris calme et réfléchi de la gloire. La Bruyère pouvait se trouver heureux à l'hôtel de Condé. Indépendant et respecté sous le patronage des princes, dégagé des soucis de la vie et de la famille, menant une vie de loisir et de travail, recherché d'amis illustres, goûtant en secret le plaisir de ces observations satiriques que le public devait si tard connaître, sûr de son mérite et de son caractère, il se laissa difficilement tenter à la gloire, et n'en fut pas enivré. Vauvenargues, aussi fier et plus sensible, dévoré par la maladie, voyant sa vie se consumer avant d'avoir produit aucun fruit, presque ignoré et incertain lui-même de son génie, laisse attendrir sa sagesse à l'idée de cette gloire, sa récompense, qu'il appelle d'une manière si touchante : «Les premiers feux de l'aurore ne sont pas plus doux que les premiers regards de la gloire. Si les hommes n'aimaient pas la gloire, ils n'auraient ni assez de talents ni assez de vertus pour la mériter.»
2. «Conviennent.» Sont rarement d'accord. C'est le sens latin du mot.
3. «Par les mêmes agréments que.» Il faudrait, selon l'usage moderne, «par les mêmes agréments *par lesquels elles* plaisent.» On voit combien la tournure de La Bruyère est plus rapide. *Que* est ici employé dans le sens de l'ablatif latin, *quo, quibus*. Molière a dit de même : «Je regarde les choses *du côté qu'*on me les montre.» *L'École*

ceux-ci les grandes passions, forment ¹ entre elles l'aversion et l'antipathie.

* Il y a dans quelques femmes une grandeur artificielle, attachée au mouvement des yeux, à un air de tête, aux façons de marcher, et qui ne va pas plus loin ² ; un esprit éblouissant qui impose, et que l'on n'estime que parce qu'il n'est pas approfondi ³. Il y a dans quelques autres une grandeur simple, naturelle, indépendante du geste et de la démarche, qui a sa source dans le cœur, et qui est comme une suite de leur haute naissance ; un mérite paisible, mais solide ⁴, accompagné de mille vertus qu'elles ne peuvent couvrir de toute leur modestie, qui échappent ⁵, et qui se montrent à ceux qui ont des yeux.

* J'ai vu souhaiter d'être fille, et une belle fille, depuis treize ans jusqu'à vingt-deux, et après cet âge devenir un homme.

* Quelques jeunes personnes ne connaissent point assez les avantages d'une heureuse nature, et combien il leur serait utile de s'y abandonner ⁶ ; elles affaiblissent ces dons du ciel, si rares et

---

des Femmes. I, 1. — « Et l'on a pu vous prendre *par l'endroit seul que vous êtes prenable.* » *Premier placet au Roi.*

1. « Forment. » Engendrent, donnent naissance à ; c'est le sens latin de *formare.*
2. « Qui ne va pas plus loin. » Cette grandeur est toute superficielle et extérieure. « Madame la baronne, dit Voltaire d'une manière assez plaisante, qui pesait environ trois cent cinquante livres, s'attirait par là une très-grande considération, et faisait les honneurs de sa maison avec une dignité qui la rendait encore plus respectable. »
3. « Il n'est pas approfondi. » Parce qu'on ne l'approfondit point.
4. « Un mérite paisible, mais solide. » Expressions charmantes et pleines de sens. L'auteur manie l'éloge avec la même sobriété et la même force que la satire. Molière s'est efforcé de nous représenter ce mérite paisible et solide, dans le caractère admirable et unique au théâtre d'Elmire :

> J'aime qu'avec douceur nous nous montrions sages,
> Et ne suis point du tout pour ces prudes sauvages
> Dont l'honneur est armé de griffes et de dents
> Et veut au moindre mot dévisager les gens.
> Me préserve le ciel d'une telle sagesse !
> Je veux une vertu qui ne soit point diablesse.

C'est l'idée que, dans un morceau plus relevé, Bossuet veut nous donner de l'infortunée Madame : « Elle allait s'acquérir deux puissants royaumes par des moyens agréables : toujours *douce*, toujours *paisible* autant que généreuse et bienfaisante, son crédit n'y aurait jamais été odieux ; on ne l'eût point vue s'attirer la gloire avec une ardeur inquiète et précipitée ; elle l'eût attendue sans impatience, comme sûre de la posséder.... Rien n'a jamais égalé la fermeté de son âme, ni ce courage *paisible* qui, sans faire effort pour s'élever, s'est trouvé, par sa naturelle situation, au-dessus des accidents les plus redoutables. » *Oraison funèbre*, pag. 66-67 de l'édit. de M. A. Didier.

5. « Qui échappent. » Toutes ces figures sont originales et gracieuses. On peut rapprocher ce caractère de celui de la véritable grandeur, dans le chapitre précédent. On voit que l'auteur admirait vivement et du fond de l'âme tout ce qu'il rencontrait de grand et d'aimable, et que ce n'est point sa faute, si dans ses tableaux véridiques la sottise occupe une plus grande place que le mérite et la vertu.
6. « De s'y abandonner. » De se livrer à leur heureuse nature.

4.

si fragiles, par des manières affectées et par une mauvaise imitation, leur son de voix et leur démarche sont empruntés ; elles se composent, elles se recherchent [1], regardent dans un miroir si elles s'éloignent assez de leur naturel : ce n'est pas sans peine qu'elles plaisent moins.

* Chez les femmes, se parer et se farder n'est pas, je l'avoue, parler contre sa pensée ; c'est plus aussi que le travestissement et la mascarade, où l'on ne se donne point pour ce que l'on paraît être, mais où l'on pense seulement à se cacher et à se faire ignorer [2] : c'est chercher à imposer aux yeux, et vouloir paraître selon l'extérieur contre la vérité ; c'est une espèce de menterie [3].

Il faut juger des femmes depuis la chaussure jusqu'à la coiffure exclusivement, à peu près comme on mesure le poisson entre queue et tête [4].

* Si les femmes veulent seulement être belles à leurs propres yeux et se plaire à elles-mêmes [5], elles peuvent sans doute, dans la manière de s'embellir, dans le choix des ajustements et de la parure, suivre leur goût et leur caprice ; mais si c'est aux hommes qu'elles désirent de plaire, si c'est pour eux qu'elles se fardent ou qu'elles s'enluminent [6], j'ai recueilli les voix, et je leur prononce [7], de la part de tous les hommes ou de la plus grande partie, que le blanc et le rouge les rend affreuses et dégoûtantes ; que le rouge seul les vieillit et les déguise ; qu'ils haïssent autant à [8] les voir avec de la céruse sur le visage, qu'avec de fausses dents en la bouche, et des boules de cire dans les mâchoires, qu'ils protestent sérieusement contre tout l'artifice dont elles usent pour se rendre

---

1. « Se recherchent. » Ce verbe ne s'emploie plus guère aujourd'hui qu'au participe passé : être affecté, *recherché*.
2. « Se faire ignorer. » Locution peu usitée pour « ne point se faire reconnaître ».
3. « Menterie. » Cette pensée n'est pas présentée avec assez de clarté ; l'auteur veut dire : Parler contre sa pensée est un mensonge coupable ; se travestir est un mensonge presque innocent ; se farder, imposer aux yeux, est une troisième sorte de mensonge qui tient le milieu entre les deux autres, moins coupable que le premier et plus répréhensible que le second.
4. « Entre queue et tête. » Les femmes cherchaient à grandir leur taille par des chaussures à hauts talons et des coiffures très-élevées. Ces coiffures étaient à trois étages, garnies de rubans larges, disposés symétriquement sur trois rangs superposés, et n'avaient pas moins d'un pied et demi de hauteur. Elles se terminaient en pointe. (Voy. Caylus, *Recueil d'antiquités*, t. 6, p. 226.) L'auteur a rendu par une comparaison à la fois triviale et recherchée l'impression que cette mode bizarre produisait sur lui.
5. « A elles-mêmes. » Elles veulent seulement se plaire les unes aux autres.
6. « S'enluminent. » Qu'elles se peignent le visage.
7. « Prononce » est ici dans le sens latin, proclamer le jugement, la sentence.
8. « Haïssent à » est une expression qui a vieilli, on ne sait pourquoi.

laides ; et que, bien loin d'en répondre [1] devant Dieu, il semble au contraire qu'il leur ait réservé ce dernier et infaillible moyen de guérir des femmes [2].

Si les femmes étaient telles naturellement qu'elles le deviennent par artifice, qu'elles perdissent en un moment toute la fraîcheur de leur teint, qu'elles eussent le visage aussi allumé et aussi plombé qu'elles se le font par le rouge et par la peinture dont elles se fardent, elles seraient inconsolables.

* Une femme coquette ne se rend point sur [3] la passion de plaire, et sur l'opinion qu'elle a de sa beauté ; elle regarde le temps et les années comme quelque chose seulement qui ride et qui enlaidit les autres femmes ; elle oublie du moins que l'âge est écrit sur le visage. La même parure qui a autrefois embelli sa jeunesse, défigure enfin sa personne, éclaire [4] les défauts de sa vieillesse. La mignardise et l'affectation l'accompagnent dans la douleur et dans la fièvre : elle meurt [5] parée et en rubans de couleur.

* *Lise* entend dire d'une autre coquette qu'elle se moque de se

---

1. « Bien loin d'en répondre. » On dirait plus régulièrement : « Bien loin qu'ils en répondent devant Dieu » ; l'infinitif dans ces sortes de phrases doit se rapporter au sujet. Molière a dit de même : « Elle me touche assez pour *m'en charger* moi-même » (*le Bourgeois Gentilhomme*, III, 12), pour, que *je* m'en charge moi-même.

2. « Des femmes. » Nous ne voulons pas insister ici sur la justesse de ces observations. Nous devons croire du reste que le temps a fait justice d'une bonne partie des ridicules que signale l'auteur. Remarquons seulement le ton de franchise sans réserve avec lequel il parle. On n'eût pas supporté cela au commencement du règne de Louis XIV, où les femmes, celle de toutes les puissances qui demande le plus à être flattée, faisaient la mode et la vogue des livres comme du reste. Lorsque La Bruyère écrivait, la dévotion commençait à remplacer la galanterie, et la rudesse originale et véridique de ce passage ne paraissait plus qu'un écho mondain des sermons de la chaire.

3. « Ne se rend point sur. » Elle conserve toujours la passion de plaire L'expression marque la lutte avec le temps :
Je suis vaincu du temps, je cède à ses outrages.
MALHERBE.

4. « Éclaire. » Métaphore juste et vive ; Juvénal a dit avec beaucoup d'éloquence : « Si tu te laisses entraîner à l'ambition et à la volupté, si tu trempes tes faisceaux dans le sang des alliés, si tu te plais à contempler les haches émoussées de tes licteurs fatigués, la noblesse de tes pères s'élève contre toi. C'est une torche étincelante qui *éclaire* tes moindres turpitudes. » *Satire* 8.

5. « Elle meurt. » La Bruyère ne fait point d'épigrammes et ne se contente pas de montrer de l'esprit. Sa verve satirique est sérieuse et souvent triste. La pitié et l'indignation contenue animent toujours ses descriptions et percent dans quelques paroles, qui en disent assez à qui sait comprendre. Que de réflexions ne fait pas naître cette simple antithèse de la mort et de la parure ! Elle en disait plus encore au temps de l'auteur, où les sermons et les écrits des philosophes parlaient tant de la mort, où elle faisait partie de toutes les conversations, où elle était prévenue et préparée de si loin, entourée d'un si grand appareil par la religion et le repentir. L'idée de la mort n'était pas seulement comme de notre temps quelque chose de singulier et de terrible, mais une idée sérieuse, grave, longtemps méditée, et dont la majesté faisait un contraste encore plus grand qu'il ne nous semble avec la puérilité de la coquetterie.

piquer de jeunesse, et de vouloir user d'ajustements qui ne conviennent plus à une femme de quarante ans, Lise les a accomplis, mais les années pour elle ont moins de douze mois, et ne la vieillissent point ; elle le croit ainsi, et, pendant qu'elle se regarde au miroir, qu'elle met du rouge sur son visage, et qu'elle place des mouches, elle convient qu'il n'est pas permis à un certain âge de faire la jeune, et que *Clarice* en effet, avec ses mouches[1] et son rouge, est ridicule[2].

* Les femmes se préparent pour leurs amants, si elles les attendent ; mais si elles en[3] sont surprises, elles oublient à leur arrivée l'état où elles se trouvent ; elles ne se voient plus. Elles ont plus de loisir avec les indifférents, elles sentent le désordre où elles sont, s'ajustent en leur présence, ou disparaissent un moment, et reviennent parées.

* Un beau visage est le plus beau de tous les spectacles ; et l'harmonie la plus douce est le son de voix[4] de celle que l'on aime.

* L'agrément est arbitraire : la beauté est quelque chose de plus réel[5] et de plus indépendant du goût et de l'opinion.

---

1. « Mouches. » « Petit morceau de taffetas ou de velours noir que les dames mettent sur leur visage par ornement ou pour faire paraître leur teint plus blanc. Les dévots crient fort contre les *mouches*, comme étant une marque de grande coquetterie. Les *mouches* taillées en long s'appellent des *assassins*. » FURETIÈRE.

2. « Ridicule. » Montesquieu, après avoir tracé un tableau aussi plaisant et plus dramatique, ajoute ces réflexions : « Ah bon Dieu ! dis-je en moi-même, ne sentirons-nous jamais que le ridicule des autres ? C'est peut-être un bonheur, disais-je ensuite, que nous trouvions de la consolation dans les faiblesses d'autrui. Les femmes qui se sentent finir d'avance par la perte de leurs agréments voudraient reculer vers la jeunesse. Eh ! comment ne chercheraient-elles pas à tromper les autres ? Elles font tous leurs efforts pour se tromper elles-mêmes et se dérober à la plus affligeante de toutes les idées. »

3. « En. » Si elles sont surprises par eux. L'emploi du pronom *en* est remarquable.

4. « Le son de voix. » Thémistocle disait qu'il ne connaissait pas de concert plus agréable que la voix de celui qui chantait sa gloire. Il suffit de rapprocher ce mot de la pensée moins fière et plus touchante qui est ici exprimée, pour comprendre la différence profonde qui distingue la civilisation moderne de l'antiquité.

5. « De plus réel. » La Bruyère avait déjà fait la même distinction pour les ouvrages de l'esprit entre l'agrément arbitraire et la beauté réelle, indépendante de l'opinion. Il se rattachait en cela comme en beaucoup d'autres choses aux principes de Platon qui lui était très-familier. Le sceptique Montaigne a confondu à dessein ce que La Bruyère distingue ici : « Il est vraysemblable que nous ne sçavons gueres que c'est que beauté en nature et en général, puisque à l'humaine et nostre beauté nous donnons tant de formes diverses, de laquelle s'il y avoit quelque prescription naturelle, nous la recognoistrions en commun, comme la chaleur du feu. Nous en fantasions (imaginons) les formes à notre poste (caprice) ; les Indes la peignent noire et basanée, aux levres grosses et enflées, au nez plat et large ; et chargent de gros anneaux d'or le cartilage d'entre les nazeaux, pour le faire pendre jusques à la bouche... Au Peru les plus grandes aureilles sont les plus belles, et les estendent autant qu'ils peuvent par artifice : et un homme d'aujourd'huy dict avoir veu, en une nation orientale, ce soing de

* L'on peut être touché de certaines beautés si parfaites et d'un mérite si éclatant, que l'on se borne à les voir et à leur parler.

* Une belle femme qui a les qualités d'un honnête homme [1] est ce qu'il y a au monde d'un commerce plus délicieux ; l'on trouve en elle tout le mérite des deux sexes.

* Il échappe à une jeune personne de petites choses qui persuadent beaucoup, et qui flattent sensiblement celui pour qui elles sont faites : il n'échappe presque rien aux hommes, leurs caresses sont volontaires [2] ; ils parlent, ils agissent, ils sont empressés, et persuadent moins.

* Le caprice est dans les femmes tout proche de la beauté, pour être son contre-poison, et afin qu'elle nuise moins aux hommes, qui n'en guériraient pas sans remède.

* Les femmes s'attachent aux hommes par les faveurs qu'elles leur accordent : les hommes guérissent par ces mêmes faveurs.

* Une femme oublie d'un homme qu'elle n'aime plus, jusqu'aux faveurs qu'il a reçues d'elle.

* Une femme qui n'a qu'un galant croit n'être point coquette ; celle qui a plusieurs galants croit n'être que coquette.

Telle femme évite d'être coquette [3] par un ferme attachement à un seul, qui passe pour folle par son mauvais choix.

* Un ancien galant tient à si peu de chose [4], qu'il cède à un nouveau mari ; et celui-ci dure si peu, qu'un nouveau galant qui survient lui rend le change.

Un ancien galant craint ou méprise un nouveau rival, selon le caractère de la personne qu'il sert.

Il ne manque souvent à un ancien galant, auprès d'une femme qui l'attache, que le nom de mari : c'est beaucoup ; et il serait mille fois perdu sans cette circonstance.

---

les agrandir en tel credit, et de les charger de poisants joyaux, qu'à touts coups, il passoit son bras vestu au travers d'un trou d'aureille » (*Essais*, II, 12). — Ces objections que l'auteur développe fort au long ont été reprises agréablement par Voltaire. Mais cela n'empêche pas la Vénus de Médicis d'être belle, et La Bruyère d'avoir exprimé une pensée très-juste.

1. « D'un honnête homme. » Aucun mot n'a été employé plus souvent au xviiie siècle ; mais la chose n'était pas rare au xviie ; on peut citer surtout madame de Lafayette et son amie madame de Sévigné, qui avaient toutes deux tant d'esprit, et en même temps de franchise et de vigueur dans le caractère.

2. « Sont volontaires. » N'ont rien d'abandonné.

3. « Coquette. » Remarquons que dans le principe coquette signifiait *coquine*, et que *prude* était synonyme de sage. Le changement de sens de ces deux mots est chose assez significative.

4. « Tient à si peu de chose. » L'expression est juste et énergique.

* Il semble que la galanterie dans une femme ajoute à la coquetterie : un homme coquet, au contraire, est quelque chose de pire qu'un homme galant ; l'homme coquet et la femme galante vont assez de pair.

* Il y a peu de galanteries secrètes : bien des femmes ne sont pas mieux désignées par le nom de leurs maris que par celui de leurs amants.

* Une femme galante veut qu'on l'aime : il suffit à une coquette d'être trouvée aimable, et de passer pour belle. Celle-là cherche à engager, celle-ci se contente de plaire. La première passe successivement d'un engagement à un autre ; la seconde a plusieurs amusements tout à la fois : ce qui domine dans l'une, c'est la passion et le plaisir ; et dans l'autre, c'est la vanité et la légèreté. La galanterie est un faible du cœur, ou peut-être un vice de la complexion ; la coquetterie est un déréglement de l'esprit. La femme galante se fait craindre, et la coquette se fait haïr. L'on peut tirer de ces deux caractères de quoi en faire un troisième, le pire de tous.

* Une femme faible est celle à qui l'on reproche une faute, qui se la reproche à elle-même, dont le cœur combat la raison ; qui veut guérir, qui ne guérira point, ou bien tard.

* Une femme inconstante est celle qui n'aime plus ; une légère, celle qui déjà en aime un autre ; une volage, celle qui ne sait si elle aime et ce qu'elle aime ; une indifférente, celle qui n'aime rien.

* La perfidie, si je l'ose dire, est un mensonge de toute la personne : c'est dans une femme l'art de placer un mot ou une action qui donne le change, et quelquefois de mettre en œuvre[1] des serments et des promesses, qui ne lui coûtent pas plus à faire qu'à violer.

Une femme infidèle, si elle est connue pour telle de la personne intéressée, n'est qu'infidèle ; s'il la croit fidèle, elle est perfide.

On tire ce bien de la perfidie des femmes, qu'elle guérit de la jalousie[2].

---

1. « Mettre en œuvre, » employer, de faire agir.
2. « Guérit de la jalousie. » Cette passion que Racine faisait parler si éloquemment sur la scène, était fort rare dans la vie réelle, du moins à la cour. Est-ce par la raison qu'en donne La Bruyère ?

* Quelques femmes ont, dans le cours de leur vie, un double engagement à soutenir, également difficile à rompre et à dissimuler ; il ne manque à l'un que le contrat, et à l'autre que le cœur.

* A juger de cette femme par sa beauté, sa jeunesse, sa fierté et ses dédains, il n'y a personne qui doute que ce ne soit un héros qui doive un jour la charmer : son choix est fait ; c'est un petit monstre qui manque d'esprit.

* Il y a des femmes déjà flétries, qui, par leur complexion ou par leur mauvais caractère, sont naturellement la ressource des jeunes gens qui n'ont pas assez de bien. Je ne sais qui est plus à plaindre, ou d'une femme avancée en âge qui a besoin d'un cavalier, ou d'un cavalier qui a besoin d'une vieille.

* Le rebut de la cour est reçu à la ville dans une ruelle, où il défait [1] le magistrat, même en cravate et en habit gris, ainsi que le bourgeois en baudrier [2], les écarte, et devient maître de la place : il est écouté, il est aimé ; on ne tient guère plus d'un moment contre une écharpe d'or et une plume blanche, contre un homme qui *parle au roi et voit les ministres* [3]. Il fait des jaloux et des jalouses, on l'admire, il fait envie : à quatre lieues de là il fait pitié.

* Un homme de la ville est pour une femme de province ce qu'est pour une femme de ville un homme de la cour.

* A un homme vain, indiscret, qui est grand parleur et mauvais plaisant, qui parle de soi avec confiance, et des autres avec mépris ; impétueux, altier, entreprenant, sans mœurs ni probité, de nul jugement et d'une imagination très-libre, il ne lui [4] manque plus, pour être adoré de bien des femmes, que de beaux traits et la taille belle.

* Est-ce en vue du secret, ou par un goût hypocondre, que cette femme aime un valet ; cette autre, un moine ; et *Dorine*, son médecin ?

---

1. « Où il défait. » Expression piquante et originale. La métaphore est continuée d'une façon très-plaisante.
2. « Baudrier. » Les bourgeois élégants portaient tous alors l'épée, comme à présent tout le monde se permet la moustache.
3. « Ministres. » « Que faire? dit ce bon M. Jourdain. Voulez-vous que je refuse un homme de cette condition-là, qui a parlé de moi ce matin dans la chambre du roi ? » MOLIÈRE, *le Bourgeois Gentilhomme*, III, 4.
4. « Lui. » Cette répétition du complément n'est pas absolument nécessaire ; mais on ne saurait la blâmer, puisqu'elle augmente encore la clarté de la phrase.

* *Roscius*[1] entre sur la scène de bonne grâce : oui, *Lélie* ; et j'ajoute encore qu'il a les jambes bien tournées, qu'il joue bien, et de longs rôles ; et que, pour déclamer parfaitement, il ne lui manque, comme on le dit, que de parler avec la bouche : mais est-il le seul qui ait de l'agrément dans ce qu'il fait ? et ce qu'il fait, est-ce la plus noble et la plus honnête que l'on puisse faire ? Roscius, d'ailleurs, ne peut être à vous, il est à une autre ; et quand cela ne serait pas ainsi, il est retenu : *Claudie* attend, pour l'avoir, qu'il se soit dégoûté de *Messaline*[2]. Prenez *Bathylle*[3], Lélie : où trouverez-vous, je ne dis pas dans l'ordre des chevaliers, que vous dédaignez, mais même parmi les farceurs, un jeune homme qui s'élève si haut en dansant, et qui passe mieux la capriole ? Voudriez-vous le sauteur *Cobus*[4], qui, jetant ses pieds en avant, tourne une fois en l'air avant que de tomber à terre ? ignorez-vous qu'il n'est plus jeune ? Pour Bathylle, dites-vous, la presse y est trop grande ; et il refuse plus de femmes qu'il n'en agrée. Mais vous avez *Dracon*[5] le joueur de flûte ; nul autre de son métier n'enfle plus décemment[6] ses joues en soufflant dans le hautbois ou le flageolet ; car c'est une chose infinie que le nombre des instruments qu'il fait parler[7] : plaisant d'ailleurs, il fait rire jusqu'aux enfants et aux femmelettes. Qui mange et qui boit mieux que Dracon en un seul repas ? il enivre toute une compagnie, et il se rend[8] le dernier. Vous soupirez, Lélie : est-ce que Dracon aurait fait un choix, ou que malheureusement on vous aurait prévenue ? se serait-il enfin engagé à *Césonie*, qui l'a tant couru[9], qui lui a sacrifié une si grande foule d'amants, je dirai même toute la fleur

---

1. «Roscius.» Le célèbre comédien Baron, élevé par Molière, et auteur de la comédie de *l'Homme à bonnes fortunes*.
2. «Claudie et Messaline.» Les deux sœurs, la maréchale de La Ferté et la duchesse d'Olonne.
3. «Bathylle.» Pécourt, danseur de l'Opéra.
4. «Cobus.» Bauchamps, danseur de l'Op.
5. «Dracon.» Philibert, le joueur de la flûte allemande. Sa femme, afin de l'épouser, avait empoisonné son premier mari. Ce crime ayant été découvert, elle fut pendue et brûlée.
6. «Plus décemment.» D'une manière plus convenable, plus élégante ; c'est le sens latin.
7. «Qu'il fait parler.» Expression ingénieuse qui est devenue depuis commune.
8. «Il se rend.» On comprend facilement pourquoi les métaphores tirées de l'art de la guerre abondent dans la langue française.
9. «L'a tant couru.» La Bruyère a plusieurs fois employé ce verbe avec un complément direct de personne. On trouve dans Furetière : «*Il fut couru* longtemps l'épée dans les reins par son ennemi.»

des Romains ; à Césonie, qui est d'une famille patricienne, qui est si jeune, si belle, et si sérieuse ? Je vous plains, Lélie, si vous avez pris par contagion ce nouveau goût qu'ont tant de femmes romaines pour ce qu'on appelle des hommes publics, et exposés par leur condition à la vue des autres. Que ferez-vous, lorsque le meilleur en ce genre vous est enlevé ? Il reste encore *Bronte* le questionnaire [1] : le peuple ne parle que de sa force et de son adresse ; c'est un jeune homme qui a les épaules larges et la taille ramassée, un nègre d'ailleurs, un homme noir.

* Pour les femmes du monde, un jardinier est un jardinier, et un maçon est un maçon ; pour quelques autres plus retirées, un maçon est un homme, un jardinier est un homme. Tout est tentation à qui la craint.

* Quelques femmes donnent aux convents [2] et à leurs amants ; galantes et bienfactrices [3], elles ont jusque dans l'enceinte de l'autel des tribunes et des oratoires, où elles lisent des billets tendres, et où personne ne voit qu'elles ne prient point Dieu.

---

1. « Le questionnaire. » Le bourreau. La Bruyère s'est souvenu dans cet éloquent passage des déclamations véhémentes de Juvénal. Il faut voir ici une satire individuelle plutôt qu'une peinture générale des mœurs. Trop d'exemples déjà cependant justifiaient l'ironie et l'indignation de l'auteur, et préparaient les saturnales que fit voir la régence.

2. « Convents. » *Convents* dans toutes les éditions données par l'auteur, et avec intention. En effet on trouve dans Nicot, édit. 1606, page 149 : « *convent*, cœnobium, *convent* de vierges. » Le dictionnaire de l'Académie française, en 1694, écrit ce mot de la même façon et ajoute : « quelques-uns écrivent *couvent*, et c'est ainsi qu'il doit être prononcé. » Le mot *couvent* ne se trouve que dans la table alphabétique du dictionnaire. Cette décision de l'Académie était celle de Vaugelas, qui veut qu'on écrive *convent* et qu'on prononce *couvent*. Ménage et Thomas Corneille, dans leurs remarques, avaient cependant dit : « tout le monde prononce et écrit *couvent*. » Dans le dictionnaire de Richelet de 1710, au mot *convent*, il renvoie à *couvent*. Ainsi *convent* à l'époque où écrivait La Bruyère et l'Académie, était un archaïsme déjà proscrit par l'usage. » WALCKENAER.

3. « Bienfactrice. » « Les éditeurs modernes, en mettant *bienfaitrice*, ont sans s'en douter, ainsi que nous l'avons déjà dit, fait déserter La Bruyère de son parti. En fait de langage, il résistait aux usages nouveaux : il aimait les archaïsmes. Ce mot était nouveau alors, et les grammairiens et les gens de lettres étaient divisés sur la forme à lui donner. Le père Bouhours, le grand puriste du temps, préférait, comme La Bruyère, *bienfacteur* à *bienfaiteur*. L'avocat Patru tenait aussi pour *bienfacteur* ; mais Ménage prétendait que cette forme n'était en usage qu'aux prônes des curés, et voulait qu'on dît *bienfaicteur*. Voiture, consulté par Costar, prétendait que c'était de cette manière qu'il fallait dire, et Pellisson était du même avis. Cependant, depuis longtemps, Vaugelas, le grand maître du langage, avait décidé que *bienfaiteur* était le meilleur, et il était suivi par d'Ablancourt. Balzac, embarrassé, écrivait : « Vous donnez et je reçois ; béni soit mon *bienfacteur* ou *bienfaiteur*, puisque M. Vaugelas le veut ainsi, et que, pour si peu de choses, il ne faut pas se brouiller avec les amis. » Ce qui est curieux, c'est que l'Académie, comme La Bruyère, se décida contre Vaugelas, et pour la forme que l'usage, donnant raison à Vaugelas, devait bientôt proscrire. La première édition de ce dictionnaire porte : *bienfacteur* ou *bienfaiteur*, *bienfactrice* ou *bienfaictrice*. » WALCKENAER.

* Qu'est-ce qu'une femme que l'on dirige? est-ce une femme plus complaisante pour son mari, plus douce pour ses domestiques, plus appliquée à sa famille et à ses affaires, plus ardente et plus sincère pour [1] ses amis; qui soit moins esclave de son humeur, moins attachée à ses intérêts; qui aime moins les commodités de la vie; je ne dis pas qui fasse des largesses à ses enfants qui sont déjà riches, mais qui, opulente elle-même et accablée du superflu, leur fournisse le nécessaire et leur rende au moins la justice qu'elle leur doit; qui soit plus exempte d'amour de soi-même et d'éloignement pour les autres; qui soit plus libre de tous attachements humains? Non, dites-vous, ce c'est rien de toutes ces choses. J'insiste, et je vous demande: Qu'est-ce donc qu'une femme que l'on dirige? Je vous entends, n'est une femme qui a un directeur.

* Si le confesseur et le directeur ne conviennent point sur une règle de conduite, qui sera le tiers qu'une femme prendra pour surarbitre [2]?

* Le capital pour une femme n'est pas d'avoir un directeur, mais de vivre si uniment [3] qu'elle s'en puisse passer.

* Si une femme pouvait dire à son confesseur, avec ses autres faiblesses, celles qu'elle a pour son directeur, et le temps qu'elle perd dans son entretien, peut-être lui serait-il donné pour pénitence d'y renoncer.

* Je voudrais [4] qu'il me fût permis de crier de toute ma force à ces hommes saints qui ont été autrefois blessés [5] des femmes: Fuyez les femmes, ne les dirigez point; laissez à d'autres le soin de leur salut.

* C'est trop contre un mari d'être coquette et dévote. une femme devrait opter.

* J'ai différé à le dire, et j'en ai souffert: mais enfin il m'é-

---

1. « Sincère pour. » Au lieu de « sincère envers ses amis ». L'auteur s'est servi plusieurs fois de cette locution.
2. « Pour surarbitre. » Pour arbitre entre eux deux.
3. « Uniment. » D'une vie égale, où la conscience ne trouve rien qui l'embarrasse.
4. « Je voudrais. » Le tour est vif et éloquent.
5. « Blessé. » C'est l'expression de Virgile (*Æneid*, IV, v. 1):
     At regina gravi jamdudum *saucia* cura.
     « Cependant la reine, *blessée* déjà d'un trait funeste. »
Et de Racine (*Phèdre*, I, 3):
     Ariane, ma sœur, de quel amour *blessée*
     Vous mourûtes aux bords où vous fûtes laissée!

chappe[1], et j'espère même que ma franchise[2] sera utile à celles qui, n'ayant pas assez d'un confesseur pour leur conduite, n'usent d'aucun discernement dans le choix de leurs directeurs. Je ne sors pas d'admiration et d'étonnement à la vue de certains personnages que je ne nomme point : j'ouvre de fort grands yeux sur eux, je les contemple : ils parlent, je prête l'oreille : je m'informe, on me dit des faits, je les recueille ; et je ne comprends pas comment des gens en qui je crois voir toutes choses diamétralement opposées au bon esprit, au sens droit, à l'expérience des affaires du monde, à la connaissance de l'homme, à la science de la religion et des mœurs, présument que Dieu doive renouveler en nos jours la merveille de l'apostolat, et faire un miracle en leurs personnes, en les rendant capables, tout simples et petits esprits qu'ils sont, du ministère des âmes, celui de tous le plus délicat et le plus sublime : et si au contraire ils se croient nés pour un emploi si relevé, si difficile, et accordé à si peu de personnes, et qu'ils se persuadent de ne faire en cela qu'exercer leurs talents naturels et suivre une vocation ordinaire, je le comprends encore moins.

Je vois bien que le goût qu'il y a à devenir le dépositaire du secret des familles, à se rendre nécessaire pour les réconciliations, à procurer des commissions ou à placer des domestiques, à trouver toutes les portes ouvertes dans les maisons des grands, à manger souvent à de bonnes tables, à se promener en carrosse dans une grande ville, et à faire de délicieuses retraites à la campagne ; à voir plusieurs personnes de nom et de distinction s'intéresser à sa vie et à sa santé, et à ménager pour les autres et pour soi-même tous les intérêts humains : je vois bien, encore une fois, que cela seul a fait imaginer le spécieux et irrépréhensible prétexte du soin des âmes, et semé dans le monde cette pépinière intarissable[3] de directeurs.

* La dévotion vient à quelques-uns, et surtout aux femmes, comme une passion, ou comme le faible d'un certain âge, ou comme une mode qu'il faut suivre. Elles comptaient autrefois une

---

1. « Il m'échappe. » *Il* est ici dans le sens latin de *illud*, cela m'échappe ; c'est ainsi que l'auteur dit dans le même chapitre : « goûtez cela, *il* est de Léandre. »
2. « Ma franchise. » On peut trouver que les précautions oratoires dont l'auteur use ici sont hors de saison, et font attendre quelque chose de plus hardi et de plus neuf que ce qui suit.
3. « Intarissable » ne peut guère se dire d'une pépinière.

semaine par les jours de jeu, de spectacle, de concert, de mascarade, ou d'un joli sermon ; elles allaient le lundi perdre leur argent chez *Ismène*, le mardi, leur temps chez *Climène*, et le mercredi, leur réputation chez *Célimène;* elles savaient dès la veille toute la joie qu'elles devaient avoir le jour d'après et le lendemain, elles jouissaient tout à la fois du plaisir présent et de celui qui ne leur pouvait manquer ; elles auraient souhaité de les pouvoir rassembler tous en un seul jour. C'était alors leur unique inquiétude, et tout le sujet de leurs distractions ; et, si elles se trouvaient quelquefois à l'*opéra*, elles y regrettaient la comédie. Autres temps, autres mœurs : elles outrent l'austérité et la retraite, elles n'ouvrent plus les yeux, qui leur sont donnés pour voir ; elles ne mettent plus leurs sens à aucun usage ; et, chose incroyable ! elles parlent peu : elles pensent encore et assez bien d'elles-mêmes, comme assez mal des autres. Il y a chez elles une émulation de vertu et de réforme, qui tient quelque chose de la jalousie : elles ne haïssent pas de primer dans ce nouveau genre de vie, comme elles faisaient dans celui qu'elles viennent de quitter par politique ou par dégoût. Elles se perdaient gaiement par la galanterie, par la bonne chère et par l'oisiveté ; et elles se perdent tristement [1] par la présomption et par l'envie.

* Si j'épouse, *Hermas*, une femme avare, elle ne me ruinera point : si une joueuse [2], elle pourra s'enrichir : si une savante, elle saura m'instruire : si une prude, elle ne sera point emportée : si une emportée, elle exercera ma patience : si une coquette, elle voudra me plaire : si une galante, elle le sera peut-être jusqu'à m'aimer : si une dévote [3], répondez, Hermas, que dois-je attendre de celle qui veut tromper Dieu [4], et qui se trompe elle-même ?

* Une femme est aisée à gouverner, pourvu que ce soit un homme qui s'en donne la peine. Un seul même en gouverne plu-

---

1. « Elles se perdent tristement. » Ce dernier trait est d'une vérité bien énergique.
2. « Si une joueuse. » Cette ellipse du verbe donne plus de vivacité à la phrase ; Montaigne a dit de même : « La religion de nos anciens Gaulois portoit que les asmes estant éternelles, ne cessoient de se remuer et changer de place d'un corps à un autre;... *si* elle avoit esté vaillante, ils la logeoient au corps d'un lion ; *si* voluptueuse, en celuy d'un pourceau ; *si* lasche, en celuy d'un cerf ou d'un lievre ; *si* malicieuse, en celuy d'un regnard. » *Essais*, II, 11.
3. « Dévote. » Fausse dévote. (*Note de La Bruyère.*)
4. « Tromper Dieu. » Ce passage est digne de l'auteur du *Tartuffe*. « La Bruyère attaque la fausse dévotion alors régnante ; il n'a pas déserté l'héritage de Molière : il a continué cette guerre courageuse sur une scène bien plus resserrée (l'autre scène d'ailleurs n'eût pas été permise), mais avec des armes non moins vengeresses. » SAINTE-BEUVE

sieurs. il cultive leur esprit et leur mémoire, fixe et détermine leur religion ; il entreprend même de régler leur cœur : elles n'approuvent et ne désapprouvent, ne louent et ne condamnent qu'après avoir consulté ses yeux et son visage ; il est le dépositaire de leurs joies et de leurs chagrins, de leurs désirs, de leurs jalousies, de leurs haines et de leurs amours : il les fait rompre avec leurs galants ; il les brouille et les réconcilie avec leurs maris, et il profite des interrègnes. Il prend soin de leurs affaires, sollicite leurs procès et voit leurs juges ; il leur donne son médecin, son marchand, ses ouvriers ; il s'ingère de les loger, de les meubler, et il ordonne de leur équipage : on le voit avec elles dans leurs carrosses, dans les rues d'une ville et aux promenades, ainsi que dans leur banc à un sermon, et dans leur loge à la comédie : il fait avec elles les mêmes visites ; il les accompagne au bain, aux eaux, dans les voyages : il a le plus commode appartement chez elles à la campagne. Il vieillit sans déchoir de son autorité : un peu d'esprit et beaucoup de temps à perdre lui suffit pour la conserver ; les enfants, les héritiers, la bru, la nièce, les domestiques, tout en dépend. Il a commencé par se faire estimer, il finit par se faire craindre. Cet ami si ancien, si nécessaire, meurt sans qu'on le pleure ; et dix femmes dont il était le tyran héritent, par sa mort, de la liberté.

* Quelques femmes ont voulu cacher leur conduite sous les dehors de la modestie ; et tout ce que chacune a pu gagner par une continuelle affectation, et qui ne s'est jamais démentie, a été de faire dire de soi : *On l'aurait prise pour une vestale.*

* C'est dans les femmes une violente preuve [1] d'une réputation bien nette et bien établie, qu'elle ne soit pas même effleurée par la familiarité de quelques-unes qui ne leur ressemblent point ; et qu'avec toute la pente qu'on a aux malignes explications, on ait recours à une tout autre raison de ce commerce, qu'à celle de la convenance des mœurs [2].

* Un comique outre sur la scène ses personnages : un poète charge ses descriptions : un peintre qui fait d'après nature, force et exagère une passion, un contraste, des attitudes ; et celui qui copie, s'il ne mesure au compas les grandeurs et les proportions,

1. « Une violente preuve. » Une très-forte preuve.
2. « Convenance des mœurs. » Du rapport, de la ressemblance des mœurs. Dans ce chapitre La Bruyère a déjà employé le même mot dans le même sens.

grossit ses figures, donne à toutes les pièces qui entrent dans l'ordonnance de son tableau plus de volume¹ que n'en ont celles de l'original : de même la pruderie est une imitation de la sagesse².

Il y a une fausse modestie qui est vanité ; une fausse gloire qui est légèreté ; une fausse grandeur qui est petitesse ; une fausse vertu qui est hypocrisie, une fausse sagesse qui est pruderie.

Une femme prude paye de maintien et de paroles, une femme sage paye de conduite : celle-là suit son humeur et sa complexion, celle-ci sa raison et son cœur : l'une est sérieuse et austère, l'autre est, dans les diverses rencontres, précisément ce qu'il faut qu'elle soit : la première cache des faibles³ sous de plausibles dehors. La seconde couvre un riche fonds sous⁴ un air libre et naturel ; la pruderie contraint l'esprit, ne cache ni l'âge ni la laideur, souvent elle les suppose ; la sagesse, au contraire, pallie les défauts du corps, ennoblit l'esprit, ne rend la jeunesse que plus piquante, et la beauté que plus périlleuse.

* Pourquoi s'en prendre aux hommes de ce que les femmes ne sont pas savantes⁵ ? Par quelles lois, par quels édits, par quels rescrits leur a-t-on défendu d'ouvrir les yeux et de lire, de retenir ce qu'elles ont lu, et d'en rendre compte ou dans leur conversation ou par leurs ouvrages ? Ne se sont-elles pas au contraire établies elles-mêmes dans cet usage de ne rien savoir, ou par la faiblesse de leur complexion, ou par la paresse de leur esprit, ou par le soin de leur beauté, ou par une certaine légèreté qui les empêche de suivre une longue étude, ou par le talent et le génie qu'elles ont seulement pour les ouvrages de la main, ou par les distractions que donnent les détails d'un domestique, ou par un

---

1. « Plus de volume. » Les fait trop grandes.
2. « Sagesse. » De même la pruderie n'est qu'une copie exagérée et inintelligente de la sagesse. On a blâmé avec quelque raison les comparaisons que l'auteur a rassemblées dans ces caractères. Elles sont trop multipliées et ne disent pas même nettement ce que l'auteur a voulu dire.
3. « Des faibles. » Des faiblesses. Ce mot ne se prend plus guère qu'au singulier.
4. Couvre sous est une locution peu usitée.
5. « Ne sont pas savantes. » C'est le reproche que fait aux hommes Philaminte dans *les Femmes savantes* (III, 2) de Molière :

> Car enfin, je me sens un étrange dépit
> Du tort que l'on nous fait du côté de l'esprit ;
> Et je veux nous venger, toutes tant que nous sommes,
> De cette indigne classe où nous rangent les hommes,
> De borner nos talents à des futilités,
> Et nous fermer la porte aux sublimes clartés.

éloignement naturel des choses pénibles et sérieuses, ou par une curiosité toute différente de celle qui contente l'esprit, ou par un tout autre goût que celui d'exercer leur mémoire [1]? Mais à quelque cause que les hommes puissent devoir[2] cette ignorance des femmes, ils sont heureux que les femmes, qui les dominent d'ailleurs par tant d'endroits, aient sur eux cet avantage de moins.

On regarde une femme savante comme on fait une belle arme; elle est ciselée artistement, d'une polissure admirable, et d'un travail fort recherché; c'est une pièce de cabinet, que l'on montre aux curieux, qui n'est pas d'usage, qui ne sert ni à la guerre ni à la chasse, non plus qu'un cheval de manége, quoique le mieux instruit du monde.

Si la science et la sagesse se trouvent unies[3] en un même sujet[4], je ne m'informe plus du sexe, j'admire; et si vous me dites qu'une femme sage ne songe guère à être savante, ou qu'une femme savante n'est guère sage, vous avez déjà oublié ce que vous venez de lire : que les femmes ne sont détournées des sciences que par de certains défauts. Concluez donc vous-même que moins elles auraient de ces défauts, plus elles seraient sages; et qu'ainsi une

---

1. « Leur mémoire. » Il y a quelque confusion dans cette énumération des causes fort diverses, qui empêchent les femmes de beaucoup savoir. Il est évident que la première et la plus considérable de toutes est la nature même; mais que les femmes elles-mêmes y ont aidé, et que les hommes n'y ont pas résisté. L'auteur semble embarrassé de traiter ce sujet après Molière, qui s'est tant raillé des femmes savantes. Il laisse entrevoir qu'il est d'un avis tout différent; mais il n'ose le soutenir avec franchise. Sa manière ordinaire, qui consiste à effleurer un sujet et à s'en retirer aussitôt, est excellente, lorsque le lecteur peut facilement trouver le reste dans son imagination. Ici la réticence n'est que de l'incertitude et de l'embarras.

2. « Devoir. » Ce ton épigrammatique et le compliment qui le termine, ne sont pas dans le goût habituel de l'auteur.

3. « Unies. » Il faudrait plutôt *réunies*.

4. « En un même sujet. » Cette alliance n'était pas rare au XVIIe siècle. L'hôtel de Rambouillet avait propagé dans le monde un goût singulier de subtilité et d'études solides. Lorsque la préciosité eut succombé sous les attaques de Molière et fut hors de mode, il resta à plus d'une femme les souvenirs d'une éducation savante, et l'habitude des lectures sérieuses. Elle ne perdait pour cela ni la gaieté, ni l'esprit, ni la modestie. « Trois mois après que madame La Fayette eut commencé à apprendre le latin, dit Segrais, elle en savait déjà plus que M. Ménage et que le père Rapin, ses maîtres. En la faisant expliquer, ils eurent dispute ensemble touchant l'explication d'un chapitre, et ni l'un ni l'autre ne voulait se rendre au sentiment de son compagnon. Madame de La Fayette leur dit: Vous n'y entendez rien ni l'un ni l'autre. En effet elle leur dit la véritable explication de ce passage; ils tombèrent d'accord qu'elle avait raison. C'était un poète qu'elle expliquait, car elle n'aimait pas la prose et n'a pas lu Cicéron; mais comme elle se plaisait fort à la poésie, elle lisait particulièrement Horace et Virgile; et comme elle avait l'esprit poétique, et qu'elle savait tout ce qui convenait à cet art, elle pénétrait sans peine le sens de ces auteurs. » Cela n'empêchait pas Boileau, qui n'aimait pas plus le pédantisme que Molière, de dire que madame de La Fayette était la femme de France qui avait le plus d'esprit.

femme sage[1] n'en serait que plus propre à devenir savante; ou qu'une femme savante, n'étant telle que parce qu'elle aurait pu vaincre beaucoup de défauts, n'en est que plus sage.

* La neutralité entre des femmes qui nous sont également amies[2], quoiqu'elles aient rompu pour des intérêts où nous n'avons nulle part, est un point difficile; il faut choisir souvent entre elles, ou les perdre toutes deux.

* Il y a telle femme qui aime mieux son argent que ses amis, et ses amants que son argent.

* Il est étonnant de voir dans le cœur de certaines femmes quelque chose de plus vif et de plus fort que l'amour pour les hommes, je veux dire l'ambition et le jeu : de telles femmes rendent les hommes chastes, elles n'ont de leur sexe que les habits.

* Les femmes sont extrêmes; elles sont meilleures ou pires que les hommes.

* La plupart des femmes n'ont guère de principes; elles se conduisent par le cœur, et dépendent pour leurs mœurs de ceux qu'elles aiment.

* Les femmes vont plus loin en amour que la plupart des hommes, mais les hommes l'emportent sur elles en amitié.

Les hommes sont cause que les femmes ne s'aiment point.

* Il y a du péril à contrefaire. *Lise*, déjà vieille, veut rendre une jeune femme ridicule, et elle-même devient difforme, elle me fait peur; elle use, pour l'imiter, de grimaces et de contorsions : la voilà aussi laide qu'il faut pour embellir celle dont elle se moque.

* On veut[3] à la ville que bien des idiots et des idiotes aient de l'esprit : on veut à la cour que bien des gens manquent d'esprit, qui en ont beaucoup; et, entre les personnes de ce dernier genre, une belle femme ne se sauve[4] qu'à peine avec[5] d'autres femmes.

* Un homme est plus fidèle au secret d'autrui qu'au sien propre; une femme, au contraire, garde mieux son secret que celui d'autrui.

---

1. « Sage. » Raisonnements pénibles et subtils, qui semblent presque une réminiscence des dissertations des précieuses.
2. « Qui nous sont amies. » *Ami* s'emploie rarement avec cette construction
3. « On veut. » On suppose de l'esprit à ceux qui n'en ont pas.
4. « Ne se sauve. » Échappe avec peine au reproche d'être idiote.
5. « Avec » Quand elle se trouve au milieu d'autres femmes qui la dénigrent avec jalousie

* Il n'y a point dans le cœur d'une jeune personne un si violent amour, auquel l'intérêt ou l'ambition n'ajoute quelque chose.

* Il y a un temps [1] où les filles les plus riches doivent prendre parti ; elles n'en laissent guère échapper les premières occasions sans se préparer un long repentir : il semble que la réputation des biens diminue en elles avec celle de leur beauté. Tout favorise au contraire une jeune personne, jusques à l'opinion des hommes, qui aiment à lui accorder tous les avantages qui peuvent la rendre plus souhaitable.

* Combien de filles à qui une grande beauté n'a jamais servi qu'à leur faire espérer [2] une grande fortune !

* Les belles filles sont sujettes à venger ceux de leurs amants qu'elles ont maltraités, ou par de laids, ou par de vieux, ou par d'indignes maris [3].

* La plupart des femmes jugent du mérite et de la bonne mine d'un homme par l'impression qu'ils font sur elles, et n'accordent presque ni l'un ni l'autre à celui pour qui elles ne sentent rien.

* Un homme qui serait en peine de connaître s'il change, s'il commence à vieillir, peut consulter les yeux d'une jeune femme qu'il aborde, et le ton dont elle lui parle ; il apprendra ce qu'il craint de savoir. Rude école [4] !

* Une femme qui n'a jamais les yeux que sur une même personne, ou qui les en détourne toujours, fait penser d'elle la même chose.

* Il coûte peu aux femmes de dire ce qu'elles ne sentent point : il coûte encore moins aux hommes de dire ce qu'ils sentent.

* Il arrive quelquefois qu'une femme cache à un homme toute la passion qu'elle sent pour lui, pendant que de son côté il feint pour elle toute celle qu'il ne sent pas.

* L'on suppose un homme indifférent, mais qui voudrait persuader à une femme une passion qu'il ne sent pas ; et l'on demande s'il ne lui serait pas plus aisé d'imposer à celle dont il est aimé, qu'à celle qui ne l'aime point.

---

1. « Il y a un temps. » Lorsque les filles les plus riches commencent à devenir âgées, il semble qu'elles perdent même la réputation de leurs biens.
2. « Faire espérer. » Dure vérité sous une forme ingénieuse.
3. « Maris. » Ces courtes réflexions sur la beauté et l'avantage qu'on en retire, sont profondes et tristes, quoique peut-être un peu sèches.
4. « Rude école ! » Cette explication est d'un effet comique et ajoute à la vérité de l'observation.

5.

* Un homme peut tromper une femme par un feint attachement, pourvu qu'il n'en ait pas ailleurs un véritable.

* Un homme éclate contre une femme qui ne l'aime plus, et se console : une femme fait moins de bruit quand elle est quittée, et demeure longtemps inconsolable.

* Les femmes guérissent de leur paresse par la vanité ou par l'amour.

La paresse, au contraire, dans les femmes vives, est le présage de l'amour.

* Il est fort sûr qu'une femme qui écrit avec emportement est emportée ; il est moins clair qu'elle soit touchée. Il semble qu'une passion vive et tendre est morne et silencieuse, et que le plus pressant intérêt d'une femme qui n'est plus libre, celui qui l'agite davantage, est moins de persuader qu'elle aime, que de s'assurer si elle est aimée.

* *Glycère* n'aime pas les femmes, elle hait leur commerce et leurs visites, se fait celer pour elles ; et souvent pour ses amis, dont le nombre est petit, à qui elle est sévère, qu'elle resserre dans leur ordre, sans leur permettre rien de ce qui passe l'amitié : elle est distraite avec eux, leur répond par des monosyllabes, et semble chercher à s'en défaire ; elle est solitaire et farouche dans sa maison ; sa porte est mieux gardée et sa chambre plus inaccessible que celles de *Monthoron*[1] et d'*Hémery*[2] ; une seule *Corinne* y est attendue, y est reçue, et à toutes les heures : on l'embrasse à plusieurs reprises ; on croit l'aimer ; on lui parle à l'oreille dans un cabinet où elles sont seules ; on a soi-même plus de deux oreilles pour l'écouter ; on se plaint à elle de tout autre que d'elle ; on lui dit toutes choses, et on ne lui apprend rien ; elle a la confiance de tous les deux. L'on voit Glycère en partie carrée au bal, au théâtre, dans les jardins publics, sur le chemin de *Venouze*[3], où l'on mange les premiers fruits ; quelquefois seule en litière sur la route du grand faubourg, où elle a un verger délicieux, ou à la porte de

---

1. « Monthoron ou Montauron. » Trésorier de l'épargne, le même à qui Corneille dédia sa tragédie de Cinna, en le comparant à Auguste.

2. « D'Hémery ou plutôt Émeri, » fils d'un paysan de Sienne, et protégé du cardinal Mazarin, fut d'abord contrôleur général sous le surintendant des finances Nicolas Bailleul, et devint lui-même surintendant après la démission du maréchal de La Meilleraye.

3. « Venouze. » Vincennes.

Canidie [1], qui a de si beaux secrets, qui promet aux jeunes femmes de secondes noces, qui en dit le temps et les circonstances. Elle paraît ordinairement avec une coiffure plate et négligée, en simple déshabillé, sans corps [2], et avec des mules : elle est belle en cet équipage, et il ne lui manque que de la fraîcheur. On remarque néanmoins sur elle une riche attache, qu'elle dérobe avec soin aux yeux de son mari ; elle le flatte, elle le caresse, elle invente tous les jours pour lui de nouveaux noms ; elle n'a pas d'autre lit que celui de ce cher époux, et elle ne veut pas découcher. Le matin, elle se partage entre sa toilette et quelques billets qu'il faut écrire. Un affranchi vient lui parler en secret ; c'est *Parmenon*, qui est favori, qu'elle soutient contre l'antipathie du maître et la jalousie des domestiques. Qui, à la vérité, fait mieux connaître des intentions et rapporte mieux une réponse que Parmenon ? qui parle moins de ce qu'il faut taire ? qui sait ouvrir une porte secrète avec moins de bruit ? qui conduit plus adroitement par le petit escalier ? qui fait mieux sortir par où l'on est entré ?

* Je ne comprends pas comment un mari qui s'abandonne à son humeur et à sa complexion, qui ne cache aucun de ses défauts, et se montre au contraire par ses mauvais endroits ; qui est avare, qui est trop négligé dans son ajustement, brusque dans ses réponses, incivil, froid et taciturne, peut espérer de défendre le cœur d'une jeune femme contre les entreprises de son galant, qui emploie la parure et la magnificence, la complaisance, les soins, l'empressement, les dons, la flatterie.

* Un mari n'a guère un rival qui ne soit de sa main, et comme un présent qu'il a autrefois fait à sa femme ; il le loue devant elle de ses belles dents et de sa belle tête ; il agrée ses soins, il reçoit ses visites ; et, après ce qui lui vient de son cru [3], rien ne lui paraît de meilleur goût que le gibier et les truffes que cet ami lui envoie. Il donne à souper, et dit aux conviés : Goûtez bien cela, il est de *Léandre*, et il ne me coûte qu'un *grand merci*.

---

1. « Canidie. » La Voisin, devineresse que toute la cour allait consulter. Elle fut accusée de débiter en secret des poisons qu'on nommait alors *poudre de succession*. On essaya de la compromettre dans son procès la duchesse de Bouillon, comtesse de Soissons, et l'illustre maréchal de Luxembourg. Elle fut brûlée en place de Grève (1680), et mourut avec un certain courage.

2. « Sans corps. » Sans corset.

3. « De son cru. » Petite observation faite en passant sur l'amour de la propriété et pleine de vérité.

* Il y a telle femme qui anéantit ou qui enterre son mari, au point qu'il n'en est fait dans le monde aucune mention [1], vit-il encore, ne vit-il plus? on en doute. Il ne sert dans sa famille qu'à montrer l'exemple d'un silence timide et d'une parfaite soumission : il ne lui est dû ni douaire ni conventions, mais à cela près, et qu'il n'accouche pas, il est la femme, et elle le mari [2]; ils passent les mois entiers dans une même maison sans le moindre danger de se rencontrer; il est vrai seulement qu'ils sont voisins. Monsieur paye le rôtisseur et le cuisinier, et c'est toujours chez madame qu'on a soupé. Ils n'ont souvent rien de commun, ni le lit, ni la table, pas même le nom : ils vivent à la romaine ou à la grecque, chacun a le sien, et ce n'est qu'avec le temps, et après qu'on est initié au jargon d'une ville, qu'on sait enfin que M. B... [3] est publiquement, depuis vingt années, le mari de madame L...

* Telle autre femme, à qui le désordre manque pour mortifier son mari, y revient par sa noblesse et ses alliances, par la riche dot qu'elle a apportée, par les charmes de sa beauté, par son mérite, par ce que quelques-uns appellent vertu.

* Il y a peu de femmes si parfaites, qu'elles empêchent un mari de se repentir, du moins une fois le jour, d'avoir une femme, ou de trouver heureux celui qui n'en a point.

* Les douleurs muettes et stupides [4] sont hors d'usage, on pleure, on récite, on répète, on est si touchée de la mort de son mari, qu'on n'en oublie pas la moindre circonstance.

* Ne pourrait-on point découvrir l'art de se faire aimer de sa femme?

* Une femme insensible est celle qui n'a pas encore vu celui qu'elle doit aimer.

---

1. « Mention. » Qui connaît M. de Montespan? Sait-on ce qu'étaient M. de Sévigné ou le mari de madame de La Fayette?

2. « Mari. » Le comte de Tonnerre disait, en parlant de la cour de Monsieur, qu'il ne savait ce qu'il faisait en demeurant dans cette boutique; que Monsieur était la plus sotte femme du monde, et Madame le plus sot homme qu'il eût jamais vu.

3. « Monsieur B. » Les clefs nomment ici le président de Bocquemart et sa femme, qui avait conservé le nom de d'Osambray. L'auteur, comme il le dit lui-même, se plaît à employer des lettres initiales qui n'ont qu'une signification vaine et incertaine, afin de dégoûter des applications. On voit que ces précautions ont été parfaitement inutiles.

4. « Stupides » est ici dans le sens latin, *ingentes dolores stupent*, les grandes douleurs sont écrasantes, muettes, *stupides*. Corneille fait dire de même à Cinna, lorsque Auguste lui a déclaré qu'il savait tout le secret de la conspiration : « Je demeure stupide. »

Il y avait[1] à *Smyrne* une très-belle fille qu'on appelait *Émire*, et qui était moins connue dans toute la ville par sa beauté que par la sévérité de ses mœurs, et surtout par l'indifférence[2] qu'elle conservait pour tous les hommes, qu'elle voyait, disait-elle, sans aucun péril, et sans d'autres dispositions que celles où elle se trouvait pour ses amies et pour ses frères ; elle ne croyait pas la moindre partie de toutes les folies qu'on disait que l'amour avait fait faire dans tous les temps ; et celles qu'elle avait vues elle-même, elle ne les pouvait comprendre ; elle ne connaissait que l'amitié[3]. Une jeune et charmante personne, à qui elle devait cette expérience[4], la lui avait rendue si douce, qu'elle ne pensait qu'à la faire durer, et n'imaginait pas par quel autre sentiment elle pourrait jamais se refroidir sur[5] celui de l'estime et de la confiance, dont elle était si contente : elle ne parlait que d'*Euphrosine*, c'était le nom de cette fidèle amie, et tout Smyrne ne parlait que d'elle et d'Euphrosine ; leur amitié passait en proverbe[6]. Émire avait deux frères qui étaient jeunes, d'une excellente beauté[7], et dont toutes les femmes de la ville étaient éprises ; et il est vrai qu'elle les aima toujours comme une sœur aime ses frères. Il y eut un prêtre de *Jupiter* qui avait accès dans la maison de son père, à qui elle plut, qui osa le lui déclarer, et ne s'attira que du mépris. Un vieillard qui, se confiant en sa naissance et en ses grands

---

1. « Il y avait. » La Bruyère, qui a réuni dans son livre tous les genres d'éloquence, ne pouvait omettre la forme narrative, une des plus agréables et des plus instructives, et dont les moralistes se sont toujours servis. Les anecdotes et les apophthegmes, dont Plutarque parsème ses écrits, ont plus fait pour sa réputation que les dissertations qui les accompagnent. Sénèque est plein d'histoires fort intéressantes, Horace a inséré dans ses vers plusieurs charmantes anecdotes, et il a été imité en cela par Boileau, avec peut-être un peu trop de discrétion. C'est sous la forme de conte surtout que Voltaire a exprimé sa railleuse et triste philosophie ; et ce genre a pris de nos jours une telle extension, qu'il ne semble plus vouloir laisser la place à aucun autre. La nouvelle de La Bruyère, courte et sobre comme tout ce qu'il a écrit, est d'une très-grande beauté.

2. « Par l'indifférence. » L'auteur est dès la première ligne en plein dans son sujet, et il ne lui faut pas longtemps pour nous faire une idée complète du personnage principal. Madame de La Fayette, le modèle des bons contes, disait qu'une période retranchée d'un ouvrage valait un louis, et un mot vingt sous.

3. « L'amitié. » Transition naturelle et facile.

4. « Cette expérience. » A qui elle devait de connaître l'amitié.

5. « Se refroidir sur. » L'auteur s'est souvent servi de cette expression qui a un peu passé.

6. Proverbe. » Plus on saura nous intéresser à cette amitié, plus sensible sera pour nous la rupture. Pas un mot n'est donné à une circonstance inutile ; mais le trait principal et essentiel se développe et se prolonge.

7. « Excellente beauté. » Excellent s'employait alors comme en latin, dans tous les sens où nous dirions : très-grand, supérieur. L'auteur a dit ailleurs : « Le plus excellent mérite »

biens, avait eu la même audace, eut aussi la même aventure. Elle triomphait cependant; et c'était jusqu'alors au milieu de ses frères, d'un prêtre et d'un vieillard[1], qu'elle se disait insensible. Il sembla que le ciel[2] voulût l'exposer à de plus fortes épreuves, qui ne servirent néanmoins qu'à la rendre plus vaine, et qu'à l'affermir[3] dans la réputation d'une fille que l'amour ne pouvait toucher. De trois amants que ses charmes lui acquirent successivement, et dont elle ne craignit pas de voir toute la passion, le premier, dans un transport amoureux, se perça le sein à ses pieds; le second, plein de désespoir de n'être pas écouté, alla se faire tuer à la guerre de *Crète;* et le troisième mourut de langueur et d'insomnie[4]. Celui qui les devait venger n'avait pas encore paru[5]. Ce vieillard qui avait été si malheureux dans ses amours s'en était guéri par des réflexions sur son âge et sur le caractère de la personne à qui il voulait plaire; il désira de continuer de la voir, et elle le souffrit. Il lui amena un jour son fils[6], qui était jeune, d'une physionomie agréable, et qui avait une taille fort noble. Elle le vit avec intérêt; et comme il se tut beaucoup en la présence de son père, elle trouva qu'il n'avait pas assez d'esprit, et désira qu'il en eût davantage. Il la vit seule, parla assez, et avec esprit; mais comme il la regarda peu, et qu'il parla encore moins d'elle et de sa beauté, elle fut surprise et comme indignée qu'un homme si bien fait et si spirituel ne fût pas galant. Elle s'entretint de lui avec son amie, qui voulut le voir: il n'eut des yeux que pour Euphrosine, il lui dit qu'elle était belle; et Émire, si indifférente, devenue jalouse[7], comprit que *Ctésiphon* était persuadé de ce qu'il disait, et que

---

1. « Vieillard. » L'auteur ne craint pas de faire voir d'avance le dénoûment. L'intérêt n'est pas dans une intrigue compliquée, mais dans l'agrément et la vérité des détails.
2. « Que le ciel. » Ce ton élevé serait hors de saison, si la scène n'avait été placée à Smyrne. Le souvenir de la mythologie et de la fatalité antique relève le sujet et lui donne la poésie.
3. « L'affermir. » Et qu'à faire croire d'elle plus que jamais, qu'elle était insensible
4. « Insomnie. » Remarquez l'art avec lequel le narrateur tourne peu à peu notre esprit contre cette insensible, qu'il avait d'abord si vantée, et nous fait désirer sa punition.
5. « Paru. » On voit que La Bruyère n'ignorait pas l'art des transitions, dont la nature de son ouvrage et la manière dont il fut composé ne lui permirent pas de se servir partout.
6. « Un jour. » Ces circonstances sont simples, naturelles, et tout à fait vraisemblables.
7. « Jalouse. » Il était assez difficile de bien marquer ce changement; il y a loin de l'insensibilité complète à la jalousie. Et pourtant telle est la vérité des détails, que rien ne paraît plus simple et plus naturel.

non-seulement il était galant, mais même qu'il était tendre. Elle se trouva depuis ce temps moins libre [1] avec son amie : elle désira de les voir ensemble une seconde fois, pour être plus éclaircie ; et une seconde entrevue lui fit voir encore plus qu'elle ne craignait de voir, et changea ses soupçons en certitude. Elle s'éloigne d'Euphrosine, ne lui connaît plus le mérite qui l'avait charmée, perd le goût de sa conversation, elle ne l'aime plus ; et ce changement lui fait sentir que l'amour dans son cœur a pris la place de l'amitié. Ctésiphon et Euphrosine se voient tous les jours, s'aiment, songent à s'épouser, s'épousent ; la nouvelle s'en répand par toute la ville, et l'on publie que deux personnes enfin ont eu cette joie si rare de se marier à ce qu'ils aimaient. Émire l'apprend et s'en désespère [2]. Elle ressent tout son amour ; elle recherche Euphrosine pour le seul plaisir de revoir Ctésiphon ; mais ce jeune mari est encore l'amant de sa femme, et trouve une maîtresse dans une nouvelle épouse ; il ne voit dans Émire que l'amie d'une personne qui lui est chère [3]. Cette fille infortunée perd le sommeil, et ne veut plus manger ; elle s'affaiblit, son esprit s'égare ; elle prend son frère pour Ctésiphon, et elle lui parle comme à un amant. Elle se détrompe, rougit de son égarement ; elle retombe bientôt dans de plus grands, et n'en rougit plus ; elle ne les connaît plus. Alors elle craint les hommes, mais trop tard, c'est sa folie : elle a des intervalles où sa raison lui revient, et où elle gémit de la retrouver. La jeunesse de Smyrne, qui l'a vue si fière et si insensible, trouve que les dieux [4] l'ont trop punie.

1. « Moins libre. » Les degrés divers par lesquels descend et s'en va l'amitié, sont marqués avec beaucoup de sagacité. Ces détails sont nécessaires, du reste, pour donner la vie aux personnages. Émire n'est pas une abstraction, une allégorie ; elle semble agir et penser devant nous. Il est probable, du reste, que l'auteur n'a fait que raconter une histoire véritable arrivée de son temps.
2. « S'en désespère. » L'auteur n'insiste pas, lorsque les faits parlent d'eux-mêmes et livre le reste à l'imagination du lecteur. Chose rare de son temps, dans une histoire d'amour, il n'y a pas de subtilité, ni de raffinement. La passion y est peinte en peu de traits, mais avec une franchise et une vigueur remarquables.
3. « Qui lui est chère. » L'histoire pouvait s'arrêter ici. Nous avons vu Émire renonçant à l'amitié, livrée à la passion, coupable déjà dans sa pensée ; elle était bien assez punie. Mais l'auteur veut profiter de l'impression qu'il a produite pour en produire une plus grande encore ; et il s'élève dans la suite, avec sa manière discrète et contenue, à un ton de sensibilité et de poésie qu'il n'a pas toujours montrées partout.
4. « Les dieux. » La mention des dieux termine à propos cette touchante histoire, en rappelant à l'esprit la fatalité et la Vénus implacable des anciens.

[Chapitre IV.]

DU CŒUR.

* Il y a un goût dans la pure amitié, où ne peuvent atteindre ceux qui sont nés médiocres [1].

* L'amitié peut subsister entre des gens de différents sexes, exempte même de toute grossièreté. Une femme cependant regarde toujours un homme comme un homme; et réciproquement, un homme regarde toujours une femme comme une femme. Cette liaison n'est ni passion ni amitié pure; elle fait une classe à part.

* L'amour naît brusquement, sans autre réflexion, par tempérament ou par faiblesse: un trait de beauté nous fixe, nous détermine. L'amitié, au contraire, se forme peu à peu, avec le temps, par la pratique, par un long commerce. Combien d'esprit, de bonté de cœur, d'attachement, de services et de complaisance dans les amis, pour faire en plusieurs années bien moins que ne fait quelquefois en un moment un beau visage ou une belle main!

* Le temps, qui fortifie les amitiés, affaiblit l'amour.

* Tant que l'amour dure, il subsiste de soi-même, et quelquefois par les choses qui semblent le devoir éteindre, par les caprices, par les rigueurs, par l'éloignement, par la jalousie. L'amitié, au contraire, a besoin de secours: elle périt faute de soins, de confiance et de complaisance.

* Il est plus ordinaire de voir un amour extrême qu'une parfaite amitié.

* L'amour et l'amitié s'excluent l'un l'autre.

* Celui qui a eu l'expérience d'un grand amour néglige l'amitié [2]; et celui qui est épuisé sur l'amitié n'a encore rien fait pour l'amour.

---

1. « Médiocres. » Pour entendre bien l'auteur, il faut songer que ce ne sont pas seulement les talents de l'esprit, mais aussi l'élévation des sentiments qui tirent de la médiocrité. Vauvenargues a dit par un retour touchant sur lui-même : « On ne trouve nulle part l'amitié si vive et si solide que dans les esprits timides et sérieux, dont la joie modérée connaît la vertu; car elle soulage leur cœur oppressé sous le mystère et sous le poids du secret, détend leur esprit, l'élargit, les rend plus confiants et plus vifs, se mêle à leurs amusements, à leurs affaires et à leurs plaisirs mystérieux; c'est l'âme de toute leur vie. »

2. « Classe à part. » Rien ne peut mieux s'appliquer à la longue et inébranlable liaison de La Rochefoucault et de madame de La Fayette.

3. « Néglige l'amitié. » La première partie de cette pensée est empruntée à La Rochefoucault.

* L'amour commence par l'amour ; et l'on ne saurait passer de la plus forte amitié qu'à un amour faible.

* Rien ne ressemble mieux à une vive amitié que ces liaisons que l'intérêt de notre amour nous fait cultiver.

* L'on n'aime bien qu'une seule fois ; c'est la première : les amours qui suivent sont moins involontaires.

* L'amour qui naît subitement est le plus long à guérir.

* L'amour qui croît peu à peu, et par degrés, ressemble trop à l'amitié pour être une passion violente.

* Celui qui aime assez pour vouloir aimer un million de fois plus qu'il ne fait, ne cède en amour qu'à celui qui aime plus qu'il ne voudrait [1].

* Si j'accorde que dans la violence d'une grande passion on peut aimer quelqu'un plus que soi-même, à qui ferai-je plus de plaisir, ou à ceux qui aiment, ou à ceux qui sont aimés ?

* Les hommes souvent veulent aimer, et ne sauraient y réussir : ils cherchent leur défaite sans pouvoir la rencontrer ; et, si j'ose ainsi parler, ils sont contraints de demeurer libres.

* Ceux qui s'aiment d'abord avec la plus violente passion contribuent bientôt chacun de leur part à s'aimer moins, et ensuite à ne s'aimer plus. Qui, d'un homme ou d'une femme, met davantage du sien dans cette rupture, il n'est pas aisé de le décider. Les femmes accusent les hommes d'être volages, et les hommes disent qu'elles sont légères.

* Quelque délicat que l'on soit en amour, on pardonne plus de fautes que dans l'amitié.

* C'est une vengeance douce à celui qui aime beaucoup, de faire, par tout son procédé, d'une personne ingrate, une très-ingrate [2].

* Il est triste d'aimer sans une grande fortune, et qui nous donne les moyens de combler ce que l'on aime, et le rendre si heureux qu'il n'ait plus de souhaits à faire.

* S'il se trouve une femme pour qui l'on ait eu une grande passion, et qui ait été indifférente ; quelques importants services qu'elle nous rende dans la suite de notre vie, l'on court un grand risque d'être ingrat.

1. « Qu'il ne voudrait. » Pensée subtile et recherchée.
2. « Une très-ingrate. » L'auteur s'est plusieurs fois servi de cette gradation par le superlatif.

* Une grande reconnaissance[1] emporte avec soi beaucoup de goût et d'amitié pour la personne qui nous oblige.

* Être avec des gens qu'on aime, cela suffit; rêver, leur parler, ne leur parler point, penser à eux, penser à des choses plus indifférentes, mais auprès d'eux, tout est égal[2].

* Il n'y a pas si loin de la haine à l'amitié, que de l'antipathie[3].

* Il semble qu'il est moins rare de passer de l'antipathie à l'amour qu'à l'amitié.

* L'on confie son secret dans l'amitié, mais il échappe dans l'amour.

* L'on peut avoir la confiance de quelqu'un sans en avoir le cœur: celui qui a le cœur n'a pas besoin de révélation ou de confiance; tout lui est ouvert[4].

* L'on ne voit dans l'amitié que les défauts qui peuvent nuire à nos amis. L'on ne voit en amour de défauts dans ce qu'on aime, que ceux dont on souffre soi-même.

* Il n'y a qu'un premier dépit en amour, comme la première faute dans l'amitié, dont on puisse faire un bon usage.

* Il semble que s'il y a un soupçon injuste, bizarre, et sans fondement, qu'on ait une fois appelé jalousie; cette autre jalousie, qui est un sentiment juste, naturel, fondé en raison et sur l'expérience, mériterait un autre nom.

* Le tempérament a beaucoup de part à la jalousie, et elle ne suppose pas toujours une grande passion; c'est cependant un paradoxe qu'un violent amour sans délicatesse.

* Il arrive souvent que l'on souffre tout seul de la délicatesse; l'on souffre de la jalousie, et l'on fait souffrir les autres.

* Celles qui ne nous ménagent sur rien, et ne nous épargnent nulles occasions de jalousie, ne mériteraient de nous aucune

---

1. « Une grande reconnaissance. » L'auteur veut dire qu'on ne peut ressentir une très-grande reconnaissance que pour les services rendus par des gens que l'on aime.
2. « Tout est égal. » « La conversation des amis ne tarit jamais, dit-on. Si cela est vrai, ce n'est que dans les engagemens médiocres auxquels la langue fournit en effet un babil facile. Mais amitié, amitié! sentiment vif et alerte! Quels discours sont dignes de toi? Quelle langue ose être ton interprète? Jamais ce qu'on dit à son ami peut-il valoir tout ce qu'on sent à ses côtés? Mon Dieu! qu'une main serrée, qu'un regard animé, qu'une étreinte contre la poitrine, que le soupir qui la suit disent de choses! Et que le premier mot qu'on prononce est froid après cela! » J.-J. ROUSSEAU.
3. « Que de l'antipathie. » Sous-entendu: à l'amitié!
4. « Tout lui est ouvert. » L'auteur cherche, mais trouve presque toujours le mot le plus concis et le plus énergique.

jalousie, si l'on se réglait plus par leurs sentiments et leur conduite que par son cœur.

* Les froideurs et les relâchements dans l'amitié ont leurs causes; en amour il n'y a guère d'autre raison de ne s'aimer plus, que de s'être trop aimés.

* L'on n'est pas plus maître de toujours aimer, qu'on l'a été de ne pas aimer.

* Les amours meurent par le dégout, et l'oubli les enterre.

* Le commencement et le déclin de l'amour se font sentir par l'embarras où l'on est de se trouver seuls.

* Cesser d'aimer [1], preuve sensible que l'homme est borné, et que le cœur a ses limites.

C'est faiblesse que d'aimer ; c'est souvent une autre faiblesse que de guérir [2].

On guérit comme on se console : on n'a pas dans le cœur de quoi toujours pleurer et toujours aimer.

* Il devrait y avoir dans le cœur des sources inépuisables de douleur [3] pour de certaines pertes. Ce n'est guère par vertu ou par force d'esprit que l'on sort d'une grande affliction : l'on pleure amèrement, et l'on est sensiblement touché ; mais l'on est ensuite si faible ou si léger, que l'on se console [4].

1. « Cesser d'aimer. » Les pensées touchantes et profondes qui suivent sont les plus remarquables de ce chapitre. Il y a quelquefois de la sécheresse dans le tour et dans le style de La Bruyère ; il n'y en a point dans son caractère. Il aime dans l'homme jusqu'à ses faiblesses. Sa philosophie est austère et en même temps sympathique. Il remarque l'infirmité du cœur humain aussi incapable de longtemps souffrir que de longtemps aimer ; mais il ne s'en raille pas ; il la plaint avec une émotion vraie, quoique contenue et discrète. Les pensées mélancoliques que les écrivains modernes se sont tant plu à développer n'étaient point aussi inconnues au XVIIe siècle qu'on le croit généralement ; seulement on ne leur donnait que le temps d'apparaître, et l'on ne s'y livrait pas tout entier. On indiquait le mal, on s'en plaignait, et ne pouvant le guérir, on était plus facile à consoler.

2. « Guérir. » De guérir de l'amour. L'emploi de ce verbe sans complément est remarquable.

3. « Sources inépuisables de douleur. » Métaphore originale et cependant naturelle. Chateaubriand a exprimé la même pensée d'une manière touchante : « Que dis-je ? O vanité des vanités ! Que parlé-je de la puissance des amitiés de la terre ! Voulez-vous en connaître l'étendue ? Si un homme revenait à la lumière quelques années après sa mort, je doute qu'il fût revu avec joie par ceux-là mêmes qui ont donné le plus de larmes à sa mémoire ; tant on forme vite d'autres liaisons, tant on prend facilement d'autres habitudes, tant l'inconstance est naturelle à l'homme, tant notre vie est peu de chose, même dans le cœur de nos amis. »

4. « Console. » Pascal a dit avec plus d'amertume et de mépris pour l'homme : « D'où vient que cet homme qui a perdu depuis peu son fils unique, et qui, accablé de procès et de querelles, était le matin si troublé, n'y pense plus maintenant ? Ne vous étonnez pas : il est tout occupé à voir là où passera un cerf que les chiens poursuivent depuis six heures. Il n'en faut pas davantage pour l'homme, quelque plein de

* Si une laide se fait aimer, ce ne peut être qu'éperdument; car il faut que ce soit ou par une étrange faiblesse de son amant, ou par de plus secrets et de plus invincibles charmes [1] que ceux de la beauté.

* L'on est encore longtemps à se voir par habitude, et à se dire de bouche que l'on s'aime, après que les manières disent [2] qu'on ne s'aime plus.

* Vouloir oublier quelqu'un, c'est y penser. L'amour a cela de commun avec les scrupules, qu'il s'aigrit par les réflexions et les retours [3] que l'on fait pour s'en délivrer. Il faut, s'il se peut, ne point songer à sa passion pour l'affaiblir.

* L'on veut faire tout le bonheur, ou, si cela ne se peut ainsi, tout le malheur de ce qu'on aime.

* Regretter ce que l'on aime est un bien, en comparaison de vivre avec ce que l'on hait.

* Quelque désintéressement qu'on ait à l'égard de ceux qu'on aime, il faut quelquefois se contraindre pour eux, et avoir la générosité de recevoir [4].

Celui-là peut prendre, qui goûte un plaisir aussi délicat à recevoir que son ami en sent à lui donner.

* Donner, c'est agir [5]; ce n'est pas souffrir de ses bienfaits, ni céder à l'importunité ou à la nécessité de ceux qui nous demandent.

tristesse qu'il soit. Si on peut gagner sur lui de le faire entrer en quelque divertissement, le voilà heureux pendant ce temps-là. »

1. « Charmes. » Cette expression dont on a tant abusé est ici dans son sens véritable et antique.
2. « Les manières disent. » Tournure originale et spirituelle.
3. « Retours » est synonyme de réflexions. Est rare dans ce sens.
4. « Recevoir. » L'auteur a dit de la même manière : « Quand on se sent capable de suivre ses amis dans la disgrâce, il faut les cultiver hardiment jusque dans leur plus grande prospérité. » En prenant l'opposé de la maxime reçue et vulgaire, il est délicat, sans toucher au paradoxal et au faux. « Si, en l'amitié de quoy je parle, dit Montaigne dans un admirable chapitre sur l'amitié, l'un pouvoit donner à l'aultre, ce seroit celuy qui recevroit le bienfaict qui obligeroit son compagnon : car cherchant l'un et l'aultre, plus que toute aultre chose, de s'entre-bienfaire, celuy qui en preste la matière et l'occasion est celuy là qui faict le liberal, donnant ce contentement à son amy d'effectuer en son endroict ce qu'il désire le plus. Quand le philosophe Diogenes avoit faulte d'argent, il disoit Qu'il le redemandoit à ses amis, non qu'il le demandoit. Et pour montrer comment cela se practique par effect, j'en reciteray un ancien exemple singulier. Eudamidas, corinthien, avoit deux amis, Charixenus, sicyonien, et Aretheus, corinthien : venant à mourir, estant pauvre, et ses deux amis riches, il feit ainsi son testament : Je legue à Aretheus de nourrir ma mere, et l'entretenir en sa vieillesse; à Charixenus, de marier ma fille, et luy donner le douaire le plus grand qu'il pourra et au cas que l'un d'eulx vienne à defaillir, je substitue en sa part celuy qui survivra. » Essais, I, 47.
5. « C'est agir » C'est faire un acte volontaire, et non pas être contraint

* Si l'on a donné à ceux que l'on aimait, quelque chose qu'il arrive, il n'y a plus d'occasions où l'on doive songer à ses bienfaits [1].

* On a dit en latin qu'il coûte moins cher de haïr que d'aimer; ou, si l'on veut, que l'amitié est plus à charge que la haine : il est vrai qu'on est dispensé de donner à ses ennemis ; mais ne coûte-t-il rien de s'en venger? ou, s'il est doux et naturel de faire de mal à ce que l'on hait, l'est-il moins de faire du bien à ce qu'on aime ? ne serait-il pas dur [2] et pénible de ne leur en point faire?

* Il y a du plaisir à rencontrer les yeux [3] de celui à qui l'on vient de donner.

* Je ne sais si un bienfait qui tombe sur un ingrat, et ainsi sur un indigne, ne change pas de nom [4], et s'il méritait plus de reconnaissance.

* La libéralité consiste moins à donner beaucoup qu'à donner à propos.

* S'il est vrai [5] que la pitié ou la compassion soit un retour vers nous-mêmes, qui nous met en la place des malheureux, pourquoi tirent-ils de nous si peu de soulagement dans leurs misères?

Il vaut mieux s'exposer à l'ingratitude que de manquer aux misérables

* L'expérience confirme que la mollesse ou l'indulgence pour soi, et la dureté pour les autres, n'est qu'un seul et même vice.

* Un homme dur au travail et à la peine, inexorable à soi-même, n'est indulgent aux autres que par un excès de raison [6].

---

1. « Songer à ses bienfaits. » A plus forte raison les rappeler et les reprocher.
2. « Ne serait-il pas dur ? » L'interrogation donne ici au raisonnement une forme vive et irrésistible. — Remarquons que La Bruyère est toujours dans les vrais principes de la morale et de la philosophie, et que, pour être original, il ne cherche pas, comme La Rochefoucauld à calomnier la nature humaine, mais à l'observer et à l'améliorer, s'il se peut.
3. « Rencontrer les yeux. » Le plaisir si pur et vif qu'on éprouve à faire le bien est exprimé ici par une peinture courte, mais vive et éloquente.
4. « Ne change pas de nom. » L'auteur veut dire : Un bienfait mal placé n'est qu'un acte de prodigalité, un mouvement irréfléchi qui ne mérite pas de reconnaissance. La pensée est obscure et semble imitée de Sénèque.
5. « S'il est vrai..... pourquoi? » L'auteur s'est souvent servi de ce tour : « S'il est ordinaire d'être vivement touché des choses rares, pourquoi le sommes-nous si peu de la vertu? »
6. « Excès de raison. » Il n'y a pas contradiction entre cette pensée et celle qui précède. Les deux extrêmes, la mollesse et la dureté inexorable pour soi-même, produisent le même effet, qui est la dureté pour les autres. La vertu est entre les deux.

* Quelque désagrément qu'on ait à se trouver chargé d'un indigent, l'on goûte à peine[1] les nouveaux avantages qui le tirent enfin de notre sujétion : de même la joie que l'on reçoit de l'élévation de son ami est un peu balancée par la petite peine qu'on a de le voir au-dessus de nous, ou s'égaler à nous. Ainsi l'on s'accorde mal[2] avec soi-même ; car l'on veut des dépendants, et qu'il n'en coûte rien ; l'on veut aussi le bien de ses amis ; et s'il arrive, ce n'est pas toujours par s'en réjouir que l'on commence.

* On convie, on invite, on offre sa maison, sa table, son bien et ses services[3] ; rien ne coûte qu'à tenir parole.

* C'est assez pour soi d'un fidèle ami ; c'est même beaucoup de l'avoir rencontré : on ne peut en avoir trop pour le service des autres.

* Quand on a assez fait auprès de certaines personnes pour avoir dû se les acquérir, si cela ne réussit point, il y a encore une autre ressource, qui est de ne plus rien faire.

* Vivre avec ses ennemis comme s'ils devaient un jour être nos amis, et vivre avec nos amis comme s'ils pouvaient devenir nos ennemis[4], n'est ni selon la nature de la haine, ni selon les règles de l'amitié : ce n'est point une maxime morale, mais politique.

* On ne doit pas se faire des ennemis de ceux qui, mieux connus, pourraient avoir rang entre nos amis : on doit faire choix d'amis si sûrs et d'une si exacte probité, que, venant à cesser de l'être, ils ne veuillent pas abuser de notre confiance, ni se faire craindre comme ennemis.

---

1. « L'on goûte à peine. » On n'est pas très-satisfait de le voir en meilleure posture et indépendant.

2. « On s'accorde mal. » Madame de Grignan apprenant qu'un de ses amis qu'elle croyait mort était réchappé de sa maladie et se portait fort bien, écrit plaisamment à sa mère qu'elle ne sait plus que faire des belles réflexions qu'elle avait préparées pour se consoler, et qu'elle est désolée de les perdre, malgré la joie qu'elle ressent de les voir inutiles.

3. « Ses services. » Molière s'est souvent raillé de ce travers. Il ne faut pas oublier que les protestations d'amitié et les embrassades étaient prodiguées dans ce temps, d'une manière ridicule, et n'obligeaient pas plus que certaines formules de politesse que nous avons conservées.

4. « Nos ennemis. » « Ce précepte, qui est si abominable en cette souveraine et maistresse amitié, il est salubre en l'usage des amitiez ordinaires et coutumières ; à l'endroict desquelles il fault employer le mot qu'Aristote avoit très familier : « O mes amys, il n'y a nul amys ! » MONTAIGNE, *Essais*, I, 27.

5. « On ne doit pas se faire. » C'est une belle et morale interprétation de la maxime qui précède.

* Il est doux de voir ses amis par goût et par estime ; il est pénible de les cultiver par intérêt : c'est *solliciter*.

* Il faut[1] briguer la faveur de ceux à qui l'on veut du bien, plutôt que de ceux de qui l'on espère du bien.

* On ne vole point des mêmes ailes[2] pour sa fortune que l'on fait pour des choses frivoles et de fantaisie. Il y a un sentiment de liberté à suivre ses caprices, et, tout au contraire, de servitude à courir pour son établissement : il est naturel de le souhaiter beaucoup et d'y travailler peu ; de se croire digne de le trouver sans l'avoir cherché.

* Celui qui sait attendre le bien qu'il souhaite, ne prend pas le chemin de se désespérer s'il ne lui arrive pas ; et celui au contraire qui désire une chose avec une grande impatience, y met trop du sien pour en être assez récompensé par le succès.

* Il y a de certaines gens qui veulent si ardemment et si déterminément[4] une certaine chose, que, de peur de la manquer, ils n'oublient rien de ce qu'il faut faire pour la manquer.

* Les choses les plus souhaitées n'arrivent point, ou si elles arrivent, ce n'est ni dans le temps, ni dans les circonstances où elles auraient fait un extrême plaisir.

* Il faut rire avant que d'être heureux, de peur de mourir sans avoir ri.

* La vie est courte, si elle ne mérite ce nom que lorsqu'elle est agréable ; puisque, si l'on cousait ensemble toutes les heures que l'on passe avec ce qui plaît, l'on ferait à peine d'un grand nombre d'années une vie de quelques mois.

* Qu'il est difficile[5] d'être content de quelqu'un !

* On ne pourrait se défendre de quelque joie à voir[6] périr un

---

1. « Il faut. » L'auteur a voulu dire : Il faut se donner plus de soin pour se faire pardonner le bien qu'on fait, que pour obtenir celui qu'on espère. Mais le dit-il assez clairement ?
2. « On ne vole point des mêmes ailes. » On n'est point si empressé. La métaphore est brillante et ne manque pas de recherche.
3. « Ne prend pas le chemin. » Tour long et vulgaire.
4. « Déterminément. » Ce long adverbe est presque tout à fait hors d'usage.
5. « Qu'il est difficile » C'est bien là le cri du moraliste mécontent de la sottise des hommes et se méfiant cependant de sa trop grande sévérité.
6. « Quelque joie à voir. » En voyant. Cette tournure correspond au gérondif en *de* des Latins, qui est lui-même un véritable datif. Molière a dit de même : « On ne devient guère si riche *à être* honnêtes gens. » *Le Bourgeois Gentilhomme*, III, 12.

L'allégresse du cœur s'augmente à la répandre.
ID., *l'École des Femmes*, IV, 6.

méchant homme[1] l'on jouirait alors du fruit de sa haine, et l'on tirerait de lui tout ce qu'on en peut espérer, qui est le plaisir de sa perte : sa mort enfin arrive, mais dans une conjoncture où nos intérêts ne nous permettent pas de nous en réjouir ; il meurt trop tôt ou trop tard[2].

* Il est pénible à un homme fier de pardonner à celui qui le surprend en faute, et qui se plaint de lui avec raison : sa fierté ne s'adoucit que lorsqu'il reprend ses avantages, et qu'il met l'autre dans son tort.

* Comme nous nous affectionnons de plus en plus aux personnes à qui nous faisons du bien, de même nous haïssons violemment ceux que nous avons beaucoup offensés.

* Il est également difficile d'étouffer dans les commencements le sentiment des injures, et de le conserver après un certain nombre d'années.

* C'est par faiblesse que l'on hait un ennemi et que l'on songe à s'en venger, et c'est par paresse que l'on s'apaise et qu'on ne se venge point[3].

* Il y a bien autant de paresse que de faiblesse à se laisser gouverner.

Il ne faut pas penser à gouverner un homme tout d'un coup, et sans autre préparation, dans une affaire importante, et qui serait capitale à lui ou aux siens ; il sentirait d'abord l'empire et l'ascendant qu'on veut prendre sur son esprit, et il secouerait le joug par honte ou par caprice : il faut tenter auprès de lui les petites choses, et de là le progrès jusqu'aux plus grandes est immanquable. Tel ne pouvait au plus, dans les commencements, qu'entreprendre de le faire partir pour la campagne ou retourner à la ville

---

1. « Périr un méchant homme. » Sentiment peu honorable. Ce caractère se trouve pour la première fois dans la cinquième édition ; elle fut publiée en 1690, l'année même où courut à Paris le bruit de la mort de Guillaume III, qui donna lieu à tant de démonstrations ridicules. Peut-être faut-il voir dans ce passage une allusion à cette joie indécente dont La Bruyère prit sa part avec toute la cour.

2. « Ou trop tard. » La Bruyère ne vit pas la mort du roi d'Angleterre, qui mourut en 1701, la même année que son beau-père qu'il avait détrôné.

3. « Ne se venge point. » Cette pensée et celle qui précède sont dans la manière de La Rochefoucauld, qui s'est ingénié à trouver le défaut de toutes nos vertus, et à exagérer la part que l'amour-propre et l'intérêt prennent aux plus belles actions. La Bruyère n'a pris de cette philosophie morose que ce qu'elle a de vrai, et s'est bien gardé de faire un système. L'homme ne peut se juger d'un seul point de vue. C'est un des grands mérites du livre de La Bruyère que d'avoir été composé à des époques, et avec des impressions différentes ; il reproduit ainsi la variété de la vie humaine en des jugements qu'on peut en prononcer

qui finit par lui dicter un testament, où il réduit son fils à la légitime [1].

Pour gouverner quelqu'un longtemps et absolument, il faut avoir la main légère, et ne lui faire sentir que le moins qu'il se peut sa dépendance.

Tels se laissent gouverner jusqu'à un certain point, qui au delà sont intraitables et ne se gouvernent plus ; on perd tout à coup la route de leur cœur et de leur esprit ; ni hauteur ni souplesse, ni force ni industrie, ne les peuvent dompter; avec cette différence que quelques-uns sont ainsi faits par raison et avec fondement, et quelques autres par tempérament et par humeur.

Il se trouve des hommes qui n'écoutent ni la raison ni les bons conseils, et qui s'égarent volontairement par la crainte qu'ils ont d'être gouvernés.

D'autres consentent d'être gouvernés par leurs amis en des choses presque indifférentes, et s'en font un droit de les gouverner à leur tour en des choses graves et de conséquence.

Drance [2] veut passer pour gouverner son maître, qui n'en croit rien, non plus que le public : parler sans cesse à un grand que l'on sert [3], en des lieux et en des temps où il convient le moins ; lui parler à l'oreille ou en des termes mystérieux, rire jusqu'à éclater en sa présence, lui couper la parole, se mettre entre lui et ceux qui lui parlent, dédaigner ceux qui viennent faire leur cour, ou attendre impatiemment qu'ils se retirent ; se mettre proche de lui en une posture trop libre, figurer avec lui le dos appuyé à une cheminée, le tirer par son habit, lui marcher sur les talons, faire le familier, prendre des libertés, marquent mieux un fat qu'un favori.

Un homme sage ni ne se laisse gouverner, ni ne cherche à gouverner les autres : il veut que la raison gouverne seule, et toujours.

Je ne haïrais pas d'être livré par la confiance à une personne

---

1. « La légitime. » « Droit que la loi donne aux enfants sur les biens de leurs père et mère, et qui leur est acquis en sorte qu'on ne les en peut priver par une disposition contraire. La *légitime* des enfants selon la coutume de Paris est la moitié de ce que chacun aurait eu *ab intestat*. » FURETIÈRE.
2. « Drance. » Le comte de Tonnerre, premier gentilhomme de Monsieur qui le détestait. Saint-Simon nous le représente comme un malhonnête homme à la fois très-satirique et très-poltron.
3. « Que l'on sert. » A la maison duquel on est attaché.

raisonnable [1], et d'en être gouverné en toutes choses, et absolument, et toujours ; je serais sûr de bien faire sans avoir le soin de délibérer ; je jouirais de la tranquillité de celui qui est gouverné par la raison.

* Toutes les passions sont menteuses ; elles se déguisent autant qu'elles le peuvent aux yeux des autres ; elles se cachent à elles-mêmes : il n'y a point de vice qui n'ait une fausse ressemblance avec quelque vertu, et qui ne s'en aide [2].

* On trouve un livre de dévotion, et il touche : on en ouvre un autre qui est galant, et il fait son impression. Oserai-je dire que le cœur seul concilie les choses contraires, et admet les incompatibles ?

* Les hommes rougissent moins de leurs crimes [3] que de leurs faiblesses et de leur vanité : tel est ouvertement injuste, violent, perfide, calomniateur, qui cache son amour ou son ambition, sans autre vue [4] que de la cacher.

* Le cas n'arrive guère où l'on puisse dire, J'étais ambitieux, ou on ne l'est point, ou on l'est toujours : mais le temps vient où l'on avoue que l'on a aimé.

* Les hommes commencent par l'amour, finissent par l'ambition, et ne se trouvent souvent dans une assiette plus tranquille que lorsqu'ils meurent.

* Rien ne coûte moins à la passion que de se mettre au-dessus de la raison ; son grand triomphe est de l'emporter sur l'intérêt.

* L'on est plus sociable et d'un meilleur commerce par le cœur que par l'esprit.

* Il y a de certains grands sentiments, de certaines actions nobles et élevées, que nous devons moins à la force de notre esprit, qu'à la bonté de notre naturel.

---

1. « Raisonnable » paraît signifier ici : doué d'une grande raison.

2. « Qui ne s'en aide. » « Les passions les plus à craindre ne sont pas celles qui, en nous faisant une guerre ouverte, nous avertissent de nous mettre en défense ; qui nous laissent, quoi qu'elles fassent, la conscience de toutes nos fautes, et auxquelles on ne cède jamais, qu'autant qu'on leur veut céder. Il faut plutôt redouter celles dont l'illusion trompe au lieu de contraindre, et nous fait faire, sans le savoir, autre chose que ce que nous voulons. » J.-J. ROUSSEAU.

3. « Rougissent moins de leurs crimes. » C'est ainsi que le cardinal de Retz a mis son orgueil à se représenter dans ses mémoires beaucoup plus criminel qu'il n'a jamais pu l'être, quelque bonne envie qu'il en eût. Rousseau, qui ne s'est pas épargné dans ses Confessions, avoue que « ce n'est pas ce qui est criminel qui coûte le plus à dire, c'est ce qui est ridicule et honteux. »

4. « Sans autre vue. » Sans autre dessein

* Il n'y a guère au monde un plus bel excès que celui de la reconnaissance.

* Il faut bien être dénué d'esprit, si l'amour, la malignité, la nécessité n'en font pas trouver.

* Il y a des lieux que l'on admire, il y en a d'autres qui touchent [1], et où l'on aimerait à vivre.

Il me semble que l'on dépend des lieux [2] pour l'esprit, l'humeur, la passion, le goût et les sentiments.

* Ceux qui font bien mériteraient seuls d'être enviés, s'il n'y avait encore un meilleur parti à prendre, qui est de faire mieux, c'est une douce vengeance contre ceux qui nous donnent cette jalousie.

* Quelques-uns se défendent d'aimer et de faire des vers, comme de deux faibles qu'ils n'osent avouer, l'un du cœur, l'autre de l'esprit.

* Il y a quelquefois dans le cours de la vie de si chers plaisirs et de si tendres engagements que l'on nous défend, qu'il est naturel de désirer du moins qu'ils fussent permis : de si grands charmes ne peuvent être surpassés que par celui de savoir y renoncer par vertu.

[Chapitre V.]

DE LA SOCIÉTÉ ET DE LA CONVERSATION.

* Un caractère bien fade est celui de n'en avoir aucun.

* C'est le rôle d'un sot d'être importun : un homme habile [3] sent s'il convient, ou s'il ennuie : il sait disparaître le moment qui précède [4] celui où il serait de trop quelque part.

* L'on marche sur les mauvais plaisants, et il pleut par tout pays de cette sorte d'insectes [5] : un bon plaisant est une pièce

---

« Qui touchent. »
    Objets inanimés, avez-vous donc une âme
    Qui s'attache à notre âme et la force d'aimer?
                      LAMARTINE.

2. » L'on dépend des lieux. » J.-J. Rousseau et Bernardin de Saint-Pierre ont développé ces sentiments avec un vif amour des beautés de la nature. On sait quelle place Montesquieu a donnée dans l'Esprit des lois à l'influence des climats.

3. « Un homme habile. » Un homme qui a du tact. Habile signifie plus ordinairement, dans La Bruyère, docte, versé dans sa profession.

4. « Le moment qui précède. » Cela est dit d'une manière fine et recherchée.

5. « Insectes. » Métaphore spirituelle et originale. Voltaire a dit en parlant de la

rare, à un homme qui est né tel [1], il est encore fort délicat d'en soutenir longtemps le personnage, il n'est pas ordinaire que celui qui fait rire se fasse estimer.

* Il y a beaucoup d'esprits obscènes, encore plus de médisants ou de satiriques ; peu de délicats pour badiner avec grâce, et rencontrer heureusement sur les plus petits sujets, il faut trop de manières, trop de politesse, et même trop de fécondité : c'est créer [2] que de railler ainsi, et faire quelque chose de rien.

* Si l'on faisait une sérieuse attention à tout ce qui se dit de froid, de vain et de puéril dans les entretiens ordinaires, l'on aurait honte de parler ou d'écouter, et l'on se condamnerait peut-être à un silence perpétuel, qui serait une chose pire dans le commerce que les discours inutiles. Il faut donc s'accommoder à tous les esprits ; permettre comme un mal nécessaire le récit des fausses nouvelles, les vagues réflexions sur le gouvernement [3] présent ou sur l'intérêt des princes, le débit des beaux sentiments, et qui reviennent toujours les mêmes : il faut laisser *Aronce* parler proverbe, et *Mélinde* parler de soi, de ses vapeurs, de ses migraines et de ses insomnies.

* L'on voit des gens qui, dans les conversations ou dans le peu de commerce que l'on a avec eux, vous dégoûtent par leurs ridicules expressions, par la nouveauté [4], et j'ose dire par l'impropriété [5] des termes dont ils se servent, comme par l'alliance de

---

force avec laquelle Montesquieu défendit *l'Esprit des lois* contre une attaque grossière : « Il écrasa de dix doigts vigoureux cette *guêpe* importune qui bourdonnait à ses oreilles. »

1. « Né tel. » *Qui talis natus est.* L'auteur s'est souvent servi de ce latinisme.

2. « C'est créer. » « Plus on mettra de cet esprit mince et brillant dans un écrit, moins il aura de nerf et de lumière, à moins que cet esprit ne soit lui-même le fond du sujet, et que l'écrivain n'ait pas eu d'autre objet que la plaisanterie ; alors l'art de dire de petites choses devient peut-être plus difficile que l'art d'en dire de grandes. » Buffon, *Discours de réception à l'Académie Française.*

3. « Sur le gouvernement. » Il est curieux de voir la place petite et dédaignée que prenait alors la politique dans les conversations.

4. « Par la nouveauté. » « J'ay volontiers imité cette desbauche qui se veoid en nostre jeunesse au port de leurs vestements ; un manteau en escharpe, la cape sur une espaule, un bas mal tendu, qui représente une fierté dédaigneuse de ces parements estrangiers, et nonchalans de l'art ; mais je la trouve encore mieux employée en la forme du parler. Toute affectation nommeement en la gayeté et liberté françoise, est mesadvenante au courtisan. Comme aux accoustrements, c'est pusillanimité de se vouloir marquer par quelque façon particulière et inusitée ; de mesme au langage, la recherche des phrases nouvelles et peu cognues, vient d'une ambition scholastique et puérile. Puisse-je ne me servir que de ceulx qui servent aux halles à Paris ! » Montaigne, *Essais*, I, 25.

5. « Impropriété. » Il paraît que ce mot n'était pas encore d'un emploi aussi commun que de notre temps.

certains mots qui ne se rencontrent ensemble que dans leur bouche, et à qui ils font signifier des choses que leurs premiers inventeurs n'ont jamais eu intention de leur faire dire. Ils ne suivent, en parlant, ni la raison ni l'usage, mais leur bizarre génie, que l'envie de toujours plaisanter, et peut-être de briller, tourne insensiblement à un jargon qui leur est propre, et qui devient enfin leur idiome naturel ; ils accompagnent un langage si extravagant [1] d'un geste affecté et d'une prononciation qui est contrefaite. Tous sont contents d'eux-mêmes et de l'agrément de leur esprit, et l'on ne peut pas dire qu'ils en soient entièrement dénués, mais on les plaint de ce peu [2] qu'ils en ont; et ce qui est pire, on en souffre.

* Que dites-vous? comment? je n'y suis pas; vous plairait-il de recommencer? j'y suis encore moins; je devine enfin : vous voulez, Acis, me dire qu'il fait froid ; que ne disiez-vous : Il fait froid? vous voulez m'apprendre qu'il pleut ou qu'il neige; dites, Il pleut, il neige : vous me trouvez bon visage, et vous désirez de m'en féliciter; dites, Je vous trouve bon visage. Mais, répondez-vous [3], cela est bien uni et bien clair ; et d'ailleurs qui ne pourrait pas en dire autant? Qu'importe, Acis? Est-ce un si grand mal d'être entendu [4] quand on parle, et de parler comme tout le monde ? Une chose vous manque, Acis, à vous et à vos semblables, les diseurs de *phébus* [5], vous ne vous en défiez point, et je vais vous jeter dans l'étonnement. Une chose vous manque [6], c'est

---

1. « Langage si extravagant. » On voit que les précieux tenaient bon malgré les comédies de Molière et les satires de Boileau. Boursault a fait une comédie fort applaudie dans son temps sur *les Mots à la mode*, et au milieu même de la cour madame de La Fayette se raillait du langage affecté des beaux esprits, et composait dans leur jargon amphigourique une lettre que n'eût pas désavouée Boileau. Le ridicule subsista néanmoins, et il a reparu à toutes les époques.
2. « De ce peu. »
L'esprit qu'on veut avoir gâte celui qu'on a.
GRESSET, *Le Méchant.*
3. « Mais, répondez-vous. » On voit combien ce dialogue anime et rend piquante une vérité vulgaire. « Ce n'est pas une chose commune, disait P. L. Courier, que de bien faire parler le sens commun. »
4. « D'être entendu. » Molière a très-bien représenté la sottise et le galimatias de Trissotin, en disant, dans *les Femmes savantes* :
On cherche ce qu'il dit après qu'il a parlé.
Voyez dans Gargantua la façon dont Rabelais traite cet étudiant qui parlait latin en français et qui voulait pindariser, n'étant qu'un limousin pour tout potage.
5. « Diseurs de phébus. » *Phébus*, dieu des beaux-arts, souvent invoqué par les poètes, et sujet de vers boursouflés; des *phébus*, langage emphatique et obscur.
6. « Une chose vous manque. » L'auteur arrête ici l'attention avec beaucoup d'habileté.

l'esprit : ce n'est pas tout, il y a en vous une chose de trop, qui est l'opinion d'en avoir plus que les autres ; voilà la source de votre pompeux galimatias [1], de vos phrases embrouillées, et de vos grands mots qui ne signifient rien. Vous abordez cet homme ou vous entrez dans cette chambre ; je vous tire par votre habit, et vous dis à l'oreille : Ne songez point à avoir de l'esprit, n'en ayez point [2], c'est votre rôle ; ayez, si vous pouvez, un langage simple, et tel que l'ont ceux en qui vous ne trouvez aucun esprit : peut-être alors croira-t-on que vous en avez.

* Qui peut se promettre d'éviter dans la société des hommes la rencontre de certains esprits vains, légers, familiers, délibérés [3], qui sont toujours dans une compagnie ceux qui parlent, et qu'il faut que les autres écoutent ? On les entend de l'antichambre, on entre impunément et sans crainte de les interrompre ; ils continuent leur récit sans la moindre attention pour ceux qui entrent ou qui sortent, comme pour le rang ou le mérite des personnes qui composent le cercle ; ils font taire celui qui commence à conter une nouvelle, pour la dire de leur façon, qui est la meilleure, ils la tiennent de *Zamet* [4], de *Ruccelay*, ou de *Conchini*, qu'ils ne connaissent point, à qui ils n'ont jamais parlé, et qu'ils traiteraient de Monseigneur s'ils leur parlaient : ils s'approchent quelquefois de l'oreille du plus qualifié de l'assemblée, pour le gratifier d'une circonstance que personne ne sait, et dont ils ne veulent pas que les autres soient instruits ; ils suppriment quelques noms pour déguiser l'histoire qu'ils racontent, et pour détourner les applications : vous les priez, vous les pressez inutilement ; il y a des choses qu'ils ne diront pas, il y a des gens qu'ils ne sauraient nommer ; leur parole y est engagée ; c'est le dernier secret, c'est un mystère ; outre que vous leur demandez l'impossible, car, sur ce que vous voulez apprendre d'eux, ils ignorent le fait [5] et les personnes.

---

1. « Galimatias. » Phrases sonores et inintelligibles.
2. « N'en ayez point. » Je n'aime, disait Montesquieu, que les gens avec qui il me suffit de mon esprit de tous les jours.
3. « Délibérés. » Hardis, résolus.
4. « Zamet. » Sans dire monsieur. (*Note de La Bruyère.*)

   Il tutoie, en parlant, ceux du plus haut étage,
   Et le nom de *monsieur* est chez lui hors d'usage.
   MOLIÈRE, *le Misanthrope*, acte II.

5. « Ils ignorent le fait. » Ce tour épigrammatique est d'un effet plaisant, lorsqu'il n'est pas trop souvent renouvelé.

* *Arrias* a tout lu, a tout vu, il veut le persuader ainsi; c'est un homme universel, et il se donne pour tel; il aime mieux mentir que de se taire ou de paraître ignorer quelque chose : on parle à la table d'un grand d'une cour du Nord, il prend la parole, et l'ôte à ceux qui allaient dire ce qu'ils en savent; il s'oriente dans cette région lointaine comme s'il en était originaire; il discourt des mœurs de cette cour, des femmes du pays, de ses lois et de ses coutumes; il récite des historiettes qui y sont arrivées, il les trouve plaisantes, et il en rit le premier jusqu'à éclater. Quelqu'un se hasarde de le contredire, et lui prouve nettement qu'il dit des choses qui ne sont pas vraies; Arrias ne se trouble point, prend feu au contraire contre l'interrupteur. Je n'avance, lui dit-il, je ne raconte rien que je ne sache d'original; je l'ai appris de *Sethon*, ambassadeur de France dans cette cour, revenu à Paris depuis quelques jours, que je connais familièrement, que j'ai fort interrogé, et qui ne m'a caché aucune circonstance. Il reprenait le fil de sa narration avec plus de confiance qu'il ne l'avait commencée, lorsque l'un des conviés lui dit : C'est Sethon à qui vous parlez, lui-même, et qui arrive de son ambassade [1].

* Il y a un parti à prendre, dans les entretiens, entre une certaine paresse qu'on a de parler, ou quelquefois un esprit abstrait, qui, nous jetant loin du sujet de la conversation, nous fait faire ou de mauvaises demandes ou de sottes réponses; et une attention importune qu'on a au moindre mot qui échappe, pour le relever, badiner autour, y trouver un mystère [2] que les autres n'y voient pas, y chercher de la finesse et de la subtilité, seulement pour avoir occasion d'y placer la sienne [3].

1. « Ambassade. » Je me trouvai l'autre jour dans une compagnie où je vis un homme bien content de lui. Dans un quart d'heure il décida trois questions de morale, quatre problèmes historiques, cinq points de physique. Je n'ai jamais vu un décisionnaire si universel; son esprit ne fut jamais suspendu par le moindre doute. On laissa les sciences; on parla des nouvelles du temps : je voulus l'attraper, et je dis en moi-même : Il faut que je me mette dans mon fort; je vais me réfugier dans mon pays. Je lui parlai de la Perse : mais à peine eus-je dit quatre mots, qu'il me donna deux démentis fondés sur l'autorité de MM. Tavernier et Chardin. Ah! bon dieu! dis-je en moi-même, quel homme est-ce là? Il connaîtra tout à l'heure les rues d'Ispahan mieux que moi! Mon parti fut bientôt pris : je me tus, je le laissai parler, et il décide encore. » Montesquieu.
2. « Un mystère. » Voyez dans Molière le commentaire des *Femmes savantes* sur le « Quoique on die » de Trissotin. Un homme d'esprit s'est diverti dans le siècle dernier à prouver, par des raisons subtiles et savantes, que le chef-d'œuvre de l'esprit humain était une chanson de Pont-Neuf, d'un auteur inconnu, à laquelle l'envie seule avait empêché de rendre justice.
3. « D'y placer la sienne. » De faire à son tour étalage de finesse et de subtilité

* Être infatué de soi, et s'être fortement persuadé qu'on a beaucoup d'esprit, est un accident qui n'arrive guère qu'à celui qui n'en a point, ou qui en a peu : malheur pour lors à qui est exposé à l'entretien d'un tel personnage ! combien de jolies phrases lui faudra-t-il essuyer ! combien de ces mots aventuriers qui paraissent subitement, durent un temps, et que bientôt on ne revoit plus ! S'il conte une nouvelle, c'est moins pour l'apprendre à ceux qui l'écoutent, que pour avoir le mérite de la dire, et de la dire bien ; elle devient un roman entre ses mains ; il fait penser les gens à sa manière, leur met en la bouche ses petites façons de parler, et les fait toujours parler longtemps ; il tombe ensuite en des parenthèses qui peuvent passer pour épisodes, mais qui font oublier le gros de l'histoire, et à lui qui vous parle, et à vous qui le supportez : que serait-ce de vous et de lui, si quelqu'un ne survenait heureusement pour déranger le cercle et faire oublier la narration ?

* J'entends *Théodecte* de l'antichambre ; il grossit sa voix à mesure qu'il s'approche ; le voilà entré : il rit, il crie, il éclate ; on bouche ses oreilles, c'est un tonnerre : il n'est pas moins redoutable par les choses qu'il dit que par le ton dont il parle ; il ne s'apaise et il ne revient de ce grand fracas que pour bredouiller des vanités et des sottises ; il a si peu d'égard au temps, aux

---

1. « Ces mots aventuriers. » Expression piquante et originale.
2. « Ses petites façons. »
> Tout a l'humeur gasconne en un auteur gascon ;
> Calprenède et Juba parlent du même ton.
>   BOILEAU, *Art. poét.*, ch. III.

3. « Théodecte. » Les clefs désignent ici le comte d'Aubigné, frère de madame de Maintenon : « C'était, dit Saint-Simon, un panier percé, fou à enfermer, mais plaisant avec de l'esprit et des saillies, et des réparties auxquelles on ne se pouvait attendre. Avec cela bonhomme, et sans rien de ce que la vanité de la situation de sa sœur eût pu mêler d'impertinent ; mais, d'ailleurs, il était à merveille, et c'était un plaisir qu'on avait souvent avec lui, de l'entendre sur les temps de Scarron et de l'hôtel d'Albret. Avec cela divertissant, il y avait beaucoup d'embarrassant d'écouter tous ces propos qu'on n'arrêtait pas où on voulait, et qu'il ne faisait pas entre deux ou trois amis, mais à table devant tout le monde, sur un banc des Tuileries, et fort librement encore dans la galerie de Versailles, où il ne se contraignait pas non plus d'ailleurs de prendre un ton goguenard, et de dire très-ordinairement *le beau-frère*, lorsqu'il voulait parler du roi. »

4. « De l'antichambre. » « Il est bon de commencer de la rue à se faire écouter par le bruit du carrosse et du marteau qui frappe rudement la porte : cet avant-propos prévient pour le reste du discours ; et quand l'exorde est beau, il rend supportables toutes les sottises qui viennent ensuite. » MONTESQUIEU.

5. « Des vanités. » Dire des choses vaines, qui ne signifient rien. Ce n'est pas le sens ordinaire du mot.

personnes, aux bienséances, que chacun a son fait sans qu'il ait eu intention de le lui donner ; il n'est pas encore assis, qu'il a, à son insu, désobligé toute l'assemblée. A-t-on servi, il se met le premier à table et dans la première place ; les femmes sont à sa droite et à sa gauche : il mange, il boit, il conte, il plaisante, il interrompt tout à la fois ; il n'a nul discernement des personnes, ni du maître, ni des conviés ; il abuse de la folle déférence qu'on a pour lui. Est-ce lui [1], est-ce *Eutidème* qui donne le repas ? Il appelle à soi [2] toute l'autorité de la table, et il y a un moindre inconvénient à la lui laisser entière qu'à la lui disputer ; le vin et les viandes n'ajoutent rien à son caractère. Si l'on joue, il gagne au jeu ; il veut railler celui qui perd, et il l'offense ; les rieurs sont pour lui, il n'y a sorte de fatuités qu'on ne lui passe. Je cède enfin [3] et je disparais, incapable de souffrir plus longtemps Théodecte et ceux qui le souffrent.

* *Troïle* est utile à ceux qui ont trop de bien ; il leur ôte l'embarras du superflu ; il leur sauve la peine d'amasser de l'argent, de faire des contrats, de fermer des coffres, de porter des clefs sur soi [4], et de craindre un vol domestique ; il les aide dans leurs plaisirs, et il devient capable ensuite de les servir dans leurs passions : bientôt il les règle et les maîtrise dans leur conduite. Il est l'oracle d'une maison, celui dont on attend, que dis-je ? dont on prévient, dont on devine les décisions ; il dit de cet esclave : Il faut le punir, et on le fouette [5] ; et de cet autre : Il faut l'affranchir, et on l'affranchit. L'on voit qu'un parasite ne le fait pas rire, il peut lui déplaire, il est congédié : le maître est heureux, si Troïle lui laisse sa femme et ses enfants. Si celui-ci est à table, et qu'il prononce d'un mets qu'il est friand, le maître et les conviés, qui en mangeaient sans réflexion [6], le trouvent friand, et ne s'en peu-

---

1. « Est-ce lui. » Pour « je ne saurais dire si c'est lui ou Eutidème. » — On voit combien le tour de l'auteur est plus vif et plus expressif.
2. « Il appelle à soi. » Nous avons déjà remarqué que La Bruyère emploie *soi* et non *lui*, dans le sens où les Latins mettent *se*. On voit que dans cette phrase, comme en beaucoup d'autres, cet usage du *soi* contribue à la clarté, et il est fâcheux qu'on l'ait presque laissé tomber en désuétude.
3. « Je cède enfin. » Ces mouvements d'humeur sont piquants dans La Bruyère. Il tourne et retourne son personnage sous toutes les faces, nous le montre vivant et agissant, nous communique avec une vivacité remarquable l'impression qu'il en a reçue, puis le laisse là pour courir à un autre.
4. « Sur soi. » Ce mot s'emploie aussi bien dans La Bruyère au pluriel qu'au singulier.
5. « Et on le fouette. » L'auteur affectionne ce tour et s'en est souvent servi.
6. « Sans réflexion. » Sans y faire autrement attention ; l'expression est piquante.

vent rassasier : s'il dit, au contraire, d'un autre mets qu'il est insipide, ceux qui commençaient à le goûter n'osant avaler le morceau qu'ils ont à la bouche, ils le jettent à terre [1] : tous ont les yeux sur lui, observent son maintien et son visage avant de prononcer sur le vin ou sur les viandes qui sont servies. Ne le cherchez pas ailleurs que dans la maison de ce riche qu'il gouverne; c'est là qu'il mange, qu'il dort et qu'il fait digestion, qu'il querelle son valet, qu'il reçoit ses ouvriers, et qu'il remet ses créanciers; il régente, il domine dans une salle, il y reçoit la cour et les hommages de ceux qui, plus fins que les autres, ne veulent aller au maître que par Troïle. Si l'on entre par malheur sans avoir une physionomie qui lui agrée, il ride son front et il détourne sa vue : si on l'aborde, il ne se lève pas; si l'on s'assied auprès de lui, il s'éloigne; si on lui parle, il ne répond point; si l'on continue de parler, il passe dans une autre chambre; si on le suit, il gagne l'escalier; il franchirait tous les étages ou il se lancerait par une fenêtre [2], plutôt que de se laisser joindre par quelqu'un qui a un visage ou un son de voix qu'il désapprouve : l'un et l'autre sont agréables en Troïle, et il s'en est servi heureusement pour s'insinuer ou pour conquérir [3]. Tout devient, avec le temps, au-dessous de ses soins, comme il est au-dessus de vouloir [4] se soutenir ou continuer de plaire par le moindre des talents qui ont commencé à le faire valoir. C'est beaucoup qu'il sorte quelquefois de ses méditations et de sa taciturnité pour contredire, et que même pour critiquer il daigne une fois le jour avoir de l'esprit : bien loin d'attendre de lui qu'il défère à vos sentiments, qu'il soit complaisant, qu'il vous loue, vous n'êtes pas sûr qu'il aime toujours votre approbation, ou qu'il souffre votre complaisance.

* Il faut laisser passer cet inconnu que le hasard a placé auprès

---

1. « Le jettent à terre. » Ce trait nous paraît singulier et ne l'était pas du temps de La Bruyère. Il dit dans un autre passage : « Si Ménalque trouve qu'on lui donne trop de vin, il en flaque plus de la moitié au visage de celui qui est à sa droite; il boit le reste tranquillement, et ne comprend pas pourquoi tout le monde éclate de rire de ce qu'il a *jeté à terre* ce qu'on lui a versé de trop. »

2. « Il se lancerait par une fenêtre. » Hyperbole exagérée comme plusieurs traits de ce tableau. L'auteur avait sans doute son original que nous ne connaissons pas. Peut-être s'agit-il de Gourville, qui, de simple valet de chambre de La Rochefoucauld, devint par son habileté un personnage important dans le monde et dans la cour.

3. « Conquérir » s'emploie rarement sans régime. L'expression, du reste, est bien être pour ce passage.

4. « Au-dessus de vouloir. » Au-dessus ne s'emploie pas avec un verbe. L'auteur n'a pu faire passer dans la langue cette tournure et plusieurs autres analogues.

de vous dans une voiture publique, à une fête ou à un spectacle, et il ne vous coûtera bientôt, pour le connaître, que de l'avoir écouté ; vous saurez son nom, sa demeure, son pays, l'état de son bien, son emploi, celui de son père, la famille dont est sa mère, sa parenté, ses alliances, les armes de sa maison ; vous comprendrez qu'il est noble, qu'il a un château, de beaux meubles, des valets et un carrosse.

* Il y a des gens qui parlent un moment avant que d'avoir pensé : il y en a d'autres qui ont une fade attention à ce qu'ils disent, et avec qui l'on souffre dans la conversation de tout le travail de leur esprit ; ils sont comme pétris de phrases et de petits tours d'expression, concertés dans leur geste et dans tout leur maintien ; ils sont *puristes*[1], et ne hasardent pas le moindre mot, quand il devrait faire le plus bel effet du monde : rien d'heureux ne leur échappe, rien ne coule de source et avec liberté[2] ; ils parlent proprement[3] et ennuyeusement.

* L'esprit de la conversation consiste bien moins à en montrer beaucoup qu'à en faire trouver[4] aux autres ; celui qui sort de votre entretien content de soi et de son esprit, l'est de vous par-

---

1. « Puristes. » Gens qui affectent une grande pureté de langage. (*Note de La Bruyère.*) — La Bruyère ne pouvait aimer les puristes. Plus qu'aucun écrivain de son temps, il cherche l'original, l'imprévu. Il renouvelle et enrichit la langue, et ne tient pas toujours assez de compte de la correction. Il reproduit avec plus de sagesse et de calcul les hardiesses de Montaigne, et en même temps par le tour concis, épigrammatique, et par le trait, il se rapproche de la langue spirituelle, laborieuse et si française de Montesquieu. Il est à la fois savant et novateur en fait de langue, tandis que les puristes dédaignent le passé, et n'admettent guère les nouveautés, s'en tenant volontiers à l'usage et à la loi présente. Aussi, de son temps, fut-il jugé sévèrement par des critiques trop susceptibles pour l'honneur de la grammaire ; plus tard l'abbé d'Olivet, qui était aussi un puriste, quoique avec beaucoup de science et de goût, disait de lui : « Quant au style, M. La Bruyère ne doit pas être lu sans défiance, parce qu'il a donné, mais pourtant avec une modération qui de nos jours tiendrait lieu de mérite, dans un style affecté, guindé, et entortillé. » *Histoire de l'Académie.*

2. « Liberté. » Montaigne disait : « C'est aux paroles à servir et à suyvre ; et que le gascon y arrive, si le françois n'y peult aller. Je veulx que les choses surmontent et qu'elles remplissent de façon l'imagination de celuy qui escoute, qu'il n'aye aucune souvenance des mots. Le parler que j'ayme, c'est un parler simple et naïf, tel sur le papier qu'à la bouche ; un parler succulent et nerveux, court et serré ; non tant délicat et peigné, comme véhément et brusque ; plustost difficile qu'ennuyeux ; esloingné d'affectation ; desréglé, descousu et hardy ; chasque loppin y face son corps ; non pédantesque, non fratesque, non plaideresque, mais plustost soldatesque, comme Suétone appelle celuy de Jules Cæsar. » *Essais*, I, 25. — J.-J. Rousseau a écrit quelque part : « Toutes les fois qu'à l'aide d'un solécisme je pourrai me faire mieux entendre, ne pensez pas que j'hésite. » Ce n'est pas qu'il ne sût bien se faire entendre sans solécisme ; il voulait marquer seulement combien il était loin du *purisme*.

3. « Proprement. » Avec propriété. Ce mot est rare dans ce sens.

4. « A en faire trouver. » La Harpe a fort heureusement appliqué ce passage à La Bruyère lui-même, qui sait se faire comprendre en laissant toujours quelque chose à deviner à la sagacité du lecteur.

faitement. Les hommes n'aiment point à vous admirer, ils veulent plaire ; ils cherchent moins à être instruits, et même réjouis, qu'à être goûtés et applaudis ; et le plaisir le plus délicat [1] est de faire celui d'autrui.

* Il ne faut pas qu'il y ait trop d'imagination dans nos conversations ni dans nos écrits : elle ne produit souvent que des idées vaines et puériles, qui ne servent point à perfectionner le goût et à nous rendre meilleurs : nos pensées doivent être prises dans le bon sens et la droite raison, et doivent être un effet de notre jugement.

* C'est une grande misère que de n'avoir pas assez d'esprit pour bien parler, ni assez de jugement pour se taire. Voilà le principe de toute impertinence.

* Dire d'une chose modestement, ou qu'elle est bonne ou qu'elle est mauvaise, et les raisons pourquoi elle est telle, demande du bon sens et de l'expression [2] ; c'est une affaire [3]. Il est plus court de prononcer d'un ton décisif, et qui emporte la preuve de ce qu'on avance, ou qu'elle est exécrable, ou qu'elle est miraculeuse.

* Rien n'est moins selon Dieu et selon le monde [4] que d'appuyer tout ce que l'on dit dans la conversation, jusqu'aux choses les plus indifférentes, par de longs et de fastidieux serments. Un honnête homme qui dit oui et non [5], mérite d'être cru : son ca-

---

1. « Le plaisir le plus délicat. » « Le mérite ne fait pas toujours des impressions sur les plus honnêtes gens. Chacun est jaloux du sien, jusqu'à ne pouvoir souffrir aisément celui d'un autre. Une complaisance mutuelle concilie ordinairement les volontés ; néanmoins, comme on donne autant par là qu'on reçoit, le plaisir d'être flatté se paye chèrement quelquefois, par la peine qu'on se fait à flatter un autre. Mais qui veut bien se rendre approbateur, et ne se soucie pas d'être approuvé, celui-là oblige à mon avis doublement ; il oblige de la louange qu'il donne et de l'approbation dont il se dispense. C'est un grand secret dans la familiarité d'un commerce, de tourner les hommes autant qu'on le peut honnêtement à leur amour-propre. Quand on sait les chercher à propos, et leur faire trouver en eux des talents dont ils n'avaient pas l'usage, ils nous savent gré de la joie secrète qu'ils sentent de ce mérite découvert, et peuvent d'autant moins se passer de nous, qu'ils en ont besoin pour être agréablement avec eux-mêmes. » SAINT-ÉVREMOND. — Il y a beaucoup de finesse dans ce morceau. Nous ferons observer que l'auteur ne cherche que la meilleure manière de flatter, et de faire sa cour, tandis que La Bruyère parle au nom d'un sentiment plus élevé et plus délicat, le plaisir de faire la joie d'autrui.

2. « De l'expression. » Il faut savoir bien s'exprimer.

3. « C'est une affaire. » Cela n'est pas très-facile.

4. « Selon le monde. » Selon les règles de l'honneur mondain.

5. « Oui et non. » Un grammairien trop sévère, prétendant qu'on ne pouvait dire oui et non à la fois, aurait voulu que La Bruyère écrivît : « Un homme qui dit oui ou non mérite d'être cru. » Il est évident que l'auteur a voulu dire : « Un honnête homme qui dit oui, quand il faut dire oui, et non, quand il faut dire non, mérite d'être cru ; » ce qu'il a exprimé avec sa concision habituelle.

ractère jure pour lui, donne créance ¹ à ses paroles, et lui attire toute sorte de confiance ².

* Celui qui dit incessamment qu'il a de l'honneur et de la probité, qu'il ne nuit à personne, qu'il consent que le mal qu'il fait aux autres lui arrive, et qui jure ³ pour le faire croire, ne sait pas même contrefaire l'homme de bien.

Un homme de bien ne saurait empêcher, par toute sa modestie, qu'on ne dise de lui ce qu'un malhonnête homme sait dire de soi.

* *Cléon* parle peu obligeamment ou peu juste, c'est l'un ou l'autre ; mais il ajoute qu'il est fait ainsi ⁴, et qu'il dit ce qu'il pense.

* Il y a parler bien, parler aisément, parler juste, parler à propos : c'est pécher contre ce dernier genre, que de s'étendre sur un repas magnifique que l'on vient de faire, devant des gens qui sont réduits à épargner leur pain ; de dire merveilles de sa santé devant des infirmes, d'entretenir de ses richesses, de ses revenus et de ses ameublements, un homme qui n'a ni rentes ni domicile ; en un mot, de parler de son bonheur devant des misérables ⁵ : cette conversation est trop forte ⁶ pour eux, et la comparaison qu'ils font alors de leur état au vôtre est odieuse ⁷.

* Pour vous, dit *Eutiphron*, vous êtes riche, ou vous devez l'être ⁸ : dix mille livres de rente, et en fonds de terre, cela est beau, cela est doux, et l'on est heureux à moins ; pendant que lui, qui parle ainsi, a cinquante mille livres de revenu, et qu'il croit n'avoir que la moitié de ce qu'il mérite : il vous taxe, il vous ap-

1. « Créance. » C'est le même mot que *croyance* ; il a un peu vieilli dans le sens où il est ici.
2. « Toute sorte de confiance. » Une confiance universelle.
3. « Qui jure. » Nous voyons par ces passages et par les comédies de Molière, que les jurements étaient d'un usage beaucoup plus fréquent qu'aujourd'hui dans les conversations des gens cultivés.
4. « Il est fait ainsi » C'est-à-dire qu'il justifie son impertinence par une autre plus grande.
5. « Misérables. » La Bruyère emploie presque partout ce mot dans le même sens que *malheureux*. Il n'y a pas joint ce sentiment de mépris qu'il a conservé de nos jours, et que Racine s'était applaudi de lui avoir donné dans un beau passage de *Phèdre* (acte iv) :

    Misérable ! et je vis ! et je soutiens la vue
    De ce sacré soleil dont je suis descendue ?

6. « Trop forte. » Comme une liqueur trop généreuse qu'une faible constitution ne peut supporter.
7. « Odieuse. » Cette politesse et ce bon goût sont d'une âme délicate et amie de l'humanité.
8. « Vous devez l'être » Vous devez vous considérer comme tel.

précie, il fixe votre dépense ; et s'il vous jugeait digne d'une meilleure fortune, et de celle même où il aspire, il ne manquerait pas de vous la souhaiter. Il n'est pas le seul qui fasse de si mauvaises estimations ou des comparaisons si désobligeantes [1] : le monde est plein d'Eutiphrons.

* Quelqu'un, suivant la pente de la coutume qui veut qu'on loue, et par l'habitude qu'il a à la flatterie et à l'exagération, congratule [2] *Théodème* sur un discours qu'il n'a point entendu, et dont personne n'a pu encore lui rendre compte ; il ne laisse pas de lui parler de son génie, de son geste, et surtout de la fidélité de sa mémoire ; et il est vrai que Théodème est demeuré court.

* L'on voit des gens brusques, inquiets, *suffisants* [3], qui, bien qu'oisifs et sans aucune affaire qui les appelle ailleurs, vous expédient [4], pour ainsi dire, en peu de paroles, et ne songent qu'à se dégager de vous ; on leur parle encore, qu'ils sont partis et ont disparu. Ils ne sont pas moins impertinents que ceux qui vous arrêtent seulement pour vous ennuyer ; ils sont peut-être moins incommodes.

* Parler et offenser pour de certaines gens est précisément la même chose : ils sont piquants et amers, leur style est mêlé de fiel et d'absinthe ; la raillerie, l'injure, l'insulte, leur découlent des lèvres comme leur salive ; il leur serait utile d'être nés muets ou stupides ; ce qu'ils ont de vivacité et d'esprit leur nuit davantage que ne fait à quelques autres leur sottise. Ils ne se contentent pas toujours de répliquer avec aigreur, ils attaquent souvent avec insolence ; ils frappent sur tout ce qui se trouve sous leur langue, sur les présents, sur les absents ; ils heurtent de front et de côté, comme des béliers. Demande-t-on à des béliers qu'ils n'aient pas de cornes ? de même n'espère-t-on pas de réformer par

---

1. « Comparaisons désobligeantes. » C'est offenser les hommes que de leur donner des louanges, qui marquent les bornes de leur mérite ; peu de gens sont assez modestes pour souffrir sans peine qu'on les apprécie. » VAUVENARGUES.

2. « Congratule. » Expression latine peu usitée, pour *félicite*.

3. « Suffisants. » Ce mot se prenait encore le plus souvent en bonne part. « Ce docteur est d'une grande *suffisance* ; il est consommé dans les lettres. Le roi cherche des gens qui soient *suffisants* et capables de remplir les grandes charges. » FURETIÈRE. C'est sans doute pour cette raison que La Bruyère a souligné ce mot, quoique le sens qu'il lui donne fût déjà usité de son temps.

4. « Vous expédient. » Ce mot s'appliquait plus aux choses qu'aux personnes. Expédier une affaire, un procès. L'application énergique qu'en fait ici La Bruyère est restée dans la langue.

cette peinture des naturels si durs, si farouches, si indociles. Ce que l'on peut faire de mieux d'aussi loin qu'on les découvre, est de les fuir de toute sa force, et sans regarder derrière soi.

* Il y a des gens d'une certaine étoffe ou d'un certain caractère avec qui il ne faut jamais se commettre, de qui l'on ne doit se plaindre que le moins qu'il est possible, et contre qui il n'est pas même permis d'avoir raison.

* Entre deux personnes qui ont eu ensemble une violente querelle, dont l'un a raison et l'autre ne l'a pas [1], ce que la plupart de ceux qui y ont assisté ne manquent jamais de faire, ou pour se dispenser de juger, ou par un tempérament [2] qui m'a toujours paru hors de sa place, c'est de condamner tous les deux : leçon importante, motif pressant et indispensable de fuir à l'orient [3] quand le fat [4] est à l'occident, pour éviter de partager avec lui le même tort.

* Je n'aime pas un homme que je ne puis aborder le premier, ni saluer avant qu'il me salue, sans m'avilir à ses yeux, et sans tremper dans la bonne opinion [5] qu'il a de lui-même. MONTAIGNE dirait [6] : « Je veux avoir mes coudées franches, et estre courtois

---

1. « Ne l'a pas. » Le pronom *le* se rapporte à un substantif indéterminé, à *raison*. Cette tournure est blâmée par les grammairiens. Il serait cependant ici assez difficile de lui en substituer une autre plus claire ou plus élégante, et l'on trouve dans nos meilleurs écrivains des phrases analogues :

> Cessez pourtant, cessez de prétendre à Pharnace;
> Quand je me fais *justice*, il faut qu'on *la* fasse.
> RACINE, *Mithridate*

> Je disais *vérité*; quand un menteur *la* dit,
> En passant par sa bouche, elle perd son crédit.
> CORNEILLE, *le Menteur*.

« Il ne suffit pas d'avoir *raison*; c'est la gâter, la déshonorer, que de la soutenir d'une manière brusque et hautaine. » FÉNELON. — « Vous dites que ce n'est pas votre faute que de manquer de *foi*, puisqu'elle ne dépend pas de l'homme. » MASSILLON.

2. « Par un tempérament. » Par un désir de raccommoder les choses, d'être impartial, de garder le juste milieu.

3. « Fuir à l'orient. » Cela ne manque pas d'une certaine recherche.

4. « Le fat. » Ce mot était d'un usage beaucoup plus fréquent et d'un sens beaucoup plus étendu que de notre temps, comme on peut le voir par divers passages de La Bruyère. On tenait beaucoup plus à la réputation de bel esprit et de politesse, et l'accusation de sottise ou de fatuité était une injure presque aussi grave que le serait celle d'improbité dans notre temps. Plus tard le mot perdit de sa force et fut pris dans une acception moins désavantageuse; Beaumarchais, parlant de lui-même, ne craignit pas d'écrire : « De ce que je suis un *fat*, s'ensuit-il que je sois un ogre ? »

5. « Tremper dans la bonne opinion. » Expression spirituelle et originale. On dit tremper dans un crime, dans un complot.

6. « Dirait. » Imité de Montaigne. (*Note de La Bruyère.*) — Montaigne, qui a été admiré dans tous les temps, était particulièrement à la mode au XVIIe siècle. Madame de Sévigné le lisait sans cesse, et les écrivains de Port-Royal s'en nourrissaient pour le

« et affable à mon point [1], sans remords ne [2] conséquence. Je ne
« puis du tout estriver [3] contre mon penchant, et aller au rebours
« de mon naturel, qui m'emmeine vers celuy que je trouve à ma
« rencontre. Quant il m'est égal, et qu'il ne m'est point ennemy,
« j'anticipe sur son accueil [4]; je le questionne sur sa disposition
« et santé; je lui fais offre de mes offices, sans tant marchander
« sur le plus ou sur le moins, ne estre, comme disent aucuns [5], sur
« le qui-vive: celuy-là me deplaist, qui, par la cognoissance que
« j'ay de ses coustumes et façons d'agir, me tire [6] de cette liberté
« et franchise. Comment me ressouvenir tout à propos, et d'aussi
« loin que je vois cet homme, d'emprunter une contenance grave
« et importante, et qui l'avertisse que je crois le valoir bien et
« au delà; pour cela de me ramentevoir [7] de mes bonnes qualités
« et conditions, et des siennes mauvaises, puis en faire la compa-
« raison. C'est trop de travail pour moy, et ne suis du tout capa-
« ble de si roide et si subite attention; et quand bien elle m'au-
« roit succédé [8] une première fois, je ne laisserois de fléchir et
« me dementir à une seconde tasche: je ne puis me forcer et con-
« traindre pour quelconque [9] à estre fier. »

* Avec de la vertu, de la capacité et une bonne conduite, l'on
peut être insupportable; les manières que l'on néglige comme de
petites choses, sont souvent ce qui fait que les hommes décident
de vous en bien ou en mal; une légère attention à les avoir douces et polies prévient leurs mauvais jugements. Il ne faut presque

combattre. Le pastiche de La Bruyère reproduit avec agrément le langage et la marche du style de son modèle. On a trouvé avec raison qu'il avait un peu exagéré la prolixité naturelle à Montaigne.

1. « A mon point. » A mon heure, quand il me convient.
2. « Ne, » pour ni.
3. « Estriver. » Ce mot était encore usité du temps de La Bruyère. « Estriver, dit Furetière, quereller, se choquer ou se débattre de paroles. Ces valets sont continuellement à estriver, à se débattre de paroles. Ces plaideurs, après avoir longtemps estrité, sont enfin accommodés. »
4. « J'anticipe sur son accueil. » Je lui fais bon accueil le premier.
5. « Aucuns. » Quelques-uns. Ce mot s'emploie encore de la même façon
6. « Me tire. » Me fait sortir, me prive.
7. « Ramentevoir. » De me ressouvenir. Les racines sont *ad mentem habere*, précédées du *re* itératif. Molière s'est servi de cet archaïsme:
Ne *ramentevons* rien, et réparons l'offense
Le Dépit Amoureux, III 4.
8. « Succédé. » Réussi. Molière a dit:
Ces maximes un temps leur peuvent *succéder*.
Don Garcie de Navarre, II, 1.
9. « Pour quelconque. » Pour qui que ce soit.

rien pour être cru fier, incivil, méprisant, désobligeant, il faut encore moins pour être estimé tout le contraire.

* La politesse[1] n'inspire pas toujours la bonté, l'équité, la complaisance, la gratitude ; elle en donne du moins les apparences, et fait paraître l'homme au dehors comme il devrait être intérieurement.

L'on peut définir l'esprit de politesse, l'on ne peut en fixer la pratique : elle suit l'usage et les coutumes reçues. Elle est attachée aux temps, aux lieux, aux personnes, et n'est point la même dans les deux sexes, ni dans les différentes conditions, l'esprit tout seul ne la fait pas deviner, il fait qu'on la suit par imitation, et que l'on s'y perfectionne. Il y a des tempéraments[2] qui ne sont susceptibles que de la politesse, et il y en a d'autres qui ne servent qu'aux grands talents, ou à une vertu solide. Il est vrai que les manières polies donnent cours[3] au mérite, et le rendent agréable, et qu'il faut avoir de bien éminentes qualités pour se soutenir[4] sans la politesse.

Il me semble que l'esprit de politesse est une certaine attention à faire que, par nos paroles et par nos manières, les autres soient contents de nous et d'eux-mêmes.

* C'est une faute contre la politesse que de louer immodéré-

---

1. « La politesse. » L'auteur donne à ce mot une acception beaucoup plus étendue que celle qu'il aurait de nos jours. La politesse telle qu'il l'entend suppose du goût, du tact, de la bienveillance, et suffit presque à elle seule pour faire un homme distingué. Voltaire a dit :

> La politesse est à l'esprit
> Ce que la grâce est au visage;
> De la bonté du cœur elle est la douce image,
> Et c'est la bonté qu'on chérit

Un écrivain moderne a fait d'une manière ingénieuse l'histoire des mots qui expriment les manières élégantes et polies. « Les anciens chevaliers étaient *accorts*, mot charmant qui ne s'applique pas seulement à l'aménité extérieure, mais au bon vouloir et à la générosité de l'âme. La *courtoisie* marque une nuance plus faible, le mérite de l'homme rompu aux mœurs élégantes des cours. Du temps de Louis XIV, on dit d'un homme qu'il est de *bon lieu*, de *bon air* ; ce n'est déjà plus une qualité vraie que l'on reconnaît en lui, c'est une forme extérieure, un *air* ; il suffit de louer sa naissance, ses manières et son droit d'aller à Versailles. Dans le XVIIIe siècle domine la *politesse*, expression froide qui trahit la recherche, le raffinement, et qui suppose, non la sincérité, mais l'étude délicate des convenances sociales. On vantait encore, au commencement de notre siècle, un homme d'une *politesse achevée* ; ce serait aujourd'hui un compliment ridicule. Nous avons perdu *accortise*, *courtoisie*, *politesse* ; que nous reste-t-il ? »

2. « Il y a des tempéraments. » Il y a des caractères.

3. « Donnent cours. » Le font reconnaître et accepter de tout le monde, comme la monnaie.

4. « Se soutenir » Pour soutenir sa réputation, son crédit.

ment, en présence de ceux que vous faites chanter ou toucher un instrument, quelque autre personne qui a ces mêmes talents, comme devant ceux qui vous lisent leurs vers, un autre poëte [1].

* Dans les repas ou les fêtes que l'on donne aux autres, dans les présents qu'on leur fait, et dans tous les plaisirs qu'on leur procure, il y a faire bien, et faire selon leur goût : le dernier est préférable.

* Il y aurait une espèce de férocité [2] à rejeter indifféremment toute sorte de louanges ; l'on doit être sensible à celles qui nous viennent des gens de bien, qui louent en nous sincèrement des choses louables.

* Un homme d'esprit, et qui est né fier, ne perd rien de sa fierté et de sa roideur pour se trouver pauvre ; si quelque chose, au contraire, doit amollir son humeur, le rendre plus doux et plus sociable, c'est un peu de prospérité.

* Ne pouvoir supporter tous les mauvais caractères dont le monde est plein, n'est pas un fort bon caractère [3] : il faut, dans le commerce, des pièces d'or et de la monnaie.

* Vivre avec des gens qui sont brouillés, et dont il faut écouter de part et d'autre les plaintes réciproques, c'est, pour ainsi dire, ne pas sortir de l'audience, et entendre du matin au soir plaider et parler procès.

* L'on sait des gens [4] qui avaient coulé leurs jours dans une

---

1. « Un autre poëte. » Petit trait de satire qui relève la pensée bienveillante de l'auteur.

2. « Férocité. » Est ici dans le sens latin, une fierté farouche. « Ceux qui feignent de mépriser la gloire, dit Vauvenargues, pour donner toute leur estime à la vertu, privent la vertu même de sa récompense et de son plus ferme soutien. Les hommes sont foibles, timides, paresseux, légers, inconstants ; les plus vertueux se démentent. Si on leur ôte l'espoir de la gloire, ce puissant motif, quelle force les soutiendra contre les exemples du vice, contre les légèretés de la nature, contre les promesses de l'oisiveté ? Dans ce combat si douteux de l'activité et de la paresse, du plaisir et de la raison, de la liberté et des devoirs, qui fera pencher la balance ? qui portera l'esprit à ces nobles efforts, où la vertu, supérieure à soi-même, franchit les limites mortelles de son court essor, et d'une aile forte et légère échappe à ses liens ? » *Premier Discours sur la gloire.*

3. « N'est pas un fort bon caractère. » La sottise est une mauvaise qualité ; mais de ne la pouvoir supporter, et s'en dépiter et rougir, comme il m'advient, c'est une autre sorte de maladie qui ne doibt guères à la sottise en importunité. » MONTAIGNE, *Essais,* III, 6. — La Bruyère a emprunté cette pensée à autrui, mais l'a renouvelée et rendue sienne par une comparaison ingénieuse et frappante.

4. « Des gens. » La clef dit : « MM. Courtin et Saint-Romain, conseillers d'État, intimes amis très-longtemps, et enfin devenus ennemis. » — « Courtin, dit Saint-Simon, brilla de bonne heure au conseil et devint intendant de Picardie. Il se tourna plus tard aux négociations et eut plusieurs ambassades où il réussit parfaitement. Il signa les traités de Heilbronn et de Bréda et plusieurs autres. Il fut longtemps et activemen

union étroite : leurs biens étaient en commun ; ils n'avaient qu'une même demeure, ils ne se perdaient pas de vue. Ils se sont aperçus à plus de quatre-vingts ans qu'ils devaient se quitter l'un l'autre, et finir leur société; ils n'avaient plus qu'un jour à vivre, et ils n'ont osé entreprendre de le passer ensemble ; ils se sont dépêchés de rompre avant que de mourir ; ils n'avaient de fonds pour la complaisance que jusque-là. Ils ont trop vécu pour le bon exemple ; un moment plus tôt ils mouraient sociables, et laissaient après eux un rare modèle de la persévérance dans l'amitié.

* L'intérieur des familles est souvent troublé par les défiances, par les jalousies et par l'antipathie, pendant que des dehors contents, paisibles et enjoués, nous trompent, et nous y font supposer une paix qui n'y est point ; il y en a peu qui gagnent à être approfondies. Cette visite que vous rendez vient de suspendre une querelle domestique, qui n'attend que votre retraite pour recommencer.

* Dans la société, c'est la raison qui plie la première : les plus sages sont souvent menés par le plus fou et le plus bizarre. L'on étudie son faible, son humeur, ses caprices ; l'on s'y accommode ; l'on évite de le heurter, tout le monde lui cède : la moindre sérénité qui paraît sur son visage lui attire des éloges, on lui tient compte de n'être pas toujours insupportable. Il est craint, ménagé, obéi, quelquefois aimé.

* Il n'y a que ceux qui ont eu de vieux collatéraux, ou qui en ont encore, et dont il s'agit d'hériter, qui puissent dire ce qu'il en coûte [1].

* *Cléante* est un très-honnête homme ; il s'est choisi une femme qui est la meilleure personne du monde, et la plus raisonnable. Chacun, de sa part [2], fait tout le plaisir et tout l'agrément des sociétés où il se trouve, l'on ne peut voir ailleurs plus de probité, plus de politesse : ils se quittent demain, et l'acte de leur séparation est tout dressé chez le notaire. Il y a, sans mentir, de certains

---

ambassadeur en Angleterre ; et par la duchesse de Portsmouth, il faisait faire au roi Charles tout ce qu'il voulait. » Saint-Romain remplit aussi plusieurs fois les fonctions d'ambassadeur en Suisse et en Portugal, où il tint l'infant sur les fonts de baptême pour le roi de France.

1. « Ce qu'il en coûte. » Combien de démarches, de flatteries et de bassesses il en coûte.

2. « De sa part » De son côté

mérites qui ne sont point faits pour être ensemble, de certaines vertus incompatibles [1].

* L'on peut compter sûrement sur la dot, le douaire [2] et les conventions, mais faiblement sur les *nourritures* [3]; elles dépendent d'une union fragile de la belle-mère et de la bru, et qui périt souvent dans l'année du mariage.

* Un beau-père aime son gendre, aime sa bru. Une belle-mère aime son gendre, n'aime pas sa bru [4]. Tout est réciproque.

* Ce qu'une marâtre aime le moins de tout ce qui est au monde, ce sont les enfants [5] de son mari : plus elle est folle de son mari, plus elle est marâtre [6].

Les marâtres font déserter les villes et les bourgades, et ne peuplent pas moins la terre de mendiants, de vagabonds, de domestiques et d'esclaves, que la pauvreté.

* G*** et H*** [7] sont voisins de campagne, et leurs terres sont contiguës; ils habitent une contrée déserte et solitaire. Éloignés des villes et de tout commerce, il semblait que la fuite [8] d'une entière solitude, ou l'amour de la société, eût dû les assujettir [9] à une liaison réciproque; il est cependant difficile d'exprimer la bagatelle qui les a fait rompre, qui les rend implacables l'un pour

1. « Incompatibles. » Coste, un des meilleurs éditeurs de La Bruyère, cite à ce propos un passage de Plutarque, dans la vie de Paul-Émile (c. 7 de la traduction d'Amyot) : « Il y a quelquefois de petites hargnes et riottes souvent répétées, procédentes de quelques fâcheuses conditions, ou de quelque dissimilitude ou incompatibilité de nature; que les estrangers ne cognoissent pas, lesquelles, par succession de temps, engendrent de si grandes aliénations de volontés entre des personnes, qu'elles ne peuvent plus vivre, ny habiter ensemble. » — Tout cela est dit à l'occasion d'un divorce bizarre en apparence, mais fondé sur de bonnes raisons.

2. « Le douaire. » Bien que le mari assigne à sa femme en se mariant, pour en jouir par usufruit pendant sa viduité, et en laisser la propriété à ses enfants.

3. « Les nourritures. » En style de notaire, convention par laquelle il est stipulé que les époux seront nourris, durant un certain nombre d'années, par les parents de l'un d'eux.

4. « N'aime pas sa bru. » L'auteur revient sur ce qu'il a déjà dit dans la pensée précédente, que l'union de la bru et de la belle-mère est fragile; c'est par elles et non par le beau-père et le gendre que la discorde éclate le plus souvent dans les familles.

5. « Les enfants. » D'un premier lit.

6. « Plus elle est marâtre. » Plus elle est mauvaise mère pour les fils issus d'une autre femme.

7. La clef dit ici : « Vedeau de Grammont, conseiller de la cour en la seconde des enquêtes, eut un très-grand procès avec M. Hervé, doyen du parlement, au sujet d'un droit de pêche. Ce procès, commencé pour une bagatelle, donna lieu à une inscription en faux du titre de noblesse dudit Vedeau, et cette affaire alla si loin, qu'il fut dégradé publiquement, sa robe déchirée sur lui ; outre cela, condamné à un bannissement perpétuel, depuis converti en une prison à Pierre-Encise : ce qui le ruina absolument. Il avait épousé la fille de M. Genou, conseiller en la grand'chambre. » Ce procès ne faisait que commencer à l'époque où écrivait La Bruyère.

8. « La fuite. » L'ennui, le dégoût d'être toujours seuls.

9. « Assujettir. » Marque mieux la nécessité qui les poussait à vivre ensemble, que *engager*, *inviter*, qu'on emploie d'ordinaire avec *liaison*.

l'autre, et qui perpétuera leurs haines dans leurs descendants. Jamais des parents, et même des frères [1], ne se sont brouillés pour une moindre chose.

Je suppose qu'il n'y ait que deux hommes sur la terre qui la possèdent seuls, et qui la partagent toute entre eux deux, je suis persuadé qu'il leur naîtra bientôt quelque sujet de rupture, quand ce ne serait que pour les limites.

* Il est souvent plus court et plus utile de cadrer aux autres [2] que de faire que les autres s'ajustent à nous.

* J'approche d'une petite ville, et je suis déjà sur une hauteur d'où je la découvre. Elle est située à mi-côte; une rivière baigne ses murs, et coule ensuite dans une belle prairie; elle a une forêt [3] épaisse qui la couvre des vents froids et de l'aquilon. Je la vois dans un jour si favorable, que je compte ses tours et ses clochers; elle me paraît peinte [4] sur le penchant de la colline. Je me récrie, et je dis : Quel plaisir de vivre sous un si beau ciel et dans ce séjour si délicieux! Je descends dans la ville, où je n'ai pas couché deux nuits, que je ressemble à ceux qui l'habitent, j'en veux sortir.

* Il y a une chose que l'on n'a point vue sous le ciel, et que, selon toutes les apparences, on ne verra jamais : c'est une petite ville qui n'est divisée en aucuns partis, où les familles sont unies, et où les cousins se voient avec confiance; où un mariage n'engendre point une guerre civile; où la querelle des rangs ne se réveille pas à tous moments par l'offrande [5], l'encens et le pain bénit, par les processions et par les obsèques; d'où l'on a banni les *caquets*, le mensonge et la médisance; où l'on voit parler ensemble le bailli [6]

---

1. « Même des frères. » Ce trait est d'une ironie bien cruelle et bien méritée pour le genre humain.
2. « Cadrer aux autres. » De se prêter, de s'accommoder aux caractères des autres.
3. « Elle a une forêt. » Locution originale et appropriée, au lieu de : « il y a une forêt qui la couvre. »
4. « Peinte. » « Quoique ce soit l'homme et la société qu'il exprime surtout, le pittoresque, chez La Bruyère, s'applique déjà aux choses de la nature plus qu'il n'était ordinaire de son temps. Comme il nous dessine dans un jour favorable, la petite ville qui lui paraît peinte sur le penchant de la colline! » SAINTE-BEUVE. — Fénelon a dit avec sa grâce accoutumée : « Télémaque regardait avec admiration cette ville naissante, semblable à une jeune plante qui, ayant été nourrie par la douce rosée de la nuit, sent dès le matin les rayons du soleil qui viennent l'embellir; elle croît, elle ouvre ses tendres boutons, elle étend ses feuilles vertes, elle épanouit ses fleurs odoriférantes avec mille couleurs nouvelles; à chaque moment qu'on la voit, on y trouve un nouvel éclat. Ainsi florissait la nouvelle ville d'Idoménée sur le rivage de la mer. » FÉNELON, *Télémaque*, liv. VIII.
5. « L'offrande. » « *Offrande* se dit particulièrement des présents qu'on fait aux curés en allant baiser la patène. Quand les curés primitifs officient, il y a toujours de la dispute pour leurs *offrandes*. » FURETIÈRE.
6. « Bailli. » « Du vieux mot *bail* ou *bailli* qui signifiait tutelle, administration

et le président, les élus [1] et les assesseurs [2]; où le doyen vit bien avec ses chanoines; où les chanoines ne dédaignent pas les chapelains, et où ceux-ci souffrent les chantres.

* Les provinciaux et les sots sont toujours prêts à se fâcher et à croire qu'on se moque d'eux, ou qu'on les méprise. il ne faut jamais hasarder la plaisanterie, même la plus douce et la plus permise, qu'avec des gens polis, ou qui ont de l'esprit.

* On ne prime point avec les grands, ils se défendent par leur grandeur; ni avec les petits, ils vous repoussent par le *qui-vive*.

* Tout ce qui est mérite se sent, se discerne, se devine réciproquement: si l'on voulait être estimé, il faudrait vivre avec des personnes estimables.

* Celui qui est d'une éminence [3] au-dessus des autres qui le met à couvert de la repartie, ne doit jamais faire une raillerie piquante.

* Il y a de petits défauts que l'on abandonne volontiers à la censure, et dont nous ne haïssons pas à être raillés; ce sont de pareils défauts que nous devons choisir pour railler les autres.

* Rire des gens d'esprit, c'est le privilége des sots; ils sont dans le monde ce que les fous sont à la cour, je veux dire sans conséquence.

* La moquerie est souvent indigence d'esprit [4].

---

gouvernement. Le bailli était un officier de robe qui rendait la justice dans un certain ressort, qui était autrefois rendue par un *bailli* noble, dont celui-ci n'est que le lieutenant. On les a appelés baillis, parce qu'ils avaient la charge et l'administration d'une justice, ou d'une seigneurie, et étaient conservateurs et gardiens des biens du peuple contre ceux qui les voulaient opprimer. Il faut aller plaider au *baillage* et de là au *présidial*. » Furetière.

1. « Élus. » L'*élu* est un officier royal subalterne non lettré, qui connaît en première instance de l'assiette des tailles et autres impositions, des différents qui surviennent en conséquence, et de ce qui concerne les aides et les gabelles. Anciennement on appelait *élus* ceux que les habitants avaient choisis pour la garde des deniers qu'on levait sur le peuple pour la solde des gens de guerre. Ils étaient nommés par les états qui ordonnaient la levée des impositions, et ils sont aussi anciens que les généraux de aides, qui étaient commis à même fin. » Furetière.

2. « Assesseurs. » « Officier de justice gradué, créé pour servir de conseil ordinairement à un juge d'épée dans la maréchaussée. Il y a un ancien et un nouvel *assesseur* du prévôt des maréchaux, qui assiste au jugement des procès. En plusieurs siéges, il y a un *assesseur* civil et un *assesseur* criminel. Quand il n'y a qu'un conseiller en un siége, on l'appelle souvent l'*assesseur*. Molière a dit dans ses comédies:

Madame l'*assesseur* et madame l'élue. »
Furetière.

3. « Qui est d'une éminence. » Qui est placé dans un lieu, dans un poste plus élevé. L'expression est recherchée.

4. « Indigence d'esprit. » « C'est un grand signe de médiocrité, a dit Vauvenargues, de louer toujours modérément. »

* Vous le croyez votre dupe : s'il feint de l'être, qui est plus dupe de lui ou de vous [1]?

* Si vous observez avec soin qui sont les gens qui ne peuvent louer, qui blâment toujours, qui ne sont contents de personne, vous reconnaîtrez que ce sont ceux mêmes dont personne n'est content [2].

* Le dédain et le rengorgement [3] dans la société attirent précisément le contraire de ce que l'on cherche, si c'est à se faire estimer.

* Le plaisir de la société entre les amis se cultive par une ressemblance de goût sur ce qui regarde les mœurs, et par quelque différence d'opinions sur les sciences : par là, ou l'on s'affermit dans ses sentiments, ou l'on s'exerce et l'on s'instruit par la dispute [4].

* L'on ne peut aller loin dans l'amitié, si l'on n'est pas disposé à se pardonner les uns aux autres les petits défauts.

* Combien de belles et inutiles raisons à étaler à celui qui est dans une grande adversité, pour essayer de le rendre tranquille! les choses de dehors, qu'on appelle les événements, sont quelquefois plus fortes que la raison et que la nature. Mangez, dormez, ne vous laissez point mourir de chagrin, songez à vivre; harangues froides, et qui réduisent à l'impossible. Êtes-vous raisonnable de vous tant inquiéter? N'est-ce pas dire : Êtes-vous fou d'être malheureux?

* Le conseil, si nécessaire pour les affaires, est quelquefois dans la société nuisible à qui le donne, et inutile à celui à qui il est donné : sur les mœurs, vous faites remarquer des défauts ou que l'on n'avoue pas, ou que l'on estime des vertus; sur les ouvrages, vous rayez les endroits qui paraissent admirables à leur auteur, où il se complaît davantage, où il croit s'être surpassé lui-même. Vous perdez ainsi la confiance de vos amis, sans les avoir rendus ni meilleurs, ni plus habiles.

---

1. « De vous. » La Rochefoucauld avait dit avec moins de recherche : « La plus solide de toutes les finesses est de savoir bien feindre de tomber dans les pièges que l'on vous tend, et on n'est jamais si aisément trompé que quand on songe à tromper les autres. » *Maximes.*

2. « N'est content. »
L'homme ennuyé partout est partout ennuyeux.
GRESSET, *Le Méchant*

3. « Rengorgement. » Mot expressif et pittoresque, sans doute forgé par l'auteur.

4. « Dispute. » Se prenait encore presque toujours pour *discussion*, qui est le sens le plus conforme à l'étymologie. Aujourd'hui il ne signifie plus guère que *querelle*.
Qui *discute* a raison, et qui *dispute* a tort.
RULHIÈRE, *Les Disputes*

* L'on a vu, il n'y a pas longtemps, un cercle¹ de personnes des deux sexes, liées ensemble par la conversation et par un commerce d'esprit : ils laissaient au vulgaire l'art de parler d'une manière intelligible; une chose dite entre eux peu clairement en entraînait une autre encore plus obscure, sur laquelle on enchérissait par de vraies énigmes, toujours suivies de longs applaudissements : par tout ce qu'ils appelaient délicatesse, sentiments, tour et finesse d'expression, ils étaient enfin parvenus à n'être plus entendus, et à ne s'entendre pas eux-mêmes. Il ne fallait, pour fournir à ces entretiens, ni bon sens, ni jugement, ni mémoire, ni la moindre capacité; il fallait de l'esprit, non pas du meilleur, mais de celui qui est faux, et où l'imagination a trop de part.

* Je le sais, *Théobalde*², vous êtes vieilli; mais voudriez-vous que je crusse que vous êtes baissé³, que vous n'êtes plus poëte ni bel esprit, que vous êtes présentement aussi mauvais juge de tout genre d'ouvrage, que méchant auteur; que vous n'avez plus rien de naïf et de délicat dans la conversation? Votre air libre et présomptueux me rassure, et me persuade tout le contraire. Vous êtes donc aujourd'hui tout ce que vous fûtes jamais, et peut-être meilleur; car si à votre âge vous êtes si vif et si impétueux, quel nom, Théobalde, fallait-il vous donner dans votre jeunesse, et lorsque vous étiez la *coqueluche* ou l'entêtement de certaines

---

1. « Un cercle. » Les précieuses.

>Dans un lieu plus secret on tient la précieuse,
>Occupée aux leçons de morale amoureuse.
>Là se font distinguer les fiertés des rigueurs,
>Les dédains des mépris, les tourments des langueurs;
>On y sait démêler la crainte et les alarmes,
>Discerner les attraits, les appas et les charmes.
>On y parle du temps qu'on forme le désir,
>Mouvement incertain de peine et de plaisir;
>Des premiers maux d'amour on connaît la naissance,
>On a de leurs progrès une entière science.
>
>SAINT-EVREMOND, *le Cercle*.

2. « Théobalde. » Les clefs désignent Boursault. M. Walckenaer croit avec raison qu'il s'agit de Benserade qui s'était opposé à l'admission de La Bruyère à l'Académie, et lui avait fait préférer Pavillon, poëte fort médiocre. Boileau avait fait l'éloge de Benserade, qui fut plus que personne à la mode :

>Que de son nom (du nom du roi), chanté par la bouche des belles,
>*Benserade*, en tous lieux, amuse les ruelles.

Malheureusement pour lui, il eut la patience de traduire en rondeaux les *Métamorphoses d'Ovide*, ce qui perdit sa réputation et lui attira une foule de plaisanteries et d'épigrammes.

3. « Vous êtes baissé. » On dirait mieux aujourd'hui : « que *vous avez* baissé. »

femmes qui ne juraient que par vous et sur votre parole, qui disaient : *Cela est délicieux; qu'a-t-il dit?*

* L'on parle impétueusement dans les entretiens, souvent par vanité ou par humeur, rarement avec assez d'attention : tout occupé du désir de répondre à ce qu'on n'écoute point, l'on suit ses idées, et on les explique sans le moindre égard pour les raisonnements d'autrui : l'on est bien éloigné de trouver ensemble la vérité, l'on n'est pas encore convenu [1] de celle que l'on cherche. Qui pourrait écouter ces sortes de conversations et les écrire, ferait voir quelquefois de bonnes choses qui n'ont nulle suite.

* Il a régné pendant quelque temps une sorte de conversation fade et puérile, qui roulait toute sur des questions frivoles qui avaient relation au cœur, et à ce qu'on appelle passion ou tendresse; la lecture de quelques romans les avait introduites parmi les plus honnêtes gens de la ville et de la cour; ils s'en sont défaits, et la bourgeoisie les a reçues avec les pointes et les équivoques.

* Quelques femmes de la ville ont la délicatesse de ne pas savoir ou de n'oser dire le nom des rues [2], des places, et de quelques endroits publics, qu'elles ne croient pas assez nobles pour être connus. Elles disent *le Louvre*, *la place Royale*; mais elles usent de tours et de phrases plutôt que de prononcer de certains noms; et s'ils leur échappent, c'est du moins avec quelque altération du mot, et après quelques façons qui les rassurent; en cela moins naturelles que les femmes de la cour, qui, ayant besoin, dans le discours, *des Halles* [3], *du Châtelet*, ou de choses semblables, disent, *les Halles*, *le Châtelet*.

* Si l'on feint quelquefois de ne se pas souvenir de certains noms que l'on croit obscurs, et si l'on affecte de les corrompre [4] en les prononçant, c'est par la bonne opinion qu'on a du sien.

* L'on dit par belle humeur, et dans la liberté de la conversa-

---

1. « Convenu. » On n'est pas d'accord sur la vérité qu'il s'agit de chercher.
2. « Le nom des rues. » Il faut aussi reconnaître que certains de ces noms étaient d'une singularité quelquefois licencieuse.
3. « Ayant besoin des Halles. » Tour elliptique et concis. — D'Aguesseau, ayant à discuter les droits des prétendants à la succession d'un acteur de la Comédie Italienne, ne se permet pas de le désigner par son nom de comédien : « Tiberio Fiorelli, dit-il, connu sous un autre nom dans le monde. » En marge est le nom de *Scaramouche*, qui a été jugé indigne d'entrer dans le texte.
4. « De les corrompre. » Le maréchal de Richelieu, qui ne savait ni le français ni l'orthographe, et qui était pourtant de l'Académie française, se plaisait à écorcher impitoyablement les noms de tous ses confrères.

tion, de ces choses froides [1] qu'à la vérité l'on donne pour telles, et que l'on ne trouve bonnes que parce qu'elles sont extrêmement mauvaises : cette manière basse de plaisanter a passé du peuple, à qui elle appartient, jusque dans une grande partie de la jeunesse de la cour, qu'elle a déjà infectée. Il est vrai qu'il y entre trop de fadeur et de grossièreté pour devoir craindre qu'elle s'étende plus loin, et qu'elle fasse de plus grands progrès dans un pays qui est le centre du bon goût et de la politesse : l'on doit cependant en inspirer le dégoût à ceux qui la pratiquent ; car, bien que ce ne soit jamais sérieusement, elle ne laisse pas de tenir la place, dans leur esprit et dans le commerce ordinaire, de quelque chose de meilleur [2].

* Entre dire de mauvaises choses ou en dire de bonnes que tout le monde sait, et les donner pour nouvelles, je n'ai pas à choisir [3].

* « Lucain a dit une jolie chose, il y a un beau mot de Claudien, il y a cet endroit de Sénèque : » et là-dessus une longue suite de latin que l'on cite souvent devant des gens qui ne l'entendent pas, et qui feignent de l'entendre. Le secret serait d'avoir un grand sens et bien de l'esprit ; car ou l'on se passerait des anciens, ou, après les avoir lus avec soin, l'on saurait encore choisir les meilleurs, et les citer à propos.

* *Hermagoras* ne sait pas qui est roi de Hongrie ; il s'étonne de n'entendre faire aucune mention du roi de Bohême : ne lui parlez pas des guerres de Flandre et de Hollande, dispensez-le du moins de vous répondre, il confond les temps, il ignore quand elles ont commencé, quand elles ont fini ; combats, siéges, tout lui est nouveau. Mais il est instruit de la guerre des Géants, il en raconte le progrès et les moindres détails ; rien ne lui est échappé : il débrouille de même l'horrible chaos des deux empires, le baby-

---

1. « De ces choses froides. » Des équivoques, des jeux de mots, des turlupinades, qu'on appelait ainsi d'un farceur de l'Hôtel de Bourgogne. Molière s'est élevé avec force, dans la *Critique de l'École des femmes*, contre ce travers qui a survécu et n'est pas sur le point de disparaître.

2. « Meilleur. » André Chénier a dit d'un de ces froids plaisants :

Bientôt chez tous les sots on sait de toute part
Jusqu'où vont ses talents ; que lui seul avec art
Noue une obscure énigme au regard louche et fade,
Hache et disloque un mot en absurde charade,
Construit, tordant les mots vers un sens gauche et lourd,
Le Janus à deux fronts, l'hébété calembourg.

3. « Je n'ai pas à choisir. » C'est pousser un peu trop loin l'amour de l'originalité.

Ionien et l'assyrien ; il connaît à fond les Égyptiens et leurs dynasties. Il n'a jamais vu Versailles ; il ne le verra point, il a presque vu la tour de Babel; il en compte les degrés ; il sait combien d'architectes ont présidé à cet ouvrage ; il sait le nom des architectes. Dirai-je qu'il croit Henri IV[1] fils de Henri III ? Il néglige du moins de rien connaître aux maisons de France, d'Autriche, de Bavière. quelles minuties! dit-il, pendant qu'il récite de mémoire toute une liste des rois des Mèdes ou de Babylone, et que les noms d'Apronal, d'Hérigebal, de Noesnemordach, de Mardokempad, lui sont aussi familiers qu'à nous ceux de VALOIS et de BOURBON. Il demande si l'empereur a jamais été marié ; mais personne ne lui apprendra que Ninus a eu deux femmes. On lui dit que le roi jouit d'une santé parfaite ; et il se souvient que Thetmosis, un roi d'Égypte, était valétudinaire, et qu'il tenait cette complexion de son aïeul Alipharmutosis. Que ne sait-il point ? quelle chose lui est cachée de la vénérable antiquité? Il vous dira que Sémiramis, ou, selon quelques-uns, Sérimaris, parlait comme son fils Nynias, qu'on ne les distinguait pas à la parole : si c'était parce que la mère avait une voix mâle comme son fils, ou le fils une voix efféminée comme sa mère, qu'il n'ose pas[2] le décider. Il vous révélera que Nembrod était gaucher, et Sésostris ambidextre ; que c'est une erreur de s'imaginer qu'un Artaxerxe ait été appelé Longuemain parce que les bras lui tombaient jusqu'aux genoux, et non à cause qu'il avait une main plus longue que l'autre ; et il ajoute qu'il y a des auteurs graves qui affirment que c'était la droite ; qu'il croit néanmoins être bien fondé à soutenir que c'est la gauche[3].

* Ascagne est statuaire, Hégion fondeur, Æschine foulon, et *Cydias*[4] bel esprit, c'est sa profession. Il a une enseigne, un

---

1. « Henri IV. » Henri-le-Grand. (*Note de La Bruyère.*) — Craignait-il que ses lecteurs ne s'y trompassent aussi bien que le savant dont il parle ?
2. « Qu'il n'ose pas. » Il vous dira qu'il n'ose pas le décider.
3. « La gauche. » Ce caractère semble un peu chargé. On voyait cependant quelques savants qui faisaient profession de mépriser les modernes autant qu'ils admiraient les anciens. M. et Mme Dacier se récriaient un jour vivement contre un vers de Boileau, où Socrate était traité avec trop peu de respect. « Vous avez, leur répondit Despréaux, un bien beau zèle pour les morts ; mais que diriez-vous donc si j'avais fait la chanson qui court contre le père Massillon ? — Ah ! répliqua Dacier, le bel homme que Massillon pour le comparer à Socrate ! »
4. « Cydias. » Les clefs désignent à tort Perrault ; il s'agit ici de Fontenelle, qui s'est essayé dans presque tous les genres de compositions.

atelier, des ouvrages de commande, et des compagnons [1] qui travaillent sous lui : il ne vous saurait rendre de plus d'un mois les stances qu'il vous a promises, s'il ne manque de parole à *Dosithée*, qui l'a engagé à faire une élégie [2]; une idylle est sur le métier, c'est pour *Crantor* qui le presse, et qui lui laisse espérer un riche salaire. Prose, vers, que voulez-vous? il réussit également en l'un et en l'autre. Demandez-lui des lettres de consolation, ou sur une absence, il les entreprendra; prenez-les toutes faites et entrez dans son magasin, il y a à choisir. Il a un ami qui n'a point d'autre fonction sur la terre que de le promettre longtemps à un certain monde, et de le présenter enfin dans les maisons comme homme rare et d'une exquise conversation ; et là, ainsi que le musicien chante et que le joueur de luth touche son luth devant les personnes à qui il a été promis, Cydias, après avoir toussé, relevé sa manchette, étendu la main et ouvert les doigts, débite gravement ses pensées quintessenciées et ses raisonnements sophistiqués [3]. Différent de ceux qui, convenant de principes, et connaissant la raison ou la vérité qui est une, s'arrachent la parole l'un à l'autre pour s'accorder sur leurs sentiments, il n'ouvre la bouche que pour contredire : *Il me semble*, dit-il gracieusement, *que c'est tout le contraire de ce que vous dites*, ou, *Je ne saurais être de votre opinion*; ou bien, *ç'a été autrefois mon entêtement, comme il est le vôtre, mais... il y a trois choses*, ajoute-t-il, *à considérer.....*, et il en ajoute une quatrième : fade discoureur qui n'a pas mis plutôt le pied dans

---

1. « Des compagnons. » L'auteur emploie à dessein des expressions qui servent à désigner des travaux manuels et ceux qui les exécutent. Rien n'est du reste plus vif et plus piquant que cette satire de l'industrie littéraire ; on la croirait écrite d'hier.
2. « Engagé à faire une élégie. » Qui lui a commandé une élégie, qui a reçu sa parole qu'elle serait livrée à temps. *Engager à* signifie aujourd'hui simplement exhorter, conseiller, sens qui ne se trouve pas dans le dictionnaire de Furetière. Cela veut-il dire qu'une promesse, qu'un *engagement* à donner ou à recevoir, était chose plus grave de ce temps que du nôtre ?
3. « Sophistiqués. »

> Paix là ! j'entends Pimprenelle (Fontenelle)
> Qui, géométriquement,
> Par maint beau raisonnement,
> Fait, à la pointe fidèle,
> Le procès au sentiment.
> Le dur, l'enflé, le bizarre
> A sa voix reprend vigueur,
> Et de son école l'auteur
> Le plus plat, se croit un Pindare.
>   CHAULIEU

une assemblée, qu'il cherche quelques femmes auprès de qui il puisse s'insinuer, se parer de son bel esprit ou de sa philosophie, et mettre en œuvre ses rares conceptions : car, soit qu'il parle ou qu'il écrive, il ne doit pas être soupçonné d'avoir en vue ni le vrai, ni le faux, ni le raisonnable, ni le ridicule ; il évite uniquement de donner dans le sens[1] des autres, et d'être de l'avis de quelqu'un; aussi attend-il dans un cercle que chacun se soit expliqué sur le sujet qui s'est offert, ou souvent qu'il a amené lui-même, pour dire dogmatiquement des choses toutes nouvelles, mais à son gré décisives et sans réplique. Cydias s'égale à Lucien et à Sénèque[2], se met au-dessus de Platon, de Virgile et de Théocrite ; et son flatteur a soin de le confirmer tous les matins dans cette opinion. Uni de goût et d'intérêt avec les contempteurs d'Homère[3], il attend paisiblement que les hommes détrompés lui préfèrent les poëtes modernes ; il se met en ce cas à la tête de ces derniers, et il sait à qui il adjuge la seconde place[4]. C'est, en un mot, un composé du pédant et du précieux, fait pour être admiré de la bourgeoisie et de la province, en qui néanmoins on n'aperçoit rien de grand[5] que l'opinion qu'il a de lui-même.

* C'est la profonde ignorance qui inspire le ton dogmatique : celui qui ne sait rien croit enseigner aux autres ce qu'il vient d'apprendre lui-même ; celui qui sait beaucoup pense à peine que ce qu'il dit puisse être ignoré, et parle plus indifféremment.

* Les plus grandes choses n'ont besoin que d'être dites simplement ; elles se gâtent par l'emphase : il faut dire noblement les plus petites ; elles ne se soutiennent que par l'expression, le ton et la manière[6].

1. « Donner dans le sens. » « Fontenelle semble n'avoir fait de ses *dialogues* qu'un jeu, ou si l'on veut, un effort d'esprit ; un jeu par la frivolité des résultats, un effort par les rapprochements forcés et la recherche des pensées et du style. On y trouve des pensées ingénieuses et fines, mais il y en a tout au moins autant qui sont subtiles et fausses. L'auteur a voulu surtout piquer le lecteur par le choix de personnages disparates et par la conclusion imprévue de leur entretien. Ce plan, qui tendait plus à étonner qu'à instruire, n'est louable ni pour la morale, ni pour le goût. Où est le mérite d'étonner aux dépens du bon sens ? » LAHARPE.
2. « A Sénèque. » Philosophe et poète tragique. (*Note de La Bruyère.*) Fontenelle avait composé, entre autres ouvrages, des *dialogues des morts*, des *tragédies* qui eurent peu de succès ; des *Entretiens sur la pluralité des mondes*, et des *pastorales* recherchées et quelquefois spirituelles.
3. « Contempteurs d'Homère. » Perrault, Lamotte, et de Visé auteur du *Mercure Galant*.
4. « La seconde place. » Lamotte, dont Fontenelle a fait un long éloge.
5. « Rien de grand. » Fontenelle fut très-blessé de cette satire vive et quelquefois injuste, et ne put jamais la pardonner à La Bruyère.
6. « La manière. » C'est ainsi que Virgile sait nous intéresser à ses arbres et ses

* Il me semble que l'on dit les choses encore plus finement qu'on ne peut les écrire.

* Il n'y a guère qu'une naissance honnête, ou qu'une bonne éducation[1], qui rende les hommes capables de secret.

* Toute confiance est dangereuse, si elle n'est entière : il y a peu de conjonctures où il ne faille tout dire ou tout cacher. On a déjà trop dit de son secret à celui à qui l'on croit devoir en dérober une circonstance.

* Des gens vous promettent le secret, et ils le révèlent eux-mêmes, et à leur insu ; ils ne remuent pas les lèvres, et on les entend ; on lit sur leur front et dans leurs yeux, on voit au travers de leur poitrine, ils sont transparents[2] : d'autres ne disent pas précisément une chose qui leur a été confiée, mais ils parlent et agissent de manière qu'on la découvre de soi-même : enfin, quelques-uns méprisent votre secret, de quelque conséquence qu'il puisse être : *C'est un mystère, un tel m'en a fait part, et m'a défendu de le dire ;* et ils le disent.

Toute révélation d'un secret est la faute de celui qui l'a confié.

* *Nicandre* s'entretient avec *Élise* de la manière douce et complaisante dont il a vécu avec sa femme, depuis le jour qu'il en fit le choix jusques à sa mort : il a déjà dit qu'il regrette qu'elle ne lui ait pas laissé des enfants, et il le répète : il parle des maisons qu'il a à la ville, et bientôt d'une terre qu'il a à la campagne ; il calcule le revenu qu'elle lui rapporte, il fait le plan des bâtiments, en décrit la situation, exagère la commodité des appartements, ainsi que la richesse et la propreté des meubles[3]. Il assure qu'il aime la bonne chère, les équipages : il se plaint que sa femme n'aimait point assez le jeu et la société. Vous êtes si riche,

---

abeilles ; le sujet est petit, dit-il, mais la gloire est grande à qui sait le traiter, et que Lucain gâte par l'emphase les plus beaux mots de César.

1. « Une naissance honnête, ou une bonne éducation. » La Bruyère associe souvent ces deux choses si différentes, la naissance et l'instruction, et leur attribue presque les mêmes résultats. Ne rendait-il en cela qu'un hommage mérité à la noblesse, ou ne faisait-il que céder à un préjugé populaire ?

2. « Ils sont transparents. » Expression ingénieuse et bien amenée. Térence a dit spirituellement : « C'est un panier percé ; le secret lui échappe de tous les côtés. »

3. « La propreté des meubles. » « *Propre* se dit de ce qui est bien net et bien orné. Voilà un appartement bien *propre*, des meubles bien *propres*, un habit fort *propre*. » Furetière. — Ce mot a perdu beaucoup aujourd'hui de sa valeur, preuve que la qualité qu'il exprime est devenue plus commune. Monsieur Jourdain, s'il vivait de notre temps, serait peu flatté de s'entendre dire par un homme à qui il prête de l'argent : « Vous voilà le plus *propre* du monde. » Le Bourgeois Gentilhomme, III, 4.

lui disait l'un de ses amis, que n'achetez-vous cette charge? pourquoi ne pas faire cette acquisition, qui étendrait votre domaine? On me croit, ajoute-t-il, plus de bien que je n'en possède. Il n'oublie pas son extraction et ses alliances : *Monsieur le surintendant, qui est mon cousin; Madame la chancelière, qui est ma parente;* voilà son style. Il raconte un fait qui prouve le mécontentement qu'il doit avoir de ses plus proches, et de ceux même qui sont ses héritiers. Ai-je tort? dit-il à Élise, ai-je grand sujet de leur vouloir du bien? et il l'en fait juge. Il insinue ensuite qu'il a une santé faible et languissante, et il parle de la cave [1] où il doit être enterré. Il est insinuant, flatteur, officieux à l'égard de tous ceux qu'il trouve auprès de la personne à qui il aspire. Mais Élise n'a pas le courage d'être riche [2] en l'épousant : on annonce, au moment qu'il parle, un cavalier, qui de sa seule présence démonte la batterie de l'homme de ville : il se lève déconcerté et chagrin, et va dire ailleurs qu'il veut se remarier.

* Le sage quelquefois évite le monde, de peur d'être ennuyé

[Chapitre VI.]

DES BIENS DE FORTUNE.

* Un homme fort riche peut manger des entremets, faire peindre ses lambris et ses alcôves, jouir d'un palais à la campagne et d'un autre à la ville, avoir un grand équipage, mettre un duc dans sa famille, et faire de son fils un grand seigneur; cela est juste et de son ressort : mais il appartient peut-être à d'autres de vivre contents [3].

* Une grande naissance ou une grande fortune annonce [4] le mérite, et le fait plutôt remarquer.

* Ce qui disculpe le fat ambitieux de son ambition, est le soin

---

1. « De la cave. » Du caveau.
2. « Le courage d'être riche. » Alliance de mots originale et juste
3. « Vivre contents. »
   Être heureux comme un roi, dit le peuple hébété :
   Hélas! pour le bonheur que fait la majesté?
   En vain sur ses grandeurs un monarque s'appuie,
   Il gémit quelquefois, et bien souvent s'ennuie.
                          VOLTAIRE, *Discours en vers*
4. « Annonce. » Sert d'enseigne au mérite.

que l'on prend, s'il a fait une grande fortune, de lui trouver un mérite qu'il n'a jamais eu, et aussi grand qu'il croit l'avoir.

* A mesure que la faveur et les grands biens se retirent[1] d'un homme, ils laissent voir en lui le ridicule qu'ils couvraient, et qui y était sans que personne s'en aperçût.

* Si l'on ne le voyait de ses yeux, pourrait-on jamais s'imaginer l'étrange disproportion que le plus ou le moins de pièces de monnaie met entre les hommes?

Ce plus ou ce moins détermine à l'épée, à la robe, ou à l'Église; il n'y a presque point d'autre vocation.

* Deux marchands étaient voisins, et faisaient le même commerce, qui ont eu dans la suite une fortune toute différente. Ils avaient chacun une fille unique; elles ont été nourries ensemble, et ont vécu dans cette familiarité que donnent un même âge et une même condition : l'une des deux, pour se tirer d'une extrême misère, cherche à se placer; elle entre au service d'une fort grande dame et l'une des premières de la cour, chez sa compagne[2].

* Si le financier manque son coup[3], les courtisans disent de lui : C'est un bourgeois, un homme de rien, un malotru; s'il réussit, ils lui demandent sa fille[4].

* Quelques-uns[5] ont fait dans leur jeunesse l'apprentissage d'un certain métier, pour en exercer un autre, et fort différent, le reste de leur vie.

* Un homme est laid, de petite taille, et a peu d'esprit; l'on

---

1. « Se retirent. » Comparaison élégante, et à peine indiquée, avec la marée qui monte et descend.

2. « Chez sa compagne. » Chute de phrase qui ajoute à l'effet du récit en produisant une surprise pour le lecteur. Nous verrons vers la fin du chapitre le même artifice employé dans le portrait du riche et du pauvre.

3. « Manque son coup. » Quel mépris énergique dans cette expression!

4. « Sa fille. » Au moins aurait-il fallu opter entre le mépris et la mésalliance. Mais on était assez avare et assez orgueilleux pour convoiter la dot et dédaigner la femme. Bussy écrit à madame de Sévigné, à propos du maréchal de Lorges, qui avait épousé la fille de M. de Frémont, garde du trésor royal : « C'est un pauvre diable de qualité à qui le roi a donné des honneurs, mais qui n'a de solide que le bien que lui apportera la fille du *laquais* qu'il a épousée. » Février 1687. — Madame de Grignan, qui maria son fils à la fille du fermier général Saint-Amand, s'en consolait en disant partout qu'il fallait bien quelquefois *fumer* ses terres.

5. « Quelques-uns. » Les partisans. Sur les partisans, voy. plus bas page 131, note 1. « Madame de Cornuel était l'autre jour chez Berryer dont elle était maltraitée; elle attendait à lui parler dans une antichambre qui était pleine de laquais. Il vint une espèce d'honnête homme qui lui dit qu'elle était mal dans ce lieu-là. « Hélas! dit-elle, j'y suis fort bien, je ne les crains point tant qu'ils sont laquais. » Voilà ce qui a fait éclater de rire M. de Pompone. » Mme DE SÉVIGNÉ, *à Mme de Grignan*, 7 octobre 1676.

me dit à l'oreille : Il a cinquante mille livres de rente ; cela le concerne tout seul, et il ne m'en fera jamais ni pis ni mieux¹. Si je commence à le regarder avec d'autres yeux, et si je ne suis pas maître de faire autrement, quelle sottise !

* Un projet assez vain serait de vouloir tourner un homme fort sot et fort riche en ridicule : les rieurs sont de son côté.

* N** avec un portier rustre, farouche, tirant sur le Suisse², avec un vestibule et une antichambre, pour peu qu'il y fasse languir quelqu'un et se morfondre, qu'il paraisse enfin avec une mine grave et une démarche mesurée, qu'il écoute un peu³ et ne reconduise point, quelque subalterne qu'il soit d'ailleurs, il fera sentir de lui-même⁴ quelque chose qui approche de la considération.

* Je vais, *Clitiphon*, à votre porte ; le besoin que j'ai de vous me chasse de mon lit et de ma chambre : plût aux dieux que je ne fusse ni votre client ni votre fâcheux ! Vos esclaves me disent que vous êtes enfermé, et que vous ne pouvez m'écouter que d'une heure⁵ entière : je reviens avant le temps qu'ils m'ont marqué, et ils me disent que vous êtes sorti. Que faites-vous, Clitiphon, dans cet endroit le plus reculé de votre appartement, de si laborieux qui vous empêche de m'entendre ? Vous enfilez quelques mémoires, vous collationnez un registre, vous signez, vous paraphez ; je n'avais qu'une chose à vous demander, et vous n'aviez qu'un mot à me répondre, oui, ou non. Voulez-vous être rare⁶, rendez service à ceux qui dépendent de vous : vous le serez davantage par cette conduite que par ne vous pas laisser voir⁷. O homme important et chargé d'affaires, qui à votre tour avez

---

1. « Il ne m'en fera ni pis ni mieux. » Locution rare pour : je n'y gagnerai et n'y perdrai rien.
2. « Tirant sur le Suisse. » Les grands seigneurs avaient un Suisse de nation pour portier. Les bourgeois affublaient de ce nom un de leurs serviteurs indigènes ; de là le picard Petit-Jean des *Plaideurs* disant :

Il m'avait fait venir d'Amiens pour être *Suisse*.

3. « Un peu. » Il serait plus correct de dire : qu'il écoute *peu*. Ce n'est pas non plus se servir d'un tour fort élégant que de dire : « pour peu qu'il écoute un *peu* » Ces négligences étonnent dans le style si travaillé de La Bruyère.
4. « Fera sentir de lui-même. » Il inspirera.
5. « Que d'une heure. » Que dans une heure, qu'à partir d'une heure entière.
6. « Rare. » Qui n'est pas commun, qui ne se laisse pas voir ; l'auteur joue sur ce double sens.
7. « Par ne vous pas laisser voir. » En ne vous laissant pas voir. Cette tournure n'a pas passé dans la langue ; elle répond au gérondif en *do* des Latins, qui est un véritable ablatif.

besoin de mes offices, venez dans la solitude de mon cabinet : le philosophe est accessible, je ne vous remettrai point à un autre jour. Vous me trouverez sur les livres de Platon qui traitent de la spiritualité de l'âme et de sa distinction d'avec le corps, ou la plume à la main pour calculer les distances de Saturne et de Jupiter : j'admire Dieu dans ses ouvrages, et je cherche, par la connaissance de la vérité, à régler mon esprit et devenir meilleur. Entrez, toutes les portes vous sont ouvertes : mon antichambre n'est pas faite pour s'y ennuyer en m'attendant : passez jusqu'à moi sans me faire avertir. Vous m'apportez quelque chose de plus précieux que l'argent et l'or, si c'est une occasion de vous obliger ; parlez, que voulez-vous que je fasse pour vous ? faut-il quitter mes livres, mes études, mon ouvrage, cette ligne qui est commencée ? quelle interruption heureuse pour moi que celle qui vous est utile [1] ! Le manieur d'argent, l'homme d'affaires est un ours qu'on ne saurait apprivoiser ; on ne le voit dans sa loge qu'avec peine ; que dis-je ? on ne le voit point, car d'abord on ne le voit pas encore, et bientôt on ne le voit plus. L'homme de lettres, au contraire, est trivial [2] comme une borne au coin des places ; il est vu de tous, et à toute heure, et en tous états, à table, au lit, nu, habillé, sain ou malade ; il ne peut [3] être important, et il ne le veut point être.

* N'envions point à une sorte de gens leurs grandes richesses, ils les ont à titre onéreux, et qui ne nous accommoderait point ; ils ont mis leur repos, leur santé, leur honneur et leur conscience pour les avoir ; cela est trop cher, et il n'y a rien à gagner à un tel marché

---

1. « Qui vous est utile. » Ce témoignage de La Bruyère sur lui-même est confirmé par celui d'un ennemi, le chartreux Bonaventure d'Argonne, qui se cachait sous le pseudonyme de Vigneul-Marville : « Rien de si beau que ce caractère ; mais il faut avouer que sans supposer d'antichambre ni cabinet, on avait une grande commodité pour s'introduire soi-même auprès de M. de La Bruyère. Avant qu'il eût un appartement à l'hôtel de... (Condé), il n'y avait qu'une porte à ouvrir, et une chambre proche du ciel, séparée en deux par une légère tapisserie. Le vent, toujours bon serviteur des philosophes, courant au-devant de ceux qui arrivaient, et retournant avec le mouvement de la porte, levait adroitement la tapisserie et laissait voir le philosophe, le visage riant, et bien content d'avoir occasion de distiller dans l'esprit et le cœur des survenants l'élixir de ses méditations. »

2. « Trivial. » Qu'on rencontre partout ; c'est le sens véritable du mot. « Trivial, dit Furetière, vient de trivialis, qui a été dit de ceux qui enseignent ou qui étudient in trivio, c'est-à-dire en lieu public. »

3. « Il ne peut. » Expression encore timide et enveloppée d'un regret et d'un désir que le siècle suivant avouera plus ouvertement.

DES BIENS DE FORTUNE.

* Les P. T. S.[1] nous font sentir toutes les passions l'une après l'autre : l'on commence par le mépris à cause de leur obscurité ; on les envie ensuite, on les hait, on les craint, on les estime quelquefois, et on les respecte. L'on vit assez pour finir à leur égard par la compassion.

* *Soste* de la livrée[2] a passé par une petite recette à une sous-ferme[3] ; et par les concussions, la violence, et l'abus qu'il a fait de ses *pouvoirs*, il s'est enfin, sur les ruines de plusieurs familles, élevé à quelque grade : devenu noble par une charge, il ne lui manquait que d'être homme de bien · une place de marguillier a fait ce prodige.

* *Arfure* cheminait seule et à pied vers le grand portique de Saint ***[4] ; entendait de loin le sermon d'un carme ou d'un docteur qu'elle ne voyait qu'obliquement, et dont elle perdait bien des paroles. Sa vertu était obscure, et sa dévotion connue comme sa personne. Son mari est entré dans le *huitième denier*[5] : quelle monstrueuse fortune en moins de six années ! Elle n'arrive à 'église que dans un char, on lui porte une lourde queue[6] ; l'orateur s'interrompt pendant qu'elle se place ; elle le voit de front,

---

1. « P. T. S. » Les partisans. La Bruyère voulait laisser à ses lecteurs le plaisir assez facile de deviner la signification de ces initiales. « *Partisan*, dit Furetière, est un financier, un homme qui fait des traités, des *partis* avec le roi, qui prend ses revenus à ferme, le recouvrement des impôts, qui en donne aussi les avis et les mémoires. On établit de temps en temps des chambres de justice pour punir les voleries qu'ont faites les partisans. » — Cet exemple qui ne vient là que pour éclaircir le sens du mot est fort curieux.
2. « De la livrée. » Montesquieu a osé écrire : « Le corps des laquais est plus respectable en France qu'ailleurs : c'est un séminaire de grands seigneurs ; il remplit le vide des autres états. Ceux qui les composent prennent la place des grands malheureux, des magistrats ruinés, des gentilshommes tués dans la fureur de la guerre, et, quand ils ne peuvent pas suppléer par eux-mêmes, ils relèvent toutes les grandes maisons par le moyen de leurs filles, qui souvent sont comme une espèce de fumier qui engraisse les terres montagneuses et arides. » — Cela rappelle l'expression de *fumer ses terres*, à la page 128, note 4.
3. « Sous-ferme. » Chaque droit était affermé à un *fermier général*, qui le prélevait comme il l'entendait, moyennant une certaine somme qu'il avançait à l'État. Il déléguait ses *pouvoirs* à des *sous-fermiers*.
4. « Saint ***. » Saint-Médéric, d'après la conjecture de M. Walckenaer.
5. « Huitième denier. » « Terme d'aides, imposition qui se lève sur le vin vendu à pot et par assiette. Raguean dit que cette imposition a commencé du temps du roi Charles VI, par édit du mois de janvier 1382 ; on appelle aussi *huitième denier* un droit qu'on fait payer tous les trente ans aux engagistes des biens aliénés des ecclésiastiques, pour être confirmés dans leur jouissance, ou pour permettre aux bénéficiaires d'y rentrer. » FURETIÈRE.
6. « Queue. » « Cette partie superflue des habits longs qui traîne à terre, qui est une marque de qualité et qu'on étend beaucoup dans les grandes cérémonies. Les cardinaux ont des officiers pour leur porter la *queue*, qu'on appelle *caudataires*. Ce sont des princesses qui portent la *queue* de la reine lors de son mariage. Aux pompes funèbres, les princes ont des *queues* de douze ou quinze aunes de long. » FURETIÈRE.

n'en perd pas une seule parole ni le moindre geste : il y a une brigue entre les prêtres pour la confesser ; tous veulent l'absoudre, et le curé l'emporte.

* L'on porte *Crésus* au cimetière : de toutes ses immenses richesses que le vol et la concussion lui avaient acquises, et qu'il a épuisées par le luxe et par la bonne chère, il ne lui est pas demeuré de quoi se faire enterrer ; il est mort insolvable, sans biens, et ainsi privé de tous les secours : l'on n'a vu chez lui ni julep, ni cordiaux, ni médecins, ni le moindre docteur qui l'ait assuré de son salut.

* *Champagne*, au sortir d'un long dîner qui lui enfle l'estomac, et dans les douces fumées d'un vin d'Avenay ou de Sillery, signe un ordre qu'on lui présente, qui ôterait le pain à toute une province, si l'on n'y remédiait : il est excusable ; quel moyen de comprendre, dans la première heure de la digestion, qu'on puisse quelque part mourir de faim [1].

* *Sylvain* de ses deniers a acquis de la naissance et un autre nom ; il est seigneur de la paroisse où ses aïeuls payaient la taille [2] : il n'aurait pu autrefois entrer page chez *Cléobule*, et il est son gendre.

* *Dorus* passe en litière par la voie *Appienne*, précédé de ses affranchis et de ses esclaves, qui détournent le peuple et font faire place ; il ne lui manque que des licteurs ; il entre à *Rome* avec ce cortège, où il semble triompher de la bassesse et de la pauvreté de son père [3] *Sanga*.

* On ne peut mieux user de sa fortune que fait *Périandre* [4] : elle lui donne du rang, du crédit, de l'autorité ; déjà on ne le

---

1. « Mourir de faim. » Cette simplicité d'expressions est bien éloquente. Peu d'écrivains du temps auraient osé s'en servir. Massillon lui-même, dans les sermons où il prêche l'humanité aux grands, a recours à des périphrases, et n'appelle point par leurs noms redoutables la misère et la faim. C'est l'honneur de La Bruyère d'avoir été si profondément révolté du contraste inique de tant de luxe et de tant de pauvreté. En 1698, Vauban écrivait que la dixième partie de la population était réduite à la mendicité et mendiait en effet.

2. « La taille. » « Autrefois impôt seigneurial ; aujourd'hui grande imposition qu'on fait tous les ans de la part du roi sur le peuple et les roturiers pour soutenir les charges de l'État. Les *tailles* se lèvent ordinairement par capitation et par contribution personnelle. Les nobles, les ecclésiastiques et les officiers du roi sont exempts des *tailles*. » Furetière.

3. « Triompher de la pauvreté de son père. » Belle et antique expression.

4. « Périandre. » Langlée qui, d'une naissance obscure et sans mérite, était devenu un personnage considérable par son habileté et son bonheur au jeu. « Avec très peu ou point d'esprit, dit Saint-Simon, mais une grande connaissance du monde, il sut prêter de bonne grâce, attendre de meilleure grâce encore, se faire beaucoup d'amis et de la réputation à force de procédés. Il fut de toutes les parties, de toutes les fêtes,

prie plus d'accorder son amitié, on implore sa protection. Il a commencé par dire de soi-même, *un homme de ma sorte*; il passe à dire [1], *un homme de ma qualité* : il se donne pour tel; et il n'y a personne de ceux à qui il prête de l'argent, ou qu'il reçoit à sa table, qui est délicate, qui veuille s'y opposer. Sa demeure est superbe; un dorique règne dans tous ses dehors; ce n'est pas une porte, c'est un portique : est-ce la maison d'un particulier, est-ce un temple? le peuple s'y trompe. Il est le seigneur dominant de tout le quartier; c'est lui que l'on envie, et dont on voudrait voir la chute; c'est lui dont la femme, par son collier de perles, s'est fait des ennemies de toutes les dames du voisinage. Tout se soutient dans cet homme; rien encore ne se dément dans cette grandeur qu'il a acquise, dont il ne doit rien, qu'il a payée. Que son père si vieux et si caduc n'est-il mort il y a vingt ans [2], et avant qu'il se fit dans le monde aucune mention de Périandre! Comment pourra-t-il soutenir ces odieuses pancartes [3] qui déchiffrent les conditions, et qui souvent font rougir la veuve et les héritiers? Les supprimera-t-il aux yeux de toute une ville jalouse, maligne, clairvoyante, et aux dépens de mille gens qui veulent absolument aller tenir leur rang à des obsèques? Veut-on d'ailleurs qu'il fasse de son père un *noble homme* [4], et peut-être un *honorable homme*, lui qui est *messire* [5]?

de tous les Marlys (de tous les voyages du roi à Marly, où les plus grands et les favoris seuls étaient admis.]; lié avec toutes les filles du roi, et tellement familier avec elles, qu'il leur disait souvent leurs vérités. Il était fort bien avec les princes du sang qui mangeaient très-souvent à Paris chez lui, où abondait la plus grande et la meilleure compagnie. Il s'était rendu maître des modes, des fêtes, des goûts, à tel point que personne n'en donnait que sous sa direction, à commencer par les princes et les princesses du sang. »

1. « Il passe à dire. » Passer à s'emploie ordinairement avec un substantif, *passer à autre chose.*

2. « Que son père n'est-il. » *Que* précède d'ordinaire immédiatement *ne* dans ces sortes de phrases :

Dieux! *que ne* suis-je assise à l'ombre des forêts!
RACINE, *Phèdre*, acte I.

3. « Pancartes. » Billets d'enterrement. (*Note de La Bruyère.*)

4. « Noble homme. » « On donne à des bourgeois la qualité de *noble homme*, qui ne devrait appartenir qu'aux vrais nobles. » — « Honorable homme » « est un titre que l'on donne dans les contrats à ceux qui n'en ont pas d'autres, et qui n'ont ni charge, ni seigneurie qui leur donne une distinction particulière. C'est celle que prennent les petits bourgeois, les marchands et les artisans. Ce titre est à présent avili et est en quelque façon opposé à *noblesse*. Il se donnait autrefois à ceux qui avaient passé par les magistratures, qu'on appelait *personnes honorables*. » FURETIÈRE.

5. « Messire. » « Titre ou qualité que prennent les nobles et les personnes de qualité dans les actes qu'ils passent. Fut présent haut et puissant seigneur *Messire* Pierre Séguier, chevalier, chancelier de France. » FURETIÈRE.

8

* Combien d'hommes ressemblent à ces arbres déjà forts et avancés que l'on transplante dans les jardins, où ils surprennent les yeux de ceux qui les voient placés dans de beaux endroits où ils ne les ont point vus croître, et qui ne connaissent ni leurs commencements, ni leurs progès !

* Si certains morts revenaient au monde, et s'ils voyaient leurs grands noms portés, et leurs terres les mieux titrées, avec leurs châteaux et leurs maisons antiques, possédées par des gens dont les pères étaient peut-être leurs métayers, quelle opinion pourraient-ils avoir de notre siècle[1] ?

* Rien ne fait mieux comprendre le peu de chose que Dieu croit donner aux hommes, en leur abandonnant les richesses, l'argent, les grands établissements et les autres biens, que la dispensation qu'il en fait, et le genre d'hommes qui en sont le mieux pourvus[2].

* Si vous entrez dans les cuisines, où l'on voit réduit en art et en méthode le secret de flatter votre goût et de vous faire manger au delà du nécessaire, si vous examinez en détail tous les apprêts des viandes qui doivent composer le festin que l'on vous prépare; si vous regardez par quelles mains elles passent, et toutes les formes différentes qu'elles prennent avant de devenir un mets exquis, et d'arriver à cette propreté et à cette élégance qui charment vos yeux, vous font hésiter sur le choix, et prendre le parti d'essayer de tout ; si vous voyez tout le repas ailleurs que sur une table bien servie, quelles saletés, quel dégoût ! Si vous allez derrière un théâtre, et si vous nombrez les poids, les roues, les cordages qui font les vols et les machines; si vous considérez combien de gens entrent dans l'exécution de ces mouvements, quelle force de bras, et quelle extension de nerfs ils y emploient, vous direz : Sont-ce là les principes et les ressorts de ce spectacle si beau, si naturel, qui paraît animé et agir de soi-même ? vous

---

1. « Notre siècle. » La ruine de la noblesse et l'élévation toujours croissante de la bourgeoisie n'est pas un des traits les moins intéressants du règne de Louis XIV. Ainsi commençait la révolution. Ceux qui la préparaient ne s'en doutaient guère.

2. « Pourvus. » Cette pensée semble une inspiration de Bossuet qui l'a exprimée plusieurs fois : « Lorsque rappelant en mon esprit la mémoire de tous les siècles, je vois si souvent les grandeurs du monde entre les mains des impies, ah ! qu'il m'est aisé de comprendre que Dieu fait peu d'état de telles faveurs, et de tous les biens qu'il donne pour la vie présente! Et toi, ô vanité et grandeur humaine, triomphe d'un jour, superbe néant, que tu parais peu à ma vue, quand je te regarde par cet endroit! » *Sermon sur la Providence.*

vous récrierez : Quels efforts! quelle violence! De même n'approfondissez pas la fortune des partisans [1].

* Ce garçon [2] si frais, si fleuri, et d'une si belle santé, est seigneur d'une abbaye et de dix autres bénéfices [3]; tous ensemble lui rapportent six vingt mille livres de revenu, dont il n'est payé qu'en médailles d'or. Il y a ailleurs six vingts familles indigentes qui ne se chauffent point pendant l'hiver, qui n'ont point d'habits pour se couvrir, et qui souvent manquent de pain; leur pauvreté est extrême et honteuse : quel partage! Et cela ne prouve-t-il pas clairement un avenir [4]?

* *Chrysippe* [5], homme nouveau et le premier noble de sa race, aspirait, il y a trente années, à se voir un jour deux mille livres de rente pour tout bien : c'était là le comble de ses souhaits et sa plus haute ambition; il l'a dit ainsi, et on s'en souvient. Il arrive, je ne sais par quels chemins, jusques à donner en revenu à l'une de ses filles, pour sa dot, ce qu'il désirait lui-même d'avoir en fonds pour toute fortune pendant sa vie : une pareille somme est comptée dans ses coffres pour chacun de ses autres enfants qu'il doit pourvoir, et il a un grand nombre d'enfants : ce n'est qu'en avancement d'hoirie [6], il y a d'autres biens à espérer après sa mort : il vit encore, quoique assez avancé en âge, et il use le reste de ses jours à travailler pour s'enrichir.

* Laissez faire *Ergaste* [7], et il exigera un droit de tous ceux

---

1. « Partisans. » Cette satire est vive et amère; et pourtant La Bruyère n'a pas voulu tout dire. La fortune de la plupart des grands sortait de la même cuisine, comme dit notre auteur. Presque tous sollicitaient du roi des confiscations ou des gains honteux qu'on appelait *affaires*. Ainsi le comte de Grammont parvient à saisir un homme condamné pour concussion à une amende de 12,000 écus et qui était en fuite; il demande au roi de lui abandonner cet homme, dont il tire 40 à 50,000 livres. Un graveur, enfermé pour toute sa vie dans la Bastille, parce qu'il avait fait paraître quelques *caricatures* contre la cour, se désespère et se suicide; le roi donne ses biens à la Dauphine; et Dangeau écrit : « Aujourd'hui le roi a donné à madame la Dauphine un homme qui s'est tué lui-même; elle espère en tirer beaucoup d'argent. » — Il est singulier de voir combien était peu délicate, en beaucoup d'endroits, la morale d'un siècle d'ailleurs si poli.
2. « Ce garçon. » Les clefs nomment Charles-Maurice Le Tellier, archevêque de Reims.
3. « Bénéfices. » Revenus dont était dotée une église.
4. « Un avenir. » Quel avenir? Celui que fait espérer la religion, ou celui qui s'est accompli par la révolution? Cette phrase est bien hardie dans son obscurité sans doute calculée.
5. « Chrysippe. » Langeois, fermier général, dont le fils a épousé la fille du président Cousin, et la fille le fils du maréchal de Tourville.
6. « Hoirie. » Succession, hérédité.
7. « Ergaste. » Le baron de Beauvais, grand donneur d'avis, dont la mère était femme de chambre d'Anne d'Autriche.

qui boivent de l'eau de la rivière, ou qui marchent sur la terre ferme : il sait convertir en or jusques aux roseaux, aux joncs, et à l'ortie [1]; il écoute tous les avis, et propose tous ceux qu'il a écoutés. Le prince ne donne aux autres qu'aux dépens d'Ergaste, et ne leur fait de grâces que celles qui lui étaient dues ; c'est une faim insatiable d'avoir et de posséder : il trafiquerait des arts et des sciences, et mettrait en parti jusques à l'harmonie [2]. Il faudrait, s'il en était cru, que le peuple, pour avoir le plaisir de le voir riche, de lui voir une meute et une écurie, pût perdre le souvenir de la musique d'*Orphée*, et se contenter de la sienne.

* Ne traitez pas avec *Criton* [3], il n'est touché que de ses seuls avantages. Le piége est tout dressé à ceux à qui sa charge, sa terre, ou ce qu'il possède, feront envie ; il vous imposera des conditions extravagantes. Il n'y a nul ménagement et nulle composition à attendre d'un homme si plein de ses intérêts, et si ennemi des vôtres ; il lui faut une dupe.

* *Brontin* [4], dit le peuple, fait des retraites, et s'enferme huit jours avec des saints ; ils ont leurs méditations, et il a les siennes.

* Le peuple souvent a le plaisir de la tragédie ; il voit périr sur le théâtre du monde les personnages les plus odieux, qui ont fait le plus de mal dans diverses scènes, et qu'il a le plus haïs.

* Si l'on partage la vie des P. T. S. [5] en deux portions égales, la première, vive et agissante, est tout occupée à vouloir affliger

---

1. « A l'ortie. » Lemontey, dans son *Essai sur la monarchie de Louis XIV*, ouvrage instructif, quoique dénigrant trop un siècle qui a eu tant de grandeur, cite un témoignage curieux de la terreur qu'inspirait partout la rapacité du fisc : « L'intendant d'une des provinces les plus pauvres du royaume, ayant le dessein d'y encourager l'éducation des abeilles, fit demander le nombre des ruches qui existaient dans chaque paroisse. Dès que cette curiosité fut connue, les habitants, fortement persuadés qu'un intendant ne pouvait avoir que des intentions malfaisantes, se hâtèrent de détruire tous leurs essaims. »

2. « Mettrait en parti, etc. » Mettrait une taxe, un impôt sur l'harmonie.

3. « Criton. » La clef dit : « Berryer. Il était du pays de Mans, simple sergent de bois. Il se fit connaître à M. Colbert, du temps de la réforme des forêts de Normandie, et s'en fit si bien écouter, qu'il gagna sa confiance, dont il se servit pour lui donner une quantité d'avis qui lui ont fait acquérir de grands biens. Il a laissé plusieurs enfants, dont un est maître des requêtes appelé de la Férière, qui a épousé la petite-fille de feu M. de Novion, premier président, qui, pour consentir à cette alliance, a reçu 100,000 livres. »

4. « Brontin. » Berryer dont on a fait courir les *Méditations*. M. Walckenaer cite les titres de plusieurs satires contre les financiers : *la Nouvelle École publique* ou *l'Art de voler sans ailes*; *l'Art de plumer la poule sans crier*; *les Partisans démasqués*; *Pluton maltôtier*. La plupart de ces libelles étaient l'ouvrage des Protestants réfugiés en Hollande, qui se raillaient et jouissaient des misères de la France.

5. « P. T. S. » Partisans.

le peuple ; et la seconde, voisine de la mort, à se décoier et à se ruiner les uns les autres.

* Cet homme qui a fait la fortune de plusieurs, qui a fait la vôtre, n'a pu soutenir la sienne, ni assurer avant sa mort celle de sa femme et de ses enfants ; ils vivent cachés et malheureux : quelque bien instruit que vous soyez de la misère de leur condition, vous ne pensez pas à l'adoucir ; vous ne le pouvez pas en effet, vous tenez table [1], vous bâtissez ; mais vous conservez par reconnaissance le portrait de votre bien-facteur, qui a passé, à la vérité, du cabinet à l'antichambre, quels égards ! il pouvait aller au garde-meuble [2].

* Il y a une dureté de complexion ; il y en a une autre de condition et d'état. L'on tire de celle-ci, comme de la première, de quoi s'endurcir [3] sur la misère des autres, dirai-je même, de quoi ne pas plaindre les malheurs de sa famille : un bon financier ne pleure ni ses amis, ni sa femme, ni ses enfants.

* Fuyez, retirez-vous ; vous n'êtes pas assez loin. Je suis, dites-vous, sous l'autre tropique. Passez sous le pôle, et dans l'autre hémisphère ; montez aux étoiles, si vous le pouvez. M'y voilà. Fort bien, vous êtes en sûreté. Je découvre sur la terre un homme avide, insatiable, inexorable, qui veut, aux dépens de tout ce qui se trouvera sur son chemin et à sa rencontre, et quoi qu'il en puisse coûter aux autres, pourvoir à lui seul, grossir sa fortune, et regorger de bien.

* Faire fortune est une si belle phrase, et qui dit une si bonne chose, qu'elle est d'un usage universel : on la reconnaît dans toutes les langues, elle plaît aux étrangers et aux barbares ; elle

---

1. « Vous tenez table. » Cette ironie est encore plus cruelle que le reproche direct d'ingratitude qui précède.
2. « Au garde-meuble. » Lieu où l'on serre les meubles dont on ne fait point usage.
3. « De quoi s'endurcir. » M. Rafle. Ce grand homme sec, qui vous donna il y a deux mois deux mille francs pour une direction que vous lui avez fait avoir à Valogne... il lui est arrivé un malheur... on a surpris sa bonne foi ; on lui a volé quinze mille francs.... Dans le fond, il est trop bon.
M. Turcaret. Trop bon ! trop bon ! Eh ! pourquoi diable s'est-il donc mis dans les affaires ?.... Trop bon ! trop bon !
M. Rafle. Il m'a écrit une lettre fort touchante, par laquelle il vous prie d'avoir pitié de lui.
M. Turcaret. Papier perdu, lettre inutile.
M. Rafle. Et de faire en sorte qu'il ne soit point révoqué.
M. Turcaret. Je ferai plutôt en sorte qu'il le soit : l'emploi me reviendra ; je le donnerai à un autre pour le même prix... J'agirais contre mes intérêts ! Je mériterais d'être cassé à la tête de la compagnie. » LESAGE, *Turcaret*, III. 9.

règne à la cour et à la ville; elle a percé les cloîtres et franchi les murs des abbayes de l'un et de l'autre sexe : il n'y a point de lieux sacrés où elle n'ait pénétré, point de désert ni de solitude où elle soit inconnue.

* A force de faire de nouveaux contrats, ou de sentir son argent grossir dans ses coffres, on se croit enfin une bonne tête, et presque capable de gouverner.

* Il faut une sorte d'esprit pour faire fortune, et surtout une grande fortune : ce n'est ni le bon ni le bel esprit, ni le grand ni le sublime, ni le fort, ni le délicat; je ne sais précisément lequel c'est, et j'attends que quelqu'un veuille m'en instruire [1].

Il faut moins d'esprit que d'habitude ou d'expérience pour faire sa fortune; l'on y songe trop tard, et quand enfin l'on s'en avise, l'on commence par des fautes que l'on n'a pas toujours le loisir de réparer : de là vient peut-être que les fortunes sont si rares.

Un homme d'un petit génie [2] peut vouloir s'avancer : il néglige tout, il ne pense du matin au soir, il ne rêve la nuit qu'à une seule chose, qui est de s'avancer. Il a commencé de bonne heure, et dès son adolescence, à se mettre dans les voies de la fortune : s'il trouve une barrière de front qui ferme son passage, il biaise naturellement, et va à droit [3] ou à gauche, selon qu'il y voit de jour et d'apparence; et si de nouveaux obstacles l'arrêtent, il rentre dans le sentier qu'il avait quitté; il est déterminé par la nature des difficultés, tantôt à les surmonter, tantôt à les éviter, ou à prendre d'autres mesures; son intérêt, l'usage, les con-

---

1. « M'en instruire. » Turcaret nous le dira : « Un bel esprit n'est pas nécessaire pour faire son chemin. Hors moi et deux ou trois autres, il n'y a que des génies assez communs. Il suffit d'un certain usage, d'une routine qu'on ne manque guère d'attraper. Nous voyons tant de gens ! Nous nous étudions à *prendre ce que le monde a de meilleur;* voilà toute notre science. » II, 6.

2. « Petit génie. » « Un homme d'esprit échoue dans ses entreprises, parce qu'il hasarde beaucoup. Sa vue, qui se porte toujours loin, lui fait voir des objets qui sont à de trop grandes distances; sans compter que dans la naissance d'un projet, il est moins frappé des difficultés qui viennent de la chose que des remèdes qui sont de lui, et qu'il tire de son propre fonds. Il néglige les menus détails, dont dépend cependant la réussite de presque toutes les grandes affaires. L'homme médiocre, au contraire, cherche à tirer parti de tout : il sent bien qu'il n'a rien à perdre en négligences. » MONTESQUIEU.

3. « A droit. » On dit aujourd'hui à *droite*. Mais dans le XVIIe siècle on disait à *droit*.

Ne saurait-on que dire : on prend la tabatière;
Soudain à gauche, à *droit*, par devant, par derrière,
Gens de toutes façons, connus et non connus,
Pour y demander part sont les très-bien venus.
    T. CORNEILLE, *le Festin de Pierre*, acte I, sc. 4.

jonctures le dirigent. Faut-il de si grands talents et une si bonne tête à un voyageur pour suivre d'abord le grand chemin, et, s'il est plein et embarrassé, prendre la terre et aller à travers champs, puis regagner sa première route, la continuer, arriver à son terme ? Faut-il tant d'esprit pour aller à ses fins ? Est-ce donc un prodige qu'un sot, riche[1] et accrédité ?

Il y a même des stupides, et j'ose dire des imbéciles[2], qui se placent en de beaux postes, et qui savent mourir dans l'opulence, sans qu'on les doive soupçonner en nulle manière d'y avoir contribué de leur travail ou de la moindre industrie[3] : quelqu'un les a conduits à la source d'un fleuve, ou bien le hasard seul les y a fait rencontrer[4] ; on leur a dit : Voulez-vous de l'eau ? puisez ; et ils ont puisé.

* Quand on est jeune, souvent on est pauvre : ou l'on n'a pas encore fait d'acquisitions, ou les successions ne sont pas échues. L'on devient riche et vieux en même temps ; tant il est rare que les hommes puissent réunir tous leurs avantages ! et si cela arrive à quelques-uns, il n'y a pas de quoi leur porter envie : ils ont assez à perdre par la mort, pour mériter d'être plaints.

* Il faut avoir trente ans pour songer à sa fortune ; elle n'est pas faite à cinquante : l'on bâtit dans sa vieillesse, et l'on meurt quand on en est aux peintres et aux vitriers.

* Quel est le fruit d'une grande fortune, si ce n'est de jouir de la vanité, de l'industrie, du travail et de la dépense de ceux qui sont venus avant nous ; et de travailler nous-mêmes, de planter, de bâtir, d'acquérir pour la postérité[5] ?

* L'on ouvre et l'on étale tous les matins pour tromper son monde ; et l'on ferme le soir après avoir trompé tout le jour.

1. « Qu'un sot riche. » Le XVIII° siècle parlera de la finance avec plus de respect : « La fortune de finance n'était guère autrefois qu'une loterie ; au lieu qu'elle est devenue un art, une science qui a ses principes et sa méthode comme les autres. » Duclos, *Considérations sur les mœurs*. — « J'ai cherché, dit Vauvenargues, s'il n'y avait pas moyen de faire sa fortune sans mérite, et je n'en ai trouvé aucun. »
2. « Stupides, imbéciles. » Nous renverserions cette gradation.
3. « Industrie, » dans ce passage et dans plusieurs autres de ce chapitre, signifie habileté, habileté suspecte.
4. « Les y a fait rencontrer. » Le hasard seul les y a conduits. Cette construction n'est pas très-régulière. *Rencontrer* ne veut un complément indirect que lorsqu'il est précédé d'un adverbe ; et alors il signifie *réussir*. Le hasard a voulu qu'il ait *rencontré* son fait. Cet astrologue a bien *rencontré* dans ses prédictions.
5. « Pour la postérité. » La Fontaine a dit avec moins d'humeur et plus de vraie philosophie, dans *le Vieillard et les trois jeunes hommes* (XI, 8) :

Mes arrière-neveux me devront cet ombrage, etc.

* Le marchand fait des montres [1] pour donner de sa marchandise ce qu'il y a de pire : il a le catis [2] et les faux jours afin d'en cacher les défauts, et qu'elle paraisse bonne ; il la surfait pour la vendre plus cher qu'elle ne vaut ; il a des marques fausses et mystérieuses, afin qu'on croie n'en donner que son prix ; un mauvais aunage pour en livrer le moins qu'il se peut ; et il a un trébuchet, afin que celui à qui il l'a livrée la lui paye en or qui soit de poids.

* Dans toutes les conditions, le pauvre est bien proche de l'homme de bien, et l'opulent n'est guère éloigné de la friponnerie ; le savoir-faire [3] et l'habileté ne mènent pas jusques aux énormes richesses.

L'on peut s'enrichir dans quelque art ou dans quelque commerce que ce soit, par l'ostentation [4] d'une certaine probité.

* De tous les moyens de faire sa fortune, le plus court et le meilleur est de mettre les gens à voir [5] clairement leurs intérêts à vous faire du bien.

* Les hommes pressés par les besoins de la vie, et quelquefois par le désir du gain ou de la gloire, cultivent des talents profanes, ou s'engagent dans des professions équivoques [6], et dont ils se cachent longtemps à eux-mêmes le péril et les conséquences ;

---

1. « Montres. » « Se dit parmi les marchands de l'exposition de leurs marchandises, l'une après l'autre, aux acheteurs. Un marchand n'est point chiche de faire des *montres* ; il dit qu'il n'en coûtera rien pour la *montre*. L'acheteur le prie qu'il ne lui fasse point de *montre*, qu'il lui donne d'abord du plus beau. — *Montre* se dit aussi des étoffes et des marques que les marchands mettent au-devant de leurs boutiques, pour enseigner aux passants les choses dont ils font trafic. Ces rubans, ces brocards ne sont plus à la mode ; ils ne sont bons que pour mettre sur la boutique et faire des *montres*. » FURETIÈRE. — De nos jours les marchands mettent au contraire en *montre* ce qu'ils ont de plus beau.

2. « Catis. » « Catir, presser le drap, en sorte qu'il soit poli, uni et luisant. On le dit aussi de toute sorte de laine ainsi préparée. On ne saurait bien voir la finesse d'un bas d'estame quand il est cati. » FURETIÈRE. — Il est curieux de retrouver dans un dictionnaire de la langue française les critiques qui nous paraissent si vives dans La Bruyère. Il semble cependant que notre auteur, en condamnant aussi durement les marchands de son temps, a trop cédé aux préjugés de la cour, et aux souvenirs des déclamations que les anciens ont si souvent répétées contre le commerce.

3. « Savoir-faire. » « Quoique ce terme exprime assez bien, les personnes qui parlent le mieux ne peuvent s'y accoutumer. Il n'y a pas d'apparence qu'il subsiste, et je ne sais même s'il n'est point déjà passé. Aussi est-il très-irrégulier et même contre le génie de notre langue, qui n'a point de substantif de cette nature. » BOUHOURS. — Ce mot est cependant resté.

4. « Par l'ostentation. » Mot dur et injuste.

5. « Mettre les gens à voir. » Mettre les gens au point de voir, disposer les gens de manière à ce qu'ils voient leur intérêt. *Mettre à* ne s'emploie plus qu'avec un substantif.

6. « Équivoques. » On a cru qu'il s'agissait ici de Racine et de Quinault qui renoncèrent, par dévotion, à écrire pour le théâtre.

ils les quittent ensuite par une dévotion discrète qui ne leur vient jamais qu'après qu'ils ont fait leur récolte, et qu'ils jouissent d'une fortune bien établie.

* Il y a des misères sur la terre qui saisissent le cœur [1] : il manque à quelques-uns jusqu'aux aliments ; ils redoutent l'hiver, ils appréhendent de vivre. L'on mange ailleurs des fruits précoces ; l'on force la terre et les saisons pour fournir à sa délicatesse : de simples bourgeois [2], seulement à cause qu'ils étaient riches [3], ont eu l'audace d'avaler en un seul morceau la nourriture de cent familles. Tienne qui voudra contre de si grandes extrémités ; je ne veux être, si je le puis, ni malheureux, ni heureux : je me jette et me réfugie dans la médiocrité.

* On sait que les pauvres sont chagrins de ce que tout leur manque, et que personne ne les soulage ; mais s'il est vrai que les riches soient colères, c'est de ce que la moindre chose puisse leur manquer, ou que quelqu'un veuille leur résister.

* Celui-là est riche, qui reçoit plus qu'il ne consume : celui-là est pauvre, dont la dépense excède la recette.

Tel avec deux millions de rente peut être pauvre chaque année de cinq cent mille livres [4].

Il n'y a rien qui se soutienne plus longtemps qu'une médiocre fortune ; il n'y a rien dont on voie mieux la fin que d'une grande fortune.

L'occasion prochaine [5] de la pauvreté, c'est de grandes richesses.

S'il est vrai que l'on soit riche de tout ce dont on n'a pas besoin, un homme fort riche, c'est un homme qui est sage.

S'il est vrai que l'on soit pauvre [6] par toutes les choses que l'on

---

1. « Saisissent le cœur. » Tout ce morceau serait digne de Fénelon.
2. « De simples bourgeois. » On a remarqué avec raison que ce passage éloquent avait sans doute été inspiré à La Bruyère par le scandale des mœurs princières, et que les *simples bourgeois* venaient bien à propos pour endosser un reproche qui ne pouvait s'adresser directement à ceux qui le méritaient.
3. « A cause que » a vieilli et se remplace généralement par *parce que*. On trouve cependant assez souvent *à cause que* dans Pascal et Bossuet ; Fléchier et Massillon s'en servent rarement.
4. « Pauvre de cinq cent mille livres. » Expression originale et concise. Horace a dit : « Opimius, pauvre de l'argent et de l'or qu'il avait enfouis dans la terre. » *Sat.* II, 3. — « Riche de tout ce dont on n'a pas besoin, » dans la phrase suivante, est aussi un latinisme.
5. « L'occasion prochaine. » Expression théologique. « On est obligé de fuir les *occasions prochaines* du péché, pour dire : les mauvaises compagnies, les tentations où l'on est exposé au péché. » FURETIÈRE.
6. « Pauvre. » « Si vous avez une fille, il vous faut de l'argent pour la doter ; si

désire, l'ambitieux et l'avare languissent dans une extrême pauvreté.

* Les passions tyrannisent l'homme, et l'ambition suspend en lui les autres passions, et lui donne pour un temps les apparences de toutes les vertus. Ce *Triphon* qui a tous les vices, je l'ai cru sobre, chaste, libéral, humble, et même dévot : je le croirais encore, s'il n'eût enfin fait sa fortune.

* L'on ne se rend point sur le désir de posséder et de s'agrandir : la bile gagne, et la mort approche, qu'avec un visage flétri, et des jambes déjà faibles, l'on dit : *Ma fortune, mon établissement*.

* Il n'y a au monde que deux manières de s'élever, ou par sa propre industrie [1], ou par l'imbécillité des autres.

* Les traits découvrent la complexion et les mœurs ; mais la mine désigne les biens de fortune : le plus ou le moins de mille livres de rente se trouve écrit sur les visages.

* *Chrysante*, homme opulent et impertinent, ne veut pas être vu avec *Eugène*, qui est homme de mérite, mais pauvre ; il croirait en être déshonoré. Eugène est pour Chrysante dans les mêmes dispositions : ils ne courent pas risque de se heurter [2].

* Quand je vois de certaines gens, qui me prévenaient autrefois par leurs civilités, attendre au contraire que je les salue, et en être avec moi sur le plus ou sur le moins, je dis en moi-même : Fort bien, j'en suis ravi ; tant mieux pour eux : vous verrez que cet homme-ci est mieux logé, mieux meublé et mieux nourri qu'à

---

vous en avez deux, beaucoup davantage ; si plusieurs, votre revenu diminue d'autant. Si comme le rapporte de Danaüs, vous aviez cinquante filles, voilà bien des dots qui réduiraient à rien la plus grande fortune ; c'est en effet par proportion aux besoins que se mesure ce qu'on appelle la richesse. Si donc vous n'avez point ce grand nombre de filles, mais des passions innombrables qui chacune tarirait en un rien de temps les plus gros trésors, comment pourrai-je dire de vous que vous êtes riche, lorsque à chaque instant vous sentez vous-même votre indigence ? » CICÉRON, *Paradoxe* 6.

1. « Industrie. » La pensée suivante de Vauvenargues explique le sens de ce mot : « Moins on veut mériter sa fortune, plus il faut se donner de peine pour la faire. » — On peut remarquer qu'il n'est nulle part question dans ce chapitre de la fortune acquise par le mérite et le travail, sans brigue ni industrie suspecte. Était-ce chose si rare dans le siècle de La Bruyère ? Il semble que pour lui, parvenus et fripons soient toujours synonymes. Il y a de notre temps d'autres manières de s'élever et de plus honorables que celles qui sont indiquées dans ce passage.

2. « De se heurter. » On aime à retrouver dans La Bruyère cette noble fierté du mérite qui ne veut point s'abaisser devant l'orgueil de la naissance ou de la fortune. Le XVIIe siècle estimait fort la littérature et les beaux-arts, et faisait peu de cas de la personne des écrivains. Voiture trouva partout des allusions malignes à l'humilité de sa naissance. Molière fut publiquement insulté à la cour par La Feuillade, malgré la protection du roi ; Racine et Boileau furent menacés de coups de bâton par le duc de Nivernois, à l'occasion d'une méchante épigramme qu'on leur attribuait à tort. Voltaire, dans jeunesse, fut lâchement maltraité par un Sully.

l'ordinaire ; qu'il sera entré depuis quelques mois dans quelque affaire, où il aura déjà fait un gain raisonnable. Dieu veuille qu'il en vienne dans peu de temps jusqu'à me mépriser !

* Si les pensées, les livres et leurs auteurs dépendaient des riches et de ceux qui ont fait une belle fortune, quelle proscription ! Il n'y aurait plus de rappel : quel ton, quel ascendant ne prennent-ils pas sur les savants ! quelle majesté n'observent-ils pas à l'égard de ces hommes *chétifs*, que leur mérite n'a ni placés ni enrichis, et qui en sont encore à penser et à écrire judicieusement ! Il faut l'avouer, le présent est pour les riches, et l'avenir pour les vertueux et les habiles. HOMÈRE est encore, et sera toujours : les receveurs de droits, les publicains [1], ne sont plus, ont-ils été [2] ? Leur patrie, leurs noms sont-ils connus ? y a-t-il eu dans la Grèce des partisans ? Que sont devenus ces importants personnages qui méprisaient Homère [3], qui ne songeaient dans la place qu'à l'éviter, qui ne lui rendaient pas le salut, ou qui le saluaient par son nom [4], qui ne daignaient pas l'associer à leur table [5], qui le regardaient comme un homme qui n'était pas riche, et qui faisait un livre ? Que deviendront les *Fauconnets* [6] ? iront-ils aussi loin dans la postérité que DESCARTES *né Français, et mort en Suède* [7] ?

* Du même fonds d'orgueil dont [8] l'on s'élève fièrement au-

---

1. « Les publicains. » C'étaient « les partisans » des anciens.
2. « Ont-ils été ? » Manière vive et originale de dire : personne ne s'inquiète s'ils ont jamais été.
3. « Homère. » Ce mélange des mœurs modernes et des noms antiques est ici d'un effet très-comique.
4. « Par son nom. » Sans dire monsieur.
5. « L'associer à leur table. » Les financiers devinrent de plus en plus polis, et dans le XVIII° siècle ils étaient les protecteurs les plus éclairés des beaux-arts, et souvent eux-mêmes écrivains. Lesage fait dire à Turcaret : « Pour surcroît de réjouissance, l'amèneras-tu M. Gloutonneau, le poëte : aussi bien, je ne saurais manger, si je n'ai quelque bel esprit à ma table. Il ne dit pas quatre paroles dans un repas, mais il mange et pense beaucoup. Peste ! c'est un homme bien agréable. » II, 4. — Et Duclos écrivait plus sérieusement : « Les gens de fortune sont blessés des éloges qu'on donne à leur magnificence, parce qu'ils sentent qu'ils ont un autre mérite que celui-là ; on veut tirer sa gloire de ce qu'on estime le plus. Ils recherchent les gens de lettres et se font honneur de leur amitié. »
6. « Les Fauconnets. » Il y avait un bail de fermes sous ce nom. Les Berthelot et autres s'y enrichirent.
7. « En Suède. » En imprimant en italiques les mots *né français et mort en Suède*, La Bruyère a voulu attirer l'attention du lecteur sur ces circonstances, et lui rappeler que Descartes a été éloigné de sa patrie par de déplorables cabales.
8. « Du, dont. » Expriment la cause, la manière et répondent ici à *par, avec*. Les

dessus de ses inférieurs, l'on rampe[1] vilement devant ceux qui sont au-dessus de soi. C'est le propre de ce vice, qui n'est fondé ni sur le mérite personnel, ni sur la vertu, mais sur les richesses, les postes, le crédit, et sur de vaines sciences, de nous porter également à mépriser ceux qui ont moins que nous de cette espèce de biens, et à estimer trop ceux qui en ont une mesure qui excède la nôtre.

* Il y a des âmes sales, pétries de boue[2] et d'ordure, éprises du gain et de l'intérêt, comme les belles âmes le sont de la gloire et de la vertu; capables d'une seule volupté, qui est celle d'acquérir ou de ne point perdre; curieuses et avides du denier dix[3]; uniquement occupées de leurs débiteurs; toujours inquiètes sur le rabais ou sur le décri[4] des monnaies; enfoncées et comme abîmées dans les contrats, les titres et les parchemins. De telles gens ne sont ni parents, ni amis, ni citoyens, ni chrétiens, ni peut-être des hommes : ils ont de l'argent.

* Commençons par excepter ces âmes nobles et courageuses, s'il en reste encore sur la terre, secourables, ingénieuses à faire du bien, que nuls besoins, nulle disproportion, nuls artifices, ne peuvent séparer de ceux qu'ils se sont une fois choisis pour amis, et, après cette précaution[5], disons hardiment une chose triste et

---

Latins disent de même *de industria*, avec intention. Racine a dit

> *De quelle noble ardeur pensez-vous qu'ils se rangent*
> *Sous les drapeaux d'un roi longtemps victorieux?*
> Mithridate

Et Molière :

> Ces obligeants discours d'inutiles paroles,
> Qui de civilités avec tous font combat
> Et traitent *du* même air l'honnête homme et le fat.
> Le Misanthrope, I, 1.

1. « L'on rampe. »

> L'empesé magistrat, le financier sauvage
> Vont en poste à Versailles essuyer des mépris,
> Qu'ils reviennent soudain rendre en poste à Paris.
> VOLTAIRE.

2. « Pétries de boue. » Expressions énergiques et d'une familiarité populaire.

3. « Denier dix. » Prêter au denier dix, c'est demander une livre d'intérêts pour dix livres de capital, ou dix pour cent.

4. « Décri. » Décrier une monnaie, c'est défendre d'en faire usage, la mettre par ordonnance hors de cours. La variété des monnaies et la facilité à les contrefaire, étaient cause d'un grand nombre de friponneries.

5. « Après cette précaution. » La Rochefoucauld a eu le tort de ne porter nulle part de ces exceptions. Il ne semble tenir aucun compte de l'héroïsme et du dévouement. Si vous supposez en tête de son ouvrage une précaution du genre de celle-ci, il paraîtra beaucoup moins faux qu'on ne se plaît à le dire.

douloureuse à imaginer : Il n'y a personne au monde si bien né avec nous de société [1] et de bienveillance, qui nous aime, qui nous goûte, qui nous fait mille offres de services, et qui nous sert quelquefois, qui n'ait en soi, par l'attachement à son intérêt, des dispositions très-proches à rompre avec nous, et à devenir notre ennemi.

* Pendant qu'*Oronte* augmente avec ses années son fonds et ses revenus, une fille naît dans quelque famille, s'élève, croît, s'embellit, et entre dans sa seizième année ; il se fait prier à cinquante ans pour l'épouser, jeune, belle, spirituelle : cet homme sans naissance, sans esprit et sans le moindre mérite, est préféré à tous ses rivaux.

* Le mariage, qui devrait être à l'homme une source de tous les biens, lui est souvent, par la disposition de sa fortune, un lourd fardeau sous lequel il succombe : c'est alors qu'une femme et des enfants sont une violente tentation à la fraude, au mensonge, et aux gains illicites ; il se trouve entre la friponnerie et l'indigence : étrange situation [2] !

Épouser une veuve, en bon français, signifie faire sa fortune : il n'opère pas toujours ce qu'il signifie.

* Celui qui n'a de partage [3] avec ses frères que pour vivre à l'aise bon praticien [4], veut être officier ; le simple officier [5] se fait magistrat, et le magistrat veut présider : et ainsi de toutes les conditions, où les hommes languissent serrés [6] et indigents, après avoir tenté au delà de leur fortune, et forcé, pour ainsi dire, leur destinée [7] ; incapables tout à la fois de ne pas vouloir être riches, et de demeurer riches.

* Dîne bien, *Cléarque*, soupe le soir, mets du bois au feu,

---

1. « Lié de société. » Lié est suivi de la préposition *de*, comme le verbe aimer dans ce vers de La Fontaine :

Deux pigeons s'aimaient *d'amour* tendre.

2. « Étrange situation. » Le mot si connu du sergent des *Plaideurs* : « Frappez ! j'ai quatre enfants à nourrir, » est aussi triste qu'il est comique.
3. « Celui qui n'a de partage. » Celui qui n'a dans sa part de patrimoine.
4. « Praticien. » Avocat ou procureur.
5. « Officier. » Celui qui a acheté une charge ou office dans une cour inférieure, le magistrat au parlement était *grand officier*.
6. « Serrés. » Enfermés dans une condition dont ils voudraient et ne peuvent sortir.
7. « Forcer leur destinée. » L'expression est de Bossuet : « Condé semblait né pour entraîner la fortune dans ses desseins, et *forcer les destinées*. » *Oraison funèbre du prince de Condé*, p. 333 de l'édition annotée de M. A. Didier.

achète un manteau, tapisse ta chambre : tu n'aimes point ton héritier, tu ne le connais point, tu n'en as point [1].

* Jeune, on conserve pour sa vieillesse ; vieux, on épargne pour la mort. L'héritier prodigue paye de superbes funérailles, et dévore le reste.

* L'avare dépense plus mort [2], en un seul jour, qu'il ne faisait vivant en dix années ; et son héritier plus en dix mois, qu'il n'a su faire lui-même en toute sa vie.

* Ce que l'on prodigue, on l'ôte à son héritier ; ce que l'on épargne sordidement, on se l'ôte à soi-même. Le milieu est justice pour soi et pour les autres.

* Les enfants peut-être seraient plus chers à leurs pères, et réciproquement les pères à leurs enfants, sans le titre d'héritiers.

* Triste condition de l'homme, et qui dégoûte de la vie ! il faut suer, veiller, fléchir, dépendre [3], pour avoir un peu de fortune, ou la devoir à l'agonie de nos proches : celui qui s'empêche de souhaiter que son père y passe bientôt, est homme de bien.

* Le caractère de celui qui veut hériter de quelqu'un, rentre dans celui du complaisant : nous ne sommes point mieux flattés, mieux obéis, plus suivis, plus entourés, plus cultivés, plus ménagés, plus caressés de personne pendant notre vie, que de celui qui croit gagner à notre mort [4], et qui désire qu'elle arrive.

* Tous les hommes, par les postes différents, par les titres et par les successions, se regardent comme héritiers les uns des autres, et cultivent par cet intérêt, pendant tout le cours de leur

---

1. « Tu n'en as point. » « Allons, cuisinier, mets dorénavant plus d'huile dans mes choux. Faut-il que je me nourrisse d'herbes les jours de fêtes, ou d'une tranche de hure enfumée et percée aux oreilles, pour qu'un jour mon petit-fils se rassasie de foies d'oie ! que je devienne étique, conservant à peine figure d'homme, pour que son ventre énorme tremble sous le poids de la graisse. » PERSE, Sat. 6.
2. « Dépense plus mort. » Fait plus dépenser pour ses funérailles. L'expression est un peu forcée, mais vive et originale.
3. « Dépendre. » S'emploie rarement sans régime.
4. « Qui croit gagner à notre mort. » Les héritiers complaisants abondèrent tellement à Rome au commencement de l'empire, et ils entendaient si bien leur métier, que les gens de fortune ne voulaient plus se marier, de peur d'avoir des héritiers directs qui mettraient les autres en fuite. Auguste fit en vain plusieurs lois contre les célibataires. Le désir d'être obéi et flatté fit plus que la nature et la politique. On spéculait même sur cette servilité. De riches célibataires mettaient le feu à leurs vieilles maisons, et tous leurs amis s'empressaient de les faire reconstruire à leurs frais, dans l'espérance de retrouver avec usure dans un bon testament les dons qu'ils avaient faits avec une apparence de générosité. Voyez dans *Rome au siècle d'Auguste*, par M. Ch. Dezobry, un chapitre fort curieux sur les *Captateurs de testaments*, t. III page 211.

vie un désir secret et enveloppé de la mort d'autrui. le plus heureux dans chaque condition est celui qui a plus de choses à perdre par sa mort, et à laisser à son successeur.

* L'on dit du jeu qu'il égale les conditions [1]; mais elles se trouvent quelquefois si étrangement disproportionnées, et il y a entre telle et telle condition un abîme d'intervalle si immense et si profond, que les yeux souffrent de voir de telles extrémités se rapprocher : c'est comme une musique qui détonne, ce sont comme des couleurs mal assorties, comme des paroles qui jurent [2] et qui offensent l'oreille, comme de ces bruits ou de ces sons qui font frémir : c'est, en un mot, un renversement de toutes les bienséances. Si l'on m'oppose que c'est la pratique de tout l'Occident, je réponds que c'est peut-être aussi l'une de ces choses qui nous rendent barbares à l'autre partie du monde, et que les Orientaux qui viennent jusqu'à nous remportent sur leurs tablettes : je ne doute pas même que cet excès de familiarité ne les rebute davantage que nous ne sommes blessés de leur *zombaye* [3] et de leurs autres prosternations.

* Une tenue d'états [4], ou les chambres [5] assemblées pour une affaire très-capitale, n'offrent point aux yeux rien [6] de si grave et de si sérieux qu'une table de gens qui jouent un grand jeu : une triste sévérité règne sur leurs visages ; implacables l'un pour

---

1. « Qu'il égale les conditions. » « Langlée, dit Mme de Sévigné, est fier et familier au possible : il jouait l'autre jour au brelan avec le comte de Grammont, qui lui dit sur quelques manières un peu libres : Monsieur de Langlée, gardez ces familiarités-là pour quand vous jouerez avec le roi. » *A Madame de Grignan*, janvier 1672.
2. « Qui jurent. » Qui ne peuvent s'accorder entre elles.
3. « Zombaye. » Voyez les relations du royaume de Siam. (*Note de La Bruyère.*) — En 1684, un ambassadeur vint complimenter Louis XIV au nom du roi de Siam. Louis fut très-sensible à ce témoignage de l'étendue de sa renommée.
4. « Une tenue d'états. » « Etats se dit des assemblées qui se font en quelques provinces, qui se sont conservées en la possession de ce droit, afin d'ordonner elles-mêmes des contributions qu'elles doivent faire pour soutenir les charges de l'Etat, et les régler et faire payer ; comme sont les provinces de Bretagne, de Languedoc, de Bourgogne et de la Franche-Comté. » Furetière.
5. « Les chambres. » Du parlement.
6. « Rien. » Vient du latin *res* et signifie *quelque chose*. Molière a dit : « Je me suis plu à la peinture, et, parfois, je manie le pinceau, contre la coutume de France qui ne veut pas qu'un gentilhomme sache *rien* faire. » *Le Sicilien*, 10. — Voyez aussi dans les *Femmes savantes* (II, 6) comment Bélise explique à Martine que la négation *pas* doit être supprimée devant *rien* :

> Ne servent pas de rien !..............
> De pas mis avec rien tu fais la récidive;
> Et c'est, comme on t'a dit, trop d'une négative.

La Bruyère aurait dû se souvenir de cette comique leçon de grammaire.

l'autre, et irréconciliables ennemis pendant que la séance dure, ils ne reconnaissent plus ni liaisons, ni alliance, ni naissance, ni distinctions: le hasard seul, aveugle et farouche divinité, préside au cercle, et y décide souverainement : ils l'honorent tous par un silence profond, et par une attention dont ils sont partout ailleurs fort incapables ; toutes les passions, comme suspendues, cèdent à une seule : le courtisan alors n'est ni doux, ni flatteur, ni complaisant, ni même dévot.

* L'on ne reconnaît plus en ceux que le jeu et le gain ont illustrés [1], la moindre trace de leur première condition : ils perdent de vue leurs égaux, et atteignent les plus grands seigneurs. Il est vrai que la fortune du dé ou du lansquenet les remet souvent où elle les a pris.

* Je ne m'étonne pas qu'il y ait des brelans publics, comme autant de piéges tendus à l'avarice des hommes, comme des gouffres où l'argent des particuliers tombe et se précipite sans retour, comme d'affreux écueils où les joueurs viennent se briser et se perdre ; qu'il parte de ces lieux des émissaires pour savoir à heure marquée qui a descendu à terre avec un argent frais d'une nouvelle prise [2], qui a gagné un procès d'où on lui a compté une grosse somme, qui a reçu un don, qui a fait au jeu un gain considérable ; quel fils de famille vient de recueillir une riche succession, ou quel commis imprudent veut hasarder sur une carte les deniers de sa caisse. C'est un sale et indigne métier, il est vrai, que de tromper; mais c'est un métier [3] qui est ancien, connu, pratiqué de tout temps par ce genre d'hommes que j'appelle des brelandiers ; l'enseigne est à leur porte, on y lirait presque : *Ici l'on trompe de bonne foi;* car se voudraient-ils donner pour irréprochables ? Qui ne sait pas qu'entrer et perdre dans ces maisons

---

1. « Illustrés. » La clef dit : « Morin qui avait fait en Angleterre une grande fortune au jeu, d'où il est revenu avec plus de douze cent mille livres qu'il a perdues depuis. Il est à présent fort petit compagnon, au lieu que dans sa fortune il fréquentait tous les plus grands seigneurs. »
2. « Prise » Sur les vaisseaux ennemis.
3. « C'est un métier. »
Pourtant c'est un trafic qui suit toujours sa route,
Où, bien moins qu'à la place, on a fait banqueroute,
Et qui dans le brelan se maintient bravement,
N'en déplaise aux arrêts de notre parlement.
RÉGNIER. *Sat.* XIV.

est une même chose ? Qu'ils trouvent donc sur leur main autant de dupes qu'il en faut pour leur subsistance, c'est ce qui me passe.

* Mille gens se ruinent au jeu[1], et vous disent froidement qu'ils ne sauraient se passer de jouer : quelle excuse ! Y a-t-il une passion, quelque violente ou honteuse qu'elle soit, qui ne pût tenir ce même langage ? Serait-on reçu à dire qu'on ne peut se passer de voler, d'assassiner, de se précipiter[2] ? Un jeu effroyable, continuel, sans retenue, sans bornes, où l'on n'a en vue que la ruine totale de son adversaire, où l'on est transporté du désir du gain, désespéré sur la perte, consumé par l'avarice, où l'on expose sur une carte ou à la fortune du dé la sienne propre, celle de sa femme et de ses enfants, est-ce une chose qui soit permise, ou dont l'on doive se passer ? Ne faut-il pas quelquefois se faire une plus grande violence, lorsque, poussé par le jeu jusques à une déroute universelle, il faut même que l'on se passe d'habits et de nourriture, et de les fournir à sa famille ?

Je ne permets à personne d'être fripon[3], mais je permets à un fripon de jouer un grand jeu : je le défends à un honnête homme ; c'est une trop grande puérilité que de s'exposer à une grande perte.

* Il n'y a qu'une affliction qui dure, qui est celle qui vient de la perte de biens : le temps, qui adoucit toutes les autres, aigrit celle-ci ; nous sentons à tous moments, pendant le cours de notre vie, où[4] le bien que nous avons perdu nous manque.

---

1. « Se ruinent au jeu. » L'exemple du roi et de la cour avait mis le jeu à la mode. On jouait partout avec une fureur qui justifie la véhémence de ce passage. Les lettres de Mme de Sévigné sont pleines de conseils et de plaintes à l'adresse de sa fille, qui, au milieu d'embarras et de dépenses de toutes espèces, se ruinait au jeu pour bien tenir son rang en province.

2. « De se précipiter. » Dans tous les excès des vices. Ce verbe ainsi employé sans complément n'est pas suffisamment clair.

3. « D'être fripon. » Si l'on jouait beaucoup à la cour, on ne s'y piquait pas d'une probité scrupuleuse : « Personne, dit Saint-Simon, n'était plus au goût du roi que le duc de G. et n'avait usurpé plus d'autorité dans le monde. Il était splendide en tout, grand joueur et ne s'y piquait pas d'une fidélité bien exacte. Plusieurs grands seigneurs en usaient de même et on en riait. » — Les femmes surtout étaient d'une insigne mauvaise foi. Les joueuses en se quittant prononçaient une formule par laquelle on se faisait un don réciproque de ce qui aurait pu dans la partie ne pas être légitimement gagné. Hamilton, qui a raconté d'une manière si piquante les faits et gestes de son beau-frère, vante comme des prouesses des friponneries dont la moindre serait de ses jours un déshonneur ineffaçable.

4. « Où. » En quoi.
    Vous devez n'avoir soin que de me contenter.
    — C'est *où* je mets aussi ma gloire la plus haute.
                                  MOLIÈRE, *Tartuffe*.

* Il fait bon ¹ avec celui qui ne se sert pas de son bien à marier ses filles, à payer ses dettes, ou à faire des contrats, pourvu que l'on ne soit ni ses enfants ², ni sa femme.

* Ni les troubles ³, Zénobie ⁴, qui agitent votre empire, ni la guerre que vous soutenez virilement contre une nation puissante depuis la mort du roi votre époux, ne diminuent rien de votre magnificence : vous avez préféré à toute autre contrée les rives de l'Euphrate pour y élever un superbe édifice ; l'air y est sain et tempéré, la situation en est riante ; un bois sacré l'ombrage du côté du couchant ; les dieux de Syrie, qui habitent quelquefois la terre, n'y auraient pu choisir une plus belle demeure ⁵ ; la campagne autour est couverte d'hommes qui taillent et qui coupent, qui vont et qui viennent, qui roulent ou qui charrient le bois du Liban, l'airain et le porphyre ; les grues ⁶ et les machines gémissent dans l'air, et font espérer, à ceux qui voyagent vers l'Arabie, de revoir à leur retour en leurs foyers ce palais achevé, et dans cette splendeur où vous désirez de le porter, avant de l'habiter vous et les princes vos enfants. N'y épargnez rien, grande reine ; employez-y l'or et tout l'art des plus excellents ouvriers ; que les Phidias et les Zeuxis de votre siècle déploient toute leur science sur vos plafonds et sur vos lambris ; tracez-y de vastes et de délicieux jardins, dont l'enchantement soit tel qu'ils ne paraissent pas faits de la main des hommes ; épuisez vos trésors et votre industrie sur cet ouvrage incomparable ; et après que vous y aurez mis, Zénobie, la dernière main, quelqu'un de ces pâtres qui habitent les sables voisins de Palmyre, devenu riche par les

---

1. « Il fait bon. » Locution restée populaire, et dont on ne se sert plus guère, je ne sais pourquoi, dans le langage écrit.
2. « Ni ses enfants. » On peut très-bien se rapporter à un substantif pluriel :
De tous vos façonniers on n'est pas les esclaves.
MOLIÈRE, Tartuffe, acte I, sc. 6.
« On n'est pas des esclaves pour supporter de si mauvais traitements. » Académie.
3. « Ni les troubles. » « On croit au premier coup d'œil n'avoir affaire qu'à des fragments rangés les uns après les autres, et l'on marche dans un savant dédale où le fil ne cesse pas. Chaque pensée se corrige, se développe, s'éclaire par les environnantes. Puis l'imprévu s'en mêle à tout moment, et l'on est plus d'une fois enlevé à de soudaines hauteurs que le discours continu ne permettrait pas. » SAINTE-BEUVE.
4. « Zénobie, » reine de Palmyre prit, à la mort d'Odénat son mari, le titre de reine d'Orient. L'empereur Aurélien marcha contre elle, battit ses troupes et la fit prisonnière dans sa capitale. Elle fut conduite à Rome où elle orna le triomphe du vainqueur, l'an 272 après Jésus-Christ.
5. « Une plus belle demeure. » Description rapide, mais bien touchée et gracieuse.
6. « Grues. » Machines pour élever les pierres dans les grands bâtiments en construction.

péages de vos rivières, achètera un jour[1] à deniers comptants cette royale maison pour l'embellir, et la rendre plus digne de lui et de sa fortune[2].

* Ce palais, ces meubles, ces jardins, ces belles eaux, vous enchantent, et vous font récrier d'une première vue[3] sur une maison si délicieuse, et sur l'extrême bonheur du maître qui la possède : il n'est plus, il n'en a pas joui si agréablement ni si tranquillement que vous ; il n'y a jamais eu un jour serein, ni une nuit tranquille ; il s'est noyé de dettes pour la porter à ce degré de beauté où elle vous ravit : ses créanciers l'en ont chassé ; il a tourné la tête[4], et il l'a regardée de loin une dernière fois ; et il est mort de saisissement.

* L'on ne saurait s'empêcher de voir dans certaines familles ce qu'on appelle les caprices du hasard ou les jeux de la fortune : il y a cent ans qu'on ne parlait point de ces familles, qu'elles n'étaient point[5]. Le ciel tout d'un coup s'ouvre en leur faveur; les biens, les honneurs, les dignités, fondent sur elles à plusieurs reprises; elles nagent dans la prospérité. *Eumolpe*, l'un de ces hommes qui n'ont point de grands-pères, a eu un père du moins qui s'était élevé si haut, que tout ce qu'il a pu souhaiter pendant le cours d'une longue vie, ç'a été de l'atteindre, et il l'a atteint. Était-ce dans ces deux personnages éminence d'esprit, profonde capacité ? était-ce les conjonctures ? La fortune enfin ne leur rit plus, elle se joue ailleurs, et traite leur postérité comme leurs ancêtres.

---

1. « Achètera un jour. » « Ces terres et ces seigneuries qu'il avait ramassées comme une province avec tant de soin et de travail, se partageront en plusieurs mains, et tous ceux qui verront ce grand changement diront, en levant les épaules et regardant avec étonnement les restes de cette fortune ruinée : Est-ce là que devait aboutir toute cette grandeur formidable au monde? Est-ce là ce grand arbre dont l'ombre couvrait toute la terre? Il n'en reste plus qu'un tronc inutile. Est-ce là ce fleuve impétueux qui semblait devoir inonder toute la terre? Je n'aperçois plus qu'un peu d'écume. O homme! que penses-tu faire? et pourquoi te travailles-tu si vainement? » Bossuet, *Sermon contre l'ambition.* — La Bruyère peut très-bien ici supporter la comparaison avec le plus grand de nos orateurs.
2. « Et de sa fortune. » Souvenir du mot fameux de César au patron de la barque, qui le conduisait à travers la tempête : « Tu portes César et sa fortune. » — Voyez, pour l'appréciation de cet éloquent passage, la notice de Suard, en tête du volume.
3. « D'une première vue. » Du premier coup d'œil.
4. « Il a tourné la tête. » Ce passage est d'un pathétique simple et vrai. La Bruyère, qui s'est tant indigné contre le faste des parvenus, nous attendrit à présent sur leur chute, et rend avec la même vivacité les impressions les plus différentes.
5. « Qu'elles n'étaient point. » pour « qu'elles n'étaient point connues. » Hyperbole familière dont l'auteur s'est souvent servi.

* La cause la plus immédiate de la ruine et de la déroute des personnes des deux conditions, de la robe et de l'épée, est que l'état [1] seul, et non le bien, règle la dépense.

* Si vous n'avez rien oublié pour votre fortune, quel travail ! Si vous avez négligé la moindre chose, quel repentir !

* *Giton* a le teint frais, le visage plein et les joues pendantes, l'œil fixe et assuré, les épaules larges, l'estomac haut, la démarche ferme et délibérée ; il parle avec confiance, il fait répéter celui qui l'entretient, et il ne goûte que médiocrement tout ce qu'il lui dit : il déploie un ample mouchoir [2], et se mouche avec grand bruit ; il crache fort loin, et il éternue fort haut ; il dort le jour, il dort la nuit, et profondément ; il ronfle en compagnie. Il occupe à table et à la promenade plus de place [3] qu'un autre : il tient le milieu en se promenant avec ses égaux ; il s'arrête, et l'on s'arrête ; il continue de marcher, et l'on marche : tous se règlent sur lui : il interrompt, il redresse ceux qui ont la parole ; on ne l'interrompt pas, on l'écoute aussi longtemps qu'il veut parler ; on est de son avis, on croit les nouvelles qu'il débite. S'il s'assied, vous le voyez [4] s'enfoncer dans un fauteuil, croiser les jambes l'une sur l'autre, froncer le sourcil, abaisser son chapeau [5] sur ses yeux pour ne voir personne, ou le relever ensuite, et découvrir son front par fierté et par audace. Il est enjoué, grand rieur, impatient, présomptueux, colère, libertin [6], politique, mystérieux sur les affaires du temps ; il se croit des talents et de l'esprit. Il est riche.

---

1. « L'état. » La condition, la profession.
2. « Mouchoir. » La Bruyère a choisi à dessein les circonstances les plus familières, les plus simples, celles où il semble que tous les hommes devraient être les mêmes. — Montesquieu a dit de même : « Je vis un petit homme si fier, il prit une prise de tabac avec tant de hauteur, il se moucha si impitoyablement, il cracha avec tant de flegme, il caressa ses chiens d'une manière si offensante pour les hommes, que je ne pouvais me lasser de l'admirer. »
3. « Plus de place. » Saint-Simon dit en parlant d'un homme fort vaniteux : « Son moi était comme une machine pneumatique qui attirait l'air autour de lui et n'en laissait plus pour personne de ceux qui l'approchaient. »
4. « Vous le voyez. » On le voit en effet, et c'est toute une peinture aussi vraisemblable que fine.
5. « Abaisser son chapeau. » On n'avait point l'habitude de rester toujours tête nue en société. Les chapeaux de ce temps étaient du reste beaucoup moins disgracieux et moins gênants que les nôtres.
6. « Libertin. » Raisonnant avec liberté, avec hardiesse sur les affaires et les choses touchant la religion et ses dogmes. Molière a fait dire par un dévot aveugle, à un personnage qui raisonne sur la vraie et la fausse dévotion :
Mon frère, ce discours sent le *libertinage*.
Tartuffe, acte I.

Phédon[1] a les yeux creux, le teint échauffé, le corps sec, et le visage maigre : il dort peu, et d'un sommeil fort léger; il est abstrait, rêveur, et il a, avec de l'esprit, l'air d'un stupide : il oublie de dire ce qu'il sait, ou de parler d'événements qui lui sont connus ; et s'il le fait quelquefois, il s'en tire mal ; il croit peser à ceux à qui il parle, il conte brièvement, mais froidement ; il ne se fait pas écouter. Il ne sait point rire : il applaudit, il sourit à ce que les autres lui disent ; il est de leur avis ; il court, il vole pour leur rendre de petits services : il est complaisant, flatteur, empressé ; il est mystérieux sur ses affaires, quelquefois menteur ; il est superstitieux, scrupuleux, timide ; il marche doucement et légèrement ; il semble craindre de fouler la terre[2] : il marche les yeux baissés, et il n'ose les lever sur ceux qui passent ; il n'est jamais du nombre de ceux qui forment un cercle pour discourir, il se met derrière celui qui parle, recueille furtivement ce qui se dit, et il se retire si on le regarde. Il n'occupe point de lieu, il ne tient point de place ; il va les épaules serrées, le chapeau abaissé sur ses yeux pour n'être point vu ; il se replie et se renferme dans son manteau : il n'y a point de rues ni de galeries si embarrassées et si remplies de monde, où il ne trouve moyen de passer sans effort, et de se couler sans être aperçu. Si on le prie de s'asseoir, il se met à peine sur le bord d'un siége ; il parle bas dans la conversation, et il articule mal ; libre néanmoins sur les affaires publiques, chagrin contre le siècle, médiocrement prévenu des ministres[3] et du ministère. Il n'ouvre la bouche que pour répondre ; il tousse, il se mouche sous son chapeau ; il crache presque sur soi, et il attend qu'il soit seul pour éternuer, ou si cela lui arrive, c'est à l'insu de la compagnie ; il n'en coûte à personne ni salut ni compliment. Il est pauvre[4].

1. « Phédon. » Ces deux portraits font pendant l'un à l'autre et ressortent mieux par le contraste.
2. « De fouler la terre. » On ne peut rendre d'une manière plus fine et plus sensible le sentiment d'infériorité que lui inspire sur lui-même sa condition. Vauvenargues s'est souvenu de ce portrait dans le passage suivant : « Si l'on pouvait dans la médiocrité n'être ni glorieux, ni timide, ni envieux, ni flatteur, ni préoccupé des besoins et des soins de son état, lorsque le dédain et les manières de tout ce qui nous environne concourent à nous abaisser ; si l'on savait alors s'élever, se sentir, résister à la multitude ! Mais qui peut soutenir son esprit et son cœur au-dessus de sa condition ? Qui peut se sauver des faiblesses que la médiocrité traîne après soi ? »
3. « Prévenu des ministres. » En faveur des ministres. On emploierait bien ici la préposition latine *de*.
4. « Il est pauvre. » Voyez la notice de Suard, en tête du volume.

[Chapitre VII.]

DE LA VILLE.

* L'on se donne à Paris, sans se parler, comme un rendez-vous public, mais fort exact, tous les soirs, au Cours[1] ou aux Tuileries, pour se regarder au visage et se désapprouver les uns les autres.

L'on ne peut se passer de ce même monde que l'on n'aime point, et dont l'on se moque.

L'on s'attend au passage réciproquement dans une promenade[2] publique; l'on y passe en revue l'un devant l'autre : carrosse, chevaux, livrées, armoiries, rien n'échappe aux yeux, tout est curieusement ou malignement observé; et, selon le plus ou le moins de l'équipage[3], ou l'on respecte les personnes, ou on les dédaigne.

* Tout le monde connaît cette longue levée qui borne et qui resserre le lit de la Seine, du côté où elle entre à Paris avec la Marne qu'elle vient de recevoir[4] : les hommes s'y baignent au pied[5] pendant les chaleurs de la canicule; on les voit de fort près se jeter dans l'eau, on les en voit sortir : c'est un amusement. Quand cette saison n'est pas venue, les femmes de la ville ne s'y promènent pas encore; et quand elle est passée, elles ne s'y promènent plus[6].

* Dans ces lieux d'un concours général, où les femmes se rassemblent pour montrer une belle étoffe, et pour recueillir le fruit de leur toilette[7], on ne se promène pas avec une compagne par la nécessité[8] de la conversation; on se joint ensemble pour se

---

1. « Au Cours. » Le cours la Reine, promenade plantée de quatre rangs d'arbres le long de la Seine, dans une partie de l'emplacement actuel des Champs-Elysées.
2. « Une promenade. » Vincennes.
3. « Le moins de l'équipage. » Latinisme qui n'a pas été adopté par l'usage.
4. « Cette longue levée. » C'est aujourd'hui le quai Saint-Bernard, sur la rive gauche de la Seine. — « Qu'elle vient de recevoir. » Le confluent de la Seine et de la Marne est, environ, une lieue plus haut.
5. « S'y baignent au pied. » Se baignent au pied de cette levée. La construction n'est pas assez claire.
6. « Ne s'y promènent plus. » La Bruyère écrivait ceci en 1690, époque de la cinquième édition de ses *Caractères*. Dans ce temps-là les hommes allaient se baigner dans la Seine, au-dessus de la porte Saint-Bernard, qui était située sur le quai et un peu au-dessus du pont de la Tournelle. Les bords de la rivière devenaient alors une promenade très-fréquentée par beaucoup de femmes. Les poëtes satiriques ou comiques se sont beaucoup moqués du choix de cette promenade; il y eut une comédie intitulée *les Bains de la porte Saint-Bernard*, qui fut jouée en 1696, au Théâtre-Italien.
7. « Le fruit de leur toilette. » Expression spirituelle et recherchée.
8. « Par la nécessité. » *Pour, à cause de*. On dirait très-bien : « on ne se promène point par nécessité, » en supprimant l'article *la*.

rassurer sur le théâtre, s'apprivoiser avec le public, et se raffermir contre la critique [1] : c'est là précisément qu'on se parle sans se rien dire, ou plutôt qu'on parle pour les passants, pour ceux même [2] en faveur de qui l'on hausse sa voix ; l'on gesticule et l'on badine, l'on penche négligemment la tête, l'on passe et l'on repasse.

* La ville est partagée en diverses sociétés, qui sont comme autant de petites républiques, qui ont leurs lois, leurs usages, leur jargon, et leurs mots pour rire : tant que cet assemblage est dans sa force, et que l'entêtement [3] subsiste, l'on ne trouve rien de bien dit ou de bien fait que ce qui part des siens, et l'on est incapable de goûter ce qui vient d'ailleurs ; cela va jusques au mépris pour les gens qui ne sont pas initiés dans leurs mystères. L'homme du monde d'un meilleur esprit [4], que le hasard a porté au milieu d'eux, leur est étranger [5] : il se trouve là comme dans un pays lointain, dont il ne connaît ni les routes, ni la langue, ni les mœurs, ni la coutume [6] : il voit un peuple qui cause, bourdonne, parle à l'oreille, éclate de rire, et qui retombe ensuite dans un morne silence ; il y perd son maintien, ne trouve pas où placer un seul mot, et n'a pas même de quoi écouter. Il ne manque jamais là un mauvais plaisant qui domine, et qui est comme le héros de la société : celui-ci s'est chargé de la joie des autres, et fait toujours rire avant que d'avoir parlé. Si quelquefois une femme survient qui n'est point de leurs plaisirs, la bande joyeuse ne peut comprendre qu'elle ne sache point rire des choses qu'elle n'entend point, et paraisse insensible à des fadaises qu'ils n'entendent eux-mêmes que parce qu'ils les ont faites ; ils ne lui pardonnent ni son ton de voix, ni son silence, ni sa taille, ni son visage, ni son ha-

1. « Se raffermir contre la critique. » Développement ingénieux de l'expression vulgaire : *apprendre son rôle.*
2. « Pour ceux même. » On parle pour ces passants en faveur de qui on va même jusqu'à élever la voix.
3. « Entêtement. » Est aujourd'hui synonyme d'opiniâtreté. Du temps de La Bruyère il avait une signification plus étendue. « Cet homme a un grand *entêtement* pour cette femme, elle le gouverne absolument. Les louanges sont le parfum qui *entête* le plus et dont on ne se rassasie point. Cet homme est fort *entêté* de sa grandeur, de la noblesse de sa maison, de son procès, il en parle continuellement. » Furetière.
4. « L'homme du monde, etc. » L'homme du meilleur esprit du monde.
5. « Étranger. » Cette expression amène naturellement la comparaison qui suit.
6. « La coutume. » « Droit particulier, ou municipal, établi par l'usage en certaines provinces, qui a force de loi, depuis qu'il a été rédigé par écrit. Furetière. — Il y avait la *coutume de Paris*, *de Normandie*, etc. Aujourd'hui, dans la même phrase, nous nous servirions du pluriel, *les coutumes.*

billement, ni son entrée, ni la manière dont elle est sortie. Deux années cependant ne passent point sur une même *coterie*; il y a toujours, dès la première année, des semences de division pour rompre dans celle [1] qui doit suivre : l'intérêt de la beauté, les incidents du jeu, l'extravagance des repas, qui, modestes au commencement, dégénèrent bientôt en pyramides de viandes et en banquets somptueux, dérangent la république, et lui portent enfin le coup mortel : il n'est en fort peu de temps non plus parlé de cette nation que des mouches de l'année passée.

* Il y a dans la ville la grande et la petite robe [2]; et la première se venge sur l'autre des dédains de la cour, et des petites humiliations qu'elle y essuie : de savoir quelles sont leurs limites, où la grande finit, et où la petite commence, ce n'est pas une chose facile. Il se trouve même un corps considérable [3] qui refuse d'être du second ordre, et à qui l'on conteste le premier : il ne se rend pas néanmoins, il cherche au contraire, par la gravité et par la dépense, à s'égaler à la magistrature, ou ne lui cède qu'avec peine : on l'entend dire que la noblesse de son emploi, l'indépendance de sa profession, le talent de la parole, et le mérite personnel, balancent au moins les sacs de mille francs que le fils du partisan ou du banquier a su payer pour son office [4].

* Vous moquez-vous de rêver en carrosse, ou peut-être de vous y reposer? *Vite*, prenez votre livre ou vos papiers, lisez, ne saluez qu'à peine ces gens qui passent dans leur équipage, ils vous en croiront plus occupé; ils diront : Cet homme est laborieux, infatigable; il lit, il travaille jusque dans les rues ou sur la route. Apprenez du moindre avocat qu'il faut paraître accablé d'affaires, froncer le sourcil, et rêver à rien très-profondément; savoir à propos perdre le boire et le manger, ne faire qu'apparoir [5] dans sa maison, s'évanouir et se perdre comme un fantôme dans le sombre de son cabinet [6]; se cacher au public, éviter le théâtre,

---

1. « Dans celle. » Dans l'année qui doit suivre.
2. « Grande et petite robe. » Les officiers, les conseillers, les avocats, et les procureurs, aujourd'hui les avoués.
3. « Un corps considérable. » Les avocats.
4. « Office. » C'est une attaque indirecte, mais qui porte coup contre la vénalité des charges. « Cette gangrène qui ronge depuis longtemps toutes les parties de l'État. » Saint-Simon. — Il est singulier que cet abus, qui n'a été aboli que par la révolution de 1789, ait pu subsister si longtemps, sans exciter plus de réclamations.
5. « Apparoir. » Apparaître; terme de palais que l'auteur emploie ici à dessein.
6. « Le sombre de son cabinet. » Locution précieuse qui n'est point restée dans la langue.

le laisser à ceux qui ne courent aucun risque¹ à s'y montrer, qui en ont à peine le loisir, aux Gomons, aux Duhamels.

* Il y a un certain nombre de jeunes magistrats² que les grands biens et les plaisirs ont associés à quelques-uns de ceux qu'on nomme à la cour de *petits-maîtres* : ils les imitent, ils se tiennent fort au-dessus de la gravité de la robe, et se croient dispensés, par leur âge et par leur fortune, d'être sages et modérés. Ils prennent de la cour ce qu'elle a de pire; ils s'approprient la vanité, la mollesse, l'intempérance, le libertinage, comme si tous ces vices lui étaient dus³; et, affectant ainsi un caractère éloigné de celui qu'ils ont à soutenir, ils deviennent enfin, selon leurs souhaits, des copies fidèles de très-méchants originaux.

* Un homme de robe à la ville, et le même à la cour, ce sont deux hommes : revenu chez soi, il reprend ses mœurs, sa taille et son visage, qu'il y avait laissés : il n'est plus ni si embarrassé, ni si honnête⁴.

* Les *Crispins* se cotisent, et rassemblent dans leur famille jusques à six chevaux pour allonger un équipage, qui, avec un essaim de gens de livrée, où ils ont fourni chacun leur part, les fait triompher au Cours ou à Vincennes, et aller de pair avec les nouvelles mariées, avec *Jason* qui se ruine, et avec *Thrason* qui veut se marier, et qui a consigné⁵.

* J'entends dire des *Sannions*⁶, même nom, mêmes armes, la

---

1. « Qui ne courent aucun risque. » Qui peuvent se divertir sans qu'on les croie pour cela moins laborieux.
2. « Jeunes magistrats. » M. de Mesme. « Toute son étude, dit Saint-Simon, fut celle du grand monde auquel il plut; et il fut mêlé dans les meilleures compagnies et dans les plus gaillardes. D'ailleurs il n'apprit rien et fut extrêmement débauché. Sa vie libertine le lia avec la jeunesse la plus distinguée, qu'il recherchait avec soin, et il ne voyait que le moins qu'il pouvait de palais et de gens de robe. Devenu président à mortier, par la mort de son père, il ne changea guère de vie; mais il se persuada qu'il était un seigneur et vécut à la grande. Il voulait à toute force être un homme de qualité et de cour, et il se faisait souvent moquer de lui par ceux qui l'étaient en effet, et avec qui il vivait tant qu'il pouvait. »
3. « Dus. » Ils réclament ces vices comme leur propriété naturelle.
4. « Si honnête. » Ni si poli.
5. « Consigné. » Déposé son argent au trésor public pour une grande charge. (*Note de La Bruyère.*)
6. « Sannions. » La Clef dit : On veut qu'après la bataille d'Ivry, en 1590, Henri IV, s'étant retiré du côté de Mantes et manquant d'argent, apprit que deux riches tanneurs, Leclerc et Pelletier, pouvaient lui en prêter. Il les manda à cet effet et tira d'eux vingt mille écus dont il voulut leur donner son billet; mais Pelletier lui ayant représenté qu'il fallait donc créer un huissier exprès pour faire payer le roi, ils se contentèrent de sa parole. Le roi leur donna ensuite des lettres de noblesse, et c'est de ces deux tanneurs que descendent les Pelletier et les Leclerc de Lesseville qui sont dans presque toutes les cours du parlement.

branche aînée, la branche cadette, les cadets de la seconde branche : ceux-là portent les armes pleines [1] ; ceux-ci brisent [2] d'un lambel [3] et les autres d'une bordure dentelée [4]. Ils ont avec les Bourbons, sur une même couleur, un même métail [5] ; ils portent, comme eux, deux et une [6] . ce ne sont pas des fleurs de lis, mais ils s'en consolent ; peut-être dans leur cœur trouvent-ils leurs pièces aussi honorables, et ils les ont communes avec de grands seigneurs qui en sont contents ; on les voit sur les litres [7] et sur les vitrages, sur la porte de leur château, sur le pilier [8] de leur haute justice, où ils viennent de faire pendre un homme qui méritait le bannissement : elles s'offrent aux yeux de toutes parts ; elles sont sur les meubles et sur les serrures ; elles sont semées sur les carrosses ; leurs livrées ne déshonorent point leurs armoiries. Je dirais volontiers aux Sannions : Votre folie est prématurée ; attendez du moins que le siècle s'achève sur votre race ; ceux qui ont vu votre grand-père, qui lui ont parlé, sont vieux, et ne sauraient plus vivre longtemps : qui pourra dire comme eux : Là il étalait, et vendait très-cher [9] ?

Les Sannions et les Crispins veulent encore davantage que l'on dise d'eux qu'ils font une grande dépense, qu'ils n'aiment à la

---

1. « Armes pleines. » « Ce sont celles qui sont entières, nettes et nues, d'une pièce et d'un tenant, qui n'ont aucune brisure, divisions, altérations, ni mélanges. » Furetière.

2. « Brisent. » « Brisure, altération de la simplicité et de l'intégrité du blason et de l'écu, en y mettant quelques pièces ou figures qui distinguent les puînés et les cadets de leur aîné, auxquels appartiennent les armes pleines. » Id.

3. « Lambel. » « La plus noble de toutes les brisures, qui se forme par un filet qui se met ordinairement au milieu et le long du chef de l'écu, sans qu'il touche ses extrémités. Il est garni de pendants qui ressemblent au fer d'une cognée. » Id.

4. « Bordure. » « Espèce de brisure faite comme un passement posé de plat au bord de l'écu et qui l'environne tout autour. Elles sont souvent endentées et chargées de plusieurs pièces, qui sont des brisures différentes des puînés de puînés. » Id.

5. « Métail. » Le dictionnaire de l'Académie de 1694 écrit métal et ne fait point mention de métail. Furetière, dont le dictionnaire a paru quatre ans auparavant, écrit métail, en ajoutant que les poëtes se servent quelquefois de métal. Métail, en termes de blason, se dit de l'or et de l'argent représentés par le jaune et le blanc ; l'écu ponctué par le graveur représente l'or, et quand il est tout à fait blanc et uni, il représente l'argent.

6. « Deux et une. » Une fleur de lis, un croissant d'or au-dessous de deux autres.

7. « Litres. » « C'est un droit honorifique qu'ont les seigneurs patrons fondateurs ou les seigneurs hauts justiciers dans les églises qu'ils ont fondées ou qui sont de leur seigneurie. Il consiste à faire peindre les écussons de leurs armes sur une bande noire en forme d'un lé de velours autour de l'église, tant par dedans que par dehors. » Furetière.

8. « Pilier. » « Poteau qu'un haut seigneur justicier fait élever en un carrefour pour marque de sa seigneurie où sont ses armes, et quelquefois un carcan. » Id.

9. « Très-cher. » C'est une imitation du Bourgeois Gentilhomme, III, 12.

faire : ils font un récit long et ennuyeux d'une fête ou d'un repas qu'ils ont donné ; ils disent l'argent qu'ils ont perdu au jeu, et ils plaignent fort haut celui qu'ils n'ont pas songé à perdre. Ils parlent jargon et mystère sur de certaines femmes ; *ils ont réciproquement cent choses plaisantes à se conter ; ils ont fait depuis peu des découvertes ;* ils se passent les uns aux autres qu'ils sont gens à belles aventures. L'un d'eux, qui s'est couché tard à la campagne, et qui voudrait dormir, se lève matin, chausse des guêtres, endosse un habit de toile, passe un cordon où pend le fourniment, renoue ses cheveux, prend un fusil ; le voilà chasseur, s'il tirait bien. Il revient de nuit, mouillé et recru[1], sans avoir tué ; il retourne à la chasse le lendemain, et il passe tout le jour à manquer des grives ou des perdrix.

Un autre[2], avec quelques mauvais chiens, aurait envie de dire, *Ma meute* : il sait un rendez-vous de chasse, il s'y trouve ; il est au laisser courre[3], il entre dans le fort, se mêle avec les piqueurs ; il a un cor. Il ne dit pas, comme *Ménalippe*[4] : *Ai-je du plaisir ?* Il croit en avoir ; il oublie lois et procédure : c'est un Hippolyte. *Ménandre*, qui le vit hier sur un procès qui est en ses mains, ne reconnaîtrait pas aujourd'hui son rapporteur. Le voyez-vous le lendemain à sa chambre, où l'on va juger une cause grave et capitale ? il se fait entourer de ses confrères, il leur raconte comme il n'a point perdu le cerf de meute, comme il s'est étouffé de crier après les chiens qui étaient en défaut, ou après ceux des chasseurs qui prenaient le change, qu'il a vu donner les six chiens à l'heure presse ; il achève de leur parler des abois et de la curée, et il court s'asseoir avec les autres pour juger[5].

---

1. « Recru. » Fatigué. — « Sans avoir tué. » Sans avoir abattu le moindre gibier. — Cette petite description a été souvent refaite, jamais avec autant de verve.

2. « Un autre. » La Clef dit : Le président Le Cogneux qui aimait fort la chasse. Il n'était pas riche et épousa en secondes noces la veuve de Galand, fameux partisan, qui lui apporta de grands biens. Il ne s'était pas même mis en dépense d'une robe de chambre pour ce mariage ; de sorte qu'étant obligé, selon l'usage de Paris, de se rendre à la toilette de sa nouvelle femme, il ne crut pouvoir mieux faire que d'y aller en robe de palais et en robe rouge fourrée ; il supposait que puisqu'elle ne l'avait épousé que pour sa dignité, elle ne serait pas fâchée qu'il se montrât dans sa robe qui en était la marque. Ce qui fit rire l'assemblée.

3. « Laisser courre. » Lieu où l'on découple les chiens.

4. « Ménalippe. » Le sieur de Nouveau, un jour, au commencement qu'il eut un équipage de chasse courant le cerf, demanda à son veneur : « Ai-je bien du plaisir ? »

5. « Pour juger. » La Bruyère a emprunté plusieurs traits aux *Fâcheux* de Molière mais il enchérit encore sur lui, en faisant contraster la gravité de la dignité avec la puérilité de la passion.

* Quel est l'égarement de certains particuliers qui, riches du négoce de leurs pères [1] dont ils viennent de recueillir la succession, se moulent sur les princes pour leur garde-robe et pour leur équipage, excitent, par une dépense excessive et par un faste ridicule, les traits et la raillerie de toute une ville qu'ils croient éblouir, et se ruinent ainsi à se faire moquer [2] de soi !

Quelques-uns n'ont pas même le triste avantage de répandre leurs folies [3] plus loin que le quartier où ils habitent ; c'est le seul théâtre de leur vanité. L'on ne sait point dans l'Ile qu'*André* brille au Marais, et qu'il y dissipe son patrimoine : du moins, s'il était connu dans toute la ville et dans ses faubourgs, il serait difficile qu'entre un si grand nombre de citoyens qui ne savent pas tous juger sainement de toutes choses, il ne s'en trouvât quelqu'un qui dirait de lui : *Il est magnifique*, et qui lui tiendrait compte des régals qu'il fait à *Xante* et à *Ariston*, et des fêtes qu'il donne à *Elamire*; mais il se ruine obscurément. Ce n'est qu'en faveur de deux ou trois personnes qui ne l'estiment point, qu'il court à l'indigence, et qu'aujourd'hui en carrosse, il n'aura pas dans six mois le moyen d'aller à pied [4].

* *Narcisse* se lève le matin pour se coucher le soir ; il a ses heures de toilette comme une femme ; il va tous les jours fort régulièrement à la belle messe aux Feuillants ou aux Minimes ; il est homme d'un bon commerce, et l'on compte sur lui au quartier de ** pour un tiers ou pour un cinquième à l'hombre ou au reversi. Là il tient le fauteuil quatre heures de suite chez *Aricie*, où il risque chaque soir cinq pistoles d'or [5]. Il lit exactement la Gazette de Hollande et le Mercure galant ; il a lu Bergerac [6], des Marets [7], Lesclache [8], les Historiettes de Barbin, et quelques recueils

---

1. « Du négoce de leurs pères. »
   Quoique fils de meunier, encor blanc du moulin.
                                        BOILEAU.
2. « Se ruinent à se faire moquer. » Ce ridicule a été le sujet d'une foule de comédies qui ont fait rire, et, selon l'habitude, n'ont corrigé personne.
3. « Répandre leurs folies. » Le bruit, la renommée de leurs folies.
4. « Le moyen d'aller à pied. » L'hyperbole est peut-être un peu forte.
5. « Cinq pistoles d'or. » La pistole d'or valait onze livres.
6. « Bergerac. » Cyrano. (*Note de La Bruyère.*) Cyrano est auteur de *l'Histoire comique des Etats de la Lune et du Soleil.*
7. « Des Marets. » Saint-Sorlin. (*Note de La Bruyère.*) Auteur de la comédie des *Visionnaires*, et critique acharné de Boileau.
8. « Lesclache. » Il avait publié *les Véritables Règles de l'orthographe françoise.*

de poésies. Il se promène avec des femmes à la Plaine ou au Cours, et il est d'une ponctualité religieuse sur les visites. Il fera demain ce qu'il fait aujourd'hui et ce qu'il fit hier; et il meurt ainsi après avoir vécu [1].

* Voilà un homme, dites-vous, que j'ai vu quelque part : de savoir où, il est difficile [2]; mais son visage m'est familier. Il l'est à bien d'autres; et je vais, s'il se peut, aider votre mémoire : est-ce au boulevard [3] sur un strapontin [4], ou aux Tuileries dans la grande allée, ou dans le balcon à la comédie? est-ce au sermon, au bal, à Rambouillet [5]? où pourriez-vous ne l'avoir point vu? où n'est-il point? S'il y a dans la place une fameuse exécution, ou un feu de joie, il paraît à une fenêtre de l'hôtel de ville, si l'on attend une magnifique entrée, il a sa place sur un échafaud, s'il se fait un carrousel, le voilà entré, et placé sur l'amphithéâtre, si le roi reçoit des ambassadeurs, il voit leur marche, il assiste à leur audience, il est en haie quand ils reviennent de leur audience; sa présence est aussi essentielle aux serments des ligues suisses, que celle du chancelier et des ligues mêmes. C'est son visage que l'on voit aux almanachs [6] représenter le peuple ou l'assistance. Il y a une chasse publique, une *Saint-Hubert*, le voilà à cheval : on parle d'un camp et d'une revue, il est à Ouilles, il est à Achères; il aime les troupes, la milice, la guerre; il la voit de près, et jusques au fort de Bernardi. CHANLEY [7] sait les marches,

---

1. « Après avoir vécu. » La Bruyère a voulu dire que sa vie et sa mort étaient choses aussi indifférentes l'une que l'autre. C'est une horloge bien réglée dont le ressort se détend, et voilà tout; la pensée, le sentiment, sont absents. C'est dans la même intention que l'auteur dit au commencement de ce caractère : « Narcisse se lève le matin pour se coucher le soir. » La naïveté n'est qu'apparente et cache une malice. Un critique maladroit a voulu corriger La Bruyère, et lui a fait dire cette platitude : « Il meurt après avoir *ainsi* vécu. »
2. « Il est difficile. » Inversion qui reproduit bien le mouvement et la liberté de la conversation.
3. « Au boulevard. » De la porte Saint-Antoine.
4. « Strapontin. » Petit siège qu'on met sur le devant d'un carrosse coupé, pour suppléer au défaut d'un second fond.
5. « Rambouillet. » L'enclos de Rambouillet, dans le faubourg Saint-Antoine.
6. « Aux almanachs. » Sous Louis XIV, on publiait chaque année pour almanach de très-belles et de très-grandes estampes dessinées et gravées par les meilleurs artistes. Là se trouvent représentés par allégorie les événements de l'année passée. Les rois, les princes, les généraux, les grands dignitaires figurent ordinairement dans le champ principal de ces estampes et sont très-ressemblants. Plus bas sont des portraits d'échevins ou de personnages du tiers état, qui regardent le roi; c'est le *peuple* ou *l'assistance*. Sur les côtés, des médaillons représentent les batailles, les fêtes, les événements de l'année; et plus bas encore est un espace blanc où l'on collait un calendrier imprimé de l'année. » WALCKENAER.
7. « Chanley. » « Il avait, dit Saint-Simon, longtemps servi de maréchal des logis

Jacquier[1] les vivres, Du Metz[2] l'artillerie : celui-ci voit, il a vieilli sous le harnois[3] en voyant, il est spectateur de profession, il ne fait rien de ce qu'un homme doit faire, il ne sait rien de ce qu'il doit savoir ; mais il a vu, dit il, tout ce qu'on peut voir, et il n'aura point regret de mourir : quelle perte alors pour toute la ville ! Qui dira après lui : Le Cours est fermé, on ne s'y promène point ; le bourbier de Vincennes est desséché et relevé, on n'y versera plus ? qui annoncera un concert, un beau salut[4], un prestige de la foire ? qui vous avertira que Beaumavielle mourut hier, que Rochois est enrhumée, et ne chantera de huit jours ? qui connaîtra comme lui un bourgeois à ses armes et à ses livrées ? qui dira : *Scapin* porte des fleurs de lis, et qui en sera plus édifié ? qui prononcera avec plus de vanité et d'emphase le nom d'une simple bourgeoise ? qui sera mieux fourni de vaudevilles ? qui prêtera aux femmes les Annales galantes et le Journal amoureux ? qui saura comme lui chanter à table tout un dialogue de l'*Opéra*, et les fureurs de Roland[5] dans une ruelle[6] ? enfin, puisqu'il y a à la ville, comme ailleurs, de fort sottes gens, des gens fades, oisifs, désoccupés, qui pourra aussi parfaitement leur convenir[7] ?

* *Théramène* était riche et avait du mérite ; il a hérité, il est donc très-riche et d'un très-grand mérite : voilà toutes les femmes en campagne pour l'avoir pour galant, et toutes les filles pour *épou-*

---

des armées, où il fut toujours estimé des généraux et fut aimé de tout le monde. Un grand éloge pour lui, est que M. de Turenne ne put et ne voulut jamais s'en séparer qu'à sa mort, et que malgré l'attachement que Chanley conserva pour sa mémoire, M. de Louvois le mit dans toute sa confiance. Le ministre ne lui cacha rien et y trouva un grand soulagement pour les dispositions et la marche des troupes. »

1. « Jacquier. » Munitionnaire général et secrétaire du roi, fils d'un marchand de Châlons-sur-Marne.
2. « Du Metz. » Lieutenant général des armées, tué à la bataille de Fleurus.
3. « Vieilli sous le harnois. » Imitation plaisante du *Cid* :
   Sire, ainsi ces cheveux blanchis sous le harnois.
4. « Un beau salut. » Un salut, des antiennes en musique.
5. « Les fureurs de Roland. » Opéra de Quinault et Lully. La Bruyère n'aimait pas l'opéra, et semble partager les préventions de Boileau contre Quinault.
6. « Ruelle. » Alcôve et lieu paré où les dames recevaient leurs visites.
7. « Leur convenir. » « Les gens de cette espèce se multiplient dans tous les coins. Ils peuplent en un moment les quatre quartiers d'une ville ; cent hommes de ce genre abondent plus que deux mille citoyens ; ils pourraient réparer aux yeux des étrangers les ravages de la peste et de la famine. On demande dans les écoles si un corps peut être en un instant en plusieurs lieux : ils sont une preuve de ce que les philosophes mettent en question. Ils sont toujours empressés parce qu'ils ont l'affaire importante de demander à tous ceux qu'ils voient où ils vont et d'où ils viennent. Ils fatiguent plus les portes des maisons à coups de marteau, que les vents et les tempêtes ; enfin ils reviennent chez eux, bien fatigués, se reposer, pour pouvoir reprendre le lendemain leurs pénibles fonctions. » Montesquieu.

seur; il va de maison en maison faire espérer aux mères qu'il épousera. Est-il assis, elles se retirent pour laisser à leurs filles toute la liberté d'être aimables, et à Théramène de faire ses déclarations. Il tient ici contre le mortier[1], là il efface le cavalier[2] ou le gentilhomme ; un jeune homme fleuri, vif, enjoué, spirituel, n'est pas souhaité plus ardemment ni mieux reçu ; on se l'arrache des mains, on a à peine le loisir de sourire à qui se trouve avec lui dans une même visite. Combien de galants va-t-il mettre en déroute ? quels bons partis ne fera-t-il point manquer ? Pourra-t-il suffire à tant d'héritières qui le recherchent ? Ce n'est pas seulement la terreur des maris, c'est l'épouvantail de tous ceux qui ont envie de l'être, et qui attendent d'un mariage à remplir le vide de leur consignation[3]. On devrait proscrire de tels personnages si heureux, si pécunieux[4], d'une ville bien policée ; ou condamner le sexe, sous peine de folie[5] ou d'indignité, à ne le traiter pas mieux que s'ils n'avaient que du mérite.

* Paris, pour l'ordinaire le singe de la cour, ne sait pas toujours la contrefaire ; il ne l'imite en aucune manière dans ces dehors agréables et caressants que quelques courtisans, et surtout les femmes, y ont naturellement pour un homme de mérite, et qui n'a même que du mérite : elles ne s'informent ni de ses contrats[6], ni de ses ancêtres ; elles le trouvent à la cour, cela leur suffit ; elles le souffrent, elles l'estiment ; elles ne demandent pas s'il est venu en chaise ou à pied, s'il a une charge, une terre ou un équipage : comme elles regorgent de train, de splendeur et de dignités, elles se délassent[7]

---

1. « Le mortier. » Sorte de toque de velours qui était une marque de dignité que portaient les grands présidents du parlement. Il y avait à Paris huit présidents à mortier.
2. « Cavalier. » Gentilhomme qui porte l'épée et l'habit de guerre.
3. « Consignation. » Le vide produit dans leur fortune par le prix de la charge qu'ils ont achetée, et dont ils ont consigné la valeur.
4. « Pécunieux. » Qui a de l'argent comptant. Les grands seigneurs ont de belles terres et ne sont guère *pécunieux*. Il est fâcheux que ce mot soit hors d'usage.
5. « Sous peine de folie. » Sous peine de passer pour fou et indigne de considération.
6. « De ses contrats. » On ne s'inquiète pas de savoir s'il est riche.
7. « Elles se délassent. » La Bruyère se loue du bon accueil des grands et des dames de la cour, mais il n'en est pas dupe ; le mérite est souffert, il sert de distraction et c'est tout. Cela suffit à sa modestie ; il n'en demande pas davantage. Il sent pourtant et il dit presque, que son lot devrait être meilleur. Nous sommes bien loin du temps où Boileau disait en riant, qu'il possédait deux talents bien utiles à l'État, celui de bien faire les vers et de bien jouer aux quilles. Nous approchons du siècle où l'on prenait un titre de noblesse en faisant une tragédie, et où l'on devenait un personnage pour un article dans l'Encyclopédie.

volontiers avec la philosophie¹ ou la vertu. Une femme de ville² entend-elle le bruissement d'un carrosse qui s'arrête à sa porte, elle pétille de goût³ et de complaisance pour quiconque est dedans sans le connaître : mais si elle a vu de sa fenêtre un bel attelage, beaucoup de livrées, et que plusieurs rangs de clous parfaitement dorés l'aient éblouie, quelle impatience n'a-t-elle pas de voir déjà dans sa chambre le cavalier ou le magistrat ! quelle charmante réception ne lui fera-t-elle point ! ôtera-t-elle les yeux de dessus lui ? Il ne perd rien auprès d'elle ; on lui tient compte des doubles soupentes et des ressorts qui le font rouler plus mollement : elle l'en estime davantage, elle l'en aime mieux.

* Cette fatuité de quelques femmes de la ville, qui cause en elles une mauvaise imitation de celles de la cour, est quelque chose de pire que la grossièreté des femmes du peuple, et que la rusticité des villageoises : elle a sur toutes deux l'affectation de plus.

* La subtile invention, de faire de magnifiques présents de noces qui ne coûtent rien, et qui doivent être rendus en espèces !

* L'utile et la louable pratique, de perdre en frais de noces le tiers de la dot qu'une femme apporte ! de commencer par s'appauvrir de concert par l'amas et l'entassement de choses superflues, et de prendre déjà sur son fonds de quoi payer Gaultier⁴, les meubles et la toilette !

* Le bel et le judicieux usage que celui qui, préférant une sorte d'effronterie aux bienséances et à la pudeur, expose une femme d'une seule nuit sur un lit comme sur un théâtre, pour y faire pendant quelques jours un ridicule personnage, et la livre en cet état à la curiosité des gens de l'un et de l'autre sexe, qui, connus ou inconnus, accourent de toute une ville à ce spectacle, pendant qu'il dure ! Que manque-t-il à une telle coutume, pour être entièrement bizarre et incompréhensible, que d'être lue dans quelque relation de la Mingrélie⁶ ?

1. « La philosophie. » Est ici pour science, savoir, mérite.
2. « Une femme de ville. » L'article *la* est supprimé, comme dans la phrase ordinaire : un homme de cour.
3. « Pétille de goût. » Expressions recherchées.
4. « Gaultier. » Marchand d'étoffes de soie, d'or et d'argent.
5. « A ce spectacle. » C'était un usage à Paris que les nouvelles mariées reçussent, les trois premiers jours, leurs visites sur un lit où elles étaient magnifiquement parées, en compagnie de quelques demoiselles de leurs amies, et tout le monde allait les voir et examiner leur fermeté et leur contenance, sur une infinité de questions et de quolibets qu'on leur disait dans cette occasion.
6. « Mingrélie. » Contrée de la Russie méridionale. Du temps de La Bruyère, la Russie était un pays à peine connu.

* Pénible coutume, asservissement incommode! se chercher incessamment les unes les autres avec l'impatience de ne se point rencontrer; ne se rencontrer que pour se dire des riens, que pour s'apprendre réciproquement des choses dont on est également instruite, et dont il importe peu que l'on soit instruite; n'entrer dans une chambre précisément que pour en sortir; ne sortir de chez soi l'après-dînée que pour y rentrer le soir, fort satisfaite d'avoir vu en cinq petites heures trois Suisses, une femme que l'on connaît à peine, et une autre que l'on n'aime guère! Qui considérerait bien le prix du temps, et combien sa perte est irréparable, pleurerait amèrement sur de si grandes misères.

* On s'élève [1] à la ville dans une indifférence grossière des choses rurales et champêtres, on distingue à peine la plante qui porte le chanvre d'avec celle qui produit le lin, et le blé froment d'avec les seigles, et l'un ou l'autre d'avec le méteil [2] : on se contente de se nourrir et de s'habiller. Ne parlez à un grand nombre de bourgeois ni de guérets, ni de baliveaux [3], ni de provins, ni de regains, si vous voulez être entendu; ces termes pour eux ne sont pas français. Parlez aux uns d'aunage, de tarif, ou de sou pour livre, et aux autres de voie d'appel, de requête civile, d'appointement, d'évocation [4]. Ils connaissent le monde, et encore par ce qu'il a de moins beau et de moins spécieux [5]; ils ignorent la nature, ses commencements, ses progrès, ses dons et ses largesses. Leur ignorance souvent est volontaire, et fondée sur l'estime qu'ils ont pour leur profession et pour leurs talents. Il n'y a si vil praticien qui, au fond de son étude sombre et enfumée, et l'esprit occupé d'une plus noire chicane, ne se préfère au laboureur, qui jouit du ciel, qui cultive la terre, qui sème à propos, et

---

1. « On s'élève. » « On est élevé, on grandit à la ville. » Les grands n'étaient pas toujours aussi ignorants des choses rurales que les bourgeois. Ils étaient souvent élevés à la campagne et y passaient une partie de leur vie. Mme de Sévigné nous intéresse aux avenues et aux arbres de sa maison des Rochers, et mêle avec beaucoup d'originalité dans ses lettres les impressions de la campagne et de la solitude, aux souvenirs et aux anecdotes de la cour.
2. « Méteil. » Mélange de froment et de seigle, semé, récolté, moulu, et employé pour faire du pain.
3. « Baliveaux. » Le maître brin d'une souche qui est de belle venue, qu'on a réservé dans les coupes pour croître en haute futaie. — Ces termes sont-ils plus *français* pour nous que pour les contemporains de La Bruyère, et ne devons-nous pas prendre notre part de cette critique si vive et si sensée?
4. « D'évocation. » Ce sont des termes de droit.
5. « Spécieux. » Se prend rarement en bonne part.

qui fait de riches moissons[1]; et s'il entend quelquefois parler des premiers hommes ou des patriarches, de leur vie champêtre et de leur économie, il s'étonne qu'on ait pu vivre en de tels temps, où il n'y avait encore ni offices ni commissions, ni présidents ni procureurs : il ne comprend pas qu'on ait jamais pu se passer du greffe, du parquet et de la buvette.

* Les empereurs[2] n'ont jamais triomphé à Rome si mollement, si commodément, ni si sûrement même, contre le vent, la pluie, la poudre et le soleil, que le bourgeois sait à Paris se faire mener par toute la ville : quelle distance de cet usage à la mule de leurs ancêtres ! Ils ne savaient point encore se priver du nécessaire pour avoir le superflu, ni préférer le faste aux choses utiles : on ne les voyait point s'éclairer avec des bougies[3], et se chauffer à un petit feu : la cire était pour l'autel et pour le Louvre. Ils ne sortaient point d'un mauvais dîner, pour monter dans leur carrosse; ils se persuadaient que l'homme avait des jambes pour marcher, et ils marchaient. Ils se conservaient propres quand il faisait sec, et dans un temps humide ils gâtaient leur chaussure, aussi peu embarrassés de franchir les rues et les carrefours, que le chasseur de

---

1. « De riches moissons. » Fénelon n'aurait pas mieux dit. Peut-être est-il le seul avec La Bruyère qui ait vivement senti, au XVIIe siècle, le vide que l'ignorance des choses rurales et de la nature laissait dans l'éducation et la littérature. Homère et Virgile ont peint toute la nature; sur le théâtre même, les Grecs faisaient l'éloge de leur beau ciel et de leur terre fertile en moissons et en héros; au XVIIe siècle, on semble avoir pour la campagne, le même mépris que pour ceux qui la cultivent.

2. « Les empereurs. » De tout temps, on a fait la satire du présent, en vantant outre mesure le passé. Les anciens ont sans cesse répété ce lieu commun, et déjà, dans Homère, Nestor ne se lasse pas de dire : « J'ai vécu dans ma jeunesse, avec des hommes beaucoup meilleurs et beaucoup plus forts que ceux d'aujourd'hui. » Il n'est point nécessaire de prouver que rien n'est moins vrai ni moins sérieux que cette décadence toujours croissante du genre humain. Remarquons seulement les deux traits principaux qui font croire à La Bruyère que son siècle a dégénéré de l'âge précédent et qui pourraient tout aussi bien faire penser le contraire : le luxe augmente et les distinctions entre les classes s'effacent. C'est là également ce qui a frappé Fénelon. « Mentor visita tous les magasins de Salente, toutes les boutiques d'artisans et toutes les places publiques. Il défendit toutes les marchandises de pays étrangers qui pouvaient introduire le luxe et la mollesse. Il régla les habits, la nourriture, les meubles, la grandeur et l'ornement des maisons pour toutes les conditions différentes. Il bannit tous les ornements d'or et d'argent. » Ce n'est pas tout; il distingue « sept classes d'hommes, qui seront vêtues chacune de couleurs différentes, et condamnées pour toujours l'une au blanc, l'autre au bleu, la troisième au vert, la quatrième au jaune aurore, etc. » Ainsi, sans aucune dépense, chacun sera distingué suivant sa condition, et on bannira de Salente tous les arts qui ne servent qu'à entretenir le faste. » *Télémaque*, livre X. — Qui voudrait vivre au milieu de cette population bariolée ?

3. « Des bougies. » Du temps de La Bruyère la bougie, ou, comme on disait alors, la chandelle de Bougie, était un vrai luxe. On la nommait ainsi parce qu'on allait chercher la cire dont on la faisait à Bougie, ville de la côte d'Afrique, aujourd'hui dans la province de Constantine.

traverser un guéret, ou le soldat de se mouiller dans une tranchée. On n'avait pas encore imaginé d'atteler deux hommes à une litière [1] : il y avait même plusieurs magistrats qui allaient à pied à la chambre ou aux enquêtes [2], d'aussi bonne grâce qu'Auguste [3] autrefois allait de son pied au Capitole. L'étain dans ce temps brillait sur les tables et sur les buffets, comme le fer et le cuivre dans les foyers ; l'argent et l'or étaient dans les coffres. Les femmes se faisaient servir par des femmes ; on mettait celles-ci jusqu'à la cuisine. Les beaux noms de gouverneurs et de gouvernantes n'étaient pas inconnus à nos pères : ils savaient à qui l'on confiait les enfants des rois et des plus grands princes ; mais ils partageaient le service de leurs domestiques [4] avec leurs enfants, contents de veiller eux-mêmes immédiatement à leur éducation. Ils comptaient en toutes choses avec eux-mêmes ; leur dépense était proportionnée à leur recette ; leurs livrées, leurs équipages, leurs meubles, leur table, leurs maisons de la ville et de la campagne, tout était mesuré sur leurs rentes et sur leur condition : il y avait entre eux des distinctions extérieures qui empêchaient qu'on ne prît la femme du praticien [5] pour celle du magistrat, et le roturier ou le simple valet pour le gentilhomme. Moins appliqués à dissiper ou à grossir leur patrimoine qu'à le maintenir, ils le laissaient entier à leurs héritiers, et passaient ainsi d'une vie modérée à une mort tranquille. Ils ne disaient point : *Le siècle est dur, la misère est grande, l'argent est rare ;* ils en avaient moins que nous, et en avaient assez, plus riches par leur économie et par leur modestie, que de leurs revenus et de leurs domaines. Enfin, l'on était alors pénétré de cette maxime, que ce qui est dans les grands splendeur, somptuosité, magnificence, est dissipation, folie, ineptie dans le particulier.

1. « Litière. » Chaise à porteurs.
2. « A la chambre. » « Dans la première institution du parlement, il n'y avait que deux *chambres* et deux sortes de conseillers : l'une était la *grand'chambre* pour les audiences, dont les conseillers s'appelaient *jugeurs*, qui ne faisaient que juger ; l'autre *des enquêtes*, dont les conseillers s'appelaient *rapporteurs*, qui ne faisaient que rapporter les procès par écrit. » Furetière.
3. « Auguste » avait ses raisons pour être si modeste.
4. « Domestiques. » Ils ne donnaient point à leurs enfants d'autres domestiques que les leurs propres.
5. « Praticien. » Celui qui est versé dans la pratique judiciaire.

[Chapitre VIII.]

DE LA COUR.

* Le reproche, en un sens, le plus honorable que l'on puisse faire à un homme, c'est de lui dire qu'il ne sait pas la cour : il n'y a sorte vertus qu'on ne rassemble en lui par ce seul mot [1].

* Un homme qui sait la cour est maître de son geste, de ses yeux et de son visage ; il est profond, impénétrable ; il dissimule des mauvais offices, sourit à ses ennemis, contraint son humeur [2], déguise ses passions, dément son cœur, parle, agit contre ses sentiments [3] : tout ce grand raffinement n'est qu'un vice, que l'on appelle fausseté, quelquefois aussi inutile au courtisan pour sa fortune, que la franchise, la sincérité et la vertu.

* Qui peut nommer de certaines couleurs changeantes [4], et qui sont diverses selon les divers jours dont on les regarde ? de même, qui peut définir la cour ?

* Se dérober à la cour un seul moment, c'est y renoncer : le courtisan qui l'a vue le matin la voit le soir, pour la reconnaître le lendemain, ou afin que lui-même y soit connu.

* L'on est petit à la cour, et, quelque vanité que l'on ait, on s'y trouve tel, mais le mal est commun, et les grands mêmes y sont petits.

* La province est l'endroit d'où la cour, comme dans son point de vue, paraît une chose admirable : si l'on s'en approche, ses agréments diminuent comme ceux d'une perspective que l'on voit de trop près.

---

1. « Mot. » C'est commencer ce chapitre par une satire bien vive et bien hardie.
2. « Contraint son humeur. » Le duc d'Orléans, régent, disait d'un grand seigneur : « C'est un parfait courtisan, il n'a ni humeur, ni honneur. »
3. « Contre ses sentiments. » « Que de bassesses pour parvenir ! Il faut paraître, non pas tel qu'on est, mais tel qu'on nous souhaite. Bassesse d'adulation, on encense et on adore l'idole qu'on méprise ; bassesse de lâcheté, il faut savoir essuyer des dégoûts, dévorer des rebuts, et les recevoir presque comme des grâces ; bassesse de dissimulation, point de sentiments à soi, et ne penser que d'après les autres ; bassesse de dérèglement, devenir les complices et peut-être les ministres des passions de ceux de qui nous dépendons.... Ce n'est point là une peinture imaginée ; ce sont les mœurs des cours, et l'histoire de la plupart de ceux qui y vivent. » MASSILLON, Petit Carême, Premier dimanche, p. 34 de l'édition annotée de M. Deschanel. — Les divisions systématiques dont Massillon se sert presque toujours, affaiblissent la vigueur de son beau langage.
4. « Couleurs changeantes. » Il y a bien longtemps qu'on a dit que le courtisan était un Protée. C'est la même comparaison reprise d'une manière plus familière et plus moderne.

L'on s'accoutume difficilement à une vie qui se passe dans une antichambre [1], dans des cours, ou sur l'escalier.

* La cour ne rend pas content; elle empêche qu'on ne le soit ailleurs.

* Il faut qu'un honnête homme ait tâté de la cour : il découvre, en y entrant, comme un nouveau monde qui lui était inconnu, où il voit régner également le vice et la politesse, et où tout lui est utile [2], le bon et le mauvais.

* La cour est comme un édifice bâti de marbre; je veux dire qu'elle est composée d'hommes fort durs, mais fort polis [3].

* L'on va quelquefois à la cour pour en revenir, et se faire par là respecter du noble de sa province, ou de son diocésain.

* Le brodeur et le confiseur seraient superflus, et ne feraient qu'une montre inutile, si l'on était modeste et sobre : les cours seraient désertes et les rois presque seuls, si l'on était guéri de la vanité et de l'intérêt. Les hommes veulent être esclaves quelque part [4], et puiser là de quoi dominer ailleurs. Il semble qu'on livre en gros aux premiers de la cour l'air de hauteur, de fierté et commandement, afin qu'ils le distribuent en détail dans les provinces : ils font précisément comme on leur fait, vrais singes de la royauté.

* Il n'y a rien qui enlaidisse certains courtisans comme la présence du prince : à peine les puis-je reconnaître à leurs visages, leurs traits sont altérés, et leur contenance est avilie. Les gens fiers et superbes sont les plus défaits, car ils perdent plus du

---

1. « Antichambre. » La vie oisive et inutile des courtisans n'inspire encore que de l'étonnement. L'indignation viendra plus tard.
2. « Tout lui est utile. » La Bruyère parle ici de lui-même.
3. « Fort polis. » C'est un jeu de mots spirituel, mais peut-être pas d'un goût assez sévère. P. Corneille a dit à peu près de même, dans *Polyeucte*, acte IV :

> Toute votre félicité
> Sujette à l'instabilité
> En moins de rien tombe par terre,
> Et comme elle a l'éclat du verre,
> Elle en a la fragilité.

4. « Esclaves quelque part. » Vérité triste et profonde qui ne trouve pas seulement son application dans les cours. Salluste fait dire à Lépide : « Les satellites de Sylla qui portent les plus grands noms de Rome, qui ont sous les yeux les beaux exemples de leurs ancêtres, par une bassesse que je ne puis assez admirer, ont acheté le droit de vous commander en se faisant ses esclaves. » Fragments, § II. page 337 du *Conciones* annoté de M. J. Girard. — Tacite a imité cette pensée dans un passage célèbre : « Othon était là, tendant les mains, saluant la foule, envoyant des baisers, et pour obtenir l'empire, prodigue de servilité. *Omnia serviliter pro dominatione.* » Hist. I, 36

leur; celui qui est honnête et modeste s'y soutient mieux[1]. il n'a rien à réformer.

* L'air de cour est contagieux : il se prend à V**[2], comme l'accent normand à Rouen ou à Falaise ; on l'entrevoit en des fourriers, en de petits contrôleurs et en des chefs de fruiterie[3] : l'on peut, avec une portée d'esprit fort médiocre, y faire de grands progrès. Un homme d'un génie élevé et d'un mérite solide ne fait pas assez de cas de cette espèce de talent pour faire son capital de l'étudier[4] et se le rendre propre ; il l'acquiert sans réflexion, et il ne pense point à s'en défaire.

* N** arrive avec grand bruit : il écarte le monde, se fait faire place ; il gratte[5], il heurte presque, il se nomme : on respire[6], et il n'entre qu'avec la foule.

* Il y a dans les cours des apparitions de gens aventuriers[7] et hardis, d'un caractère libre et familier, qui se produisent eux-mêmes, protestent qu'ils ont dans leur art toute l'habileté qui manque aux autres, et qui sont crus sur leur parole. Ils profitent cependant de l'erreur publique, ou de l'amour qu'ont les hommes pour la nouveauté ; ils percent la foule, et parviennent jusqu'à l'oreille du prince, à qui le courtisan les voit parler, pendant qu'il se trouve heureux d'en être vu : ils ont cela de commode pour les grands, qu'ils en sont soufferts sans conséquence, et congédiés de même. Alors ils disparaissent tout à la fois riches et

---

1. « S'y soutient mieux. » Se soutient mieux dans son caractère, qui est honnête et modéré. — « Le panégyriste de Trajan a presque la même pensée et tire de là une louange délicate pour son prince. Car après avoir dit que c'est le propre des grands astres d'obscurcir l'éclat des petits, et que les officiers perdent presque leur dignité en présence de l'empereur, il parle de la sorte à Trajan : Vous étiez plus grand que tout le reste des hommes, sans que votre grandeur rabaissât personne; chacun n'avait pas moins d'autorité devant vous, qu'éloigné de vous; si ce n'est que plusieurs devenaient plus considérables et plus respectables par la considération et par le respect que vous témoigniez avoir vous-même pour eux. » Bouhours.

2. « V**. » Versailles. Dans les cinq premières éditions, le nom était en blanc, sans lettre initiale, et il n'y avait que deux étoiles.

3. « Fourriers. » Officier qui marque les logis pour le roi et toute sa cour, quand il voyage. — « Contrôleurs. » Officier qui règle ou certifie les dépenses intérieures de la maison. » — « Chefs de fruiterie. » Officier qui prépare les fruits pour servir sur la table du roi.

4. « Faire son capital de l'étudier. » Regarder cette étude comme une chose capitale

5. « Il gratte. » « Gratter se dit chez les princes de ceux qui font un petit bruit avec les ongles à la porte, afin que l'huissier leur ouvre. Il n'est pas permis de heurter à la porte du roi, mais seulement de *gratter.* » Furetière.

6. « On respire. » Le nom de ce courtisan si bruyant n'a rien que de commun.

7. « Aventuriers. » Le marquis de Caretti, fameux médecin empirique dont il sera encore question ailleurs.

décrédités ; et le monde qu'ils viennent de tromper, est encore prêt d'être trompé par d'autres.

* Vous voyez des gens qui entrent sans saluer que légèrement [1] qui marchent des épaules, et qui se rengorgent comme une femme, ils vous interrogent sans vous regarder ; ils parlent d'un ton élevé, et qui marque qu'ils se sentent au-dessus de ceux qui se trouvent présents ; ils s'arrêtent, et on les entoure ; ils ont la parole, président au cercle, et persistent dans cette hauteur ridicule et contrefaite, jusqu'à ce qu'il survienne un grand, qui, la faisant tomber tout d'un coup par sa présence, les réduise à leur naturel, qui est moins mauvais.

* Les cours ne sauraient se passer d'une certaine espèce de courtisans [2], hommes flatteurs, complaisants, insinuants, dévoués aux femmes [3], dont ils ménagent les plaisirs, étudient les faibles, et flattent toutes les passions : ils leur soufflent à l'oreille des grossièretés, leur parlent de leurs maris et de leurs amants dans les termes convenables, devinent leurs chagrins, leurs maladies, et fixent leurs couches ; ils font les modes, raffinent sur le luxe et sur la dépense, et apprennent à ce sexe de prompts moyens de consumer de grandes sommes en habits, en meubles et en équipages, ils ont eux-mêmes des habits où brillent l'invention et la richesse, et ils n'habitent d'anciens palais qu'après les avoir renouvelés et embellis. Ils mangent délicatement et avec réflexion, il n'y a sorte de volupté qu'ils n'essayent, et dont ils ne puissent rendre compte. Ils doivent à eux-mêmes leur fortune, et ils la soutiennent avec la même adresse qu'ils l'ont élevée. Dédaigneux et fiers, ils n'abordent plus leurs pareils, ils ne les saluent plus ;

---

1. « Sans saluer que légèrement. » « *Que* ainsi employé avec ellipse de *sinon* ou *si ce n'est*, fait une tournure élégante et 	 rencontre souvent dans les bons écrivains : « Descendons-nous tous deux que de bonne bourgeoisie ? » MOLIÈRE, *Le Bourgeois Gentilhomme*, III, 12.

Que vois-je autour de moi *que* des amis vendus,
Qui sont de tous mes pas les témoins assidus ?
RACINE, *Britannicus*.

Voltaire remarque que ce vers :
Et pour qui mépriser tous nos rois *que* pour lui ?
est digne du grand Corneille. Aussi l'a-t-il imité dans *Alzire* :
Ai-je fait un seul pas *que* pour te rendre heureuse ?

2. « Courtisans. » Langlée dont nous avons déjà parlé.
3. « Dévoués aux femmes. » Nous voyons dans Madame de Sévigné que Langlée fit remettre une robe magnifique à Mme de Montespan, sans faire connaître d'où elle venait. Le roi néanmoins lui en sut beaucoup de gré.

ils parlent où tous les autres se taisent, entrent, pénètrent en des endroits et à des heures où les grands n'osent se faire voir [1]. Ceux-ci, avec de longs services, bien des plaies sur le corps, de beaux emplois ou de grandes dignités, ne montrent pas un visage si assuré, ni une contenance si libre. Ces gens ont l'oreille des plus grands princes, sont de tous leurs plaisirs et de toutes leurs fêtes; ne sortent pas du Louvre ou du château, où ils marchent et agissent comme chez eux et dans leur domestique [2], semblent se multiplier [3] en mille endroits, et sont toujours les premiers visages qui frappent les nouveaux venus à une cour : ils embrassent, ils sont embrassés; ils rient, ils éclatent, ils sont plaisants, ils font des contes : personnes commodes, agréables, riches, qui prêtent, et qui sont sans conséquence.

* Ne croirait-on pas de *Cimon* et de *Clitandre* qu'ils sont seuls chargés des détails de tout l'État, et que seuls aussi ils en doivent répondre? L'un a [4] du moins les affaires de terre, et l'autre les maritimes. Qui pourrait les représenter exprimerait l'empressement, l'inquiétude, la curiosité, l'activité, saurait peindre le mouvement. On ne les a jamais vus assis, jamais fixes et arrêtés : qui même les a vus marcher? On les voit courir, parler en courant, et vous interroger sans attendre de réponse. Ils ne viennent d'aucun endroit, ils ne vont nulle part; ils passent [5] et ils repassent. Ne les retardez pas dans leur course précipitée, vous démonteriez leur machine [6]; ne leur faites pas de questions, ou donnez-leur du moins le temps de respirer et de se ressouvenir qu'ils n'ont nulle affaire, qu'ils peuvent demeurer avec vous et longtemps, vous suivre même ou il vous plaira de les emmener [7].

---

1. « N'osent se faire voir. » C'est une chose fort curieuse à la cour de Louis XIV, que cette grande faveur de gens qui n'avaient d'autre mérite que de beaucoup jouer et de beaucoup dépenser.
2. « Leur domestique. » Expression toute latine, *in suo domestico*, dans leur intérieur.
3. « Se multiplier. » Mme de Sévigné en parlant d'un de ses amis fort complaisant et fort actif, le désigne presque toujours par le pluriel; elle écrit à sa fille : « Tous les d'Hacqueville sont à votre disposition. »
4. « L'un a. » « Vous diriez que l'un a du moins. » L'auteur remplace le discours indirect par le discours direct, tour vif et rapide dont il s'est souvent servi.
5. « Ils passent. » On ne saurait mieux, suivant l'expression de l'auteur, peindre le mouvement.
6. « Démonteriez leur machine. » Comme une roue de moulin qui se briserait contre un obstacle.
7. « Emmener. » « Titus, sain et malade, conserve la même activité; il va solliciter un procès le jour qu'il a pris médecine, et fait des vers une autre fois avec la fièvre;

ils ne sont pas les *satellites de Jupiter*, je veux dire ceux qui pressent et qui entourent le prince, mais ils l'annoncent et le précèdent ; ils se lancent impétueusement dans la foule des courtisans ; tout ce qui se trouve sur leur passage est en péril [1] : leur profession est d'être vus et revus, et ils ne se couchent jamais sans s'être acquittés d'un emploi si sérieux, et si utile à la république. Ils sont, au reste, instruits à fond de toutes les nouvelles indifférentes, et ils savent à la cour tout ce que l'on peut y ignorer : il ne leur manque aucun des talents nécessaires pour s'avancer médiocrement. Gens néanmoins éveillés et alertes sur tout ce qu'ils croient leur convenir, un peu entreprenants, légers et précipités ; le dirai-je ? ils portent au vent [2], attelés tous deux au char de la fortune [3], et tous deux fort éloignés de s'y voir assis.

* Un homme de la cour qui n'a pas un assez beau nom, doit l'ensevelir sous un meilleur [4] ; mais s'il l'a tel qu'il ose le porter, il doit alors insinuer qu'il est [5] de tous les noms le plus illustre, comme sa maison de toutes les maisons la plus ancienne [6] : il doit tenir aux PRINCES LORRAINS, aux ROHANS, aux CHASTILLONS,

et quand on le prie de se ménager : « Hé ! dit-il, le puis-je un moment ? vous voyez les affaires qui m'accablent ; » quoique au vrai il n'y en a aucune qui ne soit tout à fait volontaire. » VAUVENARGUES.

1. « En péril. » Hyperbole plaisante et bien préparée par ce qui précède.
2. « Ils portent au vent. » On dit d'un cheval qu'il *porte au vent*, quand il porte le nez aussi haut que les oreilles. La comparaison de La Bruyère est tout à fait originale et plaisante. Destouches (*le Glorieux*, I, 3), a dit d'un homme fier :

Toujours *portant au vent*, fier comme un Écossois.

3. « Char de la fortune. » Il y a peu de métaphores plus usées que celle-ci. L'auteur en a cependant tiré un excellent parti.
4. « Sous un meilleur. » Le fils de Fouquet, Le Tellier, Colbert, Louvois, Phelippeaux, Desmarest, ministres de Louis XIV, sont connus sous les noms de comte de Belle-Isle, marquis de Louvois, marquis de Seignelay, marquis de Barbezieux, comte de Maurepas, comte de Maillebois. Tout le monde suivait l'exemple donné par les ministres et approuvé par le roi, qui n'était pas fâché de voir ainsi se former une noblesse nouvelle, et encore moins indépendante que l'ancienne.
5. « Qu'il est. » Que ce nom est. L'emploi du pronom *il* se rapportant dans la même phrase à des mots différents est une faute grave contre la langue et contre la clarté.
6. « La plus ancienne. » La Clef nomme ici M. de Clermont-Tonnerre, évêque de Noyon. Elle donne ailleurs sur ce prélat des détails curieux : « La maison de Clermont-Tonnerre est fort illustre et fort ancienne, et ceux qui en sont présentement sont très-fiers et traitent les autres de petite noblesse et de bourgeoisie. L'évêque de Noyon, qui en est, ayant traité sur ce pied la famille de Harlay, de *bourgeois*, et étant allé pour dîner chez M. le premier président qui l'avait su, celui-ci le refusa en lui disant qu'il n'appartenait pas à un petit bourgeois de traiter un homme de sa qualité ; et comme cet évêque lui répondit qu'il avait renvoyé son carrosse, M. le premier président fit mettre les chevaux au sien et le renvoya ainsi ; dont on a bien ri à la cour. Après la mort de M. de Harlay, le clergé le pria d'en vouloir faire l'oraison funèbre aux Grands-Augustins, il s'en excusa disant qu'il trouvait le sujet trop stérile ; dont le roi étant averti, le renvoya dans son diocèse. »

aux Montmorencis, et, s'il se peut, aux princes du sang; ne parler que de ducs, de cardinaux et de ministres; faire entrer dans toutes les conversations ses aïeuls paternels et maternels, et y trouver place pour l'oriflamme et pour les croisades; avoir des salles parées d'arbres généalogiques, d'écussons chargés de seize quartiers [1], et de tableaux de ses ancêtres et des alliés de ses ancêtres; se piquer d'avoir un ancien château à tourelles, à créneaux et à mâchecoulis [2]; dire en toute rencontre *ma race, ma branche, mon nom* et *mes armes;* dire de celui-ci qu'il n'est pas homme de qualité; de celle-là, qu'elle n'est pas demoiselle [3]; ou si on lui dit qu'*Hyacinthe* a eu le gros lot, demander s'il est gentilhomme. Quelques-uns riront de ces contre-temps [4], mais il les laissera rire; d'autres en feront des contes, et il leur permettra de conter : il dira toujours qu'il marche après la maison régnante, et à force de le dire, il sera cru.

* C'est une grande simplicité que d'apporter à la cour la moindre roture [5], et de n'y être pas [6] gentilhomme.

* L'on se couche à la cour et l'on se lève sur l'intérêt; c'est ce que l'on digère le matin et le soir, le jour et la nuit, c'est ce qui fait que l'on pense, que l'on parle, que l'on se tait, que l'on agit [7]; c'est dans cet esprit qu'on aborde les uns et qu'on néglige

---

1. « Seize quartiers » prouvent la noblesse de quatre races. « Ce mot de *quartier*, dit Furetière, qu'on demande pour preuves de noblesse, vient de ce qu'autrefois on mettait sur les quatre coins d'un tombeau les écus du père et de la mère, de l'aïeul et de l'aïeule du défunt.

2. « Mâchecoulis. » Parapet en saillie ou galerie qu'on faisait au haut des tours et des châteaux, où il y avait des trous par en bas, qui servaient à jeter des pierres et autres choses pour empêcher qu'on n'approchât du pied de la muraille.

3. « Demoiselle. » Femme ou fille d'un gentilhomme qui est de noble extraction : « Ah! qu'une femme *demoiselle* est une étrange affaire! » MOLIÈRE. — Mais déjà du temps de La Bruyère ce mot n'était plus réservé exclusivement à la noblesse : « Demoiselle, dit Furetière, se dit aujourd'hui de toutes les filles qui ne sont point mariées, pourvu qu'elles ne soient pas de la lie du peuple, ou nées d'artisans. Ces deux belles *demoiselles* sont filles d'un marchand, d'un procureur. Les femmes d'avocat tenaient autrefois à grand honneur d'être appelées *demoiselles;* maintenant elles se font appeler *madame.* »

4. « Contre-temps. » De ces espèces de distraction.

5. « Roture. » Roture vient de *ruptura*, nom donné, sous le régime féodal, à toute propriété qui avait le défrichement pour origine. Les roturiers étaient donc campagnards d'origine, et comme tels soumis à l'impôt de la taille, dont la noblesse exemptait.

6. « De n'y être pas. » De ne se faire pas passer pour gentilhomme. Le tour est fin et spirituel. Je ne sais pourquoi Suard, dans son ingénieuse notice, a vu dans cette pensée un modèle de naïveté. La naïveté, qui est le langage de la nature prise sur le fait et oublieuse ou ignorante de l'art, est rare dans le style de La Bruyère, où tout est savant et calculé jusqu'aux plus grandes hardiesses.

7. « Agit. » Ces figures sont vives et originales. On ne peut mieux exprimer la pensée si souvent répétée que l'intérêt est l'unique mobile des courtisans. La Bruyère

les autres, que l'on monte et que l'on descend, c'est sur cette règle que l'on mesure ses soins, ses complaisances, son estime, son indifférence, son mépris. Quelques pas que quelques-uns fassent par vertu vers la modération et la sagesse, un premier mobile d'ambition les emmène avec les plus avares, les plus violents dans leurs désirs et les plus ambitieux : quel moyen de demeurer immobile où tout marche, où tout se remue, et de ne pas courir où les autres courent? On croit même être responsable à soi-même de son élévation et de sa fortune; celui qui ne l'a point faite à la cour est censé ne l'avoir pas dû faire[1]; on n'en appelle pas[2]. Cependant s'en éloignera-t-on avant d'en avoir tiré le moindre fruit, ou persistera-t-on à y demeurer sans grâces et sans récompenses? Question si épineuse, si embarrassée, et d'une si pénible décision, qu'un nombre infini de courtisans vieillissent sur le oui et le non[3], et meurent dans le doute.

* Il n'y a rien à la cour de si méprisable et de si indigne qu'un homme qui ne peut contribuer en rien à notre fortune : je m'étonne qu'il ose se montrer.

* Celui qui voit loin derrière soi un homme de son temps et de sa condition, avec qui il est venu à la cour la première fois, s'il croit avoir une raison solide d'être prévenu de son propre mérite[4], et de s'estimer davantage que[5] cet autre qui est demeuré en chemin, ne se souvient plus de ce qu'avant sa faveur[6] il pensait de soi-même et de ceux qui l'avaient devancé.

peut ici lutter avec un morceau classique de Cicéron, dont il a imité et renouvelé le tour : « Les autres délassements ne conviennent pas à tous les états de la vie, à tous les âges, à tous les lieux : les lettres nourrissent la jeunesse, charment nos vieux ans; elles servent d'ornement au bonheur, d'asile et de consolation à l'adversité; elles récréent sous le toit domestique et n'embarrassent point au dehors; elles veillent avec nous; en voyage, à la campagne, elles se retrouvent avec nous. » *Pro Archia*, 7

1. « Pas dû faire. » « Il faut se distinguer, disent les ambitieux; c'est une marque de foiblesse de demeurer dans le commun; les génies extraordinaires se démêlent toujours de la troupe et forcent les destinées. Les exemples de ceux qui s'avancent semblent reprocher aux autres leur peu de mérite. » BOSSUET, *Sermon contre l'ambition*
2. « On n'en appelle pas. » C'est un arrêt irrévocable.
3. « Vieillissent sur le oui et le non. » Deviennent vieux sans se décider entre le oui et le non.
4. « Prévenu de son propre mérite. » S'il croit avoir raison de faire grand cas de son mérite.
5. « Davantage que. » La Bruyère s'est plusieurs fois servi de cette locution employée par tous les écrivains de son temps : « Il n'y a rien assurément qui chatouille *davantage que* les approbations que vous dites. » MOLIÈRE, *le Bourgeois Gentilhomme*, I. 1. — « Je puis dire devant Dieu qu'il n'y a rien que je déteste *davantage que* de blesser la vérité. » PASCAL, 11e *Provinciale*.
6. « Avant sa faveur. » Tournure concise pour « avant qu'il ne fût en faveur »

* C'est beaucoup tirer de notre ami si, ayant monté à une grande faveur, il est encore un homme de notre connaissance [1].

* Si celui qui est en faveur ose s'en prévaloir avant qu'elle lui échappe; s'il se sert d'un bon vent [2] qui souffle pour faire son chemin; s'il a les yeux ouverts sur tout ce qui vaque, poste, abbaye, pour les demander et les obtenir, et qu'il soit muni de pensions, de brevets et de survivances [3], vous lui reprochez son avidité et son ambition; vous dites que tout le tente, que tout lui est propre [4], aux siens, à ses créatures, et que, par le nombre et la diversité des grâces dont il se trouve comblé, lui seul a fait plusieurs fortunes. Cependant qu'a-t-il dû faire? Si j'en juge moins par vos discours que par le parti que vous auriez pris vous-même en pareille situation, c'est ce qu'il a fait [5].

L'on blâme les gens qui font une grande fortune pendant qu'ils en ont les occasions, parce que l'on désespère, par la médiocrité de la sienne, d'être jamais en état de faire comme eux, et de s'attirer ce reproche. Si l'on était à portée de leur succéder, l'on commencerait à sentir qu'ils ont moins de tort, et l'on serait plus retenu, de peur de prononcer d'avance sa condamnation.

1. « Un homme de notre connaissance. » Un homme qui nous reconnaît. Cette expression s'emploie plus souvent au passif et signifie « un homme qui est connu de nous. »
2. « D'un bon vent. » La Fontaine s'est servi de la même métaphore :

Lorsque sur cette mer on vogue à pleines voiles,
Qu'on croit avoir pour soi les vents et les étoiles,
Il est bien malaisé de régler ses désirs;
Le plus sage s'endort sur la foi des zéphyrs.
Élégie vi, *pour M. Fouquet.*

3. « Brevet. » Acte expédié par un secrétaire d'État, qui portait la concession d'une grâce et d'un don que le roi avait fait à quelqu'un. — « Survivance. » Privilége que le roi accordait à quelqu'un pour succéder à une charge, et même pour l'exercer conjointement avec celui qui en jouissait.
4. « Propre. » Que tout lui paraît bon à prendre
5. « Ce qu'il a fait. » Le tableau que La Bruyère trace de la cour n'est pas flatté; c'est le pillage organisé. Sot est celui qui ne peut en prendre sa part. — « Mendier, dit Courier, n'est pas honte à la cour : c'est toute la vie du courtisan. Dès l'enfance appris à cela, voué à cet état par honneur, il s'en acquitte bien autrement que ceux qui mendient par paresse ou par nécessité. Il y apporte un art, un soin, une patience, une persévérance, et aussi des avances, une mise de fonds; c'est tout en tout genre d'industrie. Gueux à la besace, que peut-on faire ? Le courtisan mendie en carrosse à six chevaux, et attrape plutôt un million que l'autre un morceau de pain noir. Actif, infatigable, il ne s'endort jamais; il veille la nuit et le jour, guette le temps de demander, comme vous celui de semer, et mieux; si nous mettions dans nos travaux la moitié de cette constance, nos greniers chaque année rompraient. Il n'est enfin dédain, outrage ou mépris qui le puissent rebuter. Aucun refus, aucun mauvais succès ne lui fait perdre courage. Éconduit, il insiste; repoussé, il tient bon; qu'on le chasse, il revient; qu'on le batte, il se couche à terre. *Frappe, mais écoute*, et donne. *Simple discours.*

* Il ne faut rien exagérer[1], ni dire des cours le mal qui n'y est point : l'on n'y attente rien de pis contre le vrai mérite[2], que de le laisser quelquefois sans récompense. On ne l'y méprise pas toujours[3], quand on a pu une fois le discerner ; on l'oublie, et c'est là où[4] l'on sait parfaitement ne faire rien, ou faire très-peu de chose, pour ceux que l'on estime beaucoup.

* Il est difficile à la cour que, de toutes les pièces[5] que l'on emploie à l'édifice de sa fortune, il n'y en ait quelqu'une qui porte à faux[6]. L'un de mes amis qui a promis de parler[7], ne parle point ; l'autre parle mollement : il échappe à un troisième de parler contre mes intérêts et contre ses intentions : à celui-là manque la bonne volonté, à celui-ci l'habileté et la prudence : tous n'ont pas assez de plaisir à me voir heureux pour contribuer de tout leur pouvoir à me rendre tel. Chacun se souvient assez de tout ce que son établissement[8] lui a coûté à faire, ainsi que des secours qui lui en ont frayé le chemin : on serait même assez porté à justifier les services[9] qu'on a reçus des uns, par ceux qu'en de pareils besoins on rendrait aux autres, si[10] le premier et l'unique soin qu'on a, après sa fortune faite, n'était pas de songer à soi.

* Les courtisans n'emploient pas ce qu'ils ont d'esprit, d'adresse et de finesse, pour trouver les expédients d'obliger[11] ceux de leurs amis qui implorent leur secours, mais seulement pour leur trouver des raisons apparentes, de spécieux prétextes, ou ce qu'ils appellent une impossibilité de le pouvoir faire ; et ils se persua-

---

1. « Il ne faut rien exagérer. » C'est une concession perfide qui rend encore plus dure la satire qui suit.
2. « Attente contre le vrai mérite. » L'on ne cherche pas à nuire au mérite autrement qu'en le laissant quelquefois sans récompense. L'expression est remarquable en ce qu'elle représente le mérite comme quelque chose de sacré et d'inviolable.
3. « Pas toujours. » Ironie très-fine et très-cruelle.
4. « C'est là où. » C'est à la cour.
5. « Pièces. » Matériaux qui servent à construire cet édifice.
6. « Porte à faux. » Une pièce porte à faux, quand elle n'est pas appuyée convenablement sur un point solide, et quand elle menace ruine.
7. « De parler. » De parler à quelqu'un pour moi. L'emploi de ce verbe sans aucune espèce de complément est chose curieuse. Pourquoi avait-on à parler à la cour, si ce n'est pour demander grâce pour soi ou pour un autre ?
8. « Son établissement. » De ce qu'il lui en a coûté pour établir sa fortune.
9. « A justifier les services. » A montrer qu'on était digne de ces services.
10. « Si. » Ici encore l'auteur feint de justifier le coupable pour l'accabler plus à son aise et d'une manière plus inattendue.
11. « Les expédients d'obliger. » *Expédients* ne s'emploie guère avec un complément ; cependant il est plus exact et plus significatif dans cette phrase que *manières* ou *moyens*.

dent d'être quittes par là en leur endroit [1] de tous les devoirs de l'amitié ou de la reconnaissance.

Personne à la cour ne veut entamer [2] ; on s'offre d'appuyer, parce que, jugeant des autres par soi-même, on espère que nul n'entamera, et qu'on sera ainsi dispensé d'appuyer. C'est une manière douce et polie de refuser son crédit, ses offices et sa médiation à qui en a besoin.

* Combien de gens vous étouffent de caresses dans le particulier, vous aiment et vous estiment, qui sont embarrassés de vous dans le public, et qui, au lever [3], ou à la messe, évitent vos yeux et votre rencontre ! Il n'y a qu'un petit nombre de courtisans qui, par grandeur ou par une confiance qu'ils ont d'eux-mêmes, osent honorer devant le monde le mérite qui est seul, et dénué de grands établissements.

* Je vois un homme entouré et suivi, mais il est en place, j'en vois un autre que tout le monde aborde, mais il est en faveur : celui-ci est embrassé et caressé [4], même des grands, mais il est riche; celui-là est regardé de tous avec curiosité, on le montre du doigt, mais il est savant et éloquent : j'en découvre un que personne n'oublie de saluer, mais il est méchant [5] : je veux un homme qui soit bon [6], qui ne soit rien davantage, et qui soit recherché.

1. « En leur endroit. » Envers eux, à leur égard. A un peu vieilli.
2. « Entamer. » Présenter le premier une demande. Voyez la remarque qui a été faite un peu plus haut, page 177, note 7, sur *parler*, employé sans régime.
3. « Au lever. » Au lever du roi où assistaient tous les courtisans.
4. « Caressé. »
>   Je vous vois accabler un homme de caresses,
>   Et témoigner pour lui les dernières tendresses;
>   De protestations, d'offres et de serments,
>   Vous chargez la fureur de vos embrassements, etc.
>   MOLIÈRE, le *Misanthrope*, I, 1.

Ces mœurs exagérées et efféminées étaient un reste des habitudes italiennes que plusieurs reines avaient apportées avec elles à la cour.

5. « Mais il est méchant. » Trait de satire fort piquant qui attribue à la méchanceté un rang presque aussi élevé dans le monde, qu'à la faveur et au mérite.

6. « Qui soit bon. » J.-J. Rousseau fait très-bien voir comment la bonté est inférieure à la vertu et n'a pas tout à fait droit à la même vénération : « On peut être bon sans être pour cela un homme vertueux. Celui qui n'est que bon ne demeure tel qu'autant qu'il a du plaisir à l'être : la bonté se brise et périt sous le choc des passions humaines; l'homme qui n'est que bon n'est bon que pour lui. Qu'est-ce donc que l'homme vertueux? C'est celui qui sait vaincre ses affections, car alors il suit sa raison, sa conscience; il fait son devoir, il se tient dans l'ordre, et rien ne l'en peut écarter. Commandez à votre cœur et vous serez vertueux. Il n'y a point de vertu sans combat. Le mot de *vertu* vient de *force*; la force est la base de toute vertu. La vertu n'appartient qu'à un être faible par sa nature et fort par sa volonté; c'est en cela que consiste le mérite de

* Vient-on de placer quelqu'un dans un nouveau poste[1], c'est un débordement de louanges en sa faveur qui inonde les cours et la chapelle, qui gagne l'escalier, les salles, la galerie, tout l'appartement : on en a au-dessus des yeux[2], on n'y tient pas. Il n'y a pas deux voix différentes sur ce personnage ; l'envie, la jalousie parlent comme l'adulation : tous se laissent entraîner au torrent qui les emporte, qui les force de dire[3] d'un homme ce qu'ils en pensent ou ce qu'ils n'en pensent pas, comme de louer souvent celui qu'ils ne connaissent point. L'homme d'esprit, de mérite ou de valeur, devient en un instant un génie du premier ordre, un héros, un demi-dieu. Il est si prodigieusement flatté dans toutes les peintures que l'on fait de lui, qu'il paraît difforme près de ses portraits : il lui est impossible d'arriver jamais jusqu'où la bassesse et la complaisance viennent de le porter ; il rougit de sa propre réputation. Commence-t-il à chanceler dans ce poste où on l'avait mis? tout le monde passe facilement à un autre avis. En est-il entièrement déchu? les machines[4] qui l'avaient guindé si haut, par l'applaudissement et les éloges, sont encore toutes dressées pour le faire tomber dans le dernier mépris ; je veux dire qu'il n'y en a point qui le dédaignent mieux, qui le blâment plus aigrement, et qui en disent plus de mal, que ceux qui s'étaient comme dévoués à la fureur[5] d'en dire du bien[6].

l'homme juste ; et quoique nous appelions Dieu *bon*, nous ne l'appelons point *vertueux*, parce qu'il n'a point besoin d'efforts pour bien faire. »

1. « Dans un nouveau poste. » La Clef dit : Cela est arrivé à M. de Luxembourg, quand il entra dans le commandement des armées.
2. « Au-dessus des yeux. » Figure entachée d'un peu d'affectation.
3. « Qui les force de dire. » Ce torrent qui force de dire n'est pas une tournure bien élégante.
4. « Les machines. » Les métaphores tirées de l'architecture sont assez fréquentes dans La Bruyère. Elles étaient mises à la mode par les grands travaux que Louis XIV faisait exécuter dans presque toutes les demeures royales. Il les surveillait lui-même fort activement jusque dans les détails, auxquels il croyait très-bien s'entendre. Les courtisans, à son exemple, affectaient le goût et la connaissance de tout ce qui concerne les bâtiments, et de là vinrent dans la langue beaucoup d'expressions et de figures empruntées à l'art des architectes.
5. « Fureur » est ici dans le sens latin de *furor*, folie manie. On dit encore tous les jours : aimer à la *fureur*.
6. « Du bien. » « Il ne fault veoir un homme eslevé en dignité ; quand nous l'aurions cogneu, trois jours devant, homme de peu, il coule insensiblement en nos opinions, une image de grandeur de suffisance ; et nous persuadons que, croissant de train et de crédit, il est creu de mérite : nous jugeons de luy, non selon sa valeur, mais à la mode des jectons, selon la prérogative de son rang. Que la chance tourne aussi, qu'il retumbe et se mesle à la presse, chascun s'enquiert avecques admiration de la cause qui l'avoit guindé si hault : « Est-ce luy? faict-on ; n'y sçavoit-il autre chose quand il y estoit? Les princes se contentent-ils de si peu? Nous estions vray-

* Je crois pouvoir dire d'un poste éminent et délicat, qu'on y monte plus aisément qu'on ne s'y conserve.

* L'on voit des hommes tomber d'une haute fortune par les mêmes défauts [1] qui les y avaient fait monter.

* Il y a dans les cours deux manières de ce que l'on appelle congédier son monde ou se défaire des gens : se fâcher contre eux, ou faire si bien qu'ils se fâchent contre vous, et s'en dégoûtent.

* L'on dit à la cour du bien de quelqu'un pour deux raisons : la première, afin qu'il apprenne que nous disons du bien de lui ; la seconde, afin qu'il en dise de nous.

* Il est aussi dangereux à la cour de faire les avances, qu'il est embarrassant de ne les point faire.

* Il y a des gens à qui ne connaître point le nom et le visage d'un homme, est un titre [2] pour en rire et le mépriser. Ils demandent qui est cet homme ; ce n'est ni *Rousseau*, ni un *Fabry* [3], ni *la Couture* [4] ; ils ne pourraient le méconnaître [5].

* L'on me dit tant de mal de cet homme, et j'y en vois si peu, que je commence à soupçonner qu'il n'ait [6] un mérite importun, qui éteigne [7] celui des autres.

* Vous êtes homme de bien, vous ne songez ni à plaire ni à déplaire aux favoris, uniquement attaché à votre maître et à votre devoir : vous êtes perdu.

* On n'est point effronté par choix, mais par complexion ; c'est

---

ment en bonnes mains ! » C'est chose que j'ay veu souvent de mon temps. » Montaigne, *Essais*, III, 8.

1. « Défauts. » On croirait que l'auteur va dire « par les mêmes qualités. » Le tour qu'il donne à sa pensée est plus fin et plus satirique.

2. « Un titre. » Une raison suffisante. Régnier a dit de même, *Sat.* II
    Jaloux d'un sot honneur, d'une bastarde gloire,
    Comme gens entendus s'en veulent faire accroire :
    A faux *titre* insolents, etc.
La tournure par l'infinitif dans la même phrase est tout à fait latine.

3. « Fabry. » Brûlé il y a vingt ans. (*Note de La Bruyère.*) — Dans la première édition on lit en note : « Puni pour des saletés. »

4. « La Couture. » Tailleur d'habits de Madame la Dauphine, lequel était devenu fou, et qui sur ce pied demeurait à la cour, où il faisait des contes fort extravagants. Il allait souvent à la toilette de Madame la Dauphine.

5. « Méconnaître. » Ils méprisent cet homme parce qu'ils ne le connaissent point ; et pourtant s'il était un scélérat ou un fou, ils le connaîtraient assurément.

6. « Soupçonner qu'il n'ait. » Soupçonner est ici employé avec la négative, comme le verbe *craindre*. Je ne sais si l'on trouverait d'autre exemple de cette construction.

7. « Qui éteigne. » Boileau a dit (*Epître* 7, à Racine, v. 12—14) :
    Ses rivaux *obscurcis* autour de lui croassent ;
    Et son trop de lumière *importunant* les yeux,
    De ses propres amis lui fait des envieux.
L'expression de La Bruyère est plus énergique, mais forcée.

un vice de l'être, mais naturel. Celui qui n'est pas né tel est modeste, et ne passe pas aisément de cette extrémité à l'autre. C'est une leçon assez inutile que de lui dire : Soyez effronté, et vous réussirez. Une mauvaise imitation ne lui profiterait pas, et le ferait échouer. Il ne faut rien de moins dans les cours qu'une vraie et naïve impudence, pour réussir [1].

* On cherche, on s'empresse, on brigue, on se tourmente, on demande, on est refusé, on demande et on obtient, mais, dit-on, sans l'avoir demandé, et dans le temps que l'on n'y pensait pas, et que l'on songeait même à tout autre chose. Vieux style, menterie innocente, et qui ne trompe personne.

* On fait sa brigue pour parvenir à un grand poste; on prépare toutes ses machines, toutes les mesures sont bien prises, et l'on doit être servi selon ses souhaits : les uns doivent entamer, les autres appuyer; l'amorce est déjà conduite, et la mine [2] prête à jouer : alors on s'éloigne de la cour. Qui oserait soupçonner d'*Artemon* [3] qu'il ait pensé à se mettre dans une si belle place, lorsqu'on le tire de sa terre ou de son gouvernement pour l'y faire asseoir? Artifice grossier, finesses usées, et dont le courtisan s'est servi tant de fois, que si je voulais donner le change à tout le public et lui dérober mon ambition, je me trouverais sous l'œil et sous la main du prince, pour recevoir de lui la grâce que j'aurais recherchée avec le plus d'emportement.

* Les hommes ne veulent pas que l'on découvre les vues qu'ils ont sur leur fortune, ni que l'on pénètre qu'ils pensent à une telle dignité, parce que s'ils ne l'obtiennent point, il y a de la

---

1. « Réussir. »
   Mais quoy! me diras-tu, il t'en faut autant faire.
   Qui ose, a peu souvent la fortune contraire....
   Sois entrant, effronté, et sans cesse importune :
   En ce temps l'impudence eslève la fortune.
   Il est vray; mais pourtant je ne suis point d'avis
   De desgager mes jours pour les rendre asservis....
   Ce n'est pas mon humeur : je suis mélancolique;
   Je ne suis point entrant; ma façon est rustique;
   Et le surnom de bon me va-t-on reprochant,
   D'autant que je n'ay pas l'esprit d'estre méchant.
   RÉGNIER, *Satire* III.

2. « La mine. » Métaphores guerrières que les courtisans rapportaient de leurs campagnes.

3. « D'Artemon. » Monsieur de Vardes, dit la Clef, revenu de son exil de vingt ans, avait fait une grosse brigue pour être gouverneur du duc de Bourgogne, en quoi il aurait réussi s'il ne fût pas mort.

honte, se persuadent-ils, à être refusés; et s'ils y parviennent, il y a plus de gloire pour eux d'en être crus dignes par celui qui la leur accorde, que de s'en juger dignes eux-mêmes par leurs brigues et par leurs cabales : ils se trouvent parés tout à la fois de leur dignité et de leur modestie [1].

Quelle plus grande honte y a-t-il d'être refusé d'un poste que l'on mérite, ou d'y être placé sans le mériter [2]?

Quelques grandes difficultés qu'il y ait à se placer à la cour, il est encore plus âpre et plus difficile de se rendre digne d'être placé

Il coûte moins à [3] faire dire de soi : Pourquoi a-t-il obtenu ce poste? qu'à faire demander: Pourquoi ne l'a-t-il pas obtenu?

L'on se présente encore pour les charges de ville [4], l'on postule une place dans l'Académie [5] française; l'on demandait le consulat; quelle moindre raison y aurait-il de travailler les premières années de sa vie à se rendre capable d'un grand emploi, et de demander ensuite, sans nul mystère et sans nulle intrigue, mais ouvertement et avec confiance, d'y servir sa patrie, son prince, la république [6]?

* Je ne vois aucun courtisan à qui le prince vienne d'accorder un bon gouvernement, une place éminente ou une forte pension, qui n'assure par vanité, ou pour marquer son désintéressement, qu'il est bien moins content du don que de la manière dont il lui a été fait. Ce qu'il y a en cela de sûr et d'indubitable, c'est qu'il le dit ainsi.

C'est rusticité [7] que de donner de mauvaise grâce; le plus fort

---

1. « De leur dignité et de leur modestie. » Alliance de mots fort élégante. Saint-Evremond avait dit avec une simplicité qui ne manque point de finesse : « Un habile homme emploie toute son industrie à se faire donner ce qu'il ne demande pas. »
2. « Sans le mériter. » Caton d'Utique disait : J'aime mieux qu'on demande pourquoi on ne m'a pas dressé de statue, que pourquoi ma statue se trouve-t-elle là?
3. « Coûte moins à. » On dit plus ordinairement : il coûte *de*.
4. « Les charges de ville. » Les charges municipales de prévôt des marchands, d'échevins, etc., qui se donnaient à l'élection.
5. « L'Académie. » Lorsque Arnauld d'Andilly fit paraître sa traduction des *Confessions de saint Augustin*, les académiciens lui offrirent une place dans leur compagnie; il refusa par modestie; et ce fut dès lors que s'établit la règle que nul ne serait plus reçu à l'Académie sans avoir par avance sollicité cet honneur.
6. « La république. » Il y a de la fierté et de l'élévation dans ces sentiments tout nouveaux dans le temps où écrivait La Bruyère.
7. « C'est rusticité. » La Bruyère s'est servi ici des expressions et du tour de Sénèque, qu'il a encore embellis : « Quelques-uns gâtent de grands bienfaits par le silence ou par des paroles tardives qui tiennent de la morgue et de l'humeur; ils promettent de l'air dont on refuse. Combien n'est-il pas mieux d'ajouter de bonnes paroles aux bons effets, de faire valoir un service par quelques mots de politesse et de bienveillance! Plaignez-vous même doucement et d'amitié : c'est mal à vous, quand vous aviez un désir à former, de ne pas avoir eu plus tôt recours à moi; pour cette fois je

et le plus pénible est de donner : que coûte-t-il d'y ajouter un sourire ?

Il faut avouer néanmoins qu'il s'est trouvé des hommes qui refusaient plus honnêtement que d'autres ne savaient donner¹; qu'on a dit de quelques-uns qu'ils se faisaient si longtemps prier, qu'ils donnaient si sèchement, et chargeaient une grâce qu'on leur arrachait de conditions si désagréables, qu'une plus grande grâce était d'obtenir d'eux d'être dispensé de rien recevoir².

* L'on remarque dans les cours des hommes avides, qui se revêtent de toutes les conditions pour en avoir les avantages : gouvernement, charge, bénéfice, tout leur convient; ils se sont si bien ajustés³, que par leur état ils deviennent capables⁴ de toutes les grâces ; ils sont *amphibies ;* ils vivent de l'Église et de l'épée, et auront le secret d'y joindre la robe. Si vous demandez : Que font ces gens à la cour ? ils reçoivent, et envient tous ceux⁵ à qui l'on donne.

* Mille gens à la cour⁶ y traînent leur vie à embrasser, serrer et congratuler ceux qui reçoivent, jusqu'à ce qu'ils y meurent sans rien avoir.

* *Ménophile* emprunte ses mœurs d'une profession, et d'un autre son habit : il masque⁷ toute l'année, quoiqu'à visage découvert : il paraît à la cour, à la ville, ailleurs, toujours sous un certain nom et sous le même déguisement. On le reconnaît, et on sait quel il est à son visage.

---

vous pardonne; dorénavant moins de rusticité. » SÉNÈQUE, *des Bienfaits*, II, 3. — Remarquons que ce mot de *rusticité* implique un blâme assez vif en français, et qu'il est presque un éloge en latin.

1. « Donner. »
Tel donne à pleines mains qui n'oblige personne;
La façon de donner vaut mieux que ce qu'on donne.
P. CORNEILLE, *le Menteur*, I, 1.

2. « Recevoir. » Sénèque cite le mot de ce proscrit sauvé par un de ses amis, qui ne cessait de lui rappeler qu'il lui devait la vie : « Eh! rendez-moi donc à César; il ne triomphera qu'une fois de moi. »

3. « Ajustés. » On emploie plus souvent le verbe *accommoder* dans ce sens.

4. « Capables » est ici fort bien employé dans le sens latin, qui peut recevoir, contenir.

5. « Envient tous ceux. » La Bruyère a le premier donné au verbe *envier* un régime de personne. On disait : porter envie à quelqu'un, être envieux de lui, et non point *envier* quelqu'un. Cette dernière locution est restée dans la langue.

6. « Gens à la cour. » La locution *à la cour* semble jouer ici le rôle d'un véritable adjectif, et c'est pourquoi l'auteur se sert de l'adverbe *y*.

7. « Il masque. » *Se masquer* signifiait mettre un masque, comme celui que portaient les dames pour se préserver le teint des influences de l'air ; *masquer*, pris absolument,

* Il y a pour arriver aux dignités ce qu'on appelle la grande voie ou le chemin battu; il y a le chemin détourné ou de traverse, qui est le plus court.

* L'on court les malheureux pour les envisager; l'on se range en haie, ou l'on se place aux fenêtres pour observer les traits et la contenance d'un homme qui est condamné, et qui sait qu'il va mourir [1] : vaine, maligne, inhumaine curiosité! Si les hommes étaient sages, la place publique serait abandonnée, et il serait établi qu'il y aurait de l'ignominie seulement à voir de tels spectacles. Si vous êtes si touchés de curiosité, exercez-la du moins en un sujet noble. Voyez un heureux [2], contemplez-le dans le jour même où il a été nommé à un nouveau poste, et qu'il en reçoit les compliments; lisez dans ses yeux, et au travers d'un calme étudié et d'une feinte modestie, combien il est content et pénétré de soi-même [3] : voyez quelle sérénité cet accomplissement de ses désirs répand dans son cœur et sur son visage; comme il ne songe plus qu'à vivre et à avoir de la santé; comme ensuite sa joie lui échappe, et ne peut plus se dissimuler; comme il plie sous le poids de son bonheur; quel air froid et sérieux il conserve pour ceux qui ne sont plus ses égaux; il ne leur répond pas, il ne les voit pas : les embrassements et les caresses des grands, qu'il ne voit plus de si loin, achèvent de lui nuire; il se déconcerte, il s'étourdit; c'est une courte aliénation. Vous voulez être heureux, vous désirez des grâces; que de choses pour vous à éviter!

* Un homme qui vient d'être placé ne se sert plus de sa raison

s'habiller en masque pour courir le bal. Cette troupe de jeunes gens a *masqué* pendant tout le carnaval. Cette dernière locution est hors d'usage.

1. « Qu'il va mourir. »

    Parlerai-je d'Iris? Chacun la prône et l'aime;
    C'est un cœur, mais un cœur.... c'est l'humanité même :
    Si d'un pied étourdi quelque jeune éventé
    Frappe, en courant, son chien qui jappe épouvanté,
    La voilà qui se meurt de tendresse et d'alarmes;
    Un papillon souffrant lui fait verser des larmes,
    Il est vrai; mais aussi qu'à la mort condamné
    Lalli soit, en spectacle, à l'échafaud traîné,
    Elle ira la première à cette horrible fête
    Acheter le plaisir de voir tomber sa tête.
               GILBERT, *le dix-huitième Siècle*, satire

2. « Voyez un heureux. » Ce contraste est d'un bel effet et l'analyse qui suit pleine de finesse et d'originalité. Les écrivains font comme la foule; ils se plaisent à décrire la douleur et l'abattement, et s'arrêtent rarement à étudier et à représenter la joie et le bonheur, plus rares, moins intéressants, et plus difficiles à peindre.

3. « Pénétré de soi-même. » Expression neuve et énergique.

et de son esprit pour régler sa conduite et ses dehors à l'égard des autres; il emprunte sa règle de son poste et de son état. De là l'oubli, la fierté, l'arrogance, la dureté, l'ingratitude.

* *Théonas*, abbé depuis trente ans, se lassait de l'être : on a moins d'ardeur et d'impatience de se voir habillé de pourpre, qu'il en avait [1] de porter une croix d'or [2] sur sa poitrine; et parce que les grandes fêtes se passaient toujours sans rien changer à sa fortune, il murmurait contre le temps présent, trouvait l'État mal gouverné, et n'en prédisait rien que de sinistre. Convenant en son cœur que le mérite est dangereux dans les cours à qui veut s'avancer, il avait enfin pris son parti, et renoncé à la prélature, lorsque quelqu'un accourt lui dire qu'il est nommé à un évêché. Rempli de joie et de confiance sur une nouvelle si peu attendue. Vous verrez, dit-il, que je n'en demeurerai pas là, et qu'ils me feront archevêque.

* Il faut des fripons à la cour auprès des grands et des ministres, même les mieux intentionnés; mais l'usage en est délicat, et il faut savoir les mettre en œuvre : il y a des temps et des occasions où ils ne peuvent être suppléés par d'autres. Honneur, vertu, conscience, qualités toujours respectables, souvent inutiles : que voulez-vous quelquefois que l'on fasse d'un homme de bien [3] ?

* Un vieil auteur, et dont j'ose rapporter ici les propres termes, de peur d'en affoiblir le sens [4] par ma traduction, dit que *s'éloigner des petits, voire* [5] *de ses pareils, et iceulx vilainer et dépriser; s'accointer* [6] *de grands et puissants en tous biens*

---

1. « Qu'il en avait. » L'usage est de dire : qu'il *n*'en avait, avec la négative.
2. « Une croix d'or. » Signe distinctif de la dignité épiscopale.
3. « Un homme de bien. » « L'injuste peut entrer dans tous les desseins, trouver tous les expédients, entrer dans tous les intérêts; à quel usage peut-on mettre cet homme si droit, qui ne parle que de son devoir? Il n'y a rien de si sec, ni de moins flexible, et il y a tant de choses qu'il ne peut pas faire, qu'à la fin il est regardé comme un homme qui n'est bon à rien, entièrement inutile. Ainsi, étant inutile, on se résout facilement à le mépriser, ensuite à le sacrifier à l'intérêt du plus fort et aux pressantes sollicitations de cet homme de grand secours, qui n'épargne ni le saint ni le profane pour entrer dans nos desseins, qui fait remuer les intérêts et les passions, ces deux grands ressorts de la vie humaine. » BOSSUET, *Sermon contre l'ambition*. — Madame de Sévigné rapporte que lorsque Berrier vint complimenter le chancelier Le Tellier à la tête des secrétaires généraux, Le Tellier lui dit : « Je vous remercie, mais, monsieur Berrier, point de finesses, point de friponnerie. » Que faut-il penser d'un temps où un ministre faisait de telles recommandations à ceux qu'il employait?
4. « De peur d'en affoiblir le sens. » Et aussi pour jeter de la variété dans l'ouvrage et offrir au lecteur le contraste agréable de l'ancien langage et du nouveau.
5. « Voire. » Et même.
6. « S'accointer. » Fréquenter.

et chevances[1], et en cette leur cointise et privauté estre de tous ébats, gabs[2], mommeries, et vilaines besoignes ; estre eshonté, saffranier[3], et sans point de vergogne[4] ; endurer brocards et gausseries de tous chacuns, sans pour ce feindre de cheminer en avant, et à tout son entregent[5], engendre heur et fortune

* Jeunesse du prince, source des belles fortunes.

Timante[6], toujours le même, et sans rien perdre de ce mérite qui lui a attiré la première fois de la réputation et des récompenses, ne laissait pas de dégénérer dans l'esprit des courtisans : ils étaient las de l'estimer[7], ils le saluaient froidement, ils ne lui souriaient plus ; ils commençaient à ne le plus joindre, ils ne l'embrassaient plus, ils ne le tiraient plus à l'écart pour lui parler mystérieusement d'une chose indifférente, ils n'avaient plus rien à lui dire. Il lui fallait cette pension ou ce nouveau poste dont il vient d'être honoré pour faire revivre ses vertus à demi effacées de leur mémoire, et en rafraîchir l'idée : ils lui font[8] comme dans les commencements, et encore mieux.

* Que d'amis, que de parents naissent en une nuit au nouveau ministre[9] ! Les uns font valoir leurs anciennes liaisons, leur société d'études, les droits du voisinage ; les autres feuillettent leur généalogie, remontent jusqu'à un trisaïeul, rappellent le côté paternel

---

1. « Chevances. » Possessions, domaines. Molière s'est servi du verbe chevir, qui signifie être maître. « Et votre petit chien Brusquet, gronde-t-il toujours aussi fort, et mord-il toujours bien aux jambes les gens qui vont chez vous ? — Plus que jamais, Monsieur, et nous ne saurions en chevir. » Don Juan, IV, 3.
2. « Gabs. » Raillerie, plaisanterie. Ce mot se trouve dans la première édition du dictionnaire de l'Académie. On disait aussi gaber, railler, se moquer ; gabatine, promesse ambiguë et faite en se moquant, qu'on ne veut pas tenir.
3. « Saffranier. » Banqueroutier. « Ce mot, dit Furetière, peut venir de ce qu'il n'y a pas longtemps qu'on peignait de jaune ou de couleur de safran les maisons des banqueroutiers, ou de ceux dont les biens étaient confisqués avec note d'infamie. »
4. « Vergogne. » Honte, pudeur.
5. « Entregent. » Mot très-bien fait pour exprimer l'habileté et l'intrigue.
6. « Timante. » M. de Pomponne, disgracié après la paix de Nimègue, par les intrigues de Louvois, fut rappelé après la mort de ce ministre. Madame de Sévigné nous apprend avec quel courage il supporta cette disgrâce. (Lettres des 22 et 29 novembre 1679.) Saint-Simon, qui semble n'avoir composé des Mémoires que pour écrire de tout le monde le mal qu'il n'osait point dire, fait pourtant son éloge : « Poli obligeant et jamais ministre qu'en traitant ; il se fit adorer de la cour où il mena une vie également unie, et toujours éloignée du luxe et de l'épargne ; ne connaissant de délassement de son grand travail qu'avec sa famille, ses amis et ses livres. »
7. « Las de l'estimer. » Allusion au mot si connu sur Aristide, surnommé le Juste.
8. « Ils lui font. » Ils agissent envers lui. Ce verbe ne s'emploie plus en ce sens, qui était pourtant clair et précis.
9. « Que de parents naissent, etc. » La Clef dit que le maréchal de Villeroy, lors de l'élévation de M. Pelletier au contrôle général, s'écria « qu'il en était ravi, parce qu'ils étaient parents, » bien que cela ne fût pas vrai.

et le maternel : l'on veut tenir à cet homme par quelque endroit, et l'on dit plusieurs fois le jour que l'on y tient; on l'imprimerait volontiers : *C'est mon ami, et je suis fort aise de son élévation; j'y dois prendre part, il m'est assez proche.* Hommes vains et dévoués à la fortune, fades courtisans, parliez-vous ainsi il y a huit jours? Est-il devenu, depuis ce temps, plus homme de bien, plus digne du choix que le prince en vient de faire? Attendiez-vous cette circonstance pour le mieux connaître [1]?

* Ce qui me soutient et me rassure contre les petits dédains que j'essuie quelquefois des grands et de mes égaux, c'est que je me dis à moi-même : Ces gens n'en veulent peut-être qu'à ma fortune, et ils ont raison : elle est bien petite. Ils m'adoreraient sans doute si j'étais ministre.

Dois-je bientôt être en place? le sait-il? est-ce en lui un pressentiment? il me prévient, il me salue.

* Celui qui dit, *Je dînai hier à Tibur,* ou *J'y soupe ce soir,* qui le répète, qui fait entrer dix fois le nom de *Plancus* [2] dans les moindres conversations; qui dit : *Plancus me demandait... Je disais à Plancus...,* celui-là même apprend dans ce moment que son héros vient d'être enlevé par une mort extraordinaire. Il part de la main [3], il rassemble le peuple dans les places ou sous les portiques, accuse le mort [4], décrie sa conduite, dénigre son consulat, lui ôte jusqu'à la science des détails que la voix publique lui accorde, ne lui passe point une mémoire heureuse, lui refuse l'éloge d'un homme sévère [5] et laborieux, ne lui fait pas l'honneur de lui croire, parmi les ennemis de l'empire, un ennemi.

---

1. « Connaître. » Il est admiré et il devient un magnifique spectacle à d'autres hommes aussi vains et autant trompés que lui. Mais ce qui le relève, c'est ce qui l'abaisse. Car ne voit-il pas dans toute cette pompe qui l'environne et au milieu de tous ces regards qu'il attire, que ce qu'on regarde le moins, ce qu'on admire le moins, c'est lui-même? tant l'homme est pauvre et nécessiteux, qui n'est pas capable de soutenir par ses qualités personnelles les honneurs dont il se repaît. » BOSSUET, *Sermon sur l'honneur.*

2. « Plancus. » Louvois mort subitement en 1691, au moment où il allait être disgracié par l'influence de madame de Maintenon. L'éloge que La Bruyère fait de lui a été confirmé par l'histoire. — « Tibur » est Meudon, habitation où Louvois avait fait de grandes dépenses, et tenait une cour presque royale.

3. « De la main. » Faire partir un cheval *de la main,* c'est le pousser de vitesse; et un beau *partir de la main* se dit de la course qu'on lui fait faire sur une ligne droite. La Bruyère a emprunté un certain nombre d'expressions à l'art de l'équitation, dont les termes étaient à la mode parmi les courtisans, grands amateurs de chevaux et d'exercices.

4. « Accuse le mort. » « Quelles lèvres, quelle figure avait ce Séjan! Croyez-moi, je n'ai jamais aimé cet homme. » JUVÉNAL, *Sat.* 10.

5. « L'éloge d'un homme sévère. » L'éloge *d'avoir été* un homme sévère. Ces ellipses sont familières au style de La Bruyère.

* Un homme de mérite se donne, je crois, un joli spectacle, lorsque la même place à une assemblée, ou à un spectacle, dont il est refusé [1], il la voit accorder à un homme qui n'a point d'yeux pour voir, ni d'oreilles pour entendre, ni d'esprit pour connaître et pour juger; qui n'est recommandable que par de certaines livrées, que même il ne porte plus [2].

* *Théodote* [3], avec un habit austère, a un visage comique, et d'un homme qui entre sur la scène : sa voix, sa démarche, son geste, son attitude, accompagnent [4] son visage ; il est fin, *cauteleux*, doucereux, mystérieux; il s'approche de vous, et il vous dit à l'oreille : *Voilà un beau temps, voilà un grand dégel.* S'il n'a pas les grandes manières, il a du moins toutes les petites, et celles même qui ne conviennent guère qu'à une jeune précieuse. Imaginez-vous l'application d'un enfant à élever un château de cartes ou à se saisir d'un papillon, c'est celle de Théodote pour une affaire de rien, et qui ne mérite pas qu'on s'en remue [5]; il la traite sérieusement, et comme quelque chose qui est capital ; il agit, il s'empresse, il la fait réussir : le voilà qui respire et qui se repose, et il a raison; elle lui a coûté beaucoup de peine. L'on voit des gens enivrés, ensorcelés de la faveur ; ils y pensent le jour, ils y rêvent la nuit; ils montent l'escalier d'un ministre, et ils en descendent; ils sortent de son antichambre, et ils y rentrent, ils n'ont rien à lui dire, et ils lui parlent; ils lui parlent une seconde fois, les voilà contents, ils lui ont parlé. Pressez-les, tordez-les [6], ils dégouttent [7] l'orgueil, l'arrogance, la présomption. Vous leur adressez la parole, ils ne vous répondent point, ils ne

---

1. « Dont il est refusé. » *Être refusé* d'une place est un latinisme qui n'est pas resté dans la langue.
2. « Qu'il ne porte plus. » Lorsqu'il se voit préférer un homme qui a fait fortune après avoir été laquais.
3. « Théodote. » Les Clefs nomment l'abbé de Choisy. En effet, la double qualité de courtisan et d'auteur semble lui convenir assez particulièrement, et le reste du portrait s'accorde assez avec l'idée qu'on a conservée de lui.
4. « Accompagnent. » Sont en harmonie avec son visage. Furetière cite cet exemple : « Ces deux pavillons *accompagnent* bien ce bâtiment, font une belle symétrie. » Ce mot est aujourd'hui au figuré d'un usage plus rare et moins étendu.
5. « Qu'on s'en remue. » L'auteur emploie *se remuer de cela*, de la même façon dont on dit : s'inquiéter, s'occuper de.
6. « Pressez-les, etc. » Métaphores neuves et énergiques.
7. « Dégouttent. » Vient de *goutte* et non de *goût*. La Bruyère a fort heureusement donné un régime direct à ce verbe, qui s'emploie ordinairement d'une manière absolue :

Le fils tout *dégouttant du* meurtre de son père,
Et sa tête à la main demandant son salaire.
P. CORNEILLE, *Cinna*.

vous connaissent point, ils ont les yeux égarés et l'esprit aliéné ; c'est à leurs parents à en prendre soin et à les renfermer, de peur que leur folie ne devienne fureur [1], et que le monde n'en souffre. Théodote a une plus douce manie : il aime la faveur éperdument, mais sa passion a moins d'éclat ; il lui fait des vœux en secret, il la cultive, il la sert mystérieusement. Il est au guet et à la découverte sur tout ce qui paraît de nouveau avec les livrées [2] de la faveur. Ont-ils une prétention ? il s'offre à eux, il s'intrigue pour eux, il leur sacrifie sourdement mérite, alliance, amitié, engagement, reconnaissance. Si la place d'un CASSINI [3] devenait vacante, et que le suisse ou le postillon du favori s'avisât de la demander, il appuierait sa demande, il le jugerait digne de cette place, il le trouverait capable d'observer et de calculer, de parler de parhélies et de parallaxes. Si vous demandiez de Théodote s'il est auteur ou plagiaire, original ou copiste, je vous donnerais ses ouvrages, et je vous dirais : Lisez, et jugez ; mais s'il est dévot ou courtisan, qui pourrait le décider sur le portrait que j'en viens de faire ? Je prononcerais plus hardiment sur son étoile : oui, Théodote, j'ai observé le point de votre naissance ; vous serez placé, et bientôt ; ne veillez plus, n'imprimez plus, le public vous demande quartier.

* N'espérez plus [4] de candeur, de franchise, d'équité, de bons offices, de services, de bienveillance, de générosité, de fermeté dans un homme qui s'est depuis quelque temps livré à la cour, et qui secrètement veut sa fortune. Le reconnaissez-vous à son visage, à ses entretiens ? Il ne nomme plus chaque chose par son nom : il n'y a plus pour lui de fripons, de fourbes, de sots et d'impertinents [5] ; celui dont il lui échapperait de dire ce qu'il en

---

1. « Fureur. » Hyperbole trop forte.
2. « Avec les livrées. » Surtout ce qui appartient au favori et jusqu'à ses domestiques.
3. « Cassini. » J. Dominique, né à Perinaldo en Italie, en 1625, mort à Paris en 1712, astronome célèbre, de l'Académie des sciences.
4. « N'espérez plus. » Aucun autre écrivain du siècle de Louis XIV n'aurait osé parler des courtisans avec autant de hardiesse et d'amertume.
5. « D'impertinents. »

>............ Oui, je hais tous les hommes,
> Les uns parce qu'ils sont méchants et malfaisants,
> Et les autres pour être aux méchants complaisants,
> Et n'avoir pas pour eux ces haines vigoureuses
> Que doit donner le vice aux âmes vertueuses.
>   MOLIÈRE, le Misanthrope, I, 1

Ce caractère de La Bruyère est le meilleur commentaire et la plus éloquente justification des plaintes et de la conduite d'Alceste.

pense, est celui-là même qui, venant à le savoir, l'empêcherait de *cheminer* [1]. Pensant mal de tout le monde, il n'en dit de personne ; ne voulant du bien qu'à lui seul, il veut persuader qu'il en veut à tous, afin que tous lui en fassent, ou que nul du moins lui soit [2] contraire. Non content de n'être pas sincère, il ne souffre pas que personne le soit ; la vérité blesse son oreille ; il est froid et indifférent sur les observations que l'on fait sur la cour et sur le courtisan ; et parce qu'il les a entendues, il s'en croit complice et responsable. Tyran de la société et martyr de son ambition, il a une triste circonspection dans sa conduite et dans ses discours, une raillerie innocente, mais froide et contrainte, un ris forcé, des caresses contrefaites, une conversation interrompue, et des distractions fréquentes. Il a une profusion, le dirai-je ? des torrents de louanges pour ce qu'a fait ou ce qu'a dit un homme placé et qui est en faveur, et pour tout autre une sécheresse de pulmonique [3], il a des formules de compliments différents pour l'entrée et pour la sortie à l'égard de ceux qu'il visite ou dont il est visité, et il n'y a personne de ceux qui se payent de mines et de façons de parler, qui ne sorte d'avec lui fort satisfait. Il vise également à se faire des patrons et des créatures ; il est médiateur, confident, entremetteur : il veut gouverner. Il a une ferveur de novice pour toutes les petites pratiques de cour ; il sait où il faut se placer pour être vu ; il sait vous embrasser, prendre part à votre joie, vous faire coup sur coup des questions empressées sur votre santé, sur vos affaires ; et pendant que vous lui répondez, il perd le fil de sa curiosité [4], vous interrompt, entame un autre sujet ; ou s'il survient quelqu'un à qui il doive un discours tout différent, il sait, en achevant de vous congratuler, lui faire un compliment de condoléance ; il pleure d'un œil, et il rit de l'autre. Se formant quelquefois sur les ministres ou sur le favori, il parle en public de choses frivoles, du vent, de la gelée ; il se tait au contraire, et fait le mystérieux, sur ce qu'il sait de plus important, et plus volontiers encore sur ce qu'il ne sait point [5].

1. « *Cheminer.* » Faire son chemin. Expression empruntée au langage familier des courtisans.
2. « Lui soit. » Voici encore une suppression de la négative *ne*, qui est tout à fait contraire à l'usage, et qu'on serait tenté de prendre pour une faute d'impression.
3. « Une sécheresse de pulmonique. » On a blâmé justement cette comparaison.
4. « Perd le fil de sa curiosité. » Expression originale et recherchée.
5. « Ce qu'il ne sait point. » La Bruyère rattache fort habilement à une pensée

* Il y a un pays¹ où les joies sont visibles, mais fausses, et les chagrins cachés, mais réels. Qui croirait que l'empressement pour les spectacles, que les éclats et les applaudissements aux théâtres de Molière² et d'Arlequin, les repas, la chasse, les ballets, les carrousels, couvrissent tant d'inquiétudes, de soins et de divers intérêts, tant de craintes et d'espérances, des passions si vives et des affaires si sérieuses³ ?

* La vie de la cour est un jeu sérieux, mélancolique⁴, qui applique : il faut arranger ses pièces et ses batteries, avoir un dessein, le suivre, parer celui de son adversaire, hasarder quelquefois, et jouer de caprice⁵ ; et après toutes ses rêveries⁶ et toutes ses mesures on est échec, quelquefois mat. Souvent, avec des pions qu'on ménage bien, on va à dame, et l'on gagne la partie : le plus habile l'emporte, ou le plus heureux.

* Les roues, les ressorts, les mouvements, sont cachés ; rien ne paraît d'une montre que son aiguille, qui insensiblement s'avance et achève son tour : image du courtisan, d'autant plus parfaite qu'après avoir fait assez de chemin, il revient souvent au même point d'où il est parti.

* Les deux tiers de ma vie sont écoulés : pourquoi tant m'inquiéter sur ce qui m'en reste ? La plus brillante fortune ne mérite point ni le tourment que je me donne, ni les petitesses où je me surprends, ni les humiliations, ni les hontes que j'essuie. Trente

---

unique les divers traits d'un caractère. Tous les détails concourent diversement à produire le même effet; dans ce morceau, il montre l'hypocrisie faisant comme le fonds du courtisan, et gouvernant ses actions, ses paroles et jusqu'à sa physionomie.

1. « Un pays. » La cour.
2. « Molière. » Molière était à la fois auteur, acteur et directeur.
3. « Sérieuses. » « La cour veut toujours unir les plaisirs avec les affaires. Par un mélange étonnant, il n'y a rien de plus sérieux, ni ensemble de plus enjoué. Enfoncez: vous trouverez partout des intérêts cachés, des jalousies délicates qui causent une extrême sensibilité, et dans une ardente ambition, des soins et un sérieux aussi triste qu'il est vain. Tout est couvert d'un air gai, vous diriez qu'on ne songe qu'à se divertir. » BOSSUET, *Oraison funèbre d'Anne de Gonzague*, page 169 de l'édition annotée de M. A. Didier.
4. « Mélancolique. » Triste, sombre. Ce mot n'avait pas encore le sens exagéré et vague qu'il a pris de nos jours. Furetière cite ces exemples : « Cette maison est sombre et *mélancolique*. On appelle un petit feu, ou qui brûle malaisément, un feu *mélancolique*. Quand le ciel est couvert, on dit ce temps est bien *mélancolique*. Cet homme est froid, il a un entretien bien *mélancolique*. »
5. « Jouer de caprice. » Excellente locution opposée à jouer d'adresse, de finesse, qu'on rencontre plus souvent. Le mot de caprice était nouveau du temps d'Henri Estienne, et lui semblait fort étrange.
6. « Rêveries. » Toutes ces méditations. « Les poètes, dit Furetière, nous font part de leurs doctes *rêveries*. » Alliance de mots qui nous paraît aujourd'hui assez singulière. Nous disons encore : j'y ai beaucoup rêvé, pour j'y ai beaucoup réfléchi.

années détruiront ces colosses de puissance qu'on ne voyait bien qu'à force de lever la tête. Nous disparaîtrons, moi qui suis si peu de chose, et ceux que je contemplais si avidement, et de qui j'espérais toute ma grandeur. Le meilleur de tous les biens, s'il y a des biens, c'est le repos, la retraite, et un endroit qui soit son domaine [1]. N*** a pensé cela dans sa disgrâce, et l'a oublié [2] dans la prospérité.

* Un noble, s'il vit chez lui dans sa province, il vit libre [3], mais sans appui; s'il vit à la cour, il est protégé, mais il est esclave: cela se compense.

* *Xantippe*, au fond de sa province, sous un vieux toit et dans un mauvais lit, a rêvé pendant la nuit qu'il voyait le prince, qu'il lui parlait et qu'il en ressentait une extrême joie. Il a été triste à son réveil; il a conté son songe, et il a dit: Quelles chimères ne tombent point dans l'esprit des hommes pendant qu'ils dorment! Xantippe a continué de vivre, il est venu à la cour, il a vu le prince, il lui a parlé, et il a été plus loin que son songe, il est favori.

* Qui est plus esclave qu'un courtisan assidu, si ce n'est un courtisan plus assidu?

* L'esclave n'a qu'un maître; l'ambitieux en a autant qu'il y a de gens utiles à sa fortune [4].

* Mille gens à peine connus font la foule au lever pour être

---

1. « Son domaine. » *Son* se rapporte au régime sous-entendu : le meilleur de tous les biens *pour un sage*. — A. Chénier a dit en beaux vers :
>Qui ne sait être pauvre est né pour l'esclavage.
>Qu'il serve donc les grands, les flatte, les ménage;
>Qu'il plie en approchant de ces superbes fronts,
>Sa tête à la prière et son âme aux affronts,
>Pour qu'il puisse enrichi de ces affronts utiles
>Enrichir à son tour quelques têtes serviles.
>De ses honteux trésors je ne suis point jaloux.
>Une pauvreté libre est un trésor si doux!
>Il est si bon, si beau de s'être fait soi-même,
>De devoir tout à soi, tout aux beaux-arts qu'on aime!
>Ainsi l'on dort tranquille, et dans son saint loisir
>Devant son propre cœur on n'a point à rougir.

Le courtisan de La Bruyère se décide à la retraite par les inspirations de la religion et de la philosophie; le poète moderne, par l'amour de l'indépendance et du travail. L'un veut une solitude qui soit son domaine, l'autre veut tout devoir à soi.

2. « Oublié. » C'est une imitation d'Horace.

3. « Il vit libre. » Le pronom est répété parce que le sujet est trop loin, et parce que la phrase serait autrement peu harmonieuse.

4. « A sa fortune. » « Examinons bien sur quels fondements sont appuyées les plus hautes fortunes, et nous verrons qu'elles n'ont point eu d'autres principes, et qu'elles n'ont point encore d'autre soutien que les flatteries les plus basses, que les complaisances les plus serviles, que l'esclavage et la dépendance Tellement qu'un homme

vus du prince, qui n'en saurait voir mille à la fois; et s'il ne voit aujourd'hui que ceux qu'il vit hier et qu'il verra demain combien de malheureux !

* De tous ceux qui s'empressent auprès des grands et qui leur font la cour, un petit nombre les honore dans le cœur, un grand nombre les recherche par des vues d'ambition et d'intérêt, un plus grand nombre par une ridicule vanité, ou par une sotte impatience de se faire voir.

* Il y a de certaines familles qui, par les lois du monde, ou ce qu'on appelle de la bienséance, doivent être irréconciliables. Les voilà réunies; et où la religion a échoué quand elle a voulu l'entreprendre, l'intérêt s'en joue et le fait sans peine.

* L'on parle d'une région [1] où les vieillards sont galants, polis et civils; les jeunes gens, au contraire, durs, féroces, sans mœurs ni politesse : ils se trouvent affranchis de la passion des femmes dans un âge où l'on commence ailleurs à la sentir; ils leur préfèrent des repas, des viandes, et des amours ridicules. Celui-là, chez eux, est sobre et modéré, qui ne s'enivre [2] que de vin; l'usage trop fréquent qu'ils en ont fait le leur a rendu insipide. Ils cherchent à réveiller leur goût déjà éteint par des eaux-de-vie, et par toutes les liqueurs les plus violentes; il ne manque à leur débauche que de boire de l'eau-forte. Les femmes du pays précipitent le déclin de leur beauté par des artifices qu'elles croient servir à les rendre belles : leur coutume est de peindre leurs lèvres, leurs joues [3], leurs sourcils et leurs épaules, qu'elles étalent avec leur gorge, leurs bras et leurs oreilles, comme si elles craignaient de cacher l'endroit par où elles pourraient plaire, ou de ne pas se montrer assez. Ceux qui habitent cette contrée ont

---

n'est jamais plus petit que lorsqu'il paraît plus grand, et qu'il a par exemple, dans une cour, autant de maîtres dont il dépend, qu'il y a de gens de toutes conditions dont il espère d'être secondé, ou dont il craint d'être desservi. » BOURDALOUE, *Sermon sur l'ambition*.

1. « D'une région. » La cour, dont La Bruyère parle ici assez plaisamment en style de relation.

2. « S'enivre » La famille royale donnait le premier exemple de ces désordres. Les ducs d'Orléans et de Vendôme, les Condé dont La Bruyère était commensal, se faisaient remarquer par le scandale de leurs désordres.

3. « Peindre leurs joues. »
 Elle étale le soir son teint sur sa toilette,
 Et dans quatre mouchoirs, de sa beauté salis,
 Envoie au blanchisseur ses roses et ses lis.
 BOILEAU, *Satire* x

une physionomie qui n'est pas nette, mais confuse, embarrassée dans une épaisseur de cheveux étrangers qu'ils préfèrent aux naturels, et dont ils font un long tissu pour couvrir leur tête : il descend à la moitié du corps, change les traits, et empêche qu'on ne connaisse les hommes à leur visage [1]. Ces peuples, d'ailleurs, ont leur dieu et leur roi : les grands de la nation s'assemblent tous les jours, à une certaine heure, dans un temple qu'ils nomment église. Il y a au fond de ce temple un autel consacré à leur dieu, où un prêtre célèbre des mystères qu'ils appellent saints, sacrés et redoutables. Les grands forment un vaste cercle au pied de cet autel, et paraissent debout, le dos tourné directement au prêtre et aux saints mystères, et les faces [2] élevées vers leur roi, que l'on voit à genoux sur une tribune, et à qui ils semblent avoir tout l'esprit et tout le cœur appliqués. On ne laisse pas de voir dans cet usage une espèce de subordination ; car ce peuple paraît adorer le prince, et le prince adorer Dieu. Les gens du pays le nomment ***[3] ; il est à quelque quarante-huit degrés d'élévation du pôle, et à plus de onze cents lieues de mer des Iroquois et des Hurons.

* Qui considérera que le visage du prince fait toute la félicité du courtisan, qu'il s'occupe et se remplit [4] pendant toute sa vie de le voir et d'en être vu, comprendra un peu comment voir Dieu peut faire toute la gloire et tout le bonheur des saints.

* Les grands seigneurs [5] sont pleins d'égards pour les princes, c'est leur affaire, ils ont des inférieurs. Les petits courtisans se relâchent sur ces devoirs, font les familiers, et vivent comme gens qui n'ont d'exemples à donner à personne.

* Que manque-t-il de nos jours à la jeunesse? Elle peut, et

---

1. « Visage. » A la bataille de Saint-Gothard, lorsque le grand vizir vit déboucher les gentilshommes français avec leurs habits enrubanés et leurs perruques blondes, il se mit à rire, et demanda quelles étaient ces jeunes filles? Il n'en fut pas moins rapidement et complétement battu.
2. « Les faces élevées. » On emploie d'ordinaire le singulier dans ces sortes de phrases ; le pluriel est un latinisme.
3. « ***. » Versailles.
4. « Se remplit » est employé dans cette phrase d'une manière heureuse et originale.
5. « Les grands seigneurs. » « La politesse, dit-on, marque l'homme de naissance ; les plus grands sont les plus polis. J'avoue que cette politesse est le premier signe de la hauteur, un rempart contre la familiarité. Il y a bien loin de la politesse à la douceur, et plus loin encore de la douceur à la bonté. Les grands qui écartent les hommes à force de politesse sans bonté ne sont bons qu'à être écartés eux-mêmes à force de respects sans attachement. » Duclos, *Considérations sur les mœurs*.

elle sait; ou du moins, quand elle saurait autant qu'elle peut, elle ne serait pas plus décisive.

* Faibles hommes! un grand dit de *Timagène*, votre ami, qu'il est un sot, et il se trompe. Je ne demande pas que vous répliquiez qu'il est homme d'esprit; osez seulement penser qu'il n'est pas un sot [1].

De même il prononce d'*Iphicrate* qu'il manque de cœur; vous lui avez vu faire une belle action : rassurez-vous, je vous dispense de la raconter, pourvu qu'après ce que vous venez d'entendre, vous vous souveniez encore de la lui avoir vu faire.

* Qui sait parler aux rois, c'est [2] peut-être où se termine [3] toute la prudence et toute la souplesse du courtisan. Une parole échappe, et elle tombe de l'oreille du prince bien avant dans sa mémoire, et quelquefois jusque dans son cœur; il est impossible de la ravoir; tous les soins que l'on prend et toute l'adresse dont on use pour l'expliquer ou pour l'affaiblir, servent à la graver plus profondément, et à l'enfoncer [4] davantage. Si ce n'est que contre nous-mêmes que nous ayons parlé, outre que ce malheur n'est pas ordinaire, il y a encore un prompt remède, qui est de nous instruire par notre faute, et de souffrir la peine de notre légèreté; mais si c'est contre quelque autre, quel abattement, quel repentir! Y a-t-il une règle plus utile contre un si dangereux inconvénient, que de parler des autres au souverain, de leurs personnes, de leurs ouvrages, de leurs actions, de leurs mœurs ou de leur conduite, du moins avec l'attention, les précautions et les mesures dont on parle de soi?

* Diseurs de bons mots, mauvais caractère, je le dirais, s'il n'avait été dit [5]. Ceux qui nuisent à la réputation ou à la fortune des autres, plutôt que de perdre un bon mot, méritent une peine infamante. Cela n'a pas été dit, et je l'ose dire.

* Il y a un certain nombre de phrases toutes faites, que l'on prend comme dans un magasin, et dont l'on se sert pour se féliciter les uns les autres sur les évènements. Bien qu'elles se disent

---

1. « Pas un sot. » Observation fine et profonde. L'auteur la répète sous une autre forme, dans le paragraphe suivant, et l'affaiblit. Il est bien rarement tombé dans cette faute et pèche plutôt par excès de concision.
2. « Qui sait..... c'est. » Tour forcé et bizarre.
3. « Se termine. » C'est la fin, le but, la perfection.
4. « Enfoncer. » Bonne expression empruntée à Montaigne.
5. « S'il n'avait été dit. » Cela avait été dit par Pascal.

souvent sans affection, et qu'elles soient reçues sans reconnaissance, il n'est pas permis avec cela de les omettre, parce que du moins elles sont l'image de ce qu'il y a au monde de meilleur, qui est l'amitié, et que les hommes, ne pouvant guère compter les uns sur les autres pour la réalité, semblent être convenus entre eux de se contenter des apparences [1].

* Avec cinq ou six termes de l'art, et rien de plus, l'on se donne pour connaisseur en musique, en tableaux, en bâtiments, et en bonne chère : l'on croit avoir plus de plaisir qu'un autre à entendre, à voir, et à manger ; l'on impose à ses semblables, et l'on se trompe soi-même.

* La cour n'est jamais dénuée [2] d'un certain nombre de gens en qui l'usage du monde, la politesse ou la fortune tiennent lieu d'esprit, et suppléent au mérite. Ils savent entrer et sortir ; ils se tirent de la conversation en ne s'y mêlant point [3] ; ils plaisent à force de se taire, et se rendent importants par un silence longtemps soutenu, ou tout au plus par quelques monosyllabes. Ils payent de mines, d'une inflexion de voix, d'un geste et d'un sourire ; ils n'ont pas, si je l'ose dire, deux pouces de profondeur ; si vous les enfoncez, vous rencontrez le tuf [4].

* Il y a des gens à qui la faveur arrive comme un accident ; ils en sont les premiers surpris et consternés ; ils se reconnaissent enfin, et se trouvent dignes de leur étoile ; et comme si la stupidité et la fortune étaient deux choses incompatibles, ou qu'il fût impossible d'être heureux et sot tout à la fois, ils se croient de

---

1. « Des apparences. » « L'effet de la politesse d'usage est d'enseigner l'art de se passer des vertus qu'elle imite. Qu'on nous inspire dans l'éducation l'humanité et la bienfaisance, nous aurons la politesse ou nous n'en aurons plus besoin. » Duclos, *Considérations sur les mœurs.*

2. « Dénuée. » N'est pas ici exact. On n'est *dénué* que de ce qui est nécessaire.

3. En ne s'y mêlant point. » « A ceulx qui nous régissent et commandent...... est le silence, non-seulement contenance de respect et gravité, mais encores souvent de proufit et de mesnage : car Megabysus, estant allé veoir Appelles en son ouvrouer (atelier), feut long temps sans mot dire ; et puis commencea à discourir de ses ouvrages : dont il receut cette dure reprimande : « Tandis que tu as gardé silence, tu sembloîs quelque grande chose, à cause de tes chaisnes et de ta pompe ; mais maintenant qu'on t'a ouï parler, il n'est pas jusques aux garsons de ma boutique qui ne te mesprisent. » Ces magnifiques atours, ce grand estat, ne luy permettoient point d'estre ignorant d'une ignorance populaire, et de parler impertinemment de la peincture : il debvoit maintenir, muet, cette externe et presumptive suffisance. A combien de sottes ames, en mon temps, a servy une mine froide et taciturne, de tiltre de prudence et de capacité ! » Montaigne, *Essais,* III, 8.

4. « Le tuf. » Terre sèche et qui commence à se pétrifier, et où les arbres ne peuvent profiter. La comparaison de La Bruyère est juste et originale.

l'esprit, ils hasardent, que dis-je? ils ont la confiance de parler en toute rencontre, et sur quelque matière qui puisse s'offrir, et sans nul discernement des personnes qui les écoutent. Ajouterai-je qu'ils épouvantent ou qu'ils donnent le dernier dégoût par leur fatuité et par leurs fadaises? Il est vrai, du moins, qu'ils déshonorent sans ressource ceux qui ont quelque part au hasard de leur élévation.

* Comment nommerai-je cette sorte de gens qui ne sont fins que pour les sots? Je sais du moins que les habiles les confondent avec ceux qu'ils savent tromper [1].

C'est avoir fait un grand pas dans la finesse, que de faire penser de soi que l'on n'est que médiocrement fin.

La finesse n'est ni une trop bonne, ni une trop mauvaise qualité; elle flotte entre le vice et la vertu. Il n'y a point de rencontre où elle ne puisse, et peut-être où elle ne doive être suppléée par la prudence.

La finesse est l'occasion prochaine de la fourberie, de l'un à l'autre le pas est glissant; le mensonge seul en fait la différence. Si on l'ajoute à la finesse, c'est fourberie.

Avec les gens qui, par finesse, écoutent tout et parlent peu, parlez encore moins; ou si vous parlez beaucoup, dites peu de chose.

* Vous dépendez, dans une affaire qui est juste et importante, du consentement de deux personnes: l'un vous dit: J'y donne les mains, pourvu qu'un tel y condescende; et ce tel y condescend, et ne désire plus que d'être assuré des intentions de l'autre. Cependant rien n'avance; les mois, les années s'écoulent inutilement. Je m'y perds, dites-vous, et je n'y comprends rien; il ne s'agit que de faire qu'ils s'abouchent, et qu'ils se parlent. Je vous dis, moi, que j'y vois clair, et que j'y comprends tout: ils se sont parlé.

* Il me semble que qui sollicite pour les autres a la confiance d'un homme qui demande justice, et qu'en parlant ou en agissant pour soi-même, on a l'embarras et la pudeur [2] de celui qui demande grâce.

---

1. « Qu'ils savent tromper. » La tournure est trop recherchée.
2. « La pudeur. » La Fontaine s'est servi de la même expression (*Fables*, VIII, 11):
   Qu'un ami véritable est une douce chose!

* Si l'on ne se précautionne à la cour contre les piéges que l'on y tend sans cesse pour faire tomber dans le ridicule, l'on est étonné, avec tout son esprit, de se trouver la dupe de plus sots que soi [1].

* Il y a quelques rencontres [2] dans la vie, où la vérité et la simplicité sont le meilleur manége du monde.

* Êtes-vous en faveur, tout manége est bon; vous ne faites point de fautes, tous les chemins vous mènent au terme. Autrement, tout est faute, rien n'est utile, il n'y a point de sentier qui ne vous égare.

* Un homme qui a vécu dans l'intrigue un certain temps, ne peut plus s'en passer; toute autre vie pour lui est languissante [3].

* Il faut avoir de l'esprit pour être homme de cabale : l'on peut cependant en avoir à un certain point [4], que l'on est au-dessus de l'intrigue et de la cabale, et que l'on ne saurait s'y assujettir. L'on va alors à une grande fortune ou à une haute réputation par d'autres chemins.

* Avec un esprit sublime, une doctrine universelle, une probité à toutes épreuves, et un mérite très-accompli, n'appréhendez pas, ô *Aristide*, de tomber à la cour, ou de perdre la faveur des grands, pendant tout le temps qu'ils auront besoin de vous.

* Qu'un favori s'observe de fort près, car s'il me fait moins attendre dans son antichambre qu'à l'ordinaire, s'il a le visage plus ouvert, s'il fronce moins le sourcil, s'il m'écoute plus volontiers, et s'il me reconduit un peu plus loin, je penserai qu'il commence à tomber, et je penserai vrai [5].

> Il cherche vos besoins au fond de votre cœur;
> Il vous épargne la *pudeur*
> De les lui découvrir vous-même :
> Un songe, un rien, tout lui fait peur
> Quand il s'agit de ce qu'il aime.

1. « De plus sots que soi. » « Combien de fois a-t-on rougi à la cour, pour un homme qu'on y produisait avec confiance, qu'on avait admiré ailleurs et qu'on avait annoncé avec une bonne foi imprudente? On ne s'était cependant pas trompé. Mais on ne l'avait jugé que d'après la raison, et on le confronte avec la mode. » Duclos, *Considérations sur les mœurs*.

2. « Quelques rencontres. » Mettez : « Il y a beaucoup d'occasions où, etc., » et la pensée deviendra moins fine et moins piquante.

3. « Languissante. » Voyez dans les *Dialogues des morts*, de Fénelon, le dialogue de Charles-Quint et du jeune moine de Saint-Just.

4. « Certain » est ici employé dans le même sens et avec la même construction que *tel*.

5. « Et je penserai vrai. » Cette répétition donne à la pensée un tour encore plus satirique.

L'homme a bien peu de ressources dans soi-même, puisqu'il lui faut une disgrâce, ou une mortification, pour le rendre plus humain, plus traitable, moins féroce [1], plus honnête homme.

* L'on contemple dans les cours de certaines gens, et l'on voit bien, à leurs discours et à toute leur conduite, qu'ils ne songent ni à leurs grands-pères, ni à leurs petits-fils. Le présent est pour eux : ils n'en jouissent pas, ils en abusent.

* *Straton* [2] est né sous deux étoiles : malheureux, heureux dans le même degré. Sa vie est un roman : non, il lui manque le vraisemblable [3]; il n'a point eu d'aventures; il a eu de beaux songes, il en a eu de mauvais : que dis-je? on ne rêve point comme il a vécu. Personne n'a tiré d'une destinée plus qu'il a fait; l'extrême et le médiocre lui sont connus : il a brillé, il a souffert, il a mené une vie commune; rien ne lui est échappé. Il s'est fait valoir par des vertus qu'il assurait fort sérieusement qui étaient en lui. Il a dit de soi : *J'ai de l'esprit, j'ai du courage*; et tous ont dit après lui [4] : *Il a de l'esprit, il a du courage*. Il a exercé dans l'une et l'autre fortune le génie du courtisan, qui a dit de lui plus de bien peut-être, et plus de mal, qu'il n'y en

---

1. « Féroce. » La Bruyère semble affectionner cette épithète et s'en est souvent servi dans le même sens.
2. « Straton. » Le fameux Lauzun, favori du roi, puis disgracié, qui fut sur le point d'épouser mademoiselle de Montpensier et passa dix ans de sa vie dans la prison de Pignerol : « Le duc de Lauzun, dit Saint-Simon son beau-frère, était un petit homme, blondasse, bien fait dans sa taille, de physionomie haute, pleine d'expression, qui imposait; mais sans agrément dans le visage. Il était plein d'ambition, de caprices, de fantaisies; jaloux de tout, voulant toujours passer le but, jamais content de rien, sans lettres, sans aucun ornement ni agrément dans l'esprit, naturellement chagrin, solitaire, sauvage; fort noble dans toutes ses façons; méchant et malin par nature, encore plus par jalousie et par ambition. Courtisan également insolent, moqueur et bas jusqu'au valetage, et plein de recherche, d'industrie et de bassesse pour arriver à ses fins; avec cela dangereux aux ministres, à la cour redouté de tous et plein de sel qui n'épargnait personne. Il était extraordinaire en tout par nature, et se plaisait encore à l'affecter jusque dans le plus intérieur de son domestique et de ses valets. »
3. « Le vraisemblable. » Voyez la lettre si connue dans laquelle madame de Sévigné annonce à sa fille la nouvelle incroyable que Lauzun va épouser mademoiselle de Montpensier. (15 décembre 1670.)
4. « Il a dit de soi... tous ont dit après lui. » La Bruyère a mis *soi* lorsque le pronom se rapporte au sujet, et *lui* dans le cas contraire. C'est la règle qu'ont suivie les grands écrivains du XVIIe siècle.

Qu'il fasse autant pour *soi* comme je fais pour *lui*.
P. CORNEILLE, *Polyeucte*, III, 8

Charmant, jeune, traînant tous les cœurs après *soi*.
RACINE, *Phèdre*.

« Idoménée revenant à *soi*, remercia ses amis. » FÉNELON, *Télémaque*. — « Dieux immortels, dit-elle en *soi*-même, est-ce donc ainsi que sont faits les monstres? » LA FONTAINE, *Psyché*, I. — *Soi* est employé dans ces exemples là où les Latins auraient mis *se*.

avait. Le joli, l'aimable, le rare, le merveilleux, l'héroïque, ont été employés à son éloge; et tout le contraire a servi depuis pour le ravaler : caractère équivoque, mêlé, enveloppé; une énigme; une question presque indécise.

* La faveur met l'homme au-dessus de ses égaux, et sa chute au-dessous.

* Celui qui, un beau jour [1], sait renoncer fermement ou à un grand nom, ou à une grande autorité, ou à une grande fortune, se délivre en un moment de bien des peines, de bien des veilles, et quelquefois de bien des crimes.

* Dans cent ans, le monde subsistera encore en son entier; ce sera le même théâtre et les mêmes décorations; ce ne seront plus les mêmes acteurs. Tout ce qui se réjouit sur une grâce reçue, ou ce qui s'attriste et se désespère sur un refus, tous auront disparu de dessus la scène. Il s'avance déjà sur le théâtre d'autres hommes qui vont jouer dans une même pièce les mêmes rôles; ils s'évanouiront à leur tour, et ceux qui ne sont pas encore, un jour ne seront plus : de nouveaux acteurs ont pris leur place. Quel fond à faire sur un personnage de comédie [2] !

* Qui a vu la cour a vu du monde ce qui est le plus beau, le plus spécieux et le plus orné; qui méprise la cour après l'avoir vue, méprise le monde.

* La ville dégoûte de la province; la cour détrompe de la ville, et guérit de la cour.

Un esprit sain puise à la cour le goût de la solitude et de la retraite [3].

1. « Un beau jour. » Ces renoncements subits n'étaient point rares. Racine, Quinault, Pascal, quittaient le monde et ne voulaient plus entendre parler de leurs ouvrages. Anne de Gonzague, la duchesse de Longueville, se jetaient dans la dévotion avec autant d'ardeur qu'auparavant dans la cabale et dans l'intrigue. Pelletier, ministre et contrôleur général, se retirait des affaires et se réfugiait à la campagne.
2. « De comédie. » Les années paraissent longues, quand elles sont encore loin de nous; arrivées, elles disparaissent, elles nous échappent en un instant, et nous n'aurons pas tourné la tête, que nous nous trouverons, comme par un enchantement, au terme fatal qui nous paraît encore si loin et ne devoir jamais arriver. Regardez le monde tel que vous l'avez vu dans vos premières années, et tel que vous le voyez aujourd'hui : une nouvelle cour a succédé à celle que vos premiers ans ont vue; de nouveaux personnages sont montés sur la scène; les grands rôles sont remplis par de nouveaux acteurs : ce sont de nouveaux événements, de nouvelles intrigues, de nouvelles passions, de nouveaux héros dans la vertu comme dans le vice, qui sont le sujet des louanges, des décisions, des censures publiques; un nouveau monde s'est élevé insensiblement, et sans que vous vous en soyez aperçu, sur les débris du premier. » MASSILLON, Sermon sur la mort.
3. « Et de la retraite. » Voici la première phrase de ce chapitre : « Le reproche

[Chapitre IX.]

DES GRANDS.

* La prévention du peuple en faveur des grands est si aveugle, et l'entêtement pour leur geste, leur visage, leur ton de voix et leurs manières, si général, que s'ils s'avisaient d'être bons, cela irait à l'idolâtrie.

* Si vous êtes né vicieux, ô *Théagène*[1], je vous plains ; si vous le devenez par faiblesse pour ceux qui ont intérêt que vous le soyez, qui ont juré entre eux de vous corrompre, et qui se vantent déjà de pouvoir y réussir, souffrez que je vous méprise[2]. Mais si vous êtes sage, tempérant, modeste, civil, généreux, reconnaissant, laborieux, d'un rang d'ailleurs et d'une naissance à donner des exemples plutôt qu'à les prendre d'autrui, et à faire les règles plutôt qu'à les recevoir ; convenez avec cette sorte de gens de suivre par complaisance leurs déréglements, leurs vices et leur folie, quand ils auront, par la déférence qu'ils vous doivent, exercé toutes les vertus que vous chérissez : ironie forte, mais utile, très-propre à mettre vos mœurs en sûreté, à renverser tous leurs projets, et à les jeter dans le parti de continuer d'être[3] ce qu'ils sont, et de vous laisser tel que vous êtes.

* L'avantage des grands sur les autres hommes est immense par un endroit : je leur cède leur bonne chère, leurs riches ameublements, leurs chiens, leurs chevaux, leurs singes, leurs nains, leurs fous et leurs flatteurs[4] ; mais je leur envie le bonheur d'avoir

en un sens le plus honorable que l'on puisse faire à un homme, c'est de lui dire qu'il ne sait pas la cour. » En voici la dernière : « Un esprit sain puise à la cour le goût de la solitude et de la retraite. » Tous les paragraphes entre ces deux phrases amènent la dernière comme un résultat et sont des preuves de la première. » SUARD.

1. « Théagène. » Les Clefs nomment ici le grand prieur Vendôme qui mérite en effet tout le mal et une partie du bien qu'en dit l'auteur ; ses débauches le firent plus d'une fois tomber dans la disgrâce du roi, qui n'aimait pas le scandale. Il protégea et admit dans sa société La Fontaine, Chaulieu et Voltaire encore jeune, qui l'ont souvent célébré dans leurs vers.

2. « Souffrez que je vous méprise. » Ce mépris si poli et si plein de savoir-vivre rappelle la phrase célèbre de Tallemant des Réaux : « Elle a un frère qui a l'honneur d'être fou par la tête. »

3. « Jeter dans le parti de continuer d'être. » Est une phrase barbare.

4. « Leurs flatteurs. » Est habilement rejeté à la fin de la phrase à côté des singes et des fous. Térence avait dit par un artifice semblable : « La plupart des jeunes gens ont toujours quelque passion dominante, comme avoir des chevaux, des chiens de chasse, ou de s'attacher à des philosophes. » *L'Andrienne*, I, 1. — Cette plaisanterie est bien irrévérencieuse pour les savants, et toute romaine.

à leur service des gens qui les égalent par le cœur et par l'esprit, et qui les passent quelquefois [1].

* Les grands se piquent d'ouvrir une allée dans une forêt, de soutenir des terres par de longues murailles, de dorer des plafonds, de faire venir dix pouces d'eau, de meubler une orangerie [2]; mais de rendre un cœur content, de combler une âme de joie, de prévenir d'extrêmes besoins ou d'y remédier [3], leur curiosité [4] ne s'étend point jusque-là.

* On demande si, en comparant ensemble les différentes conditions des hommes, leurs peines, leurs avantages, on n'y remarquerait pas un mélange ou une espèce de compensation de bien et de mal, qui établirait entre elles l'égalité [5], ou qui ferait du moins que l'un ne serait guère plus désirable que l'autre. Celui qui est puissant, riche, et à qui il ne manque rien, peut former cette question; mais il faut que ce soit un homme pauvre qui la décide [6].

Il ne laisse pas d'y avoir comme un charme attaché à chacune des différentes conditions, et qui y demeure, jusques à ce que la misère [7] l'en ait ôté. Ainsi les grands se plaisent dans l'excès, et les petits aiment la modération. Ceux-là ont le goût de dominer et

---

1. « Quelquefois. » La Bruyère fait un retour sur sa propre condition; il s'échappe à dire ce qu'il en pense, sans amertume, mais avec une fierté trop rare de son temps.

2. « De meubler, etc. » De garnir leurs serres, leurs jardins, d'orangers. Ce mot de *meubler* s'employait d'une manière plus étendue que de nos jours. Les charrues et les harnois sont les meubles de la basse-cour. *Meubler* une métairie de harnois, de bestiaux.

3. « Mais de rendre, etc. » Ce contraste est ingénieux et original. La forme est satirique dans La Bruyère, mais le sentiment est humain. Il a plusieurs fois parlé du plaisir de faire et de voir un heureux, en homme qui l'avait étudié par expérience.

4. « Leur curiosité. » Ils ne recherchent pas ce plaisir, ils ne le connaissent pas. Cette expression est fort élégante. Bossuet l'emploie exactement de la même manière : « Pourquoi cet homme si fortuné vivrait-il dans une telle abondance, et pourrait-il contenter jusqu'aux désirs les plus inutiles d'une *curiosité* étudiée, pendant que ce misérable, homme aussi bien que lui, ne pourra soutenir sa pauvre famille, ni soulager la faim qui le presse? » *Sermon sur l'éminente dignité des pauvres dans l'Église.*

5. « L'égalité. » La Rochefoucauld avait dit: « Quelque différence qui paraisse entre les fortunes, il y a une certaine compensation de biens ou de maux qui les rend égales. » Ce que Voltaire a mis en vers (*Premier Discours en vers*) :

> Le ciel, en nous formant, mélangea notre vie
> De désirs, de dégoûts, de raison, de folie,
> De moments de plaisirs et de jours de tourments;
> De notre être imparfait voilà les éléments :
> Ils composent tout l'homme, ils forment son essence;
> Et Dieu nous pesa tous dans la même balance.

6. « Qui la décide. » C'est ce que fait le savetier dans la fable naïve et philosophique de La Fontaine.

7. « La misère. » Parole humaine et profonde et qui n'a pas été assez souvent prononcée dans les comparaisons entre les différentes fortunes.

de commander, et ceux-ci sentent du plaisir, et même de la vanité, à les servir et à leur obéir. Les grands sont entourés, salués, respectés ; les petits entourent, saluent, se prosternent, et tous sont contents [1].

* Il coûte si peu aux grands à ne donner que des paroles, et leur condition les dispense si fort de tenir les belles promesses qu'ils vous ont faites, que c'est modestie [2] à eux de ne promettre pas encore plus largement.

* Il est vieux et usé, dit un grand, il s'est crevé [3] à me suivre : qu'en faire [4] ? Un autre, plus jeune, enlève ses espérances [5], et obtient le poste qu'on ne refuse à ce malheureux que parce qu'il l'a trop mérité.

* Je ne sais, dites-vous [6] avec un air froid et dédaigneux, *Philante* a du mérite, de l'esprit, de l'agrément, de l'exactitude sur son devoir, de la fidélité et de l'attachement pour son maître, et il en est médiocrement considéré, il ne plaît pas, il n'est pas goûté. Expliquez-vous : est-ce Philante, ou le grand qu'il sert, que vous condamnez ?

* Il est souvent plus utile de quitter les grands que de s'en plaindre [7].

1. « Tous sont contents. » Plus d'une réflexion amère est cachée sous cette plaisante description.
2. « Modestie. » Dans le sens latin, modération, réserve.
3. « Il s'est crevé. » *Crever* un cheval, c'est l'outrer à la course, le pousser jusqu'à ce qu'il en meure, ou qu'il devienne inutile. — La Bruyère se sert volontiers de l'expression familière, quand elle est juste et énergique. — Fénelon a dit un peu longuement : « Des rois ont cru que le reste des hommes était à l'égard des rois ce que les chevaux et les autres bêtes de charge sont à l'égard des hommes, c'est-à-dire des animaux dont on ne fait cas qu'autant qu'ils rendent de services et qu'ils donnent de commodités. » *Télémaque*, livre XVIII. — On connaît le mot expressif qui brouilla le roi de Prusse Frédéric II avec Voltaire : Quand on a sucé l'orange, il faut jeter l'écorce.
4. « Qu'en faire ? » Sur *en* appliqué aux personnes, voyez la remarque faite pour *y*, page 58, note 7.
5. « Enlève ses espérances. » Locution elliptique pour : enlève *l'objet* de ses espérances.
6. « Dites-vous. » Une suite de maximes ou de portraits fatigueraient le lecteur. Le dialogue jette de la variété dans l'ouvrage, en même temps qu'il donne à la pensée un tour plus vif et plus dramatique.
7. « Que de s'en plaindre. »
>Fais une honorable retraite,
>Ne va point par des cris exhaler ta douleur,
>D'aucun emportement qu'elle ne soit suspecte,
>Et que ton silence respecte
>L'injustice de ton malheur.
>Étouffe dans ton cœur tout retour de tendresse
>Vers un objet ingrat de ta tendre amitié ;
>Et chasse comme une faiblesse

* Qui peut dire pourquoi quelques-uns ont le gros lot [1], ou quelques autres la faveur des grands?

* Les grands sont si heureux, qu'ils n'essuient pas même dans toute leur vie l'inconvénient de regretter la perte de leurs meilleurs serviteurs, ou des personnes illustres dans leur genre, et dont ils ont tiré le plus de plaisir et le plus d'utilité. La première chose que la flatterie sait faire après la mort de ces hommes uniques, et qui ne se réparent point [2], est de leur supposer des endroits faibles, dont elle prétend que ceux qui leur succèdent sont très-exempts [3]; elle assure que l'un, avec toute la capacité et toutes les lumières de l'autre dont il prend la place, n'en a point les défauts; et ce style sert aux princes à se consoler du grand et de l'excellent, par le médiocre [4].

* Les grands dédaignent les gens d'esprit [5] qui n'ont que de l'esprit; les gens d'esprit méprisent les grands qui n'ont que de la grandeur. Les gens de bien plaignent les uns et les autres, qui ont ou de la grandeur, ou de l'esprit, sans nulle vertu.

* Quand je vois, d'une part, auprès des grands, à leur table, et quelquefois dans leur familiarité, de ces hommes alertes, empressés, intrigants, aventuriers, esprits dangereux et nuisibles,

> L'indigne sentiment d'aller faire pitié.
> Va plutôt d'une âme hardie
> Suivre le sentier peu battu
> De ceux qui comme moi bravent la perfidie
> D'amis, dont le cœur abattu
> Laisse le mensonge et l'envie
> Attaquer la plus belle vie
> Et faire injure à la vertu.
> CHAULIEU.

1. « Le gros lot. » A la loterie.
2. « Qui ne se réparent point. » Tour elliptique pour : et dont la perte ne se répare point.
3. « Très-exempts. » Il aurait mieux valu dire : *tout à fait* exempts.
4. « Médiocre. » Louis XIV n'avait jamais regardé Louvois, Colbert, Lionne, que comme de bons commis qui s'éclairaient de ses lumières et lui devaient tout ce qu'ils étaient. A la mort de Louvois, il lui donna pour successeur son fils Barbezieux, âgé de vingt-quatre ans : « J'ai formé votre père, lui dit-il, je vous formerai de même. » Il remplaçait Turenne, Condé, Luxembourg, par Marsin, Tallard, Villeroy, croyant « leur donner, comme il croyait faire à ses ministres, la capacité avec la patente »; il chargeait à la fois des finances et des affaires de la guerre Chamillard, qui lui plaisait par son incapacité même, qu'il avouait à chaque pas. Chamillard voulut refuser, mais suivant les termes de Saint-Simon « le roi et madame de Maintenon ne cessèrent de le louer, de l'encourager, de s'applaudir d'avoir mis sur de si faibles épaules deux fardeaux, dont chacun eût suffi à accabler les plus fortes. » Tous ces faits sont postérieurs au caractère de La Bruyère dont ils sont l'éclatante et malheureuse confirmation.
5. « Dédaignent les gens d'esprit. » Rien de plus curieux que la manière impertinente dont Saint-Simon parle de Voltaire encore jeune, et qui « commençait à devenir une manière de personnage ».

et que je considère, d'autre part, quelle peine ont les personnes de mérite à en approcher, je ne suis pas toujours disposé à croire que les méchants soient soufferts par intérêt, ou que les gens de bien soient regardés comme inutiles. Je trouve plus mon compte à me confirmer dans cette pensée, que grandeur et discernement sont deux choses différentes, et l'amour pour la vertu et pour les vertueux, une troisième chose [1].

* *Lucile* aime mieux user sa vie à se faire supporter de quelques grands, que d'être réduit à vivre familièrement avec ses égaux.

La règle de voir de plus grands que soi [2] doit avoir ses restrictions. Il faut quelquefois d'étranges talents pour la réduire en pratique.

* Quelle est l'incurable maladie de *Théophile* [3]? Elle lui dure depuis plus de trente années; il ne guérit point : il a voulu, il veut et il voudra gouverner les grands; la mort seule lui ôtera, avec la vie, cette soif d'empire et d'ascendant sur les esprits. Est-ce en lui zèle du prochain? est-ce habitude? est-ce une excessive opinion de soi-même? Il n'y a point de palais où il ne s'insinue : ce n'est pas au milieu d'une chambre qu'il s'arrête; il passe à une embrasure ou au cabinet : on attend qu'il ait parlé, et longtemps et avec action, pour avoir audience, pour être vu. Il entre

---

1. « Une troisième chose. » L'auteur a exprimé la même pensée, avec un tour moins philosophique, mais plus vif dans le chapitre XIII, *de la mode*.

2. « Voir de plus grands que soi. » Chapelle, le joyeux ami de Molière et de Boileau, s'était laissé entraîner à suivre le duc de Brissac, qui allait passer quelque temps dans ses terres. Il s'arrêta à Angers pour dîner chez un chanoine de ses amis; et le lendemain, quand il fallut partir, il dit au duc « qu'il ne pouvait pas avoir l'honneur de l'accompagner plus loin; qu'il avait trouvé sur la table de son ami le chanoine un vieux Plutarque dans lequel, à l'ouverture du livre, il avait lu : *Qui suit les grands ser.t devient* ». Le duc eut beau lui dire qu'il le regardait comme son ami, qu'il serait chez lui le maître, qu'il y vivrait en toute liberté, qu'il n'éprouverait absolument aucune contrainte, il n'en put rien tirer sinon : « Plutarque l'a dit, cela ne vient pas de moi; ce n'est pas ma faute, mais Plutarque a raison. » Le duc partit seul, et Chapelle revint à Paris.

3. « Théophile. » L'abbé Roquette dont Saint-Simon dit : « Il mourut alors (1707) un vieil évêque qui, toute sa vie, n'avait rien oublié pour faire fortune et être un personnage. C'était Roquette, homme de fort peu, qui avait attrapé l'évêché d'Autun, et qui à la fin, ne pouvant mieux, gouvernait les états de Bourgogne, à force de souplesse et de manège autour de M. le Prince. Il avait été de toutes les couleurs : à madame de Longueville, à M. le prince de Conti son frère, au cardinal Mazarin, surtout abandonné aux jésuites. Tout sucre et tout miel, lié aux femmes importantes de ce temps-là, et entrant dans toutes les intrigues. C'est sur lui que Molière prit son *Tartuffe*, et personne ne s'y méprit. L'archevêque de Reims passant à Autun avec toute la cour, et admirant son magnifique buffet : « Vous voyez là, lui dit l'évêque, le bien des pauvres. — Il me semble lui répondit brutalement l'archevêque, que vous auriez pu leur en épargner la façon « Sur la fin il se mit à courtiser le roi et la reine d'Angleterre. Tout lui était bon à espérer, à se fourrer, à tortiller. »

dans le secret des familles, il est de quelque chose dans tout ce qui leur arrive de triste ou d'avantageux; il prévient, il s'offre, il se fait de fête, il faut l'admettre. Ce n'est pas assez, pour remplir son temps ou son ambition, que le soin de dix mille âmes, dont il répond à Dieu comme de la sienne propre: il y en a d'un plus haut rang et d'une plus grande distinction dont il ne doit aucun compte, et dont il se charge plus volontiers. Il écoute, il veille sur tout ce qui peut servir de pâture à son esprit d'intrigue, de médiation et de manége [1]. A peine un grand [2] est-il débarqué, qu'il l'empoigne [3] et s'en saisit: on entend plus tôt dire à Théophile, qu'il le gouverne, qu'on n'a pu soupçonner qu'il pensait à le gouverner.

* Une froideur ou une incivilité qui vient de ceux qui sont au-dessus de nous, nous les fait haïr; mais un salut ou un sourire [4] nous les réconcilie.

* Il y a des hommes superbes, que l'élévation de leurs rivaux humilie et apprivoise [5]; ils en viennent, par cette disgrâce, jusqu'à rendre le salut: mais le temps, qui adoucit toutes choses, les remet enfin dans leur naturel.

* Le mépris que les grands ont pour le peuple les rend indifférents sur les flatteries ou sur les louanges qu'ils en reçoivent, et tempère leur vanité. De même les princes, loués sans fin et sans relâche des grands ou des courtisans, en seraient plus vains, s'ils estimaient davantage ceux qui les louent.

* Les grands croient être seuls parfaits; n'admettent qu'à peine dans les autres hommes la droiture d'esprit, l'habileté, la délicatesse, et s'emparent de ces riches talents comme de choses dues à leur naissance. C'est cependant en eux une erreur gros-

---

1. « Manége. » Est dans le langage de cour l'expression consacrée pour rendre les démarches et les intrigues des ambitieux.
2. « Un grand. » Jacques II, roi d'Angleterre.
3. « L'empoigne. » Expression plaisante et populaire. Voyez un peu plus haut, page 203, note 3.
4. « Un sourire. » « C'est bien la faute des grands princes, quand ils ne se font pas aimer de tout le monde. Un de leurs regards, un souris, une parole gracieuse, tout cela leur gagne les cœurs. Pour nous autres particuliers, il nous faut bien d'autres choses et souvent après beaucoup de peines nous n'avons rien gagné. Le mérite même qui nous les fait admirer, quand ils en ont, nous attire quand nous en avons la haine et l'envie. » — Ce passage est de Bussy-Rabutin dont il exprime très-bien la servilité et l'orgueil. Voyez aussi le *Petit Carême* de Massillon, *Sermon pour le quatrième Dimanche*, page 85 de l'édition annotée de M. Deschanels.
5. « Apprivoise. » Belle expression qui est l'opposé de *féroce* dont l'auteur s'est souvent servi.

sière de se nourrir de si fausses préventions : ce qu'il y a jamais eu de mieux pensé, de mieux dit, de mieux écrit, et peut-être d'une conduite plus délicate [1], ne nous est pas toujours venu de leur fonds [2]. Ils ont de grands domaines et une longue suite d'ancêtres, cela ne leur peut être contesté.

* Avez-vous de l'esprit, de la grandeur, de l'habileté, du goût, du discernement ? En croirai-je la prévention et la flatterie, qui publient hardiment votre mérite ? Elles me sont suspectes, et je les récuse. Me laisserai-je éblouir par un air de capacité ou de hauteur qui vous met au-dessus de tout ce qui se fait, de ce qui se dit et de ce qui s'écrit ; qui vous rend sec sur les louanges [3], et empêche qu'on ne puisse arracher de vous la moindre approbation ? Je conclus de là plus naturellement que vous avez de la faveur, du crédit et de grandes richesses : quel moyen de vous définir, *Téléphon* [4] ? On n'approche de vous que comme du feu, et dans une certaine distance ; et il faudrait vous développer [5], vous manier, vous con-

---

1. « D'une conduite plus délicate. » Pour : « de la conduite la plus délicate. » Forme usitée au XVIIe siècle. L'emploi de *un* est ici un latinisme : *una omnium maxima*. Bossuet a dit : « Une si illustre princesse ne paraîtra dans ce discours que comme *un* exemple le plus grand qu'on puisse se proposer, et le plus capable de persuader aux ambitieux, etc. » *Oraison funèbre de Henriette d'Angleterre* page 63 de l'édition annotée de M. A. Didier.

2. « De leur fonds. » Il est étonnant que Boileau, dans la satire qu'il a écrite sur la noblesse, n'ait pas osé faire cette comparaison nécessaire entre les plébéiens et les grands. Juvénal, satire VIII, avait hardiment opposé aux Céthégus et aux Catilina des plus illustres familles de Rome, Cicéron, simple chevalier et déclaré père de la patrie ; il avait mis au-dessus des Catullus et des Métellus, le vainqueur des Cimbres, Marius, simple plébéien. La Bruyère traite avec discrétion ce sujet difficile ; mais il va du premier coup à l'endroit le plus important.

3. « Sec sur les louanges. » Qui ne loue que sèchement et difficilement. Racine a employé *sur* de la même manière :

    Je vois qu'un fils perfide, épris de vos beautés,
    Vous a parlé d'amour, et que vous l'écoutez.
    Je vous jette, *sur* lui, dans des craintes nouvelles.
                       Mithridate, II, 4.

4. « Téléphon. » La Clef nomme ici le duc de La Feuillade, qui échoua si misérablement au siège de Turin, dont Saint-Simon dit : « Il avait beaucoup d'esprit et de toutes sortes d'esprit ; il savait persuader son mérite à qui se contentait de la superficie, et surtout avait le langage et le manège d'enchanter les femmes. Son commerce à qui ne voulait que l'amuser était charmant. Il était magnifique en tout, libéral, poli, fort brave, gros et beau joueur. Il se piquait fort de toutes ces qualités, fort avantageux, fort hardi, grand débiteur de maximes et de morale, et disputait volontiers pour faire parade d'esprit. Son ambition était sans bornes ; et comme il était sans suite pour rien, cette passion et celle du plaisir prenaient le dessus tour à tour. Il paraissait vouloir avoir des amis, et il en trompa longtemps. C'était un cœur corrompu à fond, une âme de boue, le plus solidement malhonnête homme qui eût paru depuis longtemps. » Il faut remarquer à la fois dans ces portraits de Saint-Simon l'originalité des expressions et la monotonie fatigante des tournures, qui contraste singulièrement avec la variété inépuisable et le mouvement du style de La Bruyère.

5. « Vous développer. » Il faudrait ôter l'enveloppe qui vous couvre, pour voir ce que vous êtes au fond.

fronter avec vos pareils, pour porter de vous un jugement sain et raisonnable. Votre homme de confiance, qui est dans votre familiarité, dont vous prenez conseil, pour qui vous quittez *Socrate* et *Aristide*, avec qui vous riez, et qui rit plus haut que vous *Dave* enfin, m'est très-connu : serait-ce assez pour vous bien connaître?

* Il y en a de tels, que s'ils pouvaient connaître leurs subalternes et se connaître eux-mêmes, ils auraient honte de primer.

* S'il y a peu d'excellents orateurs, y a-t-il bien des gens qui puissent les entendre? S'il n'y a pas assez de bons écrivains, où sont ceux qui savent lire? De même [1] on s'est toujours plaint du petit nombre de personnes capables de conseiller les rois, et de les aider dans l'administration de leurs affaires; mais s'ils naissent [2] enfin ces hommes habiles et intelligents, s'ils agissent selon leurs vues et leurs lumières, sont-ils aimés, sont-ils estimés autant qu'ils le méritent [3]? Sont-ils loués de ce qu'ils pensent et de ce qu'ils font pour la patrie? Ils vivent [4], il suffit; on les censure s'ils échouent, et on les envie s'ils réussissent. Blâmons le peuple où [5] il serait ridicule de vouloir l'excuser; son chagrin et sa jalousie, regardés des grands ou des puissants comme inévitables, les ont conduits insensiblement à le compter pour rien, et à négliger ses suffrages dans toutes leurs entreprises, à s'en faire même une règle de politique.

Les petits se haïssent les uns les autres, lorsqu'ils se nuisent

---

1. « De même. » Cet exorde par comparaison est original et pique la curiosité.
2. « S'ils naissent. » On voit combien l'inversion ajoute de force et de vivacité à la phrase.
3. « Qu'ils le méritent. »

> J'ai vu des courtisans, ivres de fausse gloire,
> Détester dans Villars l'éclat de la victoire.
> Ils haïssaient le bras qui faisait leur appui;
> Il combattait pour eux, ils parlaient contre lui.
> Ce héros eut raison, quand, cherchant les batailles,
> Il disait à Louis : « Je ne crains que Versailles;
> Contre vos ennemis je marche sans effroi.
> Défendez-moi des miens; ils sont près de mon roi. »
>
> VOLTAIRE, *Troisième Discours en vers.*

4. « Ils vivent. » Paroles sensées et patriotiques. Pas un des grands ministres de France, sous l'ancienne royauté, ne fut populaire; on détestait Sully et l'on voulut déterrer le cadavre de Colbert. Henri IV lui-même, poursuivi comme son ami par les malédictions du peuple, disait en pressentant sa fin : « Je mourrai un de ces jours; et quand vous m'aurez perdu, vous connoîtrez tout ce que je valois et la différence qu'il y a de moi aux autres hommes. »

5. « Blâmons le peuple où, etc. » Blâmons hardiment ce qu'il serait ridicule de vouloir excuser dans le peuple.

réciproquement. Les grands sont odieux aux petits par le mal qu'ils leur font, et par tout le bien qu'ils ne leur font pas. Ils leur sont responsables [1] de leur obscurité, de leur pauvreté, et de leur infortune ; ou du moins ils leur paraissent tels.

* C'est déjà trop d'avoir avec le peuple une même religion [2] et un même Dieu ; quel moyen encore de s'appeler Pierre, Jean, Jacques, comme le marchand ou le laboureur ? Évitons d'avoir rien de commun avec la multitude ; affectons, au contraire, toutes les distinctions qui nous en séparent ; qu'elle s'approprie les douze apôtres, leurs disciples, les premiers martyrs (telles gens, tels patrons [3]) ; qu'elle voie avec plaisir revenir toutes les années ce jour particulier que chacun célèbre comme sa fête. Pour nous autres grands, ayons recours aux noms profanes ; faisons-nous baptiser sous ceux d'Annibal, de César et de Pompée, c'étaient de grands hommes ; sous celui de Lucrèce, c'était une illustre Romaine ; sous ceux de Renaud, de Roger, d'Olivier et de Tancrède [4], c'étaient des paladins, et le roman n'a pas de héros plus

---

1. « Responsables. » Vue originale et profonde. Il est singulier que si peu d'écrivains aient signalé cette haine sourde et implacable des petits contre les grands qui s'accrut sans cesse et finit par éclater d'une manière si terrible. Massillon a dit en parlant aux courtisans : « Dieu vous a préférés à tant de malheureux qui gémissent dans l'obscurité et dans l'indigence ; il vous a élevés ; il vous a fait naître au milieu de l'éclat et de l'abondance ; il vous a choisis sur tout le peuple pour vous combler de bienfaits ; il a rassemblé sur vous seuls les biens, les honneurs, les titres, les distinctions, et tous les avantages de la terre ; il semble que sa providence ne veille que sur vous seuls, tandis que tant d'infortunés mangent un pain de tribulation et d'amertume ; la terre ne semble produire que pour vous seuls, le soleil ne se lever et ne se coucher que pour vous seuls ; le reste des hommes même ne paraissent nés que pour vous, et pour servir à votre grandeur et à vos usages ; il semble que le Seigneur n'est occupé que de vous seuls, tandis qu'il oublie tant d'âmes obscures, dont les jours sont des jours de douleur et de misère, et pour lesquelles il semble qu'il n'y a point de Dieu sur la terre : et cependant vous tournez contre Dieu tout ce que vous avez reçu de lui. » *Sermon sur les vices et les vertus des grands*, page 213 de l'édition annotée par M. Deschanels. — La Bruyère a compris ce qu'il y avait d'odieux et d'irritant dans ce contraste, dont il n'aurait point fallu rendre Dieu responsable.

2. « Une même religion. » Tite-Live fait dire à un tribun qui soulève le peuple contre les patriciens : « Ne sentez-vous pas quel mépris on fait de vous ? S'ils en étaient les maîtres, ils vous enlèveraient votre part de ce jour qui nous éclaire. Ils sont assez indignés que vous respiriez, que vous parliez comme eux, que vous ayez comme eux figure humaine. » Livre IV. — Cette hyperbole éloquente paraît forcée lorsqu'on l'applique à un sujet aussi mince que celui qui est ici traité. Qu'importe que l'on s'appelle Pierre ou Achille ? Ce caractère aurait été mieux placé dans le chapitre *de la Mode*.

3. « Tels patrons. » Cette petite parenthèse est jetée avec beaucoup d'habileté et exprime parfaitement le dédain et le rengorgement.

4. « Tancrède. » Cathos et Madelon veulent à toute force se faire appeler Polyxène et Aminte ; et il faut avouer que leur nom bourgeois suffisait en effet pour « décrier le plus beau roman du monde. » Catherine de Vivonne, marquise de Rambouillet, ne trouvant pas son nom assez élégant, avait balancé longtemps entre Carinthie, Era-

merveilleux; sous ceux d'Hector, d'Achille, d'Hercule, tous demi-dieux; sous ceux même de Phébus et de Diane [1]. Et qui nous empêchera de nous faire nommer Jupiter ou Mercure, ou Vénus, ou Adonis?

* Pendant que les grands négligent de rien connaître, je ne dis pas seulement aux intérêts des princes et aux affaires publiques, mais à leurs propres affaires; qu'ils ignorent l'économie [2] et la science d'un père de famille, et qu'ils se louent eux-mêmes de cette ignorance; qu'ils se laissent appauvrir et maîtriser par des intendants; qu'ils se contentent d'être gourmets ou *coteaux* [3]; d'aller chez *Thaïs* ou chez *Phryné*; de parler de la meute et de la vieille meute [4]; de dire combien il y a de postes de Paris à Besançon, ou à Philisbourg; des citoyens [5] s'instruisent du dedans et du dehors d'un royaume, étudient le gouvernement, deviennent fins et politiques, savent le fort et le faible de tout un État, songent à se mieux placer, se placent, s'élèvent, deviennent puissants, soulagent le prince [6] d'une partie des soins publics. Les grands, qui les dédaignaient, les révèrent : heureux s'ils deviennent leurs gendres [7]!

* Si je compare [8] ensemble les deux conditions des hommes

cinthe et Arténice, qui en sont l'anagramme; elle prit enfin le dernier, qui fut prononcé en chaire dans son oraison funèbre.

1. « Diane. » La Bruyère désigne ici plusieurs grands personnages qui portent ces noms : *César* de Vendôme, *Annibal* d'Estrée, *Hercule* de Rohan, *Achille* de Harlay, *Phœbus* de Foix, *Diane* de Chastignier, etc.
2. « Économie » est pris ici dans le sens propre, l'art de gouverner une maison.
3. « Coteaux. » Boileau a dit (satire III, v. 105-108) :

Surtout certain hâbleur, à la gueule affamée,
Qui vint à ce festin, conduit par la fumée
Et qui s'est dit profès dans l'ordre des *coteaux*.

Et en note : « Ce nom fut donné à trois grands seigneurs tenant table, qui étaient partagés sur l'estime qu'on devait faire des vins des coteaux qui sont aux environs de Reims. Ils avaient chacun leurs partisans. » — Ces trois seigneurs étaient, dit-on, le duc de Mortemar, le commandeur de Souvré et le marquis de Sillery.

4. « Meute. » « On appelle chiens de *meute* les premiers chiens qu'on donne au laisser-courre; *vieille meute*, les seconds chiens qu'on donne après les premiers. » FURETIÈRE.

5. « Des citoyens. » Les ministres du roi.

6. « Soulagent le prince. » Ce contraste qui nous frappe si vivement entre l'ignorance et la présomption d'une part, et de l'autre la science et l'ardeur au travail, était trop peu remarqué du temps de La Bruyère. Il l'a vu et en a pressenti les conséquences.

7. « Leurs gendres. » C'est ainsi que le duc de La Feuillade rechercha et obtint la main de la fille de Chamillard, laquelle était fort laide.

8. « Si je compare. » Après avoir montré combien les grands sont inférieurs en capacité aux politiques instruits et laborieux, La Bruyère les met encore au-dessous du peuple pour le cœur. Peu de lumières et peu d'âme. Que leur reste-t-il alors, sinon le privilège de la naissance si facile à attaquer? Ces vérités courageuses, ce langage

les plus opposées, je veux dire les grands avec le peuple ; ce dernier me paraît content du nécessaire, et les autres sont inquiets et pauvres avec le superflu. Un homme du peuple ne saurait faire aucun mal ; un grand ne veut faire aucun bien [1], et est capable de grands maux : l'un ne se forme et ne s'exerce que dans les choses qui sont utiles; l'autre y joint les pernicieuses. Là se montrent ingénument la grossièreté et la franchise ; ici se cache une séve maligne et corrompue sous l'écorce de la politesse. Le peuple n'a guère d'esprit, et les grands n'ont point d'âme. Celui-là a un bon fonds, et n'a point de dehors; ceux-ci n'ont que des dehors et qu'une simple superficie. Faut-il opter ? Je ne balance pas, je veux être peuple [2].

* Quelque profonds que soient les grands de la cour, et quelque art qu'ils aient pour paraître ce qu'ils ne sont pas, et pour ne point paraître ce qu'ils sont, ils ne peuvent cacher leur malignité, leur extrême pente à rire aux dépens d'autrui, et à jeter un ridicule souvent où il n'y en peut avoir. Ces beaux talents se découvrent en eux du premier coup d'œil ; admirables sans doute pour envelopper une dupe [3] et rendre sot [4] celui qui l'est déjà, mais encore plus propres à leur ôter tout le plaisir qu'ils pourraient

---

libre et véhément, animé par un profond sentiment de la justice, causent autant d'étonnement que d'admiration, si l'on songe au temps et à la société au milieu de laquelle vivait La Bruyère.

1. « Ne veut faire aucun bien. » Parole sévère et peut-être un peu dure.

2. « Je veux être peuple. » On sent déjà la fierté et l'accent d'un citoyen. — M. Suard commenta un jour avec beaucoup de verve ce passage dans le salon de M. de Vaine, et en tira un éloge et une leçon pour les grands qui l'entendaient. « L'exemple de ce mépris et de cette colère contre les grands a été donné par le xviie siècle au xviiie, et le seul J. Jacques l'a imité en entier. D'Alembert, dans son *Essai sur la société des gens de lettres et des gens du monde*, n'a point approché de cette violence; il a été aigre et n'a point été âcre et sanglant. C'est que, quoi qu'on en puisse dire, les grands de Louis XIV et de La Bruyère ont assez peu de rapports avec ceux de nos jours. Les nôtres se laissent approcher, et pour parler comme La Bruyère, toucher. Ils cherchent les talents plus que les talents ne les cherchent. Les uns et les autres s'honorent de leur amitié et de leur familiarité mutuelle. Les grands de nos jours craindraient le *ridicule* de protéger ceux qui les éclairent; ils trouvent plus d'avantage et plus de jouissance dans le commerce intime de ceux qui cultivent les arts et les sciences, avec génie ou seulement avec goût, que ceux-ci ne peuvent trouver d'appui et de fortune dans le commerce des grands. Le ton d'amitié qui n'existe jamais sans l'égalité, quand nous le prenons avec vous, touche votre cœur, et donne ainsi de vos lumières une idée plus grande que tous les respects et les hommages adressés à votre rang. » GARAT, *Mémoires sur Suard*, II, page 271.

3. « Envelopper une dupe. » Expression singulière et obscure : c'est « immoler quelqu'un sans qu'il s'en doute, à la malignité d'une assemblée, en le rendant à la fois instrument et victime de la plaisanterie commune, par les choses qu'on lui suggère et les aveux ingénus qu'on en tire. » DUCLOS, *Considérations sur les mœurs*.

4. « Rendre sot. » Faire paraître sot celui qui l'est déjà. Voy. chap. xi, § huitième.

tirer d'un homme d'esprit, qui saurait se tourner et se plier en mille manières agréables et réjouissantes, si le dangereux caractère du courtisan ne l'engageait pas à une fort grande retenue [1]. Il lui oppose un caractère sérieux, dans lequel il se retranche; et il fait si bien que les railleurs, avec des intentions si mauvaises, manquent d'occasions de se jouer de lui.

* Les aises de la vie, l'abondance, le calme d'une grande prospérité, font que les princes ont de la joie de reste pour rire d'un nain, d'un singe, d'un imbécile, et d'un mauvais conte. Les gens moins heureux ne rient qu'à propos.

* Un grand aime la Champagne, abhorre la Brie [2]; il s'enivre de meilleur vin [3] que l'homme du peuple : seule différence que la crapule laisse entre les conditions les plus disproportionnées, entre le seigneur et l'estafier [4].

* Il semble d'abord qu'il entre dans les plaisirs des princes un peu de celui [5] d'incommoder les autres : mais non, les princes ressemblent aux hommes, ils songent à eux-mêmes, suivent leur goût, leurs passions, leur commodité [6] : cela est naturel.

* Il semble que la première règle des compagnies, des gens en place ou des puissants, est de donner à ceux qui dépendent d'eux,

---

1. « Retenue. » « La crainte du ridicule étouffe les idées, retient les esprits et les forme sur le même modèle, suggère les mêmes propos peu intéressants de leur nature et fastidieux par la répétition. Il semble qu'un seul ressort imprime à différentes machines un mouvement égal et dans la même direction. Je ne vois que les sots qui puissent gagner à un travers, qui les met de niveau avec les hommes supérieurs, puisqu'ils sont tous également assujettis à une mesure commune où les plus bornés peuvent atteindre. » Duclos, *Considérations sur les mœurs*.
2. « La Champagne. » Nous disons aujourd'hui *le* Champagne, *le* Brie, au masculin.
3. « De meilleur vin. »

> Regardez Brossoret, de sa table entêté,
> Au sortir d'un spectacle, où de tant de merveilles
> Le son, perdu pour lui, frappe en vain ses oreilles;
> Il se traîne à souper, plein d'un secret ennui,
> Cherchant en vain la joie, et fatigué de lui.
> Son esprit, offusqué d'une vapeur grossière,
> Jette encor quelques traits sans force et sans lumière;
> Parmi les voluptés dont il croit s'enivrer,
> Malheureux, il n'a pas le temps de désirer!
> Voltaire, *Quatrième Discours en vers*.

4. « L'estafier. » Grand valet de pied qui suit un homme à cheval, qui lui tient étrier.
5. « De celui. » Un peu de plaisir. Il eût mieux valu répéter le substantif que de se servir de cette construction peu française.
6. « Commodité. » On faisait de ce mot et de tous ses dérivés un usage beaucoup plus grand que de nos jours

pour le besoin de leurs affaires, toutes les traverses qu'ils en peuvent craindre [1].

* Si un grand [2] a quelque degré de bonheur sur [3] les autres hommes, je ne devine pas lequel, si ce n'est peut-être de se trouver [4] souvent dans le pouvoir et dans l'occasion de faire plaisir; et si elle naît cette conjoncture, il semble qu'il doive s'en servir : si c'est en faveur d'un homme de bien, il doit appréhender qu'elle ne lui échappe; mais comme c'est en une chose juste, il doit prévenir la sollicitation [5], et n'être vu que pour être remercié; et si elle est facile, il ne doit pas même la lui faire valoir : s'il la lui refuse, je les plains tous deux [6].

* Il y a des hommes nés inaccessibles, et ce sont précisément ceux de qui les autres ont besoin, de qui ils dépendent : ils ne sont jamais que sur un pied; mobiles comme le mercure [7], ils pirouettent, ils gesticulent, ils crient, ils s'agitent. Semblables à ces figures de carton qui servent de montre à une fête publique, ils jettent feu et flamme, tonnent et foudroient, on n'en approche pas; jusqu'à ce que, venant à s'éteindre, ils tombent, et par leur chute deviennent traitables, mais inutiles.

1. « Qu'ils en peuvent craindre. » *Ils* se rapporte à ceux qui ont besoin d'eux.
2. « Si un grand. » « Qu'y a-t-il dans votre état de plus digne d'envie que le pouvoir de faire des heureux? Si l'humanité envers les peuples est le premier devoir des grands, n'est-elle pas aussi l'usage le plus délicieux de la grandeur? » Voyez dans Massillon, *Petit-Carême*, le beau développement de cette pensée, page 90 de l'édition annotée par M. Deschanels. — Cicéron avait dit en s'adressant à César : « Rien de si populaire que la bonté; et de toutes les vertus qui brillent en vous, il n'en est point qu'on admire et qu'on chérisse plus que la clémence. C'est en sauvant les hommes que les hommes se rapprochent le plus de la divinité. Il n'est rien tout à la fois, ni de plus grand dans votre fortune, que de pouvoir faire des heureux, ni de meilleur dans votre caractère que de le vouloir. » *Pour Ligarius*, c. 12.
3. « Quelque degré de bonheur sur. » Locution singulière et forcée.
4. « De se trouver. » L'ellipse du pronom *celui* est fort usitée en prose comme en vers; elle donne à la phrase plus de concision et d'énergie : « Si la fin de Socrate est d'un sage, la mort de Jésus est *d'un* Dieu. » J.-J. ROUSSEAU.
Voyez si mes regards sont *d'un* juge sévère.
RACINE.
5. « Prévenir la sollicitation. » « C'est un mot bien fâcheux, bien lourd, et qu'on prononce le front baissé que celui-ci : *Je vous demande*. Il faut l'épargner à son ami, comme à celui dont vous voulez gagner l'amitié par un bienfait. On a beau se hâter, un service est toujours rendu trop tard quand il a fallu le solliciter. Il faut donc deviner les désirs, les comprendre, et délivrer vos amis de la dure nécessité de demander. Sachez-le bien : Ce bienfait est doux à recevoir, et ne meurt point dans la mémoire, qui est venu au-devant de nous. » SÉNÈQUE, *des Bienfaits*, II, c. 2. — Le style est recherché, mais le fond est d'une bonté et d'une délicatesse bien rares dans un ancien.
6. « Je les plains tous deux. » L'un parce qu'il n'a point obtenu ce qu'il demande, l'autre parce qu'il n'a point profité de l'occasion de servir un homme de bien.
7. « Mobiles comme le mercure. » Cette comparaison n'est ni assez exacte, ni assez bien suivie; mais celle qui suit est plaisante et tout à fait originale.

* Le suisse, le valet de chambre, l'homme de livrée, s'ils n'ont plus d'esprit que ne porte[1] leur condition, ne jugent plus d'eux-mêmes par leur première bassesse, mais par l'élévation et la fortune des gens qu'ils servent, et mettent tous ceux qui entrent par leur porte, et montent leur escalier, indifféremment au-dessous d'eux et de leurs maîtres ; tant il est vrai qu'on est destiné à souffrir des grands et de ce qui leur appartient.

* Un homme en place doit aimer son prince, sa femme, ses enfants, et après eux les gens d'esprit ; il les doit adopter, il doit s'en fournir[2] et n'en jamais manquer : il ne saurait payer, je ne dis pas de trop de pensions et de bienfaits, mais de trop de familiarité et de caresses, les secours et les services qu'il en tire, même sans le savoir. Quels petits bruits ne dissipent-ils pas ? quelles histoires ne réduisent-ils pas à la fable[3] et à la fiction ? Ne savent-ils pas justifier les mauvais succès par les bonnes intentions ; prouver la bonté d'un dessein et la justesse des mesures par le bonheur des événements ; s'élever contre la malignité et l'envie, pour accorder à de bonnes entreprises de meilleurs motifs ; donner des explications favorables à des apparences qui étaient mauvaises ; détourner les petits défauts, ne montrer que les vertus, et les mettre dans leur jour ; semer en mille occasions des faits et des détails qui soient avantageux, et tourner le ris et la moquerie contre[4] ceux qui oseraient en douter, ou avancer des faits contraires ? Je sais que les grands ont pour maxime de laisser parler, et de continuer d'agir ; mais je sais aussi qu'il leur arrive, en plusieurs rencontres, que laisser dire les empêche de faire.

* Sentir le mérite, et, quand il est une fois connu, le bien traiter, deux grandes démarches[5] à faire tout de suite, et dont la plupart des grands sont fort incapables.

* Tu es grand, tu es puissant, ce n'est pas assez ; fais que je t'estime, afin que je sois triste d'être déchu de tes bonnes grâces, ou de n'avoir pu les acquérir.

* Vous dites d'un grand ou d'un homme en place, qu'il est

---

1. « Que ne porte. » Que ne demande, que ne comporte leur condition.
2. « S'en fournir. » Expression d'une familiarité négligée.
3. « Quelles histoires ne réduisent-ils pas à la fable ? » Locution peu nette et peu naturelle.
4. « Tourner la moquerie contre. » Phrase toute latine.
5. « Démarches. » Sentir le mérite n'est point une *démarche*.

prévenant, officieux; qu'il aime à faire plaisir : et vous le confirmez par un long détail de ce qu'il a fait en une affaire où il a su que vous preniez intérêt. Je vous entends : on va pour vous au-devant de la sollicitation; vous avez du crédit, vous êtes connu du ministre, vous êtes bien avec les puissances : désiriez-vous que je susse autre chose?

Quelqu'un vous dit : *Je me plains d'un tel, il est fier depuis son élévation, il me dédaigne, il ne me connaît plus. Je n'ai pas*, *pour moi*, lui répondez-vous, *sujet de m'en plaindre; au contraire, je m'en loue fort, et il me semble même qu'il est assez civil*. Je crois encore vous entendre : vous voulez qu'on sache qu'un homme en place a de l'attention pour vous, et qu'il vous démêle dans l'antichambre entre mille honnêtes gens de qui il détourne ses yeux, de peur de tomber dans l'inconvénient de leur rendre le salut, ou de leur sourire.

Se louer de quelqu'un, se louer d'un grand, phrase délicate dans son origine, et qui signifie sans doute se louer soi-même, en disant d'un grand tout le bien qu'il nous a fait, ou qu'il n'a pas songé à nous faire.

On loue les grands pour marquer qu'on les voit de près [1], rarement par estime ou par gratitude. On ne connaît pas souvent ceux que l'on loue; la vanité ou la légèreté l'emportent quelquefois sur le ressentiment : on est mal content [2] d'eux, et on les loue.

* S'il est périlleux de tremper dans une affaire suspecte, il l'est encore davantage de s'y trouver complice d'un grand; il s'en tire [3], et vous laisse payer doublement, pour lui et pour vous.

* Le prince n'a point assez de toute sa fortune pour payer une basse complaisance, si l'on en juge par tout ce que celui qu'il veut récompenser y a mis du sien [4]; et il n'a pas trop de toute sa puis-

---

1. « De près. » Notre auteur analyse très-finement l'adulation par vanité; il semble voir été frappé vivement de ce caractère, car il y revient très-souvent.
2. « Mal content. » Tombé en désuétude était beaucoup plus usité que *mécontent*. La Fontaine a dit (II, 15, *Le Renard et le Coq*) :
       .... Le galant aussitôt
       Tire ses grègues, gagne au haut,
       Mal content de son stratagème.
3. « Il s'en tire. » C'est en peu de mots toute l'histoire du frère de Louis XIII, Gaston, qui conspira perpétuellement, et laissa, pour se sauver, périr les uns après les autres tous ses favoris. On a reproché également au grand Condé d'avoir abandonné ceux qui l'avaient le plus fidèlement servi dans sa disgrâce et sa révolte.
4. « Y a mis du sien. » On ne saurait trop le payer de son honneur, de sa conscience, qu'il a sacrifiés. La pensée est présentée d'une manière recherchée et obscure.

sance pour le punir, s'il mesure sa vengeance au tort qu'il en a reçu [1].

* La noblesse expose sa vie pour le salut de l'État et pour la gloire du souverain ; le magistrat décharge le prince d'une partie du soin de juger les peuples. Voilà, de part et d'autre, des fonctions bien sublimes et d'une merveilleuse utilité ! Les hommes ne sont guère capables de plus grandes choses, et je ne sais d'où la robe et l'épée ont puisé de quoi se mépriser réciproquement.

* S'il est vrai qu'un grand donne plus à la fortune lorsqu'il hasarde une vie destinée à couler dans les ris, le plaisir et l'abondance, qu'un particulier qui ne risque que des jours qui sont misérables, il faut avouer aussi qu'il a un tout autre dédommagement, qui est la gloire et la haute réputation. Le soldat ne sent pas [2] qu'il soit connu ; il meurt obscur et dans la foule. Il vivait de même, à la vérité, mais il vivait ; et c'est l'une des sources du défaut de courage dans les conditions basses et serviles. Ceux, au contraire, que la naissance démêle d'avec le peuple et expose aux yeux des hommes [3], à leur censure et à leurs éloges, sont même capables de sortir par effort de leur tempérament, s'il ne les portait pas à la vertu [4] ; et cette disposition de cœur et d'esprit qui passe des aïeuls par les pères dans leurs descendants [5], est

---

1. « Au tort qu'il en a reçu. »
  Détestables flatteurs, présent le plus funeste
  Que puisse faire aux rois la colère céleste !
  RACINE, *Phèdre*.

2. « Ne sent pas. » L'expression est heureuse et vraie comme la pensée. Les paroles de La Bruyère renferment tacitement une juste critique de l'état de choses qui existait de son temps.

3. « Aux yeux des hommes. » Lucain fait dire à un général entouré de toutes parts par les ennemis : « Nous ne tomberons point dans le nuage aveugle des combats. Lorsque les armées mêlent leurs traits au hasard dans la poussière et les ténèbres, les corps gisent confondus dans la plaine, la mort frappe sans illustrer personne, et la vertu succombe dans l'oubli. Les dieux nous ont placés sur ce vaisseau en vue de nos alliés et de nos ennemis. Cette mer fournira des témoins à notre valeur, cette terre voisine et les rochers de cette île du haut desquels les habitants nous contemplent. Les deux partis nous verront faire des deux rivages : fortune, tu prépares à nos annales une page bien grande et bien mémorable. » *La Pharsale*, IV, 488. — Cette allocution n'est point sans rapports avec le mot célèbre de Napoléon : « Soldats, du haut de ces pyramides, quarante siècles vous contemplent. »

4. « Vertu » est pris ici dans le sens de *courage*.

5. « Descendants. » « Le sang, l'éducation, l'histoire des ancêtres jette dans le cœur des grands et des princes des semences et comme une tradition naturelle de vertu. Le peuple, livré en naissant à un naturel brut et inculte, ne trouve en lui, pour les devoirs sublimes de la foi, que la pesanteur et la bassesse d'une nature laissée à elle-même : les bienséances inséparables du rang, et qui sont comme la première école de la vertu, ne gênent pas ses passions : l'éducation fortifie le vice de la nais-

cette bravoure si familière aux personnes nobles, et peut-être la noblesse même.

Jetez-moi dans les troupes comme un simple soldat, je suis Thersite ; mettez-moi à la tête d'une armée dont j'aie à répondre à toute l'Europe, je suis ACHILLE [1].

* Les princes, sans autre science ni autre règle, ont un goût de comparaison [2] ; ils sont nés et élevés au milieu et comme dans le centre des meilleures choses, à quoi ils rapportent [3] ce qu'ils lisent, ce qu'ils voient, et ce qu'ils entendent. Tout ce qui s'éloigne trop de LULLY, de RACINE, et de LE BRUN [4], est condamné.

* Ne parler aux jeunes princes que du soin de leur rang, est un excès de précaution, lorsque toute une cour met son devoir et une partie de sa politesse à les respecter, et qu'ils sont bien moins sujets à ignorer aucun des égards dus à leur naissance, qu'à confondre les personnes et les traiter indifféremment, et sans distinction des conditions et des titres. Ils ont une fierté naturelle, qu'ils retrouvent dans les occasions ; il ne leur faut des leçons que pour la régler, que pour leur inspirer la bonté, l'honnêteté et l'esprit de discernement.

* C'est une pure hypocrisie à un homme d'une certaine élévation, de ne pas prendre d'abord le rang qui lui est dû, et que tout le monde lui cède. Il ne lui coûte rien d'être modeste, de se mêler dans la multitude qui va s'ouvrir pour lui, de prendre dans une assemblée une dernière place, afin que tous l'y voient [5] et s'empressent de l'en ôter. La modestie est d'une pratique plus amère aux hommes d'une condition ordinaire : s'ils se jettent dans

---

sance ; les objets vils qui l'environnent lui abattent le cœur et les sentiments ; il ne sent rien au-dessus de ce qu'il est ; né dans les sens et dans la boue, il s'élève difficilement au-dessus de lui-même. Il y a dans les maximes de l'Evangile une élévation où les cœurs vils et rampants ne sauraient atteindre : la religion, qui fait les grandes âmes, ne paraît faite que pour elles ; et il faut être grand, ou le devenir, pour être chrétien. » MASSILLON, *Petit-Carême*, page 49 de l'édition annotée par M. Deschanels. — La Bruyère a dit précisément la même chose, mais avec des sentiments bien plus humains.

1. « Achille. » C'est la pensée reprise et résumée d'une manière vive et saisissante.
2. « Goût de comparaison. » Cela s'applique merveilleusement bien à Louis XIV, qui avait peu d'instruction et le goût sûr.
3. « Ils rapportent. » Ils comparent.
4. « Le Brun. » Charles, célèbre peintre d'histoire, l'un des chefs de l'école française, né à Paris en 1619.
5. « Afin que tous l'y voient. » Bien observé et ingénieusement rendu.

la foule, on les écrase [1]; s'ils choisissent un poste incommode, il leur demeure.

Aristarque [2] se transporte dans la place avec un héraut et un trompette : celui-ci commence ; toute la multitude accourt et se rassemble. Écoutez, peuple, dit le héraut ; soyez attentifs ; silence, silence ! *Aristarque, que vous voyez présent, doit faire demain une bonne action.* Je dirai plus simplement et sans figure [3] : Quelqu'un fait bien ; veut-il faire mieux ? que je ne sache pas qu'il fait bien, ou que je ne le soupçonne pas du moins de me l'avoir appris.

* Les meilleures actions s'altèrent et s'affaiblissent [4] par la manière dont on les fait, et laissent même douter des intentions. Celui qui protége ou qui loue la vertu pour la vertu, qui corrige ou qui blâme le vice à cause du vice, agit simplement, naturellement, sans aucun tour, sans nulle singularité, sans faste, sans affectation : il n'use point de réponses graves et sentencieuses, encore moins de traits piquants et satiriques [5] : ce n'est jamais une scène qu'il joue pour le public, c'est un bon exemple qu'il donne, et un devoir dont il s'acquitte : il ne fournit rien aux vi-

---

1. « On les écrase. » Il y a beaucoup d'énergie et de sentiment dans cette conclusion. L'auteur semble parler d'après sa propre expérience.
2. « Aristarque. » Le président de Harlay. On vint lui apporter à Beaumont, pendant les vacations, vingt-cinq mille livres que le président de la Barois lui avait léguées. Il se transporta à Fontainebleau, où la cour était alors, et par-devant un notaire royal, il déclara cette somme au profit des pauvres.
3. « Sans figure. » La figure dont vient de se servir La Bruyère est vive et plaisante, et fait singulièrement valoir sa pensée.
4. « S'affaiblissent. » Perdent de leur mérite.
5. « Satiriques. » Les Clefs nomment encore ici le président de Harlay. « Les sentences et les maximes, dit Saint-Simon, étaient son langage ordinaire, même dans les propos communs ; toujours laconique, jamais à son aise, ni personne avec lui. Les jésuites et les pères de l'Oratoire étaient sur le point de plaider ensemble ; le premier président es manda et les voulut accommoder. Il travailla un peu avec eux, puis les conduisant : « Mes pères, dit-il aux jésuites, c'est un plaisir de vivre avec vous ; et se tournant tout court aux pères de l'Oratoire : et un bonheur, mes pères, de mourir avec vous. » La duchesse de la Ferté alla lui demander audience, et, comme tout le monde, essuya son humeur. En s'en allant elle s'en plaignit à son homme d'affaires, et traita le premier président de vieux singe. Il la suivait et ne dit mot. A la fin elle s'en aperçut, mais elle espéra qu'il ne l'avait pas entendue ; et lui, sans faire aucun semblant, la mit dans son carrosse. A peu de temps de là, sa cause fut appelée et tout de suite gagnée. Elle accourt chez le premier président et lui fait toutes sortes de remerciements. Lui humble et modeste se plonge en révérences, puis la regardant entre deux yeux : « Madame, lui répondit-il tout haut devant tout le monde, je suis bien aise qu'un vieux singe ait pu faire quelque plaisir à une vieille guenon. » Et là-dessus, tout humblement, sans plus dire un mot, il se met à la conduire. La duchesse de la Ferté eût voulu le tuer ou être morte. »

sites des femmes, ni au cabinet[1], ni aux nouvellistes; il ne donne point à un homme agréable la matière d'un joli conte. Le bien qu'il vient de faire est un peu moins su, à la vérité, mais il a fait ce bien; que voudrait-il davantage[2]?

* Les grands ne doivent point aimer les premiers temps, ils ne leur sont point favorables[3]; il est triste pour eux d'y voir que nous sortions tous du frère et de la sœur. Les hommes composent ensemble une même famille; il n'y a que le plus ou le moins dans le degré de parenté.

* *Théognis*[4] est recherché dans son ajustement, et il sort paré comme une femme : il n'est pas hors de sa maison, qu'il a déjà ajusté ses yeux et son visage, afin que ce soit une chose faite quand il sera dans le public, qu'il y paraisse tout concerté; que ceux qui passent le trouvent déjà gracieux et leur souriant, et que nul ne lui échappe. Marche-t-il dans les salles, il se tourne à droit où il y a un grand monde, et à gauche où il n'y a personne; il salue ceux qui y sont et ceux qui n'y sont pas. Il embrasse un homme qu'il trouve sous sa main; il lui presse la tête contre sa poitrine : il demande ensuite qui est celui qu'il a embrassé. Quelqu'un a besoin de lui dans une affaire qui est facile : il va le trouver, lui fait sa prière. Théognis l'écoute favorablement; il est ravi de lui être bon à quelque chose; il le conjure de faire naître des occasions de lui rendre service; et comme celui-ci insiste sur son affaire, il lui dit qu'il ne la fera point; il le prie de se mettre en

---

1. « Cabinet. » Rendez-vous à Paris de quelques honnêtes gens pour la conversation. (*Note de La Bruyère.*) — Plusieurs personnes tenaient alors *cabinet*, et réunissaient chez elles à certains jours de la semaine des savants et des gens de lettres. Messieurs Du Puy tinrent longtemps *cabinet* dans la bibliothèque de M. de Thou. Ménage, de même, et beaucoup d'autres. C'étaient ces réunions qui avaient donné la première idée de l'Académie française, qui fut fondée par Richelieu en 1635.
2. « Davantage? » L'interrogation donne ici à la phrase un tour plus vif et plus fin.
3. « Favorables. » Juvénal dit plus rudement à un noble : « Quand tu daterais ton origine de la fondation de Rome, tu n'en sors pas moins d'un asile infâme. Le premier de tes aïeux, quel qu'il soit, ne fut qu'un pâtre, ou ce que je ne veux pas dire (un voleur). » *Satire* 8, v. 271-274.
4. « Théognis. » « Ce prélat est d'un caractère assez plaisant : il a quelque crédit à la cour; mais il voudrait bien persuader qu'il en a beaucoup. Il fait des offres de service à tout le monde et ne sert personne. Un jour il rencontre chez lui un cavalier qui le salue; il l'arrête, l'accable de civilités, et lui serrant la main : « Je suis, dit-il, tout acquis à Votre Seigneurie. Mettez-moi de grâce à l'épreuve; je ne mourrai point content si je ne trouve une occasion de vous obliger. » Le cavalier le remercia d'une manière pleine de reconnaissance, et quand ils furent tous deux séparés, le prélat dit à un de ses officiers qui le suivait : « Je crois connaître cet homme-là; j'ai une idée confuse de l'avoir vu quelque part. » LE SAGE. — La Clef nomme aussi pour l'original de La Bruyère, un prélat, de Harlay, archevêque de Paris.

sa place, il l'en fait juge. Le client sort, reconduit, caressé, confus, presque content d'être refusé.

* C'est avoir une très-mauvaise opinion des hommes, et néanmoins les bien connaître, que de croire dans un grand poste leur imposer par des caresses étudiées, par de longs et stériles embrassements.

* *Pamphile* [1] ne s'entretient pas avec les gens qu'il rencontre dans les salles ou dans les cours ; si l'on en croit sa gravité et l'élévation de sa voix, il les reçoit, leur donne audience, les congédie ; il a des termes tout à la fois civils et hautains, une honnêteté impérieuse [2], et qu'il emploie sans discernement. Il a une fausse grandeur qui l'abaisse, et qui embarrasse fort ceux qui sont ses amis, et qui ne veulent pas le mépriser.

Un Pamphile est plein de lui-même, ne se perd pas de vue, ne sort point de l'idée de sa grandeur, de ses alliances, de sa charge, de sa dignité ; il ramasse, pour ainsi dire, toutes ses pièces, s'en enveloppe [3] pour se faire valoir. Il dit : *Mon ordre, mon cordon bleu* [4] ; il l'étale ou il le cache par ostentation ; un Pamphile, en un mot, veut être grand ; il croit l'être, il ne l'est pas, il est d'après un grand [5]. Si quelquefois il sourit à un homme du dernier ordre, à un homme d'esprit [6], il choisit son temps si juste, qu'il n'est jamais pris sur le fait ; aussi la rougeur lui monterait-elle au visage, s'il était malheureusement surpris dans la moindre

---

1. « Pamphile. » Toutes les Clefs désignent ici le marquis de Dangeau, à qui Boileau a dédié la satire sur la noblesse. « C'était, dit Saint-Simon, le meilleur homme du monde, mais à qui la tête avait tourné d'être seigneur. Cela l'avait chamarré de ridicules ; et madame de Montespan disait fort plaisamment, mais très-véritablement, de lui, qu'on ne pouvait s'empêcher de l'aimer ni de s'en moquer. Ce fut bien pis après sa charge de chevalier d'honneur de la Dauphine et son mariage avec la fille du comte Loweistein, de la maison Palatine. Sa fadeur naturelle, entée sur la bassesse du courtisan et sur l'orgueil du seigneur postiche, fit un composé que combla la grande maîtrise de l'ordre de Saint-Lazare, dont il tira tout le parti qu'il put. Il se fit le singe du roi dans les promotions qu'il fit de cet ordre : toute la cour accourait pour rire avec scandale, tandis qu'il s'en croyait admiré. » Voyez encore sur ce personnage le chapitre XIII.
2. « Honnêteté impérieuse. » Alliance de mots originale et juste.
3. « S'en enveloppe. » Imitation plaisante du mot d'Horace : Je m'enveloppe dans ma vertu.
4. « Cordon bleu. » Les chevaliers de l'ordre royal du Saint-Esprit portaient un large ruban bleu au bout duquel pendait la croix de l'ordre. On ne conférait ordinairement cet honneur qu'aux seigneurs de la plus haute noblesse.
5. « Il est d'après un grand. » Il est l'imitation, la parodie d'un grand.
6. « Du dernier ordre, etc. » Cette parole est bien amère. Le Sage fait dire à un de ses personnages : « Depuis que je t'ai quitté, j'ai composé des romans, des comédies, toutes sortes d'ouvrages d'esprit. J'ai fait mon chemin ; je suis à l'hôpital. »

familiarité avec quelqu'un qui n'est ni opulent, ni puissant, ni ami d'un ministre, ni son allié, ni son domestique ¹. Il est sévère et inexorable à qui n'a point encore fait sa fortune. Il vous aperçoit un jour dans une galerie, et il vous fuit; et le lendemain, s'il vous trouve en un endroit moins public, ou, s'il est public, en la compagnie d'un grand, il prend courage, il vient à vous, et il vous dit : *Vous ne faisiez pas hier semblant de nous voir.* Tantôt il vous quitte brusquement pour joindre un seigneur ou un premier commis ² ; et tantôt, s'il les trouve avec vous en conversation, il vous coupe ³, et vous les enlève. Vous l'abordez une autre fois, et il ne s'arrête pas; il se fait suivre, vous parle si haut, que c'est une scène pour ceux qui passent : aussi les Pamphiles sont-ils toujours comme sur un théâtre; gens nourris dans le faux, et qui ne haïssent rien tant que d'être naturels ; vrais personnages de comédie, des Floridors, des Mondoris ⁴.

On ne tarit point ⁵ sur les Pamphiles : ils sont bas et timides devant les princes et les ministres, pleins de hauteur et de confiance avec ceux qui n'ont que de la vertu; muets et embarrassés avec les savants; vifs, hardis et décisifs avec ceux qui ne savent rien. Ils parlent de guerre ⁶ à un homme de robe, et de politique à un financier; ils savent l'histoire avec les femmes; ils sont poëtes avec un docteur, et géomètres avec un poëte. De maximes, ils ne s'en chargent pas, de principes encore moins; ils vivent à l'aventure, poussés et entraînés par le vent de la faveur, et par l'attrait des richesses. Ils n'ont point d'opinion qui soit à eux, qui leur soit propre ; ils en empruntent ⁷ à mesure qu'ils en ont besoin : et celui à qui ils ont recours n'est guère un homme sage, ou habile, ou vertueux ; c'est un homme à la mode.

* Nous avons pour les grands et pour les gens en place une

1. « Domestique. » Attaché à la maison. Ce mot est devenu moins honorable à mesure que les hommes sont devenus plus fiers et plus indépendants.
2. « Premier commis. » Le personnage le plus considérable après le ministre. Ce nom de *commis* était fort honorable; Furetière rapporte que les marchands le donnaient à leurs courtiers, pour leur faire une politesse. Aujourd'hui ils appellent *commis* ceux qu'ils nommaient autrefois *domestiques*.
3. « Il vous coupe. » Expression familière et énergique.
4. « Mondoris. » Quelle verve et quel acharnement! L'auteur n'a-t-il pas eu raison de dire ailleurs : « J'éviterai avec soin d'offenser personne, si je suis équitable, mais sur toutes choses un homme d'esprit, si j'aime le moins du monde mes intérêts. »
5. « On ne tarit point. » Voici encore Crispinus. » *Ecce iterum Crispinus.* Juvénal.
6. « Ils parlent de guerre. » Ces détails donnent plus de vie et de force à la pensée.
7. « Ils en empruntent. » Expression neuve et plaisante.

jalousie stérile ou une haine impuissante, qui ne nous venge [1] point de leur splendeur et de leur élévation, et qui ne fait qu'ajouter à notre propre misère le poids insupportable du bonheur d'autrui. Que faire contre une maladie de l'âme si invétérée et si contagieuse? Contentons-nous de peu, et de moins encore, s'il est possible; sachons perdre dans l'occasion; la recette est infaillible, et je consens à l'éprouver : j'évite par là d'apprivoiser un suisse ou de fléchir un commis, d'être repoussé à une porte par la foule innombrable de clients ou de courtisans dont la maison d'un ministre [2] se dégorge [3] plusieurs fois le jour; de languir dans sa salle d'audience; de lui demander, en tremblant et en balbutiant, une chose juste; d'essuyer sa gravité, son ris amer et son *laconisme*. Alors je ne le hais plus, je ne lui porte plus d'envie; il ne me fait aucune prière, je ne lui en fais pas; nous sommes égaux [4], si ce n'est peut-être qu'il n'est pas tranquille [5], et que je le suis.

* Si les grands ont les occasions de nous faire du bien, ils en ont rarement la volonté; et s'ils désirent de nous faire du mal, ils n'en trouvent pas toujours les occasions. Ainsi, l'on peut être trompé dans l'espèce de culte qu'on leur rend, s'il n'est fondé que sur l'espérance ou sur la crainte; et une longue vie se termine quelquefois sans qu'il arrive de dépendre d'eux pour le moindre intérêt, ou qu'on leur doive sa bonne ou sa mauvaise fortune :

---

1. « Venge. » La Bruyère s'est souvenu du mot célèbre de Montaigne sur la grandeur : « Puisque nous ne la pouvons aveindre (atteindre), *vengeons*-nous à en mesdire. » *Essais*, III, 7.

2. « Ministre. » La Clef cite Louvois qui se faisait remarquer par son orgueil. Les ministres de Louis XIV affectaient d'humilier la noblesse et servaient en cela la politique du roi. Saint-Simon et Fénelon ne cessent de se plaindre du pouvoir exorbitant donné aux ministres, et de la manière dont ils en usaient.

3. « Se dégorge. » Bonne imitation du beau vers de Virgile (*Georg.* II, v. 462) :
   Mane salutantum totis vomit aedibus undam.
« Le matin (les portes) de son palais vomissent des flots de clients. »

4. « Nous sommes égaux. » Ce fier et énergique langage était tout nouveau dans un temps où les écrivains comme les courtisans passaient leur vie,
   A souffrir des mépris et ployer les genoux.

5. « Tranquille. »
   Son favori sur moi jette à peine un coup d'œil.
   Animal composé de bassesse et d'orgueil,
   Accablé de dégoûts, en inspirant l'envie,
   Tour à tour on t'encense et l'on te calomnie.
   Parle; qu'as-tu gagné dans la chambre du roi?
   Un peu plus de flatteurs et d'ennemis que moi.
             VOLTAIRE, *Premier Discours sur l'homme.*

nous devons les honorer parce qu'ils sont grands et que nous sommes petits, et qu'il y en a d'autres plus petits que nous, qui nous honorent.

* A la cour [1], à la ville, mêmes passions, mêmes faiblesses, mêmes petitesses, mêmes travers d'esprit, mêmes brouilleries dans les familles et entre les proches, mêmes envies, mêmes antipathies, partout des brus et des belles-mères, des maris et des femmes, des divorces, des ruptures, et de mauvais raccommodements ; partout des humeurs, des colères, des partialités, des rapports, et ce qu'on appelle de mauvais discours. Avec de bons yeux, on voit sans peine la petite ville, la rue Saint-Denis, comme transportées à V** ou à F** [2]. Ici l'on croit se haïr avec plus de fierté et de hauteur, et peut-être avec plus de dignité ; on se nuit réciproquement avec plus d'habileté et de finesse ; les colères sont plus éloquentes, et l'on se dit des injures plus poliment et en meilleurs termes ; l'on n'y blesse point la pureté de la langue [3], l'on n'y offense que les hommes [4] ou que leur réputation : tous les dehors du vice y sont spécieux ; mais le fond, encore une fois, y est le même que dans les conditions les plus ravalées ; tout le bas, tout le faible et tout l'indigne s'y trouvent. Ces hommes si grands ou par leur naissance, ou par leur faveur, ou par leurs dignités, ces têtes si fortes et si habiles, ces femmes [5] si polies et si spirituelles, tous méprisent le peuple, et ils sont peuple [6].

1. « A la cour. » « Les grands et les petits ont mêmes accidents, mêmes fâcheries et mêmes passions ; mais les uns sont au haut de la roue, et les autres près du centre, et aussi moins agités par les mêmes mouvements. On croit n'être pas tout à fait dans les vices du commun des hommes, quand on se voit dans les vices des grands hommes, et cependant on ne prend pas garde qu'ils sont en cela du commun des hommes. On tient à eux par le bout par où ils tiennent au peuple. Quelque élevés qu'ils soient, ils sont unis au reste des hommes par le même endroit. Ils ne sont pas suspendus en l'air, et séparés de notre société. S'ils sont plus grands que nous, c'est qu'ils ont la tête plus élevée ; mais ils ont les pieds aussi bas que les nôtres. Ils sont tous au même niveau et s'appuient sur la même terre ; et par cette extrémité, ils sont aussi abaissés que nous, que les enfants, que les bêtes. » PASCAL, Pensées. — La Bruyère s'est souvenu de ce beau passage.
2. « V**. » Versailles. — « F**. » Fontainebleau, résidences royales.
3. « La pureté de la langue. » « Le sot de la cour dit ses sottises plus élégamment que le sot de la ville ne dit les siennes. Dans un homme obscur, c'est une preuve d'esprit, ou du moins d'éducation, que de s'exprimer bien. Pour l'homme de la cour, c'est une nécessité ; il n'emploie pas de mauvaises expressions parce qu'il n'en sait pas. Un homme de la cour qui parlerait bassement me paraîtrait presque avoir le mérite d'un savant dans les langues étrangères. » DUCLOS, Considérations sur les mœurs.
4. « Que les hommes. » Tour ingénieux et satirique.
5. « Ces femmes. » Les lettres de madame de Sévigné, si pleines de riens élégants, montrent combien l'auteur dit vrai.
6. « Ils sont peuple. » L'auteur fait de ce mot une sorte d'adjectif juste et énergique

Qui dit le peuple, dit plus d'une chose ; c'est une vaste expression, et l'on s'étonnerait de voir ce qu'elle embrasse, et jusques où elle s'étend. Il y a le peuple qui est opposé aux grands ; c'est la populace et la multitude ; il y a le peuple qui est opposé aux sages[1], aux habiles et aux vertueux ; ce sont les grands comme les petits.

* Les grands se gouvernent par sentiment : âmes oisives[2], sur lesquelles tout fait d'abord une vive impression. Une chose arrive, ils en parlent trop ; bientôt ils en parlent peu ; ensuite ils n'en parlent plus, et ils n'en parleront plus. Action, conduite, ouvrage, événement, tout est oublié ; ne leur demandez ni correction, ni prévoyance, ni réflexion, ni reconnaissance, ni récompense.

* L'on se porte aux extrémités opposées à l'égard de certains personnages ; la satire[3], après leur mort, court parmi le peuple, pendant que les voûtes des temples retentissent de leurs éloges. Ils ne méritent quelquefois ni libelles ni discours funèbres ; quelquefois aussi ils sont dignes de tous les deux.

* L'on doit se taire sur les puissants ; il y a presque toujours de la flatterie à en dire du bien ; il y a du péril à en dire du mal pendant qu'ils vivent, et de la lâcheté quand ils sont morts[4].

[Chapitre X.]

DU SOUVERAIN, OU DE LA RÉPUBLIQUE[5].

* Quand l'on parcourt, sans la prévention de son pays, toutes les formes du gouvernement, l'on ne sait à laquelle se tenir ; il y a dans toutes le moins bon et le moins mauvais. Ce qu'il y a de plus raisonnable et de plus sûr, c'est d'estimer celle où l'on est né la meilleure de toutes, et de s'y soumettre[6].

---

1. « Qui est opposé aux sages. » Cette définition est aussi solide que plaisante. Les stoïciens en particulier avaient coutume d'appeler peuple et vulgaire, tout ce qui s'écartait trop de l'idéal du sage.
2. « Âmes oisives » Fait une neuve et belle expression.
3. « Satire. » La mort de Louis XIV fut marquée par des réjouissances indécentes. Le peuple la célébra par des jeux et des danses comme une fête publique.
4. « Morts. » Ce mot est beau ; il faut en rapprocher celui de Voltaire qui en est la contre-partie : « On doit des égards aux vivants ; on ne doit aux morts que la vérité. » *Première lettre sur Œdipe.*
5. « République » est pris partout dans le sens latin, pour la chose publique, l'État, le gouvernement.
6. « Soumettre. » Montesquieu a dit le même dans la préface de *l'Esprit des lois.*

DU SOUVERAIN, OU DE LA RÉPUBLIQUE.

* Il ne faut ni art ni science pour exercer la tyrannie[1], et la politique qui ne consiste qu'à répandre le sang est fort bornée et de nul raffinement[2]; elle inspire de tuer ceux dont la vie est un obstacle à notre ambition : un homme né cruel fait cela sans peine. C'est la manière la plus horrible et la plus grossière de se maintenir ou de s'agrandir.

* C'est une politique sûre et ancienne[3] dans les républiques, que d'y laisser le peuple s'endormir dans les fêtes, dans les spectacles, dans le luxe, dans le faste, dans les plaisirs, dans la vanité et la mollesse, le laisser se remplir du vide, et savourer la bagatelle[4] : quelles grandes démarches[5] ne fait-on pas au despotique[6] par cette indulgence !

* Il n'y a point de patrie dans le despotique[7], d'autres choses y suppléent : l'intérêt, la gloire, le service du prince.

* Quand on veut changer et innover dans une république,

« Si je pouvais faire en sorte que tout le monde eût de nouvelles raisons pour aimer ses devoirs, son prince, sa patrie, ses lois; qu'on pût mieux sentir son bonheur dans chaque pays, dans chaque gouvernement, dans chaque poste où l'on se trouve, je me croirais le plus heureux des mortels. »

1. « Tyrannie. » « Quand les sauvages de la Louisiane veulent avoir du fruit, ils coupent l'arbre au pied, et cueillent le fruit. Voilà le gouvernement despotique. » MONTESQUIEU, *Esprit des lois*, v, 13.

2. « De nul raffinement. » Grossière, peu raffinée. Ce mot se prenait en bonne comme en mauvaise part. « Les modernes ont bien *raffiné* sur les anciens en matière de sciences. » FURETIÈRE. — On l'employait souvent en parlant des affaires et de la politique, où l'on estimait plus la finesse que la bonne foi. L'auteur dit plus bas : « Les *raffinements* de la politique tendent à une seule fin, qui est de n'être pas trompé et de tromper les autres. »

3. « Ancienne. » Dans le sénat de Rome, composé de graves magistrats, de jurisconsultes, et d'hommes pleins de l'idée des premiers temps, on proposa, sous Auguste, la correction des mœurs et du luxe. Il est curieux de voir dans Dion avec quel art il éluda les demandes importunes de ces sénateurs. C'est qu'il fondait une monarchie et dissolvait une république. Sous Tibère, les édiles proposèrent, dans le sénat, le rétablissement des anciennes lois somptuaires. Ce prince, qui avait les lumières, s'y opposa. » MONTESQUIEU, *Esprit des lois*, VII, 4. — Louis XIV suivait la même politique. Le luxe lui était nécessaire pour retenir les grands à la cour, sous sa main, et les consoler de la perte de leur influence.

4. « Bagatelle. » Expressions triviales et déplacées.

5. « Démarches. » Est ici employé pour : pas, progrès; sens nouveau que l'auteur n'a pas réussi à faire passer en usage.

6. « Au despotique. » Au gouvernement despotique. L'emploi de cet adjectif tenant lieu de substantif, est une tournure grecque, dont on retrouve souvent des exemples.

7. « Point de patrie, etc. » Observation juste et hardie. Montesquieu a dit dans un passage célèbre : « Dans les monarchies, l'État subsiste indépendamment de l'amour de la patrie, du désir de la vraie gloire, du renoncement à soi-même, du sacrifice de ses plus chers intérêts, et de toutes ces vertus héroïques que nous trouvons dans les anciens, et dont nous avons seulement entendu parler. Mais s'il manque d'un ressort, il en a un autre. *L'honneur*, c'est-à-dire le préjugé de chaque personne et de chaque condition, prend la place de la *vertu* politique dont j'ai parlé, et la représente partout. Il y peut inspirer les plus belles actions. » *Esprit des lois*, III, 5, 6.

c'est moins les choses que le temps que l'on considère. Il y a des conjonctures où l'on sent bien qu'on ne saurait trop attenter contre le peuple ; et il y en a d'autres où il est clair qu'on ne peut trop le ménager. Vous pouvez aujourd'hui ôter à cette ville ses franchises, ses droits, ses priviléges ; mais demain ne songez pas même à réformer ses enseignes [1].

* Quand le peuple est en mouvement, on ne comprend pas par où le calme peut y rentrer ; et quand il est paisible, on ne voit pas par où le calme peut en sortir.

* Il y a de certains maux [2] dans la république qui y sont soufferts, parce qu'ils préviennent ou empêchent de plus grands maux. Il y a d'autres maux qui sont tels seulement par leur établissement [3], et qui étant dans leur origine un abus ou un mauvais usage, sont moins pernicieux [4] dans leurs suites et dans la pratique, qu'une loi plus juste ou une coutume plus raisonnable. L'on voit une espèce de maux que l'on peut corriger par le changement ou la nouveauté, qui est un mal, et fort dangereux [5]. Il y en a d'autres cachés et enfoncés comme des ordures dans un cloaque, je veux dire ensevelis sous la honte, sous le secret et dans l'obscurité ; on ne peut les fouiller et les remuer, qu'ils n'exhalent le poison et l'infamie [6] : les plus sages doutent quelquefois s'il est mieux de connaître ces maux que de les ignorer. L'on tolère quelquefois dans un État un assez grand mal, mais qui détourne un million de petits maux ou d'inconvénients, qui tous seraient inévitables et irrémédiables. Il se trouve des maux dont

1. « Enseignes. » « Dion nous dit que le peuple romain était indigné contre Auguste, à cause de certaines lois trop dures qu'il avait faites ; mais que, sitôt qu'il eut fait revenir le comédien Pylade, que les factions avaient chassé de la ville, le mécontentement cessa. Un peuple pareil sentait plus vivement la tyrannie lorsqu'on chassait un baladin, que lorsqu'on lui ôtait toutes ses lois. » *Esprit des lois*, xix, 3.

2. « Il y a de certains maux. » Lesquels ? C'est ce que l'auteur ne pouvait dire. Il reste à dessein dans le vague et laisse les interprétations aux lecteurs. C'était déjà donner une assez grande preuve d'indépendance, que d'apercevoir tous ces maux qui désolaient la république, et de les justifier si mal. Il n'aurait point été permis de préciser davantage.

3. « Etablissement. » Par la manière dont ils se sont établis.

4. « Moins pernicieux. » Ainsi la vénalité de certains offices qui subsiste encore de notre temps. On peut même dire que les mauvais effets de la vénalité des charges judiciaires, vénalité supprimée aujourd'hui, étaient atténuées en grande partie par les traditions de probité et de savoir héréditaires dans certaines familles. Les hommes valaient mieux que les institutions, et les mœurs corrigeaient souvent l'iniquité de la loi.

5. « Et fort dangereux. » L'auteur a dit de la même manière : « Depuis plus de sept mille ans qu'il y a des hommes, *et* qui pensent. » Voy. page 7, note 2.

6. « Exhalent le poison et l'infamie. » Alliance de mots recherchée

DU SOUVERAIN, OU DE LA RÉPUBLIQUE

chaque particulier gémit[1], et qui deviennent néanmoins un bien public, quoique le public ne soit autre chose que tous les particuliers. Il y a des maux personnels qui concourent au bien et à l'avantage de chaque famille. Il y en a qui affligent, ruinent ou déshonorent les familles, mais qui tendent au bien et à la conservation de la machine de l'État et du gouvernement. D'autres maux renversent des États, et sur leurs ruines en élèvent de nouveaux. On en a vu enfin qui ont sapé par les fondements de grands empires, et qui les ont fait évanouir de dessus la terre, pour varier et renouveler la face de l'univers[2].

* Qu'importe[3] à l'État qu'*Ergaste* soit riche, qu'il ait des chiens[4] qui arrêtent[5] bien, qu'il crée les modes sur les équipages et sur les habits, qu'il abonde en superfluités? Où il s'agit de l'intérêt et des commodités de tout le public, le particulier[6] est-il compté? La consolation des peuples dans les choses qui lui pèsent un peu, est de savoir qu'ils soulagent le prince, ou qu'ils n'enrichissent que lui; ils ne se croient point redevables[7] à Ergaste de l'embellissement de sa fortune.

* La guerre a pour elle l'antiquité, elle a été dans tous les siècles : on l'a toujours vue remplir le monde de veuves et d'orphelins, épuiser les familles d'héritiers, et faire périr les frères à une même bataille. Jeune SOYECOUR[8], je regrette ta vertu[9], ta

---

1. « Chaque particulier gémit. » Il s'agit des impôts, des tailles.
2. « L'univers. » L'auteur se hâte d'abandonner ces considérations générales et vagues pour revenir à la description des caractères et des mœurs. Il l'a dit ailleurs : « Un homme né chrétien et français se trouve contraint dans la satire, les grands sujets lui sont défendus; il les entame quelquefois et se détourne ensuite sur de petites choses qu'il relève par la beauté de son génie et de son style. » Voy. page 41.
3. « Qu'importe. » L'auteur entre heureusement en matière par cette tournure vive et brusque.
4. « Des chiens. » Boursault se raille assez spirituellement des nobles qui passaient leur vie à la chasse et ne croyaient aucune autre occupation digne d'eux :

> Il chasse, il boit, il joue, il bat des paysans;
> Ce noble enseveli dans un fond de province,
> A charge à sa patrie, inutile à son prince,
> Sans l'état malheureux où les flatteurs l'ont mis,
> Ferait grâce aux perdreaux, et peur aux ennemis.
>   *Les Fables d'Esope*, III, 5.

5. « Arrêtent. » L'auteur emploie ainsi d'une manière absolue presque tous les verbes qui sont du langage de la chasse.
6. « Le particulier. » Phrase obscure. L'auteur veut dire qu'il faut s'inquiéter du bien de l'État et non des commodités d'un particulier.
7. « Redevables. » Ils ne se croient point obligés d'embellir la fortune d'Ergaste.
8. « Soyecour. » Le chevalier de Soyecour, dont le frère avait été tué à la bataille de Fleurus, en juillet 1690, et qui mourut, trois jours après, des blessures qu'il avait reçues à cette même bataille.
9. « Ta vertu. » Prosopopée imprévue et touchante, qui donne un intérêt plus présent aux réflexions de l'auteur sur la guerre.

pudeur, ton esprit déjà mûr, pénétrant, élevé, sociable : je plains cette mort prématurée qui te joint à ton intrépide frère, et t'enlève à une cour où tu n'as fais que te montrer [1]. Malheur déplorable, mais ordinaire ! De tout temps les hommes, pour quelque morceau de terre de plus ou de moins, sont convenus entre eux de se dépouiller, se brûler [2], se tuer, s'égorger les uns les autres ; et, pour le faire plus ingénieusement et avec plus de sûreté, ils ont inventé de belles règles qu'on appelle l'art militaire : ils ont attaché à la pratique de ces règles la gloire, ou la plus solide réputation ; et ils ont depuis enchéri, de siècle en siècle, sur la manière de se détruire [3] réciproquement. De l'injustice des premiers hommes, comme de son unique source [4], est venue la guerre, ainsi que la nécessité où ils se sont trouvés de se donner des maîtres qui fixassent leurs droits [5] et leurs prétentions. Si, content du sien, on eût pu s'abstenir du bien de ses voisins, on avait pour toujours la paix et la liberté.

* Le peuple, paisible [6] dans ses foyers au milieu des siens, et

1. « Que te montrer. » Heureuse imitation d'un célèbre passage de Virgile sur la mort du jeune Marcellus.
2. « Se brûler. » L'usage moderne est de répéter la préposition. Les écrivains du XVIIe siècle la supprimaient rarement devant un substantif, mais très-souvent devant un verbe :

C'est aux faibles courages,
Qui toujours portent la peine au sein,
De succomber aux orages
Et *se lasser* d'un pénible dessein.
MALHERBE.
Qui donc est ce coquin qui prend tant de licence
Que *de* chanter et *m'étourdir* ainsi ?
MOLIÈRE, *Amphitryon*, I, 2.

3. « De se détruire. » « Les hommes sont tous frères et ils s'entre-déchirent ; les bêtes farouches sont moins cruelles. Il faut que tout périsse, que tout nage dans le sang, que tout soit dévoré par les flammes, que ce qui est échappé au fer et au feu ne puisse échapper à la faim encore plus cruelle, afin qu'un seul homme, qui se joue de la nature humaine entière, trouve dans cette destruction générale son plaisir et sa gloire. » *Télémaque*, liv. XVII.
4. « Source. » La phrase est pénible, embarrassée, et la pensée n'est pas assez nette.
5. « Leurs droits. »

Lors du mien et du tien nasquirent les procez,
A qui l'argent despart bon ou mauvais succez.
Le fort battit le foible, et luy livra la guerre.
De là l'ambition fist envahir la terre,
Qui fut, avant le temps que survindrent ces maux,
Un hospital commun à tous les animaux.
RÉGNIER, *Satire* 6.

6. « Paisible » Observation judicieuse applicable à tous les temps :

On voit avec plaisir, dans le sein du repos,
Des mortels malheureux lutter contre les flots,
On aime à voir de loin deux terribles armées

dans le sein d'une grande ville où il n'a rien à craindre ni pour ses biens, ni pour sa vie, respire le feu et le sang, s'occupe de guerres, de ruines, d'embrasements et de massacres, souffre impatiemment que des armées qui tiennent la campagne, ne viennent point à se rencontrer; ou si elles sont une fois en présence, qu'elles ne combattent point; ou si elles se mêlent, que le combat ne soit pas sanglant, et qu'il y ait moins de dix mille hommes sur la place. Il va même souvent jusques à oublier ses intérêts les plus chers, le repos et la sûreté, par l'amour qu'il a pour le changement, et par le goût de la nouveauté ou des choses extraordinaires. Quelques-uns consentiraient à voir une autre fois les ennemis aux portes de Dijon ou de Corbie [1], à voir tendre des chaînes [2] et faire des barricades, pour le seul plaisir d'en dire ou d'en apprendre la nouvelle.

* *Démophile*, à ma droite, se lamente et s'écrie : Tout est perdu ! c'est fait de l'État; il est du moins sur le penchant de sa ruine. Comment résister à une si forte et si générale conjuration [3]? Quel moyen, je ne dis pas d'être supérieur, mais de suffire seul à tant et de si puissants ennemis [4]? Cela est sans exemple dans la monarchie [5]. Un héros, un ACHILLE y succomberait. On a fait, ajoute-t-il, de lourdes fautes; je sais bien ce que je dis, je suis du métier. J'ai vu la guerre, et l'histoire m'en a beaucoup appris. Il parle là-dessus avec admiration d'Olivier le Daim [6] et de Jacques Cœur [7] :

> Dans les champs de la mort aux combats animées :
> Non que le mal d'autrui soit un plaisir si doux;
> Mais son danger nous plaît, quand il est loin de nous.

Voltaire qui traduit ainsi, sans l'égaler, un beau passage de Lucrèce, ajoute : « A la bataille de Fontenoy, les petits garçons et les petites filles montaient sur les arbres d'alentour pour voir tuer tant de monde. Les dames se firent apporter des sièges sur un bastion de la ville de Liége, pour jouir du spectacle à la bataille de Rocoux. »

1. « Corbie. » Pendant la guerre de trente ans, en 1636, les Impériaux envahirent la Bourgogne et la Picardie, et s'emparèrent de Corbie. « Tout est en feu jusque sur les bords de la rivière d'Oise; nous pouvons voir de nos faubourgs la fumée des villages qu'ils nous brûlent; tout le monde prend l'alarme, et la capitale ville du royaume est dans l'effroi. » VOITURE. — Richelieu lui-même fut un instant ébranlé, mais ne tarda pas à reprendre l'avantage.

2. « Chaînes. » Les rues se fermaient avec des chaînes de fer dont on se servait souvent dans les séditions.

3. « Conjuration » est ici dans le sens latin pour *coalition*. Nous employons encore dans le même sens le verbe *conjurer* : Louis XIV résista à l'Europe *conjurée* contre lui.

4. « Ennemis. » La ligue d'Augsbourg. Ce passage a été écrit en 1691, époque de la sixième édition des *Caractères*.

5. « Monarchie. » Flatterie détournée et fort délicate à l'adresse de Louis XIV.

6. « Olivier Le Daim, » fils d'un paysan de Flandre, d'abord barbier de Louis XI, et ensuite son principal ministre. Il fut pendu en 1483, au commencement du règne de Charles VIII.

7. « Jacques Cœur, » riche et fameux commerçant, devint trésorier de l'épargne de

C'étaient là des hommes, dit-il ; c'étaient des ministres. Il débite ses nouvelles, qui sont toutes les plus tristes et les plus désavantageuses que l'on pourrait feindre : tantôt un parti des nôtres a été attiré dans une embuscade, et taillé en pièces ; tantôt quelques troupes, renfermées dans un château, se sont rendues aux ennemis à discrétion, et ont passé [1] par le fil de l'épée. Et si vous lui dites que ce bruit est faux et qu'il ne se confirme point, il ne vous écoute pas ; il ajoute qu'un tel général a été tué ; et bien qu'il soit vrai qu'il n'a reçu qu'une légère blessure, et que vous l'en assuriez, il déplore sa mort, il plaint sa veuve, ses enfants, l'État ; il se plaint lui-même [2] ; *il a perdu un bon ami et une grande protection.* Il dit que la cavalerie allemande est invincible ; il pâlit au seul nom des cuirassiers de l'empereur. Si l'on attaque cette place, continue-t-il, on lèvera le siége. Ou l'on demeurera sur la défensive sans livrer de combat ; ou, si on le livre, on le doit perdre ; et si on le perd, voilà l'ennemi sur la frontière. Et comme Démophile le fait voler [3], le voilà dans le cœur du royaume : il entend déjà sonner le beffroi des villes, et crier à l'alarme ; il songe à son bien et à ses terres. Où conduira-t-il son argent, ses meubles, sa famille ? où se réfugiera-t-il, en Suisse ou à Venise ?

Mais, à ma gauche [4], *Basilide* met tout d'un coup sur pied une armée de trois cent mille hommes ; il n'en rabattrait pas une seule brigade : il a la liste des escadrons et des bataillons, des généraux et des officiers ; il n'oublie pas l'artillerie ni le bagage. Il dispose absolument de toutes ces troupes ; il en envoie tant en Allemagne et tant en Flandre ; il réserve un certain nombre pour les Alpes, un peu moins pour les Pyrénées, et il fait passer la mer à ce qui lui reste. Il connaît les marches de ces armées, il sait ce qu'elles feront et ce qu'elles ne feront pas ; vous diriez qu'il ait l'oreille du prince ou le secret du ministre. Si les ennemis

---

Charles VII, à qui il rendit les plus grands services. — Le roi, après l'avoir comblé d'honneurs, finit par le sacrifier à une cabale de cour. Le nouvelliste choisit à dessein des noms antiques pour faire parade d'érudition.

1. « Ont passé. » Nous dirions : ont *été* passés par le fil de l'épée.

2. « Il se plaint lui-même. » Ce trait est fort plaisant et plein de vérité. Le nouvelliste se donne et se prend lui-même pour un homme important et de bonne foi.

3. « Voler. » Expression élégante et originale. Remarquez le mouvement et la rapidité du style, qui égale la vitesse que prête Démophile à la course des ennemis.

4. « A ma gauche. » La Bruyère s'est souvent servi des contrastes et en a tiré de très-heureux effets. On se rappelle avec quel art il a opposé le portrait du pauvre et celui du riche à la fin du chapitre vi, *des Biens de fortune*.

viennent de perdre une bataille [1] où il soit demeuré sur la place quelque neuf à dix mille hommes des leurs, il en compte jusqu'à trente mille, ni plus ni moins; car ses nombres sont toujours fixes et certains, comme de celui [2] qui est bien informé. S'il apprend le matin que nous avons perdu une bicoque, non-seulement il envoie s'excuser à ses amis qu'il a la veille conviés à dîner, mais même ce jour-là il ne dîne point; et s'il soupe, c'est sans appétit. Si les nôtres assiégent une place très-forte [3], très-régulière, pourvue de vivres et de munitions, qui a une bonne garnison, commandée par un homme d'un grand courage, il dit que la ville a des endroits faibles et mal fortifiés, qu'elle manque de poudre, que son gouverneur manque d'expérience, et qu'elle capitulera après huit jours de tranchée ouverte. Une autre fois il accourt tout hors d'haleine, et après avoir respiré un peu : Voilà, s'écrie-t-il, une grande nouvelle! ils sont défaits et à plate couture; le général, les chefs, du moins une bonne partie, tout est tué, tout a péri. Voilà, continue-t-il, un grand massacre, et il faut convenir que nous jouons d'un grand bonheur. Il s'assied [4], il souffle [5], après avoir débité sa nouvelle, à laquelle il ne manque qu'une circonstance, qui est qu'il est certain qu'il n'y a point eu de bataille. Il assure, d'ailleurs, qu'un tel prince renonce à la ligue, et quitte ses confédérés; qu'un autre se dispose à prendre le même parti. Il croit fermement, avec la populace, qu'un troisième [6] est mort : il nomme le lieu où il est enterré; et quand on est détrompé aux halles et aux faubourgs, il parie encore pour l'affirmative. Il sait, par une voie indubitable, que T. K. L. [7] fait de grands pro-

---

1. « Une bataille. » Sans doute la bataille de Fleurus, gagnée par le maréchal de Luxembourg, le 1er juillet 1690.
2. « Comme de celui. » Ellipse un peu forte pour : « comme sont les nombres de celui. »
3. « Une place. » Mons, que Louis XIV vint assiéger en personne avec l'aide de Vauban, et que Guillaume n'osa secourir. Cette ville fut prise le 9 avril 1691.
4. « Il s'assied. » « Coste, dans son édition (t. II, p. 454), remarque que dans toutes les éditions données par La Bruyère il y a *il s'assit*, et que le même solécisme se trouve chapitres XI et XIII. Mais dans le chapitre II, *Du mérite personnel*, page 60, La Bruyère a écrit *il s'assied*. Ce solécisme doit donc être mis sur le compte de l'imprimeur, et corrigé; on a eu tort de l'introduire dans les éditions modernes. » WALCKENAER.
5. « Il souffle. » Ces détails donnent de la vraisemblance et de la vie à la peinture; le discours direct et non interrompu aurait paru monotone.
6. « Troisième. » Guillaume, roi d'Angleterre.
7. « T. K. L. » Tékéli, noble hongrois, qui leva l'étendard de la révolte contre l'empereur, unit ses armes à celles du croissant, et fit trembler son maître dans Vienne. Il mourut, presque oublié, en 1705, près de Constantinople.

gres contre l'empereur ; que le Grand Seigneur arme *puissamment*, ne veut point de paix, et que son vizir va se montrer une autre fois aux portes de Vienne : il frappe des mains, et il tressaille sur [1] cet événement, dont il ne doute plus. La triple alliance [2] chez lui est un Cerbère, et les ennemis autant de monstres à assommer. Il ne parle que de lauriers, que de palmes, que de triomphes, et que de trophées. Il dit dans le discours familier : *Notre auguste héros, notre grand potentat, notre invincible monarque.* Réduisez-le, si vous pouvez, à dire simplement : *Le roi a beaucoup d'ennemis ; ils sont puissants, ils sont unis, ils sont aigris. Il les a vaincus, j'espère toujours qu'il les pourra vaincre.* Ce style, trop ferme et trop décisif pour Démophile, n'est pour Basilide ni assez pompeux, ni assez exagéré : il a bien d'autres expressions en tête ; il travaille aux inscriptions des arcs et des pyramides qui doivent orner la ville capitale un jour d'entrée ; et, dès qu'il entend dire que les armées sont en présence ou qu'une place est investie, il fait déplier sa robe et la mettre à l'air, afin qu'elle soit toute prête pour la cérémonie de la cathédrale [3].

* Il faut que le capital d'une affaire qui assemble dans une ville les plénipotentiaires ou les agents des couronnes et des républiques, soit d'une longue et extraordinaire discussion, si elle leur coûte plus de temps, je ne dis pas que les seuls préliminaires, mais que le simple règlement des rangs, des préséances [4] et des autres cérémonies.

1. « Sur. » A propos de, à cause de ; c'est ainsi que l'on dit plus ordinairement : « Et *là-dessus* il frappe des mains, il tressaille.
2. « La triple alliance. » L'Angleterre, la Hollande et l'Empire.
3. « Cathédrale. » Montesquieu a fort élégamment traité le même sujet : « Les nouvellistes s'assemblent dans un jardin magnifique, où leur oisiveté est toujours occupée. Ils sont très-inutiles à l'Etat, et leurs discours de cinquante ans n'ont pas un effet différent de celui qu'aurait pu produire un silence aussi long : cependant ils se croient considérables, parce qu'ils s'entretiennent de projets magnifiques, et traitent de grands intérêts. La base de leurs conversations est une curiosité frivole et ridicule : il n'y a point de cabinet si mystérieux qu'ils ne prétendent pénétrer ; ils ne sauraient consentir à ignorer quelque chose. A peine ont-ils épuisé le présent, qu'ils se précipitent dans l'avenir ; et, marchent au-devant de la Providence, ils la préviennent sur toutes les démarches des hommes. Ils conduisent un général par la main ; et, après l'avoir loué de mille sottises qu'il n'a pas faites, ils lui en préparent mille autres qu'il ne fera pas. Ils font voler les armées comme des grues, et tomber les murailles comme des cartons : ils ont des ponts sur toutes les rivières, des routes secrètes dans toutes les montagnes, des magasins immenses dans les sables brûlants : il ne leur manque que le bon sens. » — Ce morceau est piquant et ingénieux. Mais on n'y retrouve pas la verve dramatique de La Bruyère qui ne définit pas seulement son original, mais l'anime, le fait agir et parler au naturel devant nous.
4. « Des préséances. » Une querelle étant survenue à ce sujet entre les ambassa-

Le ministre [1] ou le plénipotentiaire est un caméléon, est un Protée. Semblable quelquefois à un joueur habile, il ne montre ni humeur, ni complexion [2], soit pour ne point donner lieu aux conjectures ou se laisser pénétrer, soit pour ne rien laisser échapper de son secret par passion ou par faiblesse. Quelquefois aussi il sait feindre le caractère le plus conforme aux vues qu'il a et aux besoins où il se trouve, et paraître tel qu'il a intérêt que les autres croient qu'il est en effet. Ainsi, dans une grande puissance ou dans une grande faiblesse qu'il veut dissimuler [3], il est ferme et inflexible, pour ôter l'envie de beaucoup obtenir; ou il est facile, pour fournir aux autres les occasions de lui demander, et se donner la même licence. Une autre fois, ou il est profond et dissimulé, pour cacher une vérité en l'annonçant, parce qu'il lui importe qu'il l'ait dite, et qu'elle ne soit pas crue; ou il est franc et ouvert, afin que lorsqu'il dissimule ce qui ne doit pas être su, l'on croie néanmoins qu'on n'ignore rien de ce que l'on veut savoir, et que l'on se persuade qu'il a tout dit. De même, ou il est vif et grand parleur pour faire parler les autres, pour empêcher qu'on ne lui parle de ce qu'il ne veut pas ou de ce qu'il ne doit pas savoir, pour dire plusieurs choses différentes qui se modifient ou qui se détruisent les unes les autres, qui confondent dans les esprits la crainte et la confiance, pour se défendre d'une ouverture qui lui est échappée par une autre qu'il aura faite; ou il est froid et taciturne, pour jeter les autres dans l'engagement de parler [4], pour écouter longtemps, pour être écouté quand il parle, pour parler avec ascendant et avec poids [5], pour faire des promesses ou des

---

deurs de France et d'Espagne à la cour de Londres, dans laquelle l'escorte française fut maltraitée. Louis XIV menaça de la guerre Philippe IV, s'il ne lui faisait réparation (1662). Il serait difficile de blâmer cette susceptibilité.

1. « Le ministre. » La Bruyère s'est longuement étendu sur ce caractère. Les brigues, les cabales perpétuelles dans une cour où l'on voyait les mêmes hommes pousser à l'excès l'orgueil et la servilité, la politesse et l'envie, où l'on avait tant d'amis et d'ennemis à ménager, étaient une excellente préparation aux finesses de la diplomatie. L'habileté des négociateurs qui servaient Louis XIV, et parmi lesquels on comptait Lionne, de Torcy, de Croissy, le marquis d'Avaux, etc., était aussi grande et aussi utile que celle de ses généraux : La France, disait un ambassadeur anglais, a le don de persuader ce qu'il lui plaît dans toutes les cours de la chrétienté.

2. « Complexion. » « Se prend en mauvaise part pour une humeur bourrue et fantasque. On ne saurait vivre avec cet homme-là, à cause qu'il a d'étranges complexions. » FURETIÈRE. — Ce sens est tout à fait tombé en désuétude.

3. « Dans une grande faiblesse qu'il veut dissimuler. » Tournure lourde et pénible.

4. « Jeter dans l'engagement de parler. » Voilà qui est bien recherché.

5. « Avec poids. » Bossuet, dans l'Oraison funèbre de Marie-Thérèse, oppose avec bonheur la pénétration de Mazarin à la lenteur de D. Luis de Haro : « Ile éternellement

menaces qui portent un grand coup et qui ébranlent. Il s'ouvre et parle le premier, pour, en découvrant [1] les oppositions, les contradictions, les brigues et les cabales des ministres étrangers sur les propositions qu'il aura avancées, prendre ses mesures et avoir la réplique ; et dans une autre rencontre il parle le dernier, pour ne point parler en vain, pour être précis, pour connaître parfaitement les choses sur quoi il est permis de faire fond pour lui ou pour ses alliés, pour savoir ce qu'il doit demander et ce qu'il peut obtenir. Il sait parler en termes clairs et formels; il sait encore mieux parler ambigûment, d'une manière enveloppée, user de tours ou de mots équivoques qu'il peut faire valoir, ou diminuer [2] dans les occasions et selon ses intérêts. Il demande peu quand il ne veut pas donner beaucoup. Il demande beaucoup pour avoir peu, et l'avoir plus sûrement. Il exige d'abord de petites choses, qu'il prétend ensuite lui devoir être comptées pour rien, et qui ne l'excluent pas d'en demander [3] une plus grande; et il évite au contraire de commencer par obtenir un point important, s'il l'empêche d'en gagner plusieurs autres de moindre conséquence, mais qui tous ensemble l'emportent sur le premier. Il demande trop pour être refusé, mais dans le dessein de se faire un droit ou une bienséance de refuser lui-même ce qu'il sait bien qu'il lui sera demandé, et qu'il ne veut pas octroyer : aussi soigneux alors d'exagérer l'énormité de la demande [4], et de faire convenir, s'il se peut, des raisons qu'il y a de n'y pas entendre [5], que d'affai-

---

mémorable par les conférences de deux grands ministres; où l'on vit développer toutes les adresses et tous les secrets d'une politique si différente; où l'un se donnait du poids par sa lenteur, et l'autre prenait l'ascendant par sa pénétration. » Page 106 de l'édition annotée de M. A. Didier.

1. « Pour, en découvrant. » Tournure lourde et qu'on n'emploie que dans le style du Palais.

2. « Diminuer. » Il se sert d'expressions équivoques dont il peut augmenter ou diminuer la valeur. « Quelquefois, dit Montesquieu, les Romains abusaient de la subtilité des termes de leur langue. Ils détruisirent Carthage, disant qu'ils avaient promis de conserver la *cité*, et non pas la *ville*. On sait comment les Étoliens, qui s'étaient abandonnés à leur foi, furent trompés : les Romains prétendirent que la signification de ces mots, *s'abandonner à la foi d'un ennemi*, emportait la perte de toutes sortes de choses, des personnes, des terres, des villes, des temples et des sépultures même. » *Grandeur et décadence*, etc., ch. VI, p. 47 de l'édition annotée par M. Ch. Dezobry.

3. « Ne l'excluent pas d'en demander. » *Exclure* ne se construit pas avec un infinitif.

4. « L'énormité de la demande » Expression neuve du temps de La Bruyère, en ce sens, et fort expressive.

5. « N'y pas entendre. » Tournure latine tombée en désuétude. « *Entendre* signifie quelquefois prêter l'oreille, consentir à quelque proposition. On lui a offert cet emploi, il y veut bien *entendre*. Il ne veut *entendre* à aucun accommodement. » FURETIÈRE.

blir celles qu'on prétend avoir de ne lui pas accorder ce qu'il sollicite avec instance ; également appliqué à faire sonner haut et à grossir [1] dans l'idée des autres le peu qu'il offre, et à mépriser ouvertement le peu que l'on consent de lui donner. Il fait de fausses offres, mais extraordinaires, qui donnent de la défiance, et obligent de rejeter ce que l'on accepterait inutilement ; qui lui sont cependant une occasion de faire des demandes exorbitantes, et mettent dans leur tort ceux qui les lui refusent. Il accorde plus qu'on ne lui demande, pour avoir encore plus qu'il ne doit donner. Il se fait longtemps prier, presser, importuner sur une chose médiocre, pour éteindre les espérances [2] et ôter la pensée d'exiger de lui rien de plus fort ; ou s'il se laisse fléchir jusques à l'abandonner [3], c'est toujours avec des conditions qui lui font partager le gain et les avantages avec ceux qui reçoivent. Il prend directement ou indirectement l'intérêt d'un allié, s'il y trouve son utilité et l'avancement de ses prétentions [4]. Il ne parle que de paix, que d'alliances, que de tranquillité publique, que d'intérêt public ; et en effet, il ne songe qu'aux siens, c'est-à-dire à ceux de son maître ou de sa république. Tantôt il réunit quelques-uns qui étaient contraires les uns aux autres, et tantôt il divise [5] quelques autres qui étaient unis : il intimide les forts et les puissants, il encourage les faibles. Il unit d'abord d'intérêt plusieurs faibles contre un plus puissant, pour rendre la balance égale ; il se joint ensuite aux premiers pour la faire pencher, et il leur vend cher sa protection et son alliance. Il sait intéresser [6] ceux avec qui il traite, et par un adroit manége, par de fins et de subtils détours, il leur fait sentir leurs avantages particuliers, les biens et les honneurs qu'ils peuvent espérer par une certaine facilité [7], qui ne choque

1. « Faire sonner haut, grossir. » Métaphores incohérentes.
2. « Éteindre les espérances. » Métaphore heureusement empruntée au latin.
3. « L'abandonner. » Jusques à abandonner quelque chose de plus fort.
4. « L'avancement de ses prétentions. » Expression singulière et recherchée.
5. « Il divise. » Cette description des manéges dont se servent les plénipotentiaires paraît vague et fatigante. Il aurait fallu préciser davantage, citer des faits à l'appui des réflexions, comme font Bossuet et Montesquieu, lorsqu'ils exposent la politique romaine. Mais l'auteur ne le pouvait pas.
6. « Intéresser. » Il leur montre l'intérêt personnel qu'ils ont à l'écouter. C'est une nuance des verbes séduire, gagner, corrompre, qui n'est point restée dans la langue.
7. « Facilité. » C'est-à-dire qu'il les paie pour trahir leur maître, et leur prouve en même temps qu'ils sont les plus honnêtes gens du monde. Louis XIV savait même intéresser les rois à ses desseins. Il faisait à Charles II, roi d'Angleterre, une pension annuelle très-considérable.

point leur commission [1], ni les intentions de leurs maîtres. Il ne veut pas aussi être cru imprenable [2] par cet endroit [3] ; il laisse voir en lui quelque peu de sensibilité pour sa fortune [4] ; il s'attire par là des propositions qui lui découvrent les vues des autres les plus secrètes, leurs desseins les plus profonds et leur dernière ressource, et il en profite. Si quelquefois il est lésé dans quelques chefs [5] qui ont enfin été réglés, il crie haut [6]. Si c'est le contraire, il crie plus haut, et jette [7] ceux qui perdent sur la justification et la défensive. Il a son fait digéré [8] par la cour, toutes ses démarches sont mesurées, les moindres avances qu'il fait lui sont prescrites ; et il agit néanmoins dans les points difficiles et dans les articles contestés, comme s'il se relâchait de lui-même sur-le-champ, et comme par un esprit d'accommodement ; il ose même promettre à l'assemblée qu'il fera goûter [9] la proposition, et qu'il n'en sera pas désavoué. Il fait courir un bruit faux des choses seulement [10] dont il est chargé, muni d'ailleurs de pouvoirs particuliers, qu'il ne découvre jamais qu'à l'extrémité, et dans les moments où il lui serait pernicieux de ne les pas mettre en usage. Il tend surtout [11], par ses intrigues, au solide et à l'essentiel, toujours

1. « Leur commission. » Leurs instructions.
2. « Imprenable. » Ce trait est assez curieux. Le plénipotentiaire habile sacrifie jusqu'à sa réputation de probité.
3. « Endroit. » On fait de ce mot, dans la langue du XVIIe siècle, un usage beaucoup plus fréquent que dans la nôtre.
4. « Sensibilité pour sa fortune. » Expression recherchée. Boursault a vanté d'une manière ingénieuse et satirique la vertu de ce qu'il appelle *le tour de bâton*.

> C'est par tout l'univers ce qu'on entend le mieux.
> Que l'on aille d'un grand implorer une grâce,
> Sans le tour de bâton je doute qu'il la fasse ;
> Pour avoir un emploi de quelque financier,
> C'est le tour du bâton qui marche le premier ;
> On ne veut rien prêter, quelque gage qu'on offre,
> Si le tour de bâton ne fait ouvrir le coffre ;
> Il n'est point de coupable un peu riche et puissant,
> Dont le tour du bâton ne fasse un innocent ;
> Et tel paroît du roi le serviteur fidèle,
> Dont le tour de bâton fait les trois quarts du zèle.
>
> *Ésope à la cour*, IV, 6.

5. « Dans quelques chefs. » Dans quelques points. On dit encore les *chefs* d'accusation.
6. « Il crie haut. » Langage d'une familiarité vulgaire.
7. « Jette. » L'auteur abuse de ce mot et en force souvent le sens.
8. « Son fait digéré. » Cela n'est pas encore très-heureux. Il semble que ce long caractère ait été écrit plus rapidement et avec moins de soin qu'il n'est habituel à l'auteur.
9. « Goûter. » Qu'il la fera approuver de sa cour.
10. « Seulement. » Il fait répandre le bruit que ses pouvoirs sont peu étendus.
11. « Il tend surtout. » Toutes les phrases commencent et se terminent de la même

DU SOUVERAIN, OU DE LA RÉPUBLIQUE. 237

prêt de ¹ leur sacrifier les minuties et les points d'honneur imaginaires. Il a du flegme, il s'arme de courage et de patience, il ne se lasse point, il fatigue les autres, et les pousse jusqu'au découragement. Il se précautionne et s'endurcit contre les lenteurs et les remises, contre les reproches, les soupçons, les défiances, contre les difficultés et les obstacles, persuadé que le temps seul et les conjonctures amènent les choses et conduisent les esprits au point où on les souhaite. Il va jusques à feindre un intérêt secret à la rupture de la négociation, lorsqu'il désire le plus ardemment qu'elle soit continuée ; et si, au contraire, il a des ordres précis de faire les derniers efforts pour la rompre, il croit devoir, pour y réussir, en presser la continuation et la fin. S'il survient un grand événement, il se roidit ou il se relâche, selon qu'il lui est utile ou préjudiciable ; et si, par une grande prudence ², il sait le prévoir, il presse et il temporise, selon que l'État pour qui il travaille ³ en doit craindre ou espérer, et il règle sur ses besoins ⁴ ses conditions. Il prend conseil du temps, du lieu, des occasions, de sa puissance ou de sa faiblesse, du génie des nations avec qui il traite, du tempérament ⁵ et du caractère des personnes avec qui il négocie. Toutes ses vues, toutes ses maximes, tous les raffinements de sa politique tendent à une seule fin, qui est de n'être point trompé, et de tromper les autres ⁶.

façon. Point de mouvement, ni de variété. La monotonie est cependant le défaut que La Bruyère semble partout ailleurs avoir évité avec le plus de soin.

1. « Prêt de. » Nous disons aujourd'hui *prêt à* et *près de*, distinction heureuse et fondée en raison. Mais la locution dont se sert La Bruyère était fort usitée au XVIIe et même au XVIIIe siècle :

> Qu'on rappelle mon fils, qu'il vienne se défendre,
> Qu'il vienne me parler, je suis *prêt de* l'entendre.
> RACINE, *Phèdre*, V, 5.

« Quoique le titre de leur allié fût une espèce de servitude, il était néanmoins très-recherché.... Il n'y avait point de services que les peuples et les rois ne fussent *prêts de* rendre, ni de bassesses qu'ils ne fissent pour l'obtenir. » MONTESQUIEU, *Grandeur et décadence*, etc., ch. VI, page 43 de l'édition annotée par M. Ch. Dezobry.

2. « Prudence » est ici dans le sens latin pour *prévoyance*.
3. « Travaille. » *Laborat*, il manège, il intrigue, il se fatigue.
4. « Ses besoins. » Les besoins de l'État.
5. « Du tempérament. » Montaigne dit plaisamment : « Je pensois faire honneur à un seigneur aussi esloigné de ces desbordements qu'il en soit en France, de m'enquérir à luy en bonne compagnie, combien de fois en sa vie il s'estoit enyvré pour la nécessité des affaires du roy, en Allemaigne : il le print de cette façon ; et me respondit que c'estoit trois fois, lesquelles il récita. J'en sçay qui à faulte de cette faculté, se sont mis en grand peine, ayants à practiquer celle nation. » *Essais*, I, 25.
6. « Tromper les autres. » Cette parole résume d'une manière satirique et peu équitable la pensée de ce long morceau.

* Le caractère des Français demande du sérieux [1] dans le souverain.

* L'un des malheurs du prince est d'être souvent trop plein de son secret, par le péril qu'il y a à le répandre ; son bonheur est de rencontrer une personne sûre [2] qui l'en décharge.

* Il ne manque rien à un roi que les douceurs d'une vie privée ; il ne peut être consolé d'une si grande perte que par le charme de l'amitié, et par la fidélité de ses amis.

* Le plaisir d'un roi qui mérite de l'être est de l'être moins [3] quelquefois ; de sortir du théâtre, de quitter le bas de saye [4] et les brodequins, et de jouer avec une personne de confiance un rôle plus familier [5].

* Rien ne fait plus d'honneur au prince que la modestie de son favori.

* Le favori n'a point de suite [6] ; il est sans engagement [7] et sans liaisons ; il peut être entouré de parents et de créatures, mais il n'y tient pas ; il est détaché de tout, et comme isolé [8].

* Je ne doute point qu'un favori, s'il a quelque force et quelque élévation, ne se trouve souvent confus et déconcerté des bassesses, des petitesses, de la flatterie, des soins superflus et des attentions frivoles de ceux qui le courent, qui le suivent, et qui s'attachent

---

1. « Du sérieux. » Parole vraie et profonde. Mademoiselle de Scudéry disait de Louis XIV, qu'il avait l'air du maître du monde, même en jouant au billard. Napoléon a remarqué quelque part « que nous demandons à être matés, et qu'en France un libre et confiant laisser-aller engendre une familiarité dangereuse. »

2. « Une personne sûre. » Allusion à madame de Maintenon. C'est dans sa chambre à coucher que le roi travaillait avec ses ministres. « Pendant ce travail la dame lisait, ne parlant que si on l'interrogeait, répondant avec de grandes mesures, ne paraissant affectionner rien, moins encore s'intéresser pour personne ; mais toujours d'accord avec le ministre, qui ne mettait aucune chose sur le tapis qu'il n'eût reçu ses ordres. Quelquefois le roi, soupçonnant cet accord, prenait le parti opposé et lui faisait des sorties terribles, jusqu'à la faire pleurer ; puis, content d'avoir montré qu'il était le maître et se repaissant de l'idée de son indépendance, il redevenait souple et flexible ; toujours en garde pour n'être point gouverné, et persuadé qu'il réussissait pleinement à ne point l'être, il l'était ainsi plus que personne. » SAINT-SIMON.

3. « De l'être moins. » De sortir de son rôle de roi.

4. « Le bas de saye » est la partie inférieure du *saye*, ou *sagum*, manteau du soldat romain. Ce bas de saye est ce qu'on nommait, sur nos théâtres, *tonnelet*. C'était une espèce de tablier plissé, enflé et circulaire, dont s'affublaient les acteurs tragiques dans les pièces romaines ou grecques.

5. Plus familier. » Pascal avait déjà dit avec une simplicité plus négligée et plus énergique : « Les princes et les rois se jouent quelquefois ; ils ne sont pas toujours sur leur trône, ils s'y ennuieroient. La grandeur a besoin d'être quittée pour être sentie. »

6. « Point de suite. » Il est isolé, ne tient à personne.

7. « Engagement. » Attache, liaison. Mot fort usité dans le langage de la cour pleine de cabales et d'intrigues.

8. « Isolé. » Voyez ce que l'auteur dit des financiers, page 144.

à lui comme ses créatures, et qu'il ne se dédommage dans le particulier d'une si grande servitude [1] par le ris et la moquerie [2].

* Une belle ressource [3] pour celui qui est tombé dans la disgrâce du prince, c'est la retraite. Il lui est avantageux de disparaître, plutôt que de traîner dans le monde le débris [4] d'une faveur qu'il a perdue, et d'y faire un nouveau personnage si différent du premier qu'il a soutenu. Il conserve, au contraire, le merveilleux de sa vie dans la solitude ; et, mourant pour ainsi dire avant la caducité, il ne laisse de soi qu'une brillante idée et une mémoire agréable.

Une plus belle ressource pour le favori disgracié que de se perdre dans la solitude et ne faire plus parler de soi, c'est d'en faire parler magnifiquement, et de se jeter, s'il se peut, dans quelque haute et généreuse entreprise, qui relève ou confirme du moins son caractère, et rende raison de son ancienne faveur ; qui fasse qu'on le plaigne dans sa chute, et qu'on en rejette une partie sur son étoile.

* Hommes en place [5], ministres, favoris, me permettrez-vous de le dire, ne vous reposez point sur vos descendants pour le soin [6] de votre mémoire et pour la durée de votre nom : les titres

---

1. « D'une si grande servitude. » L'auteur a-t-il voulu dire, qu'il se dédommage par la moquerie de la servitude, où le tiennent lui-même ces attentions frivoles et superflues, ou bien qu'il se raille de l'esprit servile de toutes ses créatures ?

2. « Moquerie. » « Les temps dont je raconte l'histoire, dit Tacite, ont été souillés par la plus dégoûtante adulation. Non-seulement les premiers de l'Etat qui avaient besoin de cacher un nom trop brillant sous l'empressement de leurs respects, mais tous les consulaires, une grande partie des anciens préteurs, et même beaucoup de sénateurs obscurs, se levaient à l'envi pour voter les flatteries les plus honteuses et les plus exagérées. On rapporte que Tibère, chaque fois qu'il sortait de la curie, ne manquait pas de s'écrier en grec : « Que ces hommes sont prêts à tout esclavage ! » Ainsi empereur, qui ne pouvait souffrir la liberté publique, ne voyait qu'avec dégoût leur servile et patiente abjection ! » *Annales*, III, 65.

3. « Une belle ressource. » « Ce caractère sur les favoris, tracé précisément lors du rappel à la cour de Vardes, de Bussy-Rabutin, de Lauzun, auquel le commandement de l'armée qui devait débarquer en Flandre fut donné, dut déplaire à Louis XIV et à ses ministres, ou celui des hommes de cour que La Bruyère avait pris pour modèle dans cette peinture. Nul doute que c'est pour cette raison qu'il a été supprimé, lors de la publication de la sixième édition en 1691. Comme il n'a point reparu dans les suivantes, les éditeurs ne l'ont pas connu et ne l'ont jamais réimprimé. » WALCKENAER.

4. « Débris. » Bussy-Rabutin n'était point homme à suivre le sage et honorable conseil de La Bruyère ; il passait sa vie à écrire des lettres de ce genre : « Le roi me connaît assez, et s'il ne me fait pas servir, ce n'est pas qu'il ne me croie avoir quelque mérite pour la guerre ; mais c'est qu'il croit bien aussi pouvoir battre les Hollandais sans moi, ce que j'avoue franchement sans m'en estimer moins ; car avec sa valeur, sa conduite et son exemple, il les battroit bien sans M. le Prince [Condé] et sans M. de Turenne. » Lettre 284. — Quelle outrecuidance et quelle bassesse !

5. « Hommes en place. » Apostrophe vive et inattendue.

6. « Pour le soin. » On dit mieux : *du soin*.

passent, la faveur s'évanouit, les dignités se perdent, les richesses se dissipent, et le mérite dégénère [1]. Vous avez des enfants, il est vrai, dignes de vous, j'ajoute même capables de soutenir toute votre fortune ; mais qui peut vous en promettre autant de vos petits-fils ? Ne m'en croyez pas, regardez cette unique fois de certains hommes [2] que vous ne regardez jamais, que vous dédaignez : ils ont des aïeuls, à qui, tout grands que vous êtes, vous ne faites que succéder. Ayez de la vertu et de l'humanité ; et si vous me dites, Qu'aurons-nous de plus ? je vous répondrai : De l'humanité et de la vertu. Maîtres alors de l'avenir et indépendants d'une postérité [3], vous êtes sûrs de durer autant que la monarchie ; et, dans le temps que l'on montrera les ruines [4] de vos châteaux, et peut-être la seule place où ils étaient construits, l'idée de vos louables actions sera encore fraîche dans l'esprit des peuples ; ils considéreront avidement vos portraits et vos médailles ; ils diront : Cet homme [5] dont vous regardez la peinture a parlé à son maître avec force et avec liberté, et a plus craint de lui nuire que de lui déplaire ; il lui a permis d'être bon et bienfaisant [6], de dire de ses villes, *Ma bonne ville*, et de son peuple, *Mon peuple*. Cet autre [7], dont vous voyez l'image, et en qui l'on remarque une physionomie forte, jointe à un air grave, austère et majestueux, augmente d'année à autre [8] de réputation : les plus grands politiques souffrent de lui être comparés, son grand dessein a été

---

1. « Le mérite dégénère. » Ne se transmet point de race en race.
2. « De certains hommes. » Ceux qui ne sont point en faveur. Il y a là une recherche quelque peu obscure.
3. « Indépendants d'une postérité. » Votre gloire ne sera pas à la merci de vos descendants.
4. « Les ruines. » Il suffit d'un seul trait à l'auteur pour rappeler tout ce qu'il y a d'inconstant et de fragile dans la fortune.
5. « Cet homme. » Georges d'Amboise, archevêque de Rouen, cardinal, ministre de Louis XII.
6. « Bienfaisant. » Le substantif *bienfaisance* n'existait pas encore ; il fut créé et mis à la mode dans le XVIIIe siècle par le bon abbé de Saint-Pierre ; Voltaire approuvait ce néologisme :

> Certain législateur dont la plume féconde
> Fit tant de vains projets pour le bien de ce monde
> Et qui depuis trente ans écrit pour des ingrats,
> Vient de créer un mot qui manque à Vaugelas :
> Ce mot est *bienfesance* ; il me plaît, il rassemble,
> Si le cœur en est cru, bien des vertus ensemble.
>
> *Septième Discours en vers sur l'homme.*

7. « Cet autre. » Le cardinal de Richelieu. Ces exemples bien choisis donnent plus de force aux belles et généreuses vérités que l'auteur vient d'exprimer.
8. « D'année à autre » Nous dirions : *d'une année à l'autre.*

d'affermir l'autorité du prince et la sûreté des peuples par l'abaissement des grands. Ni les partis, ni les conjurations, ni les trahisons, ni le péril de la mort, ni ses infirmités, n'ont pu l'en détourner. Il a eu du temps de reste pour entamer un ouvrage, continué ensuite et achevé par l'un de nos plus grands et de nos meilleurs princes, l'extinction de l'hérésie [1].

* Le panneau [2] le plus délié et le plus spécieux qui, dans tous les temps, ait été tendu aux grands par leurs gens d'affaires, et aux rois par leurs ministres, est la leçon qu'ils leur font de s'acquitter et de s'enrichir [3]. Excellent conseil, maxime utile, fructueuse, une mine d'or, un Pérou, du moins pour ceux [4] qui ont su jusqu'à présent l'inspirer à leurs maîtres.

* C'est un extrême bonheur pour les peuples, quand le prince admet dans sa confiance et choisit pour le ministère ceux mêmes qu'ils auraient voulu lui donner, s'ils en avaient été les maîtres.

* La science des détails, ou une diligente attention aux moindres besoins de la république, est une partie essentielle au bon gouvernement, trop négligée, à la vérité, dans les derniers temps, par les rois ou par les ministres, mais qu'on ne peut trop souhaiter dans le souverain [5] qui l'ignore, ni assez estimer dans celui

---

1. « Extinction de l'hérésie. » Il n'y eut qu'une voix parmi les écrivains et les grands esprits du temps pour louer cette révocation de l'édit de Nantes, que la postérité a regardée, avec raison, comme le plus grand crime et la plus grande faute du règne de Louis XIV. L'éloge de La Bruyère est d'autant plus malencontreux, qu'il rapproche la politique du roi de celle de Richelieu, qui avait montré la vraie conduite à tenir envers les protestants :

   Parcere subjectis et debellare superbos.
   « Épargner les vaincus et dompter les superbes. » VIRGILE, Æn. VI, 853.

2. « Panneau. » Espèce de filet composé de plusieurs pans de mailles. Le père Bouhours remarque avec raison que l'art de la fauconnerie et de la vénerie, dont la noblesse française a toujours fait une profession particulière, a donné à la langue un très-grand nombre de métaphores, comme suivre les traces, être aux abois, prendre l'essor, leurre, leurrer, prendre le change, etc.

3. « De s'acquitter et de s'enrichir. » La réduction des rentes, la refonte des monnaies, etc., étaient des pratiques fort anciennes par lesquelles l'État s'acquittait et s'enrichissait à la fois, au moins pour un temps : « Le roi de France, dit Montesquieu, est un grand magicien : il exerce son empire sur l'esprit même de ses sujets ; il les fait penser comme il veut. S'il n'a qu'un million d'écus dans son trésor, et qu'il en ait besoin de deux, il n'a qu'à leur persuader qu'un écu en vaut deux, et ils le croient. » — C'est par l'ironie que Montesquieu, comme La Bruyère, a le plus souvent attaqué les plus grands abus.

4. « Du moins pour ceux. » Le ministre seul en profite, l'État en souffre.

5. « Souhaiter dans le souverain. » C'était flatter Louis XIV par l'endroit le plus sensible. Saint-Simon et Fénelon n'ont cessé de lui reprocher cette science des détails que La Bruyère ne loue point ici sans raison : « Idoménée, continuait Mentor, est sage et éclairé ; mais il s'applique trop au détail, et ne médite pas assez le gros de ses affaires pour former des plans. L'habileté d'un roi qui est au-dessus des autres hommes

qui la possède. Que sert[1] en effet au bien des peuples et à la douceur de leurs jours, que le prince place les bornes de son empire au delà des terres de ses ennemis; qu'il fasse de leurs souverainetés des provinces de son royaume; qu'il leur soit également supérieur par les siéges et par les batailles, et qu'ils ne soient devant lui en sûreté ni dans les plaines ni dans les plus forts bastions; que les nations s'appellent[2] les unes les autres, se liguent ensemble pour se défendre et pour l'arrêter; qu'elles se liguent en vain, qu'il marche toujours et qu'il triomphe toujours; que leurs dernières espérances soient tombées par le raffermissement d'une santé[3] qui donnera au monarque le plaisir de voir les princes ses petits-fils soutenir ou accroître ses destinées[4], se mettre en campagne, s'emparer de redoutables forteresses et conquérir de nouveaux États; commander de vieux et expérimentés capitaines, moins par leur rang et leur naissance que par leur génie et leur sagesse, suivre les traces augustes de leur victorieux père[5], imiter sa bonté, sa docilité, son équité, sa vigilance, son intrépidité? Que me servirait, en un mot, comme a tout le peuple, que le prince fût heureux et comblé de gloire par lui-

ne consiste pas à faire tout par lui-même; c'est une vanité grossière que d'espérer d'en venir à bout, ou de vouloir persuader au monde qu'on en est capable. Vouloir examiner tout par soi-même, c'est défiance, c'est petitesse, c'est se livrer à une jalousie pour les détails, qui consume le temps et la liberté d'esprit nécessaires pour les grandes choses. Pour former de grands desseins, il faut avoir l'esprit libre et reposé; il faut penser à son aise dans un entier dégagement d'affaires épineuses. Un esprit épuisé par les détails est comme la lie du vin qui n'a plus ni force ni délicatesse. Ceux qui gouvernent par le détail sont toujours déterminés par le présent, sans étendre leurs vues dans un avenir éloigné; ils sont entraînés par l'affaire du jour où ils sont, et cette affaire étant seule à les occuper, elle les frappe trop, elle rétrécit leur esprit; car on ne juge sainement les affaires que quand on les compare toutes ensemble, et qu'on les place toutes dans un certain ordre, afin qu'elles aient de la suite et de la proportion. Manquer à suivre cette règle dans le gouvernement, c'est ressembler à un musicien qui se contenterait de trouver des sons harmonieux, et qui ne se mettrait point en peine de les unir et de les accorder pour en composer une musique douce et touchante. » *Télémaque*, XVII. — Remarquez que la douceur et l'agrément du style ne dissimule pas tout ce qu'il y a d'amer et de violent dans cette satire.

1. « Que sert. » La louange par *prétérition* est chose très-commune. L'auteur a su habilement renouveler cette figure.

2. « S'appellent. » Ce langage original et magnifique rappelle le style dont Racine a parlé de Dieu même :

Que peuvent contre lui tous les rois de la terre?
En vain ils s'uniraient pour lui faire la guerre;
Pour dissiper leur ligue, il n'a qu'à se montrer;
Il parle, et dans la poudre il les fait tous rentrer.
Esther, I, 3.

3. « Santé. » Le roi avait été opéré de la fistule en 1686.
4. « Accroître ses destinées. » Expression hardie et poétique.
5. « Père. » Le dauphin. Voyez le chapitre XII *des Jugements*

même et par les siens, que ma patrie fût puissante et formidable ; si, triste et inquiet, j'y vivais dans l'oppression ou dans l'indigence ; si, à couvert des courses de l'ennemi, je me trouvais exposé dans les places ou dans les rues d'une ville au fer d'un assassin ; et que je craignisse moins dans¹ l'horreur de la nuit d'être pillé ou massacré² dans d'épaisses forêts, que dans ses carrefours ; si la sûreté, l'ordre et la propreté ne rendaient pas le séjour des villes si délicieux, et n'y avaient pas amené, avec l'abondance, la douceur de la société ; si, faible et seul de mon parti, j'avais à souffrir dans ma métairie du voisinage d'un grand, et si l'on avait moins pourvu à me faire justice de ses entreprises, si je n'avais pas sous ma main autant de maîtres, et d'excellents maîtres, pour élever mes enfants dans les sciences ou dans les arts qui feront un jour leur établissement ; si, par la facilité du commerce, il m'était moins ordinaire de m'habiller de bonnes étoffes³, et de me nourrir de viandes saines, et de les acheter peu ; si enfin, par les soins du prince, je n'étais pas aussi content de ma fortune qu'il doit lui-même, par ses vertus, l'être de la sienne ?

* Les huit ou les dix mille hommes sont au souverain comme une monnaie dont il achète une place ou une victoire : s'il fait qu'il lui en coûte moins, s'il épargne les hommes, il ressemble à celui qui marchande et qui connaît mieux qu'un autre le prix de l'argent.

* Tout prospère dans une monarchie où l'on confond les intérêts de l'État avec ceux du prince.

* Nommer un roi PÈRE DU PEUPLE⁴, est moins faire son éloge que l'appeler par son nom, ou faire sa définition.

* Il y a un commerce ou un retour de devoirs⁵ du souverain à ses sujets, et de ceux-ci au souverain : quels sont les plus assujettissants et les plus pénibles, je ne le déciderai pas. Il s'agit de

---

1. « Dans, » trop souvent répété dans cette phrase, est une négligence que l'auteur aurait facilement pu corriger.
2. « Massacré. » Voyez la satire II de Boileau, sur les embarras de Paris. La Bruyère n'a pas dédaigné de faire entrer dans l'éloge du roi et de mettre en parallèle avec ses victoires, les mêmes traits et les mêmes circonstances, que des critiques trop dédaigneux ont reproché à Boileau d'avoir orné sa poésie.
3. « Étoffes. » Voyez l'épître I à Boileau ; elle est intitulée : *Au Roi contre les conquêtes*. Le roi la lut, l'admira et n'en continua pas moins à faire la guerre.
4. « Père du peuple. » Les états de Tours donnèrent ce titre à Louis XII, qui n'en était point indigne (1506).
5. « Retour de devoirs. » Excellente expression. Nous dirons un peu lourdement *réciprocité*.

juger, d'un côté, entre les étroits engagements du respect, des secours, des services, de l'obéissance, de la dépendance ; et, d'un autre, les obligations indispensables de bonté, de justice, de soins, de défense, de protection. Dire qu'un prince est arbitre de la vie des hommes, c'est dire seulement que les hommes, par leurs crimes, deviennent naturellement soumis aux lois et à la justice, dont le prince est le dépositaire : ajouter qu'il est maître absolu de tous les biens de ses sujets, sans égards, sans compte ni discussion, c'est le langage de la flatterie [1], c'est l'opinion d'un favori qui se dédira à l'agonie.

* Quand vous voyez [2] quelquefois un nombreux troupeau qui, répandu sur une colline vers le déclin d'un beau jour, paît tranquillement le thym et le serpolet, ou qui broute dans une prairie une herbe menue [3] et tendre qui a échappé à la faux du moissonneur ; le berger, soigneux et attentif, est debout auprès de ses brebis ; il ne les perd pas de vue, il les suit, il les conduit, il les change de pâturage : si elles se dispersent, il les rassemble ; si un loup avide paraît, il lâche son chien [4], qui le met en fuite ; il les nourrit, il les défend. L'aurore le trouve déjà en pleine campagne, d'où il ne se retire qu'avec le soleil [5]. quels soins ! quelle vigilance ! quelle servitude ! Quelle condition vous paraît la plus délicieuse et la plus libre, ou du berger ou des brebis ? Le troupeau est-il fait pour le berger, ou le berger pour le troupeau [6] ? Image naïve

---

1. « Le langage de la flatterie. » C'était pourtant l'opinion de Louis XIV lui-même. « Les rois, dit-il, sont seigneurs absolus, et ont naturellement la disposition pleine et entière de tous les biens, qui sont possédés aussi bien par les gens d'église que par les séculiers. » *Mémoires*, t. II, p. 121. — Villeroy, gouverneur du jeune Louis XV, disait en lui montrant des fenêtres de Versailles la campagne et le peuple : « Tout cela, sire, est à vous. »

2. « Quand vous voyez. » Morceau célèbre et justement admiré. La comparaison du troupeau et du berger est fort ancienne ; Homère appelle déjà les rois, pasteurs des peuples. Les figures, les métaphores et les idées les plus vulgaires ne sont telles, qu'à cause de leur excessive justesse qui les a fait adopter de tout le monde. Lorsqu'un écrivain sait les renouveler et les rendre originales à force de perfection, elles plaisent doublement, par la vérité que nous y connaissions depuis longtemps, et par l'agrément que nous sommes étonnés d'y rencontrer.

3. « Une herbe menue. » La description est rapide, mais comme elle est gracieuse et bien sentie !

4. « Il lâche son chien. » L'auteur excelle dans ces détails qui représentent au vrai et rappellent la nature.

5. « Qu'avec le soleil. » Tournure élégante et presque poétique

6. « Pour le troupeau ! »

L'Âne passait auprès ; et se mirant dans l'eau,
Il rendait grâce au ciel en se trouvant si beau
« Pour les ânes, dit-il, le ciel a fait la terre ;

des peuples et du prince qui les gouverne, s'il est bon prince [1].

Le faste et le luxe dans un souverain, c'est le berger habillé d'or et de pierreries, la houlette d'or en ses mains ; son chien a un collier d'or, il est attaché avec une laisse d'or et de soie. Que sert tant d'or à son troupeau ou contre les loups?

* Quelle heureuse place que celle qui fournit dans tous les instants l'occasion à un homme de faire du bien à tant de milliers d'hommes! quel dangereux poste que celui qui expose à tous moments un homme à nuire à un million d'hommes!

* Si les hommes ne sont point capables sur la terre d'une joie plus naturelle, plus flatteuse et plus sensible que de connaître qu'ils sont aimés; et si les rois sont hommes, peuvent-ils jamais trop acheter le cœur de leurs peuples?

* Il y a peu de règles générales et de mesures certaines pour bien gouverner; l'on suit le temps et les conjonctures, et cela roule sur la prudence et sur les vues [2] de ceux qui règnent. Aussi le chef-d'œuvre de l'esprit, c'est le parfait gouvernement; et ce ne serait peut-être pas une chose possible, si les peuples, par l'habitude où ils sont de la dépendance et de la soumission, ne faisaient la moitié de l'ouvrage.

* Sous un très-grand roi, ceux qui tiennent les premières places n'ont que des devoirs faciles, et que l'on remplit sans nulle peine ; tout coule de source; l'autorité et le génie du prince leur aplanissent les chemins, leur épargnent les difficultés, et font tout prospérer au delà de leur attente : ils ont le mérite de subalternes [3].

* Si c'est trop de se trouver chargé d'une seule famille [4], si c'est assez d'avoir à répondre de soi seul ; quel poids, quel accablement [5] que celui de tout un royaume! Un souverain est-il payé de ses peines par le plaisir que semble donner une puissance

« L'homme est né mon esclave, il me panse, il me ferre,
« Il m'étrille, il me lave, il prévient mes désirs. »
VOLTAIRE, *Sixième Discours en vers.*

1. « S'il est bon prince. » Trait satirique qui suffit pour montrer combien peu la réalité ressemble à cette peinture de l'âge d'or.
2. « Cela roule sur les vues » est une tournure peu élégante.
3. « Subalternes. » Ces flatteries sont indignes de La Bruyère. Colbert et Louvois étaient autre chose que des subalternes, et leurs successeurs ne firent que trop voir qu'il ne suffisait pas du génie et de l'autorité du prince pour aplanir tous les chemins. Voyez page 204, note 4.
4. « Seule famille. » Voyez page 52, note 3.
5. « Quel accablement. » Expression énergique qui ne s'emploie plus guère dans ce sens.

absolue, par toutes les prosternations des courtisans? Je songe aux pénibles, douteux et dangereux chemins qu'il est quelquefois obligé de suivre pour arriver à la tranquillité publique; je repasse les moyens extrêmes, mais nécessaires, dont il use souvent pour une bonne fin; je sais qu'il doit répondre à Dieu même de la félicité de ses peuples, que le bien et le mal est en ses mains, et que toute ignorance ne l'excuse pas : et je me dis à moi-même : Voudrais-je régner? Un homme un peu heureux dans une condition privée, devrait-il y renoncer pour une monarchie? N'est-ce pas beaucoup, pour celui qui se trouve en place par un droit héréditaire, de supporter [1] d'être né roi?

* Que de dons du ciel [2] ne faut-il pas pour bien régner? Une naissance auguste, un air d'empire et d'autorité, un visage [3] qui remplisse la curiosité [4] des peuples empressés de voir le prince, et qui conserve le respect dans le courtisan. Une parfaite égalité [5] d'humeur, un grand éloignement pour la raillerie piquante, ou assez de raison pour ne se la permettre point; ne faire jamais ni menaces, ni reproches; ne point céder à la colère, et être toujours obéi. L'esprit facile, insinuant; le cœur ouvert, sincère, et dont on croit voir le fond, et ainsi très-propre à se faire des amis, des créatures et des alliés; être secret toutefois, profond et impénétrable dans ses motifs et dans ses projets. Du sérieux et de la gravité dans le public; de la brièveté, jointe à beaucoup de justesse et de dignité, soit dans les réponses aux ambassadeurs des

---

1. « Supporter. » L'auteur en quelques lignes a exprimé la pensée que Fénelon a si bien développée dans le *Télémaque*.

2. « Que de dons du ciel. » L'éloge du roi faisait une partie nécessaire de toute espèce d'ouvrages. Il servait souvent à faire passer des hardiesses, qu'on n'eût point autrement acceptées, le Tartuffe de Molière, les Satires de Boileau, les Caractères de notre auteur. Ce n'était point chez ces grands esprits calcul de prudence ou d'adulation. Le roi représentait pour eux comme pour lui-même la patrie, la France, digne de leur amour et de leur respect, lorsque tout le reste était abandonné à leur satire. La Bruyère, suivant l'heureuse expression de Suard, séparait toujours Louis XIV des grands dont il était entouré, et l'unissait toujours à la nation dont il était séparé.

3. « Un visage. » C'est à quoi Racine fait allusion dans ces vers qui durent singulièrement flatter Louis XIV :

    Seigneur, je n'ai jamais contemplé qu'avec crainte
    L'auguste majesté sur votre front empreinte.
                         Esther, II, 7.

Le roi récompensa magnifiquement un brave officier qui venait lui présenter une demande, et qui se trouva intimidé et tout interdit devant lui.

4. « Remplisse la curiosité. » Expression neuve et précise.

5. « Égalité. » On connaît l'anecdote de la canne, que le roi jeta par la fenêtre, pour ne s'en point servir contre un de ses officiers.

princes; soit dans les conseils. Une manière de faire des grâces [1], qui est comme un second bienfait; le choix des personnes que l'on gratifie; le discernement des esprits, des talents et des complexions, pour la distribution des postes et des emplois; le choix des généraux et des ministres. Un jugement ferme, solide, décisif dans les affaires, qui fait que l'on connaît le meilleur parti et le plus juste; un esprit de droiture et d'équité qui fait qu'on le suit, jusques à prononcer quelquefois contre soi-même en faveur du peuple, des alliés, des ennemis; une mémoire heureuse et très-présente, qui rappelle les besoins des sujets, leurs visages, leurs noms, leurs requêtes. Une vaste capacité, qui s'étende non-seulement aux affaires de dehors, au commerce, aux maximes d'État, aux vues de la politique, au reculement des frontières par la conquête de nouvelles provinces, et à leur sûreté par un grand nombre de forteresses inaccessibles; mais qui sache aussi se renfermer au dedans, et comme dans les détails de tout un royaume; qui en bannisse un culte faux [2], suspect, et ennemi de la souveraineté, s'il s'y rencontre [3]; qui abolisse des usages [4] cruels et impies, s'ils y règnent; qui réforme les lois [5] et les coutumes, si elles étaient remplies d'abus; qui donne aux villes plus de sûreté et plus de commodités par le renouvellement d'une exacte police, plus d'éclat et plus de majesté par des édifices somptueux. Punir sévèrement les vices scandaleux; donner, par son autorité et par son exemple [6], du crédit à la piété et à la vertu; protéger

---

1. « Manière de faire des grâces. » Lorsque Boileau récita devant la cour sa première épître : « Voilà qui est admirable, s'écria le roi; je vous louerais davantage, si vous ne m'aviez pas tant loué. » Et il lui donna une pension de deux mille livres.

2. « Culte faux. » Pourquoi revenir sur ce triste sujet? C'était déjà trop d'en avoir parlé une fois.

3. « S'il s'y rencontre. » Tournure gauche et lourde. L'auteur trace le caractère d'un souverain parfait où Louis XIV est désigné à chaque trait sans être nommé. Il se sert de cette phrase conditionnelle pour ne point renoncer à ces allusions d'ailleurs fort transparentes, qui rendent la louange indirecte et un peu plus délicate.

4. « Des usages. » Le duel. Voyez le chap. xiii, *de la Mode*.

5. « Qui réforme les lois. » Louis XIV avait fait préparer par Séguier, Lamoignon, Talon, des codes spéciaux, qui ne sont pas un de ses moindres titres de gloire. Boileau a dit en parlant de l'ordonnance de 1667 :

> Déjà de tous côtés la chicane aux abois
> S'enfuit au seul aspect de tes nouvelles lois.
> Oh! que ta main par là va sauver de pupilles!
> Que de savants plaideurs désormais inutiles!
>   *Ep.* i, v. 147—150, de l'édit. annotée de M. Julien Travers.

6. « Par son exemple. » Voilà une louange bien maladroite.

l'Église, ses ministres, ses droits, ses libertés [1]; ménager ses peuples comme ses enfants [2]; être toujours occupé de la pensée de les soulager, de rendre les subsides légers, et tels qu'ils se lèvent sur les provinces sans les appauvrir. De grands talents pour la guerre; être vigilant, appliqué, laborieux; avoir des armées nombreuses, les commander en personne; être froid dans le péril, ne ménager sa vie [3] que pour le bien de son État, aimer le bien de son État et sa gloire plus que sa vie. Une puissance très-absolue, qui ne laisse point d'occasion aux brigues, à l'intrigue et à la cabale; qui ôte cette distance infinie [4] qui est quelquefois entre les grands et les petits, qui les rapproche, et sous laquelle tous plient également. Une étendue de connaissances qui fait que le prince voit tout par ses yeux, qu'il agit immédiatement et par lui-même; que ses généraux ne sont, quoique éloignés de lui, que ses lieutenants, et les ministres que ses ministres. Une profonde sagesse, qui sait déclarer la guerre, qui sait vaincre [5] et user de la victoire; qui sait faire la paix, qui sait la rompre; qui sait quelquefois, et selon les divers intérêts, contraindre [6] les ennemis à la recevoir, qui donne des règles à une vaste ambition, et sait jusques où l'on doit conquérir. Au milieu d'ennemis couverts ou déclarés, se procurer le loisir des jeux, des fêtes, des spectacles; cultiver les arts et les sciences; former et exécuter des projets d'édifices surprenants. Un génie enfin supérieur et puissant, qui se fait aimer et révérer des siens, craindre des étrangers; qui fait d'une cour, et même de tout un royaume, comme une seule famille [7], unie parfaitement sous un même chef, dont l'union et la bonne intelligence est redoutable au reste du monde.

---

1. « Ses libertés. » Allusion à la fameuse déclaration rédigée par Bossuet, touchant l'église gallicane.
2. « Ses enfants. » C'est par trop compter sur la crédulité de ses lecteurs.
3. « Ne ménager sa vie. » Louis ne s'exposait pas volontiers; on connaît les vers de Boileau :

> Louis, les animant du feu de son courage,
> Se plaint de sa grandeur qui l'attache au rivage.
> *Epître* IV, v. 113—114.

4. « Distance infinie. » Louange juste et d'une grande portée. Il faut voir comme Saint-Simon s'emporte contre « ce long règne de vile bourgeoisie. »
5. « Vaincre. » Occupation de la Franche-Comté, suivie de la paix d'Aix-la-Chapelle.
6. « Contraindre. » La paix de Nimègue (1678), qui avait été conclue successivement avec la Hollande, l'Espagne, l'empereur et les princes allemands.
7. « Une seule famille. » Cette pensée juste et patriotique termine heureusement ce magnifique éloge. Il faut pardonner beaucoup, après tout, à ceux qui ont trop vanté Louis XIV. Jamais la France n'avait été si grande, si prospère et si puissante.

Ces admirables vertus me semblent renfermées dans l'idée du souverain. Il est vrai qu'il est rare de les voir réunies dans un même sujet; il faut que trop de choses concourent à la fois : l'esprit, le cœur, les dehors, le tempérament [1]; et il me paraît qu'un monarque qui les rassemble toutes en sa personne est bien digne du nom de Grand.

[Chapitre XI.]
DE L'HOMME.

* Ne nous emportons point contre les hommes en voyant leur dureté, leur ingratitude, leur injustice, leur fierté, l'amour d'eux-mêmes, et l'oubli des autres; ils sont ainsi faits, c'est leur nature [2]: c'est ne pouvoir supporter que la pierre tombe, ou que le feu s'élève.

* Les hommes, en un sens, ne sont point légers, ou ne le sont que dans les petites choses : ils changent leurs habits, leur langage, les dehors, les bienséances; ils changent de goût quelquefois; ils gardent leurs mœurs toujours mauvaises; fermes et constants dans le mal, ou dans l'indifférence pour la vertu.

* Le stoïcisme est un jeu d'esprit, et une idée [3] semblable à la république de Platon. Les stoïques [4] ont feint [5] qu'on pouvait rire dans la pauvreté; être insensible aux injures, à l'ingratitude, aux pertes de biens [6], comme à celles des parents et des amis; regarder froidement la mort, et comme une chose indifférente, qui ne devait ni réjouir, ni rendre triste; n'être vaincu ni par le plaisir, ni par la douleur; sentir le fer ou le feu dans quelque partie de son corps sans pousser le moindre soupir ni jeter [7] une seule larme; et ce fantôme de vertu et de constance ainsi imaginé, il leur a plu

---

1. « Le tempérament. » Ce mot placé le dernier fait un singulier effet.
2. « C'est leur nature. » C'est ce que Molière fait dire à Philinte, dans le *Misanthrope*, I, 1.
3. « Une idée. » Une pure imagination.
4. « Les stoïques. » Nous disons aujourd'hui les *stoïciens*. *Stoïque* ne s'emploie plus qu'adjectivement. André Chénier a dit cependant comme La Bruyère :
   Qu'un *stoïque* aux yeux secs vole embrasser la mort.
5. « Ont feint. » Ont supposé, imaginé, *finxerunt*. C'est le sens véritable du mot, qui s'est conservé dans *fiction*.
6. « Aux pertes de biens. » Ce pluriel est un vrai latinisme. Nous dirions *à la perte des biens, des amis.*
7. « Jeter » est ici plus énergique et plus juste que *verser*. Molière a dit de même : « Je *jette* des larmes de joie. » *Don Juan.*

de l'appeler un sage. Ils ont laissé à l'homme tous les défauts qu'ils lui ont trouvés, et n'ont presque relevé aucun de ses foibles [1]. Au lieu de faire de ses vices des peintures affreuses ou ridicules qui servissent à l'en corriger, ils lui ont tracé l'idée d'une perfection et d'un héroïsme dont il n'est point capable, et l'ont exhorté à l'impossible [2]. Ainsi le sage, qui n'est pas, ou qui n'est qu'imaginaire, se trouve naturellement et par lui-même au dessus de tous les événements et de tous les maux. Ni la goutte la plus douloureuse, ni la colique la plus aiguë, ne sauraient lui arracher une plainte; le ciel et la terre peuvent être renversés sans l'entraîner dans leur chute; et il demeurerait ferme sur les ruines de l'univers, pendant que l'homme qui est en effet sort de son sens, crie, se désespère, étincelle des yeux [3], et perd la respiration pour un chien perdu, ou pour une porcelaine qui est en pièces.

* Inquiétude d'esprit, inégalité d'humeur, inconstance de cœur, incertitude de conduite, tous vices de l'âme, mais différents, et qui, avec [4] tout le rapport qui paraît entre eux, ne se supposent pas toujours l'un l'autre dans un même sujet.

* Il est difficile de décider si l'irrésolution rend l'homme plus malheureux que méprisable : de même, s'il y a toujours plus

---

1. « Aucun de ses foibles. » Il ne faut pas s'étonner de voir La Bruyère juger avec autant de sévérité et même d'injustice la philosophie ancienne. Il est tout simple qu'il préfère sa manière d'observer et d'écrire, à celle qui lui est tout à fait opposée. Le moraliste n'étudie pas, comme le philosophe, l'homme pris en lui-même, sans tenir compte de la société au milieu de laquelle il vit; il ne cherche pas à lui dicter des règles, à lui persuader ses opinions, à expliquer ce qu'est le bonheur et la vertu, à trouver les lois qui gouvernent tout, et les liens qui unissent tout, dans le système de la nature; il prend les hommes comme ils se présentent à lui, modifiés par les besoins les passions, les préjugés de son temps; il les observe, comme il les rencontre, au hasard, sans suite, sans système, plus occupé de ce qui est que de ce qui devrait être. Molière a parlé de la tragédie exactement comme La Bruyère des stoïciens et à peu près par les mêmes raisons : « Il est bien plus aisé de se guinder sur de grands sentiments, de braver envers la fortune, accuser les destins, et dire des injures aux dieux, que d'entrer comme il faut dans le ridicule des hommes, et de rendre agréablement sur le théâtre les défauts de tout le monde. Lorsque vous peignez des héros, vous faites ce que vous voulez; ce sont des portraits à plaisir, où l'on ne cherche point de ressemblance, et vous n'avez qu'à suivre les traits d'une imagination qui se donne l'essor, et qui souvent laisse le vrai pour attraper le merveilleux. Mais lorsque vous peignez les hommes, il faut peindre d'après nature. On veut que ces portraits ressemblent; et vous n'avez rien fait, si vous n'y faites reconnaître les gens de votre siècle. » *La Critique de l'École des Femmes*, scène VII.

2. « A l'impossible. » « Le stoïcien était valétudinaire toute sa vie; sa philosophie trop forte était une espèce de profession religieuse qu'on n'embrassait que par enthousiasme, où l'on faisait vœu d'apathie, et sous laquelle on restait de chair avec quelque zèle qu'on travaillât à se pétrifier. » DIDEROT.

3. « Étincelle des yeux. » Tournure heureuse, mais rare.

4. « Avec » est ici dans le sens de *malgré*.

d'inconvénient à prendre un mauvais parti qu'à n'en prendre aucun.

* Un homme inégal [1] n'est pas un seul homme, ce sont plusieurs : il se multiplie autant de fois qu'il a de nouveaux goûts et de manières différentes ; il est à chaque moment ce qu'il n'était point, et il va être bientôt ce qu'il n'a jamais été : il se succède à lui-même. Ne demandez pas de quelle complexion il est, mais quelles sont ses complexions ; ni de quelle humeur, mais combien il a de sortes d'humeurs. Ne vous trompez-vous point ? est-ce *Eutichrate* que vous abordez ? Aujourd'hui, quelle glace pour vous ! hier il vous recherchait, il vous caressait, vous donniez de la jalousie à ses amis : vous reconnaît-il bien ? dites-lui votre nom [2].

* *Ménalque* [3] descend son escalier, ouvre sa porte pour sortir ; il la referme. Il s'aperçoit qu'il est en bonnet de nuit ; et, venant à mieux s'examiner, il se trouve rasé à moitié ; il voit que son épée est mise du côté droit, que ses bas sont rabattus sur ses talons, et que sa chemise est par-dessus ses chausses [4]. S'il marche dans les places, il se sent tout d'un coup rudement frapper à l'estomac ou au visage ; il ne soupçonne point ce que ce peut être, jusqu'à ce qu'ouvrant les yeux et se réveillant, il se trouve ou devant un limon de charrette, ou derrière un long ais de menuiserie que porte un ouvrier sur ses épaules. On l'a vu une fois heurter du front contre celui d'un aveugle, s'embarrasser dans ses jambes, et tomber avec lui chacun de son côté à la renverse. Il lui est arrivé

---

1. « Un homme inégal. » Collin-d'Harleville a tiré de ce caractère sa comédie de *l'Inconstant*.
2. « Votre nom. »
   Voilà l'homme en effet : il va du blanc au noir ;
   Il condamne au matin ses sentiments du soir :
   Importun à tout autre, à soi-même incommode,
   Il change à tous moments d'esprit comme de mode ;
   Il tourne au moindre vent, il tombe au moindre choc,
   Aujourd'hui dans un casque, et demain dans un froc.
   BOILEAU, *Satire* 8, v. 49-54, édit. annotée par M. J. Travers.
3. « Ménalque. » Ceci est moins un caractère particulier qu'un recueil de faits de distractions : ils ne sauraient être en trop grand nombre, s'ils sont agréables ; car les goûts étant différents, on a à choisir. (*Note de La Bruyère.*) — Bien que La Bruyère se défende ici en particulier d'avoir pris pour modèle un homme de la société, et qu'il soit en effet difficile de croire qu'un même personnage lui ait fourni tous les traits qu'il rassemble, il paraît constant que la plupart de ces traits doivent être attribués au duc de Brancas, l'homme le plus distrait de son temps.
4. « Chausses » ou haut-de-chausses signifie la partie inférieure de l'habit de l'homme, qui prenait de la ceinture jusqu'en haut des jambes.

plusieurs fois de se trouver tête pour tête[1] à la rencontre d'un prince et sur son passage, se reconnaître à peine, et n'avoir que le loisir de se coller à un mur pour lui faire place. Il cherche, il brouille[2], il crie, il s'échauffe, il appelle ses valets l'un après l'autre ; *on lui perd tout, on lui égare tout* : il demande ses gants qu'il a dans ses mains, semblable à cette femme qui prenait le temps de demander son masque, lorsqu'elle l'avait sur son visage. Il entre à l'appartement, et passe sous un lustre où sa perruque s'accroche, et demeure suspendue : tous les courtisans regardent et rient ; Ménalque regarde aussi, et rit plus haut que les autres ; il cherche des yeux dans toute l'assemblée où est celui qui montre ses oreilles, et à qui il manque une perruque. S'il va par la ville, après avoir fait quelque chemin, il se croit égaré, il s'émeut, et il demande où il est à des passants qui lui disent précisément le nom de sa rue. Il entre ensuite dans sa maison, d'où il sort précipitamment, croyant qu'il s'est trompé. Il descend du Palais[3], et, trouvant au bas du grand degré[4] un carrosse qu'il prend pour le sien, il se met dedans : le cocher touche[5], et croit ramener son maître dans sa maison. Ménalque se jette hors de la portière, traverse la cour, monte l'escalier, parcourt l'antichambre, la chambre, le cabinet ; tout lui est familier, rien ne lui est nouveau ; il s'assied, il se repose, il est chez soi. Le maître arrive : celui-ci se lève pour le recevoir, il le traite fort civilement, le prie de s'asseoir, et croit faire les honneurs de sa chambre ; il parle, il rêve, il reprend la parole : le maître la maison s'ennuie, et demeure étonné ; Ménalque ne l'est pas moins, et ne dit pas ce qu'il en pense ; il a affaire à un fâcheux, à un homme oisif, qui se retirera à la fin, il l'espère, et il prend patience : la nuit arrive, qu'il est à peine détrompé. Une autre fois, il rend visite à une femme ; et se persuadant bientôt que c'est lui qui la reçoit, il s'établit dans son fauteuil, et ne songe nullement à l'abandonner. Il trouve

---

1. « Tête pour tête. » On devrait dire tête à tête, comme on dit *nez à nez*.
Ainsi s'avançaient pas à pas,
Nez à nez, nos aventurières.
LA FONTAINE, *les Deux Chèvres*.
Mais *tête à tête* se prend dans un autre sens.
2. « Brouille » se trouve rarement employé d'une manière absolue.
3. « Du Palais » de justice.
4. « Du grand degré. » Du grand escalier.
5. « Touche. » Touche ses chevaux du fouet pour les faire partir.

ensuite que cette dame fait ses visites longues ; il attend à tout moment qu'elle se lève et le laisse en liberté ; mais comme cela tire en longueur, qu'il a faim, et que la nuit est déjà avancée, il la prie à souper, elle rit, et si haut, qu'elle le réveille. Lui-même se marie le matin, l'oublie le soir, et découche la nuit de ses noces ; et quelques années après, il perd sa femme, elle meurt entre ses bras, il assiste à ses obsèques, et le lendemain, quand on lui vient dire qu'on a servi, il demande si sa femme est prête et si elle est avertie. C'est lui encore qui entre dans une église, et prenant l'aveugle qui est collé à la porte [1] pour un pilier, et sa tasse pour le bénitier, y plonge la main, la porte à son front, lorsqu'il entend tout d'un coup le pilier qui parle et qui lui offre des oraisons. Il s'avance dans la nef, il croit voir un prie-Dieu, il se jette lourdement dessus : la machine plie, s'enfonce, et fait des efforts pour crier ; Ménalque est surpris de se voir à genoux sur les jambes d'un fort petit homme, appuyé sur son dos, les deux bras passés sur ses épaules, et ses deux mains jointes et étendues, qui lui prennent le nez et lui ferment la bouche ; il se retire confus, et va s'agenouiller ailleurs. Il tire un livre pour faire sa prière, et c'est sa pantoufle qu'il a prise pour ses heures [2], et qu'il a mise dans sa poche avant que de sortir. Il n'est pas hors de l'église qu'un homme de livrée court après lui, le joint, lui demande en riant s'il n'a point la pantoufle de monseigneur ; Ménalque lui montre la sienne, et lui dit : *Voilà toutes les pantoufles que j'ai sur moi.* Il se fouille néanmoins, et tire celle de l'évêque de **, qu'il vient de quitter, qu'il a trouvé malade auprès de son feu, et dont, avant de prendre congé de lui, il a ramassé la pantoufle, comme l'un de ses gants qui était à terre : ainsi Ménalque s'en retourne chez soi avec une pantoufle de moins. Il a une fois perdu au jeu tout l'argent qui est dans sa bourse ; et, voulant continuer de jouer, il entre dans son cabinet, ouvre une armoire, y prend sa cassette, en tire ce qu'il lui plaît, croit la remettre où il l'a prise : il entend aboyer dans son armoire qu'il vient de fermer ; étonné de ce prodige, il l'ouvre une seconde fois, et il éclate de rire d'y voir son chien qu'il a serré pour sa cassette. Il joue au

---

1. « Collé à la porte. » Qui se tient habituellement près de la porte. Ce mot juste et expressif est tombé dans le style bas.
2. « Ses Heures. » Son livre de prières, ainsi nommé parce qu'on y trouve indiquées les heures où il faut prier.

trictrac, il demande à boire, on lui en apporte, c'est à lui à jouer; il tient le cornet d'une main et un verre de l'autre; et comme il a une grande soif, il avale les dés et presque le cornet, jette le verre d'eau dans le trictrac, et inonde celui contre qui il joue : et dans une chambre où il est familier, il crache sur le lit et jette son chapeau à terre, en croyant faire tout le contraire. Il se promène sur l'eau, et il demande quelle heure il est : on lui présente une montre; à peine l'a-t-il reçue, que, ne songeant plus ni à l'heure ni à la montre, il la jette dans la rivière, comme une chose qui l'embarrasse. Lui-même écrit une longue lettre, met de la poudre dessus à plusieurs reprises, et jette toujours la poudre dans l'encrier. Ce n'est pas tout : il écrit une seconde lettre; et après les avoir cachetées toutes deux, il se trompe à l'adresse, un duc et pair reçoit l'une de ces deux lettres, et en l'ouvrant y lit ces mots : *Maître Olivier, ne manquez, sitôt la présente reçue, de m'envoyer ma provision de foin....* Son fermier reçoit l'autre, il l'ouvre, et se la fait lire; on y trouve : *Monseigneur, j'ai reçu avec une soumission aveugle les ordres qu'il a plu à Votre Grandeur....* Lui-même encore écrit une lettre pendant la nuit, et, après l'avoir cachetée, il éteint sa bougie; il ne laisse pas d'être surpris de ne voir *goutte* [1], et il sait à peine comment cela est arrivé. Ménalque descend l'escalier du Louvre, un autre le monte, à qui il dit : *C'est vous que je cherche;* il le prend par la main, e fait descendre avec lui, traverse plusieurs cours, entre dans les salles, en sort; il va, il revient sur ses pas; il regarde enfin celui qu'il traîne après soi depuis un quart d'heure : il est étonné que ce soit lui; il n'a rien à lui dire, il lui quitte la main, et tourne d'un autre côté. Souvent il vous interroge, et il est déjà bien loin de vous quand vous songez à lui répondre; ou bien il vous demande en courant comment se porte votre père; et comme vous lui dites qu'il est fort mal, il vous crie qu'il en est bien aise. Il vous trouve quelque autre fois sur son chemin : *Il est ravi de vous rencontrer; il sort de chez vous pour vous entretenir d'une certaine chose.* Il contemple votre main : *Vous avez là,* dit-il, *un beau rubis; est-il balais* [2] *?* Il vous quitte et continue

---

1. « Ne voir goutte. » Pour appuyer la négation *ne*, on y joint un mot qui exprime une chose très-petite, goutte, mie, pas, point.
2. « Balais » Qualité d'un rubis excellent. Ce nom vient de *Balassia*, qui est un

sa route : voilà l'affaire importante dont il avait à vous parler. Se trouve-t-il en campagne, il dit à quelqu'un qu'il le trouve heureux d'avoir pu se dérober à la cour pendant l'automne, et d'avoir passé dans ses terres tout le temps de Fontainebleau; il tient à d'autres d'autres discours; puis, revenant à celui-ci : Vous avez eu, lui dit-il, de beaux jours à Fontainebleau ; vous y avez sans doute beaucoup chassé. Il commence ensuite un conte qu'il oublie d'achever; il rit en lui-même, il éclate d'une chose qui lui passe par l'esprit, il répond à sa pensée, il chante entre ses dents, il siffle, il se renverse dans une chaise, il pousse un cri plaintif, il bâille, il se croit seul. S'il se trouve à un repas, on voit le pain se multiplier insensiblement sur son assiette : il est vrai que ses voisins en manquent, aussi bien que de couteaux et de fourchettes, dont il ne les laisse pas jouir longtemps. On a inventé aux tables une grande cuiller [1] pour la commodité du service : il la prend, la plonge dans le plat, l'emplit, la porte à sa bouche, et il ne sort pas d'étonnement de voir répandu sur son linge et sur ses habits le potage qu'il vient d'avaler. Il oublie de boire pendant tout le dîner; ou s'il s'en souvient et qu'il trouve que l'on lui donne trop de vin, il en *flaque* [2] plus de la moitié au visage de celui qui est à sa droite ; il boit le reste tranquillement, et ne comprend pas pourquoi tout le monde éclate de rire de ce qu'il a jeté à terre [3] ce qu'on lui a versé de trop. Il est un jour retenu au lit pour quelque incommodité : on lui rend visite; il y a un cercle d'hommes et de femmes dans sa ruelle qui l'entretiennent, et en leur présence il soulève sa couverture et crache dans ses draps. On le mène aux Chartreux, on lui fait voir un cloître orné d'ouvrages, tous de la main d'un excellent peintre [4] ; le religieux qui les lui explique parle de saint Bruno [5],

royaume en terre-ferme entre Pégu et Bengala, où se trouvent ces rubis *balais*. » Furetière.

1. « Cuiller. » On écrivait aussi *cuillère*
2. « Il en flaque. » Mot nouveau qui ne se trouve point dans la première édition de l'Académie, et qui est encore aujourd'hui peu usité.
3. « Jeté à terre. » Voyez page 106, note 1.
4. « D'un excellent peintre. » D'Eustache Lesueur, qui avait orné le cloître des Chartreux de Paris, de vingt-deux belles peintures représentant l'histoire de saint Bruno.
5. « Saint Bruno » naquit à Cologne vers l'an 1030. Il était sur le point d'être nommé à l'archevêché de Reims, lorsqu'un miracle, dit-on, le détermina à se retirer dans la solitude ; il y fonda un ordre religieux, qui prit le nom de *Chartreux*, du village de Chartreuse, situé dans le voisinage, à huit kilomètres de Grenoble. Voici ce miracle : on allait ensevelir Raymond, chanoine de Paris, célèbre par son éloquence et son savoir; en présence de tous ceux qui étaient accourus pour assister

du chanoine et de son aventure, en fait une longue histoire, et la montre dans l'un de ses tableaux : Ménalque, qui pendant la narration est hors du cloître, et bien loin au delà, y revient enfin, et demande au père si c'est le chanoine ou saint Bruno qui est damné. Il se trouve par hasard avec une jeune veuve, il lui parle de son défunt mari, lui demande comment il est mort; cette femme, à qui ce discours renouvelle ses douleurs [1], pleure, sanglote, et ne laisse pas de reprendre tous les détails de la maladie de son époux, qu'elle conduit depuis la veille de sa fièvre qu'il se portait bien, jusqu'à l'agonie. *Madame*, lui demande Ménalque, qui l'avait apparemment écoutée avec attention, *n'aviez-vous que celui-là?* Il s'avise un matin de faire tout hâter dans sa cuisine; il se lève avant le fruit, et prend congé de la compagnie. On le voit ce jour-là en tous les endroits de la ville, hormis en celui où il a donné un rendez-vous précis pour cette affaire qui l'a empêché de dîner, et l'a fait sortir à pied, de peur que son carrosse ne le fit attendre. L'entendez-vous crier, gronder, s'emporter contre l'un de ses domestiques? il est étonné de ne le point voir; où peut-il être? dit-il; que fait-il? qu'est-il devenu? qu'il ne se présente plus devant moi, je le chasse dès à cette heure. Le valet arrive, à qui il demande fièrement d'où il vient; il lui répond qu'il vient de l'endroit où il l'a envoyé, et il lui rend un fidèle compte de sa commission. Vous le prendriez souvent pour tout ce qu'il n'est pas : pour un stupide, car il n'écoute point, et il parle encore moins; pour un fou, car, outre qu'il parle tout seul, il est sujet à de certaines grimaces et à des mouvements de tête involontaires; pour un homme fier et incivil, car vous le saluez, et il passe sans vous regarder, ou il vous regarde sans vous rendre le salut; pour un inconsidéré, car il parle de banqueroute au milieu d'une famille où il y a cette tache; d'exécution et d'échafaud devant un homme dont le père y a monté; de roture [2] devant des roturiers qui sont riches, et qui se donnent pour nobles. De même, il a dessein d'élever auprès de soi

---

à ses funérailles, le mort se releva dans sa bière, s'écria qu'il était accusé, jugé et damné par le tribunal de Dieu, et s'affaissa aussitôt sur lui-même. L'histoire de cette apparition miraculeuse a été retranchée du Bréviaire romain sous le pape Urbain VIII.

1. « Ses douleurs. » Ce mot ne s'emploie plus au pluriel.
2. « De roture. » Cette gradation est fort plaisante et satirique. Il est plus maladroit de parler de la roture que de la banqueroute et de l'échafaud.

un fils naturel, sous le nom et le personnage d'un valet ; et quoiqu'il veuille le dérober à la connaissance de sa femme et de ses enfants, il lui échappe de l'appeler son fils dix fois le jour. Il a pris aussi la résolution de marier son fils à la fille d'un homme d'affaires, et il ne laisse pas de dire de temps en temps, en parlant de sa maison et de ses ancêtres, que les Ménalques ne se sont jamais mésalliés. Enfin, il n'est ni présent ni attentif dans une compagnie à ce qui fait le sujet de la conversation : il pense et il parle tout à la fois ; mais la chose dont il parle est rarement celle à laquelle il pense ; aussi ne parle-t-il guère conséquemment et avec suite. Où il dit *non*, souvent il faut dire *oui*, et où il dit *oui*, croyez qu'il veut dire *non*. Il a, en vous répondant si juste, les yeux fort ouverts, mais il ne s'en sert point ; il ne regarde ni vous, ni personne, ni rien qui soit au monde ; tout ce que vous pouvez tirer de lui, et encore dans le temps qu'il est le plus appliqué et d'un meilleur commerce, ce sont ces mots : *Oui vraiment : C'est vrai : Bon ! Tout de bon ? Oui-dà ! Je pense qu'oui : Assurément : Ah, ciel !* et quelques autres monosyllabes qui ne sont pas même placés à propos. Jamais aussi il n'est avec ceux avec qui il paraît être : il appelle sérieusement son laquais *monsieur* ; et son ami, il appelle *la Verdure* ; il dit *Votre Révérence*[1] à un prince du sang, et *Votre Altesse* à un jésuite. Il entend la messe : le prêtre vient à éternuer, il lui dit : *Dieu vous assiste*. Il se trouve avec un magistrat : cet homme, grave par son caractère, vénérable par son âge et par sa dignité, l'interroge sur un événement, et lui demande si cela est ainsi ; Ménalque lui répond : *Oui, mademoiselle*. Il revient une fois de la campagne : ses laquais[2] en livrée entreprennent de le voler, et y réussissent ; ils descendent de son carrosse, lui portent un bout de flambeau sous la gorge, lui demandent la bourse, et il la rend. Arrivé chez soi, il raconte son aventure à ses amis, qui ne manquent pas de l'interroger sur les cir-

---

1. « Votre révérence. » La Clef attribue une réponse analogue à l'abbé de Maury, aumônier de Mademoiselle de Montpensier, et sujet à une infinité d'absences d'esprit.

2. « Ses laquais. » Madame de Sévigné écrit à sa fille : « Brancas versa, il y a trois ou quatre jours, dans un fossé ; il s'y établit si bien, qu'il demandoit à ceux qui offrirent le secourir, ce qu'ils désiroient de son service : toutes ses glaces étoient cassées, et la tête l'auroit été, s'il n'étoit plus heureux que sage : toute cette aventure n'a fait aucune distraction à sa rêverie. Je lui ai mandé ce matin que je lui apprenois qu'il avoit versé, qu'il avoit pensé se rompre le cou, qu'il étoit le seul dans Paris qui ne sût point cette nouvelle, et que je lui en voulois marquer mon inquiétude : j'attends sa réponse. » 10 avril 1671.

constances, et il leur dit : *Demandez à mes gens, ils y étaient* [1].

* L'incivilité n'est pas un vice de l'âme, elle est l'effet de plusieurs vices : de la sotte vanité [2], de l'ignorance de ses devoirs, de la paresse, de la stupidité, de la distraction, du mépris des autres, de la jalousie. Pour [3] ne se répandre que sur les dehors, elle n'en est que plus haïssable, parce que c'est toujours un défaut visible et manifeste. Il est vrai cependant qu'il offense plus ou moins, selon la cause qui le produit.

* Dire d'un homme colère, inégal, querelleux [4], chagrin, pointilleux, capricieux : c'est son humeur, n'est pas l'excuser, comme on le croit ; mais avouer, sans y penser, que de si grands défauts sont irrémédiables.

Ce qu'on appelle humeur [5] est une chose trop négligée parmi les hommes ; ils devraient comprendre qu'il ne leur suffit pas d'être bons, mais qu'ils doivent encore paraître tels, du moins s'ils tendent à être sociables, capables d'union et de commerce, c'est-à-dire, à être des hommes. L'on n'exige pas [6] des âmes malignes qu'elles aient de la douceur et de la souplesse ; elle ne leur manque jamais, et elle leur sert de piége pour surprendre les simples, et pour faire valoir leurs artifices. L'on désirerait de ceux qui ont un bon cœur, qu'ils fussent toujours pliants [7], faciles, complai-

---

1. « Ils y étaient. » La Bruyère a voulu égayer son ouvrage par ce caractère qui est presque du genre bouffon. On lui a reproché l'exagération de quelques passages. Mais le lecteur pardonne facilement à qui le divertit : Regnard a tiré de ce morceau sa jolie comédie du *Distrait*.

2. « De la sotte vanité. » L'incivilité est-elle encore de notre temps un vice aussi grand et aussi irrémissible ? Le mot même est devenu moins usité à mesure que la chose devenait plus commune et moins remarquable.

3. « Pour ne se répandre. » Quoiqu'elle ne se répande. Ce tour assez obscur est tout à fait hors d'usage. Molière a dit de même :

Ah ! *pour être* dévot, je n'en suis pas moins homme.
Le Tartuffe, III, 3.

4. « Querelleux. » Nous disons aujourd'hui : *querelleur*. L'orthographe et la prononciation de La Bruyère étaient celles de la cour, qui ne faisait pas sentir l'r final dans les substantifs terminés en *eur*. Encore aujourd'hui, en termes de chasse, on ne prononce jamais autrement que *des piqueux*. Dans le siècle dernier, où l'on se servait beaucoup de chaises à porteurs, un homme de cour disait : mes *porteux*.

5. « Humeur. » « Soyez en garde contre votre humeur ; c'est un ennemi que vous porterez partout avec vous, jusqu'à la mort ; il entrera dans vos conseils et vous trahira si vous l'écoutez. L'humeur fait perdre les occasions les plus importantes ; elle donne des inclinations et des aversions d'enfant, au préjudice des plus grands intérêts ; elle fait décider les plus grandes affaires par les plus petites raisons ; elle obscurcit tous les talents, rabaisse le courage, rend un homme inégal, foible, vil, insupportable. Défiez-vous de cet ennemi. » *Télémaque*, XVIII.

6. « L'on n'exige pas. » On n'a pas besoin d'exiger.

7. « Pliants. » Précepte souvent répété par les écrivains du XVIIe siècle, et qui a inspiré un chef-d'œuvre à Molière. J.-J. Rousseau ne comprenait déjà plus le misan-

sants ; et qu'il fût moins vrai quelquefois que ce sont les méchants qui nuisent, et les bons qui font souffrir.

* Le commun des hommes va de la colère à l'injure : quelques-uns en usent autrement : ils offensent, et puis ils se fâchent ; la surprise où l'on est toujours de ce procédé ne laisse pas de place au ressentiment.

* Les hommes ne s'attachent pas assez à ne point manquer les occasions de faire plaisir : il semble que l'on n'entre dans un emploi que pour pouvoir obliger et n'en rien faire [1] ; la chose la plus prompte et qui se présente d'abord, c'est le refus, et l'on n'accorde que par réflexion.

* Sachez précisément ce que vous pouvez attendre des hommes en général, et de chacun d'eux en particulier, et jetez-vous ensuite dans le commerce du monde.

* Si la pauvreté est la mère des crimes, le défaut d'esprit en est le père [2].

* Il est difficile qu'un fort malhonnête homme ait assez d'esprit [3] : un génie qui est droit et perçant conduit enfin à la règle, à la probité, à la vertu. Il manque du sens et de la pénétration à celui qui s'opiniâtre dans le mauvais comme dans le faux ; l'on cherche en vain à le corriger par des traits de satire [4] qui le désignent aux autres, et où il ne se reconnaît pas lui-même ; ce sont des injures dites à un sourd. Il serait désirable [5], pour le plaisir des honnêtes gens et pour la vengeance publique, qu'un coquin ne le fût pas au point d'être privé de tout sentiment.

---

thrope. Il ne concevait pas assez vivement la nécessité pour la vertu d'être aimable. Voyez ce que notre auteur a écrit de la politesse, page 113. Montaigne (I, 25) a dit : « La plus expresse marque de la sagesse, c'est une esjouissance constante. »

1. « N'en rien faire. » « Il semble que la grandeur leur donne un autre cœur, plus dur et plus insensible que celui du reste des hommes ; que plus on est à portée de soulager des malheureux, moins on est touché de leurs misères ; que plus on est le maître de s'attirer l'amour et la bienveillance des hommes, moins on en fait cas ; et qu'il suffit de pouvoir tout, pour n'être touché de rien. » MASSILLON, *Petit Carême*, quatrième dimanche, page 91 de l'édition annotée par M. Deschanels.

2. « Le père. » Il est fâcheux que cette pensée juste soit gâtée par cette généalogie tout à fait digne des précieuses. Trissotin dit à Philaminte en lui présentant son sonnet

Votre approbation lui peut servir de mère.

3. « Ait assez d'esprit. » Contrairement à la maxime de La Rochefoucauld : « Il y a des héros en mal comme en bien. »

4. « Par des traits de satire. » La seconde partie de ce caractère n'est point la suite et le développement de la première ; elle renferme une pensée tout à fait distincte, et qu'il aurait fallu exprimer à part. Ce défaut est rare dans La Bruyère.

5. « Il serait désirable que. » « Ce tour, dit un critique contemporain, est nouveau ; un teur qui voudra se conformer à l'usage, continuera d'écrire : « Il serait à désirer que. »

* Il y a des vices que nous ne devons à personne, que nous apportons en naissant, et que nous fortifions par l'habitude; il y en a d'autres que l'on contracte, et qui nous sont étrangers. L'on est né quelquefois avec des mœurs faciles, de la complaisance, et tout le désir de plaire; mais, par les traitements que l'on reçoit de ceux avec qui l'on vit ou de qui l'on dépend, l'on est bientôt jeté hors de ses mesures [1] et même de son naturel; l'on a des chagrins [2], et une bile que l'on ne se connaissait point; l'on se voit une autre complexion, l'on est enfin étonné [3] de se trouver dur et épineux.

* L'on demande pourquoi tous les hommes ensemble ne composent pas comme une seule nation, et n'ont point voulu parler une même langue, vivre sous les mêmes lois, convenir entre eux des mêmes usages et d'un même culte; et moi, pensant à la contrariété des esprits, des goûts et des sentiments, je suis étonné de voir jusques à sept ou huit personnes se rassembler sous un même toit, dans une même enceinte, et composer une seule famille [4].

* Il y a d'étranges pères, et dont toute la vie ne semble occupée qu'à préparer à leurs enfants des raisons de se consoler de leur mort [5].

* Tout est étranger [6] dans l'humeur, les mœurs et les manières de la plupart des hommes. Tel a vécu pendant toute sa vie chagrin, emporté, avare, rampant, soumis, laborieux, intéressé, qui était né gai, paisible, paresseux, magnifique, d'un courage [7] fier,

---

1. « De ses mesures. » On ne peut suivre la conduite qu'on s'était tracée.
2. « Des chagrins. » Ce mot a ici le même sens que dans cette phrase de Saint-Evremond : «Caton va droit au bien, mais d'un air farouche; l'austérité de ses mœurs est inséparable de l'intégrité de sa vie; il mêle le *chagrin* de son esprit et la dureté de ses manières avec l'utilité de ses conseils. » *Observations sur Salluste.* — Le substantif *chagrin* a perdu ce sens, et c'est fâcheux; l'adjectif l'a conservé : un esprit difficile et *chagrin.*
3. « Etonné. »
   Miraturque novas frondes, et non sua poma.
   VIRGILE, *Georg.* VII. 82.
   « Etonné de son nouveau feuillage et des fruits qui lui sont étrangers. »
4. « Une seule famille.» Ce trait paraîtrait d'une misanthropie chagrine, si l'auteur ne l'avait fait heureusement contraster avec l'exagération en sens contraire qui précède.
5. « Mort. » Dans *le Festin de Pierre*, Don Juan dit de son père : « Hé! mourez le plus tôt que vous pourrez, c'est le mieux que vous puissiez faire. Il faut que chacun ait son tour, et j'enrage de voir des pères qui vivent autant que leurs fils. » IV, 7. — On ne supporterait pas de nos jours cette sortie indécente, ni même la pensée de La Bruyère.
6. « Tout est étranger. » La Bruyère répète ici avec un peu plus de développement ce qu'il vient de dire un peu plus haut.
7. « Courage » ne signifie pas seulement valeur, hardiesse; il se prend souvent dans le sens d'*animus*, disposition vive et déterminée de l'âme.

et éloigné de toute bassesse : les besoins de la vie, la situation où l'on se trouve, la loi de la nécessité, forcent la nature, et y causent ces grands changements. Ainsi, tel homme au fond et en lui-même ne se peut définir : trop de choses qui sont hors de lui l'altèrent, le changent, le bouleversent ; il n'est point précisément ce qu'il est, ou ce qu'il paraît être.

* La vie est courte et ennuyeuse ; elle se passe toute à désirer : l'on remet à l'avenir [1] son repos et ses joies, à cet âge souvent où les meilleurs biens ont déjà disparu, la santé et la jeunesse [2]. Ce temps arrive, qui nous surprend encore dans les désirs : on en est là quand la fièvre nous saisit et nous éteint [3] ; si l'on eût guéri, ce n'était que pour désirer plus longtemps.

* Lorsqu'on désire, on se rend à discrétion à celui de qui l'on espère : est-on sûr d'avoir? on temporise, on parlemente, on capitule [4].

* Il est si ordinaire à l'homme de n'être pas heureux, et si essentiel à tout ce qui est un bien d'être acheté par mille peines, qu'une affaire qui se rend facile [5] devient suspecte. L'on comprend à peine ou que ce qui coûte si peu puisse nous être fort avantageux, ou qu'avec des mesures justes l'on doive si aisément parvenir à la fin que l'on se propose. L'on croit mériter les bons succès, mais n'y devoir compter que fort rarement.

* L'homme qui dit qu'il n'est pas né heureux pourrait du moins le devenir par le bonheur de ses amis ou de ses proches. L'envie lui ôte cette dernière ressource.

---

1. « A l'avenir. » Montaigne dit en fort beaux termes (*Essais*, I, 3) : « Nous ne sommes jamais chez nous ; nous sommes toujours au delà : la crainte, le désir, l'espérance, nous eslancent vers l'advenir, et nous desrobbent le sentiment et la considération de ce qui est, pour nous amuser ce qui sera, voire quand nous ne serons plus. » — Et Pascal : « Le présent ne nous satisfaisant jamais, l'espérance nous pipe ; et de malheur en malheur nous mène jusqu'à la mort qui en est le comble éternel. »
2. « La santé et la jeunesse. » Construction élégante, à la manière des anciens, qui force l'attention à se porter sur les mots principaux.
3. « Eteint. » Métaphore heureuse et originale. On fait un plus fréquent emploi du réfléchi *s'éteindre*, au figuré.
4. « On capitule. » « On tire plus de services par les promesses que par les présents ; car les hommes se mettent en état de mériter ce qu'ils espèrent de nous ; mais ils ne savent gré qu'à eux-mêmes de ce qu'ils reçoivent ; ils le font passer pour une récompense de leurs peines, ou pour un effet de leur industrie. » SAINT-ÉVREMOND.
5. « Se rend facile. » Se montre, devient :
    Il *se rend* complaisant à tout ce qu'elle dit.
    MOLIÈRE, *Le Tartuffe*, III, 1.
« Plusieurs, dans la crainte d'être trop faciles, *se rendent* inflexibles à la raison. » BOSSUET, *Oraison funèbre de la duchesse d'Orléans*.

* Quoi que j'aie pu dire ailleurs[1], peut-être que les affligés ont tort[2] : les hommes semblent être nés pour l'infortune, la douleur et la pauvreté, peu en échappent[3] ; et comme toute disgrâce peut leur arriver, ils devraient être préparés à toute disgrâce.

* Les hommes ont tant de peine à s'approcher[4] sur les affaires, sont si épineux sur les moindres intérêts, si hérissés de difficultés, veulent si fort tromper et si peu être trompés, mettent si haut ce qui leur appartient, et si bas ce qui appartient aux autres, que j'avoue que je ne sais par où et comment[5] se peuvent conclure les mariages, les contrats, les acquisitions, la paix, la trêve, les traités, les alliances.

* A quelques-uns l'arrogance tient lieu de grandeur; l'inhumanité, de fermeté; et la fourberie, d'esprit.

Les fourbes croient aisément que les autres le sont[6]; ils ne peuvent guère être trompés, et ils ne trompent pas longtemps.

Je me rachèterai[7] toujours fort volontiers d'être fourbe, par être[8] stupide et passer pour tel.

On ne trompe point en bien : la fourberie ajoute la malice au mensonge.

* S'il y avait moins de dupes, il y aurait moins de ce qu'on

---

1. « Ailleurs. » Voyez page 119.
2. « Ont tort. » Sous-entendu : de s'affliger.
3. « Peu en échappent. » Ce raisonnement est très-juste, mais peu consolant.
4. « A s'approcher. » A se rapprocher, à s'entendre.
5. « Par où et comment. » C'est comme si l'on demandait comment malgré les orages, les grêles et les sécheresses, il se peut que les moissons et les fruits viennent à maturité. Pascal, allant beaucoup plus loin que La Bruyère, écrit : « Tous les hommes se haïssent naturellement. Je mets en fait que, s'ils savaient exactement ce qu'ils disent les uns des autres, il n'y aurait pas quatre amis dans le monde. » — Cela est vrai; mais le contraire est vrai aussi, que les hommes s'aiment, se recherchent, se sacrifient mutuellement et tous les jours, leurs droits et leurs intérêts. Il est facile de ne présenter qu'un des côtés de la vérité, et de relever ou de rabaisser la nature humaine, mais plus juste de dire avec Montaigne : « Certes c'est un subject merveilleusement vain, divers et ondoyant, que l'homme : il est malaysé d'y fonder jugement constant et uniforme » Essais, I, 1.
6. « Le sont. » Sont fourbes. Quelques grammairiens ont blâmé cette tournure; ils ne veulent pas que fourbes, employé comme substantif dans la première proposition, soit sous-entendu comme adjectif dans la seconde. La Bruyère n'a pas été arrêté par ce scrupule. Il avait écrit dans sa première édition seulement : ceux qui sont fourbes croient aisément que les autres le sont. Ce qu'on lui reproche comme une faute est donc une correction, qui laisse à la phrase toute sa clarté et lui donne plus de concision et d'harmonie. J.-J. Rousseau a dit de même : « Pourquoi les riches sont-ils si durs envers les pauvres ? — C'est qu'ils n'ont pas peur de le devenir, » phrase qu'il est difficile de ne pas trouver excellente.
7. « Je me rachèterai, etc. » Pensée fort bonne, mais tournure bien recherchée.
8. « Par être. » Tournure lourde et inusitée.

appelle des hommes fins ou entendus, et de ceux qui tirent autant de vanité que de distinction d'avoir su, pendant tout le cours de leur vie, tromper les autres. Comment voulez-vous qu'*Érophile*, à qui le manque de parole, les mauvais offices, la fourberie, bien loin de nuire, ont mérité des grâces et des bienfaits de ceux mêmes qu'il a ou manqué de servir, ou désobligés, ne présume pas infiniment de soi et de son industrie?

* L'on n'entend, dans les places et dans les rues des grandes villes, et de la bouche de ceux qui passent, que les mots d'*exploit*, de *saisie*, d'*interrogatoire*, de *promesse*, et de *plaider contre sa promesse* [1] : est-ce qu'il n'y aurait pas dans le monde la plus petite équité? Serait-il, au contraire, rempli de gens qui demandent froidement ce qui ne leur est pas dû, ou qui refusent nettement de rendre ce qu'ils doivent?

Parchemins inventés pour faire souvenir ou pour convaincre les hommes de leur parole : honte [2] de l'humanité.

Otez les passions, l'intérêt, l'injustice, quel calme dans les plus grandes villes! Les besoins et la subsistance n'y font pas le tiers de l'embarras.

* Rien n'engage tant un esprit raisonnable à supporter tranquillement des parents et des amis les torts qu'ils ont à son égard, que la réflexion qu'il fait sur les vices de l'humanité, et combien il est pénible aux hommes d'être constants, généreux, fidèles, d'être touchés [3] d'une amitié plus forte que leur intérêt. Comme il connaît leur portée [4], il n'exige point d'eux qu'ils pénètrent les corps, qu'ils volent dans l'air, qu'ils aient de l'équité [5] : il peut haïr les hommes en général, où [6] il y a si peu de vertu; mais il excuse les particuliers, il les aime même par des motifs plus relevés, et

---

1. « Sa promesse. » La Bruyère a manifesté plusieurs fois, et avec véhémence, son dégoût pour la chicane. Il faut se rappeler qu'il avait habité pendant assez longtemps la capitale de la Normandie.
2. « Honte. » Autant vaudrait s'indigner qu'on ait jugé à propos d'écrire les lois, au lieu de s'en rapporter à la raison et à l'équité de chacun. Les parchemins ont été inventés précisément à l'époque où l'on a bien compris qu'il était du devoir de l'homme de tenir sa parole, comme les lois ont été faites dans les temps où l'on a su leur obéir.
3. « D'être touchés. » D'éprouver, de sentir une amitié.
4. « Leur portée. » Ce dont leur nature est capable.
5. « Qu'ils aient de l'équité. » Ce rapprochement est un peu forcé. Voyez la même pensée exprimée au commencement de ce chapitre. Voltaire a dit :
  Le monde est médisant, vain, léger, envieux.
  Le fuir est très-bien fait, le servir encor mieux.
6 « Où, chez lesquels. » Voyez page 36, note 7.

il s'étudie à mériter le moins qu'il se peut une pareille indulgence.

* Il y a de certains biens que l'on désire avec emportement [1], et dont l'idée seule nous enlève et nous transporte. S'il nous arrive de les obtenir, on les sent plus tranquillement qu'on ne l'eût pensé, on en jouit moins que l'on n'aspire encore à de plus grands [2].

* Il y a [3] des maux effroyables et d'horribles malheurs où l'on n'ose penser, et dont la seule vue fait frémir. S'il arrive que l'on y tombe, l'on se trouve des ressources que l'on ne se connaissait point; l'on se roidit contre son infortune, et l'on fait mieux qu'on ne l'espérait.

* Il ne faut quelquefois qu'une jolie maison dont on hérite, qu'un beau cheval ou un joli chien dont on se trouve le maître, qu'une tapisserie, qu'une pendule, pour adoucir une grande douleur, et pour faire moins sentir une grande perte [4].

* Je suppose que les hommes soient éternels sur la terre, et je médite ensuite sur ce qui pourrait me faire connaître qu'ils se feraient alors une plus grande affaire de leur établissement, qu'ils ne s'en font dans l'état où sont les choses.

* Si la vie est misérable, elle est pénible à supporter; si elle est heureuse, il est horrible de la perdre. L'un revient à l'autre.

* Il n'y a rien que les hommes aiment mieux à conserver, et qu'ils ménagent moins [5], que leur propre vie.

* *Irène* [6] se transporte à grands frais en Épidaure, voit Esculape dans son temple, et le consulte sur tous ses maux. D'abord elle se plaint qu'elle est lasse et recrue [7] de fatigue; et le dieu

---

1. « Emportement. » Mot alors tout nouveau et très-bien employé ici.
2. « De plus grands. » « Quoy que ce soit qui tumbe en nostre cognoissance et jouissance, nous sentons qu'il ne nous satisfaict pas, et allons beeant aprez les choses advenir et incognues, d'autant que les presentes ne nous saouient point; non pas, à mon advis, qu'elles n'ayent assez de quoy nous saouler, mais c'est que nous les saisissons d'une prinse malade et desreglee. » MONTAIGNE, *Essais*, I, 53.
3. « Il y a, etc. » Le contraste entre ces deux pensées leur donne de la nouveauté et de la force.
4. « Perte. » Voyez la même pensée, page 91, et les notes 3 et 4.
5. « Qu'ils ménagent moins. » Cela ne veut pas dire que les hommes exposent volontiers leur vie. Elle est comparée à un trésor qu'on voudrait toujours conserver, et qu'on dissipe en frivolités. : « La nature, dit Sénèque, nous a donné une vie assez longue; c'est nous qui la rendons trop courte. Nous ne sommes pas indigents, mais prodigues. Remettez des richesses immenses et tout à fait royales entre les mains d'un maître vicieux, elles seront en un instant dissipées; confiez les plus modiques à un gardien économe, il saura s'en servir et les accroître; ainsi en va-t-il de la vie; elle est assez vaste à qui la ménage. » *De la brièveté de la vie*, c. I.
6. « Irène. » La Clef dit : L'on tint ce discours à madame de Montespan aux eaux de Bourbon, où elle allait souvent pour des maladies imaginaires.
7. « Recrue. » Voyez page 159.

prononce que cela lui arrive par la longueur du chemin qu'elle vient de faire : elle dit qu'elle est le soir sans appétit [1] ; l'oracle lui ordonne de dîner peu : elle ajoute qu'elle est sujette à des insomnies ; et il lui prescrit de n'être au lit que pendant la nuit : elle lui demande pourquoi elle devient pesante, et quel remède ? l'oracle répond qu'elle doit se lever avant midi, et quelquefois se servir de ses jambes pour marcher [2] : elle lui déclare que le vin lui est nuisible ; l'oracle lui dit de boire de l'eau : qu'elle a des indigestions ; et il ajoute qu'elle fasse diète [3]. Ma vue [4] s'affaiblit, dit Irène : Prenez des lunettes, dit Esculape. Je m'affaiblis moi-même, continue-t-elle, et je ne suis ni si forte ni si saine que j'ai été : C'est, dit le dieu, que vous vieillissez. Mais quel moyen de guérir de cette langueur ? Le plus court, Irène, c'est de mourir, comme ont fait votre mère et votre aïeule. Fils d'Apollon, s'écrie Irène, quel conseil me donnez-vous ? Est-ce là toute cette science que les hommes publient, et qui vous fait révérer de toute la terre ? Que m'apprenez-vous de rare et de mystérieux ? Et ne savais-je pas tous ces remèdes que vous m'enseignez ? Que n'en usiez-vous donc, répond le dieu, sans venir me chercher de si loin, et abréger vos jours par un long voyage [5] ?

* La mort n'arrive qu'une fois, et se fait sentir [6] à tous les

---

1. « Sans appetit. »

  Oui, je sais qu'il est doux de voir dans ses jardins,
  Ces beaux fruits incarnats et de Perse et d'Épire,
  De savourer en paix la sève de ses vins,
   Et de manger ce qu'on admire.
  J'aime fort un faisan qu'à propos on rôtit ;
  De ces perdreaux maillés le fumet seul m'attire ;
  Mais je voudrais encore avoir de l'appétit.
  Sur le penchant fleuri de ces fraîches cascades,
  Sur ces prés émaillés, dans ces sombres forêts,
  Je voudrais bien danser avec quelques dryades ;
   Mais il faut avoir des jarrets.
    VOLTAIRE, *Les désagréments de la vieillesse.*

2. « Pour marcher. » Le bon sens brutal et moqueur de l'oracle fait un plaisant contraste avec les plaintes ridicules de la vieille Irène.

3. « Diète. » L'auteur revient sans cesse sur la même tournure, et cependant il ne fatigue pas. C'est que la plaisanterie est excellente. Un trait fin et délicat se décoche en passant ; c'est l'émousser et le perdre que de revenir à la charge. Mais ce qui est véritablement comique peut se répéter, et paraît chaque fois plus vif et plus plaisant. C'est ce qui arrive pour le « Sans dot » de Molière, et ces autres célèbres répétitions, dont notre théâtre semble avoir perdu le secret.

4. « Ma vue. » Le discours direct renouvelle et ranime à temps le dialogue.

5. « Voyage. » Etait-il possible de présenter sous une forme plus originale et plus plaisante des pensées aussi anciennes et au fond aussi tristes ?

6. « Se fait sentir. » « Nos parlements renvoient souvent exécuter les criminels au

moments de la vie ; il est plus dur de l'appréhender que de la souffrir.

* L'inquiétude, la crainte, l'abattement, n'éloignent pas la mort; au contraire. Je doute seulement que le ris excessif convienne aux hommes, qui sont mortels.

* Ce qu'il y a de certain dans la mort est un peu adouci par ce qui est incertain ; c'est un indéfini dans le temps, qui tient quelque chose de l'infini [1] et de ce qu'on appelle éternité.

* Pensons que, comme nous soupirons présentement pour la florissante jeunesse qui n'est plus et ne reviendra point, la caducité suivra, qui nous fera regretter l'âge viril où nous sommes encore, et que nous n'estimons pas assez.

* L'on craint la vieillesse, que l'on n'est pas sûr de pouvoir atteindre.

* L'on espère de vieillir, et l'on craint la vieillesse, c'est-à-dire, l'on aime la vie et l'on fuit la mort.

* C'est plus tôt fait de céder à la nature et de craindre la mort, que de faire de continuels efforts, s'armer de raisons et de réflexions, et être continuellement aux prises avec soi-même pour ne la pas craindre [2].

* Si de tous les hommes les uns mouraient, les autres non, ce serait une désolante affliction que de mourir [3].

* Une longue maladie semble être placée entre la vie et la

---

lieu où le crime est commis : durant le chemin, promenez-les par de belles maisons, faites-leur tant de bonne chere qu'il vous plaira, pensez-vous qu'ils s'en puissent resjouir ? et que la finale intention de leur voyage leur estant ordinairement devant les yeulx, ne leur ayt altéré et affadi le goust à toutes ces commoditéz ? Le but de nostre carriere c'est la mort ; c'est l'objet nécessaire de nostre visee : si elle nous effraye, comment est-il possible d'aller un pas en avant sans fiebvre ? » MONTAIGNE, *Essais*, I, 19.

1. « Infini. » Ce qui n'a point de fin, l'éternité. — « Indéfini. » Ce qui n'a pas de bornes certaines et déterminées. C'est Descartes qui a introduit cette distinction fort juste dans sa philosophie et dans la langue. Il voulait qu'on dise : la bonté *infinie* de Dieu ; une quantité *indéfinie* d'étoiles.

2. « Pas craindre » « Nous troublons la vie, par le soing de la mort ; et la mort, par le soing de la vie : l'une nous ennuye, l'autre nous effraye. Ce n'est pas contre la mort que nous nous preparons, c'est chose trop momentanee ; un quart d'heure de passion, sans consequence, sans nuisance, ne merite pas de preceptes particuliers : à dire vray, nous nous preparons contre les preparations de la mort. La philosophie nous ordonne d'avoir la mort toujours devant les yeulx, de la preveoir et considerer avant le temps, et nous donne, aprez, les regles et les precautions pour prouveoir à ce que cette prevoyance et cette pensee ne nous blece : ainsi font les medecins qui nous jectent aux maladies, afin qu'ils ayent où employer leurs drogues et leur art. » MONTAIGNE, *Essais*, III, 12.

3. « De mourir. » Tournure originale pour dire : nous mourrons tous également.

mort, afin que la mort même devienne un soulagement et à ceux qui meurent et à ceux qui restent [1].

* A parler humainement, la mort a un bel endroit, qui est de mettre fin à la vieillesse.

La mort qui prévient la caducité arrive plus à propos que celle qui la termine.

* Le regret qu'ont les hommes du mauvais emploi du temps qu'ils ont déjà vécu, ne les conduit pas toujours à faire, de celui qui leur reste à vivre, un meilleur usage.

* La vie est un sommeil [2] : les vieillards sont ceux dont le sommeil a été plus long; ils ne commencent à se réveiller que quand il faut mourir. S'ils repassent alors sur tout le cours de leurs années, ils ne trouvent souvent ni vertus, ni actions louables qui les distinguent [3] les unes des autres; ils confondent leurs différents âges; ils n'y voient rien qui marque assez pour mesurer le temps qu'ils ont vécu. Ils ont eu un songe confus, informe, et sans aucune suite; ils sentent néanmoins, comme ceux qui s'éveillent, qu'ils ont dormi longtemps [4].

* Il n'y a pour l'homme que trois événements : naître, vivre et mourir : il ne se sent pas naître, il souffre à mourir, et il oublie de vivre [5].

* Il y a un temps où la raison n'est pas encore, où l'on ne vit que par instinct à la manière des animaux, et dont il ne reste dans la mémoire aucun vestige. Il y a un second temps où la raison se développe, où elle est formée, et où elle pourrait agir, si elle n'était pas obscurcie et comme éteinte [6] par les vices de la

---

1. « A ceux qui restent. » Trait de satire d'autant plus amère qu'il est inattendu.
2. « Un sommeil. » Pascal a dit : « La vie est un songe un peu moins inconstant. »
3. « Qui les distinguent. » Distinguer et compter les années par les actions louables qui les remplissent, est une idée juste et délicate.
4. « Longtemps. » Montaigne, Pascal, Bossuet se complaisent dans les grandes pensées que l'idée de la mort apporte avec elle; ils y reviennent à chaque instant. La Bruyère n'a fait qu'effleurer le sujet. Son imagination, plus forte que grande, s'attache à la réalité des choses, à ce qui se passe sous nos yeux, et ne va pas au delà, crainte de s'égarer. Il aime mieux observer que méditer.
5. « Oublie de vivre. » Il serait plus régulier et plus symétrique de dire : « Il ne se sent pas naître, il oublie de vivre et il souffre à mourir. » — La construction préférée par l'auteur appelle heureusement l'attention sur le trait principal.
6. « Eteinte. » Bossuet qui ne voulait point qu'on rabaissât trop la raison humaine, et qui a durement traité la satire de Boileau sur l'homme, aurait-il été content de ce passage? Les passions obscurcissent et éteignent, mais quelquefois éclairent et échauffent la raison. Voltaire a dit d'après Platon dont il n'aurait pas dû se moquer après l'avoir mis en vers :

Tout amour vient du ciel; Dieu nous chérit, il s'aime.

complexion, et par un enchaînement de passions qui se succèdent les unes aux autres, et conduisent jusques au troisième et dernier âge. La raison alors dans sa force devrait produire ; mais elle est refroidie et ralentie par les années, par la maladie et la douleur, déconcertée ensuite par le désordre de la machine, qui est dans son déclin : et ces temps néanmoins sont la vie de l'homme [1].

* Les enfants sont hautains, dédaigneux [2], colères, envieux, curieux, intéressés, paresseux, volages, timides, intempérants, menteurs, dissimulés ; ils rient et pleurent facilement ; ils ont des joies immodérées et des afflictions amères sur de très-petits sujets ; ils ne veulent point souffrir de mal, et aiment à en faire. Ils sont déjà des hommes.

* Les enfants n'ont ni passé ni avenir [3] ; et, ce qui ne nous arrive guère, ils jouissent du présent.

* Le caractère de l'enfance paraît unique [4] ; les mœurs dans cet âge sont assez les mêmes ; et ce n'est qu'avec une curieuse attention qu'on en pénètre la différence : elle augmente avec la raison, parce qu'avec celle-ci croissent les passions et les vices, qui seuls rendent les hommes si dissemblables entre eux, et si contraires à eux-mêmes.

* Les enfants ont déjà de leur âme l'imagination et la mémoire, c'est-à-dire, ce que les vieillards [5] n'ont plus ; et ils en tirent un

> Nous nous aimons dans nous, dans nos biens, dans nos fils,
> Dans nos concitoyens, surtout dans nos amis :
> Cet amour nécessaire est l'âme de notre âme ;
> Notre esprit est porté sur ses ailes de flamme.
> Oui, pour nous élever aux grandes actions,
> Dieu nous a, par bonté, donné les passions.
> Tout dangereux qu'il est, c'est un présent céleste ;
> L'usage en est heureux, si l'abus est funeste.
> *Cinquième Discours en vers sur l'homme.*

1. « La vie de l'homme. » Ce caractère est le développement concis et vigoureux de la pensée qui a précédé : « L'homme oublie de vivre. »
2. « Dédaigneux. » Ces remarques s'appliquent plus particulièrement aux enfants des grandes familles, que La Bruyère avait pu observer de plus près. Mais il n'aurait sans doute pas fait aussi longue la liste de leurs péchés, s'il n'avait été à la fois précepteur et célibataire. Il juge l'enfant avec la même justesse, mais aussi avec la même sévérité que l'homme. Tout en admirant sa sagacité pénétrante et maligne, on peut regretter qu'elle ne se soit pas ici laissé quelque peu attendrir.
3. « Ni avenir. » Il aurait fallu dire régulièrement : « Les enfants n'ont point de passé et ne songent pas à l'avenir. » L'auteur a préféré avec raison un tour plus rapide.
4. « Unique. » Uniforme, le même pour tous.
5. « Les vieillards. » L'auteur met toujours en regard de l'enfance l'âge plus avancé. Il mêle ainsi le sérieux à l'agréable, et tire parfois de ce contraste des vérités fort instructives.

merveilleux usage pour leurs petits jeux et pour tous leurs amusements : c'est par elles qu'ils répètent ce qu'ils ont entendu dire, qu'ils contrefont ce qu'ils ont vu faire ; qu'ils sont de tous métiers, soit qu'ils s'occupent en effet à mille petits ouvrages, soit qu'ils imitent les divers artisans par le mouvement et par le geste ; qu'ils se trouvent à un grand festin, et y font bonne chère ; qu'ils se transportent dans des palais et dans des lieux enchantés ; que, bien que seuls, ils se voient un riche équipage et un grand cortége ; qu'ils conduisent des armées, livrent bataille, et jouissent du plaisir de la victoire ; qu'ils parlent aux rois et aux plus grands princes ; qu'ils sont rois eux-mêmes, ont des sujets, possèdent des trésors qu'ils peuvent faire de feuilles d'arbres ou de grains de sable [1] ; et, ce qu'ils ignorent dans la suite de leur vie, savent à cet âge être les arbitres de leur fortune, et les maîtres de leur propre félicité.

* Il n'y a nuls vices extérieurs et nuls défauts du corps qui ne soient aperçus par les enfants ; ils les saisissent d'une première vue, et ils savent les exprimer par des mots convenables ; on ne nomme point plus heureusement. Devenus hommes, ils sont chargés [2] à leur tour de toutes les imperfections dont ils se sont moqués [3].

L'unique soin des enfants est de trouver l'endroit foible [4] de leurs maîtres, comme de tous ceux à qui ils sont soumis. Dès qu'ils ont pu les entamer [5], ils gagnent le dessus, et prennent sur eux un ascendant qu'ils ne perdent plus. Ce qui nous fait déchoir une première fois de cette supériorité à leur égard, est toujours ce qui nous empêche de la recouvrer.

---

1. « Grains de sable. » Cette petite description est fort gracieuse.
2. « Chargés. » Expression juste et heureuse.
3. « Moqués. » « Il semble, dit à ce propos Montaigne, que la fortune se joue à nous prendre au mot. »
4. « L'endroit foible. » « Quoique vous veilliez sur vous-même pour n'y laisser rien voir que de bon, n'attendez pas que l'enfant ne trouve jamais aucun défaut en vous ; souvent il apercevra jusqu'à vos fautes les plus légères. Saint Augustin nous apprend qu'il avait remarqué, dès son enfance, la vanité de ses maîtres sur les études. Ce que vous avez de meilleur et de plus pressé à faire, c'est de connaître vous-même vos défauts, aussi bien que l'enfant les connoîtra, et de vous en faire avertir par des amis sincères. D'ordinaire, ceux qui gouvernent les enfants ne leur pardonnent rien, et se pardonnent tout à eux-mêmes. Cela excite dans les enfants un esprit de critique et de malignité ; de façon que quand ils ont vu faire quelque faute à la personne qui les gouverne, ils en sont ravis et ne cherchent qu'à la mépriser. » FÉNELON, de l'Éducation des Filles, c. 5.
5. « Entamer. » La métaphore du défaut de la cuirasse est heureusement poursuivie.

* La paresse, l'indolence et l'oisiveté, vices si naturels [1] aux enfants, disparaissent dans leurs jeux, où ils sont vifs, appliqués, exacts, amoureux des règles et de la symétrie, où ils se pardonnent nulle faute les uns aux autres, et recommencent eux-mêmes plusieurs fois une seule chose qu'ils ont manquée : présages certains qu'ils pourront un jour négliger leurs devoirs, mais qu'ils n'oublieront rien pour leurs plaisirs.

* Aux enfants tout paraît grand, les cours, les jardins, les édifices, les meubles, les hommes, les animaux ; aux hommes, les choses du monde paraissent ainsi, et j'ose dire par la même raison, parce qu'ils sont petits.

* Les enfants commencent entre eux par l'état populaire, chacun y est le maître ; et, ce qui est bien naturel, ils ne s'en accommodent pas longtemps, et passent au monarchique. Quelqu'un se distingue, ou par une plus grande vivacité, ou par une meilleure disposition du corps, ou par une connaissance plus exacte des jeux différents et des petites lois qui les composent ; les autres lui défèrent, et il se forme alors un gouvernement absolu qui ne roule que sur le plaisir.

* Qui doute que les enfants ne conçoivent, qu'ils ne jugent, qu'ils ne raisonnent conséquemment [2] ? Si c'est seulement sur de petites choses, c'est qu'ils sont enfants, et sans une longue expérience ; et si c'est en mauvais termes, c'est moins leur faute que celle de leurs parents ou de leurs maîtres.

* C'est perdre toute confiance dans l'esprit des enfants et leur devenir inutile, que de les punir [3] des fautes qu'ils n'ont point faites, ou même sévèrement de celles qui sont légères. Ils savent

---

1. « Vices si naturels. » Est-ce bien la nature qu'il faut en accuser ? Fénelon a dit avec beaucoup de raison : « Remarquez un grand défaut des éducations ordinaires : On met tout le plaisir d'un côté, et tout l'ennui de l'autre ; tout l'ennui dans l'étude, tout le plaisir dans les divertissements. Que peut faire un enfant ? sinon supporter impatiemment cette règle, et courir ardemment après les jeux. Tâchons donc de changer cet ordre : rendons l'étude agréable ; cachons-la sous l'apparence de la liberté et du plaisir. » *De l'Education des Filles*, c. 5.
2. « Conséquemment. » Avec logique.
3. « Punir. » Fénelon dit avec sa bonté et son sens accoutumés : « Si le sage a toujours recommandé aux parents, de tenir la verge assidûment levée sur les enfants ; s'il a dit qu'un père qui se joue avec son fils pleurera dans la suite, ce n'est pas qu'il ait blâmé une éducation douce et patiente ; il condamne seulement ces parents faibles et inconsidérés, qui flattent les passions de leurs enfants, et qui ne cherchent qu'à s'en divertir pendant leur enfance. » *De l'Education des Filles*, c. 5. — Et Montaigne : « Ostez-moy la violence et la force ; il n'est rien, à mon advis, qui abastardisse et estourdisse si fort une nature bien née. » *Essais*, 1, 25.

précisément, et mieux que personne, ce qu'ils méritent, et ils ne méritent guère que ce qu'ils craignent. Ils connaissent si c'est à tort ou avec raison qu'on les châtie, et ne se gâtent pas moins par des peines mal ordonnées que par l'impunité.

* On ne vit point assez pour profiter de ses fautes, on en commet pendant tout le cours de sa vie; et tout ce que l'on peut faire à force de faillir, c'est de mourir corrigé.

Il n'y a rien qui rafraîchisse le sang [1] comme d'avoir su éviter de faire une sottise.

* Le récit de ses fautes est pénible; on veut les couvrir [2], et en charger quelque autre. C'est ce qui donne le pas au directeur sur le confesseur.

* Les fautes des sots sont quelquefois si lourdes et si difficiles à prévoir, qu'elles mettent les sages en défaut [3], et ne sont utiles qu'à ceux qui les font.

* L'esprit de parti abaisse les plus grands hommes jusques aux petitesses du peuple.

* Nous faisons, par vanité ou par bienséance, les mêmes choses et avec les mêmes dehors que nous les ferions par inclination ou par devoir. Tel vient de mourir à Paris de la fièvre qu'il a gagnée à veiller sa femme, qu'il n'aimait point [4].

* Les hommes, dans le cœur [5], veulent être estimés, et ils cachent avec soin l'envie qu'ils ont d'être estimés; parce que les hommes veulent passer pour vertueux, et que vouloir tirer de la vertu tout autre avantage que la même vertu [6], je veux dire l'estime et les louanges, ce ne serait plus être vertueux, mais aimer l'estime et les louanges, ou être vain; les hommes sont très-vains, et ils ne haïssent rien tant que de passer pour tels [7].

1. « Rafraîchisse le sang. » Voyez la notice de Suard, en tête du volume.
2. « Les couvrir. » Les cacher, les dissimuler.
3. « En défaut. » Encore une excellente locution empruntée à la chasse.
4. « Qu'il n'aimait point. » Le héros de ce dévouement par bienséance est le prince de Conti, neveu du grand Condé, qui s'était distingué dans la guerre de Hongrie. Sa femme, qu'il n'aimait pas, tomba malade de la petite vérole; il s'enferma avec elle et lui donna tous ses soins. Elle en guérit, et il en mourut (1685). Il faut ajouter que la princesse de Conti était Mademoiselle de Blois, fille légitimée de Louis XIV.
5. « Dans le cœur. » Il faudrait: dans *leur* cœur; ce qui a sans doute paru trop dur.
6. « La même vertu » pour : « la vertu même. » Cette construction n'est pas restée dans la langue, malgré le vers du *Cid* (II, 2):
   Sais-tu que ce vieillard fut *la même* vertu?
7. « Pour tels. » L'observation est bien juste, mais l'explication subtile. Pascal a montré d'une manière fort originale comment celui qui ambitionne trop ouvertement

* Un homme vain trouve son compte à dire du bien ou du mal de soi; un homme modeste ne parle point de soi.

On ne voit point mieux le ridicule de la vanité, et combien elle est un vice honteux, qu'en ce qu'elle n'ose se montrer, et qu'elle se cache souvent sous les apparences de son contraire.

La fausse modestie est le dernier raffinement de la vanité, elle fait que l'homme vain ne paraît point tel, et se fait valoir, au contraire, par la vertu opposée au vice qui fait son caractère : c'est un mensonge. La fausse gloire est l'écueil de la vanité; elle nous conduit à vouloir être estimés par des choses qui, à la vérité, se trouvent en nous, mais qui sont frivoles, et indignes qu'on les relève : c'est une erreur.

* Les hommes parlent de manière, sur ce qui les regarde, qu'ils n'avouent d'eux-mêmes que de petits défauts, et encore ceux qui supposent en leurs personnes de beaux talents ou de grandes qualités. Ainsi l'on se plaint de son peu de mémoire, content d'ailleurs de son grand sens et de son bon jugement [2] : l'on reçoit [3] le reproche de la distraction et de la rêverie, comme s'il nous accordait le bel esprit : l'on dit de soi qu'on est maladroit et qu'on ne peut rien faire de ses mains, fort consolé de la perte de ces petits talents par ceux de l'esprit, ou par les dons de l'âme que tout le monde nous connaît : l'on fait l'aveu de sa paresse en des termes qui signifient toujours son désintéressement, et que l'on est guéri de l'ambition : l'on ne rougit point de sa malpropreté, qui n'est qu'une négligence pour les petites choses, et qui

---

l'estime des hommes les blesse et leur est hostile : « Un cheval ne cherche pas à se faire admirer de son compagnon. On voit bien entre eux quelque émulation à la course; mais c'est sans conséquence : car étant à l'étable, le plus pesant et le plus mal taillé ne cède pas pour cela son avoine à l'autre. Il n'en est pas de même parmi les hommes : leur vertu ne se satisfait pas d'elle-même, et ils ne sont point contents s'ils n'en tirent avantage contre les autres. »

1. « Ou du mal. » Dans les réflexions qui suivent sur la vanité, La Bruyère a fait de fréquents emprunts à La Rochefoucauld, ce triste et profond censeur de l'amour-propre. On lit dans les *Maximes :* « On aime mieux dire du mal de soi-même, que de n'en point parler. »

2. « Jugement. » Encore un emprunt à La Rochefoucauld, qui avait dit : « Tout le monde se plaint de sa mémoire, et personne ne se plaint de son jugement. » Mais La Bruyère a généralisé cette pensée, en a montré les applications et l'a rendue sienne. Les développements reposent et égaient le lecteur, qui se fatiguerait bientôt de la forme concise et monotone de la maxime.

3. « On reçoit. » On reçoit volontiers, on souffre. Molière a dit de même

Ne voulant point céder, et *recevoir* l'ennui
Qu'il me pût estimer moins civile que lui.
L'École des Femmes, II, 6.

semble supposer qu'on n'a d'application que pour les solides et essentielles. Un homme de guerre aime à dire que c'était par trop d'empressement ou par curiosité qu'il se trouva un certain jour à la tranchée, ou en quelque autre poste très-périlleux, sans être de garde ni commandé, et il ajoute qu'il en fut repris de son général. De même une bonne tête ou un ferme génie qui se trouve né avec cette prudence que les autres hommes cherchent vainement à acquérir; qui a fortifié la trempe de son esprit [1] par une grande expérience; que le nombre, le poids, la diversité, la difficulté et l'importance des affaires occupent seulement, et n'accablent point; qui, par l'étendue de ses vues et de sa pénétration, se rend maître de tous les événements; qui, bien loin de consulter toutes les réflexions qui sont écrites sur le gouvernement et la politique, est peut-être de ces âmes sublimes nées pour régir les autres, et sur qui ces premières règles ont été faites; qui est détourné, par les grandes choses qu'il fait, des belles ou des agréables qu'il pourrait lire, et qui, au contraire, ne perd rien à retracer et à feuilleter, pour ainsi dire, sa vie et ses actions [2]; un homme ainsi fait peut dire aisément, et sans se commettre, qu'il ne connaît aucun livre, et qu'il ne lit jamais [3].

* On veut quelquefois cacher ses faibles, ou en diminuer l'opinion [4], par l'aveu libre [5] que l'on en fait. Tel dit, Je suis ignorant, qui ne sait rien : un homme dit, Je suis vieux; il passe soixante ans : un autre encore, Je ne suis pas riche; et il est pauvre [6].

* La modestie n'est point, ou est confondue avec une chose toute différente de soi, si on la prend pour un sentiment intérieur qui avilit [7] l'homme à ses propres yeux, et qui est une vertu surnaturelle qu'on appelle humilité. L'homme, de sa nature, pense

---

1. « Fortifier la trempe de son esprit, » n'est point une métaphore exacte.
2. « Feuilleter sa vie. » Expression originale et heureuse.
3. « Ne lit jamais. » On prétend que c'est de Louvois qu'il est ici question.
4. « En diminuer l'opinion. » Faire croire que ces faibles sont moins grands qu'ils ne le paraissent. C'est une tournure toute latine.
5. « L'aveu libre. » « Les discours d'humilité, dit Pascal, sont matière d'orgueil aux gens glorieux. »
6. « Il est pauvre. » Ici encore l'exemple donne à la maxime de l'intérêt et du comique.
7. « Avilit » est ici employé dans son véritable sens, et ne signifie pas *déshonorer*, mais *rabaisser*, faire considérer comme une chose commune, de peu de valeur. Les bons écrivains rapprochent le sens des mots de leur étymologie, et n'ont garde d'en forcer la valeur.

hautement et superbement [1] de lui-même, et ne pense ainsi que de lui-même; la modestie ne tend qu'à faire que personne n'en souffre, elle est une vertu du dehors qui règle ses yeux, sa démarche, ses paroles, son ton de voix, et qui le fait agir extérieurement avec les autres, comme s'il n'était pas vrai qu'il les compte pour rien [2].

* Le monde est plein de gens qui, faisant extérieurement [3] et par habitude la comparaison d'eux-mêmes avec les autres, décident toujours en faveur de leur propre mérite, et agissent conséquemment.

* Vous dites qu'il faut être modeste, les gens bien nés ne demandent pas mieux : faites seulement que les hommes n'empiètent pas sur ceux qui cèdent par modestie, et ne brisent [4] pas ceux qui plient [5].

De même l'on dit, Il faut avoir des habits modestes; les personnes de mérite ne désirent rien davantage. Mais le monde veut de la parure, on lui en donne, il est avide de la superfluité, on lui en montre. Quelques-uns n'estiment les autres que par de beau linge [6] ou par une riche étoffe; l'on ne refuse pas toujours d'être estimé à ce prix. Il y a des endroits où il faut se faire voir : un

---

1. « Hautement et superbement. » On peut dire avec Molière (*Les Femmes savantes*), mais d'une manière plus sérieuse :
Ces deux adverbes joints font admirablement.

2. « Pour rien. » « Le *moi* est haïssable : ainsi ceux qui ne l'ôtent pas, et qui se contentent seulement de le couvrir, sont toujours haïssables. Point du tout, direz-vous ; car en agissant, comme nous faisons, obligeamment pour tout le monde, on n'a pas sujet de nous haïr. Cela est vrai, si on ne haïssait dans le *moi* que le déplaisir qui nous en revient. Mais si je le hais parce qu'il est injuste, et qu'il se fait centre de tout, je le haïrai toujours. En un mot le *moi* a deux qualités; il est injuste en soi, en ce qu'il se fait centre de tout; il est incommode aux autres, en ce qu'il les veut asservir : car chaque *moi* est l'ennemi et voudrait être le tyran de tous les autres. Vous en ôtez l'incommodité, mais non pas l'injustice : vous ne le rendez pas aimable à ceux qui en haïssent l'injustice; et ainsi, vous ne le rendez aimable qu'aux injustes qui n'y trouvent plus leur ennemi. » Pascal. — Le passage de La Bruyère paraît encore vigoureux, à côté de cette éloquence étrange et subtile.

3. « Extérieurement. » En ne jugeant que par les dehors. Voyez la tirade d'Acaste dans *le Misanthrope*, III, 1 :
Parbleu ! je ne vois pas, lorsque je m'examine,
Où prendre aucun sujet d'avoir l'âme chagrine, etc.

4. « Empiètent, brisent. » Métaphores redoublées et fort élégantes.

5. « Plient. » Voyez la même pensée, chapitre IX, *des Grands*, page 217.

6. « De beau linge. » Montaigne dit fort spirituellement : « Pourquoy estimant un homme, l'estimez-vous tout enveloppé et empacqueté ? C'est le prix de l'espée que vous cherchez, non de la gaine : vous n'en donnerez à l'adventure pas un quatrain, si vous l'avez dépouillée. Il le fault juger par luy-mesme, non par ses atours; et, comme dict très-plaisamment un ancien : Sçavez-vous pourquoy vous l'estimez grand ? vous y comptez la haulteur de ses patins. » *Essais*, I, 42.

galon d'or plus large ou plus étroit vous fait entrer ou refuser.

* Notre vanité, et la trop grande estime que nous avons de nous-mêmes, nous fait soupçonner dans les autres une fierté à notre égard qui y est quelquefois, et qui souvent n'y est pas. Une personne modeste n'a point cette délicatesse.

* Comme il faut se défendre de cette vanité qui nous fait penser que les autres nous regardent avec curiosité et avec estime, et ne parlent ensemble que pour s'entretenir de notre mérite et faire notre éloge ; aussi devons-nous avoir une certaine confiance qui nous empêche de croire qu'on ne se parle à l'oreille que pour dire du mal de nous, ou que l'on ne rit que pour s'en moquer.

* D'où vient qu'*Alcippe* me salue aujourd'hui, me sourit, et se jette hors d'une portière [1], de peur de me manquer? Je ne suis pas riche, et je suis à pied : il doit, dans les règles [2], ne me pas voir. N'est-ce point pour être vu lui-même dans un même fond avec un grand [3] ?

* L'on est si rempli de soi-même, que tout s'y rapporte ; l'on aime à être vu, à être montré, à être salué, même des inconnus, ils sont fiers, s'ils l'oublient : l'on veut qu'ils nous devinent [4].

* Nous cherchons notre bonheur hors de nous-mêmes, et dans l'opinion [5] des hommes, que nous connaissons flatteurs, peu sincères, sans équité, pleins d'envie, de caprices et de préventions : quelle bizarrerie !

* Il semble que l'on ne puisse rire que des choses ridicules : l'on voit néanmoins de certaines gens qui rient également des choses ridicules et de celles qui ne le sont pas. Si vous êtes sot et inconsidéré, et qu'il vous échappe devant eux quelque impertinence, ils rient de vous : si vous êtes sage, et que vous ne disiez

---

1. « D'une portière » de sa voiture.
2. « Dans les règles » est fort joliment dit.
3. « Dans un même fond » de voiture, de litière.
4. « Qu'ils nous devinent. » Que sans nous avoir connus, ils sachent qui nous sommes.
5. « Dans l'opinion. » La Rochefoucauld avait dit fort heureusement : « Nous nous tourmentons moins pour devenir heureux, que pour faire croire que nous le sommes. » — Et Pascal : « Nous ne nous contentons pas de la vie que nous avons en nous et en notre propre être : nous voulons vivre dans l'idée des autres d'une vie imaginaire, et nous nous efforçons pour cela de paraître. Nous travaillons incessamment à embellir et à conserver cet être imaginaire, et nous négligeons le véritable ; et si nous avons ou la tranquillité, ou la générosité, ou la fidélité, nous nous empressons de le faire savoir, afin d'attacher ces vertus à cet être d'imagination : nous les détacherions plutôt de nous, pour les y joindre, et nous serions volontiers poltrons pour acquérir la réputation d'être vaillants. »

que des choses raisonnables, et du ton qu'il les faut dire, ils rient [1] de même.

* Ceux qui nous ravissent les biens par la violence ou par l'injustice, et qui nous ôtent l'honneur par [2] la calomnie, nous marquent assez leur haine pour nous ; mais ils ne nous prouvent pas également qu'ils aient perdu à notre égard toute sorte d'estime. Aussi ne sommes-nous pas incapables de quelque retour pour eux, et de leur rendre [3] un jour notre amitié. La moquerie au contraire est, de toutes les injures, celle qui se pardonne le moins ; elle est le langage du mépris, et l'une des manières dont il se fait le mieux entendre ; elle attaque l'homme dans son dernier retranchement [4], qui est l'opinion qu'il a de soi-même ; elle veut le rendre ridicule à ses propres yeux, et ainsi elle le convainc de la plus mauvaise disposition où l'on puisse être pour lui, et le rend irréconciliable.

C'est une chose monstrueuse que le goût et la facilité qui est en nous de railler, d'improuver et de mépriser les autres ; et tout ensemble la colère [5] que nous ressentons contre ceux qui nous raillent, nous improuvent, et nous méprisent.

* La santé et les richesses ôtant aux hommes l'expérience du mal, leur inspirent la dureté pour leurs semblables ; et les gens déjà chargés de leur propre misère sont ceux qui entrent davantage, par la compassion, dans celle d'autrui [6].

* Il semble qu'aux âmes bien nées les fêtes, les spectacles, la

---

1. « Ils rient. » « Egnatius, parce qu'il a les dents blanches, s'imagine qu'il ne doit pas cesser de rire. Est-il devant le tribunal, au moment où l'orateur fait couler les larmes de tout un auditoire, il rit ; près du bûcher d'un bon fils, lorsqu'une mère désolée pleure son unique enfant, il rit de même ; quoi qu'il arrive, en quelque lieu qu'il soit, quoi qu'il fasse, il rit ; c'est là sa maladie : elle n'est pas à mon avis de bon air, ni de bon goût. Je ne sais pas de plus grande sottise qu'un sot rire. » CATULLE, *Epigr.* 36.

2. « Ôter par. » Tour singulier qui passe à la faveur de la symétrie.

3. « De leur rendre. » La préposition gouverne d'abord un substantif, puis un verbe. L'auteur s'est plusieurs fois servi de cette construction blâmée par les grammairiens.

4. « Retranchement. » Analyse originale et vraie. La Bruyère connaissait bien la puissance du ridicule, dont il savait si bien se servir.

5. « La colère. » L'auteur lui-même en est la meilleure preuve : Après avoir rempli son livre de la satire de ses contemporains, il ne comprend pas qu'on ose s'attaquer à lui ; il n'a pas assez de colère pour ces *Théobalde* qui ont eu le mauvais goût de bâiller à son discours à l'Académie. Voltaire également, le plus grand et le plus terrible de tous les satiriques, s'emporte avec une verve fort plaisante contre quiconque l'a critiqué et raillé.

6. « D'autrui. »

Non ignara mali, miseris succurrere disco.
VIRG. *Æneid.* I, 630.

« Mes malheurs m'ont appris à secourir les malheureux. »

symphonie, rapprochent et font mieux sentir l'infortune de nos proches ou de nos amis.

* Une grande âme est au-dessus de l'injure, de l'injustice, de la douleur, de la moquerie; et elle serait invulnérable, si elle ne souffrait par la compassion.

* Il y a une espèce de honte d'être heureux à la vue de certaines misères [1].

* On est prompt à connaître ses plus petits avantages, et lent à pénétrer ses défauts : on n'ignore point qu'on a de beaux sourcils, les ongles bien faits [2]; on sait à peine que l'on est borgne; on ne sait point du tout que l'on manque d'esprit.

Argyre tire son gant pour montrer une belle main, et elle ne néglige pas de découvrir un petit soulier qui suppose [3] qu'elle a le pied petit : elle rit des choses plaisantes ou sérieuses, pour faire voir de belles dents : si elle montre son oreille, c'est qu'elle l'a bien faite; et si elle ne danse jamais, c'est qu'elle est peu contente de sa taille, qu'elle a épaisse. Elle entend tous ses intérêts, à l'exception d'un seul : elle parle toujours, et n'a point d'esprit.

* Les hommes comptent presque pour rien toutes les vertus du cœur, et idolâtrent les talents du corps et de l'esprit [4]. Celui qui dit froidement de soi, et sans croire blesser la modestie, qu'il est bon, qu'il est constant, fidèle, sincère, équitable, reconnaissant, n'ose dire qu'il est vif, qu'il a les dents belles et la peau douce : cela est trop fort [5].

---

1. « Une espèce de honte, etc. » On est étonné et ravi de trouver cette délicatesse de cœur chez un écrivain aussi vigoureux et chagrin que La Bruyère. La bonté toujours aimable a un charme de plus lorsqu'elle se rencontre dans une âme forte et sévère.

2. « Bien faits. » « Nous nous formons, sans y penser, une idée de notre figure sur l'idée que nous avons de notre esprit, ou sur le sentiment qui nous domine; et c'est pour cela qu'un fat se croit toujours si bien fait. » VAUVENARGUES.

3. « Qui suppose. » Qui donne à supposer.

4. « Les talents du corps et de l'esprit. » Talent est ici très-bien employé dans le sens de *qualités*. *Animi et corporis virtutes*. — La Rochefoucauld avait dit : « Chacun dit du bien de son cœur, et personne n'en ose dire de son esprit. » Maxime que Duclos a expliquée par une analyse fine et ingénieuse : « Si un homme fait entendre qu'il a de l'esprit, et que de plus il ait raison de le croire, c'est comme s'il nous prévenait que nous ne lui imposerons point par de fausses vertus, que nous ne lui cacherons point nos défauts, qu'il nous verra tels que nous sommes et nous jugera avec justice. Une telle annonce ressemble déjà à un acte d'hostilité. Au lieu que celui qui nous parle de la bonté de son cœur, et qui nous la persuade, nous apprend que nous pourrons compter sur son indulgence, même sur son aveuglement, sur ses services, et que nous pourrons être impunément injustes à son égard. » — Duclos ici a rencontré plus juste que La Bruyère, qui tire du même fait des conséquences trop exagérées.

5. « Cela est trop fort. » Et aussi cela importe peu à savoir; les hommes idolâtrent

Il est vrai qu'il y a deux vertus que les hommes admirent, la bravoure et la libéralité, parce qu'il y a deux choses qu'ils estiment beaucoup, et que ces vertus font négliger, la vie et l'argent. Aussi personne n'avance de soi qu'il est brave ou libéral.

Personne ne dit de soi, et surtout sans fondement, qu'il est beau, qu'il est généreux, qu'il est sublime. On a mis ces qualités à un trop haut prix ; on se contente de le penser [1].

* Quelque rapport qu'il paraisse de la jalousie à l'émulation, il y a entre elles le même éloignement que celui qui se trouve entre le vice et la vertu.

La jalousie et l'émulation s'exercent sur le même objet, qui est le bien ou le mérite des autres ; avec cette différence, que celle-ci est un sentiment volontaire, courageux, sincère, qui rend l'âme féconde [2], qui la fait profiter des grands exemples, et la porte souvent au-dessus [3] de ce qu'elle admire ; et que celle-là, au contraire, est un mouvement violent et comme un aveu contraint du mérite qui est hors d'elle ; qu'elle va même jusques à nier la vertu dans les sujets où elle existe, ou qui, forcée de la reconnaître, lui refuse les éloges ou lui envie les récompenses ; une passion stérile, qui laisse l'homme dans l'état où elle le trouve, qui le remplit de lui-même, de l'idée de sa réputation ; qui le rend froid et sec sur les actions ou sur les ouvrages d'autrui ; qui fait qu'il s'étonne de voir dans le monde d'autres talents que les siens, ou d'autres hommes avec les mêmes talents dont il se pique. Vice honteux, et qui, par son excès, rentre toujours dans la vanité et dans la présomption [4], et ne persuade pas tant à celui qui en est

chez eux les talents du corps et de l'esprit, mais en même temps les dédaignent ou les détestent chez les autres

1. « De le penser. » Cela est ingénieux et vrai.
2. « Féconde. » Il y a beaucoup d'esprit dans ce passage et des expressions heureuses et énergiques. Voltaire a dit :

> Si ce bonheur d'un autre a déchiré ton cœur,
> Mets du moins à profit le chagrin qui t'anime ;
> Mérite un tel succès, compose, efface, lime.
> Le public applaudit aux vers du *Glorieux* ;
> Est-ce un affront pour toi ? Courage, écris, fais mieux....
> La gloire d'un rival s'obstine à t'outrager ;
> C'est en le surpassant que tu dois t'en venger ;
> Érige un monument plus haut que son trophée.
> *Troisième Discours en vers sur l'homme.*

3. « Au-dessus. » Comme La Bruyère a surpassé Théophraste.
4. « Par son excès rentre, etc. » L'auteur veut dire que la jalousie est une sorte de vanité excessive. Mais le dit-il assez clairement ?

blessé¹ qu'il a plus d'esprit et de mérite que les autres, qu'il lui fait croire qu'il a lui seul de l'esprit et du mérite.

L'émulation et la jalousie ne se rencontrent guère que dans les personnes de même art, de mêmes talents et de même condition². Les plus vils artisans sont les plus sujets à la jalousie ; ceux qui font profession des arts libéraux ou des belles-lettres, les peintres, les musiciens, les orateurs, les poëtes, tous ceux qui se mêlent d'écrire, ne devraient être capables que d'émulation³.

Toute jalousie n'est point exempte de quelque sorte d'envie, et souvent même ces deux passions se confondent. L'envie, au contraire, est quelquefois séparée de la jalousie, comme est celle qu'excitent dans notre âme les conditions fort élevées au-dessus de la nôtre, les grandes fortunes, la faveur, le ministère.

L'envie et la haine s'unissent toujours, et se fortifient l'une l'autre dans un même sujet ; et elles ne sont reconnaissables entre elles qu'en ce que l'une s'attache à la personne, l'autre à l'état et à la condition.

Un homme d'esprit n'est point jaloux d'un ouvrier qui a travaillé une bonne épée, ou d'un statuaire qui vient d'achever une belle figure. Il sait qu'il y a dans ces arts des règles et une méthode qu'on ne devine point ; qu'il y a des outils à manier dont il ne connaît ni l'usage, ni le nom, ni la figure⁴, et il lui suffit de penser qu'il n'a point fait l'apprentissage d'un certain métier, pour se consoler de n'y être point maître. Il peut, au contraire, être susceptible⁵ d'envie et même de jalousie contre un ministre et contre ceux qui gouvernent, comme si la raison et le bon sens, qui lui sont communs avec eux, étaient les seuls instruments⁶ qui

---

1. « Blessé. » L'auteur, en parlant des vices, a plusieurs fois employé au figuré les verbes *blesser* et *guérir*.
2. « Condition. » Hésiode est le premier auteur classique qui ait parlé de l'envie : Le potier porte envie au potier, l'artisan à l'artisan, le poëte au poëte. » Longtemps avant Hésiode, Job avait dit : « L'envie tue les petits. »
3. « Capables que d'émulation. »

   Qu'il est grand ! qu'il est doux de se dire à soi-même :
   Je n'ai point d'ennemis, j'ai des rivaux que j'aime ;
   Je prends part à leur gloire, à leurs maux, à leurs biens ;
   Les arts nous ont unis, leurs beaux jours sont les miens !
            VOLTAIRE, *Treizième Discours en vers sur l'homme*.

4. « Figure. » Nous dirions plutôt *la forme*.
5. « Susceptible. » Capable s'emploiera mieux pour exprimer un sentiment volontaire et actif ; susceptible, une passion contrainte et stérile. L'homme est *capable* de vertus, *susceptible* d'envie.
6. « Instrument » rappelle heureusement la comparaison qui précède.

servent à régir un État et à présider aux affaires publiques, et qu'ils dussent suppléer aux règles, aux préceptes, à l'expérience [1].

* L'on voit peu d'esprits entièrement lourds et stupides ; l'on en voit encore moins qui soient sublimes et transcendants. Le commun des hommes nage entre ces deux extrémités ; l'intervalle est rempli par un grand nombre de talents ordinaires, mais qui sont d'un grand usage, servent à la république, et renferment en soi l'utile et l'agréable ; comme le commerce, les finances, le détail des armées, la navigation, les arts [2], les métiers, l'heureuse mémoire, l'esprit du jeu [3], celui de la société et de la conversation.

* Tout l'esprit qui est au monde est inutile à celui qui n'en a point ; il n'a nulles vues, et il est incapable de profiter [4] de celles d'autrui.

* Le premier degré dans l'homme après la raison [5], ce serait de sentir qu'il l'a perdue ; la folie même est incompatible avec cette connaissance. De même, ce qu'il y aurait en nous de meilleur après l'esprit, ce serait de connaître qu'il nous manque : par là on ferait l'impossible, on saurait, sans esprit, n'être pas un sot, ni un fat, ni un impertinent.

* Un homme qui n'a de l'esprit que dans une certaine médiocrité est sérieux [6] et tout d'une pièce ; il ne rit point, il ne badine jamais, il ne tire aucun fruit de la bagatelle [7]. Aussi incapable de s'élever aux grandes choses que de s'accommoder, même par relâchement, des plus petites, il sait à peine jouer [8] avec ses enfants.

* Tout le monde dit d'un fat qu'il est un fat, personne n'ose

---

1. « Expérience. » Voyez page 45, note 1.
2. « Les arts. » Ne demandent-ils pas autre chose qu'un talent ordinaire ?
3. « L'esprit du jeu. » C'est lui faire beaucoup trop d'honneur, que de le citer ici.
4. « Profiter. » « Les sots ne comprennent pas les gens d'esprit. » Vauvenargues.
5. « Après la raison. » La raison est ce qu'il y a de meilleur ; le second degré serait de n'avoir pas de raison, et de savoir qu'on n'en a pas. Il est fort difficile d'imaginer cet état intermédiaire entre la raison et la folie. De même il serait fort désirable pour ceux qui n'ont pas d'esprit, de sentir qu'ils manquent d'esprit ; mais c'est impossible.
6. « Sérieux. » « J'aime, dit Montaigne, une sagesse gaye et civile, et fuys l'aspreté des mœurs et l'austerité, ayant pour suspecte toute mine rebarbative. Je crois Platon de bon cœur, qui dict les humeurs faciles ou difficiles estre un grand prejudice à la bonté ou mauvaistié de l'âme. Socrates eut un visage constant, mais serein et riant ; non faschensement constant comme le vieil Crassus, qu'on ne voit jamais rire. La vertu est qualité plaisante et gaye. » Essais, III, 5.
7. « Bagatelle. » Expressions d'une négligence triviale.
8. « Jouer. » Il y avait, en général, beaucoup plus d'étiquette et beaucoup moins de familiarité que de nos jours, dans les rapports des pères avec leurs enfants.

le lui dire à lui-même : il meurt sans le savoir, et sans que personne se soit vengé.

* Quelle mésintelligence entre l'esprit et le cœur [1] ! Le philosophe vit mal avec tous ses préceptes ; et le politique, rempli de vues et de réflexions, ne sait pas se gouverner.

* L'esprit s'use comme toutes choses ; les sciences sont aliments [2], elles le nourrissent et le consument.

* Les petits sont quelquefois chargés de mille vertus [3] inutiles ; ils n'ont pas de quoi les mettre en œuvre.

* Il se trouve des hommes qui soutiennent facilement le poids de la faveur et de l'autorité, qui se familiarisent avec leur propre grandeur, et à qui la tête ne tourne point dans les postes les plus élevés. Ceux au contraire que la fortune, aveugle [4], sans choix et sans discernement, a comme accablés de ses bienfaits, en jouissent avec orgueil et sans modération ; leurs yeux, leur démarche, leur ton de voix et leur accès [6], marquent longtemps en eux l'admiration où ils sont d'eux-mêmes et de se voir [7] si éminents ; et ils deviennent si farouches, que leur chute seule peut les apprivoiser.

* Un homme haut et robuste, qui a une poitrine large et de larges épaules, porte légèrement et de bonne grâce un lourd fardeau, il lui reste encore un bras de libre : un nain serait écrasé de la moitié de sa charge [8]. Ainsi les postes éminents rendent les grands hommes encore plus grands, et les petits beaucoup plus petits.

1. « Entre l'esprit et le cœur. »
>Hélas ! en guerre avec moi-même,
>Où pourrai-je trouver la paix ?
>Je veux, et n'accomplis jamais :
>Je veux ; mais, ô misère extrême !
>Je ne fais pas le bien que j'aime,
>Et je fais le mal que je hais.
>   J. RACINE, *Cantiques spirituels*, III.

2. « Sont aliments. » L'auteur a sans doute voulu dire : sont *ses* aliments.

3. « Chargés de mille vertus. » Expression originale et pourtant juste, comme la pensée. — Vauvenargues, qui, malade et inconnu, se trouvait précisément chargé de ces vertus inutiles dont il est ici question, a écrit : « De même qu'on ne peut jouir d'une grande fortune avec une âme basse et un petit génie, on ne saurait jouir d'un grand génie, ni d'une grande âme, dans une fortune médiocre. » — On connaît le mot de Molière : « Où diable la vertu va-t-elle se nicher ? »

4. « Aveugle. » La fortune qui est aveugle.

6. « Leur accès. » La manière dont ils reçoivent ceux qui s'approchent d'eux.

7. « D'eux-mêmes et de se voir. » C'est une seule et même chose qui a été séparée en deux pour insister davantage ; aussi, malgré la règle qui défend à la conjonction d'unir ensemble des parties du discours qui ne soient pas de même nature, l'auteur s'est-il permis de joindre un pronom et un verbe.

8. « Charge. » Comparaison juste, originale et familière.

* Il y a des gens¹ qui gagnent à être extraordinaires : ils voguent, ils cinglent² dans une mer où les autres échouent et se brisent ; ils parviennent, en blessant toutes les règles de parvenir ; ils tirent de leur irrégularité et de leur folie³ tous les fruits d'une sagesse la plus consommée⁴ : hommes dévoués à d'autres hommes, aux grands à qui ils ont sacrifié⁵, en qui ils ont placé leurs dernières espérances, ils ne les servent point, mais ils les amusent. Les personnes de mérite et de service⁶ sont utiles aux grands, ceux-ci leur sont nécessaires ; ils blanchissent⁷ auprès d'eux dans la pratique des bons mots, qui leur tiennent lieu d'exploits dont ils attendent la récompense ; ils s'attirent, à force d'être plaisants, des emplois graves, et s'élèvent, par un continuel enjouement, jusqu'au sérieux des dignités ; ils finissent enfin, et rencontrent inopinément un avenir qu'ils n'ont ni craint ni espéré : ce qui reste d'eux sur la terre, c'est l'exemple de leur fortune, fatal à ceux qui voudraient le suivre.

* L'on exigerait de certains personnages qui ont une fois été capables d'une action noble, héroïque, et qui a été sue de toute la terre, que, sans paraître comme épuisés par un si grand effort, ils eussent du moins dans le reste de leur vie cette conduite sage et judicieuse qui se remarque même dans les hommes ordinaires ; qu'ils ne tombassent point dans des petitesses indignes de la haute réputation qu'ils avaient acquise ; que se mêlant moins dans le peuple, et ne lui laissant pas le loisir de les voir de près, ils ne le fissent point passer de la curiosité et de l'admiration à l'indifférence, et peut-être au mépris.

* Il coûte moins à certains hommes de s'enrichir de mille vertus, que de se corriger d'un seul défaut ; ils sont même si malheureux, que ce vice est souvent celui qui convenait le moins

---

1. « Des gens. » La Clef nomme M. de La Feuillade, qui conduisit les secours que le roi envoya à l'empereur, contre les Turcs, et prit une grande part à la victoire de Saint-Gothard, 1664. Il a érigé la statue du roi à la place des Victoires.
2. « Ils cinglent. » *Cingler*, c'est naviguer avec un vent favorable, et à pleines voiles.
3. « Folie. » Ce caractère s'accorde fort bien avec ce qu'on sait de Lauzun.
4. « Une sagesse la plus consommée. » Voyez page 207, note 1.
5. « Ils ont sacrifié. » Comme à leur Dieu, à leur idole. Ce mot, qui est au figuré d'un usage vulgaire, reprend ici de la force et de l'originalité, en le rapprochant le plus possible de son sens propre.
6. « Les personnes de service. » Expression claire, rapide et neuve.
7. « Ils blanchissent. » Le métier ne laissait pas que d'être quelquefois très-dur. Madame de Maintenon disait de Louis XIV vieilli : « Quel supplice que d'amuser un homme qui n'est plus amusable ! Je voudrais être morte. »

à leur état, et qui pouvait leur donner dans le monde plus de ridicule : il affaiblit l'éclat de leurs grandes qualités, empêche qu'ils ne soient des hommes parfaits, et que leur réputation ne soit entière[1]. On ne leur demande point qu'ils soient plus éclairés et plus incorruptibles ; qu'ils soient plus amis de l'ordre et de la discipline, plus fidèles à leurs devoirs, plus zélés pour le bien public, plus graves : on veut seulement qu'ils ne soient point amoureux.

* Quelques hommes, dans le cours de leur vie, sont si différents d'eux-mêmes par le cœur et par l'esprit[2], qu'on est sûr de se méprendre, si l'on en juge seulement par ce qui a paru d'eux dans leur première jeunesse. Tels étaient pieux, sages, savants, qui, par cette mollesse inséparable d'une trop riante fortune, ne le sont plus. L'on en sait d'autres[3] qui ont commencé leur vie par les plaisirs, et qui ont mis ce qu'ils avaient d'esprit à les connaître ; que les disgrâces[4] ensuite ont rendus religieux, sages, tempérants. Ces derniers sont, pour l'ordinaire, de grands sujets, et sur qui l'on peut faire beaucoup de fond : ils ont une probité éprouvée par la patience et par l'adversité ; ils entent sur cette extrême politesse que le commerce des femmes leur a donnée, et dont ils ne se défont jamais, un esprit de règle, de réflexion, et quelquefois une haute capacité[5], qu'ils doivent à la chambre[6] et au loisir d'une mauvaise fortune.

1. « Entière » est ici très-élégamment employé, comme souvent en latin *integer*.
2. « Le cœur et l'esprit. » L'alliance et le contraste de ces deux mots était et est resté toujours fort à la mode. Voiture est peut-être le premier qui ait opposé l'un à l'autre en écrivant à la marquise de Sablé : « Mes lettres se font avec une si véritable affection, que si vous en jugez bien, vous les estimerez davantage que celles que vous me redemandez ; celles-là ne partaient que de mon esprit, celles-ci partent de mon cœur. »
3. « D'autres. » La Clef dit : « M. Boutillier de Rancé, qui a été abbé de la Trappe, où il a mené une vie triste, dure et austère. » Elle aurait pu en citer beaucoup d'autres.
4. « Les disgrâces. » « Les mauvais succès sont les seuls maîtres qui peuvent nous reprendre utilement et nous arracher cet aveu d'avoir failli, qui coûte tant à notre orgueil. Alors, quand les malheurs nous ouvrent les yeux, nous repassons avec amertume sur tous nos faux pas : nous nous trouvons également accablés de ce que nous avons fait et de ce que nous avons manqué de faire ; et nous ne savons plus par où excuser cette prudence présomptueuse qui se croyait infaillible. Nous voyons que Dieu seul est sage ; et, en déplorant vainement les fautes qui ont ruiné nos affaires, une meilleure réflexion nous apprend à déplorer celles qui ont perdu notre éternité, avec cette singulière consolation, qu'on les répare quand on les pleure. » BOSSUET, *Oraison funèbre de Henriette de France*, page 42 de l'édition annotée par M. A. Didier.
5. « Capacité. » Cette aimable peinture de l'homme que l'adversité a rendu sage et a laissé poli, convient à merveille à La Rochefoucauld et à beaucoup de ceux qui ont joué un rôle dans la Fronde.
6. « A la chambre. » A la retraite, à la solitude.

Tout notre mal vient de ne pouvoir être seuls [1]; de là le jeu, le luxe, la dissipation, le vin, les femmes, l'ignorance, la médisance, l'envie, l'oubli de soi-même et de Dieu.

* L'homme semble quelquefois ne se suffire pas à soi-même : les ténèbres [2], la solitude, le troublent, le jettent dans des craintes frivoles et dans de vaines terreurs : le moindre mal alors qui puisse lui arriver est de s'ennuyer.

* L'ennui est entré dans le monde par la paresse; elle a beaucoup de part dans la recherche que font les hommes des plaisirs, du jeu, de la société : celui qui aime le travail a assez de soi-même [3].

* La plupart des hommes emploient la meilleure partie [4] de leur vie à rendre l'autre misérable.

* Il y a des ouvrages [5] qui commencent par A et finissent par Z; le bon, le mauvais, le pire, tout y entre; rien, en un certain genre, n'est oublié : quelle recherche, quelle affectation dans ces ouvrages ! on les appelle des jeux d'esprit. De même, il y a un jeu dans la conduite : on a commencé, il faut finir; on veut fournir toute la carrière. Il serait mieux ou de changer ou de suspendre; mais il est plus rare et plus difficile de poursuivre. On poursuit, on s'anime par les contradictions; la vanité soutient, supplée à la raison, qui cède et qui se désiste. On porte ce raffinement jusque dans les actions les plus vertueuses, dans celles même où il entre de la religion [6].

* Il n'y a que nos devoirs qui nous coûtent, parce que leur pratique ne regardant que les choses que nous sommes étroitement obligés de faire, elle n'est pas suivie de grands éloges, qui est

---

1. « Ne pouvoir être seuls. » « L'homme qui n'aime que soi, ne hait rien tant que d'être seul avec soi. Il ne recherche rien que pour soi et ne fuit rien tant que soi; parce que quand il se voit, il ne se voit pas tel qu'il se désire, et qu'il trouve en soi-même un amas de misères inévitables, et un vide de biens réels et solides qu'il est incapable de remplir. » PASCAL. — La Bruyère, qui s'est ressouvenu de Pascal dans ce passage et dans les suivants, n'a pu égaler ni cette profondeur d'analyse, ni cette éloquence.

2. « Les ténèbres. » Cette phrase se rattache mal à celle qui précède et à celle qui suit.

3. « A assez de soi-même. » Pas toujours.

4. « La meilleure partie » « Texte de 1696. Dans les éditions antérieures, on lit la *première partie.* » LEFEBVRE.

5. « Des ouvrages. » « La Bruyère fait ici allusion à ces espèces de petites encyclopédies contenant *des Traités sur toutes les sciences, très-abrégés, à l'usage de la noblesse,* aux *livres d'anecdotes,* aux recueils intitulés *Bibliothèques des gens de cour* dont plusieurs sont rangés par ordre alphabétique. » WALCKENAER.

6. « De la religion. » Il y a dans ce caractère des allusions que nous ne pouvons bien saisir, et qui y laissent quelque obscurité.

tout ce qui nous excite aux actions louables, et qui nous soutient dans nos entreprises [1]. N** aime une piété fastueuse qui lui attire l'intendance des besoins des pauvres, le rend dépositaire de leur patrimoine, et fait de sa maison un dépôt public où se font les distributions. Les gens à petits collets [2] et les *sœurs grises* [3] y ont une libre entrée; toute une ville voit ses aumônes, et les publie. Qui pourrait douter qu'il soit [4] homme de bien, si ce n'est peut-être ses créanciers?

* *Géronte* meurt de caducité, et sans avoir fait ce testament qu'il projetait depuis trente années; dix têtes [5] viennent *ab intestat* [6] partager la succession. Il ne vivait depuis longtemps que par les soins d'*Astérie*, sa femme, qui, jeune encore, s'était dévouée à sa personne, ne le perdait pas de vue, secourait sa vieillesse, et lui a enfin fermé les yeux. Il ne lui laisse pas assez de bien pour pouvoir se passer, pour vivre, d'un autre vieillard [7].

* Laisser perdre charges et bénéfices plutôt que de vendre ou de résigner [8] même dans son extrême vieillesse, c'est se persuader qu'on n'est pas du nombre de ceux qui meurent, ou si l'on croit que l'on peut mourir, c'est s'aimer soi-même, et n'aimer que soi.

* *Fauste* est un dissolu, un prodigue, un libertin, un ingrat, un emporté, qu'*Aurèle*, son oncle, n'a pu haïr ni déshériter.

Frontin, neveu d'Aurèle, après vingt années d'une probité

---

1. « Entreprises. » J.-J. Rousseau a très-bien dit : « Les vertus privées sont souvent d'autant plus sublimes, qu'elles n'aspirent point à l'approbation d'autrui, mais seulement au bon témoignage de soi-même : la conscience du juste lui tient lieu des louanges de l'univers. »
2. « Les gens à petits collets. » Le collet ou rabat était un ornement de linge, une sorte de vêtement de cou, qu'on mettait sur le collet du pourpoint ; les abbés et dévots le portaient moins riche et moins grand que les gens du monde.
3. « Sœurs grises. » Filles qui vivent en communauté, sans néanmoins être religieuses, et qui se consacrent à soigner les pauvres et les malades.
4. « Douter qu'il soit. » Après *douter que*, employé interrogativement, on place ordinairement la négative :

   Doutez-vous que l'Euxin *ne* me porte en deux jours,
   Aux lieux où le Danube y vient finir son cours?
   RACINE, *Mithridate*, III, 1.

   La Bruyère a retranché la négative, parce qu'il veut affirmer plus fortement sa proposition et la présenter ironiquement comme évidente. Fléchier a dit de même : « Peut-être *doutez-vous* qu'étant éloigné du public, *il fut* encore égal à lui-même? » Et Fénelon : « Peut-on *craindre que* la terre *manque* aux hommes? » *Télémaque*, l. VII.
5. « Dix têtes. » Dix familles.
6. « *Ab intestat*. » Sans qu'un testament ait été fait.
7. « D'un autre vieillard. » Le tour est ingénieux, et la satire à la fois pleine d'amertume et de pitié.
8. « Résigner. » Se démettre d'une charge ou d'un bénéfice en faveur d'un autre.

connue, et d'une complaisance aveugle pour ce vieillard, ne l'a pu fléchir en sa faveur, et ne tire de sa dépouille qu'une légère pension que Fauste, unique légataire, lui doit payer.

* Les haines sont si longues et si opiniâtrées [1], que le plus grand signe de mort dans un homme malade, c'est la réconciliation [2].

* L'on s'insinue auprès de tous les hommes, ou en les flattant dans les passions qui occupent leur âme, ou en compatissant aux infirmités qui affligent leur corps. En cela seul consistent les soins que l'on peut leur rendre ; de là vient que celui qui se porte bien, et qui désire peu de chose, est moins facile à gouverner.

* La mollesse et la volupté naissent avec l'homme, et ne finissent qu'avec lui ; ni les heureux ni les tristes événements ne l'en peuvent séparer. C'est pour lui ou le fruit de la bonne fortune, ou un dédommagement de la mauvaise.

* C'est une grande difformité [3] dans la nature qu'un vieillard amoureux.

* Peu de gens se souviennent d'avoir été jeunes, et combien il leur était difficile d'être chastes et tempérants. La première chose qui arrive aux hommes après avoir renoncé aux plaisirs ou par bienséance, ou par lassitude, ou par régime, c'est de les condamner [4] dans les autres. Il entre dans cette conduite une sorte d'attachement pour les choses mêmes que l'on vient de quitter : l'on aimerait qu'un bien qui n'est plus pour nous ne fût plus aussi pour le reste du monde : c'est un sentiment de jalousie [5].

* Ce n'est pas le besoin d'argent où les vieillards peuvent appréhender de tomber un jour qui les rend avares ; car il y en a de tels qui ont de si grands fonds, qu'ils ne peuvent guère avoir cette inquiétude [6] : et d'ailleurs, comment pourraient-ils craindre de

---

1. « Opiniâtrées » est beaucoup moins usité aujourd'hui que l'adjectif *opiniâtre*
2. « Réconciliation. » « Quelque sagesse dont on se vante en l'âge où je suis, il est malaisé de connaître si les passions qu'on ne ressent plus sont éteintes ou assujetties. » SAINT-ÉVREMOND.
3. « Difformité. » Expression heureuse et énergique
4. « Condamner. » « Les vieilles gens s'attachent à leur humeur comme à la vertu, et se plaisent en leurs défauts par la fausse ressemblance qu'ils ont à des qualités louables. En effet, à mesure qu'ils se rendent plus difficiles, ils pensent devenir plus délicats. Ils prennent de l'aversion pour les plaisirs, croyant s'animer justement contre les vices. Le sérieux leur paraît du jugement ; le flegme de la sagesse ; et de là vient cette autorité importune qu'ils se donnent de censurer tout ; le chagrin leur tenant lieu d'indignation contre le mal, et la gravité de suffisance. » SAINT-ÉVREMOND.
5. « Jalousie. » Cette analyse est fine et ingénieuse.
6. « Cette inquiétude. » Ou du moins, s'ils ont cette inquiétude, elle est bien peu

manquer, dans leur caducité, des commodités de la vie, puisqu'ils s'en privent eux-mêmes volontairement pour satisfaire à leur avarice? Ce n'est point aussi l'envie de laisser de plus grandes richesses à leurs enfants, car il n'est pas naturel d'aimer quelque autre chose plus que soi-même, outre qu'il se trouve des avares qui n ont point d'héritiers. Ce vice est plutôt l'effet de l'âge et de la complexion des vieillards, qui s'y abandonnent aussi naturellement qu'ils suivaient leurs plaisirs dans leur jeunesse, ou leur ambition dans l'âge viril. Il ne faut ni vigueur, ni jeunesse, ni santé, pour être avare; l'on n'a aussi nul besoin de s'empresser ou de se donner le moindre mouvement pour épargner ses revenus : il faut laisser seulement son bien dans ses coffres, et se priver de tout. Cela est commode aux vieillards à qui il faut une passion, parce qu'ils sont hommes [1].

* Il y a des gens qui sont mal logés [2], mal couchés, mal habillés, et plus mal nourris; qui essuient les rigueurs des saisons, qui se privent eux-mêmes de la société des hommes, et passent leurs jours dans la solitude; qui souffrent du présent, du passé et de l'avenir; dont la vie est comme une pénitence continuelle, et qui ont ainsi trouvé le secret d'aller à leur perte par le chemin le plus pénible : ce sont les avares [3].

* Le souvenir de la jeunesse est tendre [4] dans les vieillards : ils aiment les lieux où ils l'ont passée; les personnes qu'ils ont commencé de connaître dans ce temps leur sont chères; ils affec-

---

raisonnable. « L'avarice, dit Vauvenargues, est une extrême défiance des événements, qui cherche à s'assurer contre les instabilités de la fortune par une excessive prévoyance, et manifeste cet instinct avide, qui nous sollicite d'accroître, d'étayer, d'affermir notre être. Basse et déplorable manie, qui n'exige ni connaissance, ni vigueur d'esprit, ni jeunesse, et qui prend pour cette raison, dans la défaillance des sens, la place des autres passions. »

1. « Hommes. » Cela est bref, énergique et vrai.
2. « Mal logés. »
    Il faut souffrir la faim et coucher sur la dure;
    Eût-on plus de trésors que n'en perdit Galet
    N'avoir en sa maison ni meubles ni valet;
    Parmi les tas de blé vivre de seigle et d'orge;
    De peur de perdre un liard, souffrir qu'on vous égorge.
                  BOILEAU, *Sat.* VIII, v. 80, édit. annotée par M. J. Travers.

3. « Ce sont les avares. » La tournure est plus agréable que si l'auteur avait dit: Les avares sont mal logés, mal couchés, etc. Il ne faut pas abuser de cette définition par énigme qui deviendrait bientôt fatigante. Notre auteur a su en tirer dans ce même chapitre un parti admirable. Voyez page 293.
4. « Tendre. » L'auteur trouve toujours l'expression juste et sentie. — Montaigne dit fort élégamment : « Les ans m'entraînent s'ils veulent, mais à reculons; » autant

tent quelques mots du premier langage qu'ils ont parlé; ils tiennent pour l'ancienne manière de chanter, et pour la vieille danse, ils vantent les modes qui régnaient alors dans les habits, les meubles et les équipages; ils ne peuvent encore désapprouver des choses qui servaient à leurs passions, qui étaient si utiles à leurs plaisirs, et qui en rappellent la mémoire. Comment pourraient-ils leur préférer de nouveaux usages et des modes toutes récentes, où ils n'ont nulle part, et dont ils n'espèrent rien, que les jeunes gens ont faites, et dont ils tirent, à leur tour, de si grands avantages contre la vieillesse [1]?

* Une trop grande négligence comme une excessive parure dans les vieillards multiplient [2] leurs rides, et font mieux voir leur caducité.

* Un vieillard est fier, dédaigneux, et d'un commerce difficile, s'il n'a beaucoup d'esprit.

* Un vieillard qui a vécu à la cour, qui a un grand sens et une mémoire fidèle, est un trésor inestimable : il est plein de faits et de maximes ; l'on y trouve l'histoire du siècle, revêtue de circonstances très-curieuses, et qui ne se lisent nulle part ; l'on y apprend des règles pour la conduite et pour les mœurs, qui sont toujours sûres, parce qu'elles sont fondées sur l'expérience [3].

* Les jeunes gens, à cause des passions qui les amusent, s'accommodent mieux de la solitude que les vieillards [4].

---

que mes yeux peuvent recognoistre cette belle saison expirée, je les y destourne à secousse : si elle eschappe de mon sang et de mes veines, au moins n'en veux-je desraciner l'image de la mémoire. » *Essais*, III, 5.

1. « Vieillesse. » « Je trouvai la conversation occupée par deux vieilles femmes qui avaient en vain travaillé tout le matin à se rajeunir. Il faut avouer, disait une d'entre elles, que les hommes d'aujourd'hui sont bien différents de ceux que nous voyions dans notre jeunesse : ils étaient polis, gracieux, complaisants ; mais à présent je les trouve d'une brutalité insupportable. Tout est changé, dit pour lors un homme qui paraissait accablé de goutte ; le temps n'est plus comme il était : il y a quarante ans, tout le monde se portait bien, on marchait, on était gai, on ne demandait qu'à rire et a danser : à présent, tout le monde est d'une tristesse insupportable. » MONTESQUIEU.

2. « Multiplient. » Le singulier serait plus correct.

3. « L'expérience. » Voici le seul mot d'éloge accordé à la vieillesse. Les anciens savaient la traiter et en parler avec plus de respect ; et il n'est pas flatteur pour notre civilisation moderne de rapprocher les remarques de La Bruyère du beau traité de Cicéron. Il faut dire aussi que rien n'était plus respectable que ces vieux sénateurs, qui avaient commandé les armées et discuté les affaires du monde ; et que rien n'était plus ridicule que ces vieux courtisans, blanchis dans la pratique des bons mots, qui n'avaient étudié que l'art de plaire, et voulaient conserver sous leurs rides les agréments et les plaisirs de la jeunesse.

4. « Que les vieillards. » Observation originale et vraie, et rendue avec beaucoup de délicatesse.

* *Phidippe*, déjà vieux, raffine sur la propreté et sur la mollesse ; il passe aux petites délicatesses ; il s'est fait un art du boire [1], du manger, du repos et de l'exercice. Les petites règles qu'il s'est prescrites, et qui tendent toutes aux aises de sa personne, il les observe avec scrupule, et ne les romprait pas pour une maîtresse, si le régime lui avait permis d'en retenir. Il s'est accablé de superfluités, que l'habitude enfin lui rend nécessaires. Il double ainsi et renforce les liens qui l'attachent à la vie, et il veut employer ce qui lui en reste à en rendre la perte plus douloureuse. N'appréhendait-il pas assez de mourir?

* *Gnathon* ne vit que pour soi, et tous les hommes ensemble sont à son égard comme s'ils n'étaient point [2]. Non content de remplir à une table la première place, il occupe lui seul celle de deux autres : il oublie que le repas est pour lui et pour toute la compagnie ; il se rend maître du plat, et fait son propre [3] de chaque service ; il ne s'attache à aucun des mets, qu'il n'ait achevé d'essayer de tous ; il voudrait pouvoir les savourer tous tout à la fois ; il ne se sert à table que de ses mains [4] ; il manie les viandes, les remanie, démembre, déchire, et en use de manière qu'il faut que les conviés, s'ils veulent manger, mangent ses restes. Il ne leur épargne aucune de ces malpropretés dégoûtantes, capables d'ôter l'appétit aux plus affamés : le jus et les sauces lui dégouttent du menton et de la barbe. S'il enlève un ragoût de dessus un plat, il le répand en chemin dans un autre plat et sur la nappe ; on le suit à la trace. Il mange haut et avec grand bruit ; il roule les yeux en mangeant; la table est pour lui un râtelier ; il écure ses dents, et il continue à manger. Il se fait, quelque part où il se trouve, une manière d'établissement, et ne souffre pas d'être plus pressé au sermon ou au théâtre que dans sa chambre. Il n'y a, dans un carrosse, que les places du fond qui lui conviennent ; dans toute autre, si on veut l'en croire, il pâlit et tombe en faiblesse. S'il fait un voyage avec plusieurs, il les

---

1. « Art de boire. » C'est ce que Montaigne (*Essais* I, 51) appelle plaisamment *la science de gueule*.
2. « Comme s'ils n'étaient point. » Imitation plaisante du vers d'*Esther* (I, 3) :
   Et les foibles mortels, vains jouets du trépas,
   Sont tous devant ses yeux, comme s'ils n'étaient pas.
3. « Fait son propre. » Il fait son affaire, il s'empare.
4. « Que de ses mains. » Un écrivain du XVIIIe siècle ne se serait pas permis cette expression et ces détails si peu nobles.

prévient dans les hôtelleries, et il sait toujours se conserver dans la meilleure chambre le meilleur¹ lit. Il tourne tout à son usage ; ses valets, ceux d'autrui, courent dans le même temps pour son service ; tout ce qu'il trouve sous sa main lui est propre, hardes, équipages ; il embarrasse tout le monde, ne se contraint pour personne, ne plaint personne, ne connaît de maux que les siens, que sa réplétion² et sa bile ; ne pleure point la mort des autres, n'appréhende que la sienne, qu'il rachèterait volontiers de l'extinction³ du genre humain.

* *Cliton* n'a jamais eu en toute sa vie que deux affaires, qui est⁴ de dîner le matin et de souper le soir : il ne semble né que pour la digestion ; il n'a de même qu'un entretien : il dit les entrées qui ont été servies au dernier repas où il s'est trouvé ; il dit combien il y a eu de potages, et quels potages ; il place ensuite le rôt et les entremets ; il se souvient exactement de quels plats on a relevé⁵ le premier service ; il n'oublie pas les *hors-d'œuvre*⁶, le fruit et les assiettes ; il nomme tous les vins et toutes les liqueurs dont il a bu, il possède le langage des cuisines autant qu'il peut s'étendre⁷, et il me fait envie de manger à une bonne table où il ne soit point⁸; il a surtout un palais sûr, qui ne prend point le change, et il ne s'est jamais vu exposé à l'horrible inconvénient de manger un mauvais ragoût ou de boire du vin médiocre. C'est un personnage illustre⁹ dans son genre, et qui a porté le talent de se bien nourrir jusques où il pouvait aller. On ne recevra plus un homme qui mange tant et qui mange si bien ; aussi est-il l'ar-

---

1. « Le meilleur. » Cette répétition est fort élégante. Les anciens se servaient volontiers de ces artifices de langage, qu'on dédaigne trop de nos jours.
2. « Réplétion. » Charge de l'estomac, quand on a trop bu et trop mangé.
3. « De l'extinction. » Au moyen de, au prix de.
4. « Qui est » est ici employé dans le même sens et avec le même nombre où l'on mettrait *c'est*.
5. « De quels plats on a relevé, etc. » De quels plats a été entouré le premier service, pour le mieux faire valoir.
6. « Hors-d'œuvre. » Plats qu'on sert au delà de ceux qui pouvaient être attendus dans la disposition régulière d'un festin.
7. « Autant qu'il peut s'étendre. » *Quàm late patet*, dans toute son étendue.
8. « Où il ne soit point. »

> Il prend soin d'y servir des mets fort délicats. —
> Oui ; mais je voudrais bien qu'il ne s'y servît pas ;
> C'est un fort méchant plat que sa sotte personne,
> Et qui gâte, à mon goût, tous les repas qu'il donne.
> MOLIÈRE, *Le Misanthrope* II. 5.

9. « Illustre. » Cette ironique admiration est fort plaisante.

bitre des bons morceaux, et il n'est guère permis d'avoir du goût pour ce qu'il désapprouve. Mais il n'est plus; il s'est fait du moins porter à table jusqu'au dernier soupir[1]. Il donnait à manger le jour qu'il est mort. Quelque part où il soit, il mange; et s'il revient au monde, c'est pour manger[2].

* *Ruffin*[3], commence à grisonner; mais il est sain[4], il a un visage frais et un œil vif qui lui promettent encore vingt années de vie, il est gai, *jovial*, familier, indifférent; il rit de tout son cœur, et il rit tout seul et sans sujet; il est content de soi, des siens, de sa petite fortune; il dit qu'il est heureux. Il perd son fils unique, jeune homme de grande espérance, et qui pouvait un jour être l'honneur de sa famille; il remet sur d'autres le soin de le pleurer. Il dit : *Mon fils est mort, cela fera mourir sa mère,* et il est consolé[5]. Il n'a point de passions; il n'a ni amis ni ennemis; personne ne l'embarrasse, tout le monde lui convient, tout lui est propre; il parle à celui qu'il voit une première fois avec la même liberté et la même confiance qu'à ceux qu'il appelle de vieux amis, et il lui fait part bientôt de ses *quolibets* et de ses historiettes : on l'aborde, on le quitte sans qu'il y fasse attention; et le même conte qu'il a commencé de faire à quelqu'un, il l'achève à celui qui prend sa place.

* N** est moins affaibli par l'âge que par la maladie, car il ne passe point soixante-huit ans; mais il a la goutte, et il est sujet à une colique néphrétique; il a le visage décharné, le teint verdâtre et qui menace ruine[6]; il fait marner sa terre, et il compte que de quinze ans entiers il ne sera obligé de la fumer; il plante un jeune bois, et il espère qu'en moins de vingt années il lui don-

---

1. « Jusqu'au dernier soupir. » C'est là ce qui s'appelle suivre le précepte de l'Art poétique (III, 126) :
   Et qu'il soit jusqu'au bout tel qu'on l'a vu d'abord.
2. « C'est pour manger. » Il faudrait régulièrement : *ce sera*. Le présent est plus vif, et met la chose sous les yeux.
3. « Ruffin. » Ce portrait semble parfaitement convenir à M. de Coulanges, le joyeux parent et correspondant de madame de Sévigné.
4. « Sain » se trouve rarement appliqué à une personne.
5. « Consolé. » Ce contraste du plus grand malheur et de la plus grande indifférence est fort original et rendu avec une brièveté saisissante.
6. « Qui menace ruine. » Qui annonce une mauvaise santé, une mort prochaine. La Fontaine (*Fables*, VII, 6) avait dit avant La Bruyère, par une figure analogue :
   Les ruines d'une maison
   Se peuvent réparer : que n'est cet avantage
   Pour les *ruines du visage*.

nera un beau couvert¹; il fait bâtir dans la rue** une maison de pierre de taille, raffermie dans les encoignures par des mains de fer, et dont il assure, en toussant et avec une voix frêle et débile², qu'on ne verra jamais la fin. Il se promène tous les jours dans ses ateliers sur le bras³ d'un valet qui le soulage. Il montre à ses amis ce qu'il a fait, et il leur dit ce qu'il a dessein de faire. Ce n'est pas pour ses enfants qu'il bâtit, car il n'en a point; ni pour ses héritiers, personnes viles et qui se sont brouillées avec lui : c'est pour lui seul, et il mourra demain⁴.

* *Antagoras* a un visage trivial et populaire; un suisse de paroisse ou le saint de pierre qui orne le grand autel n'est pas mieux connu que lui de toute la multitude; il parcourt le matin toutes les chambres et tous les greffes d'un parlement, et le soir les rues et les carrefours d'une ville; il plaide depuis quarante ans⁵, plus proche de sortir de la vie que de sortir d'affaires. Il n'y a point eu au palais depuis tout ce temps de causes célèbres ou de procédures longues et embrouillées où il n'ait du moins intervenu; aussi a-t-il un nom fait pour remplir la bouche de l'avocat, et qui s'accorde avec le demandeur ou le défendeur⁶ comme le substantif et l'adjectif⁷. Parent de tous et haï de tous, il n'y a guère de familles dont il ne se plaigne, et qui ne se plaignent de lui : appliqué successivement à saisir une terre, à s'opposer au sceau⁸, à se servir d'un *committimus*⁹ ou à mettre un arrêt à exécution, outre qu'il assiste chaque jour à quelques

---

1. « Un beau couvert. » Expression très-juste et très-claire, qui n'est plus usitée, on ne sait pourquoi. Ombrage n'offre pas tout à fait le même sens.
2. « Débile. » Les moralistes et les poëtes ont souvent opposé la misère et la fragilité de l'homme à ses vastes espérances. Ce contraste nous frappe ici d'autant plus qu'il est en action. L'auteur n'a pas besoin d'ajouter des réflexions; le fait parle par lui-même.
3. « Il se promène sur le bras. » *Appuyé* sur le bras. Ces ellipses hardies sont familières au style de La Bruyère.
4. « Et il mourra demain. » Ce caractère est admirable de vigueur et de brièveté. Il semble bien supérieur aux réflexions que l'auteur a écrites sur la mort dans le même chapitre.
5. « Depuis quarante ans. » Plusieurs traits de ce caractère semblent imités des *Plaideurs* de Racine.
6. « Le demandeur, » celui qui attaque en justice; — « le défendeur, » celui qui est attaqué, à qui l'on fait procès.
7. « L'adjectif. » C'est une imagination fort ingénieuse.
8. « S'opposer au sceau. » Mettre opposition à la vente d'une charge ou d'une rente sur l'Etat.
9. « *Committimus.* » Droit que le roi accordait aux officiers de sa maison, ou aux personnes qu'il voulait favoriser, de plaider en première instance devant la chambre des requêtes, au parlement de Paris, et d'y évoquer toutes leurs affaires.

assemblées de créanciers. Partout syndic de directions [1], et perdant à toutes les banqueroutes, il a des heures de reste pour ses visites; vieil [2] meuble de ruelle, où il parle procès et dit des nouvelles. Vous l'avez laissé dans une maison au Marais, vous le retrouvez au grand Faubourg, où il vous a prévenu, et où déjà il redit ses nouvelles et son procès. Si vous plaidez vous-même, et que vous alliez le lendemain à la pointe du jour chez l'un de vos juges pour le solliciter, le juge attend, pour vous donner audience, qu'Antagoras soit expédié.

* Tels hommes [3] passent une longue vie à se défendre des uns et à nuire aux autres, et ils meurent consumés de vieillesse, après avoir causé autant de maux qu'ils en ont souffert.

* Il faut des saisies de terre et des enlèvements de meubles, des prisons et des supplices, je l'avoue; mais justice, lois et besoins à part, ce m'est une chose toujours nouvelle de contempler avec quelle férocité les hommes traitent d'autres hommes [4].

* L'on voit certains animaux farouches, des mâles et des femelles, répandus par la campagne, noirs, livides et tout brûlés du soleil, attachés à la terre [5] qu'ils fouillent et qu'ils remuent avec une opiniâtreté invincible [6]; ils ont comme une voix articulée; et quand ils se lèvent sur leurs pieds, ils montrent une face humaine, et en effet ils sont des hommes [7]. Ils se retirent la nuit

---

1. « Direction. » Assemblée de plusieurs créanciers, pour éviter les frais de justice, qui se font en la discussion des terres d'un débiteur.
2. « Vieil » ne s'emploie plus que devant un mot qui commence par une voyelle.
3. « Tels hommes. » La construction ordinaire est : tel homme passe une longue vie, etc., qui meurt consumé, etc.
4. « D'autres hommes. » « Que de réformes poursuivies depuis lors et non menées à fin, contient cette parole! Le cœur d'un Fénelon y palpite sous un accent plus contenu. La Bruyère s'étonne, comme d'une chose *toujours nouvelle*, de ce que madame de Sévigné trouvait tout simple, ou seulement un peu singulier; le XVIIIe siècle, qui s'étonnera de tant de choses, s'avance. » SAINTE-BEUVE.
5. « Attachés à la terre. » Expression beaucoup plus vigoureuse et plus juste que « courbés, penchés sur. »
6. « Invincible. » Quelle vigueur et quelle pitié profonde dans ce sombre tableau! La Bruyère y a mis avec toute son âme son art tout entier. Pas un mot inutile, pas de déclamation. L'indignation se sent et ne s'exprime pas. La place est laissée tout entière à la vérité, au fait, qui inspire au lecteur tous les sentiments que l'auteur éprouve et sait contenir.
7. « Des hommes. » Cette gradation est admirable; elle exprime à merveille l'étonnement plein d'humanité dont l'auteur vient de parler; elle fait ressortir mieux qu'aucune parole la servilité de la condition et la noblesse de l'origine. « Quelle injustice, a dit Bossuet dans son beau langage, que les pauvres portent tout le fardeau, et que tout le poids des misères aille fondre sur leurs épaules! S'ils s'en plaignent et s'ils en murmurent contre la providence divine, Seigneur, permettez-moi de le dire, c'est avec quelque couleur de justice; car étant tous pétris d'une même masse, et ne pou-

dans des tanières, où ils vivent de pain noir, d'eau et de racines[1]; ils épargnent aux autres hommes la peine de semer, de labourer et de recueillir pour vivre, et méritent ainsi de ne pas manquer de ce pain qu'ils ont semé.

* *Don Fernand*[2], dans sa province, est oisif, ignorant, médisant, querelleux, fourbe, intempérant, impertinent; mais il tire l'épée contre ses voisins, et pour un rien il expose sa vie; il a tué des hommes, il sera tué.

* Le noble de province, inutile à sa patrie, à sa famille et à lui-même, souvent sans toit, sans habits et sans aucun mérite, répète dix fois le jour qu'il est gentilhomme, traite les fourrures et les mortiers[3] de bourgeoisie, occupé toute sa vie de ses parchemins et de ses titres, qu'il ne changerait pas contre les masses[4] d'un chancelier.

* Il se fait généralement dans tous les hommes des combinaisons infinies de la puissance, de la faveur, du génie, des richesses, des dignités, de la noblesse, de la force, de l'industrie, de la capacité, de la vertu, du vice, de la faiblesse, de la stupidité, de la pauvreté, de l'impuissance, de la roture et de la bassesse. Ces choses, mêlées ensemble en mille manières différentes, et compensées l'une par l'autre en divers sujets, forment aussi les divers états et les différentes conditions. Les hommes d'ailleurs, qui tous savent le fort et le faible les uns des autres, agissent aussi réciproquement comme ils croient le devoir faire, connaissent ceux qui leur sont égaux, sentent la supériorité que quelques-uns ont sur eux, et celle qu'ils ont sur quelques autres; et de là naissent entre eux ou la familiarité, ou le respect et la défé-

---

vant pas y avoir grande différence entre de la boue et de la boue, pourquoi verrons-nous d'un côté la joie, la faveur, l'affluence; et de l'autre, la tristesse et le désespoir et l'extrême nécessité, et encore le mépris et la servitude? » *Sermon sur l'éminente dignité des pauvres dans l'Église.* — Ces grandes et pieuses pensées, cette apostrophe à Dieu sont dignes de l'auteur des *Oraisons funèbres*, et paraissent cependant inférieures au passage de La Bruyère, qui nous montre réuni ensemble ce qu'il y a d'extrême dans la misère et dans le travail.

1. « Racines. » P. L. Courier a cité ce passage dans un de ses plus célèbres pamphlets; il a montré avec beaucoup d'art et de vérité, combien peu nos paysans ressemblent à ceux que dépeignait La Bruyère, et ce qu'ils doivent à la révolution française.

2. « Don Fernand. » Ce n'est sans doute pas sans intention que ce portrait du noble de province oisif et inutile, a été placé après celui du laboureur misérable et laborieux.

3. « Les fourrures. » L'Université. — « Les mortiers. » La magistrature.

4. « Les masses. » Bâtons à tête garnis d'argent, qu'on portait par honneur devant le chancelier de France.

rence, ou la fierté et le mépris. De cette source vient que dans les endroits publics, et où le monde se rassemble, on se trouve à tous moments entre celui¹ que l'on cherche à aborder ou à saluer, et cet autre que l'on feint de ne pas connaître, et dont² l'on veut encore moins se laisser joindre; que l'on se fait honneur de l'un, et qu'on a honte de l'autre; qu'il arrive même que celui dont vous vous faites honneur et que vous voulez retenir, est celui aussi qui est embarrassé de vous, et qui vous quitte; et que le même est souvent celui qui rougit d'autrui, et dont on rougit; qui dédaigne ici, et qui là est dédaigné : il est encore assez ordinaire de mépriser qui nous méprise³. Quelle misère! et puisqu'il est vrai que, dans un si étrange commerce, ce que l'on pense gagner d'un côté, on le perd de l'autre, ne reviendrait-il pas au même de renoncer à toute hauteur et à toute fierté, qui convient si peu aux faibles hommes, et de composer ensemble, de se traiter tous avec une mutuelle bonté, qui, avec l'avantage de n'être jamais mortifiés, nous procurerait un aussi grand bien que celui de ne mortifier personne⁴?

* Bien loin de s'effrayer ou de rougir même du nom de philosophe, il n'y a personne au monde qui ne dût avoir une forte teinture de philosophie⁵. Elle convient à tout le monde; la pratique en est utile à tous les âges, à tous les sexes⁶ et à toutes les conditions; elle nous console du bonheur d'autrui, des indignes préférences, des mauvais succès, du déclin de nos forces ou de notre beauté; elle nous arme contre la pauvreté, la vieillesse, la maladie et la mort, contre les sots⁷ et les mauvais railleurs; elle

1. « Entre celui. » Observation juste et ingénieuse.
2. « Dont. » Par qui, par lequel.
3. « Méprise. » Cette succession et cette réciprocité de mépris est à la fois triste et plaisante et ne justifie que trop l'exclamation de l'auteur : Quelle misère!
4. « Personne. » Parole sensée et humaine. Comparez à ce passage de La Bruyère la première partie du *Sermon pour le quatrième dimanche*, dans le *Petit Carême* de Massillon, page 80 de l'édition annotée par M. Deschanels. Massillon y parle de l'affabilité nécessaire aux grands, avec beaucoup d'éloquence et de cœur, mais avec un esprit moins élevé et moins dégagé de préjugés que La Bruyère.
5. « De philosophie. » « L'on ne peut plus entendre que celle qui est dépendante de la religion chrétienne. » (*Note de La Bruyère.*)
6. « A tous les sexes. » La fille de madame de Sévigné, hautaine, prodigue, et répondant assez mal à l'amour exagéré de sa mère, mais qui avait une intelligence forte et sévère, entendait fort bien Descartes et avait coutume de l'appeler *son père*.
7. « Contre les sots. » L'auteur, qui ne veut point faire de dissertation et qui n'est point à l'aise dans son sujet, mêle à sa morale quelques mots de satire qui l'égaient. Mais les traits plaisants ou malins ne doivent pas nous faire oublier ce qu'il y a de sérieux et de hardi dans ce caractère

nous fait vivre sans une femme, ou nous fait supporter celle avec qui nous vivons.

* Les hommes, en un même jour, ouvrent leur âme à de petites joies, et se laissent dominer par de petits chagrins; rien n'est plus inégal et moins suivi que ce qui se passe en si peu de temps dans leur cœur et dans leur esprit. Le remède à ce mal est de n'estimer les choses du monde précisément que ce qu'elles valent.

* Il est aussi difficile de trouver un homme vain qui se croie assez heureux, qu'un homme modeste qui se croie trop malheureux.

* Le destin du vigneron, du soldat et du tailleur de pierre m'empêche de m'estimer malheureux, par la fortune des princes ou des ministres, qui me manque [1].

* Il n'y a pour l'homme qu'un vrai malheur, qui est de se trouver en faute, et d'avoir quelque chose à se reprocher.

* La plupart des hommes, pour arriver à leurs fins, sont plus capables d'un grand effort que d'une longue persévérance [2]; leur paresse ou leur inconstance leur fait perdre le fruit des meilleurs commencements. Ils se laissent souvent devancer par d'autres qui sont partis après eux [3], et qui marchent lentement, mais constamment [4].

* J'ose [5] presque assurer que les hommes savent encore mieux prendre des mesures que les suivre, résoudre ce qu'il faut faire et ce qu'il faut dire, que de faire ou de dire ce qu'il faut. On se propose fermement, dans une affaire qu'on négocie, de taire une certaine chose, et ensuite, ou par passion, ou par une intempérance de langue, ou dans la chaleur de l'entretien, c'est la première qui échappe [6].

---

1. « Malheureux par la fortune qui me manque. » Tour pénible et embarrassé, pour rendre une belle pensée.
2. « Persévérance. » Buffon disait que le génie était une longue patience.
3. « Après eux. » Allusion à la fable si connue du Lièvre et de la Tortue.
4. « Constamment. » Effet heureux d'harmonie imitative.
5. « J'ose. » Pourquoi cette précaution et cette timidité?
6. « Échappe. » Un homme sera capable des plus grandes vues, de concevoir, digérer et ordonner un grand dessein. Il passe à l'exécution et il échoue, parce qu'il se dégoûte, qu'il est rebuté des obstacles mêmes qu'il avait prévus et dont il voyait les ressources. On le reconnaît d'ailleurs pour un homme de beaucoup d'esprit, et ce n'est pas en effet par là qu'il a manqué. On est étonné de sa conduite, parce qu'on ignore qu'il est léger et incapable de suite dans le caractère; qu'il n'a que des accès d'ambition qui cèdent à une paresse naturelle; qu'il est incapable d'une volonté forte

* Les hommes agissent mollement dans les choses qui sont de leur devoir, pendant qu'ils se font un mérite, ou plutôt une vanité, de s'empresser pour celles qui leur sont étrangères, et qui ne conviennent ni à leur état, ni à leur caractère [1].

* La différence d'un homme qui se revêt d'un caractère étranger à lui-même quand il rentre dans le sien, est celle d'un masque à un visage.

* *Téléphe* a de l'esprit, mais dix fois moins, de compte fait, qu'il ne présume d'en avoir. Il est donc, dans ce qu'il dit, dans ce qu'il fait, dans ce qu'il médite et ce qu'il projette, dix fois au delà de ce qu'il a d'esprit, il n'est donc jamais dans ce qu'il a de force et d'étendue : ce raisonnement est juste [2]. Il a comme une barrière qui le ferme [3], et qui devrait l'avertir de s'arrêter en deçà ; mais il passe outre, il se jette hors de sa sphère ; il trouve lui-même son endroit faible, et se montre par cet endroit : il parle de ce qu'il ne sait point, ou de ce qu'il sait mal ; il entreprend au-dessus de son pouvoir, il désire au delà de sa portée ; il s'égale à ce qu'il y a de meilleur en tout genre : il a du bon et du louable, qu'il offusque [4] par l'affectation du grand ou du merveilleux : on voit clairement ce qu'il n'est pas, et il faut deviner ce qu'il est en effet. C'est un homme qui ne se mesure point, qui ne se connaît point ; son caractère est de ne savoir pas se renfermer dans celui qui lui est propre, et qui est le sien.

* L'homme du meilleur esprit est inégal, il souffre des accroissements et des diminutions [5], il entre en verve, mais il en sort.

à laquelle peu de choses résistent, même pour les gens bornés ; et qu'enfin il n'a pas le caractère de son esprit. Sans manquer d'esprit, on manque à son esprit par légèreté, par passion, par timidité. » Duclos.

1. « Caractère. » « Tout le monde veut être aimable et ne s'embarrasse pas d'être autre chose ; on y sacrifie ses devoirs, et je dirais la considération, si on la perdait par là. Un des plus malheureux effets de cette manie futile est le mépris de son état, le dédain de la profession dont on est comptable, et dans laquelle on devrait toujours chercher sa première gloire. Le magistrat regarde l'étude et le travail comme des soins obscurs, qui ne conviennent qu'à des hommes qui ne sont pas faits pour le monde. Le militaire d'une certaine classe croit, que l'application au service doit être le partage des subalternes. L'homme de lettres, qui par des ouvrages travaillés aurait pu instruire son siècle, et faire passer son nom à la postérité, néglige ses talents et les perd faute de les cultiver. Il aurait été compté parmi les hommes illustres, il reste un homme d'esprit de société. » Duclos.

2. « Juste. » L'auteur n'aurait pas besoin d'affirmer que son raisonnement est juste, s'il ne sentait qu'il l'a fait trop subtil.

3. « Qui le ferme. » Une barrière lui ferme le chemin, l'empêche d'aller au delà. Tout cela est bien contourné.

4. « Qu'il offusque. » Qu'il couvre, qu'il cache.

5. « Il souffre des diminutions, il sort de verve. » Locutions neuves, singulières et cependant claires et justes à l'endroit où elles sont placées   17.

Alors, s'il est sage, il parle peu, il n'écrit point, il ne cherche point à imaginer ni à plaire. Chante-t-on avec un rhume? ne faut-il pas attendre que la voix revienne [1]?

Le sot est *automate* [2], il est machine, il est ressort; le poids l'emporte, le fait mouvoir, le fait tourner, et toujours, et dans le même sens, et avec la même égalité : il est uniforme, il ne se dément point; qui l'a vu une fois, l'a vu dans tous les instants et dans toutes les périodes de sa vie; c'est tout au plus le bœuf qui meugle ou le merle qui siffle : il est fixé et déterminé par sa nature, et j'ose dire par son espèce [3]. Ce qui paraît le moins en lui, c'est son âme; elle n'agit point, elle ne s'exerce point, elle se repose.

* Le sot ne meurt point; ou si cela lui arrive, selon notre manière de parler, il est vrai de dire qu'il gagne à mourir, et que, dans ce moment où les autres meurent, il commence à vivre. Son âme alors pense, raisonne, infère, conclut, juge, prévoit, fait précisément tout ce qu'elle ne faisait point; elle se trouve dégagée d'une masse de chair, où elle était comme ensevelie sans fonction, sans mouvement, sans aucun du moins qui fût digne d'elle : je dirais presque qu'elle rougit [4] de son propre corps, et des organes bruts et imparfaits auxquels elle s'est vue attachée si longtemps, et dont elle n'a pu faire qu'un sot ou qu'un stupide. Elle va d'égal avec les grandes âmes, avec celles qui font les bonnes têtes ou les hommes d'esprit. L'âme d'*Alain* ne se démêle plus d'avec celles du grand Condé, de Richelieu, de Pascal et de Lingendes [5].

* La fausse délicatesse dans les actions libres, dans les mœurs

---

1. « Que la voix revienne. » « La Bruyère est cet homme sage. Il ne chante pas avec un rhume; c'est-à-dire qu'il n'écrit jamais que dans ces moments d'inspiration, où l'âme vivement frappée des objets les reçoit, et les réfléchit dans le discours comme une glace fidèle. La forme seule de son livre pouvait lui permettre d'attendre toujours, et de toujours saisir ces moments plus ou moins rares. Dans une composition où tout marche et se suit, on est quelquefois entraîné par la suite du raisonnement ou la liaison des idées : on développe un vaste plan, on tient la chaîne de ses créations, on craint qu'elle ne vienne à se rompre, on est tourmenté du besoin de continuer sa course quand il faudrait se reposer. La Bruyère n'éprouve jamais ni le besoin ni la crainte. » Victorin Fabre, *Éloge de La Bruyère*.
2. « Automate. » Machine qui se meut par un ressort intérieur, comme une montre. Descartes prétendait que les bêtes n'étaient que des *automates*, incapables de rien sentir. L'application que La Bruyère fait ici de cette théorie est tout à fait comique.
3. « Par son espèce. » On le peut faire entrer dans une classe, un genre, comme un animal.
4. « Rougit. » Il y a beaucoup d'exagération et de recherche dans ce passage.
5. « Lingendes » (Jean de), évêque de Mâcon, né en 1593 à Moulins, s'acquit une grande réputation par son talent pour la chaire. On ne le mettrait plus aujourd'hui à côté de Pascal.

ou dans la conduite, n'est pas ainsi nommée parce qu'elle est feinte, mais parce qu'en effet elle s'exerce sur des choses et en des occasions qui n'en méritent point. La fausse délicatesse de goût et de complexion n'est telle, au contraire, que parce qu'elle est feinte ou affectée. C'est *Émilie* qui crie de toute sa force sur un petit péril qui ne lui fait pas de peur ; c'est une autre qui, par mignardise, pâlit à la vue d'une souris, ou qui veut aimer les violettes, et s'évanouir aux tubéreuses [1].

* Qui oserait se promettre de contenter les hommes ? Un prince, quelque bon et quelque puissant qu'il fût, voudrait-il l'entreprendre ? Qu'il l'essaye ; qu'il se fasse lui-même une affaire de leurs plaisirs [2] ; qu'il ouvre son palais à ses courtisans, qu'il les admette jusque dans son domestique ; que, dans des lieux [3] dont la vue seule est un spectacle, il leur fasse voir d'autres spectacles ; qu'il leur donne le choix des jeux, des concerts et de tous les rafraîchissements ; qu'il y ajoute une chère splendide et une entière liberté ; qu'il entre avec eux en société des mêmes amusements ; que le grand homme devienne aimable, et que le héros soit humain et familier, il n'aura pas assez fait. Les hommes s'ennuient enfin des mêmes choses qui les ont charmés dans leurs commencements ; ils déserteraient la *table des dieux* ; et le *nectar*, avec le temps, leur devient insipide. Ils n'hésitent pas de [4] critiquer des choses qui sont parfaites ; il y entre de la vanité et une mauvaise délicatesse ; leur goût, si on les en croit, est encore au delà de toute l'affectation [5] qu'on aurait à les satisfaire, et d'une dépense toute royale que l'on ferait pour y réussir. Il s'y mêle de la malignité, qui va jusques à vouloir affaiblir dans les autres la joie qu'ils auraient de les rendre contents. Ces mêmes gens, pour l'ordinaire si flatteurs et si complaisants, peuvent se démentir. Quelquefois on ne les reconnaît plus, et l'on voit l'homme jusque dans le courtisan [6].

1. « S'évanouir aux tubéreuses. » Ellipse vive et heureuse pour : s'évanouir à *l'odeur* des tubéreuses.
2. « Plaisirs. » Voilà un éloge de Louis XIV, qui est assez malheureux. C'est donner une triste preuve de sa bonté et de sa puissance, que se faire une affaire des plaisirs de ses courtisans.
3. « Dans des lieux. » Versailles, Marly, Fontainebleau.
4. « Ils n'hésitent pas de. » On dit ordinairement hésiter *à*.
5. « Affectation » est ici pris en bonne part, comme cela se fait en latin.
6. « Courtisan » Mot juste et chagrin, qui paraît supérieur à tout le reste du caractère

* L'affectation dans le geste, dans le parler et dans les manières est souvent une suite de l'oisiveté ou de l'indifférence, et il semble qu'un grand attachement ou de sérieuses affaires jettent l'homme dans son naturel [1].

* Les hommes n'ont point de caractères [2] ; ou s'ils en ont, c'est celui de n'en avoir aucun qui soit suivi, qui ne se démente point, et où ils soient reconnaissables. Ils souffrent beaucoup à être toujours les mêmes, à persévérer dans la règle ou dans le désordre, et s'ils se délassent quelquefois d'une vertu par une autre vertu, ils se dégoûtent plus souvent d'un vice par un autre vice. Ils ont des passions contraires et des faibles qui se contredisent ; il leur coûte moins de joindre les extrémités, que d'avoir une conduite dont une partie naisse de l'autre. Ennemis de la modération, ils outrent toutes choses, les bonnes et les mauvaises, dont ne pouvant ensuite supporter l'excès, ils l'adoucissent [3] par le changement. *Adraste* était si corrompu et si libertin, qu'il lui a été moins difficile de suivre la mode et se faire dévot. Il lui eût coûté davantage d'être homme de bien.

* D'où vient que les mêmes hommes qui ont un flegme tout prêt pour recevoir indifféremment les plus grands désastres s'échappent [4], et ont une bile intarissable sur les plus petits inconvénients ? Ce n'est pas sagesse en eux qu'une telle conduite, car la vertu est égale et ne se dément point : c'est donc un vice, et quel autre que la vanité, qui ne se réveille et ne se recherche [5] que dans les événements, où il y a de quoi faire parler le monde, et beaucoup à gagner pour elle, mais qui se néglige sur tout le reste [6] ?

* L'on se repent rarement de parler peu, très-souvent de trop

---

1. « Naturel. » Balzac lui-même est naturel et vif dans quelques lettres où il est en colère.
2. « N'ont point de caractères. » La Harpe remarque avec raison que cette proposition est assez singulière dans un ouvrage qui a pour titre : *des caractères*; mais il relève beaucoup trop durement ce qui n'est après tout qu'une exagération dans les termes. La Bruyère, qui cherche à saisir au passage et à fixer dans ses tableaux les principaux traits de la figure humaine, devait être plus fortement frappé et chagriné de leur mobilité. Il l'a dit ailleurs : « Les couleurs sont préparées et la toile est toute prête. Mais comment le fixer cet homme inquiet, léger, inconstant, qui change de mille et mille figures?
3. « Ils l'adoucissent. » Construction tout à fait barbare.
4. « S'échappent. » Sortent d'eux-mêmes.
5. « Ne se recherche » est ici opposé à *se néglige*, et employé de la même façon dont on dirait : *ne se travaille*.
6. « Sur tout le reste. » Sur les événements importants où il n'y a pas de place pour la vanité.

parler : maxime usée et triviale que tout le monde sait, et que tout le monde ne pratique pas.

* C'est se venger contre soi-même et donner un trop grand avantage à ses ennemis, que de leur imputer des choses qui ne sont pas vraies, et de mentir pour les décrier [1].

* Si l'homme savait rougir de soi, quels crimes non-seulement cachés, mais publics et connus, ne s'épargnerait-il pas?

* Si certains hommes ne vont pas dans le bien jusques où ils pourraient aller, c'est par le vice de leur première instruction.

* Il y a dans quelques hommes une certaine médiocrité d'esprit qui contribue à les rendre sages [2].

* Il faut aux enfants les verges et la férule; il faut aux hommes faits une couronne, un sceptre, un mortier, des fourrures, des faisceaux, des timbales, des hoquetons [3]. La raison et la justice, dénuées de tous leurs ornements, ni ne persuadent ni n'intimident. L'homme qui est esprit se mène par les yeux et les oreilles [4].

* *Timon*, ou le Misanthrope, peut avoir l'âme austère et farouche, mais extérieurement il est civil et *cérémonieux*: il ne s'échappe pas [5], il ne s'apprivoise pas avec les hommes; au contraire, il les traite honnêtement et sérieusement; il emploie à leur égard tout ce qui peut éloigner leur familiarité; il ne veut pas les mieux connaître ni s'en faire des amis, semblable en ce sens à une femme qui est en visite chez une autre femme [6].

---

1. « Pour les décrier. » Saint-Evremond répond fort spirituellement à un critique impertinent et injuste : « Après avoir exercé ma critique sur toutes sortes de gens, je m'attendais qu'on prendrait autant de liberté à parler de moi, que j'en avais pris à parler des autres. Mais je suis agréablement surpris que mon critique prenne le détour ingénieux d'une censure apparente pour favoriser tous mes sentiments. En effet il me blâme exprès d'une manière à me faire louer de tout le monde. Ce n'est pas tout que d'avoir la volonté de m'obliger; il faut avoir tout l'esprit de mon critique, pour donner tant de réputation à mes ouvrages. »

2. « Sage. » « La médiocrité d'esprit et la paresse font plus de philosophes que les réflexions. » VAUVENARGUES.

3. « Hoquetons. » Casaques d'archer.

4. « Oreilles. » Pascal avait déjà dit d'une manière plus originale : « Nos magistrats ont bien connu ce mystère. Leurs robes rouges, leurs hermines dont ils s'emmaillottent en chats fourrés, les palais où ils jugent, les fleurs de lys, tout cet appareil auguste était nécessaire; et si les médecins n'avaient des soutanes et des mules, et que les docteurs n'eussent des bonnets carrés, et des robes trop amples de quatre parties, jamais ils n'auraient dupé le monde, qui ne peut résister à cette montre authentique. Les seuls gens de guerre ne se sont pas déguisés de la sorte, parce qu'en effet leur part est plus essentielle. Ils s'établissent par la force, les autres par grimace. »

5. « Il ne s'échappe pas. » Il n'éclate pas.

6. « Femme. » On retrouve déjà dans ce passage toutes les objections que J.-J

* La raison tient de la vérité[1], elle est une ; l'on n'y arrive que par un chemin, et l'on s'en écarte par mille ; l'étude de la sagesse a moins d'étendue que celle que l'on ferait des sots et des impertinents. Celui qui n'a vu que des hommes polis et raisonnables, ou ne connaît pas l'homme, ou ne le connaît qu'à demi : quelque diversité qui se trouve dans les complexions ou dans les mœurs, le commerce du monde et la politesse donnent les mêmes apparences, font qu'on se ressemble les uns aux autres par des dehors qui plaisent réciproquement, qui semblent communs à tous, et qui font croire qu'il n'y a rien ailleurs qui ne s'y rapporte. Celui, au contraire, qui se jette[2] dans le peuple ou dans la province, y fait bientôt, s'il a des yeux, d'étranges découvertes, y voit des choses qui lui sont nouvelles, dont il ne se doutait pas, dont il ne pouvait avoir le moindre soupçon : il avance, par des expériences continuelles, dans la connaissance de l'humanité ; il calcule presque en combien de manières différentes l'homme peut être insupportable.

* Après avoir mûrement approfondi les hommes, et connu le faux de[3] leurs pensées, de leurs sentiments, de leurs goûts et de leurs affections, l'on est réduit à dire qu'il y a moins à perdre pour eux par l'inconstance que par l'opiniâtreté.

* Combien d'âmes faibles, molles[4] et indifférentes, sans de grands défauts, et qui puissent fournir à la satire ! Combien de sortes de ridicules répandus parmi les hommes, mais qui, par leur singularité, ne tirent point à conséquence, et ne sont d'aucune ressource pour l'instruction et pour la morale ! Ce sont des vices uniques qui ne sont pas contagieux, et qui sont moins de l'humanité que de la personne.

Rousseau devait faire, avec plus de hardiesse et de développement, au *Misanthrope* de Molière. Il semble que La Bruyère en assistant à la représentation d'un chef-d'œuvre de notre comique, ait été moins occupé à l'admirer qu'à le refaire à sa façon Voyez l'imitation qu'il a donnée du *Tartuffe*, c. XIII, § 21.
1. « Tient de la vérité. » Ressemble à la vérité.
2. « Qui se jette. » Qui se met à étudier. L'auteur a beaucoup usé et souvent abusé de ce mot.
3. « Le faux de. » La fausseté de.
4. « Molles. » Expression juste et heureuse

[Chapitre XII.]

DES JUGEMENTS.

* Rien ne ressemble plus à la vive persuasion que le mauvais entêtement : de là les partis, les cabales, les hérésies.

* L'on ne pense pas toujours constamment [1] d'un même sujet : l'entêtement et le dégoût se suivent de près.

* Les grandes choses étonnent, et les petites rebutent : nous nous apprivoisons avec les unes et les autres par l'habitude.

* Deux choses toutes contraires nous préviennent [2] également : l'habitude et la nouveauté.

* Il n'y a rien de plus bas, et qui convienne mieux au peuple, que de parler en des termes magnifiques de ceux mêmes dont l'on pensait très-modestement avant leur élévation.

* La faveur des princes n'exclut pas le mérite, et ne le suppose pas aussi.

* Il est étonnant qu'avec tout l'orgueil dont nous sommes gonflés [3], et la haute opinion que nous avons de nous-mêmes et de la bonté de notre jugement, nous négligions de nous en servir pour prononcer sur le mérite des autres. La vogue, la faveur populaire, celle du prince, nous entraînent comme un torrent. Nous louons ce qui est loué bien plus que ce qui est louable [4].

* Je ne sais s'il y a rien au monde qui coûte davantage à approuver et à louer, que ce qui est plus digne d'approbation et de louange, et si la vertu, le mérite, la beauté, les bonnes actions, les beaux ouvrages, ont un effet [5] plus naturel et plus sûr que l'envie, la jalousie et l'antipathie. Ce n'est pas d'un saint dont [6]

1. « Constamment. » De la même manière.
2. « Nous préviennent » en leur faveur.
3. « Gonflés. » Métaphore excellente, et neuve du temps de La Bruyère.
4. « Louable. » « La plupart des hommes n'osent ni louer, ni blâmer seuls, et ne sont pas moins timides pour protéger que pour attaquer; il y en a peu qui aient le courage de se passer de partisans ou de complices, je ne dis pas pour manifester leurs sentiments, mais pour y persister; ils tâchent de s'y affermir eux-mêmes en le suggérant à d'autres, sinon ils l'abandonnent. » Duclos, *Consid. sur les mœurs*
5. « Ont un effet. » Font naître, trouvent pour récompense.
6. « Ce n'est pas d'un saint dont. » On ne se servirait pas aujourd'hui de ces deux régimes indirects, et l'on dirait : ce n'est pas d'un saint *que*. Cette règle n'était pas rigoureusement observée au XVIIe siècle. Boileau, dans une de ses pièces qu'il a le plus travaillées (*Sat.* IX, 1) a pu dire :

C'est à vous mon esprit, *à qui* je veux parler.

Il lui eût été très-facile de corriger ce vers, s'il l'eût jugé fautif.

un dévot[1] sait dire du bien, mais d'un autre dévot. Si une belle femme approuve la beauté d'une autre femme, on peut conclure qu'elle a mieux que ce qu'elle approuve. Si un poëte loue les vers d'un autre poëte, il y a à parier qu'ils sont mauvais et sans conséquence[2].

* Les hommes ne se goûtent qu'à peine les uns les autres, n'ont[3] qu'une faible pente à s'approuver réciproquement ; action, conduite, pensée, expression, rien ne plaît, rien ne contente. Ils substituent à la place de ce qu'on leur récite, de ce qu'on leur dit ou de ce qu'on leur lit, ce qu'ils auraient fait eux-mêmes en pareille conjoncture, ce qu'ils penseraient ou ce qu'ils écriraient[4] sur un tel sujet ; et ils sont si pleins de leurs idées, qu'il n'y a plus de place pour celles d'autrui.

* Le commun des hommes est si enclin au déréglement et à la bagatelle[5], et le monde est si plein d'exemples ou pernicieux ou ridicules, que je croirais assez que l'esprit de singularité[6], s'il pouvait avoir ses bornes et ne pas aller trop loin, approcherait fort de la droite raison et d'une conduite régulière.

Il faut faire comme les autres : maxime suspecte, qui signifie presque toujours, il faut mal faire, dès qu'on l'étend au delà de ces choses purement extérieures[7] qui n'ont point de suite, qui dépendent de l'usage, de la mode ou des bienséances.

---

1. « Un dévot. » « Faux dévot. » (*Note de La Bruyère.*)
2. « Sans conséquence. » Molière dit fort bien de lui-même et de ses critiques : « Pourquoi fait-il de méchantes pièces que tout Paris va voir, et où il peint si bien les gens, que chacun s'y connaît? Que ne fait-il des comédies comme celles de monsieur Lysidas? Il n'aurait personne contre lui, et tous les auteurs en diraient du bien. Il est vrai que de semblables comédies n'ont pas ce grand concours de monde ; mais en revanche, elles sont toujours bien écrites, personne n'écrit contre elles, et tous ceux qui les voient meurent d'envie de les trouver belles. » *L'Impromptu de Versailles*, sc. 3.
3. « N'ont. » L'auteur supprime assez volontiers la conjonction *et*.
4. « Ce qu'ils écriraient. » Montesquieu disait de Voltaire, qui avait critiqué un peu trop légèrement *l'Esprit des Lois* : « Je ne puis m'en rapporter à lui ; cet homme refait tous les livres qu'il lit. » La Bruyère lui-même tombe dans la faute qu'il a si bien relevée, il ne craint pas de mettre le caractère d'Onuphre en regard de Tartuffe.
5. « Bagatelle. » L'auteur fait un grand usage de ce mot qui ne s'emploie plus que dans le style familier.
6. « L'esprit de singularité. » Duclos, qui savait se faire pardonner la singularité à force d'esprit et de probité, a érigé en maxime sa propre conduite : « Soyons ce que nous sommes, n'ajoutons rien à notre caractère ; tâchons seulement d'en retrancher ce qui peut être incommode pour les autres et dangereux pour nous-mêmes. Ayons le courage de nous soustraire à la servitude de la mode, sans passer les bornes de la raison. »
7. « Extérieures. » « Il me semble que toutes façons écartées et particulières

* Si les hommes sont hommes plutôt qu'ours et panthères ; s'ils sont équitables, s'ils se font justice à eux-mêmes et qu'ils la rendent aux autres, que deviennent les lois, leur texte, et le prodigieux accablement de leurs commentaires? Que devient le *pétitoire* et le *possessoire*[1], et tout ce qu'on appelle jurisprudence. Où se réduisent même ceux qui doivent tout leur relief et toute leur enflure[2] à l'autorité où ils sont établis de faire valoir ces mêmes lois? Si ces mêmes hommes ont de la droiture et de la sincérité, s'ils sont guéris de la prévention, où sont évanouies les disputes de l'école, la scolastique et les controverses? S'ils sont tempérants, chastes et modérés, que leur sert le mystérieux jargon de la médecine, et qui est une mine d'or pour ceux qui s'avisent de le parler? Légistes, docteurs, médecins, quelle chute pour vous, si nous pouvions tous nous donner le mot de devenir sages[3]!

De combien de grands hommes, dans les différents exercices de la paix et de la guerre, aurait-on dû se passer! A quel point de perfection et de raffinement n'a-t-on pas porté de certains arts et de certaines sciences qui ne devaient point être nécessaires, et qui sont dans le monde comme des remèdes à tous les maux, dont notre malice[4] est l'unique source!

Que de choses depuis VARRON, que Varron a ignorées! Ne nous suffirait-il pas même de n'être savant que comme PLATON ou comme SOCRATE?

* Tel à un sermon, à une musique[5] ou dans une galerie de peintures, a entendu à sa droite et à sa gauche, sur une chose

partent plustost de folie ou d'affectation ambitieuse, que de vraye raison; et que le sage doibt au dedans retirer son âme de la presse, et la tenir en liberté et puissance de juger librement des choses; mais, quant au dehors, qu'il doibt suyvre entièrement les façons et formes receues. » MONTAIGNE, *Essais*, I, 22.

1. « Pétitoire. » Action par laquelle on demande le fonds ou la propriété d'une chose. Il se dit par opposition à *possessoire*, où il ne s'agit que de la possession.

2. « Enflure. » Métaphore qui ne manque pas de recherche comme plusieurs expressions dans ce caractère.

3. « Sages. » « N'est-ce pas, dit La Harpe, une belle découverte que de nous apprendre que si tous les hommes étaient sages, il ne leur faudrait point de lois, et que s'ils n'étaient jamais malades, il ne leur faudrait pas de médecins? » — La même observation s'applique à la pensée suivante, qui n'est qu'une boutade chagrine et exagérée.

« Malice » est ici pris dans le sens latin comme synonyme de *méchanceté*. Il a ordinairement une signification moins forte. On a remarqué même que la langue française, où le mot de *bon* était quelquefois une injure, était la seule qui possédât un diminutif de méchant.

5. « A une musique. » A un concert. On ne l'emploie plus guère en ce sens, on ne sait pourquoi.

précisément la même, des sentiments précisément opposés. Cela me ferait dire volontiers que l'on peut hasarder, dans tout genre d'ouvrages, d'y mettre le bon et le mauvais : le bon plaît aux uns, et le mauvais aux autres ; l'on ne risque guère davantage d'y mettre le pire, il a ses partisans [1].

* Le phénix de la poésie *chantante* renaît de ses cendres ; il a vu mourir et revivre sa réputation en un même jour ; ce juge même si infaillible et si ferme dans ses jugements, le public, a varié sur son sujet ; ou il se trompe ou il s'est trompé ; celui qui prononcerait aujourd'hui que Q** [2], en un certain genre, est mauvais poëte, parlerait presque aussi mal que s'il eût dit il y a quelque temps : *Il est bon poëte.*

* CHAPELAIN était riche, et CORNEILLE [3] ne l'était pas ; la *Pucelle* et *Rodogune* méritaient chacune une autre aventure. Ainsi l'on a toujours demandé pourquoi, dans telle ou telle profession, celui-ci avait fait sa fortune, et cet autre l'avait manquée ; et en cela les hommes cherchent la raison de leurs propres caprices, qui, dans les conjonctures pressantes de leurs affaires, de leurs plaisirs, de leur santé et de leur vie, leur font souvent laisser les meilleurs, et prendre les pires [4].

* La condition des comédiens était infâme chez les Romains et honorable chez les Grecs : qu'est-elle chez nous ? On pense d'eux comme les Romains, on vit avec eux comme les Grecs.

* Il suffisait à *Bathylle* d'être pantomime pour être couru des dames romaines ; à *Rhoé*, de danser au théâtre ; à *Roscie* et à *Nérine*, de représenter dans les chœurs, pour s'attirer une foule d'amants. La vanité et l'audace, suites d'une trop grande puissance, avaient ôté aux Romains le goût du secret et du mystère ;

---

1. « Partisans. » Un des grands avocats du XVIIIe siècle, Gerbier, venait de plaider une cause importante. Le président lui demanda familièrement pourquoi à d'excellentes raisons il en avait mêlé de très-faibles. « Les meilleures, répondit-il, sont pour vous, les autres pour tel et tel. » Le président s'aperçut bientôt à la délibération, que chacun des juges avait été convaincu par la preuve qui lui était destinée : « Monsieur, dit-il à l'avocat, vos petits paquets sont allés à leur adresse. »
2. « Q**. » Quinault. Bafoué par Boileau, vanté par Voltaire, Quinault est peu lu aujourd'hui. *Habent sua fata libelli.*
3. « Corneille. » On sait qu'après la mort de Colbert, on retrancha la pension de Corneille, quoiqu'il fût pauvre, âgé, malade et mourant. Boileau se jeta aux pieds du roi et obtint qu'on ne laissât pas mourir dans la misère l'auteur du *Cid*.
4. « Les pires. » Les hommes choisissent au hasard ceux qui doivent les servir pour leurs affaires ou leurs plaisirs ; ils dédaignent les plus grands hommes, et leur préfèrent les plus petits. Voilà ce que l'auteur a voulu dire, et ce qu'il ne dit pas assez clairement.

ils se plaisaient à faire du théâtre public celui¹ de leurs amours; ils n'étaient point jaloux de l'amphithéâtre, et partageaient avec la multitude les charmes de leurs maîtresses. Leur goût n'allait qu'à laisser voir qu'ils aimaient, non pas une belle personne ou une excellente comédienne, mais une comédienne.

* Rien ne découvre mieux dans quelle disposition sont les hommes à l'égard des sciences et des belles-lettres, et de quelle utilité ils les croient dans la république, que le prix² qu'ils y ont mis, et l'idée qu'ils se forment de ceux qui ont pris le parti de les cultiver. Il n'y a point d'art si mécanique ni de si vile condition, où les avantages ne soient plus sûrs, plus prompts et plus solides. Le comédien, couché dans son carrosse, jette de la boue au visage de CORNEILLE, qui est à pied³. Chez plusieurs, savant et pédant sont synonymes.

Souvent où le riche parle et parle de doctrine, c'est aux doctes à se taire, à écouter, à applaudir, s'ils veulent du moins ne passer que pour doctes⁴.

* Il y a une sorte de hardiesse à soutenir⁵ devant certains esprits la honte de l'érudition : l'on trouve chez eux une prévention tout établie contre les savants, à qui ils ôtent les manières du monde, le savoir-vivre, l'esprit de société, et qu'ils renvoient, ainsi dépouillés, à leur cabinet et à leurs livres. Comme l'ignorance est un état paisible et qui ne coûte aucune peine, l'on s'y range en foule, et elle forme, à la cour et à la ville, un nombreux parti, qui l'emporte sur celui des savants. S'ils allè-

---

1. « Celui. » Le théâtre. La construction n'est ni claire, ni correcte.
2. « Le prix. » Le peu de prix.
3. « Jette de la boue, etc. » Ce passage est éloquent. La Bruyère, du reste fort désintéressé, était riche et indépendant par la protection des Condés. On ne pouvait donc l'accuser de songer à lui-même, lorsqu'il réclamait avec tant de vigueur les droits des sciences et des lettres.
4. « Ne passer que pour doctes. »

> L'on a beau faire bien, et semer ses escrits
> De civette, bainjoin, de musc et d'ambre gris;
> Qu'ils soient pleins, relevés et graves à l'oreille,
> Qu'ils fassent sourciller les doctes de merveille :
> Ne pense pour cela être estimé moins fol,
> Et sans argent comptant qu'on te prête un licol,
> Ny qu'on n'estime plus (humeur extravagante!)
> Un gros asne pourveu de mille escus de rente.
>   RÉGNIER. *Satire* IV.

5. « A soutenir. » A supporter.

guent en leur faveur les noms d'Estrées[1], de Harlay, Bossuet, Séguier, Montausier, Wardes, Chevreuse, Novion, Lamoignon, Scudery[2], Pellisson, et de tant d'autres personnages également doctes et polis; s'ils osent même citer les grands noms de Chartres[3], de Condé, de Conti, de Bourbon, du Maine[4], de Vendôme[5], comme de princes qui ont su joindre aux plus belles et aux plus hautes connaissances et l'atticisme des Grecs et l'urbanité des Romains ; l'on ne feint[6] point de leur dire que ce sont des exemples singuliers : et s'ils ont recours à de solides raisons, elles sont faibles contre la voix de la multitude. Il semble néanmoins que l'on devrait décider sur cela avec plus de précaution, et se donner seulement la peine de douter si ce même esprit qui fait faire de si grands progrès dans les sciences, qui

---

1. « D'Estrée » (Le cardinal), savant prélat, habile négociateur, membre de l'Académie française. — « Harlay. » Il y avait un premier président et un archevêque de ce nom, tous deux renommés pour leur esprit. — « Séguier » (Le chancelier), une des gloires de la magistrature française. Il donna l'idée et le plan de l'Académie française au cardinal de Richelieu. — « Montausier, » gouverneur du dauphin. — « Wardes, » courtisan fameux par ses intrigues, sut profiter d'une disgrâce momentanée pour se livrer à l'étude. — « Chevreuse » (Le duc de), ami de Fénelon. — « Novion » (Potier de), nommé premier président du parlement en 1678, fort mauvais magistrat et fort savant homme, remplaça Olivier Patru à l'Académie française.

2. « Scudéry. » Mademoiselle de Scudéry. (*Note de La Bruyère*.). — On ne s'attendait pas à la trouver en si bonne compagnie.

3. « Chartres. » Depuis duc d'Orléans et régent du royaume. — « Conti. » Le plus distingué est le neveu et l'élève du grand Condé, qui fut, dit Saint-Simon, les constantes délices de la cour, et l'admiration des savants les plus profonds.

4. « Du Maine » (le duc), élève de madame de Maintenon.

5. « Vendôme. » La Bruyère range de son côté avec autant d'habileté que de justice les plus grands personnages et les princes mêmes. Il ne pouvait méconnaître ce que le roi et la cour, à son exemple, avaient fait pour les savants. Mais le parti de l'ignorance n'en était pas moins fort nombreux et puissant. Saint-Évremond raconte une dispute fort plaisante qui s'éleva, à propos de l'abdication de la reine Christine, entre deux seigneurs. L'un soutenait que pour avoir appris le français et la philosophie, elle avait perdu son royaume, l'autre défendait la reine et la gloire des lettres, et citait Alexandre, César et Condé, fort illustres quoique instruits : « Vous nous en contez bien, dit le commandeur, avec votre César et votre Alexandre. Je ne sais s'ils étaient savants ou ignorants. Il ne m'importe guère. Mais je sais que de mon temps on ne faisait étudier les gentilshommes que pour être d'église ; encore se contentaient-ils le plus souvent du latin de leur bréviaire. Ceux qu'on destinait à la cour ou à l'armée, allaient honnêtement à l'académie. Ils apprenaient à monter à cheval, à danser, à faire des armes, à jouer du luth, à voltiger, un peu de mathématiques ; et c'était tout. Vous aviez en France mille beaux gens d'armes, galants hommes. C'est ainsi que se formaient les Thermes et les Bellegardes. Du latin ! de mon temps du latin ! Un gentilhomme en eût été déshonoré. Je connais les grandes qualités de M. le Prince (Condé), et suis son serviteur ; mais je vous dirai que le dernier connétable de Montmorency a su maintenir son crédit dans les provinces, et sa considération à la cour, sans savoir lire. Peu de latin, vous dis-je, et de bon français. » — Voilà ce qu'on est étonné d'entendre dire au milieu du XVIIe siècle, et ce qui ne justifie que trop les plaintes de La Bruyère. Ce sujet lui tient au cœur, et avec raison. Il attaque l'ignorance par la colère, le raisonnement, l'ironie.

6. « L'on ne feint point. » L'on n'hésite point.

fait bien penser, bien juger, bien parler et bien écrire, ne pourrait point encore servir à être poli.

Il faut très-peu de fonds pour la politesse dans les manières; il en faut beaucoup pour celle de l'esprit.

* Il est savant, dit un politique, il est donc incapable d'affaires, je ne lui confierais [1] l'état de ma garde-robe; et il a raison. Ossat, Ximenès [2], Richelieu, étaient savants : étaient-ils habiles? ont-ils passé pour de bons ministres? Il sait le grec, continue l'homme d'État, c'est un grimaud [3], c'est un philosophe. Et en effet, une fruitière à Athènes, selon les apparences, parlait grec, et par cette raison était philosophe : les Bignons [4], les Lamoignons étaient de purs grimauds : qui en peut douter? ils savaient le grec. Quelle vision, quel délire au grand, au sage, au judicieux Antonin, de dire *qu'alors les peuples seraient heureux, si l'empereur philosophait, ou si le philosophe, ou le grimaud, venait à l'empire !*

Les langues sont la clef ou l'entrée des sciences, et rien davantage; le mépris des unes tombe sur les autres. Il ne s'agit point si [5] les langues sont anciennes ou nouvelles, mortes ou vivantes, mais si elles sont grossières ou polies; si les livres qu'elles ont formés sont d'un bon ou d'un mauvais goût. Supposons que notre langue pût un jour avoir le sort de la grecque [6] et de la latine, serait-on pédant, quelques siècles après qu'on ne la parlerait plus, pour lire Molière ou la Fontaine?

* Je nomme *Euripile*, et vous dites, C'est un bel esprit : vous dites aussi de celui qui travaille une poutre, il est charpentier;

---

1. « Je ne lui confierais. » La suppression de la négative *pas*, fréquente dans nos anciens auteurs, donne à la phrase un tour plus familier.

2. « Ossat » (Le cardinal d'), d'une naissance obscure, s'éleva aux plus hautes dignités par son seul mérite; il fut mêlé à toutes les négociations du règne de Henri IV, et a laissé des lettres diplomatiques qui passent pour le chef-d'œuvre du genre. — « Ximenès » (Le cardinal de), un des plus grands hommes dont l'Espagne s'honore fut régent pendant la minorité et l'absence de Charles-Quint.

3. « Grimaud. » Terme injurieux dont les grands écoliers se servaient pour insulter aux petits, et qu'on appliquait souvent aux maîtres :
Allez, petit *grimaud*, barbouilleur de papier.
MOLIÈRE, *Les Femmes savantes*, III, 5

4. « Bignon » (Jérôme), avocat général au parlement, appelé souvent au conseil de l'État pendant la régence d'Anne d'Autriche, grand magistrat et déjà célèbre à vingt-deux ans par son érudition.

5. « Il ne s'agit point si. » Tournure latine plus rapide et aussi claire que : « il ne s'agit pas de savoir si. »

6. « La grecque. » L'ellipse du substantif fait une construction claire et commode adoptée par les meilleurs grammairiens.

et de celui qui refait un mur, Il est maçon. Je vous demande quel est l'atelier où travaille cet homme de métier, ce bel esprit? quelle est son enseigne? à quel habit le reconnaît-on? quels sont ses outils? est-ce le coin? sont-ce le marteau ou l'enclume? où fend-il, où cogne-t-il son ouvrage? où l'expose-t-il en vente? Un ouvrier se pique d'être ouvrier; Euripile se pique-t-il d'être bel esprit [1]? S'il est tel, vous me peignez un fat, qui met l'esprit en roture [2], une âme vile et mécanique, à qui ni ce qui est beau ni ce qui est esprit ne sauraient s'appliquer sérieusement; et s'il est vrai qu'il ne se pique de rien, je vous entends, c'est un homme sage et qui a de l'esprit. Ne dites-vous pas encore du savantasse, Il est bel esprit, et ainsi du mauvais poëte? Mais vous-même vous croyez-vous sans aucun esprit? et si vous en avez, c'est sans doute de celui qui est beau et convenable; vous voilà donc un bel esprit; ou s'il s'en faut peu que vous ne preniez ce nom pour une injure, continuez, j'y consens, de le donner à Euripile, et d'employer cette ironie comme les sots, sans le moindre discernement; ou comme les ignorants, qu'elle console d'une certaine culture qui leur manque, et qu'ils ne voient que dans les autres.

* Qu'on ne me parle jamais d'encre, de papier, de plume, de style, d'imprimeur, d'imprimerie; qu'on ne se hasarde plus de me dire : Vous écrivez si bien, *Antisthène!* continuez d'écrire : ne verrons-nous point de vous un *in-folio?* traitez de toutes les vertus et de tous les vices dans un ouvrage suivi, méthodique [3], qui n'ait point de fin; ils devraient ajouter, et nul cours. Je renonce à tout ce qui a été, qui est et qui sera livre. *Bérylle* tombe en syncope à la vue d'un chat, et moi à la vue d'un livre. Suis-je mieux nourri et plus lourdement vêtu, suis-je dans ma chambre à l'abri du nord, ai-je un lit de plumes après vingt ans entiers qu'on me

---

1. « Bel esprit. » La Bruyère est négligé et trivial dans sa colère contre ce faux bel esprit. Pascal avait dit avec beaucoup d'injustice, mais d'une manière fort originale : « Les vrais honnêtes gens ne veulent point d'enseigne, et ne mettent guère de différence entre le métier de poëte et le métier de brodeurs. Ils ne sont point appelés géomètres ou poëtes, mais ils jugent tous ceux-là. »

2. « Mettre en roture. » Singulière expression pour dire : dégrader, avilir.

3. « Méthodique. » La Bruyère n'a pas voulu faire cet ouvrage suivi et méthodique, la postérité comme les contemporains lui ont donné gain de cause. Qui lit aujourd'hui les ouvrages de Nicole et de Port-Royal, si admirés de leur temps et qui renferment tant de beaux traits? En renonçant aux transitions et à la suite des idées, La Bruyère a évité la plus grande des difficultés, et a donné un grand agrément à son livre où il n'a mis que ses pensées les plus travaillées.

débite dans la place? J'ai un grand nom, dites-vous, et beaucoup de gloire; dites que j'ai beaucoup de vent qui ne sert à rien : ai-je un grain de ce métal qui procure toutes choses? Le vil praticien grossit son mémoire [1], se fait rembourser des frais qu'il n'avance pas, et il a pour gendre un comte ou un magistrat. Un homme *rouge* ou *feuille-morte* [2] devient commis, et bientôt plus riche que son maître; il le laisse dans la roture, et avec de l'argent il devient noble. B** [3] s'enrichit à montrer dans un cercle des marionnettes; BB** [4], à vendre en bouteille l'eau de la rivière. Un autre charlatan [5] arrive ici de delà les monts avec une malle; il n'est pas déchargé que les pensions courent, et il est prêt de retourner d'où il arrive avec des mulets et des fourgons. *Mercure* est *Mercure*, et rien davantage, et l'or ne peut payer ses médiations et ses intrigues; on y ajoute la faveur et les distinctions. Et sans parler que des gains licites, on paye au tuilier sa tuile, et à l'ouvrier son temps et son ouvrage : paye-t-on à un auteur ce qu'il pense et ce qu'il écrit? et s'il pense très-bien, le paye-t-on très-largement? se meuble-t-il, s'anoblit-il à force de penser et d'écrire juste [6]? Il faut que les hommes soient habillés, qu'ils soient rasés; il faut que, retirés dans leurs maisons, ils aient une porte qui

1. « Grossit son mémoire. »
>   Au mois de juin dernier un mémoire de frais
>   Pensa dans un cachot te faire mettre au frais.
>   Tu l'avais fait monter à sept cent trente livres,
>   Et ton papier volant, tel que tu le délivres,
>   Étant vu de messieurs, trois des plus apparents
>   Réduisirent le tout à trente-quatre francs.
>   BOURSAULT, *Le Mercure galant*, v, 7.

Ces paroles sont adressées à un procureur au Châtelet, qui paraît avoir entendu son métier, tout aussi bien que M. Fleurant, du *Malade imaginaire*.

2. « Un homme rouge ou feuille-morte. » Un laquais. Les habits de livrée étaient souvent de couleur *rouge ou morte*.

3. « B**. » Benoît, qui a amassé du bien en montrant les figures de cire.

4. « BB**. » Barbereau, qui a fait fortune en vendant de l'eau de la rivière de Seine pour des eaux minérales.

5. « Charlatan. » Caretti, qui s'est enrichi par quelques secrets qu'il vendait fort cher.

6. « D'écrire juste. » Toutes les idées et les discussions modernes sur la propriété littéraire se retrouvent, dans ce passage, indiquées d'une manière fort originale. La Bruyère choquait ici vivement la délicatesse et les préjugés de son siècle. Boileau qui dans le IV° chant de *l'Art poétique* (v. 125), s'élève avec beaucoup d'éloquence contre les auteurs mercenaires, dégoûtés de gloire et affamés d'argent, n'avait consenti que sur la prière de Racine à écrire ces deux vers :

>   Je sais qu'un noble esprit peut sans honte et sans crime
>   Tirer de son travail un tribut légitime.

ferme bien : est-il nécessaire qu'ils soient instruits¹? Folie, simplicité, imbécillité, continue Antisthène, de mettre l'enseigne d'auteur ou de philosophe ! avoir, s'il se peut, un *office lucratif*, qui rende la vie aimable, qui fasse prêter à ses amis, et donner à ceux qui ne peuvent rendre : écrire alors par jeu, par oisiveté, et comme *Tityre* siffle ou joue de la flûte ; cela ou rien : j'écris à ces conditions, et je cède ainsi à la violence de ceux qui me prennent à la gorge, et me disent : Vous écrirez. Ils liront pour titre de mon nouveau livre : Du Beau, du Bon, du Vrai. Des Idées. Du premier Principe, *par Antisthène, vendeur de marée* ².

* Si les ambassadeurs ³ des princes étrangers étaient des singes instruits à marcher sur leurs pieds de derrière et à se faire entendre par interprète, nous ne pourrions pas marquer un plus grand étonnement que celui que nous donne la justesse de leurs réponses, et le bon sens qui paraît quelquefois dans leurs discours. La prévention du pays, jointe à l'orgueil de la nation, nous fait oublier que la raison est de tous les climats, et que l'on pense juste partout où il y a des hommes. Nous n'aimerions pas à être traités ainsi de ceux que nous appelons barbares; et s'il y a en nous quelque barbarie, elle consiste à être épouvantés ⁴ de voir d'autres peuples raisonner comme nous ⁵.

Tous les étrangers ne sont pas barbares, et tous nos compatriotes ne sont pas civilisés : de même, toute campagne n'est pas agreste ⁶, et toute ville n'est pas polie. Il y a dans l'Europe un endroit ⁷ d'une province maritime d'un grand royaume, où le

---

1. « Instruits. » Louis XIV était en cela plus juste que le public, et faisait payer sa gloire à la France. Il est singulier que La Bruyère n'ait pas fait ici intervenir l'éloge du roi, comme Boileau dans le passage qui vient d'être cité.
2. « Marée. » La Harpe a vivement critiqué ce caractère, qui renferme pourtant beaucoup de vérités sous une forme piquante et familière.
3. « Les ambassadeurs. » Ceux de Siam, envoyés à Louis XIV dans ce temps-là.
4. « A être épouvantés. » Expression originale et énergique.
5. « Raisonner comme nous. » « Je demeurais quelquefois une heure dans une compagnie, sans qu'on m'eût regardé et qu'on m'eût mis en occasion d'ouvrir la bouche; mais si quelqu'un par hasard apprenait à la compagnie que j'étais Persan, j'entendais aussitôt autour de moi un bourdonnement : Ah! ah! monsieur est Persan? C'est une chose bien extraordinaire! Comment peut-on être Persan? » Montesquieu. — Montaigne, après avoir rapporté plusieurs coutumes des peuples sauvages, ajoute fort plaisamment : « Tout cela ne va pas trop mal; mais quoy ! ils ne portent point de hault de chausses. »
6. « Agreste. » Ce terme s'entend ici métaphoriquement. (*Note de La Bruyère.*)
7. « Endroit. » On ne sait de quel pays l'auteur veut parler ici.

villageois est doux et insinuant, le bourgeois au contraire et le magistrat grossier, et dont la rusticité est héréditaire.

* Avec un langage si pur, une si grande recherche dans nos habits, des mœurs si cultivées, de si belles lois et un visage blanc, nous sommes barbares [1] pour quelques peuples.

* Si nous entendions dire des Orientaux qu'ils boivent ordinairement d'une liqueur qui leur monte à la tête, leur fait perdre la raison et les fait vomir, nous dirions : Cela est bien barbare.

* Ce prélat [2] se montre peu à la cour, il n'est de nul commerce, on ne le voit point avec des femmes ; il ne joue ni à grande ni à petite prime [3] ; il n'assiste ni aux fêtes ni aux spectacles ; il n'est point homme de cabale, et il n'a point l'esprit d'intrigue : toujours dans son évêché, où il fait une résidence [4] continuelle, il ne songe qu'à instruire son peuple par la parole, et à l'édifier par son exemple ; il consume son bien en des aumônes, et son corps par la pénitence ; il n'a que l'esprit de régularité, et il est imitateur du zèle et de la piété des apôtres. Les temps sont changés, et il est menacé [5] sous ce règne d'un titre plus éminent.

* Ne pourrait-on point faire comprendre aux personnes d'un certain caractère et d'une profession sérieuse, pour ne rien dire de plus, qu'ils ne sont point obligés à faire dire d'eux qu'ils jouent, qu'ils chantent, et qu'ils badinent comme les autres hommes, et qu'à les voir si plaisants et si agréables, on ne croirait point qu'ils fussent d'ailleurs si réguliers et si sévères [6] ? oserait-on même

---

1. « Barbares. » « Ce n'est pas raison, dit Montaigne, que l'art gaigne le poinct d'honneur sur nostre grande et puissante mere nature. Nous avons tant rechargé la beauté et richesse de ses ouvrages par nos inventions, que nous l'avons du tout estouffée : si est-ce que partout où sa pureté reluict, elle faict une merveilleuse honte à nos vaines et frivoles entreprises. » *Essais*, I, 30. — La Bruyère n'a fait que toucher à ce sujet avec sa discrétion et sa justesse ordinaire. J.-J. Rousseau a développé outre mesure ces aperçus de Montaigne, et a soutenu avec plus d'éloquence que de raison, la supériorité de l'homme sauvage sur l'homme civilisé.
2. « Ce prélat. » La Clef donne cette note maligne : M. de Noailles, ci-devant évêque de Châlons, à présent archevêque de Paris.
3. « Prime. » Espèce de jeu de cartes.
4. « Résidence. » Il y a là une sorte de pléonasme. Il est clair que le prélat qui est toujours dans son évêché, y fait résidence. Mais l'auteur a tenu à conserver ce mot qui exprime à lui seul un éloge et une vertu fort rares de son temps, où les prélats vivaient presque tous à la cour.
5. « Menacé. » L'expression est plaisante. L'auteur sait faire sortir fort habilement la satire de l'éloge même.
6. « Sévères. » Le maréchal de Luxembourg, dans ce fameux procès où on essaya de le compromettre, raconte quel fut son étonnement, en voyant l'air grave et terrible de ces magistrats en robe rouge, qu'il avait souvent trouvés à la cour si aimables et si plaisants. « Les gens de robe, dit Saint-Evremond, paraissent moins honnêtes gens

leur insinuer qu'ils s'éloignent par de telles manières de la politesse dont ils se piquent; qu'elle assortit au contraire et conforme les dehors aux conditions, qu'elle évite le contraste, et de montrer le même homme sous des figures différentes, et qui font de lui un composé bizarre, ou un grotesque.

* Il ne faut pas juger [1] des hommes comme d'un tableau ou d'une figure, sur une seule et première vue; il y a un intérieur et un cœur qu'il faut approfondir. Le voile de la modestie couvre le mérite, et le masque [2] de l'hypocrisie cache la malignité. Il n'y a qu'un très-petit nombre de connaisseurs qui discerne [3], et qui soit en droit de prononcer. Ce n'est que peu à peu, et forcés même par le temps et les occasions, que la vertu parfaite et le vice consommé viennent enfin à se déclarer.

FRAGMENT [4].

« ..... Il disait [5] que l'esprit dans cette belle personne était un
« diamant bien mis en œuvre. Et continuant de parler d'elle :
« C'est, ajoutait-il, comme une nuance [6] de raison et d'agrément
« qui occupe les yeux et le cœur de ceux qui lui parlent; on ne
« sait si on l'aime ou si on l'admire : il y a en elle de quoi faire
« une parfaite amie, il y a aussi de quoi vous mener plus loin que
« l'amitié : trop jeune et trop fleurie pour ne pas plaire, mais trop
« modeste pour songer à plaire; elle ne tient compte aux hommes
« que de leur mérite, et ne croit avoir que des amis. Pleine de

quand ils sont jeunes, par un faux air de cour, qui les fait réussir dans la ville et les rend ridicules aux courtisans. » — Duclos a aussi relevé ce travers de notre ancienne magistrature. Mais tout le monde a rendu justice à sa probité et à ses lumières.

1. « Il ne faut pas juger. » L'auteur est souvent revenu sur cette pensée dont il pouvait mieux que personne apprécier la justesse.
2. « Masque. » Ces métaphores sont appropriées et disposées avec une symétrie fort élégante.
3. « Qui discerne. » Le pluriel serait plus correct.
4. « Fragment. » L'auteur cherche par tous les moyens à répandre de la variété dans son livre. Le tour dont il se sert ici est original et le fragment fort joli.
5. « Il disait. » Ce portrait est celui de Catherine Turgot, femme de Gilles d'Aligre, seigneur de Boislandry, conseiller au parlement, etc. Catherine Turgot épousa en secondes noces Batte du Chevilly, capitaine au régiment des gardes-françaises, et fut aimée de Chaulieu, qui lui a adressé plusieurs pièces de vers sous le nom d'Iris, de Catin, etc. C'est Chaulieu lui-même qui nous apprend que La Bruyère fit son portrait sous le nom d'Arténice : « C'était, dit-il, la plus jolie femme que j'aie connue, qui « joignait à une figure très-aimable la douceur de l'humeur et tout le brillant de l'es- « prit; personne n'a jamais mieux écrit qu'elle, et peu aussi bien. » (Voyez l'édition de Chaulieu, La Haye, 1774, t. I, p. 34.) » Aimé-Martin.
6. « Une nuance. » Cela ne manque pas de recherche.

« vivacités [1] et capable de sentiments, elle surprend et elle inté-
« resse ; et, sans rien ignorer de ce qui peut entrer de plus déli-
« cat et de plus fin dans les conversations, elle a encore ces
« saillies heureuses qui, entre autres plaisirs qu'elles font, dis-
« pensent toujours de la réplique [2]. Elle vous parle comme celle
« qui n'est pas savante, qui doute et qui cherche à s'éclaircir ; et
« elle vous écoute comme celle qui sait beaucoup, qui connaît le
« prix de ce que vous lui dites, et auprès de qui vous ne perdez
« rien de ce qui vous échappe. Loin de s'appliquer à vous contre-
« dire avec esprit, et d'imiter *Elvire*, qui aime mieux passer pour
« une femme vive que marquer du bon sens et de la justesse,
« elle s'approprie vos sentiments, elle les croit siens, elle les
« étend, elle les embellit ; vous êtes content de vous d'avoir pensé
« si bien, et d'avoir mieux dit encore que vous n'aviez cru [3]. Elle
« est toujours au-dessus de la vanité, soit qu'elle parle, soit qu'elle
« écrive ; elle oublie les traits où il faut des raisons ; elle a déjà [4]
« compris que la simplicité est éloquente. S'il s'agit de servir
« quelqu'un et de vous jeter dans les mêmes intérêts, laissant à
« Elvire les jolis discours et les belles-lettres [5], qu'elle met à tous
« usages, *Arténice* n'emploie auprès de vous que la sincérité,
« l'ardeur, l'empressement et la persuasion. Ce qui domine en
« elle, c'est le plaisir de la lecture, avec le goût des personnes
« de nom et de réputation, moins pour en être connue que pour
« les connaître. On peut la louer d'avance de toute la sagesse
« qu'elle aura un jour, et de tout le mérite qu'elle se prépare par
« les années, puisque avec une bonne conduite elle a de meil-
« leures intentions, des principes sûrs, utiles à celles qui sont
« comme elle exposées aux soins et à la flatterie ; et qu'étant assez
« particulière [6] sans pourtant être farouche, ayant même un peu

---

1. « Vivacités. » Pluriel assez rare et d'un bon emploi dans ce passage.
2. « De la réplique. » La Bruyère devait beaucoup apprécier ce mérite et ne cherchait guère à briller dans la conversation.
3. « Que vous n'aviez cru. » Ce dernier trait est charmant. L'auteur nous montre
en action le précepte qu'il a donné lui-même ailleurs. Voyez page 108 et la note 1
4. « Déjà. » Malgré sa jeunesse.
5. « Les belles-lettres. » Le pédantisme.
6. « Particulière. » « On dit qu'un homme est particulier, lorsqu'il fuit le commerce
et la fréquentation des autres hommes, qu'il n'aime pas à visiter et à être visité, soit
qu'il le fasse par un esprit sauvage, fantastique et bourru, soit qu'il le fasse par un
esprit de retraite et pour vaquer à la contemplation. » Furetière. — Il est regrettable
que ce mot ne soit plus d'usage en ce sens.

« de penchant pour la retraite, il ne lui saurait peut-être manquer
« que les occasions, ou ce qu'on appelle un grand théâtre, pour
« y faire briller toutes ses vertus. »

* Une belle femme est aimable dans son naturel ; elle ne perd rien à être négligée, et sans autre parure que celle qu'elle tire de sa beauté et de sa jeunesse : une grâce naïve éclate sur son visage, anime ses moindres actions ; il y aurait moins de péril à la voir avec tout l'attirail de l'ajustement et de la mode. De même un homme de bien est respectable par lui-même, et indépendamment de tous les dehors dont il voudrait s'aider pour rendre sa personne plus grave et sa vertu plus spécieuse [1]. Un air réformé, une modestie outrée, la singularité de l'habit, une ample calotte [2], n'ajoutent rien à .a probité, ne relèvent pas le mérite ; ils le fardent, et font peut-être qu'il est moins pur et moins ingénu.

Une gravité trop étudiée devient comique : ce sont comme des extrémités qui se touchent, et dont le milieu est dignité ; cela ne s'appelle pas être grave, mais en jouer le personnage ; celui qui songe à le devenir ne le sera jamais : ou la gravité n'est point, ou elle est naturelle ; et il est moins difficile d'en descendre que d'y monter.

* Un homme de talent et de réputation, s'il est chagrin et austère, il [3] effarouche les jeunes gens, les fait penser mal de la vertu, et la leur rend suspecte [4] d'une trop grande réforme [5] et d'une pratique trop ennuyeuse ; s'il est au contraire d'un bon commerce, il leur est une leçon utile, il leur apprend qu'on peut vivre gaiement et laborieusement, avoir des vues sérieuses sans renoncer aux plaisirs honnêtes. Il leur devient un exemple qu'on peut suivre.

* La physionomie n'est pas une règle qui nous soit donnée pour uger des hommes : elle nous peut servir de conjecture.

1. « Plus spécieuse. » Plus apparente.
2. « Calotte. » « N'allez pas, écrit Sénèque à Lucilius, à l'exemple de certains philosophes qui visent moins à la perfection qu'à la singularité, affecter rien d'étrange dans votre extérieur ni dans votre conduite : interdisez-vous cet habillement bizarre, cette chevelure en désordre, cette barbe négligée et toutes ces voies détournées pour se faire remarquer. Le nom de philosophe n'est déjà que trop exposé à l'envie, avec quelque modestie qu'on le porte : que sera-ce si nous cherchons à nous soustraire à l'usage ? Différence complète au dedans, mais ressemblance entière au dehors. » *Lettre* v.
3. « Il. » Ces sortes de répétition du sujet sont très-fréquentes dans La Bruyère.
4. « Suspecte de. » Suspecte comme exigeant.
5. « Réforme. » Correction, austérité de mœurs. L'auteur a dit plus haut, de la même façon, un air *réformé*.

DES JUGEMENTS.

* L'air spirituel est dans les hommes ce que la régularité des traits est dans les femmes : c'est le genre de beauté où les plus vains puissent aspirer.

* Un homme [1] qui a beaucoup de mérite et d'esprit, et qui est connu pour tel, n'est pas laid, même avec des traits qui sont difformes ; ou s'il a de la laideur, elle ne fait pas son impression.

* Combien d'art pour rentrer dans la nature ; combien de temps, de règles, d'attention et de travail pour danser avec la même liberté et la même grâce que l'on sait marcher; pour chanter comme on parle ; parler et s'exprimer comme l'on pense ; jeter autant de force, de vivacité, de passion et de persuasion dans un discours étudié et que l'on prononce dans le public, qu'on en a quelquefois naturellement et sans préparation dans les entretiens les plus familiers.

* Ceux qui, sans nous connaître assez, pensent mal de nous, ne nous font pas de tort ; ce n'est pas nous qu'ils attaquent, c'est le fantôme de leur imagination.

* Il y a de petites règles, des devoirs, des bienséances attachées aux lieux, aux temps, aux personnes, qui ne se devinent point à force d'esprit, et que l'usage apprend sans nulle peine : juger des hommes par les fautes qui leur échappent en ce genre, avant qu'ils soient assez instruits, c'est en juger par leurs ongles ou par la pointe de leurs cheveux ; c'est vouloir un jour être détrompé [2].

* Je ne sais s'il est permis de juger des hommes par une faute qui est unique ; et si un besoin extrême, ou une violente passion, ou un premier mouvement, tirent à conséquence.

* Le contraire des bruits qui courent des affaires ou des personnes, est souvent la vérité.

* Sans une grande roideur et une continuelle attention à toutes ses paroles, on est exposé à dire en moins d'une heure le oui et le non sur une même chose ou sur une même personne, déterminé seulement par un esprit de société et de commerce [3], qui entraîne

---

1. « Un homme. » Il s'agit sans doute ici de Pellisson, secrétaire et premier historien de l'Académie française, qui défendit Fouquet avec autant d'éloquence que de courage. On disait de Pellisson, qu'il abusait de la permission qu'ont les hommes d'être laids. Boileau l'avait cité dans sa satire 8, v. 205 :

   L'or, même à *Pélisson*, donne un teint de beauté.

Il remplaça depuis ce nom propre par son synonyme : *la laideur*.

2. « Être détrompé. » Tournure d'une finesse un peu recherchée pour dire : c'est vouloir *se tromper*.

3. « Commerce » est aujourd'hui dans ce sens d'un usage beaucoup moins commun.

naturellement à ne pas contredire celui-ci et celui-là qui en parlent différemment.

* Un homme partial est exposé à de petites mortifications ; car comme il est également impossible que ceux qu'il favorise soient toujours heureux ou sages, et que ceux contre qui il se déclare soient toujours en faute ou malheureux, il naît de là qu'il lui arrive souvent de perdre contenance dans le public, ou par le mauvais succès de ses amis, ou par une nouvelle gloire qu'acquièrent ceux qu'il n'aime point.

* Un homme sujet à se laisser prévenir [1], s'il ose remplir une dignité ou séculière ou ecclésiastique, est un aveugle qui veut peindre, un muet qui s'est chargé d'une harangue, un sourd qui juge d'une symphonie : faibles images, et qui n'expriment qu'imparfaitement la misère de la prévention. Il faut ajouter qu'elle est un mal désespéré, incurable, qui infecte tous ceux qui s'approchent du malade, qui fait déserter les égaux, les inférieurs, les parents, les amis, jusqu'aux médecins : ils sont bien éloignés de le guérir [2], s'ils ne peuvent le faire convenir de sa maladie, ni des remèdes, qui seraient d'écouter, de douter, de s'informer et de s'éclaircir. Les flatteurs, les fourbes, les calomniateurs, ceux qui ne délient leur langue que pour le mensonge et l'intérêt, sont les charlatans en qui il se confie, et qui lui font avaler tout ce qui leur plaît. Ce sont eux aussi qui l'empoisonnent [3] et qui le tuent.

* La règle de DESCARTES, qui ne veut pas qu'on décide sur les moindres vérités avant qu'elles soient connues clairement et distinctement, est assez belle et assez juste pour devoir s'étendre au jugement que l'on fait des personnes.

* Rien ne nous venge mieux des mauvais jugements que les

---

1. « Prévenir » Un homme partial, qui a des préventions.
2. « Guérir. » L'auteur semble ici jouer sur les mots : il s'agissait tout à l'heure des médecins de profession ; ici il est question des médecins de l'âme, des conseillers.
3. « Qui l'empoisonnent. » Fénelon s'est vivement élevé contre cette facilité de prévention à laquelle il attribuait sa disgrâce : « On dit en soi-même : il n'est pas possible d'éclaircir ces accusations ; le plus sûr est d'éloigner des emplois cet homme. Mais cette prétendue précaution est le plus sûr de tous les pièges. On juge le fonds sans examiner ; car on exclut le mérite, et on se laisse effaroucher contre toutes les personnes que les rapporteurs veulent rendre suspectes. Qui dit un rapporteur, dit un homme qui s'offre pour faire ce métier, qui s'insinue par cet horrible métier, et qui par conséquent est manifestement indigne de toute croyance. Le croire, c'est vouloir s'exposer à égorger l'innocent. Un prince qui prête l'oreille à des rapporteurs de profession ne mérite de connaître ni la vérité, ni la vertu. Il faut chasser et confondre ces pestes de cour. » *Examen de conscience*, etc.

hommes font de notre esprit, de nos mœurs et de nos manières, que l'indignité et le mauvais caractère de ceux qu'ils approuvent [1].

Du même fonds dont on néglige un homme de mérite, l'on sait encore admirer un sot.

* Un sot est celui qui n'a pas même ce qu'il faut d'esprit pour être fat.

* Un fat est celui que les sots croient un homme de mérite.

* L'impertinent est un fat outré; le fat lasse, ennuie, dégoûte, rebute; l'impertinent rebute, aigrit, irrite, offense; il commence où l'autre finit.

Le fat est entre l'impertinent et le sot [2]; il est composé de l'un et de l'autre.

* Les vices partent d'une dépravation du cœur; les défauts d'un vice de tempérament; le ridicule d'un défaut d'esprit.

L'homme ridicule est celui qui, tant qu'il demeure tel, a les apparences du sot.

Le sot ne se tire jamais du ridicule, c'est son caractère; l'on y entre quelquefois avec de l'esprit, mais l'on en sort.

Une erreur de fait jette un homme sage dans le ridicule.

La sottise est dans le sot, la fatuité dans le fat, et l'impertinence dans l'impertinent : il semble que le ridicule réside tantôt dans celui qui en effet est ridicule, et tantôt dans l'imagination de ceux qui croient voir le ridicule où il n'est point et ne peut être.

* La grossièreté, la rusticité, la brutalité, peuvent être les vices d'un homme d'esprit.

---

1. « Approuvent. » « Les décisions hasardées avec le plus de confiance font le plus d'impression. Et qui sont ceux qui jouissent du droit de prononcer? Des gens qui à force de braver le mépris, viennent à bout de se faire respecter et de donner le ton; qui n'ont que des opinions et jamais de sentiments, qui en changent, les quittent et les reprennent sans le savoir, ni sans s'en douter, ou qui sont opiniâtres sans être constants. Voilà cependant les juges des réputations : voilà ceux dont on méprise le sentiment et dont on recherche le suffrage; ceux qui procurent la considération, sans en avoir eux-mêmes aucune. » Duclos.

2. « Le sot. » Toutes ces nuances délicates si bien marquées par La Bruyère se confondent de nos jours. Nous ne sommes plus au temps où *honnête homme* voulait dire : un homme aimable et spirituel, et où la plus cruelle injure qu'on pût adresser à quelqu'un était celle de sot ou de fat. On ne raffine plus sur les différentes espèces de sottises. Elles sont toutes aussi communes et aussi peu remarquées les unes que les autres. Déjà dans le siècle dernier, Duclos se moquait des donneurs de ridicule, et prenait le parti de leurs victimes : « On ne doit pas excuser l'extrême sensibilité, que des hommes raisonnables ont sur cet article. Cette crainte excessive a fait naître des essaims de petits donneurs de ridicules qui décident de ceux qui sont en vogue, comme les marchandes de mode fixent celles qui doivent avoir cours. S'ils ne s'étaient pas emparés de l'emploi de distribuer les ridicules, ils en seraient accablés; ils ressemblent à ces criminels qui se font exécuteurs pour sauver leur vie. »

* Le stupide est un sot qui ne parle point, en cela plus supportable que le sot qui parle[1].

* La même chose souvent est dans la bouche d'un homme d'esprit une naïveté ou un bon mot, et dans celle du sot, une sottise[2].

* Si le fat pouvait craindre de mal parler, il sortirait de son caractère.

* L'une des marques de la médiocrité de l'esprit est de toujours conter[3].

* Le sot est embarrassé de sa personne ; le fat a l'air libre et assuré ; l'impertinent passe à l'effronterie · le mérite a de la pudeur.

* Le suffisant est celui en qui la pratique de certains détails, que l'on honore du nom d'affaires, se trouve jointe à une très-grande médiocrité d'esprit.

Un grain d'esprit et une once d'affaires plus qu'il n'en entre dans la composition[4] du suffisant, font l'important.

Pendant qu'on ne fait que rire de l'important, il n'a pas un autre nom ; dès qu'on s'en plaint, c'est l'arrogant.

* L'honnête homme tient le milieu entre l'habile homme et l'homme de bien, quoique dans une distance inégale de ses deux extrêmes.

La distance qu'il y a de l'honnête homme à l'habile homme s'affaiblit de jour à autre, et est sur le point de disparaître.

L'habile homme est celui qui cache ses passions, qui entend ses intérêts, qui y sacrifie beaucoup de choses, qui a su acquérir du bien ou en conserver.

L'honnête homme est celui qui ne vole pas sur les grands chemins[5], et qui ne tue personne ; dont les vices, enfin, ne sont pas scandaleux.

On connaît assez qu'un homme de bien est honnête homme,

---

1. « Qui parle. » Définition plaisante et fort juste ; c'est le modèle du genre.
2. « Sottise. » Le mot si comique par lequel Orgon accueille chacun des détails que lui donne Dorine sur la vie de Tartuffe, pendant son absence (le pauvre homme !) fut prononcé par Louis XIV, de la même manière et en semblable occasion. Molière, avec raison, trouva ce mot de bonne prise.
3. « Conter. » Vauvenargues a dit de même : « La ressource de ceux qui n'imaginent pas est de conter. »
4. « Composition. » Figure spirituelle, un peu affectée.
5. « Grands chemins. » On ne doit voir ici qu'une boutade d'un esprit chagrin. Sans doute la probité n'est pas toute la vertu ; ce n'est pas assez d'être juste, il faut encore être bon. Mais c'est déjà quelque chose que de faire son devoir, quand même on ne ferait rien de plus.

mais il est plaisant d'imaginer que tout honnête homme n'est pas homme de bien.

L'homme de bien est celui qui n'est ni un saint ni un dévot¹, et qui s'est borné à n'avoir que de la vertu.

* Talent, goût, esprit, bon sens, choses différentes, non incompatibles.

Entre le bon sens et le bon goût il y a la différence de la cause à son effet².

Entre esprit³ et talent il y a la proportion du tout à sa partie.

Appellerai-je homme d'esprit⁴ celui qui, borné et renfermé dans quelque art, ou même dans une certaine science qu'il exerce dans une grande perfection, ne montre hors de là ni jugement, ni mémoire, ni vivacité, ni mœurs, ni conduite; qui ne m'entend pas, qui ne pense point, qui s'énonce mal; un musicien, par exemple, qui, après m'avoir comme enchanté par ses accords, semble s'être remis avec son luth dans un même étui, ou n'être plus, sans cet instrument, qu'une machine démontée, à qui il manque quelque chose, et dont il n'est pas permis de rien attendre?

Que dirai-je encore de l'esprit du jeu? pourrait-on me le définir? ne faut-il ni prévoyance, ni finesse, ni habileté, pour jouer l'hombre ou les échecs? et s'il en faut, pourquoi voit-on⁶ des imbéciles qui y excellent, et de très-beaux génies qui n'ont pu même atteindre la médiocrité, à qui une pièce ou une carte dans les mains trouble la vue, et fait perdre contenance?

Il y a dans le monde quelque chose, s'il se peut, de plus incompréhensible. Un homme⁷ paraît grossier, lourd, stupide; il ne sait pas parler, ni raconter ce qu'il vient de voir: s'il se met à

---

1. « Dévot. » Faux dévot. (*Note de La Bruyère*.)
2. « Effet. » Il ne suffit pas d'avoir du bon sens pour avoir du goût, il faut encore une certaine sensibilité que le bon sens n'a pas toujours, et de l'instruction.
3. « Esprit » est ici pris dans le sens d'intelligence.
4. « Homme d'esprit. » « En Angleterre, pour exprimer qu'un homme a beaucoup d'esprit, on dit qu'il a de *grandes parties*. Autrefois nous nous servions de ce mot de parties très-communément dans ce sens-là. On ne pouvait mieux s'exprimer. En effet, qui peut avoir tout? Chacun de nous n'a que sa petite portion d'intelligence, de mémoire, de sagacité, de profondeur d'idées, d'étendue, de vivacité, de finesse. Le mot de *parties* est le plus convenable pour des êtres aussi faibles que l'homme. Les Français ont laissé échapper de leur dictionnaire une expression dont les Anglais se sont saisis. Les Anglais se sont enrichis plus d'une fois à nos dépens. » VOLTAIRE.
5. « Même étui. » Cette figure est tout à fait juste et comique, aussi bien que celle qui suit.
6. « Pourquoi voit-on? » Parce que ces beaux génies ont l'esprit occupé ailleurs, et que ces imbéciles tournent de ce côté tout ce qu'ils peuvent avoir d'intelligence.
7. « Un homme, etc. » Les exemples qui suivent sont bien choisis et pleins d'intérêt

écrire, c'est le modèle des bons contes; il fait parler les animaux, les arbres, les pierres, tout ce qui ne parle point [1]; ce n'est que légèreté [2], qu'élégance, que beau naturel, et que délicatesse dans ses ouvrages.

Un autre est simple, timide, d'une ennuyeuse conversation; il prend un mot pour un autre, et il ne juge de la bonté de sa pièce que par l'argent qui lui en revient; il ne sait pas la réciter, ni lire son écriture. Laissez-le s'élever par la composition, il n'est pas au-dessous d'Auguste, de Pompée, de Nicomède, d'Héraclius; il est roi, et un grand roi; il est politique, il est philosophe; il entreprend de faire parler des héros, de les faire agir; il peint les Romains; ils sont plus grands et plus Romains dans ses vers que dans leur histoire [3].

Voulez-vous quelque autre prodige? concevez un homme [4] facile, doux, complaisant, traitable, et tout d'un coup violent, colère, fougueux, capricieux. imaginez-vous un homme simple, ingénu, crédule, badin, volage, un enfant en cheveux gris; mais permettez-lui de se recueillir, ou plutôt de se livrer à un génie qui agit en lui, j'ose dire, sans qu'il y prenne part, et comme à son insu : quelle verve! quelle élévation! quelles images! quelle latinité! Parlez-vous d'une même personne? me direz-vous. Oui, du même, de *Théodas*, et de lui seul. Il crie, il s'agite, il se roule à terre, il se relève, il tonne, il éclate; et du milieu de cette tempête il sort une lumière qui brille et qui réjouit [5] : disons-le sans figure, il parle comme un fou et pense comme un homme

---

1. « Tout ce qui ne parle point. » Ce petit portrait de La Fontaine est fort délicatement touché.

2. « Qu'une légèreté. » Tournure latine fort heureusement employée.

3. « Histoire. » Saint-Evremond avait déjà fait ce portrait avec finesse, mais beaucoup moins de vigueur que La Bruyère : « Ce grand maître du théâtre à qui les Romains sont plus redevables de la beauté de leurs sentiments, qu'à leur esprit et à leur vertu, Corneille, qui se faisait assez entendre sans le nommer, devient un homme commun lorsqu'il s'exprime pour lui-même. Il ose tout penser pour un Grec, ou pour un Romain : un Français ou un Espagnol diminue sa confiance; et quand il parle pour lui, elle se trouve tout à fait ruinée. Il prête à ses vieux héros tout ce qu'il a de noble dans l'imagination, et vous diriez qu'il se défend l'usage de son propre bien, comme s'il n'était pas digne de s'en servir. » *De la Conversation.*

4. « Un homme. » Santeul, chanoine de Saint-Victor à Paris, un des plus élégants poètes latins modernes. Il était commensal de la maison des Condés, et grand ami de notre auteur dont il a fait l'éloge dans ses vers. Il reste une lettre tronquée que La Bruyère lui écrivit au nom des Condés, pour l'assurer qu'il était toujours dans leurs bonnes grâces. Le pauvre Santeul, si bon, si ingénu et si plein de verve, mourut misérablement, victime d'une plaisanterie de M. le Duc, l'élève de La Bruyère.

5. « Réjouit. » Toutes ces figures sont originales et justes.

sage; il dit ridiculement des choses vraies, et follement des choses sensées et raisonnables : on est surpris de voir naître et éclore le bon sens du sein de la bouffonnerie, parmi les grimaces et les contorsions¹. Qu'ajouterai-je davantage? il dit et il fait mieux qu'il ne sait; ce sont en lui comme deux âmes qui ne se connaissent point, qui ne dépendent point l'une de l'autre, qui ont chacune leur tour, ou leurs fonctions toutes séparées. Il manquerait un trait à cette peinture si surprenante, si j'oubliais de dire qu'il est tout à la fois avide et insatiable de louanges, prêt de se jeter aux yeux de ses critiques, et dans le fond assez docile pour profiter de leur censure. Je commence à me persuader moi-même que j'ai fait le portrait de deux personnages tout différents : il ne serait pas même impossible d'en trouver un troisième dans Théodas, car il est bon homme, il est plaisant homme, et il est excellent homme²

* Après l'esprit de discernement, ce qu'il y a au monde de plus rare, ce sont les diamants et les perles³.

* Tel, connu dans le monde par de grands talents, honoré et chéri partout où il se trouve, est petit dans son domestique et aux yeux de ses proches, qu'il n'a pu réduire à l'estimer : tel autre au contraire, prophète dans son pays, jouit d'une vogue qu'il a⁴ parmi les siens, et qui est resserrée dans l'enceinte de sa maison; s'applaudit d'un mérite rare et singulier, qui lui est accordé par sa famille, dont il est l'idole, mais qu'il laisse⁵ chez soi toutes les fois qu'il sort, et qu'il ne porte nulle part.

* Tout le monde s'élève contre un homme qui entre en réputation⁶ : à peine ceux qu'il croit ses amis lui pardonnent-ils un mérite naissant⁷, et une première vogue qui semble l'associer à la

---

1. « Contorsions. » Boileau disait de lui : Quand je l'aperçois
   Ouvrir une bouche effroyable,
   S'agiter, se tordre les mains,
   Il me semble en lui voir le diable,
   Que Dieu force à louer les saints.
La prose de La Bruyère peut très-bien soutenir la comparaison avec ces vers.
2. « Excellent homme. » C'est ce qui s'appelle peindre au naturel. L'auteur a fait ressortir la bizarrerie, la folie de son modèle, et pourtant nous a laissé l'idée d'un homme d'esprit et d'un bon homme.
3. « Perles. » Voyez la notice de Suard en tête du volume.
4. « Qu'il a. » Qu'il n'a que parmi les siens.
5. « Qu'il laisse. » Figure familière et juste.
6. « Qui entre en réputation. » Expression originale et excellente.
7. « Un mérite naissant, etc.
   Sitôt que d'Apollon un génie inspiré
   Trouve loin du vulgaire un chemin ignoré.

gloire dont ils sont déjà en possession. L'on ne se rend qu'à l'extrémité, et après que le prince s'est déclaré par les récompenses : tous alors se rapprochent de lui, et de ce jour-là seulement il prend son rang d'homme de mérite.

* Nous affectons souvent de louer avec exagération des hommes assez médiocres, et de les élever, s'il se pouvait, jusqu'à la hauteur de ceux qui excellent [1], ou parce que nous sommes las d'admirer toujours les mêmes personnes, ou parce que leur gloire, ainsi partagée, offense moins notre vue, et nous devient plus douce et plus supportable.

* L'on voit des hommes que le vent de la faveur pousse d'abord à pleines voiles; ils perdent en un moment la terre de vue, et font leur route; tout leur rit, tout leur succède [2]; action, ouvrage, tout est comblé d'éloges et de récompenses; ils ne se montrent que pour être embrassés et félicités. Il y a un rocher immobile qui s'élève sur une côte; les flots se brisent au pied; la puissance [3], les richesses, la violence, la flatterie, l'autorité, la faveur, tous les vents ne l'ébranlent pas : c'est le public, où ces gens échouent [4].

* Il est ordinaire et comme naturel de juger du travail d'autrui seulement par rapport à celui qui nous occupe. Ainsi le poëte rempli de grandes et sublimes idées estime peu le discours de l'orateur, qui ne s'exerce souvent que sur de simples faits; et celui qui écrit l'histoire de son pays ne peut comprendre qu'un esprit raisonnable emploie sa vie à imaginer des fictions et à trouver une rime : de même le bachelier [5], plongé dans les quatre premiers siècles, traite toute autre doctrine de science triste, vaine et inutile, pendant qu'il est peut-être méprisé du géomètre [6].

> En cent lieux contre lui les cabales s'amassent;
> Ses rivaux obscurcis autour de lui croassent;
> Et son trop de lumière, importunant les yeux,
> De ses propres amis lui fait des envieux.
> BOILEAU, *Ep.* 7, *à Racine*, v. 9-14. Edit. ann. de M. J. Travers.

1. « Excellent » s'emploie rarement d'une manière absolue. On dit : exceller dans un art.

2. « Succède. » Bonne expression dont on faisait encore un grand usage, dans le sens de *réussir*.

3. « La puissance. » Les expressions propres et figurées sont mêlées les unes aux autres avec beaucoup d'art.

4. « Echouent. » « Toujours la même vérité, la même variété. Comme on conçoit chaque objet d'une manière différente, il faut le rendre aussi par un tour différent; c'est ce que n'oublie jamais La Bruyère. C'est par là que son livre devient l'image des personnes et des choses. » VICTORIN FABRE, *Eloge de La Bruyère*.

5. « Le bachelier. » En théologie.

6. « Géomètre. » Vauvenargues a dit d'après La Bruyère et aussi bien que lui :

* Tel a assez d'esprit pour exceller dans une certaine matière et en faire des leçons, qui en manque pour voir qu'il doit se taire sur quelque autre dont il n'a qu'une faible connaissance : il sort hardiment des limites de son génie, mais il s'égare, et fait que l'homme illustre parle comme un sot.

* *Hérille*, soit qu'il parle, qu'il harangue ou qu'il écrive, veut citer : il fait dire au prince des philosophes [1] que le vin enivre, et à l'orateur romain [2] que l'eau le tempère. S'il se jette dans la morale, ce n'est pas lui, c'est le divin Platon qui assure que la vertu est aimable, le vice odieux, ou que l'un et l'autre se tournent en habitude. Les choses les plus communes, les plus triviales, et qu'il est même capable [3] de penser, il veut les devoir aux anciens, aux Latins, aux Grecs : ce n'est ni pour donner plus d'autorité à ce qu'il dit, ni peut-être pour se faire honneur de ce qu'il sait : il veut citer.

* C'est souvent hasarder [4] un bon mot et vouloir le perdre, que de le donner pour sien ; il n'est pas relevé, il tombe avec des gens d'esprit ou qui se croient tels, qui ne l'ont pas dit, et qui devaient le dire. C'est, au contraire, le faire valoir, que de le rapporter comme d'un autre. Ce n'est qu'un fait, et qu'on ne se croit pas obligé de savoir ; il est dit avec plus d'insinuation et reçu avec moins de jalousie ; personne n'en souffre : on rit s'il faut rire, et s'il faut admirer, on admire.

* On a dit de SOCRATE qu'il était en délire, et que c'était un fou tout plein d'esprit ; mais ceux des Grecs [5] qui parlaient ainsi

---

« C'est un malheur que les hommes ne puissent d'ordinaire posséder aucun talent sans avoir quelque envie d'abaisser les autres. S'ils ont la finesse, ils décrient la force ; s'ils sont géomètres ou physiciens, ils écrivent contre la poésie et l'éloquence ; et les gens du monde qui ne pensent pas que ceux qui ont excellé dans quelque genre jugent mal d'un autre talent, se laissent prévenir par leurs décisions. Ainsi, quand la métaphysique ou l'algèbre sont à la mode, ce sont des métaphysiciens ou des algébristes qui font la réputation des poètes et des musiciens ; ou tout au contraire : l'esprit dominant assujettit les autres à son tribunal, et la plupart du temps à ses erreurs. »

1. « Prince des philosophes. » Aristote.
2. « L'orateur Romain. » Cicéron.
3. « Qu'il est même capable. » Gradation plaisante et satirique.
4. « Hasarder. » Hasarder le succès d'un bon mot, l'exposer à ne pas réussir.
5. « Ceux des Grecs. » Les Athéniens. La Bruyère se servant en partie du précepte qu'il vient d'énoncer plus haut, se justifie sous le personnage de Socrate.

> Dévot adorateur de ces maîtres antiques,
> Je veux m'envelopper de leurs saintes reliques ;
> Dans leur triomphe admis, je veux le partager,
> Ou bien de ma défense eux-mêmes les charger.
> Le critique imprudent qui se croit bien habile
> Donnera sur ma joue un soufflet à Virgile.
> ANDRÉ CHÉNIER.

d'un homme si sage passaient pour fous. Ils disaient : Quels bizarres portraits nous fait ce philosophe! quelles mœurs étranges et particulières¹ ne décrit-il point! où a-t-il rêvé, creusé, rassemblé des idées si extraordinaires? quelles couleurs! quel pinceau! ce sont des chimères. Ils se trompaient; c'étaient des monstres, c'étaient des vices, mais peints au naturel; on croyait les voir, ils faisaient peur. Socrate s'éloignait du cynique²; il épargnait les personnes, et blâmait les mœurs, qui étaient mauvaises.

* Celui qui est riche par son savoir-faire connaît un philosophe, ses préceptes³, sa morale et sa conduite; et, n'imaginant pas dans tous les hommes une autre fin de toutes leurs actions que celle qu'il s'est proposée lui-même toute sa vie, dit en son cœur : Je le plains, je le tiens échoué⁴, ce rigide censeur; il s'égare, et il est hors de route; ce n'est pas ainsi que l'on prend le vent, et que l'on arrive au délicieux port de la fortune, et, selon ses principes, il raisonne juste.

Je pardonne, dit *Antisthius*⁵, à ceux que j'ai loués dans mon ouvrage, s'ils m'oublient : qu'ai-je fait pour eux? ils étaient louables. Je le pardonnerais moins à tous ceux dont j'ai attaqué les vices sans toucher à leurs personnes, s'ils me devaient un aussi grand bien que celui d'être corrigés; mais comme c'est un événement qu'on ne voit point, il suit de là que ni les uns ni les autres ne sont tenus de me faire du bien.

L'on peut, ajoute ce philosophe, envier ou refuser à mes écrits leur récompense; on ne saurait en diminuer la réputation; et si on le fait, qui m'empêchera de le mépriser⁶?

* Il est bon d'être philosophe, il n'est guère utile⁷ de passer pour tel. Il n'est pas permis de traiter quelqu'un de philosophe :

---

1. « Particulières. » Voyez page 15, note 6.
2. « Du cynique. » De la satire directe et injurieuse.
3. « Connaît un philosophe, ses préceptes. » Tournure imitée du grec et plus vive que : « Connaît les préceptes d'un philosophe. »
4. « Je le tiens. » Je le regarde comme. — « Echoué. » Qui a fait naufrage, qui n'a pas réussi.
5. « Antisthius. » La Bruyère lui-même. Longtemps inconnu, arrivé tout d'un coup à la célébrité, accueilli par les plus rudes critiques et le plus grand succès, il parle de lui-même avec une fierté et une hauteur, que justifient sa conduite et son mérite, mais où perce toujours l'amour-propre du philosophe, qui recherche la gloire en faisant profession de la mépriser.
6. « De le mépriser. » Que m'importe que la réputation de mes écrits soit diminuée?
7. « Utile. » Ce fut la cause qui maintint presque toujours Catinat en disgrâce.

ce sera toujours lui dire une injure, jusqu'à ce qu'il ait plu aux hommes d'en ordonner autrement, et, en restituant à un si beau nom son idée propre et convenable, de lui concilier toute l'estime qui lui est due [1].

* Il y a une philosophie qui nous élève au-dessus de l'ambition et de la fortune, qui nous égale, que dis-je? qui nous place plus haut que les riches [2], que les grands et que les puissants; qui nous fait négliger les postes et ceux qui les procurent; qui nous exempte de désirer, de demander, de prier, de solliciter, d'importuner, et qui nous sauve même l'émotion et l'excessive joie d'être exaucés. Il y a une autre philosophie qui nous soumet et nous assujettit à toutes ces choses en faveur de nos proches ou de nos amis: c'est la meilleure.

* C'est abréger, et s'épargner mille discussions, que de penser de certaines gens qu'ils sont incapables de parler juste, et de condamner ce qu'ils disent, ce qu'ils ont dit, et ce qu'ils diront [3].

* Nous n'approuvons les autres que par les rapports que nous sentons qu'ils ont avec nous-mêmes: et il semble qu'estimer quelqu'un, c'est l'égaler à soi [4].

* Les mêmes défauts qui, dans les autres, sont lourds et insupportables, sont chez nous comme dans leur centre; ils ne pèsent plus, on ne les sent pas. Tel parle d'un autre et en fait un portrait affreux, qui ne voit pas qu'il se peint lui-même [5].

Rien ne nous corrigerait plus promptement de nos défauts, que si nous étions capables de les avouer et de les reconnaître dans

---

1. « Due. » La Bruyère commence ici et annonce le xviiie siècle, qui s'appelle lui-même le siècle des philosophes, où d'Alembert, en parlant d'un ministre tout puissant, écrivait à Voltaire : « Votre protecteur ou plutôt votre protégé, M. de Choiseul. »
2. « Egale, place plus haut que, » ne veulent pas le même régime. Mais le changement de construction ne choque pas, à cause de la suspension qui suit le verbe *égaler*.
3. « Ce qu'ils diront. » Boutade chagrine et assez plaisante.
4. « C'est l'égaler à soi. » Le fond et le tour de cette pensée sont une heureuse imitation de La Rochefoucald.
5. « Qu'il se peint lui-même. » « Nos yeulx ne veoyent rien en derriere : cent fois le jour, nous nous mocquons de nous sur le subject de notre voysin; et detestons en d'aultres les defaults qui sont en nous plus clairement, et les admirons, d'une merveilleuse impudence et inadvertence. Encores hier je feus à mesme de veoir un homme d'entendement et gentil personnage se mocquant, aussi plaisamment que justement, de l'inepte façon d'un aultre, qui rompt la teste à tout le monde du registre de ses genealogies et alliances, plus de moitié faulses (ceux-là se jectent plus volontiers sur tels sots propos qui ont leurs qualitez plus doubteuses et moins seures); et luy, s'il eust reculé sur soy, se feust trouvé non gueres moins intempérant et ennuyeux à semer et faire valoir la prerogative de la race de sa femme. » MONTAIGNE, *Essais*, III, 8.

les autres. C'est dans cette juste distance¹ que, nous paraissant tels qu'ils sont, ils se feraient haïr autant qu'ils le méritent.

* La sage conduite roule sur deux pivots, le passé et l'avenir : celui qui a la mémoire fidèle et une grande prévoyance est hors du péril de censurer² dans les autres ce qu'il a peut-être fait lui-même, ou de condamner une action dans un pareil cas, et dans toutes les circonstances où elle lui sera un jour inévitable.

* Le guerrier et le politique, non plus que le joueur habile, ne font pas le hasard, mais ils le préparent, ils l'attirent³, et semblent presque le déterminer. Non-seulement ils savent ce que le sot et le poltron ignorent, je veux dire, se servir du hasard quand il arrive; ils savent même profiter, par leurs précautions et leurs mesures, d'un tel ou d'un tel hasard, ou de plusieurs tout à la fois. Si ce point arrive, ils gagnent; si c'est cet autre, ils gagnent encore; un même point souvent les fait gagner de plusieurs manières. Ces hommes sages peuvent être loués⁴ de leur bonne fortune comme de leur bonne conduite, et le hasard doit être récompensé en eux comme la vertu⁵.

* Je ne mets au-dessus d'un grand politique que celui qui néglige de le devenir, et qui se persuade de plus en plus que le monde ne mérite point qu'on s'en occupe⁶.

* Il y a dans les meilleurs conseils de quoi déplaire : ils viennent d'ailleurs que de notre esprit; c'est assez pour être rejetés d'abord par présomption et par humeur, et suivis seulement par nécessité ou par réflexion.

* Quel bonheur surprenant a accompagné ce favori pendant tout le cours de sa vie! quelle autre fortune mieux soutenue, sans

---

1. « Dans cette juste distance. » C'est là qu'ils sont placés dans leur vrai jour, qu'on peut les voir tels qu'ils sont.
2. « Hors du péril de censurer. » Locution expressive et appropriée, qui est peu en usage.
3. « Ils l'attirent. » La pensée juste et originale est rendue avec un grand bonheur d'expression.
4. « Loués. » De là vient que les anciens ne craignaient pas de faire l'éloge du bonheur d'un général, comme d'un mérite tout spécial, et qui prouvait la protection particulière des Dieux. Lorsque Charles-Quint disait que la fortune n'aimait pas les vieillards, que disait-il autre chose, si ce n'est que la sagesse qui accompagne les grands hommes dans leurs commencements, les abandonne souvent au milieu de leurs succès et de leur gloire?
5. « Vertu » est ici comme souvent ailleurs pour : mérite, talent.
6. « Occupe. » On trouve dans La Bruyère un certain nombre d'axiomes chagrins de ce genre, qu'il ne faut pas prendre à la lettre, et où il y a plus d'humeur que de raisonnement.

interruption, sans la moindre disgrâce! les premiers postes, l'oreille du prince, d'immenses trésors, une santé parfaite et une mort douce. Mais quel étrange compte à rendre d'une vie passée dans la faveur, des conseils que l'on a donnés, de ceux qu'on a négligé de donner ou de suivre, des biens que l'on n'a point faits, des maux, au contraire, que l'on a faits, ou par soi-même, ou par les autres ; en un mot, de toute sa prospérité !

* L'on gagne à mourir d'être loué de ceux qui nous survivent, souvent sans autre mérite que celui de n'être plus : le même éloge sert alors pour *Caton* et pour *Pison*.

Le bruit court que Pison est mort : c'est une grande perte, c'était un homme de bien, et qui méritait une plus longue vie, il avait de l'esprit et de l'agrément, de la fermeté et du courage ; il était sûr, généreux, fidèle : ajoutez, pourvu qu'il soit mort [1].

* La manière dont on se récrie sur quelques-uns qui se distinguent par la bonne foi, le désintéressement et la probité, n'est pas tant leur éloge que le décréditement du genre humain.

* Tel soulage les misérables, qui néglige sa famille et laisse son fils dans l'indigence. Un autre élève un nouvel édifice, qui n'a pas encore payé les plombs d'une maison qui est achevée depuis dix années. Un troisième fait des présents et des largesses, et ruine ses créanciers. Je demande [2], la pitié, la libéralité, la magnificence, sont-ce les vertus d'un homme injuste ? ou plutôt, si la bizarrerie et la vanité [3] ne sont pas les causes de l'injustice [4].

---

1. « Pourvu qu'il soit mort. » C'est le mot plaisant de Molière dans *les Fourberies de Scapin*, III, 14 :

« *Géronte*. Ne parlons plus de rien ; je te pardonne tout : voilà qui est fait.

Scapin. Ah! Monsieur, je me sens tout soulagé depuis cette parole.

Géronte. Oui ; mais je te pardonne à la charge que tu mourras. »

2. « Je demande. » La construction régulière et commune serait : je demande si la pitié, etc., ou plutôt si la bizarrerie, etc. L'auteur s'est servi du tour latin : *sunt ne... an*.

3. « Vanité. » Faut-il dire que la pitié et la libéralité sont les vertus d'un homme injuste, ou bien que ces vertus ne sont qu'apparentes, et sont produites comme l'injustice elle-même, par la bizarrerie et la vanité ?

4. « L'injustice. » Saint-Évremond a expliqué cela avec beaucoup de finesse : « Si vous examinez tout le bien qui se pratique parmi les hommes, vous trouverez qu'il est fait presque toujours par le sentiment d'une autre vertu que la justice ; la bonté, l'amitié, la bienveillance en font faire : la charité court au besoin du prochain : la libéralité donne, la générosité sait obliger : la justice qui devrait entrer en tout est rejetée comme une fâcheuse, et la nécessité seulement lui fait donner quelque part en nos actions. La nature cherche à se complaire en ces premières vertus, où nous agissons par un mouvement agréable ; mais elle trouve une secrète violence en celle-ci, où le droit des autres exige ce que nous devons, et où nous nous acquittons plutôt de nos obligations, qu'ils ne demeurent redevables à nos bienfaits. C'est par une aversion secrète pour la justice, qu'on aime mieux donner que de rendre, et obliger que de re-

* Une circonstance essentielle à la justice que l'on doit aux autres, c'est de la faire promptement et sans différer : la faire attendre, c'est injustice.

Ceux-là font bien, ou font ce qu'ils doivent, qui font [1] ce qu'ils doivent. Celui qui, dans toute sa conduite, laisse longtemps dire de soi qu'il fera bien, fait très-mal.

* L'on dit d'un grand qui tient table deux fois le jour, et qui passe sa vie à faire digestion [2], qu'il meurt de faim, pour exprimer qu'il n'est pas riche ou que ses affaires sont fort mauvaises. C'est une figure, on le dirait plus à la lettre de ses créanciers.

* L'honnêteté, les égards et la politesse des personnes avancées en âge de l'un et de l'autre sexe, me donnent bonne opinion de ce qu'on appelle le vieux temps.

* C'est un excès de confiance dans les parents d'espérer tout de la bonne éducation de leurs enfants, et une grande erreur de n'en attendre rien et de la négliger.

* Quand il serait vrai [3], ce que plusieurs disent, que l'éducation ne donne point à l'homme un autre cœur ni une autre complexion, qu'elle ne change rien dans son fond et ne touche qu'aux superficies, je ne laisserais pas de dire qu'elle ne lui est pas inutile.

* Il n'y a que de l'avantage pour celui qui parle peu, la présomption est qu'il a de l'esprit, et s'il est vrai qu'il n'en manque pas, la présomption est qu'il l'a excellent.

* Ne songer qu'à soi et au présent, source d'erreur dans la politique [4].

* Le plus grand malheur, après celui d'être convaincu d'un crime, est souvent d'avoir eu à s'en justifier. Tels arrêts nous déchargent et nous renvoient absous [5], qui sont infirmés par la voix du peuple.

connaître ; aussi voyons-nous que les personnes les plus libérales et généreuses ne sont pas ordinairement les plus justes. La justice a une régularité qui les gêne, parce qu'elle est fondée sur un ordre constant de la raison. » *Des Belles-Lettres et de la Jurisprudence.*

1. « Qui font. » Qui font réellement et ne promettent pas toujours en vain de faire.
2. « Digestion. » L'auteur ne parle jamais des désordres des grands sans trouver des paroles énergiques et amères.
3. « Quand il serait vrai. » C'est l'opinion vers laquelle semble pencher l'auteur.
4. « Politique. » Réflexion juste et profonde qui arrive ici d'une manière tout à fait inattendue.
5. « Absous. » La Clef dit : M. Penautier, receveur général du clergé de France, accusé d'avoir empoisonné Matarel, trésorier des états de Bourgogne. Il a été déchargé

* Un homme est fidèle à de certaines pratiques de religion, on le voit s'en acquitter avec exactitude ; personne ne le loue ni ne le désapprouve, on n'y pense pas. Tel autre y revient après les avoir négligées dix années entières : on se récrie, on l'exalte ; cela est libre [1]. Moi je le blâme d'un si long oubli de ses devoirs, et je le trouve heureux d'y être rentré.

* Le flatteur n'a pas assez bonne opinion de soi [2], ni des autres.

* Tels sont oubliés dans la distribution des grâces, et font dire d'eux, *Pourquoi les oublier?* qui, si l'on s'en était souvenu, auraient fait dire : *Pourquoi s'en souvenir?* D'où vient cette contrariété ? Est-ce du caractère de ces personnes, ou de l'incertitude de nos jugements, ou même de tous les deux ?

* L'on dit communément : Après un tel, qui sera chancelier ? qui sera primat des Gaules [3] ? qui sera pape ? On va plus loin : chacun, selon ses souhaits ou son caprice, fait sa promotion [4], qui est souvent de gens plus vieux et plus caducs que celui qui est en place ; et comme il n'y a pas de raison qu'une [5] dignité tue celui qui s'en trouve revêtu, qu'elle sert au contraire à le rajeunir, et à donner au corps et à l'esprit de nouvelles ressources, ce n'est pas un événement fort rare à un titulaire d'enterrer son successeur.

* La disgrâce éteint les haines et les jalousies. Celui-là peut bien faire, qui ne nous aigrit plus par une grande faveur ; il n'y a aucun mérite, il n'y a sorte de vertus qu'on ne lui pardonne ; il serait un héros impunément.

Rien n'est bien d'un homme disgracié : vertus, mérite, tout est dédaigné, ou mal expliqué, ou imputé à vice : qu'il ait un grand cœur, qu'il ne craigne ni le fer ni le feu, qu'il aille d'aussi

---

de cette accusation par un arrêt qui fut fort sollicité par M. Le Bouts, conseiller de la grande chambre, son beau-frère, qui était fort habile et en grand crédit. L'on veut que l'on ait encore donné beaucoup d'argent à cet effet (1676).

1. « Cela est libre. » On est libre de le faire.

2. « De soi. » Le flatteur n'a pas assez bonne opinion de soi, puisqu'il adopte aveuglément les sentiments et les passions de celui qu'il flatte ; des autres, puisqu'il les croit dupes de ses éloges et des mensonges.

3. « Primat. » « Archevêque qui a une supériorité de juridiction sur plusieurs archevêchés ou évêchés. L'archevêque de Lyon est le primat des Gaules. Les appellations des sentences des officiaux de Paris et des autres évêchés ressortissent en sa justice. » FURETIÈRE.

4. « Fait sa promotion. » Nomme d'avance ceux qui rempliront ces places lorsqu'elles deviendront vacantes.

5. « Il n'y a de raison que » Locution qui est rendue plus courte et plus vive par la suppression de *pour*.

bonne grâce à l'ennemi que Bayard et Montrevel [1], c'est un bravache, on en plaisante ; il n'a plus de quoi être un héros

Je me contredis, il est vrai : accusez-en les hommes, dont je ne fais que rapporter les jugements [2] ; je ne dis pas de différents hommes, je dis les mêmes qui jugent si différemment.

* Il ne faut pas vingt années accomplies pour voir changer les hommes d'opinion sur les choses les plus sérieuses, comme sur celles qui leur ont paru les plus sûres et les plus vraies. Je ne hasarderai pas d'avancer que le feu en soi, et indépendamment de nos sensations, n'a aucune chaleur [3], c'est-à-dire, rien de semblable à ce que nous éprouvons en nous-mêmes à son approche, de peur que quelque jour il ne devienne aussi chaud qu'il a jamais été. J'assurerai aussi peu [4] qu'une ligne droite tombant sur une autre ligne droite fait deux angles droits, ou égaux à deux droits, de peur que, les hommes venant à y découvrir quelque chose de plus ou de moins, je ne sois raillé de ma proposition. Ainsi, dans un autre genre, je dirai à peine avec toute la France : Vauban [5] est infaillible; on n'en appelle point. Qui me garantirait que dans peu de temps on n'insinuera pas que même sur le siége, qui est son fort, et où il décide souverainement, il erre quelquefois, sujet aux fautes comme *Antiphile*?

* Si vous en croyez des personnes aigries l'une contre l'autre, et que la passion domine, l'homme docte est un *savantasse*, le magistrat un bourgeois ou un praticien, le financier un *maltôtier* [6], et le gentilhomme un *gentillâtre* ; mais il est étrange que

---

1. « Montrevel. » Marquis de Montrevel, comm. gén. d. l. c., lieut. gén. (*Note de La Bruyère.*) — C'est-à-dire commissaire général de la cavalerie, lieutenant-général. Cet homme, d'une bravoure héroïque, mourut de la peur que lui fit une salière renversée sur la table où il dînait.
2. « Les jugements. » Cette contradiction est piquante et le serait davantage si elle s'appliquait à un sujet plus important.
3. « Aucune chaleur. » Telle était la doctrine de Descartes. La philosophie de ce grand homme est une preuve de cette facilité à changer d'opinion dont parle notre auteur. Universellement acceptée du temps de La Bruyère, elle a été bafouée dans le siècle suivant, et elle reprend plus que jamais faveur aujourd'hui.
4. « J'assurerai aussi peu. » Ceci ne doit pas être pris à la lettre, rien n'étant moins contestable que les démonstrations géométriques.
5. « Vauban. » Cet éloge est bien mérité, mais il est trop recherché et amené de trop loin. — La Clef dit : Après la reprise de Namur par le prince d'Orange, en 1695, on prétendit que Vauban avait fort mal fortifié cette place; mais il s'en est justifié en faisant voir que pour épargner quelque dépense qu'il aurait fallu faire de plus, on n'avait point suivi le dessin qu'il avait donné. On avait omis un cavalier qu'il voulait faire du côté de la rivière, et c'est par là que la ville fut prise.
6. « Un maltôtier. » « Celui qui exige des droits qui ne sont pas dus, ou qui sont imposés sans nécessité légitime. Le peuple appelle abusivement de ce nom tous ceux

de si mauvais noms, que la colère et la haine ont su inventer, deviennent familiers, et que le dédain, tout froid et tout paisible qu'il est, ose s'en servir.

* Vous vous agitez, vous vous donnez un grand mouvement, surtout lorsque les ennemis commencent à fuir et que la victoire n'est plus douteuse, ou devant une ville après qu'elle a capitulé. Vous aimez, dans un combat ou pendant un siége, à paraître en cent endroits, pour n'être nulle part; à prévenir les ordres du général, de peur de les suivre, et à chercher les occasions plutôt que de les attendre et les recevoir [1]· votre valeur serait-elle fausse?

* Faites garder aux hommes quelque poste où ils puissent être tués, et où néanmoins ils ne soient pas tués : ils aiment l'honneur et la vie.

* A voir comme les hommes aiment la vie, pouvait-on soupçonner qu'ils aimassent quelque autre chose plus que la vie [2], et que la gloire [3], qu'ils préfèrent à la vie, ne fût souvent qu'une certaine opinion d'eux-mêmes établie dans l'esprit de mille gens, ou qu'ils ne connaissent point, ou qu'ils n'estiment point?

* Ceux qui [4], ni guerriers ni courtisans, vont à la guerre et suivent la cour, qui ne font pas un siége, mais qui y assistent, ont bientôt épuisé leur curiosité sur une place de guerre, quelque surprenante qu'elle soit, sur la tranchée, sur l'effet des bombes et du canon, sur les coups de main, comme sur l'ordre et le succès d'une attaque qu'ils entrevoient : la résistance continue, les pluies surviennent, les fatigues croissent, on plonge dans la

qui lèvent les deniers publics, sans distinguer ceux qui sont bien ou mal imposés. » FURETIÈRE.

1. « Recevoir les occasions. » Expression neuve et fort heureuse dans ce passage Ce caractère rappelle la fable célèbre de La Fontaine, *la Mouche et le Coche*.
2. « Plus que la vie. » Qui ne mourrait pour conserver son honneur, celui-là serait infâme. La douceur de la gloire est si grande, qu'à quelque chose qu'on l'attache, même à la mort, on l'aime. — L'orgueil contrepèse toutes nos misères; car ou il les cache, ou, s'il les découvre, il se glorifie de les connaître. Il nous tient d'une possession si naturelle au milieu de nos misères et de nos erreurs, que nous perdons même la vie avec joie, pourvu qu'on en parle. » PASCAL.
3. « La gloire. » Ce n'est pas seulement la vanité, l'amour de la gloire, mais le sentiment de l'honneur et du devoir qui font mépriser la vie.
4. « Ceux qui. » Allusion à plusieurs magistrats et courtisans qui allèrent voir le siége de Namur (1692), par une très-mauvaise saison, et des pluies qui durèrent jusqu'à la prise de la ville. La Bruyère a rendu d'une manière très-plaisante les terreurs et la fanfaronnade de ces amateurs peu aguerris des combats. Racine et Boileau avaient quelquefois suivi le roi en qualité d'historiographes, et ne paraissaient que médiocrement charmés de cet honneur.

fange, on a à combattre les saisons et l'ennemi, on peut être forcé dans ses lignes, et enfermé entre une ville et une armée¹. quelles extrémités! on perd courage, on murmure. Est-ce² un si grand inconvénient que de lever un siége? Le salut de l'État dépend-il d'une citadelle de plus ou de moins? Ne faut-il pas, ajoutent-ils, fléchir sous les ordres du ciel³, qui semble se déclarer contre nous, et remettre la partie à un autre temps? Alors ils ne comprennent plus la fermeté, et, s'ils osaient dire, l'opiniâtreté du général qui se roidit contre les obstacles, qui s'anime par la difficulté de l'entreprise, qui veille la nuit et s'expose⁴ le jour pour la conduire à sa fin. A-t-on capitulé⁵ ? ces hommes si découragés relèvent l'importance de cette conquête, en prédisent les suites, exagèrent la nécessité qu'il y avait de la faire, le péril et la honte qui suivaient de s'en désister⁶, prouvent que l'armée⁷ qui nous couvrait des ennemis était invincible : ils reviennent avec la cour, passent par les villes et les bourgades, fiers d'être regardés de la bourgeoisie qui est aux fenêtres⁸, comme ceux mêmes qui ont pris la place; ils en triomphent par les chemins, ils se croient braves : revenus chez eux, ils vous étourdissent de flancs, de redans, de ravelins, de fausse-braie, de courtines et de chemin couvert⁹ ; ils rendent compte des endroits où *l'envie de voir* les a portés, et où *il ne laissait pas d'y avoir du péril;* des hasards qu'ils ont courus, à leur retour, d'être pris ou tués par l'ennemi. Ils taisent seulement qu'ils ont eu peur.

* C'est le plus petit inconvénient du monde que de demeurer

---

1. « Armée. » L'auteur réunit avec soin les circonstances qui rendent leur terreur vraisemblable et légitime.
2. « Est-ce. » Le discours direct nous représentera bien plus vivement les personnages que toutes les réflexions que l'auteur pourrait faire.
3. « Ciel. » Le ciel intervient ici à propos, pour déguiser leur crainte, et d'une manière très-plaisante.
4. « Et s'expose. » Contraste heureux et rapide de la vraie valeur, avec cette curiosité empressée et poltronne. Le général dont il est question est Vauban; le siége de Namur est regardé comme son chef-d'œuvre.
5. « A-t-on capitulé. » Le tour est vif et rapide comme la conversion subite de ces originaux. L'auteur change de ton avec la plus grande facilité. Les tableaux les plus divers se succèdent et l'on remarque toujours le talent de tout peindre et de tout animer.
6. « Qui suivaient de s'en désister. » Ce tour n'est plus guère d'usage.
7. « L'armée. » La ville de Namur fut prise par le roi, sous les yeux de Guillaume, qui essaya vainement de la secourir, avec cent mille hommes. Il fut tenu en échec par Luxembourg et n'osa livrer bataille.
8. « Qui est aux fenêtres. » Détail bien saisi qui donne de la vérité et de la vie à cette description.
9. « Couvert. » Termes de fortifications.

court dans un sermon ou dans une harangue ; il laisse à l'orateur ce qu'il a d'esprit, de bon sens, d'imagination, de mœurs et de doctrine [1], il ne lui ôte rien [2] : mais on ne laisse pas de s'étonner que les hommes, ayant voulu une fois y attacher une espèce de honte et de ridicule, s'exposent, par de longs et souvent d'inutiles discours, à en courir tout le risque.

* Ceux qui emploient mal leur temps sont les premiers à se plaindre de sa brièveté. Comme ils le consument à s'habiller, à manger, à dormir, à de sots discours, à se résoudre sur ce qu'ils doivent faire, et souvent à ne rien faire, ils en manquent [3] pour leurs affaires ou pour leurs plaisirs. Ceux, au contraire, qui en font un meilleur usage, en ont de reste.

Il n'y a point de ministre si occupé qui ne sache [4] perdre chaque jour deux heures de temps ; cela va loin à la fin d'une longue vie : et si le mal est encore plus grand dans les autres conditions des hommes, quelle perte infinie ne se fait pas dans le monde d'une chose si précieuse [5], et dont l'on se plaint qu'on n'a point assez !

* Il y a des créatures de Dieu, qu'on appelle des hommes, qui ont une âme qui est esprit, dont toute la vie est occupée et toute l'attention est réunie à scier du marbre : cela est bien simple, c'est bien peu de chose. Il y en a d'autres qui s'en étonnent, mais qui sont entièrement inutiles, et qui passent les jours à ne rien faire : c'est encore moins que de scier du marbre [6].

* La plupart des hommes oublient si fort qu'ils ont une âme, et se répandent en [7] tant d'actions et d'exercices où il semble

---

1. « Doctrine » se prend moins souvent aujourd'hui dans le sens de science, savoir.
2. « Ôte rien. » Excuse perfide qui rend plus inattendue et plus vive la réflexion qui suit.
3. « Ils en manquent. » « Les journées sont longues et les années sont courtes pour l'homme oisif ; il se traîne péniblement du moment de son lever jusqu'au moment de son coucher ; l'ennui prolonge sans fin cet intervalle de douze à quinze heures, dont il compte toutes les minutes. De jour d'ennui en jour d'ennui, est-il arrivé à la fin de l'année, il lui semble que le premier de janvier touche immédiatement au dernier de décembre, parce qu'il ne s'intercale dans cette durée aucune action qui la divise. Travaillons donc ; le travail entre autres avantages, a celui de raccourcir les heures et d'étendre la vie. » DIDEROT.
4. « Qui ne sache. » Qui ne puisse, qui ne trouve moyen de. Ce gallicisme est ici très-bien employé.
5. « Précieuse. » « Tes passions, tes goûts, tes fantaisies, tes folies n'ont-elles pas mis tes jours et tes nuits au pillage, sans que tu sentisses le prix de ce que tu perdais ? » SÉNÈQUE, De la Brièveté de la Vie, c. 3.
6. « Du marbre. » Cette pitié pour le travail excessif et abrutissant, ce dédain profond pour l'oisiveté sont choses bien remarquables pour le temps où écrivait La Bruyère. La simplicité du langage relève ici le sérieux et la solidité de la pensée.
7. « Se répandent en. » Locution expressive et très-bien employée.

qu'elle est inutile, que l'on croit parler avantageusement de quelqu'un en disant qu'il pense; cet éloge même est devenu vulgaire [1], qui pourtant ne met cet homme qu'au-dessus du chien ou du cheval.

* A quoi vous divertissez-vous [2]? à quoi passez-vous le temps? vous demandent les sots et les gens d'esprit. Si je réplique que c'est à ouvrir les yeux et à voir [3], à prêter l'oreille et à entendre, à avoir la santé, le repos, la liberté, ce n'est rien dire : les solides biens, les grands biens, les seuls biens, ne sont pas comptés, ne se font pas sentir. Jouez-vous? masquez-vous? il faut répondre [4].

Est-ce un bien pour l'homme que la liberté, si elle peut être trop grande et trop étendue, telle enfin qu'elle ne serve qu'à lui faire désirer quelque chose, qui est d'avoir moins de liberté?

La liberté n'est pas oisiveté; c'est un usage libre du temps, c'est le choix du travail et de l'exercice. Être libre, en un mot, n'est pas ne rien faire, c'est être seul arbitre de ce qu'on fait ou de ce qu'on ne fait point. Quel bien, en ce sens, que la liberté!

* CÉSAR n'était point trop vieux [5] pour penser à la conquête de l'univers [6] : il n'avait point d'autre béatitude à se faire que le cours d'une belle vie, et un grand nom après sa mort : né fier, ambitieux, et se portant bien comme il faisait, il ne pouvait mieux employer son temps qu'à conquérir le monde. ALEXANDRE était bien jeune pour un dessein si sérieux : il est étonnant que dans ce premier âge les femmes ou le vin n'aient plus tôt rompu son entreprise.

1. « Vulgaire. » Cela ne signifie pas que beaucoup le méritent, mais que c'est une forme de l'éloge qui est habituelle et n'a plus rien de surprenant.
2. « Vous divertissez-vous? » Le tour de ce caractère est vif et familier comme le langage de la conversation. L'auteur excelle à passer rapidement d'un ton à un autre.
3. « A voir. » La Bruyère s'est acquitté à merveille de son rôle de spectateur. Mais il n'est pas difficile de comprendre que les hommes ne sauraient tous passer leur vie à se contempler les uns les autres.
4. « Répondre. » Comparez le ton familier et enjoué de La Bruyère avec les graves paroles de Pascal : « Qu'on choisisse telle condition qu'on voudra, et qu'on y assemble tous les biens et toutes les satisfactions qui semblent pouvoir contenter un homme : si celui qu'on aura mis en cet état est sans occupation et sans divertissement, et qu'on le laisse faire réflexion sur ce qu'il est, cette félicité languissante ne le soutiendra pas; il tombera par nécessité dans les vues languissantes de l'avenir; et si on ne l'occupe hors de lui, le voilà nécessairement malheureux. »
5. « Trop vieux. » Il avait cinquante-six ans lorsqu'il fut assassiné.
6. « Univers. » Voyez les *Pensées* de M. Pascal, chapitre XXXI, où il dit le contraire. (*Note de La Bruyère.*) Voici le texte de Pascal : « César était trop vieux, ce me semble, pour aller s'amuser à conquérir le monde. Cet amusement était bon à Alexandre : c'était un jeune homme qu'il était difficile d'arrêter; mais César devait être plus mûr. »

* Un jeune prince [1], d'une race auguste, l'amour et l'espérance des peuples, donné du ciel pour prolonger la félicité de la terre, plus grand que ses aïeux, fils d'un héros qui est son modèle, a déjà montré a l'univers, par ses divines qualités et par une vertu anticipée, que les enfants des héros sont plus proches de l'être que les autres hommes [2].

* Si le monde dure seulement cent millions d'années, il est encore dans toute sa fraîcheur, et ne fait presque que commencer : nous-mêmes nous touchons aux premiers hommes et aux patriarches : et qui pourra ne nous pas confondre avec eux [3] dans des siècles si reculés ? Mais si l'on juge par le passé de l'avenir, quelles choses nouvelles nous sont inconnues dans les arts, dans les sciences, dans la nature, et j'ose dire dans l'histoire ! quelles découvertes ne fera-t-on point ? quelles différentes révolutions [4] ne doivent pas arriver sur toute la face de la terre, dans les États et dans les empires ? Quelle ignorance est la nôtre, et quelle légère expérience que celle de six ou sept mille ans !

* Il n'y a point de chemin trop long à qui marche lentement et sans se presser ; il n'y a point d'avantages trop éloignés à qui s'y prépare par la patience.

* Ne faire sa cour à personne, ni attendre de quelqu'un qu'il vous fasse la sienne, douce situation, âge d'or, état de l'homme le plus naturel.

* Le monde est pour ceux qui suivent les cours ou qui peuplent les villes ; la nature n'est que pour ceux qui habitent la campagne,

---

1. « Un jeune prince. » Le dauphin, fils de Louis XIV, élève de Bossuet, qui commandait en ce moment (1688) l'armée sur les bords du Rhin, prince débauché, ignorant et de peu d'intelligence, tout à fait indigne de l'éloge qu'en fait ici La Bruyère.

2. « Hommes. » Contre la maxime latine et triviale. (*Note de La Bruyère.*) Cette maxime ou adage est : *filii heroum noxæ* ; ce qui veut dire que les fils des héros dégénèrent ordinairement de leur père. — Pour ajouter à cette flatterie, tellement hyperbolique qu'elle ressemble à une ironie, La Bruyère, dans toutes les éditions qui ont suivi la troisième, a fait imprimer ce caractère en petites capitales. Il était, dans les trois premières, en caractères ordinaires. WALCKENAER.

3. « Avec eux. » Cela est vrai, et il nous est pourtant difficile de nous faire à cette idée.

4. « Révolutions. » Les écrivains du XVIIe siècle ont rarement exprimé ces idées. Tout leur semble si solidement assis autour d'eux qu'ils pensent rarement aux révolutions que le temps amène avec lui. Ils ont une foi si imperturbable dans les idées et les institutions de leur temps, qu'ils semblent les croire immortelles, et c'est là même une raison de la force et de la majesté de leur parole. La Bruyère est un de ceux qui se sont le plus aisément dégagés des conditions du temps où il vivait, et qui entrevoient l'avenir. Encore ce passage remarquable vient-il immédiatement après l'éloge emphatique d'un prince fort médiocre, et qui n'excite que nos dédains.

eux seuls vivent, eux seuls, du moins, connaissent qu'ils vivent [1].

* Pourquoi me faire froid, et vous plaindre de ce qui m'est échappé sur quelques jeunes gens qui peuplent les cours? Êtes-vous vicieux, ô *Thrasille*? Je ne le savais pas, et vous me l'apprenez. Ce que je sais est que vous n'êtes plus jeune.

Et vous qui voulez être offensé personnellement de ce que j'ai dit de quelques grands, ne criez-vous point de la blessure d'un autre! Êtes-vous dédaigneux, malfaisant, mauvais plaisant, flatteur, hypocrite? Je l'ignorais, et ne pensais pas à vous : j'ai parlé des grands [2].

* L'esprit de modération, et une certaine sagesse dans la conduite, laissent les hommes dans l'obscurité : il leur faut de grandes vertus pour être connus et admirés, ou peut-être de grands vices.

* Les hommes, sur la conduite des grands et des petits indifféremment, sont prévenus, charmés, enlevés par la réussite; il s'en faut peu que le crime heureux ne soit loué comme la vertu même, et que le bonheur ne tienne lieu de toutes les vertus. C'est un noir attentat, c'est une sale et odieuse entreprise que celle que le succès ne saurait justifier [3].

* Les hommes, séduits par de belles apparences et de spécieux prétextes, goûtent aisément un projet d'ambition que quelques grands ont médité; ils en parlent avec intérêt, il leur plaît même par la hardiesse ou par la nouveauté que l'on lui impute; ils y sont déjà accoutumés, et n'en attendent que le succès, lorsque, venant [4] au contraire à avorter [5], ils décident avec confiance, et

---

1. « Vivent. »
Heureux qui se livrant aux sages disciplines,
Nourri du lait sacré des antiques doctrines,
Ainsi que de talents a jadis hérité
D'un bien modique et sûr qui fait la liberté!
Il a dans sa paisible et sainte solitude,
Du loisir, du sommeil, et les bois et l'étude.
       A. CHÉNIER.

2. « Grands. » Cette réponse satirique est vive et piquante.
3. « Justifier. » L'auteur, dans ce caractère et dans plusieurs de ceux qui suivent, fait allusion à Guillaume de Nassau, prince d'Orange, qui entreprit de passer en Angleterre, d'où il chassa le roi Jacques II, son beau-père (1688). Les Français firent une descente inutile en faveur de Jacques, qui fut battu à la bataille de la Boyne. Le nouveau roi d'Angleterre, ennemi acharné de Louis XIV, était l'âme de la coalition qui faisait la guerre à la France au moment où écrivait La Bruyère.
4. « Venant. » Le projet venant à avorter.
5. « Avorter. » La tentative des Français en Irlande, qui échoua par l'incapacité de Jacques II.

sans nulle crainte de se tromper, qu'il était téméraire et ne pouvait réussir.

* Il y a de tels projets¹, d'un si grand éclat et d'une conséquence si vaste, qui font parler les hommes si longtemps, qui font tant espérer ou tant craindre, selon les divers intérêts des peuples, que toute la gloire et toute la fortune d'un homme y sont commises. Il ne peut pas avoir paru sur la scène avec un si bel appareil, pour se retirer sans rien dire; quelques affreux périls qu'il commence à prévoir dans la suite de son entreprise, il faut qu'il l'entame; le moindre mal pour lui est de la manquer.

* Dans un méchant homme, il n'y a pas de quoi faire un grand homme. Louez ses vues et ses projets, admirez sa conduite, exagérez son habileté à se servir des moyens les plus propres et les plus courts pour parvenir à ses fins; si ses fins sont mauvaises, la prudence n'y a aucune part: et où manque la prudence², trouvez la grandeur, si vous le pouvez.

* Un ennemi³ est mort, qui était à la tête d'une armée formidable, destinée à passer le Rhin; il savait la guerre, et son expérience pouvait être secondée de la fortune: quels feux de joie a-t-on vus, quelle fête publique? Il y a des hommes, au contraire, naturellement odieux, et dont l'aversion devient populaire: ce n'est point précisément par les progrès qu'ils font, ni par la crainte de ceux qu'ils peuvent faire, que la voix du peuple éclate à leur mort⁴, et que tout tressaille⁵, jusqu'aux enfants, dès que l'on murmure dans les places que la terre enfin en est délivrée.

* O temps! ô mœurs! s'écrie *Héraclite*, ô malheureux siècle! siècle rempli de mauvais exemples, où la vertu souffre, où le crime domine, où il triomphe! Je veux être un *Lycaon*⁶, un *Ægyste*, l'occasion ne peut être meilleure, ni les conjonctures plus favorables, si je désire du moins de fleurir et de prospérer. Un homme⁷

---

1. « De tels projets. » L'usurpation de Guillaume.
2. « La prudence. » On pouvait donner de meilleures raisons, pour prouver que Guillaume, fort habile homme, n'était rien moins qu'un grand homme.
3. « Un ennemi. » Le duc Charles de Lorraine, beau-frère de l'empereur Léopold Iᵉʳ.
4. « Mort. » Le faux bruit de la mort du prince d'Orange, qu'on croyait avoir été tué à la bataille de la Boyne.
5. « Tout tressaille. » Il y a de l'éloquence dans cette haine qui s'exprime avec tant de violence.
6. « Lycaon, » roi d'Arcadie, qui donnait la mort à ses hôtes, et que Jupiter changea en loup. — « Egysthe, » meurtrier d'Agamemnon.
7. « Un homme. » Le prince d'Orange.

dit : Je passerai la mer, je dépouillerai mon père de son patrimoine, je le chasserai ; lui, sa femme, son héritier, de ses terres et de ses États; et comme il l'a dit, il l'a fait. Ce qu'il devait appréhender, c'était le ressentiment de plusieurs rois qu'il outrage en la personne d'un seul roi : mais ils tiennent pour lui ; ils lui ont presque dit : Passez la mer, dépouillez votre père [1], montrez à tout l'univers qu'on peut chasser un roi de son royaume, ainsi qu'un petit seigneur de son château ou un fermier de sa métairie : qu'il n'y ait plus de différence entre de simples particuliers et nous ; nous sommes las de ces distinctions [2] : apprenez au monde que ces peuples que Dieu a mis sous nos pieds peuvent nous abandonner, nous trahir, nous livrer, se livrer eux-mêmes à un étranger ; et qu'ils ont moins à craindre de nous, que nous d'eux et de leur puissance. Qui pourrait voir des choses si tristes avec des yeux secs et une âme tranquille ? Il n'y a point de charges qui n'aient leurs priviléges ; il n'y a aucun titulaire qui ne parle, qui ne plaide, qui ne s'agite pour les défendre : la dignité royale seule n'a plus de priviléges, les rois eux-mêmes y ont renoncé. Un seul [3], toujours bon et magnanime, ouvre ses bras à une famille malheureuse ; tous les autres se liguent comme pour se venger de lui, et de l'appui qu'il donne à une cause qui leur est commune : l'esprit de pique et de jalousie prévaut chez eux à l'intérêt de l'honneur, de la religion, et de leur état ; est-ce assez ? à leur intérêt personnel et domestique ; il y va, je ne dis pas de leur élection, mais de leur succession, de leurs droits comme héréditaires : enfin, dans tout, l'homme l'emporte sur le souverain. Un prince [4] délivrait l'Europe, se délivrait lui-même d'un fatal ennemi, allait jouir de la gloire d'avoir détruit un grand empire [5] : il la néglige pour une guerre douteuse. Ceux qui sont nés arbitres [6] et médiateurs temporisent ; et lorsqu'ils pourraient avoir déjà employé utilement leur médiation, ils la promettent. O pâtres ! continue Héraclite, ô rustres qui habitez sous le chaume et dans les cabanes ! si les événements ne vont point jusqu'à vous, si vous

---

1. « Votre père. » Le roi Jacques II.
2. « Las de ces distinctions. » Ces paroles semblent prophétiques.
3. « Un seul. » Louis XIV, qui donna retraite à Jacques II et à toute sa famille, après qu'il eut été obligé de se retirer d'Angleterre.
4. « Un prince. » L'empereur.
5. « Un grand empire. » La Turquie.
6. « Arbitres. » Le pape Innocent XI.

n'avez point le cœur percé par la malice des hommes, si on ne parle plus d'hommes dans vos contrées, mais seulement de renards et de loups cerviers, recevez-moi parmi vous à manger votre pain noir et à boire l'eau de vos citernes [1].

« Petits hommes [2] hauts de six pieds, tout au plus de sept, qui vous enfermez aux foires comme géants, et comme des pièces rares dont il faut acheter la vue, dès que vous allez jusques à huit pieds ; qui vous donnez sans pudeur de la *hautesse* et de l'*éminence*, qui est tout ce que l'on pourrait accorder à ces montagnes voisines du ciel, et qui voient les nuages se former au-dessous d'elles ; espèce d'animaux glorieux et superbes, qui méprisez toute autre espèce, qui ne faites pas même comparaison avec l'éléphant et la baleine, approchez, hommes, répondez un peu à *Démocrite*. Ne dites-vous pas en commun proverbe, *des loups ravissants, des lions furieux, malicieux comme un singe ?* Et vous autres, qui êtes-vous? J'entends corner sans cesse à mes oreilles, *l'homme est un animal raisonnable :* qui vous a passé cette définition ? Sont-ce les loups, les singes et les lions ? ou si vous vous l'êtes accordée à vous-mêmes ? C'est déjà une chose plaisante, que vous donniez aux animaux vos confrères ce qu'il y a de pire, pour prendre pour vous ce qu'il y a de meilleur : laissez-les un peu se définir eux-mêmes, et vous verrez comme ils s'oublieront, et comme vous serez traités. Je ne parle point, ô hommes, de vos légèretés, de vos folies et de vos caprices, qui vous mettent au-dessous de la taupe et de la tortue, qui vont sagement 'eur petit train, et qui suivent, sans varier, l'instinct de leur nature : mais écoutez-moi un moment. Vous dites d'un tiercelet [3] de faucon qui est fort léger, et qui fait une belle descente sur la perdrix, Voilà un bon oiseau, et d'un lévrier qui prend un lièvre corps à corps, C'est un bon lévrier : je consens aussi que vous disiez d'un homme qui court le sanglier, qui le met aux abois, qui l'atteint et qui le perce, Voilà un brave homme. Mais si vous voyez deux

---

1. « Citernes. » Il est intéressant de voir jusqu'où allait en France la haine populaire contre Guillaume. Un esprit supérieur comme celui de La Bruyère n'aurait pas dû adopter sans réserves ces passions patriotiques, mais aveugles. On combat l'ennemi, on le bat si l'on peut, on ne l'injurie pas.
2. « Petits hommes. » Les princes ligués avec le prince d'Orange contre Louis XIV.
3. « Tiercelet. » Terme de fauconnerie, qui se dit des mâles des oiseaux de proie. Ils sont ainsi nommés parce qu'ils sont d'un tiers plus petits que leurs femelles.

chiens qui s'aboient, qui s'affrontent, qui se mordent et se déchirent, vous dites, Voilà de sots animaux ; et vous prenez un bâton pour les séparer. Que si l'on vous disait que tous les chats d'un grand pays se sont assemblés par milliers dans une plaine, et qu'après avoir miaulé tout leur soûl, ils se sont jetés avec fureur les uns sur les autres, et ont joué ensemble de la dent et de la griffe; que de cette mêlée il est demeuré de part et d'autre neuf à dix mille chats sur la place, qui ont infecté l'air à dix lieues de là par leur puanteur; ne diriez-vous pas, Voilà le plus abominable *sabbat* dont on ait jamais ouï parler? Et si les loups en faisaient de même, quels hurlements, quelle boucherie! Et si les uns ou les autres vous disaient qu'ils aiment la gloire, concluriez-vous de ce discours qu'ils la mettent à se trouver à ce beau rendez-vous, à détruire ainsi et à anéantir leur propre espèce? ou, après l'avoir conclu, ne ririez-vous pas de tout votre cœur de l'ingénuité de ces pauvres bêtes? Vous avez déjà, en animaux raisonnables, et pour vous distinguer de ceux qui ne se servent que de leurs dents et de leurs ongles, imaginé les lances, les piques, les dards, les sabres et les cimeterres, et à mon gré fort judicieusement; car avec vos seules mains que pouviez-vous vous faire les uns aux autres, que vous arracher les cheveux, vous égratigner au visage, ou tout au plus vous arracher les yeux de la tête? au lieu que vous voilà munis d'instruments commodes, qui vous servent à vous faire réciproquement de larges plaies, d'où peut couler votre sang jusqu'à la dernière goutte, sans que vous puissiez craindre d'en échapper. Mais comme vous devenez d'année à autre plus raisonnables, vous avez bien enchéri sur cette vieille manière de vous exterminer : vous avez de petits globes[1] qui vous tuent tout d'un coup, s'ils peuvent seulement vous atteindre à la tête ou à la poitrine; vous en avez d'autres[2], plus pesants et plus massifs, qui vous coupent en deux parts ou qui vous éventrent, sans compter ceux[3] qui tombant sur vos toits, enfoncent les planchers, vont du grenier à la cave, en enlèvent les voûtes, et font sauter en l'air, avec vos maisons, vos femmes qui sont en couche, l'enfant et la nourrice : et c'est là encore où *gît* la gloire; elle

1. « De petits globes. » Des balles de mousquet.
2. « D'autres. » Les boulets de canon
3. « Ceux. » Les bombes.

aime le *remue-ménage*, et elle est personne d'un grand fracas. Vous avez d'ailleurs des armes défensives, et dans les bonnes règles vous devez en guerre être habillés de fer ; ce qui est sans mentir une jolie parure, et qui me fait souvenir de ces quatre puces célèbres que montrait autrefois un charlatan, subtil ouvrier, dans une fiole où il avait trouvé le secret de les faire vivre : il leur avait mis à chacune une salade¹ en tête, leur avait passé un corps de cuirasse, mis des brassards, des genouillères, la lance sur la cuisse ; rien ne leur manquait, et en cet équipage elles allaient par sauts et par bonds dans leur bouteille. Feignez un homme de la taille du mont *Athos* (pourquoi non ? une âme serait-elle embarrassée d'animer un tel corps ? elle en serait plus au large) : si cet homme avait la vue assez subtile pour vous découvrir quelque part sur la terre avec vos armes offensives et défensives, que croyez-vous qu'il penserait de petits marmousets ainsi équipés, et de ce que vous appelez guerre, cavalerie, infanterie, un mémorable siège, une fameuse journée ? N'entendrai-je donc plus bourdonner d'autre chose parmi vous ? le monde ne se divise-t-il plus qu'en régiments et en compagnies ? tout est-il devenu bataillon ou escadron ? *Il a pris une ville, il en a pris une seconde, puis une troisième ; il a gagné une bataille, deux batailles ; il chasse l'ennemi, il vainc² sur mer, il vainc sur terre :* est-ce de quelqu'un de vous autres, est-ce d'un géant, d'un *Athos*, que vous parlez ? Vous avez surtout un homme³ pâle et livide, qui n'a pas sur soi dix onces de chair, et que l'on croirait jeter à terre du moindre souffle. Il fait néanmoins plus de bruit que quatre autres, et met tout en combustion ; il vient de pêcher en eau trouble une île⁴ tout entière : ailleurs, à la vérité, il est battu et poursuivi, mais il se sauve par *les marais*, et ne veut écouter ni paix ni trêve. Il a montré de bonne heure ce qu'il savait faire ; il a mordu le sein de sa nourrice⁵, elle en est morte, la pauvre femme : je m'entends, il suffit. En un mot, il était né

---

1. « Salade. » « Léger habillement de tête que portent les chevau-légers, qui diffère du casque en ce qu'il n'a point de crête, et n'est presque qu'un simple pot. » FURETIÈRE.
2. « Il vainc. » L'emploi de ce mot est rare.
3. « Un homme. » Le prince d'Orange.
4. « Une île. » L'Angleterre.
5. « Nourrice. » Le prince d'Orange, devenu plus puissant par la couronne d'Angleterre, s'était rendu maître absolu en Hollande, et y faisait tout ce qui lui plaisait.

sujet, et il ne l'est plus, au contraire, il est le maître; et ceux qu'il a domptés et mis sous le joug vont à la charrue et labourent de bon courage : ils semblent même appréhender, les bonnes gens, de pouvoir se délier un jour et de devenir libres, car ils ont étendu la courroie et allongé le fouet de celui qui les fait marcher; ils n'oublient rien pour accroître leur servitude : ils lui font passer l'eau pour se faire d'autres vassaux et s'acquérir de nouveaux domaines : il s'agit, il est vrai, de prendre son père et sa mère par les épaules, et de les jeter hors de leur maison; et ils l'aident dans une si honnête entreprise. Les gens de delà l'eau [1] et ceux d'en deçà se cotisent et mettent chacun du leur, pour se le rendre à eux tous de jour en jour plus redoutable : les *Pictes* et les *Saxons* imposent silence aux *Bataves*, et ceux-ci aux *Pictes* et aux *Saxons*; tous se peuvent vanter d'être ses humbles esclaves, et autant qu'ils le souhaitent. Mais qu'entends-je de certains personnages [2] qui ont des couronnes, je ne dis pas des comtes ou des marquis, dont la terre fourmille, mais des princes et des souverains? ils viennent trouver cet homme dès qu'il a sifflé, ils se découvrent dès son antichambre, et ils ne parlent que quand on les interroge. Sont-ce là ces mêmes princes si pointilleux, si formalistes sur leurs rangs et sur leurs préséances, et qui consument, pour les régler, les mois entiers dans une diète? Que fera ce nouvel *Arconte* [3] pour payer une si aveugle soumission, et pour répondre à une si haute idée qu'on a de lui? S'il se livre une bataille, il doit la gagner, et en personne; si l'ennemi fait un siège [4], il doit le lui faire lever, et avec honte, à moins que tout l'Océan ne soit entre lui et l'ennemi : il ne saurait moins faire en faveur de ses courtisans. *César* [5] lui-même ne doit-il pas venir en grossir le nombre? il en attend du moins d'importants services; car ou l'Arconte échouera avec ses alliés, ce qui est plus difficile qu'impossible à concevoir; ou s'il réussit et que rien ne lui résiste, le

---

1. « Les gens de delà l'eau. » Les Anglais.
2. « De certains personnages. » Le prince d'Orange, à son premier retour d'Angleterre, en 1690, vint à La Haye où les princes ligués se rendirent, et où le duc de Bavière fut longtemps à attendre dans l'antichambre.
3. « Arconte. » Terme grec, qui signifie chef, général.
4. « Siège. » Louis XIV vint mettre en personne le siège devant Mons; il avait avec lui Vauban. Guillaume marcha vainement à la délivrance de cette ville; il n'osa attaquer la formidable armée qui couvrait le siège, et la place se rendit le 9 avril 1691.
5. « César. » L'empereur.

voilà tout porté, avec ses alliés jaloux de la religion et de la puissance de César, pour fondre sur lui, pour lui enlever l'*aigle*, et le réduire, lui et son héritier, à la *fasce d'argent* [1] et aux pays héréditaires. Enfin, c'en est fait, ils se sont tous livrés à lui volontairement, à celui peut-être de qui ils devaient se défier davantage. *Ésope* ne 'eur dirait-il pas : *La gent volatile d'une certaine contrée prend l'alarme et s'effraye du voisinage du lion, dont le seul rugissement lui fait peur : elle se réfugie auprès de la bête, qui lui fait parler d'accommodement et la prend sous sa protection, qui se termine enfin à les croquer tous l'un après l'autre* [2].

[Chapitre XIII.]

DE LA MODE.

* Une chose folle et qui découvre bien notre petitesse, c'est l'assujettissement aux modes quand on l'étend à ce qui concerne le goût, le vivre, la santé, et la conscience. La viande noire est hors de mode [3], et par cette raison insipide; ce serait pécher contre la mode que de guérir de la fièvre par la saignée. De même, l'on ne mourait plus depuis longtemps par *Théotime* ; ses tendres exhortations ne sauvaient plus que le peuple, et Théotime a vu son successeur.

* La curiosité n'est pas un goût pour ce qui est bon ou ce qui est beau, mais pour ce qui est rare, unique, pour ce qu'on a et ce que les autres n'ont point. Ce n'est pas un attachement à ce qui est parfait, mais à ce qui est couru, à ce qui est à la mode.

---

1. « Fasce d'argent. » Armes de la maison d'Autriche. « La fasce, dit Furetière, est une des pièces principales et honorables de l'écu, qui le coupe par le milieu et sépare le chef de la pointe. Quand il n'y a aucune autre pièce sur l'écu, elle en doit contenir le tiers. »

2. « L'autre. » Cette longue diatribe, remplie d'injures qui ne sont pas même spirituelles, n'est pas digne de La Bruyère.

3. « La viande noire. » La viande de lièvre, de bécasse, de sanglier, etc. On appelle *viande blanche* la viande de volaille, de lapin, de veau, etc. — « C'est avec ces beaux raffinements, dit Sénèque, qu'on se fait une réputation de délicatesse et de magnificence. Les vices de ces gens-là les accompagnent si constamment dans tous les moments de leur vie, qu'ils mettent une ambitieuse vanité même dans le boire et le manger. » *De la Brièveté de la Vie*, c. 12.

4. « Par Théotime. » Avec les soins et les exhortations de Théotime. L'emploi de la préposition *par* est ici vif et élégant

Ce n'est pas un amusement, mais une passion [1], et souvent si violente, qu'elle ne cède à l'amour et à l'ambition que par la petitesse de son objet. Ce n'est pas une passion qu'on a généralement [2] pour les choses rares et qui ont cours, mais qu'on a seulement pour une certaine chose qui est rare et pourtant à la mode.

Le fleuriste [3] a un jardin dans un faubourg, il y court au lever du soleil, et il en revient à son coucher; vous le voyez planté [4], et qui a pris racine au milieu de ses tulipes et devant la *Solitaire;* il ouvre de grands yeux, il frotte ses mains, il se baisse, il la voit de plus près, il ne l'a jamais vue si belle, il a le cœur épanoui de joie; il la quitte pour l'*Orientale;* de là il va à la *Veuve;* il passe au *Drap d'or*, de celle-ci à l'*Agathe* [5], d'où il revient enfin à la *Solitaire*, où il se fixe, où il se lasse, où il s'assied, où il oublie de dîner; aussi est-elle nuancée, bordée, huilée, à pièces emportées; elle a un beau vase ou un beau calice : il la contemple, il l'admire : Dieu et la nature sont en tout cela ce qu'il n'admire point; il ne va pas plus loin que l'oignon de sa tulipe, qu'il ne livrerait pas pour mille écus, et qu'il donnera pour rien quand les tulipes seront négligées et que les œillets auront prévalu. Cet homme raisonnable, qui a une âme, qui a un culte et une religion, revient chez soi fatigué, affamé, mais fort content de sa journée : il a vu des tulipes [6].

Parlez à cet autre de la richesse des moissons, d'une ample récolte, d'une bonne vendange; il est curieux de fruits [7], vous n'articulez pas, vous ne vous faites pas entendre : parlez-lui de figues et

---

1. « Une passion. » « Ces gens-là ne sont pas oisifs, dit Sénèque, mais inutilement occupés : *non habent isti otium, sed iners negotium* (De brevit. vit. 12). » Il a raison; mais La Bruyère est aussi vrai et ne fait pas de pointe.

2. « Généralement. » Pour toutes, sans exception.

3. « Le fleuriste. » « Il n'y a point de si petit caractère qu'on ne puisse rendre agréable par le coloris; le fleuriste de La Bruyère en est la preuve. » Vauvenargues.

4. « Planté. » Cette figure qui identifie le fleuriste avec les tulipes de son jardin est fort heureuse. Montesquieu a dit d'un géomètre, en lui appliquant une figure tirée de la profession : « Son esprit régulier *toisait* tout ce qui se disait dans la conversation. »

5. « Agathe. » Tous ces noms pompeux appartiennent à différentes espèces de tulipes.

6. « Qui a une religion, etc. » La Bruyère n'est pas un spectateur indifférent; il observe avec justesse, il peint avec verve les travers de l'homme; mais en même temps il s'en indigne. Il n'éclate pas en longues récriminations comme Sénèque. Il craint d'avoir trop raison et de fatiguer. Un trait lui suffit pour faire penser au lecteur ce qu'il sent et ce qu'il ne veut pas dire. Cette indignation contenue, mais profonde, contre l'homme qui dégrade son âme douée de la raison, relève ses peintures et leur donne la force morale; il parle de petites choses, mais il n'est point puéril. Il n'intéresse et il n'amuse que parce qu'il est au fond très-sérieux et très-élevé.

7. « Il est curieux. » Il n'aime, ne recherche que les fruits.

de melons, dites que les poiriers rompent de fruits cette année, que les pêchers ont donné avec abondance; c'est pour lui un idiome inconnu, il s'attache aux seuls pruniers, il ne vous répond pas. Ne l'entretenez pas même de vos pruniers [1], il n'a de l'amour que pour une certaine espèce; toute autre que vous lui nommez le fait sourire et se moquer [2]; il vous mène à l'arbre, cueille artistement cette prune exquise, il l'ouvre, vous en donne une moitié, et prend l'autre. Quelle chair! dit-il; goûtez-vous cela [4]? cela est-il divin? voilà ce que vous ne trouverez pas ailleurs : et là-dessus ses narines s'enflent, il cache avec peine sa joie et sa vanité par quelques dehors de modestie [5]. O l'homme divin [6], en effet! homme qu'on ne peut jamais assez louer et admirer! homme dont il sera parlé dans plusieurs siècles! que je voie sa taille et son visage pendant qu'il vit; que j'observe les traits et la contenance d'un homme qui seul entre les mortels possède une telle prune!

Un troisième, que vous allez voir, vous parle des curieux ses confrères, et surtout de *Diognète*. Je l'admire, dit-il, et je le comprends moins que jamais : pensez-vous qu'il cherche à s'instruire par les médailles [7], et qu'il les regarde comme des preuves parlantes de certains faits, et des monuments fixes et indubitables de l'ancienne histoire? rien moins [8] : vous croyez peut-être que toute la peine qu'il se donne pour recouvrer une *tête* [9] vient du plaisir qu'il se fait de ne voir pas [10] une suite d'empereurs interrompue? c'est encore moins : Diognète sait d'une médaille le *fruste* [11], le *flou*, et la *fleur de coin* [12]; il a une tablette dont toutes les places

---

1. « De vos pruniers. » Gradation habile qui pique la curiosité.
2. « Le fait se moquer. » Cet emploi du verbe *faire* devant un verbe pronominal ne serait plus d'usage aujourd'hui.
3. « Quelle chair! » La Bruyère ne se contente pas de décrire le ridicule. Il l'anime, le fait parler, et avec un naturel très-comique.
4. « Goûtez-vous cela? » Trouvez-vous cela de votre goût?
5. « De modestie. » Ce dernier trait est d'une observation très-vraie et très-plaisante.
6. « O l'homme divin. » Cette amplification ironique, qui complète et résume la description, est tout à fait dans la manière de Cicéron.
7. « Médailles. » Monnaies anciennes dont les curieux font collection.
8. « Rien moins. » *Nihil minus*, pas du tout, toute autre chose plutôt que cela. — « Rien *de* moins » a un sens tout à fait opposé. — « Encore moins. » *Etiam minus, minime*. Ces emplois de « moins » sont devenus rares.
9. « Une tête. » Une médaille avec une face bien conservée.
10. « De ne voir pas. » La tournure négative de la phrase la rend très-plaisante.
11. « Le fruste. » Une médaille est *fruste* quand elle est tellement effacée qu'on ne peut lire la légende.
12. « Fleur de coin. » Médaille dont l'empreinte est bien conservée. Suivant l'auteur des *Variations du langage français*, M. Génin, *flou* est l'ancienne prononciation de

sont garnies, à l'exception d'une seule : ce vide lui blesse la vue, et c'est précisément et à la lettre pour le remplir, qu'il emploie son bien et sa vie [1].

Vous voulez, ajoute *Démocède*, voir mes estampes; et bientôt il les étale et vous les montre. Vous en rencontrez une qui n'est ni noire, ni nette, ni dessinée, et d'ailleurs moins propre à être gardée dans un cabinet qu'à tapisser un jour de fête le Petit-Pont ou la rue Neuve : il convient qu'elle est mal gravée, plus mal dessinée, mais il assure qu'elle est d'un Italien qui a travaillé peu, qu'elle n'a presque pas été tirée, que c'est la seule qui soit en France de ce dessin, qu'il l'a achetée très-cher, et qu'il ne la changerait pas pour ce qu'il a de meilleur. J'ai, continue-t-il, une sensible affliction, et qui m'obligera de renoncer aux estampes pour le reste de mes jours : j'ai tout *Callot* [2], hormis une seule [3], qui n'est pas, à la vérité, de ses bons ouvrages; au contraire, c'est un des moindres, mais qui m'achèverait Callot. Je travaille depuis vingt ans à recouvrer cette estampe, et je désespère enfin d'y réussir : cela est bien rude [4] !

Tel autre fait la satire de ces gens qui s'engagent par inquiétude ou par curiosité dans de longs voyages [5], qui ne font ni mémoires ni relations, qui ne portent point de tablettes, qui vont pour voir et qui ne voient pas, ou qui oublient ce qu'ils ont vu, qui désirent seulement de connaître de nouvelles tours ou de nouveaux clochers, et de passer des rivières qu'on n'appelle ni la Seine ni la

---

fleur; de là est venu *flouet*, que nous prononçons à tort *fluet*, et qui signifie délicat, fragile : « Ah! voilà de mes damoiseaux *flouets* », dit l'Harpagon de Molière.

1. « Sa vie. » La satire d'un homme ridicule faite par un autre plus impertinent encore est d'un très-bon comique. Molière est encore allé plus loin dans *les Femmes savantes*, où Vadius, avant de présenter ses petits vers, critique vivement ceux qui font partout montre de leurs ouvrages.

2. « Callot. » Peintre, graveur et dessinateur, né à Nancy en 1593. Il résista aux instances de Louis XIII, qui voulait lui faire représenter le siège et la prise de sa ville natale. Ses œuvres, fort nombreuses, sont encore très-recherchées.

3. « Une seule. » Une seule estampe. La construction est claire, mais n'est pas très-correcte.

4. « Cela est bien rude! » Cette espèce de soupir arraché par le désespoir est d'un effet très-comique.

5. « De longs voyages. » Sénèque compare de même la lecture au voyage; mais il le prend sur un ton bien plus solennel : « Vos lettres, écrit-il à Lucilius, et ce que j'apprends me font bien espérer de vous : vous n'êtes plus toujours sur les chemins, vous ne changez plus de lieu pour promener votre inquiétude. Cette agitation dénote un esprit malade. Le premier signe du calme intérieur, c'est, selon moi, la fixité et le recueillement. Mais, prenez-y garde, la lecture d'une foule d'auteurs et d'ouvrages de tout genre pourrait tenir aussi de l'inconstance et de la légèreté » *Épître* 2.

Loire; qui sortent de leur patrie pour y retourner, qui aiment à être absents, qui veulent un jour être revenus de loin [1] : et ce satirique parle juste, et se fait écouter.

Mais quand il ajoute que les livres en apprennent plus que les voyages, et qu'il m'a fait comprendre par ses discours : qu'il a une bibliothèque, je souhaite de la voir ; je vais trouver cet homme, qui me reçoit dans une maison où, dès l'escalier, je tombe en faiblesse [2] d'une odeur de maroquin noir dont ses livres sont tous couverts. Il a beau me crier aux oreilles, pour me ranimer, qu'ils sont dorés sur tranche, ornés de filets d'or, et de la bonne édition; me nommer les meilleurs l'un après l'autre, dire que sa galerie est remplie, à quelques endroits près qui sont peints de manière qu'on les prend pour de vrais livres arrangés sur des tablettes, et que l'œil s'y trompe ; ajouter qu'il ne lit jamais [3], qu'il ne met pas le pied dans cette galerie, qu'il y viendra pour me faire plaisir ; je le remercie de sa complaisance, et ne veux, non plus que lui, voir sa tannerie, qu'il appelle bibliothèque.

Quelques-uns, par une intempérance de savoir, et par ne pouvoir [4] se résoudre à renoncer à aucune sorte de connaissance, les embrassent toutes et n'en possèdent aucune ; ils aiment mieux savoir beaucoup que de savoir bien, et être faibles et superficiels dans diverses sciences, que d'être sûrs [5] et profonds dans une seule. Ils trouvent en toutes rencontres celui qui est leur maître et qui les redresse ; ils sont les dupes de leur vaine curiosité, et ne peuvent au plus, par de longs et pénibles efforts, que se tirer d'une ignorance crasse.

D'autres ont la clef des sciences, où ils n'entrent jamais ; ils passent leur vie à déchiffrer les langues orientales et les langues du Nord, celles des deux Indes, celles des deux pôles, et celle qui se parle dans la lune [6]. Les idiomes les plus inutiles, avec les

---

1. « Être revenus de loin. » Cela est dit avec autant d'esprit que de vérité, comme l'auteur le remarque lui-même.
2. « Je tombe en faiblesse. » L'auteur fait ici une caricature. On ne sait pourquoi il n'a pas tracé à la place de ce caractère grotesque celui du bibliophile, qui est plus sérieux, et par cela même plus plaisant.
3. « Qu'il ne lit jamais. » Ici le trait est d'un comique moins forcé et plus vrai.
4. « Par ne pouvoir. » Parce qu'ils ne peuvent. L'infinitif et la phrase tout entière sont considérés comme un substantif. C'est un hellénisme dont La Bruyère s'est plusieurs fois servi, mais qu'il n'a pu faire admettre dans l'usage.
5. « Sûrs. » Solide, qui marche sans trébucher.
6. « La lune. » Nous avons déjà remarqué que La Bruyère ne dédaignait pas de pousser le plaisant jusqu'au grotesque.

caractères les plus bizarres et les plus magiques, sont précisément ce qui réveille leur passion et qui excite leur travail ; ils plaignent ceux qui se bornent ingénument[1] à savoir leur langue, ou tout au plus la grecque et la latine. Ces gens lisent toutes les histoires, et ignorent l'histoire[2] ; ils parcourent tous les livres, et ne profitent d'aucun ; c'est en eux une stérilité de faits et de principes qui ne peut être plus grande, mais, à la vérité, la meilleure récolte et la richesse la plus abondante de mots et de paroles qui puisse s'imaginer : ils plient sous le faix ; leur mémoire en est accablée, pendant que leur esprit demeure vide[3].

Un bourgeois aime les bâtiments ; il se fait bâtir un hôtel si beau, si riche et si orné, qu'il est inhabitable : le maître, honteux de s'y loger, ne pouvant peut-être se résoudre à le louer à un prince ou à un homme d'affaires[4], se retire au galetas, où il achève sa vie, pendant que l'enfilade et les planchers de rapport[5] sont en proie aux Anglais et aux Allemands qui voyagent, et qui viennent là du Palais-Royal, du palais L... G...[6] et du Luxembourg. On heurte sans fin à cette belle porte ; tous demandent à voir la maison, et personne à voir Monsieur[7].

On en sait d'autres qui ont des filles devant leurs yeux[8] à qui ils

---

1. « Ingénument. » Tout simplement.
2. « L'histoire. » Dans les histoires ils ne connaissent ni les hommes ni les affaires ; ils rapportent tout à la chronologie ; et pour nous pouvoir dire quelle année est mort un consul, ils négligeront de connaître son génie et d'apprendre ce qui s'est fait sous son consulat. Cicéron ne sera jamais pour eux qu'un faiseur d'oraisons, César qu'un faiseur de commentaires. Le consul, le général leur échappent, le génie qui anime leurs ouvrages n'est point aperçu ; et les choses essentielles qu'on y traite ne sont pas connues. » SAINT-ÉVREMOND, des Belles-Lettres et de la Jurisprudence. — Ce langage ne manque pas d'élégance ; mais on voit combien La Bruyère a plus de concision, d'originalité et d'agrément. Il laisse toujours quelque chose à penser au lecteur.
3. « Vide. » On peut trouver La Bruyère un peu dur pour les savants. Ce n'est point un travers bien à la mode et bien dangereux que celui d'étudier les langues orientales ; encore faut-il que quelques-uns les connaissent. Montesquieu a dit avec beaucoup de raison : « Un philosophe a un mépris souverain pour un homme qui a la tête chargée de faits ; et il est à son tour regardé comme un visionnaire par celui qui a une bonne mémoire. Un homme à qui il manque un talent, se dédommage en le méprisant. »
4. « Ou à un homme d'affaires. » Il est piquant et malin de rapprocher ainsi le prince et l'homme d'affaires. Cette antithèse est reproduite avec plus de développements dans plusieurs passages du chapitre VI, des Biens de fortune.
5. « De rapport. » Les parquets en marqueterie.
6. « Du palais L. G. » L'hôtel Lesdiguières.
7. « Monsieur. » Le maître. L'expression de La Bruyère est plus familière et plus vive.
8. « Devant leurs yeux. » L'emploi de l'adjectif possessif leur marque une action plus continue et plus habituelle que l'article les ; j'ai devant les yeux, je vois ; j'ai devant mes yeux, je vois sans cesse. Cette nuance est délicate, mais réelle.

ne peuvent pas donner une dot ; que dis-je ? elles ne sont pas vêtues, à peine nourries ; qui se refusent un tour de lit [1] et du linge blanc, qui sont pauvres [2] : et la source de leur misère n'est pas fort loin, c'est un garde-meuble chargé et embarrassé de bustes rares, déjà poudreux et couverts d'ordures, dont la vente les mettrait au large, mais qu'ils ne peuvent se résoudre à mettre en vente [3].

Diphile [4] commence par un oiseau et finit par mille : sa maison n'en est pas égayée, mais empestée ; la cour, la salle, l'escalier, le vestibule, les chambres, le cabinet, tout est volière. Ce n'est plus un ramage, c'est un vacarme ; les vents d'automne [5] et les eaux, dans leurs plus grandes crues, ne font pas un bruit si perçant et si aigu ; on ne s'entend non plus parler les uns les autres que dans ces chambres où il faut attendre, pour faire le compliment d'entrée, que les petits chiens aient aboyé. Ce n'est plus pour Diphile un agréable amusement, c'est une affaire laborieuse, et à laquelle à peine il peut suffire. Il passe les jours, ces jours qui échappent et qui ne reviennent plus [6], à verser du grain et à nettoyer des ordures : il donne pension à un homme qui n'a point d'autre ministère [7] que de siffler des serins au flageolet, et de

---

1. « Tour de lit. » Lit entouré d'une garniture suspendue, mais qui ne se tire pas comme les rideaux.
2. « Qui sont pauvres. » Cela résume et dit tout.
3. « Vente. » La Bruyère montre très-bien comment les travers des hommes sont souvent plus dangereux et plus nuisibles que leurs vices. Ce père qui laisse sa famille dans la misère, pour ne pas vendre une collection de bustes poudreux, n'est pas seulement ridicule, il est odieux.
4. « Diphile. » « Santeul, parmi ses nombreuses manies, poussait beaucoup trop loin l'amour de l'argent et des serins. Il avait sa maison pleine de ces oiseaux ; et comme il lui fallait des œufs durs pour les nourrir, au lieu d'en acheter, il aimait mieux en demander au cellerier de son couvent. Celui-ci trouvant qu'il revenait trop souvent à la charge, lui refusa un jour sa demande. Santeul en colère et roulant des yeux, lui dit d'une voix menaçante :

Num quid Santolius non valet ova duo ?
« Le poète Santeul ne vaut-il pas deux œufs ? »

Le cellerier ne put l'apaiser qu'en lui accordant sa demande. La reine d'Angleterre étant venue visiter Santeul, une dame de sa suite lui déroba un serin et le cacha. Santeul s'en aperçut, et en présence de la reine, reprit avec humeur son serin, malgré les prières et les instances de la dame. Un des serins de Santeul chantait si bien et si souvent, qu'il prétendait que l'âme de Lulli avait passé dans le corps de cet oiseau. » WALCKENAER.
5. « Les vents d'automne. » L'hyperbole sérieuse est outrée et fatigante, parce qu'elle marque un esprit faux et sans mesure ; elle convient au contraire en un sujet plaisant, parce qu'elle est le langage naturel de l'humeur et de l'impatience. La Bruyère s'est souvent et fort heureusement servi de cette figure.
6. « Qui ne reviennent plus. » Le trait est indiqué en passant, avec la sobriété habituelle à l'auteur ; mais que de vérités et de tristesse dans cette rapide antithèse !
7. « Ministère » *Ministerium*, emploi. Depuis qu'on s'est servi de ce mot pour

faire couver des *canaries* [1]. Il est vrai que ce qu'il dépense d'un côté, il l'épargne de l'autre, car ses enfants sont sans maîtres et sans éducation. Il se renferme le soir, fatigué de son propre plaisir, sans pouvoir jouir du moindre repos que ses oiseaux ne reposent, et que ce petit peuple, qu'il n'aime que parce qu'il chante, ne cesse de chanter [2]. Il retrouve ses oiseaux dans son sommeil; lui-même il est oiseau, il est huppé, il gazouille, il perche; il rêve la nuit qu'il mue ou qu'il couve [3].

Qui pourrait épuiser tous les différents genres de curieux? Devineriez-vous, à entendre parler celui-ci de son *Léopard* [4], de sa *Plume*, de sa *Musique*, les vanter comme ce qu'il y a sur la terre de plus singulier [5] et de plus merveilleux, qu'il veut vendre ses coquilles? Pourquoi non, s'il les achète au poids de l'or [6]?

Cet autre aime les insectes, il en fait tous les jours de nouvelles emplettes: c'est surtout le premier homme de l'Europe pour les papillons; il en a de toutes les tailles et de toutes les couleurs. Quel temps prenez-vous pour lui rendre visite? il est plongé dans une amère douleur; il a l'humeur noire, chagrine, et dont toute sa famille souffre [7]; aussi a-t-il fait une perte irréparable. Approchez, regardez ce qu'il vous montre sur son doigt [8], qui n'a plus de vie et qui vient d'expirer [9], c'est une chenille, et quelle chenille!

---

exprimer les plus hautes fonctions de l'Etat, il est devenu rare et presque emphatique dans son sens primitif et naturel.

1. « Canaries. » Serins des îles Canaries, groupe d'îles de l'Océan Atlantique, sur la côte d'Afrique. On écrit aujourd'hui *des canaris*, sans e.
2. « Chanter. » Il y a un peu de recherche dans cette symétrie
3. « Qu'il couve. » Le trait ne serait que bizarre, si l'auteur l'indiquait dans une seule phrase; le développement le rend plus vraisemblable et surtout plus plaisant.
4. « Léopard, etc. » Noms de coquillages. (*Note de La Bruyère*.)
5. « Singulier. » Rare, unique.
6. « Au poids de l'or. » Le voyageur anglais Lister rend compte de la magnifique collection de coquilles d'un certain M. Boucot, et dit : Il me montra une grande coquille bivalve, qui n'est pas commune, la *grande spondyle couleur de sang*, que le dernier duc d'Orléans a payée 900 livres. Celui qui la lui vendit dit au duc qu'un amateur de Paris lui avait offert 11,000 livres comptant (qui en vaudraient plus du double aujourd'hui) pour trente-deux coquilles; sur quoi le duc d'Orléans lui répliqua : Dites-moi qui est le plus fou des deux, celui qui a fait l'offre ou celui qui l'a refusée? » WALCKENAER.
7. « Sa famille souffre. » Le côté sérieux et cruel de ces travers n'est jamais oublié.
8. « Sur son doigt. » Le sens est suspendu, et la curiosité excitée avec beaucoup d'art. On ne pouvait mieux faire ressortir la grandeur de la douleur et la petitesse de l'objet.
9. « Qui n'a plus de vie et qui vient d'expirer. » Ce pléonasme n'est point une négligence.

* Le duel est le triomphe de la mode, et l'endroit où elle a exercé sa tyrannie avec plus d'éclat[1]. Cet usage n'a pas laissé au poltron la liberté de vivre, il l'a mené se faire tuer par un plus brave que soi[2], et l'a confondu avec un homme de cœur : il a attaché de l'honneur et de la gloire à une action folle et extravagante ; il a été approuvé par la présence des rois ; il y a eu quelquefois une espèce de religion à le pratiquer ; il a décidé de l'innocence des hommes, des accusations fausses ou véritables sur des crimes capitaux ; il s'était enfin si profondément enraciné dans l'opinion des peuples, et s'était si fort saisi de leur cœur et de leur esprit, qu'un des plus beaux endroits de la vie d'un très-grand roi a été de les guérir[3] de cette folie.

* Tel a été à la mode ou pour le commandement des armées et la négociation[4], ou pour l'éloquence de la chaire, ou pour les vers, qui n'y est plus. Y a-t-il des hommes qui dégénèrent de ce qu'ils furent autrefois ? Est-ce leur mérite qui est usé, ou le goût que l'on avait pour eux ?

* Un homme à la mode dure peu[5], car les modes passent : s'il est par hasard homme de mérite, il n'est pas anéanti[6], et il subsiste[7] encore par quelque endroit : également estimable, il est seulement moins estimé.

La vertu a cela d'heureux, qu'elle se suffit à elle-même, et qu'elle sait se passer d'admirateurs, de partisans et de protecteurs : le manque d'appui et d'approbation non-seulement ne lui nuit pas, mais il la conserve, l'épure, et la rend parfaite : qu'elle soit à la mode, qu'elle n'y soit plus, elle demeure vertu.

---

1. « Plus d'éclat. » *Plus* est ici pour « le plus. » Voyez page 207, note 1.
2. « Un plus brave que soi. » Sur *soi* au lieu de *lui*. Voy. ch. VIII, p. 199, note 4.
3. « De les guérir. » La Bruyère parle ici comme l'histoire. « L'abolition des duels, dit Voltaire, fut un des plus grands services rendus à la patrie. Ces combats avaient été autorisés autrefois par les rois, par les parlements même et par l'église ; et quoiqu'ils fussent défendus depuis Henri IV, cette funeste coutume subsistait plus que jamais. Le fameux combat de La Férette, de quatre contre quatre, en 1663, fut ce qui détermina Louis XIV à ne plus pardonner. Son heureuse sévérité corrigea peu à peu notre nation, et même les nations voisines, qui se conformèrent à nos sages coutumes, après avoir pris nos mauvaises. Il y a dans l'Europe cent fois moins de duels aujourd'hui que du temps de Louis XIII. » *Siècle de Louis XIV*, c. 29. — Remarquons en passant que Voltaire lui-même fut mis à la Bastille, pour avoir provoqué en duel un descendant de Sully, qui l'avait lâchement insulté.
4. « La négociation, » pour les négociations diplomatiques. Ce mot ne s'emploie plus guère aujourd'hui au singulier dans le sens général où il est ici ; il signifie d'ordinaire une négociation particulière et déterminée.
5. « Dure peu. » Expression concise et originale.
6. « Anéanti. » Réduit à rien, à néant.
7. « Il subsiste. » La figure est continuée avec bonheur et énergie.

* Si vous dites aux hommes, et surtout aux grands, qu'un tel a de la vertu, ils vous disent, Qu'il la garde! qu'il a bien de l'esprit, de celui surtout qui plaît et qui amuse, ils vous répondent, Tant mieux pour lui; qu'il a l'esprit fort cultivé, qu'il sait beaucoup, ils vous demandent quelle heure il est, ou quel temps il fait. Mais si vous leur apprenez [1] qu'il y a un *Tigillin* [2] qui *souffle* ou qui *jette en sable* un verre d'eau-de-vie [3], et, chose merveilleuse, qui y revient à plusieurs fois en un repas, alors ils disent : Où est-il? amenez-le-moi demain, ce soir; me l'amènerez-vous? On le leur amène; et cet homme, propre à parer les avenues d'une foire et à être montré en chambre pour de l'argent, ils l'admettent dans leur familiarité [4].

* Il n'y a rien qui mette plus subitement un homme à la mode, et qui le soulève [5] davantage, que le grand jeu [6]. Cela va du pair avec la crapule [7]. Je voudrais bien voir un homme poli, enjoué, spirituel, fût-il un Catulle ou son disciple, faire quelque comparaison avec celui qui vient de perdre huit cents pistoles [8] en une séance.

* Une personne à la mode ressemble à une *fleur bleue* [9] qui croît de soi-même dans les sillons, où elle étouffe les épis, diminue la moisson, et tient la place de quelque chose de meilleur; qui n'a de prix et de beauté que ce qu'elle emprunte d'un caprice léger qui naît et qui tombe presque dans le même instant : aujourd'hui elle est courue, les femmes s'en parent; demain elle est négligée, et rendue au peuple.

1. « Mais si vous leur apprenez, etc. » L'auteur fait attendre et désirer sa pensée, l'entoure de tout ce qui lui est contraire, afin de la mieux faire ressortir et de frapper plus vivement l'esprit du lecteur.
2. « Tigillin, » favori de Néron et préfet des cohortes prétoriennes, fameux par ses débauches, son avarice et sa cruauté. Galba, parvenu à l'empire, le fit mourir.
3. « En sable. » Souffler ou jeter en sable un verre d'eau-de-vie, anciennes expressions proverbiales qui signifiaient : l'avaler d'un trait.
4. « Leur familiarité. » Ce trait de mœurs est fort curieux. On se plaît trop à représenter la cour de Louis XIV, comme un modèle parfait d'élégance et de politesse. Déjà du temps de La Bruyère, on pouvait signaler les germes et les traces de tous les désordres, qui depuis souillèrent la régence du duc d'Orléans et le règne de Louis XV.
5. « Qui le soulève. » Qui le tire subitement de la foule. L'expression est vive et énergique.
6. « Le grand jeu. » Telle fut l'origine de la fortune du marquis de Dangeau, de Langlée et de beaucoup d'autres.
7. « Cela va du pair. » Cela est égal, cela vous met aussi bien à la mode. — « La crapule. » Crapula, ivrognerie.
8. « Pistoles. » La pistole valait onze livres.
9. « Une fleur bleue. » Ces barbeaux qui croissent parmi les blés et les seigles furent un été à la mode dans Paris. Les dames en mettaient pour bouquet.

Une personne de mérite [1], au contraire, est une fleur qu'on ne désigne pas par sa couleur, mais que l'on nomme par son nom, que l'on cultive par sa beauté ou par son odeur; l'une des grâces de la nature, l'une de ces choses qui embellissent le monde [2], qui est de tous les temps, et d'une vogue ancienne et populaire; que nos pères ont estimée, et que nous estimons après nos pères; à qui le dégoût ou l'antipathie de quelques-uns ne sauraient nuire; un lis, une rose [3].

* L'on voit *Eustrate* assis dans sa nacelle, où il jouit d'un air pur et d'un ciel serein; il avance d'un bon vent [4], et qui a toutes les apparences de devoir durer; mais il tombe [5] tout d'un coup, le ciel se couvre, l'orage se déclare, un tourbillon enveloppe la nacelle, elle est submergée; on voit Eustrate revenir sur l'eau et faire quelques efforts; on espère qu'il pourra du moins se sauver et venir à bord; mais une vague l'enfonce, on le tient perdu: il paraît une seconde fois, et les espérances se réveillent, lorsqu'un flot survient et l'abîme [6]: on ne le revoit plus, il est noyé [7].

* VOITURE et SARRAZIN [8] étaient nés pour leur siècle, et ils ont paru dans un temps où il semble qu'ils étaient attendus. S'ils

---

1. « Une personne de mérite. »

>   Il est une déesse inconstante, incommode,
>   Bizarre dans ses goûts, folle en ses ornements,
>   Qui paraît, fuit, revient, et naît en tous les temps :
>   Protée était son père, et son nom est la Mode.
>   Il est un dieu charmant, son modeste rival,
>   Toujours nouveau comme elle et jamais inégal,
>   Vif sans emportement, sage sans artifice :
>   Ce dieu c'est le Mérite.
>
>   VOLTAIRE.

2. « Le monde. » Il y a dans ce passage un charme et une facilité de style, qu'on ne rencontre pas toujours dans La Bruyère.

3. « Une rose. » Cette dernière comparaison, si elle était seule, paraîtrait commune; le contraste la renouvelle et la rend originale.

4. « D'un bon vent. » Tour heureux et concis, pour : « Poussé par un bon vent. » On dit : « Marcher d'un bon pas. »

5. « Il tombe. » *Il* se rapportait tout à l'heure à Eustrate, et se rapporte ici au vent. Ces changements de sujets sont une cause d'équivoque qu'il faut éviter.

6. « L'abîme. » Le fait disparaître dans l'abîme. C'est le sens véritable de ce mot.

7. « Noyé. » L'auteur nous montre à la fois les efforts du malheureux, et l'attention inquiète des spectateurs qui suivent du rivage toutes les péripéties de la lutte. Mais il est noyé, on n'en parle plus. C'était un intérêt de pure curiosité et non de sympathie. C'est là ce qu'il y a de plus important dans ce caractère, et l'auteur ne le dit pas. Il se plaît à laisser quelque chose à penser au lecteur.

8. « Sarrazin, » né en 1603, est un écrivain précieux, mais souvent facile et élégant. Voltaire a imité et n'a point fait oublier une strophe de son ode sur la bataille de Lens. Sarrazin mourut sous le bâton d'un prince de Conti dont il était secrétaire.

s'étaient moins pressés de venir [1], ils arrivaient trop tard; et j'ose douter [2] qu'ils fussent tels aujourd'hui qu'ils ont été alors. Les conversations légères, les cercles, la fine plaisanterie [3], les lettres enjouées et familières, les petites parties où l'on était admis seulement avec de l'esprit, tout a disparu. Et qu'on ne dise point qu'ils les feraient revivre : ce que je puis faire en faveur de leur esprit est de convenir que peut-être ils excelleraient dans un autre genre ; mais les femmes sont, de nos jours, ou dévotes, ou coquettes, ou joueuses, ou ambitieuses, quelques-unes même tout cela à la fois ; le goût de la faveur, le jeu, les galants, les directeurs, ont pris la place, et la défendent contre les gens d'esprit.

* Un homme fat et ridicule porte un long chapeau, un pourpoint à ailerons [4], des chausses à aiguillettes [5] et des bottines [6] : il rêve la veille par où et comment il pourra se faire remarquer le jour qui suit. Un philosophe se laisse habiller par son tailleur, il y a autant de faiblesse à fuir la mode qu'à l'affecter.

* L'on blâme une mode qui, divisant la taille des hommes en deux parties égales, en prend une tout entière pour le buste, et laisse l'autre pour le reste du corps : l'on condamne celle qui fait de la tête des femmes la base d'un édifice à plusieurs étages [7], dont

1. « Moins pressés de venir. » Le sujet a mal inspiré l'auteur, qui tombe dans le style précieux.
2. « J'ose douter. » On ne parlait alors qu'avec ce respect d'écrivains aujourd'hui presque oubliés : « Avec quel battement de mains, dit Boileau, n'a-t-on point reçu dans notre siècle les ouvrages de *Voiture*, de *Sarrasin* et de La Fontaine ? » *Lettre à Charles Perrault.*
3. « La fine plaisanterie. » Ces plaisanteries étaient parfois bien recherchées. Quelque temps avant le passage du Rhin, en 1643, le grand Condé se trouvant dans une compagnie de dames, avec lesquelles il vivait très-familièrement, se mit à jouer à de petits jeux, et particulièrement à celui des poissons où il était le *Brochet.* Voiture, qui était aussi du jeu, en prit occasion de lui écrire une lettre sous le nom de la *Carpe*, où il dit : « Quoique vous ayez été excellent jusques ici à toutes les sauces où on vous a mis, il faut avouer que la sauce d'Allemagne vous donne un grand goût, et que les lauriers qui y entrent vous relèvent merveilleusement. Les gens de l'Empereur qui vous pensaient frire, et vous manger avec un grain de sel, en sont venus à bout comme j'ai le dos. Les baleines de la mer Atlantique suent à grosses gouttes, et sont toutes en eau, dès qu'elles vous entendent seulement nommer. » — Cette froide raillerie se poursuit le même ton pendant trois pages.
4. « Pourpoint. » Habillement d'homme pour la partie supérieure du corps, depuis le cou jusqu'à la ceinture. — « Ailerons. » Petits bords d'étoffe qu'on mettait au pourpoint pour couvrir les coutures du haut des manches.
5. « Chausses. » Partie inférieure de l'habillement qui descendait jusqu'aux cuisses. On attachait le haut-de-chausses avec des *aiguillettes*. Mais les élégants mettaient en bas de ce vêtement une touffe de rubans, qui ne servaient qu'à l'ornement, et qu'on appelait aussi *aiguillettes*.
6. « Bottines. » Petite botte de cuir délié, qu'on met sans éperon, qui s'attache avec des quartiers, et n'est presque qu'un soulier prolongé d'une tige de botte.
7. « D'un édifice à plusieurs étages. »

Tot premit ordinibus, tot adhuc compagibus altum

l'ordre et la structure changent selon leurs caprices ; qui éloigne les cheveux du visage, bien qu'ils ne croissent que pour l'accompagner ; qui les relève et les hérisse à la manière des bacchantes, et semble avoir pourvu à ce que les femmes changent leur physionomie douce et modeste en une autre qui soit fière et audacieuse. On se récrie enfin contre une telle ou une telle mode, qui cependant, toute bizarre qu'elle est, pare et embellit pendant qu'elle dure, et dont l'on tire tout l'avantage qu'on en peut espérer, qui est de plaire. Il me paraît qu'on devrait seulement admirer l'inconstance et la légèreté [1] des hommes, qui attachent successivement les agréments et la bienséance à des choses tout opposées ; qui emploient pour le comique et pour la mascarade ce qui leur a servi de parure grave et d'ornements les plus sérieux ; et que si peu de temps en fasse la différence [2].

* N.... est riche, elle mange bien, elle dort bien [3] ; mais les coiffures changent, et lorsqu'elle y pense le moins et qu'elle se croit heureuse, la sienne est hors de mode.

* *Iphis* voit à l'église un soulier d'une nouvelle mode, il regarde le sien, et en rougit ; il ne se croit plus habillé. Il était venu à la messe pour s'y montrer, et il se cache : le voilà retenu par le pied [4] dans sa chambre tout le reste du jour. Il a la main douce, et il l'entretient avec une pâte de senteur. Il a soin de rire pour montrer ses dents : il fait la petite bouche, et il n'y a guère de moments où il ne veuille sourire. Il regarde ses jambes, il se voit au miroir ; l'on ne peut être plus content de personne qu'il l'est de lui-même. Il s'est acquis une voix claire et délicate, et heureuse-

---

Ædificat caput
JUVÉNAL, *Sat.* VI, 502.
Et qu'une main savante avec tant d'artifice,
Bâtit de ses cheveux le galant édifice.
BOILEAU, *Sat.* X, v. 193-94.

1. « Légèreté. » « Je me plains de la particuliere indiscrétion de nostre peuple de se laisser si fort piper et aveugler à l'auctorité de l'usage présent, qu'il soit capable de changer d'opinion et d'advis touts les mois, s'il plaist à la coustume, et qu'il juge si diversement de soy-mesme. La façon de se vestir présente luy faict incontinent condamner l'ancienne, d'une résolution si grande et d'un consentement si universel, que vo diriez que c'est quelque espèce de manie qui luy tourneboule ainsi l'entendement. » MONTAIGNE, *Essais*, I, 49.
2. « La différence. » Ce sujet qui donne son titre au chapitre était inépuisable ; il faut savoir gré à l'auteur de l'avoir seulement effleuré.
3. « Dort bien. » Cette courte description du bonheur est vive et maligne.
4. « Par le pied. » Comme s'il était malade ; la tournure est fort spirituelle.

ment il parle gras. Il a un mouvement de tête, et je ne sais quel adoucissement dans les yeux, dont il n'oublie pas de s'embellir. il a une démarche molle, et le plus joli maintien qu'il est capable de se procurer [1]. Il met du rouge, mais rarement, il n'en fait pas habitude [2] : il est vrai aussi qu'il porte des chausses et un chapeau, et qu'il n'a ni boucles d'oreilles ni collier de perles ; aussi ne l'ai-je pas mis dans le chapitre des femmes [3].

* Ces mêmes modes que les hommes suivent si volontiers pour leurs personnes, ils affectent de les négliger dans leurs portraits, comme s'ils sentaient ou qu'ils prévissent l'indécence [4] et le ridicule où elles peuvent tomber dès qu'elles auront perdu ce qu'on appelle la fleur ou l'agrément de la nouveauté. Ils leur préfèrent une parure arbitraire, une draperie indifférente ; fantaisies du peintre qui ne sont prises ni sur l'air, ni sur le visage, qui ne rappellent ni les mœurs ni la personne. Ils aiment des attitudes forcées ou immodestes, une manière dure, sauvage, étrangère, qui font un capitan d'un jeune abbé, et un matamore d'un homme de robe, une Diane d'une femme de ville, comme d'une femme simple et timide une amazone ou une Pallas ; une Laïs d'une honnête fille ; un Scythe [5], un Attila, d'un prince qui est bon et magnanime.

Une mode a à peine détruit une autre mode, qu'elle est abolie par une plus nouvelle, qui cède elle-même à celle qui la suit, et qui ne sera pas la dernière ; telle est notre légèreté. Pendant ces révolutions, un siècle s'est écoulé qui a mis toutes ces parures au rang des choses passées et qui ne sont plus. La mode alors la plus

---

1. « De se procurer. » A force de soins et d'études. Toutes les expressions portent coup. L'épigramme est d'autant plus aiguisée que le sujet est plus commun et moins intéressant par lui-même.
2. « Habitude. » Voyez la notice de Suard, en tête du volume.
3. « Des femmes. » Sénèque est aussi spirituel et plus amer dans son portrait des efféminés : « Ils passent des heures chez le barbier, pour se faire arracher le moindre poil qui leur sera poussé pendant la nuit ; pour tenir conseil sur chaque cheveu ; pour qu'on relève leur coiffure abattue, et qu'on ramène de chaque côté, sur le front, leurs cheveux clairsemés. Quelle fureur, si le barbier, pensant que ce sont des hommes, est un peu négligent dans son office ! Comme ils pâlissent de courroux, si un coup de ciseau maladroit a pris quelques cheveux de trop, si quelques-uns dépassent les autres, si tous ne tombent pas en boucles égales ! Est-il un seul d'entre eux qui n'aimât mieux voir sa patrie en désordre que sa coiffure ? *De la Brièveté de la Vie*, c. 12.
4. « L'indécence » est ici dans le sens latin, *quod non decet*, ce qui ne convient pas, ce qui n'est pas conforme aux usages reçus.
5. « Un Scythe. » Cette énumération est un peu longue. — Le travers dont se plaint La Bruyère subsiste plus que jamais. C'est qu'aussi il semble que nos vêtements nos modes aient été inventés exprès pour faire le désespoir des peintres et des sculpteurs

curieuse et qui fait plus de plaisir à voir, c'est la plus ancienne ; aidée du temps et des années, elle a le même agrément dans les portraits qu'a la saye [1] ou l'habit romain sur les théâtres ; qu'ont la mante, le voile et la tiare [2] dans nos tapisseries et dans nos peintures.

Nos pères nous ont transmis, avec la connaissance de leurs personnes, celle de leurs habits, de leurs coiffures, de leurs armes [3], et des autres ornements qu'ils ont aimés pendant leur vie. Nous ne saurions bien reconnaître cette sorte de bienfait [4] qu'en traitant de même nos descendants.

* Le courtisan autrefois avait ses cheveux, était en chausses et en pourpoint, portait de larges canons [6], et il était libertin [7]. Cela ne sied plus : il porte une perruque, l'habit serré, le bas uni, et il est dévot : tout se règle par la mode [8].

* Celui qui depuis quelque temps, à la cour, était dévot, et par là, contre toute raison, peu éloigné du ridicule, pouvait-il espérer de devenir à la mode ?

* De quoi n'est point capable un courtisan dans la vue de sa fortune, si, pour ne la pas manquer, il devient dévot ?

* Les couleurs sont préparées, et la toile est toute prête, mais comment le fixer, cet homme inquiet, léger, inconstant, qui

---

1. « La saye. » Vêtement des Gaulois.
2. « La mante, le voile, la tiare. » Habits orientaux. (*Note de La Bruyère.*)
3. « De leurs armes. » Offensives et défensives. (*Ibid.*)
4. « Bienfait. » L'auteur traite ce sujet un peu longuement et avec plus de sérieux qu'il n'en mérite.
5. « Chausses. » Voyez plus haut page 356, note 5.
6. « Canons. » Ornement de toile rond fort large, et souvent orné de dentelles, qu'on attache au-dessous du genou, et qui pend jusqu'à la moitié de la jambe pour la couvrir. Molière (*l'Ecole des Femmes*, 1, 1), en critiquant les modes de son temps, se raille aussi :

Et de ces grands canons où, comme en des entraves,
On met tous les matins ses deux jambes esclaves.

7. « Libertin. » On appelait de ce nom une sorte d'incrédules au XVIIe siècle. Les libertins étaient ceux qui s'écartaient de la religion, non point par raisonnement comme les esprits forts, mais par le besoin d'indépendance et par une sorte de débauche de l'esprit. Nous avons transporté ce mot de la dépravation de l'intelligence à celle des mœurs, et nous entendons par un libertin, un débauché.
8. « Par la mode. » On était bien loin du temps où le roi protégeait Molière, et ordonnait qu'on laissât jouer *le Tartuffe*. La révocation de l'édit de Nantes, la plus grande faute de Louis XIV, est de 1685 ; un an après il épousait secrètement madame de Maintenon. Une maladie fort grave qu'il eut dans le même temps contribua encore à lui ôter le goût de ces fêtes galantes, qui avaient jusque là signalé presque toutes ses années. La cour fut moins vive, plus sérieuse, et la fausse dévotion devint un moyen assuré de plaire. La Bruyère l'a attaquée avec un courage et une éloquence dignes de Pascal, de Régnier et de Molière, ses modèles.

change de mille et mille figures? Je le peins dévot, et je crois l'avoir attrapé¹ ; mais il m'échappe, et déjà il est libertin. Qu'il demeure du moins dans cette mauvaise situation, et je saurai le prendre dans un point de déréglement de cœur et d'esprit où il sera reconnaissable ; mais la mode presse, il est dévot.

* Celui qui a pénétré la cour connaît ce que c'est que vertu et ce que c'est que dévotion² ; il ne peut plus s'y tromper.

* Négliger vêpres comme une chose antique et hors de mode, garder sa place soi-même pour le salut, savoir les êtres de la chapelle, connaître le flanc³, savoir où l'on est vu et où l'on n'est pas vu ; rêver dans l'église à Dieu et à ses affaires, y recevoir des visites, y donner des ordres et des commissions, y attendre les réponses ; avoir un directeur⁴ mieux écouté que l'Évangile ; tirer toute sa sainteté et tout son relief⁵ de la réputation de son directeur ; dédaigner ceux dont le directeur a moins de vogue, et convenir à peine de leur salut ; n'aimer de la parole de Dieu que ce qui s'en prêche chez soi ou par son directeur, préférer sa messe aux autres messes, et les sacrements donnés de sa main à ceux qui ont moins de cette circonstance⁶ ; ne se repaître⁷ que de livres de spiritualité, comme s'il n'y avait ni Évangiles, ni Épîtres des apôtres, ni Morale des Pères ; lire ou parler un jargon inconnu aux premiers siècles ; circonstancier à confesse les défauts d'autrui, y pallier les siens ; s'accuser de ses souffrances, de sa patience ; dire comme un péché son peu de progrès dans l'héroïsme ; être en liaison secrète⁸ avec de certaines gens contre certains autres ; n'estimer que soi⁹ et sa cabale, avoir pour suspecte la vertu même ; goûter, savourer la prospérité et la faveur, n'en vouloir que pour soi, ne point aider au mérite ; faire servir la piété à son

---

1. « L'avoir attrapé. » L'avoir peint ressemblant. Ce mot vif et énergique, fort en usage dans les meilleurs écrivains de ce temps-là, est presque tout à fait tombé à présent dans le langage familier et trivial.
2. Dévotion. » Fausse dévotion. (*Note de La Bruyère.*)
3. « Connaître le flanc. » Connaître tous les coins de la chapelle royale, tous ceux qui la fréquentent, et qui s'y trouvent actuellement.
4. « Directeur » de conscience, celui qui règle, qui dirige la conscience d'une personne en matière de religion.
5. « Relief. » Ce qui fait saillie, ce qui distingue des autres.
6. « De cette circonstance. » Les préférer à ceux qui sont privés de cet avantage.
7. « Ne se repaître, » pour ne se nourrir ; c'est l'expression du dédain et de l'indignation.
8. « Être en liaison secrète. » Voyez Molière, *Don Juan*, v, 2.
9. « N'estimer que soi. » Voyez *le Misanthrope*, III, 5.

ambition; aller à son salut [1] par le chemin de la fortune et des dignités : c'est du moins jusqu'à ce jour le plus bel effort de la dévotion du temps.

Un dévot [2] est celui qui, sous un roi athée, serait athée.

* Les dévots [3] ne connaissent de crimes que l'incontinence, parlons plus précisément, que le bruit ou les dehors de l'incontinence. Si *Phérécide* passe pour être guéri des femmes, ou *Phérénice* pour être fidèle à son mari, ce leur est assez; laissez-les jouer un jeu ruineux, faire perdre leurs créanciers, se réjouir du malheur d'autrui et en profiter, idolâtrer les grands, mépriser les petits, s'enivrer de leur propre mérite, sécher d'envie, mentir, médire, cabaler, nuire, c'est leur état [4]. Voulez-vous qu'ils empiètent sur celui des gens de bien, qui, avec les vices cachés [5], fuient encore l'orgueil et l'injustice?

* Quand un courtisan sera humble, guéri du faste [6] et de l'ambition; qu'il n'établira point sa fortune sur la ruine de ses concurrents; qu'il sera équitable, soulagera ses vassaux, payera ses créanciers [7]; qu'il ne sera ni fourbe, ni médisant; qu'il renoncera aux grands repas et aux amours illégitimes; qu'il priera autrement que des lèvres, et même hors de la présence du prince; quand, d'ailleurs, il ne sera point d'un abord farouche et difficile; qu'il n'aura

---

1. « Aller à son salut. »

> Ces gens qui, par une âme à l'intérêt soumise,
> Font de dévotion métier et marchandise,
> Et veulent acheter crédit et dignités
> A prix de faux clins d'yeux et d'élans affectés;
> Ces gens, dis-je, qu'on voit, d'une ardeur peu commune,
> *Par le chemin du ciel courir à leur fortune;*
> Qui brûlants et priants, demandent chaque jour,
> Et prêchent la retraite au milieu de la cour.
>   MOLIÈRE, *Le Tartuffe*, I, 6.

La Bruyère a retourné le vers de Molière; c'est le moraliste qui est le plus ingénieux et plus plaisant, et le poëte comique plus élevé et plus élégant.

2. « Dévot. » Faux dévot. (*Note de La Bruyère.*)

3. « Dévots. » Faux dévots. (*Ibid.*)

4. « C'est leur état. » Cette sorte d'excuse est plus accablante encore que l'accusation véhémente qui précède; supprimez ces figures; écrivez simplement : « Phérécide et Phérénice jouent un jeu ruineux, font perdre leurs créanciers, » le discours n'aura ni force, ni variété.

5. « Avec les vices cachés. » Qui fuient les vices cachés et aussi l'orgueil.

6. « Guéri du faste. » L'auteur affectionne cette métaphore; il a dit plus haut : « Guéri des femmes. »

7. « Payera ses créanciers. » La Bruyère oppose au portrait de l'hypocrite, l'éloge du vrai dévot. Molière avait déjà fait cette distinction dans un des plus beaux morceaux de notre poésie. On remarquera que La Bruyère, sans doute pour éviter une comparaison dangereuse, s'est efforcé de donner à chacune de ses louanges un caractère pratique et positif, que la poésie ne pouvait avoir.

point le visage austère et la mine triste ; qu'il ne sera point paresseux et contemplatif [1] ; qu'il saura rendre, par une scrupuleuse attention, divers emplois très-compatibles ; qu'il pourra et qu'il voudra même tourner son esprit et ses soins aux grandes et laborieuses affaires, à celles surtout d'une suite la plus étendue pour les peuples et pour tout l'État [2] ; quand son caractère me fera craindre de le nommer en cet endroit, et que sa modestie l'empêchera, si je ne le nomme pas, de s'y reconnaître ; alors je dirai de ce personnage : Il est dévot ; ou plutôt, C'est un homme donné à son siècle pour le modèle d'une vertu sincère et pour le discernement [3] de l'hypocrite.

* *Onuphre* [4] n'a pour tout lit [5] qu'une housse de serge grise, mais il couche sur le coton et sur le duvet ; de même, il est habillé simplement, mais commodément, je veux dire d'une étoffe fort légère en été, et d'une autre fort moelleuse pendant l'hiver ; il porte des chemises très-déliées [6], qu'il a un très-grand soin de bien cacher. Il ne dit point *ma haire et ma discipline* [7] ; au contraire, il passerait pour ce qu'il est, pour un hypocrite, et il veut passer pour ce qu'il n'est pas, pour un homme dévot. Il est vrai qu'il fait en sorte que l'on croit, sans qu'il le dise, qu'il porte une

---

1. « Contemplatif. » Rêveur, peu propre à l'action.
2. « L'État. » Phrase longue et embarrassée.
3. « Pour le discernement. » Pour qu'on puisse bien distinguer la piété de l'hypocrisie. — Cet éloge magnifique s'applique sans doute au duc de Beauvilliers. Voyez un peu plus loin page 366, note 5.
4. « Onuphre » est le disciple de Tartuffe, instruit par les fautes et l'insuccès de son maître, se faisant médiocre pour ne point paraître dangereux, renonçant aux grands projets qui tournent mal, et arrivant toujours à son but par une habileté vulgaire, mais toujours en éveil. Cette peinture est pleine de finesse et de vérité, quoiqu'on ne puisse la comparer au chef-d'œuvre de Molière. Voyez page 301, note 6.
5. « Pour tout lit. » Scarron a dit la même chose d'une manière très-comique dans sa nouvelle des *Hypocrites*, à laquelle Molière n'a pas dédaigné de faire quelques emprunts : « Leurs lits fort simples n'étaient le jour couverts que de nattes, et la nuit de tout ce qu'il fallait pour dormir délicieusement. Leur porte en hiver se fermait à cinq heures, en été à sept, avec autant de ponctualité qu'un couvent bien réglé : alors les broches tournaient, la cassolette s'allumait, le gibier se rôtissait, le couvert se mettait bien propre ; et l'hypocrite triumvirat mangeait de grande force et buvait valeureusement à la santé de ses dupes. Il ne faut pas demander s'ils avaient de l'embonpoint, menant une si bonne vie. Chacun en bénissait le Seigneur, et ne pouvait trop s'étonner de ce que des gens qui vivaient si austèrement avaient meilleur visage que ceux qui vivaient dans le luxe et dans l'abondance. »
6. « Très-déliées. » D'étoffe très-fine.
7. « Discipline. » Allusion au vers de Molière (*Le Tartuffe*, III, 5) :

Laurent, serrez ma haire avec ma discipline.

« La haire » est un petit vêtement tissu de crin, en forme de corps de chemise, rude et piquant, que les religieux austères, ou les dévots, mettent sur leur chair nue, pour se mortifier et faire pénitence. — « La discipline, » instrument avec lequel on se mortifie, qui ordinairement est fait en cordes nouées, de crin, de parchemin tortillé. » FURETIÈRE.

haire et qu'il se donne la discipline. Il y a quelques livres répandus dans sa chambre indifféremment[1] : ouvrez-les, c'est le Combat spirituel, le Chrétien intérieur, et l'Année sainte : d'autres livres sont sous la clef[2]. S'il marche par la ville, et qu'il découvre de loin un homme devant qui il est nécessaire qu'il soit dévot ; les yeux baissés, la démarche lente et modeste, l'air recueilli, lui sont familiers, il joue son rôle. S'il entre dans une église, il observe d'abord de qui il peut être vu, et, selon la découverte[3] qu'il vient de faire, il se met à genoux et prie, ou il ne songe ni à se mettre à genoux ni à prier. Arrive-t-il vers lui un homme de bien et d'autorité qui le verra et qui peut l'entendre, non-seulement il prie, mais il médite ; il pousse des élans[4] et des soupirs. Si l'homme de bien se retire, celui-ci, qui le voit partir, s'apaise et ne souffle pas. Il entre une autre fois dans un lieu saint, perce la foule, choisit un endroit pour se recueillir[5], et où tout le monde voit qu'il s'humilie : s'il entend des courtisans[6] qui parlent, qui rient, et qui sont à la chapelle avec moins de silence que dans l'antichambre, il fait plus de bruit qu'eux pour les faire taire : il reprend sa méditation, qui est toujours la comparaison qu'il fait de ces personnes avec lui-même, et où il trouve son compte. Il évite une église déserte et solitaire, où il pourrait entendre deux messes de suite, le sermon, vêpres et complies, tout cela entre Dieu et lui, et sans que personne lui en sût gré : il aime la paroisse, il fréquente les temples où se fait un grand concours ; on n'y manque point son coup[7], on y est vu. Il choisit deux ou trois jours dans toute l'année, où, à propos de rien, il jeûne ou fait abstinence ; mais à la fin de l'hiver il tousse, il a une mauvaise poitrine[8], il a des vapeurs, il a eu la fièvre : il se fait prier, presser, quereller, pour rompre le carême dès son commencement, et il en vient là

---

1. « Indifféremment. » Avec une négligence affectée.
2. « Sont sous la clef. » On suppose d'après ces livres répandus négligemment, qu'il y en a d'autres sous la clef. Ces façons de parler elliptiques et concises sont familières au langage de notre auteur.
3. « Découverte » est ici dans le même sens où l'on dit : aller à la découverte, aller voir ce qui se passe.
4. « Élans. » Exclamations sourdes et entrecoupées, comme d'une âme qui s'élance vers le ciel.
5. « Se recueillir. » Antithèse maligne et spirituelle.
6. « Des courtisans. » Trait de satire décoché en passant, à la manière de Boileau.
7. « Son coup. » Voyez page 123, note 3.
8. « Il a une mauvaise poitrine. » Il dit, il soutient qu'il a une mauvaise poitrine. Nous avons vu un peu plus haut une phrase analogue.

par complaisance. Si Onuphre est nommé arbitre dans une querelle de parents ou dans un procès de famille, il est pour les plus forts, je veux dire pour les plus riches, et il ne se persuade point que celui ou celle qui a beaucoup de bien puisse avoir tort. S'il se trouve bien d'un homme opulent, à qui il a su imposer[1], dont il est le parasite[2] et dont il peut tirer de grands secours, il ne cajole point sa femme, il ne lui fait du moins ni avance ni déclaration[3]; il s'enfuira, il lui laissera son manteau[4], s'il n'est aussi sûr d'elle que de lui-même : il est encore plus éloigné d'employer, pour la flatter et pour la séduire, le jargon de la dévotion[5]; ce n'est point par habitude qu'il le parle, mais avec dessein et selon qu'il lui est utile, et jamais quand il ne servirait qu'à le rendre très-ridicule. Il sait où se trouvent des femmes plus sociables et plus dociles que celle de son ami ; il ne les abandonne pas pour longtemps, quand ce ne serait que pour faire dire de soi dans le public qu'il fait des retraites : qui, en effet, pourrait en douter, quand on le revoit paraître avec un visage exténué, et d'un homme qui ne se ménage point ? Les femmes, d'ailleurs, qui fleurissent et qui prospèrent à l'ombre de la dévotion[6], lui conviennent, seulement avec cette petite différence qu'il néglige celles qui ont vieilli et qu'il cultive les jeunes, et entre celles-ci les plus belles et les mieux faites, c'est son attrait : elles vont, et il va; elles reviennent, et il revient; elles demeurent, et il demeure; c'est en tous lieux et à toutes les heures qu'il a la consolation de les voir. Qui pourrait n'en être pas édifié? elles sont dévotes, et il est dévot. Il n'oublie pas de tirer avantage de l'aveuglement de son ami, et de la prévention où il l'a jeté en sa faveur : tantôt il lui emprunte[7] de l'argent, tantôt il fait si bien que cet ami lui en

---

1. « Imposer, » au XVIIe siècle, se prend souvent comme *en* imposer, dans le sens de tromper. La Bruyère a dit ailleurs : « De bien des gens, il n'y a que le nom qui vaille quelque chose; quand vous les voyez de fort près, c'est moins que rien; de loin ils *imposent*. » Chap. II. « On demande s'il ne lui serait pas plus aisé d'*imposer* à celle dont il est aimé, qu'à celle qui ne l'aime point. » Chap. III. — Et Molière : « Hélas ! à vos paroles je puis répondre, moi, que vous n'*imposez* point. » *L'Avare*, V, 5.
Faites-moi pis encor, tuez-moi, si j'impose.
                    Le Dépit amoureux, I, 4.
2. « Le parasite. » A la table duquel il mange.
3. « Déclaration. » Voyez *le Tartuffe*, III, 3.
4. « Son manteau. » Allusion à l'histoire de Joseph et de la femme de Putiphar.
5. « Dévotion. » Fausse dévotion. (*Note de La Bruyère.*)
6. « Dévotion. » Fausse dévotion. (*Ibid.*)
7. « Il emprunte. » Il entrait dans la pensée de La Bruyère de réduire le rôle

offre ; il se fait reprocher de n'avoir pas recours à ses amis dans ses besoins. Quelquefois il ne veut pas recevoir une obole sans donner un billet, qu'il est bien sûr de ne jamais retirer [1]. Il dit une autre fois, et d'une certaine manière, que rien ne lui manque, et c'est lorsqu'il ne lui faut qu'une petite somme : il vante quelque autre fois publiquement la générosité de cet homme, pour le piquer d'honneur et le conduire à lui faire une grande largesse; il ne pense point à profiter de toute sa succession, ni à s'attirer une donation [2] générale de tous ses biens, s'il s'agit surtout de les enlever à un fils, le légitime héritier. Un homme dévot n'est ni avare, ni violent, ni injuste, ni même intéressé. Onuphre n'est pas dévot, mais il veut être cru tel, et, par une parfaite quoique fausse imitation de la piété, ménager sourdement [3] ses intérêts; aussi ne se joue-t-il pas à la ligne directe, et il ne s'insinue jamais dans une famille où se trouvent tout à la fois une fille à pourvoir et un fils à établir : il y a là des droits trop forts et trop inviolables ; on ne les traverse point sans faire de l'éclat, et il l'appréhende ; sans qu'une pareille entreprise vienne aux oreilles du prince [4], à qui il dérobe sa marche par la crainte qu'il a d'être découvert et de paraître ce qu'il est. Il en veut à la ligne collatérale, on l'attaque plus impunément ; il est la terreur des cousins et des cousines, du neveu et de la nièce, le flatteur et l'ami dé-

---

d'Onuphre à de modestes proportions, et de le faire paraître plus habile que hardi ; mais dans ce passage le caractère de l'hypocrite est trop effacé et n'a rien qui le distingue du fripon vulgaire. Il a tellement peur de ressembler à Tartuffe, qu'il devient l'émule du Dorante qui se fait une vache à lait du *Bourgeois gentilhomme*, selon l'expression de madame Jourdain. Dorante ne procède pas autrement qu'Onuphre. « Ma foi, monsieur Jourdain, j'avais une impatience étrange de vous voir. Vous êtes l'homme du monde que j'estime le plus ; et je parlais de vous encore ce matin dans la chambre du roi.... Vous m'avez généreusement prêté de l'argent en plusieurs occasions, et m'avez obligé de la meilleure grâce du monde, assurément.... Mais je sais rendre ce qu'on me prête, et reconnaître les plaisirs qu'on me fait... Je suis homme qui aime à m'acquitter le plus tôt que je puis.... Voyons un peu ce que je vous dois... Vous souvenez-vous bien de tout l'argent que vous m'avez prêté ?... Somme totale est juste. Quinze mille huit cents livres. Mettez encore deux cents pistoles que vous m'allez donner ; cela fera justement dix-huit mille francs que je vous paierai au premier jour.... Cela vous incommodera-t-il de donner ce que je vous dis ?... J'ai forcé gens qui m'en prêteraient avec joie ; mais comme vous êtes mon meilleur ami, j'ai cru que je vous ferais tort, si j'en demandais à quelque autre. » *Le Bourgeois gentilhomme*, III, 4. — Tartuffe ne se donnerait certainement pas tant de peine pour un si mince résultat.

1. « De ne jamais retirer. » De ne jamais payer.
2. « Donations. » Voyez *Le Tartuffe*, acte III, 7.
3. « Ménager sourdement. » Ne servir pas ses intérêts d'une manière trop ouverte et trop visible.
4. « Aux oreilles du prince. » Voyez *Le Tartuffe*, acte V, 7.

claré de tous les oncles qui ont fait fortune ; il se donne pour l'héritier légitime de tout vieillard qui meurt riche et sans enfants ; et il faut que celui-ci le déshérite [1], s'il veut que ses parents recueillent sa succession : si Onuphre ne trouve pas jour à [2] les en frustrer à fond, il leur en ôte du moins une bonne partie : une petite calomnie, moins que cela, une légère médisance, lui suffit pour ce pieux dessein, et c'est le talent qu'il possède à un plus haut degré de perfection : il se fait même souvent un point de conduite [3] de ne le pas laisser inutile. Il y a des gens, selon lui, qu'on est obligé en conscience de décrier, et ces gens sont ceux qu'il n'aime point, à qui il veut nuire, et dont il désire la dépouille. Il vient à ses fins sans se donner même la peine d'ouvrir la bouche. On lui parle d'*Eudoxe*, il sourit ou il soupire ; on l'interroge, on insiste, il ne répond rien ; et il a raison, il en a assez dit [4].

* Un homme dévot [5] entre dans un lieu saint, perce modestement la foule, choisit un coin pour se recueillir, et où personne ne voit qu'il s'humilie. S'il entend des courtisans qui parlent, qui rient, et qui sont à la chapelle avec moins de silence que dans l'antichambre, quelque comparaison qu'il fasse de ces personnes avec lui-même, il ne les méprise pas, il ne s'en plaint pas : il prie pour eux.

* Riez, *Zélie* [6], soyez badine et folâtre à votre ordinaire : qu'est

1. « Le déshérite. » Ce trait est d'un véritable comique.
2. « Ne trouve pas jour à. » Ne trouve pas moyen de. La locution est originale et juste. Molière a employé moins heureusement le mot de *jour* dans le sens de *facilité*. « Je veux vous faire un peu de *jour* à le pouvoir entretenir. » *Le Sicilien*, sc. 10.
3. « Un point de conduite. » Une règle de conduite.
4. « Il en a assez dit. » L'auteur termine fort heureusement par la théorie de l'art de calomnier.
5. « Un homme dévot. » « Ce caractère inséré pour la première fois dans la quatrième édition a été réimprimé dans la cinquième et dans la sixième, et supprimé ensuite dans toutes les autres. C'est évidemment le duc de Beauvilliers que La Bruyère a voulu peindre dans ce caractère où il décrit ce qui se passe dans la chapelle du roi, et c'est probablement le duc de Beauvilliers qui en a demandé la suppression. » WALCKENAER. — Le duc de Beauvilliers fut nommé par Louis XIV, chef du conseil des finances, et peu après, gouverneur du duc de Bourgogne ; et telle était, suivant Saint-Simon, sa modestie et sa piété, qu'il pensa refuser des places aussi enviées, et qui donnaient tant de crédit.
6. « Riez, Zélie. » Madame de Maintenon écrivait à madame de Maisonfort : « Que ne puis-je vous donner mon expérience ! Que ne puis-je vous faire voir l'ennui qui dévore les grands, et la peine qu'ils ont à remplir leur journée ! Ne voyez-vous pas que je meurs de tristesse, dans une fortune qu'on aurait peine à imaginer ? J'ai été jeune et jolie ; j'ai goûté les plaisirs, j'ai été aimée partout. Dans un âge plus avancé, j'ai passé des années dans le commerce de l'esprit ; je suis venue à la faveur, et je vous proteste, ma chère fille, que tous les états laissent un vide affreux. » — « Si quelque chose pouvait détromper de l'ambition, ce serait cette lettre. » VOLTAIRE, *Siècle de Louis XIV*, ch. 27.

devenue votre joie? Je suis riche, dites-vous, me voilà au large, et je commence à respirer. Riez plus haut, Zélie, éclatez : que sert une meilleure fortune, si elle amène avec soi le sérieux et la tristesse ? Imitez les grands qui sont nés dans le sein de l'opulence ; ils rient quelquefois, ils cèdent à leur tempérament, suivez le vôtre : ne faites pas dire de vous qu'une nouvelle place ou que quelque mille livres de rente de plus ou de moins vous font passer d'une extrémité à l'autre. Je tiens, dites-vous, à la faveur par un endroit. Je m'en doutais, Zélie ; mais, croyez-moi, ne laissez pas de rire, et même de me sourire en passant, comme autrefois : ne craignez rien, je n'en serai ni plus libre ni plus familier avec vous : je n'aurai pas une moindre opinion de vous et de votre poste; je croirai également que vous êtes riche et en faveur. Je suis dévote, ajoutez-vous. C'est assez, Zélie, et je dois me souvenir que ce n'est plus la sérénité et la joie que le sentiment d'une bonne conscience étale sur le visage ; les passions tristes et austères ont pris le dessus, et se répandent sur les dehors : elles mènent plus loin [1], et l'on ne s'étonne plus de voir que la dévotion [2] sache, encore mieux que la beauté et la jeunesse, rendre une femme fière et dédaigneuse.

* L'on a été loin depuis un siècle dans les arts et dans les sciences, qui toutes ont été poussées à un grand point de raffinement, jusques à celle du salut, que l'on a réduite en règle et en méthode, et augmentée de tout ce que l'esprit des hommes pouvait inventer de plus beau et de plus sublime. La dévotion [3] et la géométrie ont leurs façons de parler, ou ce qu'on appelle les termes de l'art : celui qui ne les sait pas n'est ni dévot ni géomètre [4]. Les premiers dévots, ceux même qui ont été dirigés par les apôtres, ignoraient ces termes; simples gens [5] qui n'avaient que la foi et les œuvres, et qui se réduisaient à croire et à bien vivre [6].

* C'est une chose délicate à un prince religieux de réformer la cour, et de la rendre pieuse [7]. Instruit jusques où le courtisan veut

---

1. « Elles mènent plus loin. » Avec cet air triste et sérieux, on est plus en faveur.
2. « La dévotion. » Fausse dévotion. (*Note de La Bruyère.*)
3. « Dévotion. » Fausse dévotion. (*Ibid.*)
4. « Ni dévot, ni géomètre. » La fausse dévotion est ici considérée comme une science et un métier; l'auteur devait être content de cette comparaison, car il l'a plusieurs fois répétée, sous des formes différentes.
5. « Simples gens. » L'ironie est ici employée très à propos.
6. « A bien vivre. » A vivre saintement.
7. « C'est une chose délicate, etc. » C'est un conseil sage et hardi adressé à

lui plaire, et aux dépens de quoi[1] il ferait sa fortune, il le ménage avec prudence ; il tolère, il dissimule, de peur de le jeter dans l'hypocrisie ou le sacrilége : il attend plus de Dieu et du temps, que de son zèle et de son industrie[2].

* C'est une pratique ancienne dans les cours de donner des pensions et de distribuer des grâces à un musicien, à un maître de danse, à un farceur, à un joueur de flûte, à un flatteur, à un complaisant ; ils ont un mérite fixe et des talents sûrs et connus qui amusent les grands, et qui les délassent de leur grandeur. On sait que Favier est beau danseur, et que Lorenzani[3] fait de beaux motets[4]. Qui sait, au contraire, si l'homme dévot a de la vertu ? Il n'y a rien pour lui sur la cassette ni à l'épargne[5], et avec raison : c'est un métier[6] aisé à contrefaire, qui, s'il était récompensé, exposerait le prince à mettre en honneur la dissimulation et la fourberie, et à payer pension à l'hypocrite.

* L'on espère que la dévotion de la cour ne laissera pas d'inspirer la résidence[7].

Louis XIV, et dont le roi tint d'autant moins de compte que les plus grands esprits du temps ne cessaient de le féliciter d'avoir su exterminer l'hérésie et réformer la cour. La Bruyère s'honore en tenant ici le langage d'un vrai philosophe. Longtemps après, Fénelon disait dans un éloquent sermon : « Si vous ne voulez qu'intimider les hommes, et les réduire à faire certaines actions extérieures, levez le glaive ; chacun tremble, vous êtes obéi. Voilà une exacte police, mais non pas une sincère religion. Si les hommes ne font que trembler, les démons tremblent autant qu'eux, et haïssent Dieu. Plus vous userez de rigueur et de contrainte, plus vous courrez risque de n'établir qu'un amour-propre masqué et trompeur. Où seront donc ceux que le Père cherche, et qui l'adorent en esprit en vérité ? Souvenons-nous que le culte de Dieu consiste dans l'amour : *Non colitur ille, nisi amando* (saint Augustin, *Épître* 140). Pour faire aimer, il faut entrer au fond des cœurs ; il faut en avoir la clef ; il faut en remuer tous les ressorts ; il faut persuader, et faire vouloir le bien, de manière qu'on le veuille librement et indépendamment de la crainte servile. La force peut-elle persuader les hommes ? Peut-elle leur faire vouloir ce qu'ils ne veulent pas ? Ne voit-on pas que les derniers hommes du peuple ne croient ni ne veulent point toujours au gré des plus puissants princes ? Chacun se tait, chacun souffre, chacun se déguise, chacun agit et paraît vouloir, chacun flatte, chacun applaudit : mais on ne croit et on n'aime point ; au contraire, on hait d'autant plus qu'on supporte plus impatiemment la contrainte qui réduit à faire semblant d'aimer. Nulle puissance humaine ne peut forcer le retranchement impénétrable de la liberté d'un cœur. » *Discours pour le sacre de l'électeur de Cologne*, en 1707, deuxième point.

1. « Aux dépens de quoi. » Aux dépens de l'honneur et de la religion.
2. « Industrie » est ici dans le sens latin ; il attend plus de Dieu que de ce qu'il peut faire par lui-même.
3. « Lorenzani, » Italien, qui a depuis été maître de musique du pape Innocent XII
4. « Motets. » « Psaume, ou autres paroles latines mises en musique, pour être chantées à l'église, et qui ne font point partie de l'office divin. » ACADÉMIE.
5. « La cassette. » Le roi faisait des pensions sur son trésor particulier, qu'on appelait sa *cassette*. — « L'épargne. » Le trésor royal, le trésor public de l'État.
6. « C'est un métier. » Il est facile de se donner les apparences d'un homme dévot et de se faire passer pour tel.
7. « La résidence. » Les évêques sentiront qu'ils doivent résider à leur diocèse et non à la cour.

* Je ne doute point que la vraie dévotion ne soit la source du repos ; elle fait supporter la vie et rend la mort douce : on n'en tire pas tant de l'hypocrisie.

* Chaque heure en soi, comme à notre égard, est unique : est-elle écoulée une fois, elle a péri entièrement ; les millions de siècles ne la ramèneront pas. Les jours, les mois, les années s'enfoncent et se perdent sans retour dans l'abîme des temps [1]. Le temps même sera détruit : ce n'est qu'un point dans les espaces immenses de l'éternité, et il sera effacé. Il y a de légères et frivoles circonstances du temps qui ne sont point stables, qui passent, et que j'appelle des modes, la grandeur, la faveur, les richesses, la puissance, l'autorité, l'indépendance, le plaisir, les joies, la superfluité. Que deviendront ces modes quand le temps même aura disparu ? La vertu seule, si peu à la mode, va au delà des temps [2].

[Chapitre XIV.]

DE QUELQUES USAGES.

* Il y a des gens qui n'ont pas le moyen d'être nobles [3].

Il y en a de tels, que s'ils eussent obtenu six mois de délai de leurs créanciers, ils étaient nobles [4].

Quelques autres se couchent roturiers, et se lèvent nobles.

Combien de nobles dont le père et les aînés sont roturiers !

* Tel abandonne son père qui est connu, et dont l'on cite le greffe ou la boutique, pour se retrancher sur son aïeul, qui, mort

---

« L'abîme des temps. » « Une fatale révolution, une rapidité que rien n'arrête, entraîne tout dans les abîmes de l'éternité : les siècles, les générations, les empires, tout va se perdre dans ce gouffre ; tout y entre, et rien n'en sort. Nos ancêtres nous en ont frayé le chemin, et nous allons le frayer dans un moment à ceux qui viennent après nous. Ainsi les âges se renouvellent ; ainsi la figure du monde change sans cesse ; ainsi les morts et les vivants se succèdent et se remplacent continuellement. Rien ne demeure ; tout s'use, tout s'éteint. Dieu seul est toujours le même, et ses années ne finissent point. » MASSILLON, *Sermon pour la bénédiction des drapeaux du régiment de Catinat*, page 248 de l'édition annotée par M. Deschanel.

2. « Va au delà des temps. » La vertu seule est éternelle.

3. « Le moyen d'être nobles. » Secrétaires du roi. (*Note de La Bruyère.*) — « Cette note était dans les quatre premières éditions, et a été supprimée dans les suivantes. Tout le monde sait que ces charges de secrétaires du roi s'achetaient et donnaient la noblesse, et qu'on les nommait des *savonnettes à vilain*. » WALCKENAER.

4. « Étaient nobles. » Vétérans. (*Note de La Bruyère.*) — On appelait *vétéran* le conseiller qui avait exercé vingt ans de charge, et s'en était défait en conservant les privilèges qui y étaient attachés.

depuis longtemps, est inconnu et hors de prise [1]. Il montre ensuite un gros revenu [2], une grande charge, de belles alliances, et, pour être noble, il ne lui manque que les titres.

* Réhabilitations, mot en usage dans les tribunaux, qui a fait vieillir et rendu gothique celui de lettres de noblesse [3], autrefois si français et si usité. Se faire réhabiliter suppose qu'un homme devenu riche, originairement est noble, qu'il est d'une nécessité plus que morale qu'il le soit; qu'à la vérité son père a pu déroger, ou par la charrue, ou par la houe [4], ou par la malle [5], ou par les livrées; mais qu'il ne s'agit pour lui que de rentrer dans les premiers droits de ses ancêtres, et de continuer les armes de sa maison, les mêmes pourtant qu'il a fabriquées [6], et tout autres que celles de sa vaisselle d'étain; qu'en un mot, les lettres de noblesse ne lui conviennent plus; qu'elles n'honorent que le roturier, c'est-à-dire, celui qui cherche encore le secret de devenir riche.

* Un homme du peuple, à force d'assurer qu'il a vu un prodige, se persuade faussement qu'il a vu un prodige. Celui qui continue de cacher son âge pense enfin lui-même être aussi jeune qu'il veut le faire croire aux autres. De même, le roturier qui dit par habitude qu'il tire son origine de quelque ancien baron ou de quelque châtelain, dont il est vrai qu'il ne descend pas, a le plaisir de croire qu'il en descend [7].

* Quelle est la roture un peu heureuse et établie, à qui il manque des armes, et dans ces armes une pièce honorable [8], des supports [9],

---

1. « Hors de prise. » Dont la critique ne peut médire, puisqu'elle ne le connaît pas.
2. « S'il montre un gros revenu. »
   Mais quand un homme est riche, il vaut toujours son prix;
   Et l'eût-on vu porter la mandille à Paris,
   N'eût-il de son vrai nom, ni titre, ni mémoire,
   D'Hozier lui trouvera cent aïeux dans l'histoire.
               BOILEAU, *Sat.* 5, v. 115, de l'éd. annotée par M. J. Travers.
   La *mandille* était une petite casaque que portaient les laquais. (*Note de Boileau*.)
3. « Lettres de noblesse. » Les premières lettres de noblesse furent données au XIIIe siècle par Philippe III, dit le Hardi.
4. « Houe. » Outil de pionnier ou de vigneron, qui sert à remuer, à labourer la terre.
5. « Malle. » Paniers que les merciers de campagne portent sur leur dos, et qui sont pleins de cent sortes de menues marchandises.
6. « Armes fabriquées. » Armes qui sont de son invention, et auxquelles il ne pensait guère, lorsqu'il ne se servait que de vaisselle d'étain.
7. « Descend. » Les comparaisons qui précèdent ornent cette pensée assez commune par elle-même.
8. « Pièce honorable. » Pièce réservée aux armes de la grande noblesse.
9. « Supports. » Figures peintes à côté de l'écu et qui semblent le supporter. Les

un cimier, une devise, et peut-être le cri de guerre ? Qu'est devenue la distinction des casques et des *heaumes*[1] ? Le nom et l'usage en sont abolis ; il ne s'agit plus de les porter de front ou de côté, ouverts ou fermés, et ceux-ci de tant ou de tant de grilles : on n'aime pas les minuties, on passe droit aux couronnes, cela est plus simple, on s'en croit digne, on se les adjuge. Il reste encore aux meilleurs bourgeois une certaine pudeur qui les empêche de se parer d'une couronne de marquis, trop satisfaits de la comtale : quelques-uns même ne vont pas la chercher fort loin, et la font passer de leur enseigne[2] à leur carrosse.

* Il suffit de n'être point né dans une ville, mais sous une chaumière répandue dans la campagne[3], ou sous une ruine qui trempe dans un marécage[4], et qu'on appelle château, pour être cru noble sur sa parole.

* Un bon gentilhomme veut passer pour un petit seigneur, et il y parvient[5]. Un grand seigneur affecte la principauté, et il use de tant de précautions, qu'à force de beaux noms, de disputes sur le rang et les préséances, de nouvelles armes, et d'une généalogie que d'Hozier ne lui a pas faite, il devient enfin un petit prince.

suppôts de l'écu de France étaient des anges. — « Cimier. » Ornement placé au-dessus du casque.

1. « Heaumes. » Le heaume couvrait le visage, et il n'y avait qu'une ouverture à l'endroit des yeux, garnie de grilles et de treillis, qui servaient de visière. La Bruyère qui se raille avec tant de raison des bourgeois gentilshommes, et qui fait assez bon marché de la noblesse elle-même, affecte trop de bien connaître le jargon obscur et fort à la mode du blason. Voyez page 158.

2. « De leur enseigne. » La Clef dit à propos d'un autre passage : « M. Camus, le lieutenant civil, le premier président de la cour des aides, le cardinal le Camus, et le Camus, maître des comptes, sont petit-fils de Nicolas le Camus, marchand dans la rue Saint-Denis, qui avait pour enseigne *le Pélican*, que ces messieurs ont pris pour leurs armes. »

3. « Répandue, etc. » Expression singulière pour : « une des chaumières qui sont répandues, éparses dans la campagne. »

4. « Qui trempe, etc. » Expression à la fois pittoresque et plaisante. Molière n'a pas mieux dit :

> Je sais un paysan qu'on appelait Gros Pierre,
> Qui, n'ayant pour tout bien qu'un seul quartier de terre,
> Y fit tout à l'entour faire un fossé bourbeux,
> Et de monsieur de l'Isle en prit le nom pompeux.
> Molière, *L'Ecole des Femmes*, I, 1

5. « Un bon gentilhomme veut passer, etc. »

> Tout bourgeois veut bâtir comme les grands seigneurs,
> Tout petit prince a des ambassadeurs,
> Tout marquis veut avoir des pages.
> La Fontaine, *Fables*, I, 3.

* Les grands[1], en toutes choses, se forment et se moulent sur de plus grands, qui, de leur part, pour n'avoir rien de commun avec leurs inférieurs, renoncent volontiers à toutes les rubriques d'honneurs et de distinctions dont leur condition se trouve chargée[2], et préfèrent à cette servitude une vie plus libre et plus commode. Ceux qui suivent leur piste observent déjà par émulation cette simplicité et cette modestie : tous ainsi se réduiront par hauteur à vivre naturellement et comme le peuple. Horrible inconvénient !

* Certaines gens portent trois noms[3], de peur d'en manquer ; ils en ont pour la campagne et pour la ville, pour les lieux de leur service ou de leur emploi. D'autres ont un seul nom dissyllabe, qu'ils anoblissent par des particules, dès que leur fortune devient meilleure. Celui-ci, par la suppression d'une syllabe, fait de son nom obscur un nom illustre ; celui-là, par le changement d'une lettre en une autre, se travestit, et de *Syrus* devient *Cyrus*. Plusieurs suppriment leurs noms, qu'ils pourraient conserver sans honte, pour en adopter de plus beaux, où ils n'ont qu'à perdre par la comparaison que l'on fait toujours d'eux qui les portent, avec les grands hommes qui les ont portés. Il s'en trouve enfin qui, nés à l'ombre des clochers[4] de Paris, veulent être Flamands ou Italiens, comme si la roture n'était pas de tout pays ; allongent leurs noms français d'une terminaison étrangère, et croient que venir de bon lieu c'est venir de loin.

* Le besoin d'argent a réconcilié la noblesse avec la roture, et a fait évanouir la preuve des quatre quartiers[5].

---

1. « Les grands. » La Clef dit : « Allusion à ce que feu *Monsieur* [Gaston], pour s'approcher de Monseigneur le Dauphin, ne voulait plus qu'on le traitât d'*altesse royale*, mais qu'on lui parlât par *vous*, comme l'on faisait à Monseigneur et aux enfants de France. Les autres princes, à son exemple, ne veulent plus être traités d'*altesse*, mais simplement de *vous*. »
2. « Chargée. » L'auteur trouve toujours le mot propre et énergique.
3. « Certaines gens, etc. » La Clef cite Langlois, receveur général aux confiscations du Châtelet, qui au lieu de Langlois Deirieux, se faisait appeler Langlois de Rieux. Sonning, fils d'un receveur général, qui prenait le nom de Sonningen ; enfin Langlois, fermier général, qui se faisait nommer marquis d'Imbercourt. Ce travers était fort commun, et les plus grands hommes de ce temps n'ont pu toujours y échapper.
4. « Né à l'ombre des clochers. » Expression originale et plaisante.
5. « Le besoin d'argent a réconcilié, etc. »

  Alors le noble altier, pressé de l'indigence,
  Humblement du faquin rechercha l'alliance ;
  Avec lui trafiquant d'un nom si précieux,
  Par un lâche contrat vendit tous ses aïeux ;

* A combien d'enfants serait utile la loi qui déciderait que c'est le ventre qui anoblit[1]! mais à combien d'autres serait-elle contraire!

* Il y a peu de familles dans le monde qui ne touchent aux plus grands princes par une extrémité, et par l'autre au simple peuple[2].

* Il n'y a rien à perdre à être noble[3] : franchises, immunités, exemptions, priviléges : que manque-t-il à ceux qui ont un titre? Croyez-vous que ce soit pour la noblesse que des solitaires[4] se sont faits nobles? Ils ne sont pas si vains : c'est pour le profit qu'ils en reçoivent. Cela ne leur sied-il pas mieux que d'entrer dans les gabelles[5]? je ne dis pas à chacun en particulier, leurs vœux s'y opposent, je dis même à la communauté.

* Je le déclare nettement, afin que l'on s'y prépare, et que personne un jour n'en soit surpris. S'il arrive jamais que quelque grand me trouve digne de ses soins; si je fais enfin une belle fortune, il y a un Geoffroy de la Bruyère que toutes les chroniques rangent au nombre des plus grands seigneurs de France qui suivirent GODEFROY DE BOUILLON à la conquête de la terre sainte. Voilà alors de qui je descends en ligne directe[6].

* Si la noblesse est vertu, elle se perd par tout ce qui n'est pas vertueux; et si elle n'est pas vertu, c'est peu de chose[7].

> Et, corrigeant ainsi la fortune ennemie,
> Rétablit son honneur à force d'infamie.
> BOILEAU, *Sat.* 5, v. 105.

Les vers sont fort beaux; mais il semble que la raillerie eût été ici mieux à sa place que l'indignation.

1. « Le ventre. » Que c'est la noblesse de la mère qui soit héréditaire. — L'auteur veut faire entendre que les grands seigneurs épousent des roturières et donnent leurs filles à des vilains.

2. « Peuple. » Chacun de nous a le même nombre d'ancêtres; notre origine à tous se perd dans la nuit des temps. Platon a dit : Point de roi qui n'ait pour aïeux des esclaves; point d'esclave qui n'ait des rois pour aïeux. Une longue suite de révolutions a mêlé, confondu les générations. » SÉNÈQUE, *Lettre* 44. — La Bruyère n'eût point osé s'exprimer avec autant de force.

3. « Il n'y a rien à perdre, etc. » C'est l'expression encore timide et enveloppée des réclamations que le XVIIIe siècle fera entendre d'une voix plus hardie.

4. « Des solitaires. » Maison religieuse, secrétaire du roi. (*Note de La Bruyère.*) — La charge de secrétaire du roi conférant les priviléges et franchises attachés à la noblesse, plusieurs maisons religieuses avaient acheté cette charge de secrétaire du roi.

5. « Gabelles. » Impôt sur le sel.

6. « Directe. » Croirait-on qu'un critique contemporain de La Bruyère a pris ce passage au sérieux, et fait à notre auteur de longs reproches sur sa vanité?

7. « C'est peu de chose. » Il y a beaucoup d'énergie dans cette concision. En relisant La Bruyère, on ne peut s'empêcher de faire souvent la remarque, que nous n'estimons peut-être pas assez le bonheur d'être débarrassés des préjugés et des abus, auxquels il fait une guerre si pleine de sens et de courage.

* Il y a des choses qui, ramenées à leurs principes et à leur première institution, sont étonnantes et incompréhensibles. Qui peut concevoir en effet que certains abbés à qui il ne manque rien de l'ajustement, de la mollesse et de la vanité des sexes et des conditions [1], qui entrent auprès des femmes en concurrence avec le marquis et le financier, et qui l'emportent sur tous les deux, qu'eux-mêmes [2] soient originairement, et dans l'étymologie [3] de leur nom, les pères et les chefs de saints moines et d'humbles solitaires, et qu'ils en devraient être l'exemple? Quelle force, quel empire, quelle tyrannie de l'usage! Et, sans parler de plus grands désordres, ne doit-on pas craindre de voir un jour un jeune abbé en velours gris et à ramages [4] comme une éminence [5], ou avec des mouches et du rouge comme une femme?

* Que les saletés des dieux [6], la Vénus, le Ganymède, et les autres nudités du Carache [7] aient été faites pour des princes de l'Église, et qui se disent successeurs des apôtres, le palais Farnèse en est la preuve.

* Les belles choses le sont moins hors de leur place : les bienséances mettent la perfection, et la raison met les bienséances. Ainsi l'on n'entend point une gigue [8] à la chapelle, ni dans un sermon des tons de théâtre; l'on ne voit point [9] d'images profanes [10] dans les temples, un CHRIST, par exemple, et le jugement de Pâris dans le même sanctuaire, ni à des personnes consacrées à l'Église le train et l'équipage d'un cavalier [11].

* Déclarerai-je donc ce que je pense de ce qu'on appelle dans le monde un beau salut, la décoration souvent profane, les places

1. « Des sexes et des conditions. » D'un autre sexe et d'une autre condition.
2. « Qu'eux-mêmes. » Que ces mêmes abbés. La Bruyère répète volontiers le sujet lorsque la phrase est un peu longue.
3. « Étymologie. » Abbé vient d'un mot hébreu, qui signifie *père*.
4. « Velours à ramages. » Velours diversifié par plusieurs figures ou couleurs.
5. « Éminence. » Titre qu'on donne aux cardinaux.
6. « Les saletés des dieux. » Cette critique est bien dure.
7. « Carache. » (Annibal), né à Bologne en 1560, travailla d'abord sur l'établi de son père, qui était tailleur, apprit à dessiner auprès de son cousin Louis, et devint un des plus grands peintres de l'Italie. Il fut chargé d'orner la galerie du palais Farnèse à Rome. Le Poussin disait de lui qu'on n'avait pas mieux composé depuis Raphaël.
8. « Une gigue. » Composition de musique gaie et éveillée.
9. « L'on ne voit point. » Pour : on ne devrait pas voir. La chose est si simple et si raisonnable, que l'auteur feint de ne pouvoir admettre qu'on fasse tout le contraire. Ce tour ironique est fin et mordant.
10. « D'images profanes. » Tapisseries. (*Note de La Bruyère.*)
11. « D'un cavalier. » D'un gentilhomme.

retenues et payées, des livres [1] distribués comme au théâtre, les entrevues et les rendez-vous fréquents, le murmure et les causeries étourdissantes, quelqu'un monté sur une tribune qui y parle familièrement, sèchement, et sans autre zèle que de rassembler le peuple, l'amuser, jusqu'à ce qu'un orchestre, le dirai-je? et des voix qui concertent [2] depuis longtemps, se fassent entendre : Est-ce à moi à m'écrier que le zèle de la maison du Seigneur me consume, et à tirer le voile léger qui couvre les mystères, témoins d'une telle indécence? Quoi! parce qu'on ne danse pas encore aux TT** [3], me forcera-t-on d'appeler tout ce spectacle office d'église.

* L'on ne voit point faire de vœux ni de pèlerinages pour obtenir d'un saint d'avoir l'esprit plus doux, l'âme plus reconnaissante; d'être plus équitable et moins malfaisant; d'être guéri de la vanité, de l'inquiétude [4] et de la mauvaise raillerie.

* Quelle idée plus bizarre que de se représenter une foule de chrétiens de l'un et de l'autre sexe, qui se rassemblent à certains jours dans une salle, pour y applaudir à une troupe d'excommuniés, qui ne le sont que par le plaisir qu'ils leur donnent, et qui est déjà payé d'avance? Il me semble qu'il faudrait ou fermer les théâtres, ou prononcer moins sévèrement sur l'état des comédiens [5].

* Dans ces jours qu'on appelle saints, le moine confesse, pendant que le curé tonne en chaire contre le moine et ses adhérents.

---

1. « Des livres. » Le motet traduit en vers français par L** L**. (Note de La Bruyère.) — Il s'agit encore ici de Lorenzani, dont il a déjà été parlé page 368, note 3.

2. « Qui concertent. » « Concerter, c'est faire l'essai, la répétition des pièces qu'on doit jouer dans un concert, avant de le faire entendre en public. Ces musiciens ont plusieurs fois concerté ensemble ces mêmes pièces. » FURETIÈRE. — Ce mot n'est plus usité en ce sens.

3. « TT**. » Les théatins. « Ce fut Mazarin qui fonda ce couvent des Théatins, et leur acheta la maison qu'ils occupaient sur le quai Malaquais en 1648. » WALCKENAER. — Les observations de La Bruyère sont bien amères. On les dirait inspirées par l'esprit d'austérité et d'opposition que montrèrent partout les écrivains de Port-Royal.

4. « Inquiétude » est ici dans son véritable sens : activité remuante et sans objet.

5. « Moins sévèrement, etc. » Cette sévérité dont La Bruyère se plaint avec tant de raison était poussée jusqu'aux plus extrêmes limites. En 1694, le poëte Boursault s'avisa de faire précéder une édition de ses œuvres, d'une dissertation d'un certain père Caffaro, où l'on soutenait que la comédie n'était pas toujours condamnable. Bossuet s'alarma, réfuta vivement cette opinion, et força le père à une rétractation. Voici comment le plus grand de nos évêques parlait du plus grand de nos comiques : « La postérité saura peut-être la fin de ce poëte comédien, qui en jouant son *Malade imaginaire* ou son *Médecin par force*, reçut la dernière atteinte de la maladie dont il mourut peu d'heures après, et passa des plaisanteries du théâtre, parmi lesquelles il rendit presque le dernier soupir, au tribunal de celui qui dit : « Malheur à vous qui riez, car vous pleurerez. » *Maximes et Réflexions sur la comédie*.

telle femme pieuse sort de l'autel, qui entend au prône qu'elle vient de faire un sacrilége. N'y a-t-il point dans l'église une puissance à qui il appartienne, ou de faire taire le pasteur, ou de suspendre pour un temps le pouvoir du *barnabite*[1]?

* Il y a plus de rétribution dans les paroisses pour un mariage que pour un baptême, et plus pour un baptême que pour la confession : l'on dirait que ce soit un taux sur les sacrements, qui semblent par là être appréciés. Ce n'est rien au fond que cet usage ; et ceux qui reçoivent pour les choses saintes ne croient point les vendre, comme ceux qui donnent ne pensent point à les acheter : ce sont peut-être des apparences qu'on pourrait épargner aux simples et aux indévots.

* Un pasteur frais et en parfaite santé, en linge fin et en point de Venise[2], a sa place dans l'œuvre[3] auprès les[4] pourpres et les fourrures[5] ; il y achève sa digestion, pendant que le feuillant[6] ou le récollet[7] quitte sa cellule et son désert, où il est lié par ses vœux et par la bienséance, pour venir le prêcher, lui et ses ouailles, et en recevoir le salaire, comme d'une pièce d'étoffe. Vous m'interrompez, et vous dites : Quelle censure ! et combien elle est nouvelle et peu attendue ! Ne voudriez-vous point interdire à ce pasteur et à son troupeau la parole divine et le pain de l'Évangile ? Au contraire, je voudrais qu'il le distribuât lui-même le matin, le soir, dans les temples, dans les maisons, dans les places, sur les toits, et que nul ne prétendît à un emploi si grand, si laborieux, qu'avec des intentions, des talents et des poumons capables de lui mériter les belles offrandes et les riches rétributions qui y sont attachées. Je suis forcé, il est vrai, d'excuser un curé sur cette conduite, par un usage reçu, qu'il trouve établi, et qu'il laissera à son successeur ; mais c'est cet usage bizarre et

---

1. « *Barnabite.* » Clerc régulier de la congrégation de Saint-Paul.
2. « Point de Venise. » Dentelles. Les plus renommées étaient celles de Gênes, de Venise et d'Angleterre.
3. « L'œuvre » est un banc ou une construction de menuiserie dans la nef des paroisses, où se mettent les marguilliers et où s'exposent les reliques. Quand un évêque vient au sermon, on le place dans l'*œuvre* au-dessus des marguilliers. » Furetière.
4. « Auprès les. » Locution déjà hors d'usage à l'époque où écrivait La Bruyère, et qu'il n'emploie peut-être ici que pour garder le style ancien de l'étiquette.
5. « Pourpres. » La justice. — « Fourrures. » L'Université.
6. « Feuillant. » Ordre de religieux vêtus de bure et déchaussés, qui vivaient sous l'observance étroite de la règle de saint Bernard.
7. « Récollet. » Religieux réformé de l'ordre de Saint-François.

dénué de fondement et d'apparence que je ne puis approuver, et que je goûte encore moins que celui de se faire payer quatre fois des mêmes obsèques, pour soi, pour ses droits, pour sa présence, pour son assistance.

* *Tite*, par vingt années de service dans une seconde place, n'est pas encore digne de la première, qui est vacante : ni ses talents, ni sa doctrine [1], ni une vie exemplaire, ni les vœux des paroissiens, ne sauraient l'y faire asseoir ; il naît de dessous terre un autre clerc [2] pour la remplir. Tite est reculé ou congédié, il ne se plaint pas ; c'est l'usage [3].

* Moi, dit le chevecier [4], je suis maître du chœur ; qui me forcera d'aller à matines ? Mon prédécesseur [5] n'y allait point ; suis-je de pire condition ? dois-je laisser avilir ma dignité entre mes mains, ou la laisser telle que je l'ai reçue ? Ce n'est point, dit l'écolâtre [6], mon intérêt qui me mène, mais celui de la prébende [7] : il serait bien dur qu'un grand chanoine fût sujet au chœur [8], pendant que le trésorier, l'archidiacre, le pénitencier et le grand vicaire s'en croient exempts. Je suis bien fondé, dit le prévôt, à demander la rétribution sans me trouver à l'office : il y a vingt années entières que je suis en possession de dormir les nuits, je veux finir comme j'ai commencé, et l'on ne me verra point déroger à mon titre : que me servirait d'être à la tête d'un chapitre ? mon exemple ne tire point à conséquence. Enfin, c'est entre eux tous à qui ne louera point Dieu [9], à qui fera voir, par un long usage, qu'il n'est

---

1. « Doctrine » est très-souvent employé dans notre auteur pour : savoir, science.
2. « Clerc. » Ecclésiastique. (*Note de La Bruyère.*) — *Clerc* est un vieux mot qui signifiait autrefois *savant*. Il s'est appliqué successivement à toutes les professions où il fallait se servir de la plume. Aujourd'hui il ne signifie plus guère que commis, scribes, des notaires, des avoués, etc.
3. « L'usage. » Presque tous les usages dont parle La Bruyère sont des abus que le temps a réformés ou détruits.
4. « Le chevecier. » Celui qui a la première dignité dans plusieurs églises collégiales ; il est ordinairement trésorier.
5. « Mon prédécesseur. » Suivant la Clef il s'agit encore ici des chanoines de la Sainte-Chapelle, que Boileau a immortalisés dans *le Lutrin*. Ce sujet a heureusement servi La Bruyère, qui lutte avec succès contre les beaux vers du satirique. Le tour de ce morceau, le discours que l'auteur prête à ses personnages, est vif et plaisant. Le *moi* qui commence est plein d'une emphase naturelle et comique, ainsi que ce respect profond de chacun des chanoines pour sa dignité et son repos.
6. « L'écolâtre. » Chanoine qui enseigne à ses confrères la philosophie et les humanités.
7. « Prébende. » Droit qu'a un chanoine, dans une église où il dessert, de jouir d'un certain revenu.
8. « Sujet au chœur. » Ellipse heureuse pour : sujet *à aller* au chœur.
9. « Ne louera point Dieu. »
   Les chanoines vermeils et brillants de santé

point obligé de le faire : l'émulation de ne se point rendre aux offices divins ne saurait être plus vive ni plus ardente. Les cloches sonnent dans une nuit tranquille ; et leur mélodie, qui réveille les chantres [1] et les enfants de chœur, endort les chanoines [2], les plonge dans un sommeil doux et facile, et qui ne leur procure que de beaux songes ; ils se lèvent tard, et vont à l'église se faire payer d'avoir dormi.

* Qui pourrait s'imaginer, si l'expérience ne nous le mettait devant les yeux, quelle peine ont les hommes à se résoudre d'eux-mêmes à leur propre félicité, et qu'on ait besoin de gens d'un certain habit, qui, par un discours préparé, tendre et pathétique, par de certaines inflexions de voix, par des larmes, par des mouvements qui les mettent en sueur et qui les jettent dans l'épuisement, fassent enfin consentir un homme chrétien et raisonnable, dont la maladie est sans ressource, à ne se point perdre et à faire son salut ?

* La fille d'*Aristippe* est malade et en péril ; elle envoie vers son père, veut se réconcilier avec lui et mourir dans ses bonnes grâces : cet homme si sage, le conseil de toute une ville, fera-t-il de lui-même cette démarche si raisonnable ? y entraînera-t-il sa femme ? ne faudra-t-il point, pour les remuer tous deux, la machine du directeur ?

* Une mère, je ne dis pas qui cède et qui se rend à la vocation de sa fille, mais qui la fait religieuse, se charge d'une âme avec la sienne, en répond à Dieu même, en est la caution. Afin qu'une telle mère ne se perde pas, il faut que sa fille se sauve.

> S'engraissaient d'une longue et sainte oisiveté.
> Sans sortir de leurs lits, plus doux que leurs hermines,
> Ces pieux fainéants faisaient chanter matines,
> Veillaient à bien dîner, et laissaient en leur lieu
> A des chantres gagés le soin de louer Dieu.
> BOILEAU, *Le Lutrin*, ch. I, v. 18.

1. « Qui réveille les chantres. » Contraste excellent et d'un effet très-comique.
2. « Endort les chanoines. »
> Hé ! Seigneur, quand nos cris pourraient, du fond des rues,
> De leurs appartements forcer les avenues,
> Réveiller ces valets autour d'eux étendus,
> De leur sacré repos ministres assidus,
> Et pénétrer des lits au bruit inaccessibles ;
> Pensez-vous, au moment que les ombres paisibles
> A ces lits enchanteurs ont su les attacher,
> Que la voix d'un mortel les en puisse arracher ?
> Deux chantres feront-ils, dans l'ardeur de vous plaire,
> Ce que depuis trente ans six cloches n'ont pu faire ?
> *Le Lutrin*, ch. IV, v. 109.

* Un homme joue et se ruine : il marie néanmoins l'aînée de ses deux filles de ce qu'il a pu [1] sauver des mains d'un *Ambreville* [2] ; la cadette est sur le point de faire ses vœux, qui n'a point d'autre vocation que le jeu de son père.

* Il s'est trouvé des filles qui avaient de la vertu, de la santé, de la ferveur, et une bonne vocation ; mais qui n'étaient pas assez riches pour faire dans une riche abbaye vœu de pauvreté [3].

* Celle qui délibère sur le choix d'une abbaye ou d'un simple monastère pour s'y renfermer, agite l'ancienne question de l'état populaire et du despotique [4].

* Faire une folie et se marier *par amourette*, c'est épouser *Mélite*, qui est jeune, belle, sage, économe, qui plaît, qui vous aime, qui a moins de bien qu'*Ægine* qu'on vous propose, et qui, avec une riche dot, apporte de riches dispositions à la consumer, et tout votre fonds avec sa dot [5].

* Il était délicat autrefois de se marier, c'était un long établissement, une affaire sérieuse, et qui méritait qu'on y pensât : l'on était pendant toute sa vie le mari de sa femme, bonne ou mauvaise : même table, même demeure, même lit ; l'on n'en était point quitte pour une pension. Avec des enfants et un ménage complet, l'on n'avait pas les apparences et les délices du célibat.

* Qu'on évite d'être vu seul avec une femme qui n'est point la sienne, voilà une pudeur qui est bien placée : qu'on sente quelque peine à se trouver dans le monde avec des personnes dont la réputation est attaquée, cela n'est pas incompréhensible. Mais quelle mauvaise honte [6] fait rougir un homme de sa propre femme, et l'empêche de paraître dans le public avec celle qu'il s'est choisie pour sa compagne inséparable, qui doit faire sa joie, ses délices et toute sa société ; avec celle qu'il aime et qu'il estime, qui est son ornement, dont l'esprit, le mérite, la vertu, l'alliance [7] lui

---

1. « De ce qu'il a pu. » Avec ce qu'il a pu.
2. « Ambreville. » Fameux joueur.
3. « Pauvreté. » Voyez la notice de M. Suard, en tête du volume.
4. « Despotique. » Les abbayes étaient en général mieux rentées, plus peuplées de noblesse et soumises à une règle moins sévère que les simples monastères.
5. « Avec sa dot. » Il est fâcheux que Molière n'ait pas quelque part traité le sujet qui est ici indiqué, et qui méritait plus de développement.
6. « Quelle mauvaise honte. » Avant d'attaquer cette ridicule coutume, l'auteur montre quelles sont les règles de la raison et du bon sens. Ce contraste rendra la satire plus vive et plus convaincante.
7. « L'alliance. » Toutes ces circonstances sont ramassées avec beaucoup de verve et d'éloquence.

font honneur? Que ne commence-t-il par rougir de son mariage?

Je connais la force de la coutume [1], et jusqu'où elle maîtrise les esprits et contraint les mœurs, dans les choses même les plus dénuées de raison et de fondement : je sens néanmoins que j'aurais l'impudence [2] de me promener au Cours, et d'y passer en revue avec une personne qui serait ma femme.

* Ce n'est pas une honte ni une faute à un jeune homme que d'épouser une femme avancée en âge; c'est quelquefois prudence, c'est précaution. L'infamie est de se jouer de sa bienfactrice par des traitements indignes, et qui lui découvrent qu'elle est la dupe d'un hypocrite et d'un ingrat. Si la fiction est excusable [3], c'est où il faut feindre de l'amitié; s'il est permis de tromper, c'est dans une occasion où il y aurait de la dureté à être sincère. Mais elle vit longtemps. Aviez-vous stipulé qu'elle mourût après avoir signé votre fortune et l'acquit de toutes vos dettes? N'a-t-elle plus, après ce grand ouvrage, qu'à retenir son haleine, qu'à prendre de l'opium ou de la ciguë? A-t-elle tort de vivre? Si même vous mourez avant celle dont vous aviez déjà réglé les funérailles, à qui vous destiniez la grosse sonnerie et les beaux ornements, en est-elle responsable [4] ?

* Il y a depuis longtemps dans le monde une manière [5] de faire valoir son bien, qui continue toujours d'être pratiquée par d'honnêtes gens, et d'être condamnée par d'habiles docteurs.

* On a toujours vu dans la république de certaines charges qui semblent n'avoir été imaginées la première fois que pour enrichir un seul aux dépens de plusieurs : les fonds ou l'argent des particuliers y coule sans fin et sans interruption. Dirai-je qu'il n'en

---

1. « La coutume. » Lachaussée a composé sur ce sujet sa comédie du *Préjugé à la mode.*

2. « L'impudence. » L'opposition est plaisante entre l'énergie de l'expression et l'insignifiance du fait.

3. « Si la fiction, etc. » S'il est permis de dissimuler quelque part, c'est là sans aucun doute que cela pourrait être permis. — *Fiction* ne s'emploie pas d'ordinaire dans ce sens.

4. « Responsable? » Le Sage dit quelque part : « Ce doyen dans sa soixante-troisième année, épousa une fille de vingt ans. Il avait d'un premier lit deux enfants, dont il était prêt à signer la ruine, lorsqu'une apoplexie l'emporta. Sa femme mourut vingt-quatre heures après lui, de regret qu'il ne fût pas mort trois jours plus tard. » — Les plaisanteries de ce genre abondent dans les écrivains du XVIIIe siècle. Nous aimons mieux le sérieux et l'indignation de La Bruyère.

5. « Une manière. » Billets et obligations. (*Note de La Bruyère.*) — Beaucoup de docteurs confondaient dans une égale condamnation l'usure et le prêt à intérêt.

revient plus, ou qu'il n'en revient que tard¹? C'est un gouffre, c'est une mer qui reçoit les eaux des fleuves et qui ne les rend pas; ou si elle les rend, c'est par des conduits secrets et souterrains, sans qu'il y paraisse, ou qu'elle en soit moins grosse et moins enflée; ce n'est qu'après en avoir joui longtemps, et qu'elle ne peut plus les retenir.

* Le fonds perdu², autrefois si sûr, si religieux et si inviolable, est devenu avec le temps, et par les soins de ceux qui en étaient chargés, un bien perdu. Quel autre secret de doubler mes revenus et de thésauriser? Entrerai-je dans le huitième denier, ou dans les aides³? serai-je avare, partisan ou administrateur?

* Vous avez une pièce d'argent, ou même une pièce d'or; ce n'est pas assez, c'est le nombre qui opère. Faites-en, si vous pouvez, un amas considérable⁴ et qui s'élève en pyramide, et je me charge du reste. Vous n'avez ni naissance, ni esprit, ni talents, ni expérience, qu'importe? ne diminuez rien de votre monceau, et je vous placerai si haut que vous vous couvrirez devant votre maître, si vous en avez; il sera même fort éminent, si avec votre métal, qui de jour à autre se multiplie, je ne fais en sorte qu'il se découvre devant vous.

* *Orante* plaide depuis dix ans entiers en règlement de juges, pour une affaire juste, capitale, et où il y va de toute sa fortune;

---

1. « Que tard. » Greffe, consignation. (*Note de La Bruyère.*)
2. « Fonds perdu. » La Clef dit : Allusion à la banqueroute faite par les hôpitaux de Paris, et les Incurables, en 1689. Elle a fait perdre aux particuliers qui avaient des deniers à fonds perdu sur des hôpitaux la plus grande partie de leurs biens : ce qui arriva par la friponnerie de quelques administrateurs que l'on chassa.
3. « Le huitième denier. » Voyez page 131, note 5. — « Aides » « se dit des deniers que le roi lève sur les marchandises, qui se vendent et se transportent dedans et dehors son royaume. Elles sont payées par toutes sortes de personnes, privilégiées ou non. C'est par là qu'elles diffèrent des *tailles* qui ne sont payées que par les roturiers. » FURETIÈRE.
4. « Un amas considérable. »

> Sache quelle province enrichit les traitants,
> Combien le sel au roi peut fournir tous les ans.
> Endurcis-toi le cœur : sois arabe, corsaire,
> Injuste, violent, sans foi, double, faussaire.
> Ne va point sottement faire le généreux :
> Engraisse-toi, mon fils, du suc des malheureux;
> Et, trompant de Colbert la prudence importune,
> Va par tes cruautés mériter la fortune.
> Aussitôt tu verras poëtes, orateurs,
> Rhéteurs, grammairiens, astronomes, docteurs,
> Dégrader les héros pour te mettre en leurs places
> BOILEAU, *Satire* VIII, v. 185

elle saura peut-être, dans cinq années, quels seront ses juges, et dans quel tribunal elle doit plaider le reste de sa vie ».

* L'on applaudit à la coutume [2] qui s'est introduite dans les tribunaux, d'interrompre les avocats au milieu de leur action [3], de les empêcher d'être éloquents et d'avoir de l'esprit, de les ramener au fait et aux preuves toutes sèches qui établissent leurs causes et le droit de leurs parties ; et cette pratique si sévère, qui laisse aux orateurs le regret de n'avoir pas prononcé les plus beaux traits de leurs discours, qui bannit l'éloquence [4] du seul endroit où elle est en sa place, et va faire du parlement une muette juridiction, on l'autorise par une raison solide et sans réplique, qui est celle de l'expédition [5] : il est seulement à désirer qu'elle fût moins oubliée en toute autre rencontre, qu'elle réglât, au contraire, les bureaux comme les audiences, et qu'on cherchât une fin aux écritures [6], comme on a fait aux plaidoyers.

* Le devoir des juges est de rendre la justice ; leur métier, de la différer : quelques-uns savent leur devoir, et font leur métier [7].

* Celui qui sollicite son juge ne lui fait pas honneur ; car ou il se défie de ses lumières et même de sa probité, ou il cherche à le prévenir, ou il lui demande une injustice [8].

* Il se trouve des juges auprès de qui la faveur, l'autorité, les

---

1. « Le reste de sa vie. » Ce fait est exprimé simplement et comme la chose du monde la plus naturelle, forme de protestation modeste, mais qui ne manque cependant pas d'éloquence.
2. « A la coutume. » La Clef dit que cette coutume s'introduisit dans les tribunaux, sous le président de Novion.
3. « Action » est pris ici dans le sens latin, pour : discours, plaidoiries.
4. « L'éloquence. » D'après ce qu'on sait des avocats de ce temps, il ne paraît pas que la perte fût fort grande.
5. « De l'expédition. » De la nécessité de faire promptement.
6. « Aux écritures. » Procès par écrit. (*Note de La Bruyère.*)
« Métier. » Précision pleine de justesse et d'énergie.
. « Ou il lui demande une injustice. »

Philinte.   Contre votre partie éclatez un peu moins,
               Et donnez au procès une part de vos soins.
Alceste.   Je n'en donnerai point, c'est une chose dite.
Philinte.   Mais qui voulez-vous donc qui pour vous sollicite ?
Alceste.   Qui je veux ? La raison, mon bon droit, l'équité.
Philinte.   Aucun juge par vous ne sera visité ?
Alceste.   Non. Est-ce que ma cause est injuste ou douteuse ?
Philinte.   J'en demeure d'accord ; mais la brigue est fâcheuse.

                                MOLIÈRE, *Le Misanthrope*, 1, 1.

Il fallait que la force de la coutume fût bien grande pour que Molière pensât trouver là matière à rendre Alceste ridicule. La Harpe, à propos de ce passage du *Misanthrope*, a essayé de défendre les solliciteurs ; mais il est difficile de ne pas être de l'avis que La Bruyère a si bien exprimé.

droits de l'amitié et de l'alliance nuisent à une bonne cause, et qu'une trop grande affectation de passer pour incorruptibles expose à être injustes [1].

* Le magistrat coquet ou galant est pire dans les conséquences que le dissolu : celui-ci cache son commerce et ses liaisons, et l'on ne sait souvent par où aller jusqu'à lui ; celui-là est ouvert par mille faibles qui sont connus, et l'on y arrive par toutes les femmes à qui il veut plaire.

* Il s'en faut peu que la religion et la justice n'aillent de pair dans la république, et que la magistrature ne consacre les hommes comme la prêtrise. L'homme de robe ne saurait guère danser au bal, paraître aux théâtres [2], renoncer aux habits simples et modestes, sans consentir à son propre avilissement ; et il est étrange qu'il ait fallu une loi [3] pour régler son extérieur, et le contraindre ainsi à être grave et plus respecté.

* Il n'y a aucun métier qui n'ait son apprentissage ; et, en montant des moindres conditions jusques aux plus grandes, on remarque dans toutes un temps de pratique et d'exercice qui prépare aux emplois, où les fautes sont sans conséquence, et mènent au contraire à la perfection. La guerre même, qui ne semble naître et durer que par la confusion et le désordre, a ses préceptes ; on ne se massacre pas par pelotons et par troupes en rase campagne, sans l'avoir appris, et l'on s'y tue méthodiquement [4]. Il y a l'école de la guerre : où est l'école du magistrat ? Il y a un usage, des lois, des coutumes : où est le temps [5], et le temps assez long que

---

1. « Injustes. » Pascal avait dit avant La Bruyère : « L'affectation ou la haine change toute la justice. En effet combien un avocat bien payé par avance, trouve-t-il plus juste la cause qu'il plaide! Mais par une autre bizarrerie de l'esprit humain, j'en sais qui, pour ne pas tomber dans cet amour-propre, ont été les plus injustes du monde à contre-biais. Le moyen le plus sûr de perdre une affaire toute juste, était de la leur faire recommander par leurs proches parents. »
2. « Paraître aux théâtres. » Cette interdiction nous semble singulière. On croyait qu'un magistrat avilissait sa dignité en allant écouter *le Misanthrope* ou *Polyeucte*. Racine fit pénitence de ses tragédies. Longtemps après sa mort, sa femme demandait avec curiosité à son fils Louis Racine, ce que c'était qu'un hémistiche.
3. « Une loi. » La Clef dit : « Il y a un arrêt du conseil qui oblige les conseillers à être en rabat. Ils étaient avant ce temps-là presque toujours en cravate. Cet arrêt fut rendu à la requête de M. de Harlay, alors procureur général, et qui a été depuis premier président. »
4. « On s'y tue méthodiquement. » Cela est dit avec beaucoup d'élégance.
5. « Le temps. » Voltaire a mis ce passage en dialogue : « Quoi! il n'y a que deux ans que vous étiez au collége, et vous voilà déjà conseiller de la cour de Naples! — Oui ; c'est un arrangement de famille, il m'en a peu coûté. — Vous êtes donc devenu bien savant depuis que je ne vous ai vu? — Je me suis fait quelquefois inscrire dans l'école de droit, je ne sais presque rien des lois de Naples, et me voilà juge. »

l'on emploie à les digérer et à s'en instruire? L'essai et l'apprentissage¹ d'un jeune adolescent qui passe de la férule à la pourpre², et dont la consignation a fait un juge, est de décider souverainement des vies³ et des fortunes des hommes.

* La principale partie de l'orateur, c'est la probité⁴ : sans elle il dégénère en déclamateur, il déguise ou il exagère les faits, il cite faux, il calomnie, il épouse la passion et les haines de ceux pour qui il parle; et il est de la classe de ces avocats dont le proverbe dit qu'ils sont payés pour dire des injures.

* Il est vrai, dit-on, cette somme lui est due, et ce droit lui est acquis : mais je l'attends à cette petite formalité; s'il l'oublie, il n'y revient plus, et *conséquemment* il perd sa somme, ou il est *incontestablement* déchu de son droit; or, il oubliera cette formalité. Voilà ce que j'appelle une conscience de praticien.

Une belle maxime pour le palais, utile au public, remplie de raison, de sagesse et d'équité, ce serait précisément la contradictoire de celle qui dit que la forme emporte le fond⁵.

* La question est une invention merveilleuse et tout à fait sûre pour perdre un innocent qui a la complexion faible, et sauver un coupable qui est né robuste⁶.

* Un coupable puni est un exemple pour la canaille : un innocent condamné⁷ est l'affaire de tous les honnêtes gens.

---

1. « L'apprentissage. » Il s'agit ici des conseillers au Châtelet qui étaient reçus fort jeunes.

2. « A la pourpre. » Les conseillers de cour souveraine portaient des robes rouges, couleur de la pourpre.

3. « Des vies. » Comme nous n'avons chacun qu'une vie, qu'une fortune, on emploie habituellement le singulier dans ces sortes de phrases. Le pluriel est un latinisme dont La Bruyère s'est plusieurs fois servi. Massillon a dit de même : « Et vous, ô mon Dieu! touchez, durant ces jours de salut, par la force de la vérité que vous mettez dans *nos bouches*, les grands et les puissants. » — Pour dans *notre* bouche. *Sermon sur les vices et les vertus des grands*, page 232 de l'édit. annotée par M. Deschanel.

4. « C'est la probité. » Il faudrait : « Ce devrait être la probité. » Les paroles de l'auteur valent la peine d'être méditées et sont applicables à tous les temps.

5. « La forme emporte le fond. » Cette maxime est très-sage, quoi qu'en dise l'auteur. Le respect de la forme, de la règle, de la légalité est la sauvegarde de la justice. Si l'on ne prononçait que d'après l'équité et le sens commun, sans tenir compte de la règle écrite, tout serait abandonné à l'arbitraire du juge. La loi est impartiale et la même pour tous; le juge peut être passionné ou prévenu. Aujourd'hui, en France, la cour la plus élevée en dignité est celle qui est chargée d'interpréter et de surveiller l'exécution de la forme, sans jamais s'occuper du fond.

6. « Robuste. » La question ne fut abolie que sous Louis XVI.

7. « Un innocent condamné. » La Clef dit : « M. le marquis de Langlade, innocent, condamné aux galères, où il est mort. Le Brun, appliqué à la question, où il est mort. Le premier avait été accusé d'un vol fait à M. de Mongommery; et le voleur, qui avait été son aumônier, fut trouvé depuis et pendu. Le second fut accusé d'avoir assassiné

Je dirai presque de moi, Je ne serai pas voleur ou meurtrier ; Je ne serai pas un jour puni comme tel, c'est parler bien hardiment.

Une condition lamentable est celle d'un homme innocent, à qui la précipitation et la procédure ont trouvé un crime ; celle même de son juge [1] peut-elle l'être davantage ?

* Si l'on me racontait qu'il s'est trouvé autrefois un prévôt, ou l'un de ces magistrats créés pour poursuivre les voleurs et les exterminer, qui les connaissait tous depuis longtemps de nom et de visage, savait leurs vols, j'entends l'espèce, le nombre et la quantité ; pénétrait si avant dans toutes ces profondeurs et était si initié dans tous ces affreux mystères, qu'il sut rendre [2] à un homme de crédit un bijou qu'on lui avait pris dans la foule au sortir d'une assemblée, et dont il était sur le point de faire de l'éclat [3] ; que le parlement intervint dans cette affaire, et fit le procès à cet officier ; je regarderais cet événement comme l'une de ces choses [4] dont l'histoire se charge et à qui le temps ôte la croyance. Comment donc pourrais-je croire qu'on doive présumer par des faits récents, connus et circonstanciés, qu'une connivence si pernicieuse dure encore, qu'elle ait même tourné en jeu et passé en coutume ?

* Combien d'hommes qui sont forts contre les faibles, fermes et inflexibles aux sollicitations du simple peuple ; sans nuls égards pour les petits ; rigides et sévères dans les minuties ; qui refusent les petits présents ; qui n'écoutent ni leurs parents ni leurs amis, et que les femmes seules peuvent corrompre !

* Il n'est pas absolument impossible qu'une personne qui se trouve dans une grande faveur perde [5] un procès.

* Les mourants qui parlent dans leurs testaments peuvent s'at-

---

madame Manzel, et pour cela mis à la question. L'assassin, nommé Berry, qui était fils naturel de ladite dame Manzel, a paru depuis et a été puni. » — Ces erreurs fréquentes et terribles des parlements excitèrent plus d'une fois l'indignation éloquente de Voltaire. La justice aujourd'hui offre aux accusés toutes les garanties que la sagesse humaine a pu trouver.

1. « Celle même de son juge. » Cette comparaison entre le juge et le condamné est d'une concision fort éloquente.

2. « Rendre. » La Clef dit : « M. de Grandmaison, grand prévôt de l'hôtel, a fait rendre à M. de Saint-Pouanges, une boucle de diamants qui lui avait été dérobée à l'Opéra. »

3. « Dont il était, etc. » Tournure pénible.

4. « Choses » n'est pas le mot propre et significatif.

5. « Impossible. » Le tour de cette satire est fin et délicat.

tendre à être écoutés comme des oracles¹ ; chacun les tire de son côté et les interprète à sa manière, je veux dire selon ses désirs ou ses intérêts.

* Il est vrai qu'il y a des hommes dont on peut dire que la mort fixe moins la dernière volonté qu'elle ne leur ôte, avec la vie, l'irrésolution et l'inquiétude. Un dépit pendant qu'ils vivent² les fait tester ; ils s'apaisent et déchirent leur minute³, la voilà en cendre : ils n'ont pas moins de testaments dans leur cassette que d'almanachs sur leur table ; ils les comptent par les années ; un second se trouve détruit par un troisième, qui est anéanti lui-même par un autre mieux digéré, et celui-ci encore par un cinquième *olographe*⁴. Mais si le moment, ou la malice, ou l'autorité, manque à celui qui a intérêt de le supprimer, il faut qu'il en essuie les clauses et les conditions ; car *appert*-il⁵ mieux des dispositions des hommes les plus inconstants que par un dernier acte, signé de leur main, et après lequel ils n'ont pas du moins eu le loisir de vouloir tout le contraire⁶ ?

* S'il n'y avait point de testaments pour régler le droit des héritiers, je ne sais si l'on aurait besoin de tribunaux⁷ pour régler les différends des hommes ; les juges seraient presque réduits à la triste fonction d'envoyer au gibet les voleurs et les incendiaires.

1. « Oracles. » La comparaison est fort ingénieuse.
2. « Pendant qu'ils vivent. » Lorsqu'ils sont en pleine santé et encore fort éloignés de la mort.
3. « Minute. » Original des actes qui se passent chez les notaires, etc.
4. « Olographe. » Écrit tout entier, daté et signé de la main du testateur.
5. « Appert-il. » Terme de droit que l'auteur emploie ici à dessein, pour dire : Comment peut-on juger plus clairement des dispositions des hommes, etc.
6. « Le contraire. » Opposons à cette satire de La Bruyère la gravité toute romaine avec laquelle Sénèque parle de la rédaction d'un testament : « Lorsque touchant aux bornes de la vie, nous faisons notre testament, ne dispensons-nous pas des bienfaits qui ne doivent rien nous rapporter? Que de temps employé, que de réflexions dans le secret pour décider et le montant des legs et le choix des légataires ! Toutefois, que nous importe à qui nous donnons, puisque personne ne pourra rien nous rendre? Jamais pourtant nous ne mettons plus de scrupule dans nos dons ; jamais nous ne pesons nos jugements avec plus de soin que dans ce moment où, laissant de côté toute espèce d'intérêt, la seule vue de l'honnête se montre à nos regards. Mauvais juges de nos devoirs, tant que l'espérance et la crainte, tant que le plus lâche des vices, la volupté, nous les fait voir sous un faux jour, c'est lorsque la mort nous isole de toutes les passions, lorsqu'elle nous envoie un juge incorruptible pour porter cette dernière sentence, c'est alors que nous cherchons les plus dignes afin de leur transmettre notre héritage, et l'affaire que nous réglons avec le soin le plus religieux est ce partage de biens qui déjà ne sont plus à nous. Et certes c'est une grande satisfaction de pouvoir se dire à sa dernière heure : Je vais enrichir cet homme ; je vais, avec les biens que je lui laisse, ajouter à l'éclat de sa dignité. » *Des Bienfaits*, IV, c. 11, 12.
7. « Besoin de tribunaux. » Il ne faut pas prendre à la lettre cette exagération évidente.

Qui voit-on dans les lanternes des chambres [1], au parquet, à la porte ou dans la salle du magistrat? des héritiers *ab intestat* [2]? Non, les lois ont pourvu à leurs partages : on y voit les testamentaires [3] qui plaident en explication d'une clause ou d'un article, les personnes exhérédées [4], ceux qui se plaignent d'un testament fait avec loisir, avec maturité, par un homme grave, habile, consciencieux, et qui a été aidé d'un bon conseil; d'un acte où le praticien n'a rien *obmis* [5] de son jargon et de ses finesses ordinaires; il est signé du testateur et des témoins publics, il est paraphé; et c'est en cet état qu'il est cassé et déclaré nul.

* *Titius* assiste à la lecture d'un testament avec des yeux rouges et humides, et le cœur serré de la perte de celui dont il espère recueillir la succession. Un article lui donne la charge, un autre les rentes de la ville [6], un troisième le rend maître d'une terre à la campagne; il y a une clause qui, bien entendue, lui accorde une maison située au milieu de Paris, comme elle se trouve, et avec les meubles : son affliction augmente [7], les larmes lui coulent des yeux; le moyen de les contenir? il se voit officier [8], logé aux champs et à la ville, meublé de même; il se voit une bonne table et un carrosse : *Y avait-il* [9] *au monde un plus honnête homme que le défunt, un meilleur homme?* Il y a un codicille [10] il faut le lire : il fait *Mævius* légataire universel, et il renvoie Titius dans son faubourg, sans rentes, sans titre, et le met à pied. Il essuie ses larmes : c'est à Mævius à s'affliger [11].

---

1. « Lanternes. » « Petit cabinet de menuiserie, qu'on élève dans quelques auditoires, pour placer quelques personnes qui veulent écouter sans être vues. Il s'était glissé dans la *lanterne* de la grand'chambre, quand on rapportait son procès. » Furetière.
2. « Héritiers *ab intestat*. » Ceux qui héritent de plein droit, sans testament.
3. « Testamentaires. » Ceux qui sont portés sur le testament.
4. « Exhérédées. » Déshéritées.
5. « *Obmis*. » « *Omis*, dans les éditions modernes. Ce mot s'écrivait du temps de La Bruyère comme aujourd'hui : s'il a mis *obmis* en italique, c'est que les praticiens avaient retenu cette orthographe antique et pédantesque. » Walckenaer.
6. « De la ville. » Sur la ville.
7. « Augmente. » Cette tendresse et ces regrets qui s'accroissent en proportion des avantages qui sont faits à l'héritier, ce mélange de la maison, des meubles, de l'affliction et des larmes, font un tableau d'un excellent comique.
8. « Officier. » Qui est pourvu d'une charge, d'un office.
9. « Y avait-il. » L'auteur supprime presque toujours ces phrases lourdes et inutiles : il dit, il s'écrie, etc.
10. « Codicille. » Écrit par lequel on ajoute ou l'on change quelque chose à un testament.
11. « S'affliger. » « Velléius Blésus, riche consulaire, était malade et mourant; il voulait changer quelque chose à son testament. Régulus, qui espérait dans ces nou-

* La loi qui défend de tuer un homme n'embrasse-t-elle pas dans cette défense le fer, le poison, le feu, l'eau, les embûches, la force ouverte, tous les moyens enfin qui peuvent servir à l'homicide? La loi qui ôte aux maris et aux femmes le pouvoir de se donner ¹ réciproquement, n'a-t-elle connu que les voies directes et immédiates de donner? a-t-elle manqué de prévoir les indirectes! a-t-elle introduit les fidéicommis ², ou si même elle les tolère? avec ³ une femme qui nous est chère et qui nous survit, lègue-t-on son bien à un ami fidèle par un sentiment de reconnaissance pour lui, ou plutôt par une extrême confiance, et par la certitude qu'on a du bon usage qu'il saura faire de ce qu'on lui lègue? donne-t-on à celui que l'on peut soupçonner de ne devoir pas rendre à la personne à qui en effet l'on veut donner? faut-il se parler, faut-il s'écrire, est-il besoin de pacte ou de serments pour former cette collusion ⁴? Les hommes ne sentent-ils pas en cette rencontre ⁵ ce qu'ils peuvent espérer les uns des autres? Et si au contraire la propriété d'un tel bien est dévolue au fidéicommissaire, pourquoi perd-il sa réputation à le retenir? sur quoi fonde-t-on la satire et les vaudevilles? voudrait-on le comparer au dépositaire qui trahit le dépôt, à un domestique qui vole l'argent que son maître lui envoie porter? On aurait tort : y a-t-il de l'infamie à ne pas faire une libéralité, et à conserver pour soi ce qui est à soi? Étrange embarras, horrible poids que le fidéicommis! Si par la révérence des lois on se l'appro-

---

velles dispositions, parce qu'il faisait depuis quelque temps la cour au malade, s'adresse aux médecins, les prie, les conjure de prolonger, à quelque prix que ce soit, la vie de son ami. A peine le testament est-il scellé, que Régulus change de personnage et de ton : « Jusques à quand, dit-il aux médecins, tourmenterez-vous un malheureux? Pourquoi envier une douce mort à qui vous ne pouvez conserver la vie? » Blésus meurt; et, comme s'il eût tout entendu, il ne laisse à Régulus, pas même un souvenir. » PLINE, *Epître* II, 20. Voyez *Rome au siècle d'Auguste*, par Ch. Dezobry, Lettre LXXVI.

1. « De se donner. » « Voilà une coutume bien impertinente, dit *le malade imaginaire*, qu'un mari ne puisse rien laisser à une femme dont il est aimé tendrement, et qui prend de lui tant de soin! » I, 9.

2. « Les fidéicommis. » Le notaire d'Argan, monsieur de Bonne-Foi, lui explique très-bien ce qu'est le fidéicommis : « Vous pouvez choisir doucement un ami intime de votre femme, auquel vous donnerez, en bonne forme, par votre testament, tout ce que vous pouvez; et cet ami ensuite lui rendra tout. » *Le Malade imaginaire*, I, 9. — Il arrivait souvent que ces amis ne rendaient rien; on n'avait point de recours contre eux devant les tribunaux. La loi considère comme illicites ces sortes de transactions.

3. « Avec. » Lorsque on a.

4. « Collusion. » Intelligence secrète entre deux ou plusieurs parties, au préjudice d'un tiers.

5. « En cette rencontre. » En cette occasion, en ce cas.

prie, il ne faut plus passer pour homme de bien si par le respect d'un ami mort l'on suit ses intentions en le rendant à sa veuve, on est confidentiaire [1], on blesse la loi. Elle cadre donc bien mal avec l'opinion des hommes. Cela peut être ; et il ne me convient pas de dire ici, La loi pèche, ni, Les hommes se trompent.

* J'entends dire de quelques particuliers ou de quelques compagnies : Tel et tel corps se contestent l'un à l'autre la préséance ; le mortier [2] et la pairie se disputent le pas. Il me parait que celui des deux qui évite de se rencontrer aux assemblées est celui qui cède, et qui, sentant son faible, juge lui-même en faveur de son concurrent.

* *Typhon* fournit un grand de chiens et de chevaux : que ne lui fournit-il point ! Sa protection le rend audacieux, il est impunément dans sa province tout ce qu'il lui plaît d'être, assassin, parjure ; il brûle ses voisins, et il n'a pas besoin d'asile. Il faut enfin que le prince se mêle lui-même de sa punition [3].

* Ragoûts, liqueurs, entrées, entremets, tous mots qui devraient être barbares et inintelligibles en notre langue : et s'il est vrai qu'ils ne devraient pas être d'usage en pleine paix, où ils ne servent qu'à entretenir le luxe et la gourmandise, comment peuvent-ils être entendus dans le temps de la guerre [4] et d'une misère publique, à la vue de l'ennemi, à la veille d'un combat, pendant

---

1. « Confidentiaire. » « Qui prête son nom pour posséder le titre d'un bénéfice, et en laisser le revenu à un autre, ou la liberté d'en disposer toutefois et quantes il voudra. » FURETIÈRE.

2. « Le mortier. » Les présidents à mortier qui présidaient le parlement en l'absence du roi, avaient la prétention de le représenter, et s'égalaient aux princes du sang royal. De là des disputes et des procès interminables et fort peu intéressants.

3. « Punition. » Un ouvrage récemment publié, le livre des *Grands Jours*, par Fléchier, montre quelles étaient dans les provinces l'insolence et la tyrannie de la noblesse, et combien terrible était la sévérité des juges, que le roi envoyait pour les réprimer.

4. « Guerre. » Le roi avait donné à ses généraux l'exemple de cette somptuosité dont La Bruyère se plaint à juste titre. « La campagne de Flandre, dit Voltaire, faite au milieu de la plus grande abondance, parmi les succès si faciles, parut le voyage d'une cour. La bonne chère, le luxe et les plaisirs s'introduisirent alors dans les armées, dans le temps même que la discipline s'affermissait. Les officiers faisaient le devoir militaire beaucoup plus exactement, mais avec des commodités plus recherchées. Le maréchal de Turenne n'avait eu longtemps que des assiettes de fer en campagne. Le marquis d'Humières fut le premier, au siège d'Arras en 1658, qui se fit servir en vaisselle d'argent à la tranchée, et qui fit manger des ragoûts et des entremets. Mais dans cette campagne de 1667, où un jeune roi aimant la magnificence, étalait celle de la cour dans les fatigues de la guerre, tout le monde se piqua de somptuosité et de goût dans la bonne chère, dans les habits, dans les équipages. Ce luxe était cependant très-peu de chose auprès de celui qu'on a vu depuis. » *Siècle de Louis XIV*, ch. VIII.

un siége[1] ! Où est-il parlé de la table de *Scipion* ou de celle de *Marius*? Ai-je lu quelque part que *Miltiade*, qu'*Épaminondas*, qu'*Agésilas*, aient fait une chère délicate? Je voudrais qu'on ne fît mention de la délicatesse, de la propreté et de la somptuosité des généraux, qu'après n'avoir plus rien à dire sur leur sujet, et s'être épuisé sur les circonstances d'une bataille gagnée et d'une ville prise : j'aimerais même qu'ils voulussent se priver de cet éloge.

* *Hermippe* est l'esclave de ce qu'il appelle ses petites commodités ; il leur sacrifie l'usage reçu, la coutume, les modes, la bienséance ; il les cherche en toutes choses, il quitte une moindre pour une plus grande, il ne néglige aucune de celles qui sont praticables, il s'en fait une étude, et il ne se passe aucun jour qu'il ne fasse en ce genre une découverte. Il laisse aux autres hommes le dîner et le souper, à peine en admet-il les termes ; il mange quand il a faim[2], et les mets seulement où son appétit le porte. Il voit faire[3] son lit ; quelle main assez adroite ou assez heureuse pourrait le faire dormir comme il veut dormir? Il sort rarement de chez soi, il aime la chambre, où il n'est ni oisif, ni laborieux, où il n'agit point, où il *tracasse*, et dans l'équipage d'un homme qui a pris médecine. On dépend[4] servilement d'un serrurier et d'un menuisier, selon ses besoins : pour lui, s'il faut limer, il a une lime, une scie s'il faut scier, et des tenailles s'il faut arracher. Imaginez, s'il est possible, quelques outils qu'il n'ait pas, et meilleurs, et plus commodes à son gré que ceux même dont les ouvriers se servent : il en a de nouveaux et d'inconnus, qui n'ont point de nom, productions de son esprit, et dont il a presque oublié l'usage ; nul ne se peut comparer à lui pour faire en peu de temps et sans peine un travail fort inutile[5]. Il faisait dix pas pour aller de son lit dans sa garderobe, il n'en fait plus que neuf par la manière dont il a su tourner sa chambre : combien de pas[6] épargnés dans le cours d'une vie ! Ailleurs l'on tourne la clef, l'on

---

1. « Un siége. » Le siége de Philisbourg, où commandait le Dauphin, ayant sous lui le maréchal de Duras.
2. « Quand il a faim. » N'est-ce pas une chose singulière qu'une conduite si simple et si naturelle nous paraisse ridicule?
3. « Il voit faire. » Il surveille la manière dont on fait.
4. « On dépend. » Les autres hommes dépendent.
5. « Un travail fort inutile. » Ces deux mots sont une excellente définition du travers que l'auteur veut peindre.
6. « Combien de pas. » Exclamation d'une emphase très-plaisante.

pousse contre, ou l'on tire à soi, et une porte s'ouvre. quelle fatigue! voilà un mouvement de trop qu'il sait s'épargner, et comment? c'est un mystère qu'il ne révèle point : il est, à la vérité, un grand maître pour le ressort et pour la mécanique, pour celle du moins dont tout le monde se passe. Hermippe tire le jour de son appartement d'ailleurs que de la fenêtre; il a trouvé le secret de monter et de descendre autrement que par l'escalier, et il cherche celui d'entrer et de sortir plus commodément que par la porte [1].

* Il y a déjà longtemps que l'on improuve les médecins, et que l'on s'en sert : le théâtre et la satire ne touchent point à leurs pensions ; ils dotent leurs filles, placent leurs fils aux parlements et dans la prélature, et les railleurs eux-mêmes fournissent l'argent. Ceux qui se portent bien deviennent malades, il leur faut des gens dont le métier soit de les assurer qu'ils ne mourront point. Tant que les hommes pourront mourir et qu'ils aimeront à vivre, le médecin sera raillé et bien payé [2].

* Un bon médecin est celui qui a des remèdes spécifiques [3], ou, s'il en manque, qui permet à ceux qui les ont de guérir son malade.

* La témérité des charlatans, et leurs tristes succès qui en sont les suites, font valoir la médecine et les médecins. Si ceux-ci laissent mourir, les autres tuent.

* *Carro Carri* [4] débarque avec une recette qu'il appelle un prompt

---

1. « Par la porte. » C'est bien terminer ce petit caractère rempli de détails vifs et vraisemblables, et qui mettent toujours les choses sous les yeux du lecteur.
2. « Bien payé. » Cela est fort joliment tourné, et Molière, l'implacable ennemi des médecins, n'eût pas dit mieux. Leurs manières et leur langage étaient souvent grotesques, et leur science plus que douteuse. On ferait des volumes en ramassant tout ce qui a été écrit contre eux, dans le XVIIe siècle. Citons plutôt ici les paroles curieuses d'un ancien, qui signale en ces termes leurs premiers progrès à Rome : « Toutes les fois que cette nation grecque nous apportera ses arts, disait Caton l'ancien à son fils, elle corrompra tout, et ce sera pis encore si elle nous envoie ses médecins. Ils ont juré entre eux d'exterminer tous les barbares par la médecine. Le salaire même qu'ils exigent, est pour eux un moyen d'usurper la confiance et de tuer à leur aise. Nous aussi ils nous traitent de barbares, et nous outragent plus ignominieusement que les autres peuples, en nous appelant Opiques. Mon fils, je t'interdis les médecins. » — Ce même Caton a écrit la moitié d'un volume pour vanter une panacée qui guérit tous les maux des bêtes et des hommes, et dont il explique les vertus avec une gravité sénatoriale : c'est le chou. Ainsi sont faits les hommes dans tous les temps, esprits forts et crédules.
3. « Des remèdes spécifiques. » Des remèdes propres et particuliers à chaque maladie. Le quinquina est un remède *spécifique* pour la fièvre.
4. « Carro Carri. » L'Italien Caretti, dont il a déjà été question plusieurs fois. Il devint célèbre et riche, en vendant fort cher des remèdes qu'il faisait prudemment payer d'avance, et qui guérissaient quelquefois, comme font tous les remèdes d'empiriques.

remède, et qui quelquefois est un poison lent : c'est un bien de famille, mais amélioré en ses mains; de spécifique qu'il était contre la colique, il guérit de la fièvre quarte, de la pleurésie, de l'hydropisie, de l'apoplexie, de l'épilepsie. Forcez un peu votre mémoire, nommez une maladie, la première qui vous viendra en l'esprit : l'hémorragie, dites-vous? il la guérit. Il ne ressuscite personne[1], il est vrai ; il ne rend pas la vie aux hommes ; mais il les conduit nécessairement jusqu'à la décrépitude, et ce n'est que par hasard que son père et son aïeul, qui avaient ce secret, sont morts fort jeunes[2]. Les médecins reçoivent pour leurs visites ce qu'on leur donne, quelques-uns se contentent d'un remercîment ; Carro Carri est si sûr de son remède et de l'effet qui en doit suivre, qu'il n'hésite pas de s'en faire payer d'avance, et de recevoir avant que de donner : si le mal est incurable, tant mieux, il n'en est que plus digne[3] de son application et de son remède : commencez par lui livrer quelques sacs de mille francs, passez-lui un contrat de constitution[4], donnez-lui une de vos terres, la plus petite, et ne soyez pas ensuite plus inquiet que lui de votre guérison. L'émulation de cet homme a peuplé le monde de noms en O et en I, noms vénérables, qui imposent aux malades et aux maladies. Vos médecins, Fagon[5], et de toutes les facultés, avouez-le, ne guérissent pas toujours, ni sûrement ; ceux, au contraire, qui ont hérité de leurs pères la médecine pratique[6], et à qui l'expérience est échue

---

1. « Il ne ressuscite personne. » Inférieur en cela à l'illustre Sganarelle du *Médecin malgré lui*.

2. « Jeunes. » N'est-ce pas là le langage bouffon des charlatans de toutes les époques ? Ils ont toujours parlé de même, et n'ont jamais manqué de dupes qui les ont crus sur parole.

3. « Plus digne. » « Je dédaigne de m'amuser à ce menu fatras de maladies ordinaires, à ces bagatelles de rhumatismes et de fluxions, à ces fièvrotes, à ces vapeurs et à ces migraines. Je veux des maladies d'importance, de bonnes fièvres continues, avec des transports au cerveau, de bonnes fièvres pourprées, de bonnes pestes, de bonnes hydropisies formées, de bonnes pleurésies avec des inflammations de poitrine : c'est là que je me plais, c'est là que je triomphe ; et je voudrais, Monsieur, que vous eussiez toutes les maladies que je viens de dire, que vous fussiez abandonné de tous les médecins, désespéré, à l'agonie, pour vous montrer l'excellence de mes remèdes et l'envie que j'aurais de vous rendre service. » MOLIÈRE, *Le Malade imaginaire*, III, 14.

4. « Constitution. » Rente, pension.

5. « Fagon, » à cette époque médecin de la Dauphine, fut nommé médecin du roi en 1693. Il avait étudié avec une sorte de passion la botanique, qu'il professa au jardin des Plantes. Il encouragea les travaux et les voyages de Tournefort. Il poursuivit avec une louable sévérité les charlatans si nombreux et si fort en vogue de son temps. Il a laissé sur le quinquina un opuscule auquel La Bruyère fait allusion.

6. « La médecine pratique. » La médecine empirique, celle qui se passe de science et d'études, et n'emploie que de certaines recettes mystérieuses.

par succession, promettent toujours et avec serments qu'on guérira. Qu'il est doux aux hommes de tout espérer d'une maladie mortelle et de se porter encore passablement bien à l'agonie! La mort surprend agréablement et sans s'être fait craindre : on la sent plutôt qu'on n'a songé à s'y préparer et à s'y résoudre. O Fagon Esculape! faites régner sur toute la terre le quinquina [1] et l'émétique [2]; conduisez à sa perfection la science des simples [3], qui sont donnés aux hommes pour prolonger leur vie; observez dans les cures, avec plus de précision et de sagesse que personne n'a encore fait, le climat, les temps, les symptômes et les complexions; guérissez de la manière seule qu'il convient à chacun d'être guéri; chassez des corps, où rien ne vous est caché de leur économie, les maladies les plus obscures et les plus invétérées; n'attentez pas sur celles de l'esprit, elles sont incurables. Laissez à *Corinne*, à *Lesbie*, à *Canidie*, à *Trimalcion*, et à *Carpus*, la passion ou la fureur des charlatans.

* L'on souffre dans la république les chiromanciens [4] et les devins, ceux qui font l'horoscope et qui tirent la figure, ceux qui connaissent le passé par le mouvement du *sas* [5], ceux qui font voir dans un miroir ou dans un vase d'eau la claire vérité; et ces gens sont en effet de quelque usage : ils prédisent aux hommes qu'ils feront fortune, aux filles qu'elles épouseront leurs amants; consolent les enfants dont les pères ne meurent point, et charment l'inquiétude des jeunes femmes qui ont de vieux maris : ils trompent enfin à très-vil prix ceux qui cherchent à être trompés.

* Que penser de la magie et du sortilége? La théorie en est obscure, les principes vagues, incertains, et qui approchent du visionnaire [6]; mais il y a des faits embarrassants, affirmés par des hommes graves qui les ont vus, ou qui les ont appris de personnes

---

1. « Le quinquina » était alors tout nouveau. Un Anglais l'avait mis à la mode en guérissant le Dauphin. La Fontaine, dans les intervalles de sa dernière maladie, a écrit un petit poëme sur le quinquina.
2. « L'émétique » avait d'abord été défendu par un arrêt du parlement, puis était revenu en vogue.
3. « Des simples. » Des herbes, des plantes.
4. « Chiromanciens. » Charlatan qui prédit l'avenir en observant les lignes de la main de celui qui le consulte.
5. « Sas. » Tamis. On dit faire tourner le *sas*, quand on fait une certaine divination pour découvrir l'auteur d'un vol domestique, avec un *sas*, que le charlatan tourne si adroitement, qu'il le fait arrêter sur celui qu'il soupçonne, lequel ordinairement se découvre lui-même.
6. « Du visionnaire » De la pure extravagance.

qui leur ressemblent : les admettre tous, ou les nier tous, paraît un égal inconvénient ; et j'ose dire qu'en cela, comme dans toutes les choses extraordinaires et qui sortent des communes règles, il y a un parti à trouver entre les âmes crédules et les esprits forts.

* L'on ne peut guère charger ² l'enfance de la connaissance de trop de langues ³, et il me semble que l'on devrait mettre toute son application à l'en instruire. elles sont utiles à toutes les conditions des hommes, et elles leur ouvrent également l'entrée ou à une profonde ou à une facile et agréable érudition. Si l'on remet cette étude si pénible à un âge un peu plus avancé, et qu'on appelle la jeunesse, où l'on n'a pas la force de l'embrasser par choix, ou l'on n'a pas celle d'y persévérer ; et si l'on y persévère ⁴, c'est consumer à la recherche des langues le même temps qui est consacré à l'usage ⁵ que l'on en doit faire ; c'est borner à la science des mots un âge qui veut déjà aller plus loin, et qui demande des choses ; c'est au moins avoir perdu les premières et les plus belles années de sa vie. Un si grand fonds ne se peut bien faire que lorsque tout s'imprime dans l'âme naturellement ⁶ et profondément ; que

---

1. « Esprits forts. » Voilà qui est très-curieux : on ne s'attendait guère à trouver La Bruyère si crédule à l'endroit de la magie. Voltaire a dit quelque part : « Ne nous moquons point des anciens, pauvres gens que nous sommes, à peine sortis de la barbarie ! Il n'y a pas cent ans que nous avons fait brûler des sorciers dans toute l'Europe ; et on vient encore de brûler une sorcière, vers l'an 1750, à Wurtzbourg. Il est vrai que certaines paroles et certaines cérémonies suffisent pour faire périr un troupeau de moutons, pourvu qu'on y ajoute de l'arsenic. »

2. « Charger. » Expression un peu trop forte.

3. « Langues. » Les langues anciennes faisaient alors comme aujourd'hui le fonds de l'enseignement ; on y ajoutait souvent l'étude de l'italien et de l'espagnol, que plusieurs reines de France avaient parlées, et qui ont laissé beaucoup de tournures dans notre langue.

4. « Si l'on y persévère. » La Bruyère met dans ses raisonnements la même rapidité et le même mouvement que dans ses descriptions.

5. « A l'usage. » C'est ce que madame Jourdain exprime fort bien à sa manière en disant à son mari : « Est-ce que vous voulez apprendre à danser pour quand vous n'aurez plus de jambes ? » MOLIÈRE, *Le Bourgeois gentilhomme*, III, 3.

6. « Naturellement. » « Il ne faut pas craindre, dit Quintilien, que les enfants ne puissent résister à la fatigue de ces études ; aucun âge ne supporte mieux le travail, ce qui pourrait paraître singulier si l'expérience ne le démontrait : l'esprit est plus souple avant de s'être raffermi. Il suffit de deux ans à un enfant qui peut articuler un son, pour apprendre, pour ainsi dire de lui-même, à tout savoir dire. Combien d'années ne faut-il pas au contraire à nos nouveaux esclaves, pour se faire à la langue latine ? Vous apprendrez à vos dépens, si vous donnez les premières leçons à un homme déjà formé, que ce n'est pas sans raison qu'on dit de celui qui excelle en son art : il a été instruit dès l'enfance. De même que nous voyons les enfants se traîner sur leurs mains et leurs genoux, tomber à chaque instant par terre, jouer sans cesse, courir tout le jour, sans qu'ils se fassent le moindre mal, parce que leur corps est léger et n'est point accablé sous son propre poids, ainsi, ce me semble, leur esprit se fatigue moins vite que le nôtre, parce qu'il se met en mouvement d'un moindre effort, qu'il n'a pas besoin d'une énergique volonté pour s'appliquer à l'étude, et qu'il ne fait que se livrer entre les mains qui doivent le former. » *De l'Institution oratoire*, I, 14.

la mémoire est neuve, prompte et fidèle ; que l'esprit et le cœur sont encore vides de passions, de soins et de désirs, et que l'on est déterminé à de longs travaux par ceux de qui l'on dépend. Je suis persuadé que le petit nombre d'habiles, ou le grand nombre de gens superficiels, vient de l'oubli de cette pratique.

* L'étude des textes ne peut jamais être assez recommandée ; c'est le chemin le plus court, le plus sûr et le plus agréable pour tout genre d'érudition : ayez les choses de la première main ; puisez à la source ; maniez, remaniez le texte ; apprenez-le de mémoire ; citez-le dans les occasions ; songez surtout à en pénétrer le sens dans toute son étendue et dans ses circonstances ; conciliez un auteur original, ajustez[1] ses principes, tirez vous-même[2] les conclusions. Les premiers commentateurs se sont trouvés dans le cas où je désire que vous soyez : n'empruntez leurs lumières et ne suivez leurs vues qu'où les vôtres seraient trop courtes ; leurs explications ne sont pas à vous, et peuvent aisément vous échapper. Vos observations, au contraire, naissent de votre esprit et y demeurent ; vous les retrouvez plus ordinairement dans la conversation, dans la consultation et dans la dispute : ayez le plaisir de voir que vous n'êtes arrêté dans la lecture que par les difficultés qui sont invincibles, où les commentateurs et les scoliastes eux-mêmes demeurent court, si fertiles d'ailleurs, si abondants et si chargés d'une vaine et fastueuse érudition dans les endroits clairs, et qui ne font de peine[3] ni à eux ni aux autres. Achevez ainsi de vous convaincre, par cette méthode d'étudier, que c'est la paresse[4] des hommes qui a encouragé le pédantisme à grossir plutôt qu'à enrichir les bibliothèques, à faire périr le texte sous le poids des commentaires ; et qu'elle a en cela agi contre soi-même et contre

---

1. « Ajustez. » Disposez dans leur ordre et dans leur liaison.
2. « Vous-même. » La méthode recommandée par l'auteur est excellente, mais pas toujours applicable. Qui peut tout savoir et se priver volontairement des lumières d'autrui ?
3. « Qui ne font de peine. » Excellente locution empruntée au langage de la conversation.
4. « Paresse. » Ce n'était pas pour des paresseux, que les savants du XVIe siècle écrivaient leurs vastes et laborieux commentaires. L'auteur vient de nous dire qu'on ne pouvait guère charger l'enfance de la connaissance de trop de langues, tandis qu'un âge plus avancé veut aller plus loin et demande des choses. De même il fallait connaître et posséder à fond la littérature, la législation et la philosophie de l'antiquité, avant de pouvoir l'imiter et l'égaler. Les écrivains du siècle de Louis XIV profitaient des travaux de leurs prédécesseurs tout en les dédaignant.

ses plus chers intérêts, en multipliant les lectures, les recherches et le travail qu'elle cherchait à éviter[1].

* Qui règle les hommes[2] dans leur manière de vivre et d'user des aliments, la santé et le régime? Cela est douteux. Une nation entière mange les viandes après les fruits, une autre fait tout le contraire. Quelques-uns commencent leurs repas par de certains fruits, et les finissent par d'autres : est-ce raison, est-ce usage? Est-ce par un soin de leur santé que les hommes s'habillent jusqu'au menton, portent des fraises[3] et des collets, eux qui ont eu si longtemps la poitrine découverte? Est-ce par bienséance, surtout dans un temps où ils avaient trouvé le secret de paraître nus tout habillés? Et d'ailleurs, les femmes qui montrent leur gorge et leurs épaules sont-elles d'une complexion moins délicate que les hommes, ou moins sujettes qu'eux aux bienséances? Quelle est la pudeur qui engage celles-ci à couvrir leurs jambes et presque leurs pieds, et qui leur permet d'avoir les bras nus au-dessus du coude? Qui avait mis autrefois dans l'esprit des hommes qu'on était à la guerre ou pour se défendre, ou pour attaquer, et qui leur avait insinué l'usage des armes offensives et des défensives? Qui les oblige aujourd'hui de renoncer à celles-ci[4], et, pendant qu'ils se bottent pour aller au bal, de soutenir sans armes et en pour-

1. « Éviter. » « Qui ne diroit que les gloses augmentent les doubtes et l'ignorance, puisqu'il ne se veoid aulcun livre, soit humain, soit divin, sur qui le monde s'embesongne, duquel l'interpretation face tarir la difficulté? Le centiesme commentaire le renvoye à son suivant, plus espineux et plus scabreux que le premier ne l'avoit trouvé : quand est-il convenu entre nous, « ce livre en a assez, il n'y a meshuy plus que dire »,.. Il y a plus affaire à interpreter les interpretations, qu'à interpreter les choses ; et plus de livres sur les livres, que sur aultre subject : nous ne faisons que nous entregloser. Tout fourmille de commentaires : d'aucteurs, il en est grand' cherté. Le principal et le plus fameux sçavoir de nos siècles, est-ce pas de sçavoir entendre les sçavants? Est-ce pas la fin commune et dernière de toutes estudes? Nos opinions s'entent les unes sur les aultres ; la premiere sert de tige à la seconde, la seconde à la tierce : nous eschellons ainsi de degré en degré ; et advient de là que le plus hault monté a souvent plus d'honneur que de mérite. » Montaigne, *Essais* III, 43.
2. « Les hommes. » L'auteur oppose ici les coutumes françaises aux usages espagnols.
3. « Fraises. » « Ornement de toile qu'on mettait autrefois autour du col en guise d'un colet, laquelle avait trois ou quatre rangs, et était plissée, empesée et gauderonnée. Les Espagnols ont encore retenu la mode des fraises. » Furetière.
4. « Celles-ci. » Cet usage nous paraît aujourd'hui assez singulier. Pourquoi conserver des armes défensives gênantes et inutiles contre le feu de l'artillerie? Voltaire est cependant ici de l'avis de La Bruyère : « La délicatesse des officiers, dit-il, ne les empêchait point alors (1667) d'aller à la tranchée avec le pot en tête et la cuirasse sur le dos. Le roi en donnait l'exemple. Il alla ainsi à la tranchée devant Douai et devant Lille. Cette conduite sage conserva plus d'un grand homme. Elle a été trop négligée depuis par des jeunes gens peu robustes, pleins de valeur, mais de mollesse, qui semblent plus craindre la fatigue que le danger. » *Siècle de Louis XIV*, ch. VIII.

point des travailleurs, exposés à tout le feu d'une contrescarpe¹? Nos pères, qui ne jugeaient pas une telle conduite utile au prince et à la patrie, étaient-ils sages ou insensés? Et nous-mêmes, quels héros célébrons-nous dans notre histoire! un Guesclin, un Clisson, un Foix, un Boucicaut², qui tous ont porté l'armet³ et endossé une cuirasse. Qui pourrait rendre raison⁴ de la fortune de certains mots et de la proscription de quelques autres?

Ains a péri⁵ : la voyelle qui le commence, et si propre pour l'élision, n'a pu le sauver ; il a cédé à un autre monosyllabe⁶, et qui n'est au plus que son anagramme. *Certes*⁷ est beau dans sa vieillesse, et a encore de la force sur son déclin : la poésie le réclame, et notre langue doit beaucoup aux écrivains qui le disent en prose, et qui se commettent pour lui dans leurs ouvrages. *Maint* est un mot qu'on ne devait jamais abandonner, et par la facilité qu'il y avait à le couler dans le style, et par son origine, qui est française. *Moult*, quoique latin, était dans son temps d'un même mérite, et je vois pas par où *beaucoup* l'emporte sur lui. Quelle persécution le *car*⁸ n'a-t-il pas essuyée? et, s'il n'eût trouvé de la

1. « Contrescarpe. » La pente du mur extérieur du fossé, celle qui regarde la place.
2. « Guesclin. » Le fameux connétable qui rendit tant de services à Charles V. — « Clisson. » Compatriote et compagnon de Du Guesclin, nommé connétable à la mort de Charles V. — « Foix » (Gaston, comte de) et vicomte de Béarn, né en 1331, se distingua dans les guerres contre les Anglais. — « Boucicaut » (le maréchal de) prit part à la bataille de Nicopolis en 1396, fut fait prisonnier à Azincourt, et mourut captif en Angleterre (1421).
3. « L'armet. » Petit casque fermé, dont se servaient les chevaliers.
4. « Raison. » La transition n'est pas fort heureuse.
5. « Péri. » Ces questions grammaticales intéressaient alors et occupaient tout le monde. C'était donner une preuve d'esprit que de créer ou de proscrire un mot. On faisait des coteries et des intrigues pour le faire admettre ou repousser par l'Académie. Saint-Évremond a écrit sur ce sujet une petite comédie, en vers assez médiocres, mais où l'on trouve des renseignements curieux ; elle est intitulée : *La Comédie des Académistes pour la réformation de la langue françoise.*
6. « A un autre monosyllabe. » *Mais.* (*Note de La Bruyère.*) — *Mais* n'est pas l'anagramme de *ains*.
7. « Certes. » Un critique contemporain blâme La Bruyère d'avoir hasardé plusieurs fois ce mot dans son ouvrage.
8. « Car. » On fit, je ne sais pourquoi, à ce mot une guerre acharnée. La défense ne fut pas moins vive ; Voiture écrivait à mademoiselle de Rambouillet : « CAR étant d'une si grande considération dans notre langue, j'approuve extrêmement le ressentiment que vous avez du tort qu'on lui veut faire, et je ne puis bien espérer de l'Académie dont vous me parlez, voyant qu'elle se veut établir par une si grande violence. En un temps où la fortune joue des tragédies par tous les endroits de l'Europe, je ne vois rien si digne de pitié, que quand je vois que l'on est près de chasser et faire le procès t un mot qui a si utilement servi cette monarchie, et qui dans toutes les brouilleries du royaume s'est toujours montré bon françois. Pour moi je ne puis comprendre quelle raison ils pourront alléguer contre une diction qui marche toujours à la tête de la raison, et qui n'a point d'autre charge que de l'introduire. Je ne sais pour quel intérêt ils tâchent d'ôter à *car* ce qui lui appartient, pour le donner à *pour ce que*, ni pourquoi ils veulent dire avec trois mots ce qu'ils peuvent dire avec trois lettres. »

protection parmi les gens polis, n'était-il pas banni honteusement d'une langue à qui il a rendu de si longs services, sans qu'on sût quel mot lui substituer? *Cil*[1] a été, dans ses beaux jours, le plus joli mot de la langue française ; il est douloureux pour les poëtes qu'il ait vieilli. *Douloureux* ne vient pas plus naturellement de *douleur*, que de *chaleur* vient *chaleureux* ou *chaloureux*; celui-ci se passe, bien que ce fût une richesse pour la langue, et qu'il se dise fort juste où *chaud* ne s'emploie qu'improprement. *Valeur* devait aussi nous conserver *valeureux*; *haine, haineux; peine, peineux; fruit, fructueux; pitié, piteux; joie, jovial; foi, féal; cour, courtois; gîte, gisant; haleine, haléné; vanterie, vantard; mensonge, mensonger; coutume, coutumier*[2] : comme *part* maintient *partial; point, pointu* et *pointilleux; ton, tonnant; son, sonore; frein, effréné; front, effronté; ris, ridicule; loi, loyal; cœur, cordial; bien, bénin; mal, malicieux*. *Heur* se plaçait où *bonheur* ne saurait entrer ; il a fait *heureux*, qui est si français, et il a cessé de l'être : si quelques poëtes s'en sont servis, c'est moins par choix que par la contrainte de la mesure. *Issue* prospère, et vient d'*issir*, qui est aboli. *Fin* subsiste sans conséquence pour *finer*, qui vient de lui, pendant que *cesse* et *cesser* règnent également. *Verd* ne fait plus *verdoyer*; ni *fête, fétoyer*; ni *larme, larmoyer*; ni *deuil, se douloir, se condouloir*; ni *joie, s'éjouir*, bien qu'il fasse toujours *se réjouir, se conjouir*; ainsi qu'*orgueil, s'enorgueillir*. On a dit *gent*, le corps *gent* : ce mot si facile non-seulement est tombé, l'on voit même qu'il a entraîné *gentil* dans sa chute. On dit *diffamé*, qui dérive de *fame*, qui ne s'entend plus. On dit *curieux*, dérivé de *cure*, qui est hors d'usage. Il y avait à gagner de dire *si que* pour *de sorte que*, ou *de manière que; de moi*, au lieu de *pour moi* ou de *quant à moi*; de dire, *je sais que c'est qu'un mal*, plutôt que *je sais ce que c'est qu'un mal*, soit par l'analogie latine, soit par l'avantage qu'il y a souvent à avoir un mot de moins[3] à placer dans l'orai-

---

1. « Cil. » Dans le sens de *celui*.
2. « Coutumier. » La plupart des mots que regrette La Bruyère sont rentrés dans la langue.
3. « Un mot de moins. » Cette remarque est excellente. La perte d'un mot est souvent d'autant moins regrettable, qu'il n'a de grâce que parce qu'il est tombé en désuétude; mais il sera toujours fâcheux qu'on mette en oubli les tours vifs et rapides qui ont donné à la langue française son caractère essentiel : dire vite et dire clairement

son[1]. L'usage a préféré *par conséquent* à *par conséquence*, et *en conséquence* à *en conséquent*; *façons de faire* à *manières de faire*, et *manières d'agir* à *façons d'agir*... dans les verbes, *travailler* à *ouvrer*, *être accoutumé* à *souloir*, *convenir* à *duire*, *faire du bruit* à *bruire*, *injurier* à *vilainer*, *piquer* à *poindre*, *faire ressouvenir* à *ramentevoir*.... et dans les noms, *pensées* à *pensers*, un si beau mot, et dont le vers se trouvait si bien ; *grandes actions* à *prouesses*, *louanges* à *loz*, *méchanceté* à *mauvaisité*, *porte* à *huis*, *navire* à *nef*, *armée* à *ost*, *monastère* à *monstier*, *prairies* à *prées*... tous mots qui pouvaient durer ensemble d'une égale beauté, et rendre une langue plus abondante. L'usage a, par l'addition, la suppression, le changement ou le dérangement de quelques lettres, fait *frelater* de *fralater*, *prouver* de *preuver*, *profit* de *proufit*, *froment* de *froument*, *profil* de *pourfil*, *provision* de *pourveoir*, *promener* de *pourmener*, *promenade* de *pourmenade*. Le même usage fait, selon l'occasion, d'*habile*, d'*utile*, de *facile*, de *docile*, de *mobile* et de *fertile*, sans y rien changer, des genres différents : au contraire, de *vil*, *vile*; *subtil*, *subtile*, selon leur terminaison, masculins ou féminins. Il a altéré les terminaisons anciennes. De *scel* il a fait *sceau*, de *mantel*, *manteau*; de *capel*, *chapeau*; de *coutel*, *couteau*; de *hamel*, *hameau*; de *damoisel*, *damoiseau*; de *jouvencel*, *jouvenceau*; et cela sans que l'on voie guère ce que la langue française gagne à ces différences et à ces changements. Est-ce donc faire pour le progrès[2] d'une langue, que de déférer à l'usage ? Serait-il mieux de secouer le joug de son empire si despotique ? Faudrait-il, dans une langue vivante, écouter la seule raison qui prévient les équivoques, suit la racine des mots et le rapport qu'ils ont avec les langues originaires dont ils sont sortis, si la raison[3], d'ailleurs, veut qu'on suive l'usage[4]?

1. « L'oraison. » Le discours.
2. « Faire pour le progrès. » Est-ce donc travailler au progrès?
3. « Si la raison. » La raison d'une part suit la racine des mots; d'autre part, elle veut qu'on s'en rapporte à l'usage. Comment peut-on concilier ces deux prétentions opposées? Voilà la question que fait La Bruyère, et qu'il aurait dû faire plus clairement.
4. « L'usage. » Fénelon regrette comme La Bruyère qu'on ait trop appauvri la langue en la réformant : « Notre langue manque d'un grand nombre de mots et de phrases ; il me semble même qu'on l'a gênée et appauvrie depuis environ cent ans, en voulant la purifier. Il est vrai qu'elle était encore un peu informe et trop *verbeuse*. Mais le vieux langage se fait regretter, quand nous le retrouvons dans Marot, dans Amyot, dans le cardinal d'Ossat, dans les ouvrages les plus enjoués et dans les plus

Si nos ancêtres ont mieux écrit que nous, ou si nous l'emportons sur eux par le choix des mots, par le tour et l'expression, par la clarté et la brièveté du discours, c'est une question souvent agitée, toujours indécise : on ne la terminera point en comparant, comme l'on fait quelquefois, un froid écrivain de l'autre siècle aux plus célèbres de celui-ci, ou les vers de Laurent, payé pour ne plus écrire, à ceux de Marot et de Desportes. Il faudrait, pour prononcer juste sur cette matière, opposer siècle à siècle, et excellent ouvrage à excellent ouvrage ; par exemple, les meilleurs rondeaux de Benserade ou de Voiture à ces deux-ci, qu'une tradition nous a conservés, sans nous en marquer le temps [1] ni l'auteur.

> Bien à propos s'en vint Ogier [2] en France
> Pour le païs de mescreans monder [3] :
> Ja n'est besoin de conter sa vaillance,
> Puisque ennemis n'osoient le regarder.
>
> Or quand il eut tout mis en assurance,
> De voyager il voulut s'enharder [4] ;
> En paradis trouva l'eau de Jouvance,
> Dont il se sceut de vieillesse engarder
>   Bien à propos.
>
> Puis par cette eau son corps tout decrepite [5]
> Transmué fut par maniere subite
> En jeune gars, frais, gracieux et droit.
>
> Grand dommage est que cecy soit sornettes :
> Filles connoy qui ne sont pas jeunettes,
> A qui cette eau de Jouvance viendroit
>   Bien à propos.

---

sérieux : il avait je ne sais quoi de court, de naïf, de hardi, de vif et de passionné. On a retranché, si je ne me trompe, plus de mots qu'on n'en a introduit. D'ailleurs je voudrais n'en perdre aucun, et en acquérir de nouveaux. Je voudrais autoriser tout terme qui nous manque, et qui a un son doux, sans danger d'équivoque. » *Lettre sur les occupations de l'Académie Française*, § III, p. 4 de l'édit. annotée par M. Despois.

1. « Le temps. » Ces deux rondeaux paraissent assez modernes, et ne sont pas propres par conséquent à décider la question que pose l'auteur.
2. « Ogier » le Danois, célèbre dans les romans de chevalerie.
3. « Monder. » Nettoyer, purger.
4. « S'enharder. » S'enhardir.
5. « Décrepite. » Pour *décrepit*, licence poétique qu'on ne se permet plus.

De cettuy[1] preux maints grands clercs ont écrit
Qu'oncques dangier n'étonna son courage :
Abusé fut par le malin esprit,
Qu'il épousa sous feminin visage.

Si piteux cas à la fin découvrit
Sans un seul brin de peur ny de dommage,
Dont grand renom par tout le monde acquit.
Si qu'on tenoit très honneste langage
 De cettuy preux.

Bien-tost après fille de roy s'éprit
De son amour, qui volontiers s'offrit
Au bon Richard en second mariage.

Donc s'il vaut mieux de diable ou femme avoir,
Et qui des deux brüit plus en ménage,
Ceulx qui voudront, si[2] le pourront sçavoir
 De cettuy preux.

[Chapitre XV.]
DE LA CHAIRE.

* Le discours chrétien est devenu un spectacle. Cette tristesse[3] évangélique qui en est l'âme ne s'y remarque plus; elle est suppléée par les avantages de la mine, par les inflexions de la voix, par la régularité du geste, par le choix des mots, et par les longues énumérations[4]. On n'écoute plus sérieusement la parole sainte : c'est une sorte d'amusement entre mille autres; c'est un jeu où il y a de l'émulation et des parieurs.

* L'éloquence profane est transposée, pour ainsi dire, du bar-

---

1. « Cettuy preux. » Ce preux. Il s'agit de Richard-sans-Peur, duc de Normandie, qui vivait à la fin du xᵉ siècle.
2. « Si. » Bien, assurément. — Ces deux rondeaux sont spirituels et bien tournés.
3. « Tristesse. » Belle et savante expression. Tristesse signifie ici, comme souvent en latin, l'air grave et sérieux d'un homme pénétré de l'importance de ses fonctions. Voici comment Térence fait le portrait d'un respectable vieillard : « Il vient de nous arriver je ne sais quel vieillard; il a l'air ferme, assuré, prudent; à voir sa physionomie, vous le prendrez pour quelqu'un d'importance : son visage est grave et *triste*, et dans tout ce qu'il dit il paraît de la candeur et de la bonne foi. » *Andr.* V, II, 16.
4. « Énumérations. » Massillon lui-même n'a pas toujours pu employer cette figure avec assez de discrétion.

reau, où LE MAITRE, PUCELLE et FOURCROY [1] l'ont fait régner, et où elle n'est plus d'usage [2], à la chaire, où elle ne doit pas être.

L'on fait assaut d'éloquence jusqu'au pied de l'autel et en la présence des mystères. Celui qui écoute s'établit juge de celui qui prêche, pour condamner ou pour applaudir ; et n'est pas plus converti par le discours qu'il favorise, que par celui auquel il est contraire. L'orateur plaît aux uns, déplaît aux autres, et convient [3] avec tous en une chose : que comme il ne cherche point à les rendre meilleurs, ils ne pensent pas aussi à le devenir.

Un apprentif [4] est docile, il écoute son maître, il profite de ses leçons, et il devient maître. L'homme indocile critique [5] le discours du prédicateur, comme le livre du philosophe ; et il ne devient ni chrétien ni raisonnable.

* Jusqu'à ce qu'il revienne un homme qui, avec un style nourri des saintes Écritures, explique au peuple la parole divine uniment et familièrement, les orateurs et les déclamateurs seront suivis.

* Les citations profanes, les froides allusions, le mauvais pathétique, les antithèses, les figures outrées, ont fini ; les portraits [6] finiront, et feront place à une simple explication de l'Évangile, jointe aux mouvements qui inspirent la conversion.

* Cet homme que je souhaitais impatiemment, et que je ne daignais pas espérer de notre siècle, est enfin venu : les courtisans,

---

1. « Le Maître, » neveu des Arnauld. Il se fit une grande réputation par son éloquence vive et animée, mais presque toujours trop chargée de citations. Il mourut en 1658 à Port-Royal, où il s'était retiré. — « Pucelle, » avocat moins célèbre que son fils, qui fut un magistrat savant et éloquent. — « Fourcroy, » avocat savant et doué de poumons redoutables. Boileau l'estimait peu.
2. « Plus d'usage. » Voyez page 382, note 2.
3. « Convient. » Tombe d'accord.
4. « Apprentif. » On dit aujourd'hui *apprenti*.
5. « Critique. » « Parmi tous ceux qui nous écoutent, il en est peu aujourd'hui qui ne s'érigent en juges et en censeurs de la parole sainte. On ne vient ici que pour décider du mérite de ceux qui l'annoncent, pour faire des parallèles insensés, pour prononcer sur la différence des jours et des instructions ; on se fait honneur d'être difficile ; on passe sans attention sur les vérités les plus étonnantes, et qui seraient d'un plus grand usage pour soi ; et tout le fruit qu'on retire d'un discours chrétien se borne à en avoir mieux remarqué les défauts que tout autre. » MASSILLON, *Carême*, premier Dimanche, *Sermon sur la parole de Dieu*, 2e partie. — Ces plaintes elles-mêmes prouvent l'intérêt et l'attention avec lesquels étaient écoutés les grands prédicateurs.
6. « Les portraits » avaient été fort longtemps en vogue. Le livre de La Bruyère lui-même en est rempli. Bourdaloue a excellé en ce genre dont les méchants prédicateurs abusaient ; Fénelon dit de l'un d'eux : « La diction était pure, les pensées nouvelles, les périodes nombreuses ; chacune finissait par quelque trait surprenant. Il nous a fait des peintures morales où chacun se trouvait : il a fait une anatomie des passions du cœur humain, qui égale les Maximes de M. de La Rochefoucauld. » *Premier Dialogue sur l'éloquence*, page 436 de l'édition annotée par M. Despois.

à force de goût et de connaître ¹ les bienséances, lui ont applaudi ; ils ont, chose incroyable ! abandonné la chapelle du roi, pour venir entendre avec le peuple la parole de Dieu annoncée par cet homme apostolique ². La ville n'a pas été de l'avis de la cour. Où il a prêché, les paroissiens ont déserté ; jusqu'aux marguilliers ont disparu : les pasteurs ont tenu ferme, mais les ouailles se sont dispersées, et les orateurs voisins en ont grossi leur auditoire. Je devais le prévoir, et ne pas dire qu'un tel homme n'avait qu'à se montrer pour être suivi, et qu'à parler pour être écouté : ne savais-je pas quelle est dans les hommes, et en toutes choses, la force indomptable de l'habitude ? Depuis trente années on prête l'oreille aux rhéteurs, aux déclamateurs, aux *énumérateurs* ³ ; on court ceux qui peignent en grand ou en miniature ; il n'y a pas longtemps qu'ils avaient des chutes ou des transitions ingénieuses, quelquefois même si vives et si aiguës, qu'elles pouvaient passer pour épigrammes : ils les ont adoucies, je l'avoue, et ce ne sont plus que des madrigaux ⁴. Ils ont toujours, d'une nécessité indispensable et géométrique, trois sujets admirables de vos attentions : ils prouveront une telle chose dans la première partie de leur discours, cette autre dans la seconde partie, et cette autre encore dans la troisième. Ainsi, vous serez convaincu d'abord d'une certaine vérité, et c'est leur premier point ; d'une autre vérité, et c'est leur second

---

1. « A force de goût et de connaître. » L'auteur a plusieurs fois ainsi réuni un substantif et un verbe ; cette construction est commode et claire, et on a peut-être tort de l'interdire trop rigoureusement.

2. « Apostolique » Le P. Séraph., cap. (*Note de La Bruyère.*) — Le père Séraphin, capucin, dont La Bruyère parle ici avec tant d'admiration, est le même qui en chaire, dans la chapelle de Versailles, en présence de toute la cour, apostropha Fénelon encore jeune, et que son sermon avait endormi. « Le père Séraphin, dit Saint-Simon, prêcha cette année (1695), le carême à la cour. Ses sermons, dont il répétait deux fois de suite les mêmes phrases, et qui étaient fort à la capucine, plurent fort au roi, et il devint fort à la mode de s'y empresser et de l'admirer ; et c'est de lui, pour le dire en passant, qu'est venu le mot si répété depuis : *Sans Dieu point de cervelle*. Il ne laissa pas que d'être hardi devant un prince qui croyait donner les talents avec les emplois. Monsieur de Villeroy était à ce sermon ; chacun, comme entraîné, le regarda. »

3. « Énumérateurs. » Mot forgé par La Bruyère.

4. « Madrigaux. » C'est proprement « une petite poésie composée d'un petit nombre de vers libres et inégaux, qui n'a ni la gêne d'un sonnet, ni la subtilité d'une épigramme, mais qui se contente d'une pensée tendre et agréable. » FURETIÈRE. — Voici comment le prédécesseur de La Bruyère à l'Académie française, l'abbé de la Chambre, fait l'éloge de saint Charles Borromée : « Il n'en est pas de son mérite comme celui de tant de personnes si fort vantées, dont les qualités tiennent de ces perspectives ingénieuses qui ne paraissent belles que par l'éloignement, et dans une certaine distance ou point de vue. C'est un soleil dont les rayons s'affaiblissent à mesure qu'ils partent et s'éloignent du centre de la lumière ; plus on s'en approche, plus il échauffe, plus il brille, plus il éblouit. »

point ; et puis d'une troisième vérité, et c'est leur troisième point : de sorte que la première réflexion vous instruira d'un principe des plus fondamentaux de votre religion ; la seconde, d'un autre principe qui ne l'est pas moins ; et la dernière réflexion, d'un troisième et dernier principe le plus important de tous, qui est remis pourtant, faute de loisir, à une autre fois. Enfin, pour reprendre et abréger cette divison et former un plan..... Encore ! dites-vous, et quelles préparations pour un discours de trois quarts d'heure qui leur reste à faire ! plus ils cherchent à le digérer et à l'éclaircir, plus ils m'embrouillent. Je vous crois sans peine, et c'est l'effet le plus naturel de tout cet amas d'idées qui reviennent à la même, dont ils chargent sans pitié la mémoire de leurs auditeurs. Il semble, à les voir s'opiniâtrer à cet usage, que la grâce de la conversion soit attachée à ces énormes partitions [1]. Comment, néanmoins, serait-on converti par de tels apôtres, si l'on ne peut qu'à peine les entendre articuler, les suivre, et ne les pas perdre de vue? Je leur demanderais volontiers qu'au milieu de leur course impétueuse ils voulussent plusieurs fois reprendre haleine, souffler un peu, et laisser souffler leurs auditeurs. Vains discours, paroles perdues ! le temps des homélies [2] n'est plus ; les Basiles, les Chrysostomes ne le ramèneraient pas ; on passerait en d'autres diocèses pour être hors de la portée de leur voix et de leurs familières instructions. Le commun des hommes aime les phrases et les périodes, admire ce qu'il n'entend pas, se suppose instruit, content de décider entre un premier et un second point, ou entre le dernier sermon et le pénultième [3].

1. « Partitions. » Divisions. Cette critique de La Bruyère est aussi juste que spirituelle. L'abus des divisions fatigue même dans les chefs-d'œuvre de nos sermonnaires. « Les divisions, dit Fénelon, mettent dans le discours un ordre qui n'est qu'apparent. De plus, elles dessèchent et gênent le discours; elles le coupent en deux ou trois parties qui interrompent l'action de l'orateur et l'effet qu'elle doit produire : il n'y a plus d'unité véritable, ce sont deux ou trois discours différents qui ne sont unis que par une liaison arbitraire. Le sermon d'avant-hier, celui d'hier et celui d'aujourd'hui pourvu qu'ils soient d'un dessein suivi, comme les desseins d'Avent, font autant ensemble un tout et un corps de discours, que les trois points d'un de ces sermons font un tout entre eux. » *Deuxième Dialogue sur l'éloquence*, page 202, et la note de M. Despois.

2. « Homélies. » Du grec ὁμιλία, assemblée, conférence. « Photius distingue l'*homélie* du sermon, en ce que l'*homélie* se faisait familièrement dans les églises par les prélats qui interrogeaient le peuple, et qui en étaient interrogés, comme dans une conférence : au lieu que les *sermons* s'y faisaient en chaire, à la manière des orateurs. » FURETIÈRE. — « Les Basiles. » Saint Basile, né à Césarée, en Cappadoce, vers l'an 329, fut évêque de sa ville natale. — « Saint Chrysostome, » né à Antioche, en 344, fut évêque de Constantinople. Ce sont les deux plus éloquents des pères de l'église grecque.

3. « Le pénultième » L'avant-dernier.

DE LA CHAIRE.

* Il y a moins d'un siècle qu'un livre français était un certain nombre de pages latines, où l'on découvrait quelques lignes ou quelques mots en notre langue. Les passages, les traits et les citations n'en étaient pas demeurés là [1]. Ovide et Catulle achevaient de décider des mariages et des testaments [2], et venaient avec les Pandectes [3] au secours de la veuve et des pupilles. Le sacré et le profane ne se quittaient point, ils s'étaient glissés ensemble jusque dans la chaire : S. Cyrille, Horace, S. Cyprien, Lucrèce, parlaient alternativement ; les poëtes étaient de l'avis de S. Augustin et de tous les Pères ; on parlait latin et longtemps devant des femmes et des marguilliers ; on a parlé grec : il fallait savoir prodigieusement, pour prêcher si mal [4]. Autre temps, autre usage : le texte est encore latin, tout le discours est français, et d'un beau français ; l'Évangile même n'est pas cité : il faut savoir aujourd'hui très-peu de chose pour bien prêcher.

* L'on a enfin banni la scolastique [5] de toutes les chaires des grandes villes, et on l'a reléguée dans les bourgs et dans les villages pour l'instruction et pour le salut du laboureur ou du vigneron.

* C'est avoir de l'esprit que de plaire au peuple dans un sermon par un style fleuri, une morale enjouée, des figures réitérées, des traits brillants et de vives descriptions ; mais ce n'est point en avoir assez [6]. Un meilleur esprit néglige ces ornements

---

1. « Demeurés là. » Étaient passés des livres dans la chaire, le barreau, etc.
2. « Testaments. » Voyez dans les *Plaideurs*, de Racine, le discours si comique de l'Intimé. Voyez aussi le *Premier Dialogue sur l'éloquence*, de Fénelon, annoté par M. Despois, page 135, note 2.
3. « Pandectes. » Compilation de lois faite par les ordres de l'empereur Justinien.
4. « Si mal. » « La chaire, dit Massillon, semblait disputer ou de bouffonnerie avec le théâtre, ou de sécheresse avec l'école ; et le prédicateur croyait avoir rempli le ministère le plus sérieux de la religion, quand il avait déshonoré la majesté de la parole sainte, en y mêlant ou des termes barbares qu'on n'entendait pas, ou des plaisanteries qu'on n'aurait pas dû entendre. » *Remerciement à l'Académie Française.* — Voici la péroraison de l'Oraison funèbre de Crillon, prononcée en 1615, par le jésuite Bening, cinquante ans avant les sermons de Bossuet : « Pour Dieu, éveillons-nous et pensons à ceci : Crillon est mort et il nous faut mourir. Il n'y a homme si haut monté que la mort ne désarçonne ; si haut perché qu'elle ne culbute en bas ; si bien armé à blanc et à cou, qu'elle ne perce ; si bien retranché et barricadé, qu'elle ne renverse. La mort est cette Até d'Homère, qui se promène et danse sur la tête des hommes ; la mort est le glaive de Damoclès qui, lorsque nous banquetons et passons nos jours en plaisirs et en quelques joyeux déduits, nous pend sur la tête, etc. »
5. « Scolastique. » Les raisonnements et la philosophie de l'école.
6. « Assez. » « J'avoue que le genre fleuri a ses grâces ; mais elles sont déplacées dans les discours où il ne s'agit point d'un jeu d'esprit plein de délicatesse, et où les grandes passions doivent parler. Le genre fleuri n'atteint jamais au sublime. Qu'est-ce que les anciens auraient dit d'une tragédie où Hécube aurait déploré son malheur par des pointes ? La vraie douleur ne parle point ainsi. Que pourrait-on croire d'un prédicateur qui viendrait montrer aux pécheurs le jugement de Dieu pendant sur leur

étrangers, indignes de servir à l'Évangile ; il prêche simplement, fortement, chrétiennement.

* L'orateur fait de si belles images de certains désordres, y fait entrer des circonstances si délicates, met tant d'esprit, de tour et de raffinement dans celui qui pèche, que si je n'ai pas de pente à vouloir ressembler à ses portraits, j'ai besoin du moins que quelque apôtre, avec un style plus chrétien, me dégoûte [1] des vices dont l'on m'avait fait une peinture si agréable.

* Un beau sermon est un discours oratoire qui est dans toutes ses règles, purgé de tous ses défauts, conforme aux préceptes de l'éloquence humaine, et paré de tous les ornements de la rhétorique ; ceux qui entendent finement [2] n'en perdent pas le moindre trait, ni une seule pensée ; ils suivent sans peine l'orateur dans toutes les énumérations où il se promène, comme dans toutes les élévations où il se jette : ce n'est une énigme que pour le peuple [3].

* Le solide et l'admirable discours que celui qu'on vient d'entendre ! Les points de religion les plus essentiels, comme les plus pressants motifs de conversion, y ont été traités : quel grand effet n'a-t-il pas dû faire sur l'esprit et dans l'âme de tous les auditeurs ! Les voilà rendus ; ils en sont émus et touchés au point de résoudre dans leur cœur sur ce sermon de *Théodore*, qu'il est encore plus beau que le dernier qu'il a prêché [4].

* La morale douce et relâchée tombe avec celui qui la prêche, elle n'a rien qui réveille et qui pique la curiosité d'un homme du monde, qui craint moins [5] qu'on ne pense une doctrine sévère, et qui l'aime même dans celui qui fait son devoir en l'annonçant [6]. Il semble donc qu'il y ait dans l'Église comme deux états qui doi-

---

tête, et l'enfer ouvert sous leurs pieds, avec les jeux de mots les plus affectés ? » FÉNELON, *Lettre sur les occupations de l'Académie Française*, § IV, p. 20 de l'édition annotée par M. Despois.

1. « Me dégoûte. » La Bruyère emploie souvent avec bonheur l'expression familière et énergique.
2. « Ceux qui entendent finement. » Les habiles connaisseurs.
3. « Pour le peuple. » La Bruyère aurait voulu retrouver dans les sermons de son temps l'éloquence nerveuse et populaire que Fénelon admirait tant dans saint Augustin. Il est curieux de voir avec quelle vivacité l'auteur du *Télémaque* condamne le style fleuri, et l'auteur des *Caractères* l'affectation et la recherche d'esprit. On est toujours plus sévère pour les défauts dont on est voisin, et dont on sent bien qu'on a peine à se garantir.
4. « Le dernier qu'il a prêché. » Épigramme fine et mordante.
5. « Qui craint moins. » Cette remarque est judicieuse et originale ; elle explique très-bien le succès qu'obtinrent les doctrines si austères de Port-Royal, dans un monde élégant et corrompu.
6. « En l'annonçant. » En la prêchant. Évangile veut dire : bonne nouvelle

vent la partager : celui de dire la vérité dans toute son étendue, sans égards, sans déguisement ; celui de l'écouter avidement, avec goût, avec admiration [1], avec éloges, et de n'en faire cependant ni pis ni mieux.

* L'on peut faire ce reproche à l'héroïque vertu [2] des grands hommes, qu'elle a corrompu l'éloquence, ou du moins amolli le style de la plupart des prédicateurs : au lieu de s'unir seulement avec les peuples pour bénir le ciel de si rares présents qui en sont venus, ils ont entré [3] en société avec les auteurs et les poëtes, et, devenus comme eux panégyristes, ils ont enchéri sur les épîtres dédicatoires, sur les stances et sur les prologues ; ils ont changé la parole sainte en un tissu de louanges [4], justes à la vérité, mais mal placées, intéressées, que personne n'exige d'eux, et qui ne conviennent point à leur caractère. On est heureux si, à l'occasion du héros qu'ils célèbrent jusque dans le sanctuaire, ils disent un mot de Dieu et du mystère qu'ils devaient prêcher. Il s'en est trouvé quelques-uns qui, ayant assujetti le saint Évangile, qui doit être commun à tous, à la présence d'un seul auditeur, se sont vus déconcertés par des hasards qui le retenaient ailleurs, n'ont pu prononcer devant des chrétiens un discours chrétien qui n'était pas fait pour eux, et ont été suppléés par d'autres orateurs, qui n'ont eu le temps que de louer Dieu dans un sermon précipité [5].

* *Théodule* a moins réussi que quelques-uns de ses auditeurs ne l'appréhendaient ; ils sont contents de lui et de son discours ; il a mieux fait, à leur gré, que de charmer l'esprit et les oreilles, qui est de flatter leur jalousie.

* Le métier de la parole ressemble en une chose à celui de la guerre ; il y a plus de risque qu'ailleurs, mais la fortune y est plus rapide.

---

1. « Admiration. » Madame de Sévigné ne parle jamais de Bourdaloue qu'avec des transports d'admiration.
2. « Vertu. » Le tour de cette pensée qui est fort juste, est bien recherché.
3. « Ont entré. » *Entrer*, suivi d'un régime direct ou indirect, se conjugue fort bien avec l'auxiliaire *avoir* : « J'ai entré dans ce lieu. » PELLISSON. — « Lucain *eût* entré lui-même dans ce sentiment, s'il l'eût pu. » BOSSUET. Voyez GIRAUD-DUVIVIER. *Grammaire des Grammaires*, p. 530.
4. « Louanges. » Voltaire est encore plus sévère que La Bruyère. Il dit, en parlant de Michel Letellier, qui signa l'édit de Nantes, et dont Bossuet a fait l'éloge : « Quand on lit cette oraison funèbre, et qu'on la compare avec sa conduite, que peut-on penser, sinon qu'une oraison funèbre n'est qu'une *déclamation* ? »
5. « Précipité. » La Clef dit : « L'abbé de Roquette, neveu de l'évêque d'Autun, ayant à prêcher devant le roi un jour de jeudi saint, avait préparé un beau discours rempli des louanges du roi, qui devait s'y trouver ; mais le roi ne l'ayant pu, à cause de quelques affaires qui lui survinrent, il n'osa monter en chaire, n'ayant plus d'occasion de débiter son discours. »

* Si vous êtes d'une certaine qualité ¹, et que vous ne vous sentiez point d'autre talent que celui de faire de froids discours, prêchez, faites de froids discours : il n'y a rien de pire pour sa fortune que d'être entièrement ignoré. *Théodat* a été payé de ses mauvaises phrases et de son ennuyeuse monotonie.

* L'on a eu de grands évêchés par un mérite de chaire, qui présentement ne vaudrait pas à son homme ² une simple prébende.

* Le nom de ce panégyriste ³ semble gémir sous le poids des titres dont il est accablé ; leur grand nombre remplit de vastes affiches qui sont distribuées dans les maisons, ou que l'on lit par les rues en caractères monstrueux ⁴, et qu'on ne peut non plus ignorer que la place publique. Quand, sur une si belle montre, l'on a seulement essayé du personnage et qu'on l'a un peu écouté, l'on reconnaît qu'il manque au dénombrement de ses qualités celle de mauvais prédicateur.

* L'oisiveté des femmes, et l'habitude qu'ont les hommes de les courir partout où elles s'assemblent, donnent du nom à de froids orateurs, et soutiennent quelque temps ceux qui ont décliné.

* Devrait-il suffire d'avoir été grand et puissant dans le monde pour être louable ou non, et, devant le saint autel et dans la chaire de la vérité, loué et célébré à ses funérailles ? N'y a-t-il point d'autre grandeur que celle qui vient de l'autorité et de la naissance ⁵ ? Pourquoi n'est-il pas établi de faire publiquement

---

1. « D'une certaine qualité. » Massillon dit avec beaucoup d'éloquence : « Les fondateurs de l'Église et ses premiers pasteurs furent d'abord pris d'entre le peuple ; les siècles de sa gloire furent les siècles où ses ministres n'étaient que la balayure du monde : elle a commencé à dégénérer depuis que les puissants du siècle se sont assis sur le trône sacerdotal, et que la pompe séculière est entrée avec eux dans le temple. » *Conférences*, sur l'Ambition des clercs.
2. « A son homme. » A celui qui a ce mérite.
3. « Panégyriste. » Qui fait des panégyriques, des oraisons funèbres.
4. « En caractères monstrueux. » Il est curieux de retrouver à cette époque et en cette occasion le luxe des affiches tant perfectionné de nos jours. Ces *caractères monstrueux* s'appellent *gros canon*.
5. « Naissance. » La Bruyère n'a que trop raison ; il faut remarquer cependant que les vertus et les malheurs des grands nous frappent plus vivement, et servent à tout le monde d'enseignement. Bossuet n'aurait pu dire d'un particulier, comme de Henriette d'Angleterre : « Je veux dans un seul malheur déplorer toutes les calamités du genre humain, et dans une seule mort faire voir la mort et le néant de toutes les grandeurs humaines. Ce texte, qui convient à tous les états et à tous les événements de notre vie, par une raison particulière, devient propre à mon lamentable sujet, puisque jamais les vanités de la terre n'ont été si clairement découvertes, ni si hautement confondues. Non, après ce que nous venons de voir, la santé n'est qu'un nom, la vie n'est qu'un songe, la gloire n'est qu'une apparence, les grâces et les plaisirs ne

le panégyrique¹ d'un homme qui a excellé pendant sa vie dans la bonté, dans l'équité, dans la douceur, dans la fidélité, dans la piété? Ce qu'on appelle une oraison funèbre n'est aujourd'hui bien reçue du plus grand nombre des auditeurs qu'à mesure qu'elle s'éloigne davantage du discours chrétien, ou, si vous l'aimez mieux ainsi, qu'elle approche de plus près d'un éloge profane.

* L'orateur cherche par ses discours un évêché² : l'apôtre fait des conversions; il mérite de trouver ce que l'autre cherche.

* L'on voit des clercs³ revenir de quelques provinces où ils n'ont pas fait un long séjour, vains des conversions qu'ils ont trouvées toutes faites, comme de celles qu'ils n'ont pu faire, se comparer déjà aux VINCENTS et aux XAVIERS⁴, et se croire des hommes apostoliques. De si grands travaux et de si heureuses missions ne seraient pas, à leur gré, payées d'une abbaye.

* Tel tout d'un coup, et sans y avoir pensé la veille, prend du papier, une plume, dit en soi-même : Je vais faire un livre, sans autre talent pour écrire que le besoin qu'il a de cinquante pistoles. Je lui crie⁵ inutilement : Prenez une scie, *Dioscore*, sciez, ou bien tournez⁶, ou faites une jante⁷ de roue; vous aurez votre salaire. Il n'a point fait l'apprentissage de tous ces métiers. Copiez donc, transcrivez, soyez au plus correcteur d'imprimerie, n'écrivez point. Il veut écrire et faire imprimer ; et parce qu'on n'envoie pas à l'imprimeur un cahier blanc, il le barbouille de ce qui lui plaît. Il écrirait volontiers que la Seine coule à Paris, qu'il y a sept jours dans la semaine, ou que le temps est à la pluie ; et comme

---

sont qu'un dangereux amusement. » *Oraisons funèbres*, page 51 de l'édition annotée par M. A. Didier.

1. « Établi de. » L'auteur s'est souvent servi de cette excellente expression, dont on fait à présent moins d'usage.

2. « Un évêché. » Fénelon a plus vivement encore que La Bruyère signalé cette ambition toujours croissante des abbés, qui diminua l'autorité de leur parole et contribua à la corruption de l'éloquence de la chaire.

3. « Clercs. » Ecclésiastiques. « *Note de La Bruyère*, qui ne se trouve que dans les trois premières éditions. » WALCKENAER.

4. « Vincents. » Saint Vincent de Paul, né en 1576, célèbre par ses vertus apostoliques et son humanité. — « Xaviers. » Saint François Xavier, né en 1506, l'un des premiers élèves d'Ignace de Loyola, surnommé l'apôtre des Indes.

5. « Je lui crie. » Ce dialogue donne à la pensée un tour vif et ingénieux.

6. « Sciez, tournez, etc. »
Soyez plutôt maçon, si c'est votre talent,
Ouvrier estimé dans un art nécessaire,
Qu'écrivain du commun et poëte vulgaire.
BOILEAU, *Art poétique*, IV, v. 26.

7. « Jante. » Pièce de bois cintrée, qui est la sixième partie du cercle de la roue.

ce discours n'est ni contre la religion ni contre l'État, et qu'il ne fera point d'autre désordre dans le public que de lui gâter le goût et l'accoutumer aux choses fades et insipides, il passe à l'examen [1], il est imprimé, et, à la honte du siècle comme pour l'humiliation des bons auteurs, réimprimé. De même un homme dit en son cœur : Je prêcherai, et il prêche ; le voilà en chaire, sans autre talent ni vocation que le besoin d'un bénéfice.

* Un clerc mondain ou irréligieux, s'il monte en chaire, est déclamateur [2].

Il y a au contraire des hommes saints [3], et dont le seul caractère est efficace pour la persuasion : ils paraissent [4], et tout un peuple qui doit les écouter est déjà ému et comme persuadé par leur présence ; le discours qu'ils vont prononcer fera le reste.

* L'. de Meaux [5] et le P. Bourdaloue me rappellent Démosthène et Cicéron. Tous deux, maîtres dans l'éloquence de la chaire, ont eu le destin des grands modèles : l'un a fait de mauvais censeurs, l'autre de mauvais copistes.

* L'éloquence de la chaire, en ce qui y entre [6] d'humain et du talent de l'orateur, est cachée [7], connue de peu de personnes, et d'une difficile exécution : quel art [8] en ce genre pour plaire en

---

1. « L'examen. » Il passe à la censure, qui permet l'impression.
2. « Déclamateur. » C'est une excellente application de l'ancien adage : L'orateur est un homme de bien qui sait manier la parole.
3. « Saints. » « Il faudrait avoir longtemps étudié et médité les saintes Écritures, avant que de prêcher. Un prêtre qui les saurait bien solidement, et qui aurait le talent de parler, joint à l'autorité du ministère et du bon exemple, n'aurait pas besoin d'une longue préparation pour faire d'excellents discours : on parle aisément de choses dont on est plein et touché. Surtout en une matière comme celle de la religion qui fournit de hautes pensées et excite de grands sentiments : voilà ce qui fait la vraie éloquence. » Fénelon, *Dialogue III sur l'éloquence*, page 233 de l'édition annotée par M. Despois.
4. « Ils paraissent. » Suspension heureuse, et qui rappelle celle de Virgile :

Tum, pietate gravem ac meritis si forte virum quem
Conspexere, silent, arrectisque auribus adstant.
Æneid. I, v. 151.

« Mais qu'en ce moment paraisse un homme vénéré pour sa vertu et pour les services qu'il a rendus, tout se tait ; la foule s'empresse pour l'entendre ; toutes les oreilles sont attentives. »
5. « L'. de Meaux. » L'évêque de Meaux, Bossuet. Quintilien a dit que Démosthènes avait fait Cicéron. De même, dit le cardinal Maury, « Bourdaloue a été un des premiers et des plus beaux ouvrages de Bossuet. Bossuet ne me paraît jamais plus grand que lorsque je lis Bourdaloue, qui entra vingt ans après lui dans cette nouvelle route, où il sut se montrer original en l'imitant, et où il le surpassa en travail, sans pouvoir jamais l'égaler en éloquence et en génie. » *Essai sur l'éloquence de la chaire*, t. 1, p. 127.
6. « En ce qui y entre. » A ne le considérer que comme un art purement humain.
7. « Cachée. » *Recondita*, difficile à attraper.
8. « Quel art. » Quel art ne faut-il pas ?

persuadant! Il faut marcher par des chemins battus, dire ce qui a été dit, et ce que l'on prévoit que vous allez dire : les matières sont grandes, mais usées [1] et triviales; les principes sûrs, mais dont les auditeurs pénètrent les conclusions d'une seule vue. Il y entre des sujets qui sont sublimes; mais qui peut traiter le sublime? Il y a des mystères que l'on doit expliquer, et qui s'expliquent mieux par une leçon de l'école que par un discours oratoire [2]. La morale même de la chaire, qui comprend une matière aussi vaste et aussi diversifiée que le sont les mœurs des hommes, roule sur les mêmes pivots, retrace les mêmes images, et se prescrit des bornes bien plus étroites que la satire. Après l'invective commune contre les honneurs, les richesses et le plaisir, il ne reste plus à l'orateur qu'à courir à la fin de son discours et à congédier l'assemblée. Si quelquefois on pleure, si on est ému, après avoir fait attention au génie et au caractère de ceux qui font pleurer, peut-être conviendra-t-on que c'est la matière qui se prêche elle-même, et notre intérêt le plus capital qui se fait sentir ; que c'est moins une véritable éloquence que la ferme poitrine [3] du missionnaire qui nous ébranle et qui cause en nous ces mouvements. Enfin, le prédicateur n'est point soutenu, comme l'avocat, par des faits toujours nouveaux, par de différents événements, par des aventures inouïes ; il ne s'exerce point sur les questions douteuses, il ne fait point valoir les violentes [4] conjectures et les présomptions; toutes choses néanmoins qui élèvent le génie, lui donnent de la force et de l'étendue, et qui contraignent bien moins l'éloquence

---

1. « Usées. » Voltaire a fait la même remarque et l'a appliquée, en l'exagérant, à toute la littérature dont il explique ainsi la décadence : « L'éloquence de la chaire, et surtout celle des oraisons funèbres, sont dans le même cas d'épuisement. Les vérités morales une fois annoncées avec éloquence, les tableaux des misères et des faiblesses humaines, des vanités de la grandeur, des ravages de la mort, étant faits par des mains habiles, tout cela devient lieu commun. On est réduit à imiter ou à s'égarer. Ainsi donc le génie n'a qu'un siècle après quoi il faut qu'il dégénère. » *Siècle de Louis XIV*, chap. 32.

2. « Oratoire. » Aussi abandonna-t-on de plus en plus l'explication des *mystères*, pour les dissertations philosophiques et les sujets de pure morale. Massillon donna un bel et dangereux exemple de ce genre, dans son *Petit Carême*.

3. « La ferme poitrine. » « Que faut-il pour émouvoir la multitude et l'entraîner? Que faut-il pour ébranler la plupart même des autres hommes et les persuader? Un ton véhément et pathétique, des gestes expressifs et fréquents, des paroles rapides et sonnantes. » Buffon, *Discours de réception à l'Académie française*. — L'éloquence des missionnaires n'était pas toujours si matérielle. Tout le monde connaît le bel exorde du père Bridaine, que le cardinal Maury a inséré dans son *Essai sur l'éloquence de la chaire*.

4. « Violentes. » Puissantes. On dit de même en latin *vehementer*.

qu'elles ne la fixent et ne la dirigent. Il doit, au contraire, tirer son discours d'une source commune, et où tout le monde puise; et s'il s'écarte de ces lieux communs, il n'est plus populaire, il est abstrait ou déclamateur, il ne prêche plus l'Évangile. Il n'a besoin que d'une noble simplicité, mais il faut l'atteindre, talent rare, et qui passe les forces du commun des hommes [1] : ce qu'ils ont de génie, d'imagination, d'érudition et de mémoire, ne leur sert souvent qu'à s'en éloigner.

La fonction de l'avocat [2] est pénible, laborieuse, et suppose dans celui qui l'exerce un riche fonds et de grandes ressources. Il n'est pas seulement chargé, comme le prédicateur, d'un certain nombre d'oraisons composées avec loisir, récitées de mémoire, avec autorité, sans contradicteurs [3], et qui, avec de médiocres changements, lui font honneur plus d'une fois. Il prononce de graves plaidoyers devant des juges qui peuvent lui imposer silence, et contre des adversaires qui l'interrompent. Il doit être prêt sur la réplique; il parle en un même jour, dans divers tribunaux, de différentes affaires. Sa maison n'est pas pour lui un lieu de repos et de retraite, ni un asile contre les plaideurs; elle est ouverte à tous ceux qui viennent l'accabler de leurs questions et de leurs doutes. Il ne se met pas au lit, on ne l'essuie point, on ne lui prépare point des rafraîchissements [4], il ne se fait point dans sa chambre

1. « Du commun des hommes. » « La plupart des gens qui veulent faire de beaux discours cherchent sans choix également partout la pompe des paroles; ils croient avoir tout fait, pourvu qu'ils aient fait un amas de grands mots et de pensées vagues; ils ne songent qu'à charger leurs discours d'ornements; semblables aux méchants cuisiniers, qui ne savent rien assaisonner avec justesse, et qui croient donner un goût exquis aux viandes en y mettant beaucoup de sel et de poivre. La véritable éloquence n'a rien d'enflé ni d'ambitieux; elle se modère et se proportionne aux sujets qu'elle traite et aux gens qu'elle instruit; elle n'est grande et sublime que quand il faut l'être. » FÉNELON, *Dialogue* II *sur l'éloquence*, page 214 de l'édition annotée par M. Despois.
2. « L'avocat. » Les anciens fournissaient à La Bruyère plusieurs modèles de ce genre de parallèles entre deux professions différentes. C'est ainsi que Cicéron compare le jurisconsulte au général, et Tacite le poëte à l'avocat. Ces rapprochements sont ingénieux et agréables.
3. « Sans contradicteurs. » « Le roi fit des reproches à M. de Vendôme, puis à M. de La Rochefoucauld, de ce qu'ils n'allaient point au sermon, pas même à ceux du père Séraphin. M. de Vendôme lui répondit librement qu'il ne pouvait aller entendre un homme qui disait tout ce qui lui plaisait, sans que personne eût la liberté de lui répondre; et fit rire le roi par cette saillie. » SAINT-SIMON.
4. « On ne lui prépare point des rafraîchissements. »

Quelque léger dégoût vient-il le travailler,
Une faible vapeur le fait-elle bâiller,
Un escadron coiffé d'abord court à son aide :
L'une chauffe un bouillon, l'autre apprête un remède;
Chez lui sirops exquis, ratafias vantés,

un concours de monde de tous les états et de tous les sexes, pour le féliciter sur l'agrément et sur la politesse de son langage, lui remettre l'esprit sur un endroit où il a couru risque de demeurer court, ou sur un scrupule qu'il a sur le chevet d'avoir plaidé moins vivement qu'à l'ordinaire. Il se délasse d'un long discours par de plus longs écrits, il ne fait que changer de travaux et de fatigues : j'ose dire qu'il est dans son genre ce qu'étaient dans le leur les premiers hommes apostoliques [1].

Quand on a ainsi distingué l'éloquence du barreau de la fonction de l'avocat, et l'éloquence de la chaire du ministère du prédicateur, on croit voir qu'il est plus aisé de prêcher que de plaider, et plus difficile de bien prêcher que de bien plaider [2].

* Quel avantage n'a pas un discours prononcé, sur un ouvrage qui est écrit ! Les hommes sont les dupes de l'action et de la parole, comme de tout l'appareil de l'auditoire : pour peu de prévention qu'ils aient en faveur de celui qui parle, ils l'admirent, et cherchent ensuite à le comprendre : avant qu'il ait commencé, ils s'écrient qu'il va bien faire; ils s'endorment bientôt, et, le discours fini, ils se réveillent pour dire qu'il a bien fait [3]. On se passionne moins pour un auteur ; son ouvrage est lu dans le loisir de la campagne ou dans le silence du cabinet. il n'y a point de rendez-vous publics pour lui applaudir, encore moins de cabale pour lui sacrifier tous ses rivaux et pour l'élever à la prélature. On lit son livre, quelque excellent qu'il soit, dans l'esprit de le trouver médiocre [4];

> Confitures surtout, volent de tous côtés:
> Car de tous mets sucrés, secs, en pâte, ou liquides,
> Les estomacs dévots toujours furent avides :
> Le premier massepain pour eux, je crois, se fit,
> Et le premier citron à Rouen fut confit.
> BOILEAU, Satire X, v. 567.

1. « Apostoliques. » Le clergé devait perdre en grandeur et en importance, à mesure que le talent, le travail et le dévouement devenaient le partage des gens du siècle, et cessaient d'appartenir exclusivement à l'Eglise, comme cela s'était vu au moyen âge.

2. « Bien plaider. » Cette observation de La Bruyère est peut-être plus vraie de notre temps que du sien. Le XVIIe siècle nous a laissé un grand nombre de sermons admirables et pas un seul plaidoyer; à peine même les noms de quelques avocats ou magistrats diserts sont-ils arrivés jusqu'à nous.

3. « Bien fait. » Cette petite description est plaisante, mais ne manque pas d'exagération. On voit bien que La Bruyère est écrivain et n'est pas orateur.

4. « Médiocre. » Cicéron dit exactement la même chose de l'orateur : « C'est une grande et dangereuse entreprise d'oser parler seul au milieu d'une nombreuse assemblée, qui vous entend discuter les plus importantes affaires; car il n'y a presque personne qui ne remarque plus finement et avec plus de rigueur les défauts que les beautés de nos discours; encore ce qu'on blâme fait-il complètement oublier ce qu'on devrait louer. » *De Orat*, I, 116.

on le feuillette, on le discute, on le confronte ; ce ne sont pas des sons qui se perdent en l'air et qui s'oublient ; ce qui est imprimé demeure imprimé. On l'attend quelquefois plusieurs jours avant l'impression pour le décrier ; et le plaisir le plus délicat que l'on en tire vient de la critique qu'on en fait : on est piqué d'y trouver à chaque page des traits qui doivent plaire, on va même souvent jusqu'à appréhender d'en être diverti, et on ne quitte ce livre que parce qu'il est bon [1]. Tout le monde ne se donne pas pour orateur ; les phrases, les figures, le don de la mémoire, la robe ou l'engagement de celui qui prêche, ne sont pas des choses qu'on ose ou qu'on veuille toujours s'approprier : chacun, au contraire, croit penser bien [2], et écrire encore mieux ce qu'il a pensé ; il en est moins favorable à celui qui pense et qui écrit aussi bien que lui. En un mot, le *sermonneur* [3] est plus tôt évêque que le plus solide écrivain n'est revêtu d'un prieuré [4] simple ; et dans la distribution des grâces, de nouvelles sont accordées à celui-là, pendant que l'auteur grave se tient heureux d'avoir ses restes.

* S'il arrive que les méchants vous haïssent et vous persécutent, les gens de bien vous conseillent de vous humilier devant Dieu, pour vous mettre en garde contre la vanité qui pourrait vous venir de déplaire à des gens de ce caractère : de même, si certains hommes sujets à se récrier [5] sur le médiocre désapprouvent un ouvrage que vous aurez écrit, ou un discours que vous venez de prononcer en public, soit au barreau, soit dans la chaire, ou ailleurs, humiliez-vous [6] ; on ne peut guère être exposé à une tentation d'orgueil plus délicate et plus prochaine.

* Il me semble qu'un prédicateur devrait faire choix, dans

---

1. « Bon. » Tout cela est dit avec un peu de recherche, mais très-finement.
2. « Croit penser bien. »

> Penser trop bien de soi fait tomber tous les jours
> En des égarements étranges.
> L'amour-propre est, hélas ! le plus sot des amours ;
> Cependant des erreurs, il est la plus commune.
> Quelque puissant qu'on soit, en richesse, en crédit,
> Quelque mauvais succès qu'ait tout ce qu'on écrit,
> Nul n'est content de sa fortune,
> Ni mécontent de son esprit.
> MADAME DESHOULIÈRES.

3. « Sermonneur. » Celui qui compose et débite des sermons. Ce mot ne se prend pas ordinairement en ce sens.
4. « Prieuré simple. » Un simple bénéfice.
5. « A se récrier. » A se récrier d'admiration.
6. « Humiliez-vous. » Voilà qui est bien fier et bien dédaigneux pour la critique.

chaque discours, d'une vérité unique, mais capitale, terrible ou instructive, la manier à fond et l'épuiser; abandonner toutes ces divisions si recherchées, si retournées, si remaniées et si différentiées [1]; ne point supposer ce qui est faux, je veux dire que le grand ou le beau monde sait sa religion et ses devoirs; et ne pas appréhender de faire ou à ces bonnes têtes ou à ces esprits si raffinés des catéchismes; ce temps si long que l'on use à composer un long ouvrage [2], l'employer à se rendre si maître de sa matière, que le tour et les expressions naissent dans l'action et coulent de source; se livrer, après une certaine préparation, à son génie, et au mouvement qu'un grand sujet peut inspirer [3]: qu'il pourrait enfin s'épargner ces prodigieux efforts de mémoire qui corrompent le geste et défigurent le visage; jeter, au contraire, par un bel enthousiasme, la persuasion dans les esprits et l'alarme dans le cœur, et toucher ses auditeurs d'une tout autre crainte que de celle de le voir demeurer court [4].

* Que celui qui n'est pas encore assez parfait pour s'oublier soi-même dans le ministère de la parole sainte ne se décourage point par les règles austères qu'on lui prescrit, comme si elles lui ôtaient les moyens de faire montre de son esprit, et de monter aux dignités où il aspire. Quel plus beau talent que celui de prêcher apostoliquement? et quel autre mérite mieux un évêché?

1. «Différentiées.» Terme de l'école. «Une définition doit marquer le point essentiel qui *différentie* le genre de l'espèce.» FURETIÈRE.
2. «Un long ouvrage.» Un long discours.
3. «Inspirer.» «Pendant qu'il y a tant de besoins pressants dans le christianisme, pendant que le prêtre, qui doit être l'homme de Dieu, préparé à toute bonne œuvre, devrait se hâter de déraciner l'ignorance et les scandales du champ de l'Église, je trouve qu'il est fort indigne de lui qu'il passe sa vie dans son cabinet à arrondir des périodes, à retoucher des portraits et à inventer des divisions; car, dès qu'on s'est mis sur le pied de ces sortes de prédications, on n'a plus le temps de faire autre chose, on ne fait plus d'autre étude ni d'autre travail; encore même pour se soulager, se réduit-on souvent à redire les mêmes sermons. Quelle éloquence que celle d'un homme dont l'auditeur sait par avance toutes les expressions et tous les mouvements! Vraiment c'est bien là le moyen de surprendre, d'étonner, d'attendrir, de saisir et de persuader les hommes! Voilà un étrange manière de cacher l'art et de faire parler la nature! Pour moi, je le dis franchement, tout cela me scandalise! Quoi! le dispensateur des mystères de Dieu sera-t-il un déclamateur oisif, jaloux de sa réputation et amoureux d'une vaine pompe? N'osera-t-il parler de Dieu à son peuple sans avoir rangé toutes ses paroles et appris en écolier sa leçon par cœur?» FÉNELON, *Dialogue III sur l'éloquence*, page 241 de l'édition annotée par M. Despois.
4. «Demeurer court.» Bourdaloue était tellement touché de la crainte de demeurer court, qu'il fermait les yeux en prêchant. Massillon disait que son meilleur discours était celui qu'il savait le mieux.

Fénelon[1] en était-il indigne? aurait-il pu échapper au choix du prince que par un autre choix[2]?

[Chapitre XVI.]

DES ESPRITS FORTS[3].

*Les esprits forts savent-ils qu'on les appelle ainsi par ironie[4]? Quelle plus grande faiblesse que d'être incertain quel est[5] le principe de son être, de sa vie, de ses sens, de ses connaissances, et quelle en doit être la fin? Quel découragement plus grand que de douter si son âme n'est point matière comme la pierre et le reptile[6]; et si elle n'est point corruptible comme ces viles créatures? N'y a-t-il pas plus de force et de grandeur à recevoir dans notre esprit l'idée d'un être supérieur à tous les êtres, qui les a tous faits, et à qui tous se doivent rapporter; d'un être souverainement parfait, qui est pur[7], qui n'a point commencé et qui ne

---

1. « Fénelon. » La Bruyère ne pouvait mieux terminer, ni donner un plus bel exemple de vertus et d'éloquence. Il était fort lié avec Bossuet et Fénelon, et l'on s'aperçoit aisément qu'il profita de leur entretien. Il a sans doute reproduit quelques-unes de leurs vues dans ce chapitre si court et si plein d'idées vraies et originales. Fénelon a développé les mêmes principes dans ses *Dialogues sur l'éloquence*, dont nous avons cité quelques passages, et qu'on fera bien de lire dans leur entier. Voyez page 233 et suivantes de l'édition annotée par M. Despois, note 3.

2. « Autre choix. » Fénelon était encore à cette époque (1689) précepteur du duc de Bourgogne. Il ne fut nommé à l'archevêché de Cambrai qu'en 1695, un an avant la mort de La Bruyère.

3. « Des esprits forts. » Ce n'est point au hasard que ce chapitre a été placé le dernier; l'auteur a voulu le faire regarder comme le but et la conclusion de son ouvrage. Après avoir attaqué les passions qui éteignent dans l'homme la connaissance de Dieu, il confond l'athéisme et défend la Providence contre l'insulte et les plaintes des libertins. Voyez la préface au discours de réception à l'Académie.

4. « Par ironie. » Bossuet a parlé des esprits forts avec le même dédain : « Dieu a mis dans son Eglise une autorité seule capable d'abaisser l'orgueil et de relever la simplicité, et qui, également propre aux savants et aux ignorants, imprime aux uns et aux autres un même respect. C'est contre cette autorité que les libertins se révoltent avec un air de mépris. Mais qu'ont-ils vu, ces rares génies? qu'ont-ils vu plus que les autres? Quelle ignorance est la leur! et qu'il serait aisé de les confondre, si, faibles et présomptueux, ils ne craignaient d'être instruits? Car pensent-ils avoir mieux vu les difficultés à cause qu'ils y succombent, et que les autres qui les ont vues, les ont méprisées? Ils n'ont rien vu; ils n'entendent rien; ils n'ont pas même de quoi établir le néant, auquel ils espèrent après cette vie; et ce misérable partage ne leur est pas assuré. » *Oraison funèbre d'Anne de Gonsague*, Ire partie, p. 183 de l'édition annotée par M. A. Didier.

5. « Être incertain qu'il est. » L'auteur donne à *être incertain* le même régime qu'à *ne savoir pas*.

6. « La pierre et le reptile » sont mis à tort à côté l'un de l'autre, puisqu'ils sont d'une nature différente.

7. « Qui est pur. » Qui est tout esprit, sans mélange de matière.

peut finir, dont notre âme est l'image, et, si j'ose dire, une portion comme [1] esprit, et comme immortelle?

* Le docile et le faible sont susceptibles d'impressions : l'un en reçoit de bonnes, l'autre de mauvaises ; c'est-à-dire que le premier est persuadé et fidèle, et que le second est entêté et corrompu. Ainsi, l'esprit docile admet la vraie religion ; et l'esprit faible, ou n'en admet aucune, ou en admet une fausse : or, l'esprit fort, ou n'a point de religion, ou se fait une religion ; donc l'esprit fort, c'est l'esprit faible.

* J'appelle mondains, terrestres ou grossiers, ceux dont l'esprit et le cœur sont attachés à une petite portion de ce monde [2] qu'ils habitent, qui est la terre ; qui n'estiment rien, qui n'aiment rien au delà : gens aussi limités que ce qu'ils appellent leurs possessions ou leur domaine, que l'on mesure, dont on compte les arpents, et dont on montre les bornes. Je ne m'étonne pas que des hommes qui s'appuient sur un atôme chancellent [3], dans les moindres efforts qu'ils font pour sonder la vérité ; si, avec des vues si courtes, ils ne percent point à travers le ciel et les astres jusques à Dieu même [4] ; si, ne s'apercevant point ou de l'excellence de ce qui est esprit, ou de la dignité de l'âme, ils ressentent encore moins combien elle est difficile à assouvir, combien la terre entière est au-dessous d'elle [5], de quelle nécessité lui devient un être souverainement parfait qui est Dieu, et quel besoin indispensable elle a d'une religion qui le lui indique, et qui lui en est une caution sûre. Je comprends au contraire fort aisément qu'il est naturel à de tels esprits de tomber dans l'incrédulité ou l'indifférence, et de faire servir Dieu et la religion à la politique, c'est-à-dire, à l'ordre et à la décoration de ce monde, la seule chose, selon eux, qui mérite qu'on y pense.

1. « Comme esprit. » Puisqu'elle est esprit.
2. « De ce monde. » De cet univers.
3. « Chancellent. » Belle image tout à fait juste et originale.
4. « Ils ne percent point, etc. » Remarquez la propriété et la vigueur des expressions.
5. « Au-dessous d'elle. » La Bruyère s'attache particulièrement à attaquer l'orgueil des libertins, à les représenter comme faibles d'esprit, à les faire rougir d'eux-mêmes. Le libertinage était plutôt une mode, qu'un système. « Dieu nous fera voir, dit Bourdaloue, que tout ce désordre de notre infidélité n'aura point eu d'autre principe qu'une ignorance criminelle où nous aurons vécu, sans nous être jamais appliqués à une étude sérieuse de notre religion. Et certes rien, pour l'ordinaire, de plus ignorant, en matière de religion, que ce qu'on appelle les libertins du siècle. Dieu nous fera voir, et nous reprochera que, tandis que nous avons été si rebelles à sa parole, nous avons été sur mille articles les plus dociles à la parole des hommes. » *Sermon sur le Jugement dernier.* — Dans le XVIIIe siècle l'incrédulité s'efforça au contraire de prendre les airs de la science elle devint raisonneuse et sophistique.

* Quelques-uns achèvent de se corrompre par de longs voyages, et perdent le peu de religion qui leur restait ; ils voient de jour à autre un nouveau culte, diverses mœurs, diverses cérémonies. Ils ressemblent à ceux qui entrent dans les magasins, indéterminés sur le choix des étoffes qu'ils veulent acheter : le grand nombre de celles qu'on leur montre les rend plus indifférents, elles ont chacune leur agrément et leur bienséance ; ils ne se fixent point, ils sortent sans emplette.

* Il y a des hommes qui attendent à [1] être dévots et religieux que tout le monde se déclare impie et libertin ; ce sera alors le parti du vulgaire, ils sauront s'en dégager. La singularité leur plaît dans une matière si sérieuse et si profonde ; ils ne suivent la mode et le train commun que dans les choses de rien et de nulle suite : qui sait même s'ils n'ont pas déjà mis une sorte de bravoure et d'intrépidité à courir tout le risque de l'avenir [2] ? Il ne faut pas, d'ailleurs, que dans une certaine condition, avec une certaine étendue d'esprit, et de certaines vues, l'on songe à croire comme les savants et le peuple [3].

* L'on doute de Dieu dans une pleine santé, comme l'on doute que ce soit pécher que d'avoir un commerce avec une personne libre [4]. Quand l'on devient malade et que l'hydropisie est formée, l'on quitte sa concubine, et l'on croit en Dieu [5].

* Il faudrait s'éprouver et s'examiner très-sérieusement, avant que de se déclarer esprit fort ou libertin, afin au moins, et selon ses principes, de finir comme l'on a vécu ; ou si l'on ne se sent pas la force d'aller si loin, se résoudre de vivre comme l'on veut mourir.

---

1. « Attendent à. » Bonne locution, Boileau a dit de même (*Epître* I, v. 45)
   Faudra-t-il sur sa gloire *attendre* à m'exercer,
   Que ma tremblante voix commence à se glacer?
2. « Le risque de l'avenir. » Le jugement dernier.
3. « Les savants et le peuple. » Beau rapprochement qui suffit à montrer comment les idées religieuses ont été si puissantes au xviie siècle.
4. « Une personne libre. » Une fille. (*Note de La Bruyère.*)
5. « En Dieu. » « Ces jours passés la maladie d'un de mes amis me fit faire cette réflexion, que nous sommes vraiment parfaits quand nous sommes malades. Est-il un seul malade tourmenté de l'avarice ou de la passion des plaisirs? Il n'est plus enivré par l'amour, troublé par l'ambition : il néglige la richesse, et le peu qu'il possède lui paraît suffisant depuis qu'il est près de le quitter. Il croit aux dieux, il se souvient qu'il est homme : il n'envie, il n'admire, il ne méprise la fortune de personne. Tout ce qu'il se propose, s'il a le bonheur d'échapper, c'est de mener une vie douce et tranquille, une vie innocente et heureuse. Je puis donc de tout ceci tirer en peu de mots, pour nous deux, une leçon que les philosophes noient dans de longs discours et dans d'interminables volumes : c'est qu'il faut que nous soyons encore aux jours de la santé ce que nous nous promettons d'être dans la maladie. »PLINE LE JEUNE, *Ep.* VII, 26.

* Toute plaisanterie dans un homme mourant est hors de sa place : si elle roule sur de certains chapitres, elle est funeste. C'est une extrême misère que de donner à ses dépens, à ceux que l'on laisse, le plaisir d'un bon mot [1].

Dans quelque prévention où l'on puisse être sur ce qui doit suivre la mort, c'est une chose bien sérieuse que de mourir : ce n'est point alors le badinage qui sied bien, mais la constance.

* Il y a eu de tout temps de ces gens d'un bel esprit et d'une agréable littérature; esclaves des grands dont ils ont épousé le libertinage et porté le joug toute leur vie contre leurs propres lumières et contre leur conscience. Ces hommes n'ont jamais vécu que pour d'autres hommes, et ils semblent les avoir regardés comme leur dernière fin. Ils ont eu honte de se sauver à leurs yeux, de paraître tels qu'ils étaient peut-être dans le cœur; et ils se sont perdus par déférence ou par faiblesse [2]. Y a-t-il donc sur la terre des grands assez grands, et des puissants assez puissants, pour mériter de nous que nous croyions et que nous vivions à leur gré, selon leur goût et leurs caprices, et que nous poussions la complaisance plus loin, en mourant, non de la manière qui est la plus sûre pour nous, mais de celle qui leur plaît davantage?

* J'exigerais de ceux qui vont contre le train commun et les grandes règles, qu'ils sussent plus que les autres, qu'ils eussent des raisons claires, et de ces arguments qui emportent conviction [3].

---

1. « D'un bon mot. » Le comte de Grammont étant malade, Dangeau vint le voir de la part du roi, pour lui dire qu'il fallait songer à Dieu; le comte se tournant alors du côté de sa femme : « Comtesse, dit-il, si vous n'y prenez garde, Dangeau vous escamotera ma conversion. » Le mot est spirituel, et Saint-Evremond l'admire fort. On mourait d'ordinaire au XVIIe siècle avec plus de sérieux et de pompe.

2. « Ils ont eu honte, etc. »

> Vois-tu ce libertin, en public intrépide,
> Qui prêche contre un Dieu que dans son âme il croit?
> Il irait embrasser la vérité qu'il voit ;
> Mais de ses faux amis il craint la raillerie,
> Et ne brave ainsi Dieu que par poltronnerie.
>   BOILEAU, *Ep.* III, v. 22.

3. « Conviction. » Bossuet porte le même défi aux incrédules avec une familiarité pleine de verve et de grandeur : « Mais, hommes doctes et curieux, si vous voulez discuter la religion, apportez-y du moins la gravité et le poids que la matière demande. Ne faites point les plaisants mal à propos, dans des choses si sérieuses et si vénérables. Ces importantes questions ne se décident pas par vos demi-mots et par vos branlements de tête, par ces fines railleries que vous nous vantez, et par ce dédaigneux souris. Pour Dieu, comme disait cet ami de Job, ne pensez pas être les seuls hommes, et que toute la sagesse soit dans votre esprit dont vous nous vantez la délicatesse. Vous qui voulez pénétrer les secrets de Dieu, çà, paraissez, venez en présence, développez-nous les énigmes de la nature; choisissez ou ce qui est loin, ou ce

* Je voudrais voir un homme sobre, modéré, chaste, équitable, prononcer qu'il n'y a point de Dieu ; il parlerait du moins sans intérêt[1] : mais cet homme ne se trouve point.

* J'aurais une extrême curiosité de voir celui qui serait persuadé que Dieu n'est point ; il me dirait du moins la raison invincible qui a su le convaincre.

* L'impossibilité où je suis de prouver que Dieu n'est pas, me découvre son existence.

* Dieu condamne et punit ceux qui l'offensent, seul juge en sa propre cause ; ce qui répugne s'il n'est lui-même la justice et la vérité, c'est-à-dire, s'il n'est Dieu.

* Je sens qu'il y a un Dieu, et je ne sens pas qu'il n'y en ait point, cela me suffit ; tout le raisonnement du monde m'est inutile : je conclus que Dieu existe. Cette conclusion[2] est dans ma nature ; j'en ai reçu les principes trop aisément dans mon enfance, et je les ai conservés depuis trop naturellement dans un âge plus avancé, pour les soupçonner de fausseté : mais il y a des esprits qui se défont de ces principes. C'est une grande question s'il s'en trouve de tels ; et quand il serait ainsi, cela prouve seulement qu'il y a des monstres.

* L'athéisme n'est point. Les grands, qui en sont le plus soupçonnés, sont trop paresseux pour décider en leur esprit que Dieu n'est pas : leur indolence va jusqu'à les rendre froids et indifférents sur cet article si capital, comme sur la nature de leur âme, et sur les conséquences d'une vraie religion. Ils ne nient ces choses ni ne les accordent ; ils n'y pensent point.

* Nous n'avons pas trop de toute notre santé, de toutes nos forces, et de tout notre esprit, pour penser aux hommes ou au plus petit intérêt : il semble, au contraire, que la bienséance et

qui est près, ou ce qui est à vos pieds, ou ce qui est bien haut suspendu sur vos têtes. Quoi! partout votre raison demeure arrêtée! Partout où elle gauchit, ou elle s'égare, ou elle succombe! Cependant vous ne voulez pas que la foi vous prescrive ce qu'il faut croire. Aveugle, chagrin et dédaigneux, vous ne voulez pas qu'on vous guide et qu'on vous donne la main. Pauvre voyageur égaré et présomptueux, qui croyez savoir le chemin, qui vous refusez la conduite, que voulez-vous qu'on vous fasse? » *Sermon sur la divinité de la religion.*

1. « Sans intérêt. » Puisqu'il n'a point commis les fautes qui seront punies au tribunal de Dieu.

2. « Cette conclusion. » La Bruyère reproduit ici sous une forme brève et simple, la doctrine de Descartes, qui a démontré que la seule idée que nous avions de Dieu était déjà une preuve suffisante de son existence.

3. « Que dans un état, etc. » Quand nous sommes près de la mort.

la coutume exigent de nous que nous ne pensions à Dieu que dans un état où il ne reste en nous qu'autant de raison qu'il faut pour ne pas dire qu'il n'y en a plus.

* Un grand [1] croit s'évanouir, et il meurt [2] ; un autre grand périt insensiblement, et perd chaque jour quelque chose de soi-même avant qu'il soit éteint : formidables leçons, mais inutiles ! Des circonstances si marquées et si sensiblement opposées [3] ne se relèvent point [4], et ne touchent personne. Les hommes n'y ont pas plus d'attention qu'à une fleur qui se fane ou à une feuille qui tombe ; ils envient les places qui demeurent vacantes, ou ils s'informent si elles sont remplies, et par qui.

* Les hommes sont-ils [5] assez bons, assez fidèles, assez équitables, pour mériter toute notre confiance, et ne nous pas faire désirer du moins que Dieu existât, à qui nous pussions appeler de leurs jugements et avoir recours quand nous en sommes persécutés ou trahis [6] ?

* Si c'est le grand et le sublime de la religion qui éblouit ou qui confond les esprits forts, ils ne sont plus des esprits forts, mais de faibles génies et de petits esprits ; et si c'est au contraire ce qu'il y a d'humble et de simple qui les rebute, ils sont à la vérité des esprits forts, et plus forts [7] que tant de grands hommes si éclairés, si élevés, et néanmoins si fidèles, que les Léons, les Basiles, les Jérômes, les Augustins [8].

---

1. « Un grand. » Allusion à la mort subite de La Feuillade, de Louvois, de Seignelai, etc.
2. « Il meurt. » « Considérez ces grandes puissances que nous regardons de si bas. Pendant que nous tremblons sous leur main, Dieu les frappe pour nous avertir. Leur élévation en est la cause ; et il les épargne si peu, qu'il ne craint pas de les sacrifier à l'instruction du reste des hommes. Nous devrions être assez convaincus de notre néant ; mais s'il faut des coups de surprise à nos cœurs enchantés de l'amour du monde, celui-ci est assez grand et assez terrible. O nuit désastreuse ! ô nuit effroyable ! où retentit tout à coup, comme un éclat de tonnerre, cette étonnante nouvelle : Madame se meurt ! Madame est morte ! » Bossuet, *Oraison funèbre de Henriette d'Angleterre*, Ire partie, p. 63 de l'édit. annotée par M. A. Didier.
3. « Opposées. » Rapprochées les unes des autres.
4. « Ne se relèvent point. » Ne se remarquent point.
5. « Sont-ils ? » L'interrogation rend ce raisonnement plus vif et plus frappant.
6. « Trahis. » « Depuis Job jusqu'à nous, un grand nombre d'hommes a maudit son existence ; nous avons donc un besoin perpétuel de consolation et d'espoir. » Voltaire.
7. « Et plus forts. » Ironie d'autant plus vive qu'elle est imprévue.
8. « Les Léons. » Il s'agit sans doute de saint Léon, élu pape en 440, qui combattit les hérétiques avec beaucoup d'éloquence et de succès, qui arrêta Attila aux portes de Rome et le décida à épargner la ville sainte. — « Saint Basile, » surnommé *le Grand* né à Césarée, en Cappadoce, vers l'an 329, et mort en 379, évêque de sa ville natale.
— « Saint Jérôme, » né en Dalmatie, passa la plus grande partie de sa vie dans la solitude, et mourut en 420. C'est de lui qu'est la *Vulgate*, traduction latine de l'An

* Un Père de l'Église, un docteur de l'Église, quels noms ! quelle tristesse dans leurs écrits ! quelle sécheresse, quelle froide dévotion ! et peut-être quelle scolastique ! disent ceux qui ne les ont jamais lus. Mais plutôt quel étonnement pour tous ceux qui se sont fait une idée des Pères si éloignée de la vérité, s'ils voyaient dans leurs ouvrages plus de tour et de délicatesse, plus de politesse et d'esprit, plus de richesse d'expression et plus de force de raisonnement, des traits plus vifs et des grâces plus naturelles [1], que l'on n'en remarque dans la plupart des livres de ce temps, qui sont lus avec goût, qui donnent du nom et de la vanité à leurs auteurs ! Quel plaisir d'aimer la religion, et de la voir crue, soutenue, expliquée par de si beaux génies et par de si solides esprits ! surtout lorsque l'on vient à connaître que, pour l'étendue de connaissance, pour la profondeur et la pénétration, pour les principes de la pure philosophie, pour leur application et leur développement, pour la justesse des conclusions, pour la dignité du discours, pour la beauté de la morale et des sentiments, il n'y a rien, par exemple, que l'on puisse comparer à S. AUGUSTIN [2] que PLATON et que CICÉRON.

* L'homme est né menteur [3] : la vérité est simple et ingénue, et il veut du spécieux et de l'ornement, elle n'est pas à lui, elle

cien-Testament, déclarée canonique par l'Eglise. — « Saint Augustin, » né à Tagast (auj. Tagelt), ville d'Afrique, en 354, et mort à Hippone (auj. Bone, dans l'Algérie), dont il était évêque.

1. « Plus naturelles. » Voyez Fénelon, *Lettres sur les occupations de l'Académie*, page 28, et troisième *Dialogue sur l'éloquence*, édition annotée par M. Despois Fénelon fait des pères de l'Eglise un éloge mieux senti que celui de La Bruyère, quoiqu'il n'ait pas craint, comme lui, de mêler quelques critiques à ses louanges. Les pères de l'Eglise étaient au XVIIe siècle beaucoup plus étudiés que du nôtre. Madame de Sévigné lisait assez souvent du saint Augustin et en était tout émerveillée.

2. « Saint Augustin. » « Nous arrivons à l'homme le plus étonnant de l'Eglise latine, à celui qui porta le plus d'imagination dans la théologie, le plus d'éloquence et même de sensibilité dans la scolastique ; ce fut saint Augustin. Donnez-lui un autre siècle, placez-le dans une meilleure civilisation, et jamais homme n'aura paru doué d'un génie plus vaste et plus facile. Métaphysique, histoire, antiquités, science des mœurs, connaissance des arts, Augustin avait tout embrassé. Il écrit sur la musique, comme sur le libre arbitre ; il explique le phénomène intellectuel de la mémoire, comme il raisonne sur la décadence de l'empire romain. Son esprit subtil et vigoureux a souvent consumé dans des problèmes mystiques une force de sagacité qui suffirait aux plus sublimes conceptions. Son éloquence, entachée d'affectation et de barbarie, est souvent naïve et simple ; sa morale austère déplaisait aux casuistes corrompus que Pascal a flétris ses ouvrages, immense répertoire où puisait cette science théologique qui a tant agité l'Europe, sont la plus vive image de la société chrétienne à la fin du IVe siècle. » M. VILLEMAIN, *Tableau de l'éloquence chrétienne au IVe siècle*, saint Augustin.

3. « Menteur. » L'auteur reproduit, pour les combattre, les raisonnements de ceux qui contestent l'authenticité des saintes Ecritures.

vient du ciel toute faite, pour ainsi dire, et dans toute sa perfection ; et l'homme n'aime que son propre ouvrage, la fiction et la fable. Voyez le peuple : il controuve, il augmente, il charge par grossièreté et par sottise ; demandez même au plus honnête homme s'il est toujours vrai dans ses discours, s'il ne se surprend pas quelquefois dans des déguisements où engagent nécessairement la vanité et la légèreté ; si, pour faire un meilleur conte, il ne lui échappe pas souvent d'ajouter à un fait qu'il récite une circonstance qui y manque. Une chose arrive aujourd'hui, et presque sous nos yeux ; cent personnes qui l'ont vue la racontent en cent façons différentes ; celui-ci, s'il est écouté, la dira encore d'une manière qui n'a pas été dite : quelle créance donc pourrais-je donner à des faits qui sont anciens, et éloignés de nous par plusieurs siècles ? quel fondement dois-je faire sur les plus graves historiens ? que devient l'histoire [1] ? César a-t-il été massacré au milieu du sénat ? y a-t-il eu un César ? Quelle conséquence ! me dites-vous ; quels doutes ! quelle demande ! Vous riez, vous ne me jugez pas digne d'aucune réponse, et je crois même que vous avez raison. Je suppose néanmoins que le livre qui fait mention de César ne soit pas un livre profane, écrit de la main des hommes qui sont menteurs, trouvé par hasard dans les bibliothèques parmi d'autres manuscrits qui contiennent des histoires vraies ou apocryphes ; qu'au contraire il soit inspiré, saint, divin ; qu'il porte en soi ces caractères ; qu'il se trouve depuis près de deux mille ans dans une société nombreuse qui n'a pas permis qu'on y ait fait pendant tout ce temps la moindre altération, et qui s'est fait une religion de le conserver dans toute son intégrité ; qu'il y ait même un engagement religieux et indispensable d'avoir de la foi pour tous les faits contenus dans ce volume où il est parlé de César et de sa dictature : avouez-le, *Lucile*, vous douterez [2] alors qu'il y ait eu un César.

* Toute musique n'est pas propre à louer Dieu et à être entendue dans le sanctuaire ; toute philosophie ne parle pas dignement de Dieu, de sa puissance, des principes de ses opérations et de ses

1. « L'histoire. » Le sophisme ici consiste à tirer une conséquence générale de faits beaucoup trop particuliers. Il est clair que les hommes mentent quelquefois ; mais ce n'est pas une raison pour supposer qu'ils n'ont jamais dit vrai.
2. « Vous douterez. » Vous ne voudrez pas appliquer aux livres saints les mêmes règles de jugement qu'aux livres profanes. Ce qui n'est pas juste.

mystères : plus cette philosophie est subtile et idéale, plus elle est vaine et inutile pour expliquer des choses qui ne demandent des hommes qu'un sens droit pour être connues jusques à un certain point, et qui au delà sont inexplicables. Vouloir rendre raison de Dieu, de ses perfections, et, si j'ose ainsi parler, de ses actions, c'est aller plus loin que les anciens philosophes, que les apôtres, que les premiers docteurs; mais ce n'est pas rencontrer si juste, c'est creuser longtemps et profondément, sans trouver les sources de la vérité. Dès qu'on a abandonné les termes de bonté, de miséricorde, de justice et de toute-puissance, qui donnent de Dieu de si hautes et de si aimables idées, quelque grand effort d'imagination qu'on puisse faire, il faut recevoir les expressions sèches, stériles, vides de sens; admettre les pensées creuses, écartées des notions communes, ou tout au plus les subtiles et les ingénieuses; et, à mesure que l'on acquiert d'ouverture dans une nouvelle métaphysique [1], perdre un peu de sa religion [2].

* Jusques où les hommes ne se portent-ils point par l'intérêt de la religion, dont ils sont si peu persuadés, et qu'ils pratiquent si mal?

* Cette même religion que les hommes défendent avec chaleur et avec zèle contre ceux qui en ont une toute contraire, ils l'altèrent eux-mêmes dans leur esprit par des sentiments particuliers, ils y ajoutent et ils en retranchent mille choses souvent essentielles, selon ce qui leur convient, et ils demeurent fermes et inébranlables dans cette forme qu'ils lui ont donnée. Ainsi, à parler populairement [3], on peut dire d'une seule nation qu'elle vit sous un même culte, et qu'elle n'a qu'une seule religion; mais, à parler exactement, il est vrai qu'elle en a plusieurs, et que chacun presque y a la sienne.

* Deux sortes de gens fleurissent dans les cours et y dominent dans divers temps, les libertins et les hypocrites [4] : ceux-là gaie-

1. « Métaphysique. » On appelle *physique*, la science qui s'occupe de la nature visible, des corps, et *métaphysique*, celle qui traite des objets plus relevés, de l'âme, de Dieu, etc.
2. « Religion. » Ces réflexions si justes sur l'impuissance de notre raison qui, étant bornée, ne saurait comprendre et expliquer en son entier la nature infinie de Dieu, paraissent s'appliquer à Malebranche, l'un des plus célèbres disciples de Descartes.
3. « Populairement. » Comme le peuple, grossièrement, sans exactitude.
4. « Les libertins et les hypocrites. » L'auteur est à la fois habile et hardi en confondant ces deux espèces de courtisans dans une commune condamnation.

ment, ouvertement, sans art et sans dissimulation ; ceux-ci finement, par des artifices, par la cabale. Cent fois plus épris de la fortune que les premiers, ils en sont jaloux jusqu'à l'excès, ils veulent la gouverner, la posséder seuls, la partager entre eux, et en exclure tout autre ; dignités, charges, postes, bénéfices, pensions, honneurs, tout leur convient et ne convient qu'à eux, le reste des hommes en est indigne ; ils ne comprennent point que sans leur attache [1] on ait l'impudence de les espérer. Une troupe de masques [2] entre dans un bal ; ont-ils la main, ils dansent, ils se font danser les uns les autres, ils dansent encore, ils dansent toujours, ils ne rendent la main à personne de l'assemblée, quelque digne qu'elle soit de leur attention ; on languit, on sèche de les voir danser et de ne danser point ; quelques-uns murmurent, les plus sages prennent leur parti, et s'en vont.

* Il y a deux espèces de libertins : les libertins, ceux du moins qui croient l'être ; et les hypocrites ou faux dévots, c'est-à-dire, ceux qui ne veulent pas être crus libertins : les derniers dans ce genre-là [3] sont les meilleurs.

Le faux dévot ou ne croit pas en Dieu, ou se moque de Dieu ; parlons de lui obligeamment, il ne croit pas en Dieu.

* Si toute religion est une crainte respectueuse de la Divinité, que penser de ceux qui osent la blesser dans sa plus vive image, qui est le prince [4] ?

* Si l'on nous assurait que le motif secret de l'ambassade des Siamois [5] a été d'exciter le roi Très-Chrétien à renoncer au christianisme ; à permettre l'entrée de son royaume aux *Talapoins* [6], qui eussent pénétré dans nos maisons pour persuader leur religion à nos femmes, à nos enfants et à nous-mêmes, par leurs livres et par leurs entretiens ; qui eussent élevé des *pagodes* au milieu des villes, où ils eussent placé des figures de métal pour être adorées ; avec quelles risées et quel étrange mépris n'entendrions-nous pas des choses si extravagantes ? Nous faisons cependant six mille

---

1. « Sans leur attache. » Sans être attaché, sans tenir à eux par quelque endroit.
2. « Une troupe de masques, etc. » Cette comparaison est assez singulière, et il est difficile d'en voir l'à-propos.
3. « Les derniers dans ce genre-là. » Les derniers, les moins habiles des hypocrites.
4. « Le prince. » Que penser des faux dévots qui blessent par leur hypocrisie la religion, et trompent le prince, image de la Divinité ?
5. « L'ambassade des Siamois. » Voyez page 312, note 3.
6. « Talapoins, pagodes. » Prêtres et temples des Siamois.

lieues de mer pour la conversion des Indes, des royaumes de Siam, de la Chine et du Japon ; c'est-à-dire, pour faire très-sérieusement à tous ces peuples des propositions qui doivent leur paraître très-folles et très-ridicules. Ils supportent néanmoins nos religieux et nos prêtres, ils les écoutent quelquefois [1], leur laissent bâtir leurs églises et faire leurs missions : qui fait cela en eux et en nous ? ne serait-ce point la force de la vérité ?

* Il ne convient pas à toute sorte de personnes de lever l'étendard [2] d'aumônier [3], et d'avoir tous les pauvres d'une ville assemblés à sa porte, qui y reçoivent leurs portions. Qui ne sait pas, au contraire, des misères plus secrètes, qu'il peut entreprendre de soulager, ou immédiatement et par ses secours, ou du moins par sa médiation ? De même il n'est pas donné à tous de monter en chaire, et d'y distribuer, en missionnaire ou en catéchiste [4], la parole sainte : mais qui n'a pas quelquefois sous sa main un libertin à réduire, et à ramener, par de douces et insinuantes conversations [5], à la docilité ? Quand on ne serait pendant sa vie que l'apôtre d'un seul homme, ce ne serait pas être en vain sur la terre, ni lui être un fardeau inutile.

* Il y a deux mondes : l'un où l'on séjourne peu, et dont l'on doit sortir pour n'y plus rentrer ; l'autre où l'on doit bientôt entrer pour n'en jamais sortir. La faveur, l'autorité, les amis, la haute

---

1. « Les écoutent quelquefois. » C'est devant les ambassadeurs du roi de Siam que Fénelon prononçait, en 1685, son beau sermon sur les missionnaires : « Qu'ils sont beaux les pieds de ces hommes qu'on voit venir du haut des montagnes apporter la paix, annoncer les biens éternels, prêcher le salut, et dire : O Sion, ton Dieu régnera sur toi ! Les voici ces nouveaux conquérants, qui viennent sans armes, excepté la croix du Sauveur. Ils viennent, non pour enlever les richesses et répandre le sang des vaincus, mais pour offrir leur propre sang et communiquer le trésor céleste. Peuples qui les vîtes venir, quelle fut d'abord votre surprise, et qui peut la représenter ? Des hommes qui viennent à vous sans être attirés par aucun motif, ni de commerce, ni d'ambition, ni de curiosité ; des hommes qui, sans vous avoir jamais vus, sans savoir même où vous êtes, vous aiment tendrement, quittent tout pour vous, et vous cherchent au travers de toutes les mers avec tant de fatigues et de périls, pour vous faire part de la vie éternelle qu'ils ont découverte ! Nations ensevelies dans l'ombre de la mort, quelle lumière sur vos têtes ! » *Sermon pour la fête de l'Epiphanie*, premier point.

2. « Lever l'étendard. » Locution expressive pour : faire état, profession de.

3. « Aumônier. » « Qui donne souvent l'aumône. Cette femme est grande dévote et ort *aumônière*. On appelait autrefois *aumônière* une petite bourse propre pour tenir ou recevoir des aumônes. » FURETIÈRE.

4. « Catéchiste. » *Catéchiser*, enseigner les principes et les mystères de la foi chrétienne. Les missionnaires vont *catéchiser* les paysans dans les villages. » *Id.*

5. « Ramener par de douces conversations. » C'est ce que l'auteur s'est proposé dans le commencement de ce chapitre. Il n'y apporte point d'arguments, ni de dissertation ; c'est une conversation instructive et piquante, où il montre que le bon sens est du côté de la religion, et l'ignorance et le ridicule parmi les libertins.

réputation, les grands biens, servent pour le premier monde ; le mépris de toutes ces choses sert pour le second. Il s'agit de choisir [1].

* Qui a vécu un seul jour, a vécu un siècle [2] : même soleil, même terre, même monde, mêmes sensations ; rien ne ressemble mieux à aujourd'hui que demain. Il y aurait quelque curiosité à mourir, c'est-à-dire, à n'être plus un corps, mais à être seulement esprit [3]. L'homme cependant, impatient [4] de la nouveauté, n'est point curieux sur ce seul article ; né inquiet et qui s'ennuie de tout, il ne s'ennuie point de vivre, il consentirait peut-être à vivre toujours. Ce qu'il voit de la mort le frappe plus violemment que ce qu'il en sait ; la maladie, la douleur, le cadavre, le dégoûtent de la connaissance d'un autre monde : il faut tout le sérieux de la religion pour le réduire.

* Si Dieu avait donné le choix ou de mourir ou de toujours vivre, après avoir médité profondément ce que c'est que de ne voir nulle fin à la pauvreté, à la dépendance, à l'ennui, à la maladie, ou de n'essayer des richesses, de la grandeur, des plaisirs et de la santé, que pour les voir changer inviolablement [5], et par la révolution des temps, en leurs contraires, et être ainsi le jouet des biens et des maux, l'on ne saurait guère à quoi se résoudre [6]. La nature

---

1. « Choisir. » Belle antithèse présentée avec beaucoup de force et de brièveté. La Bruyère a résumé bien des sermons dans ces quelques lignes.

2. « Un seul jour, etc. » Montaigne, d'après Lucrèce, fait tenir ce langage à la nature : « La vie n'est de soy ni bien ni mal ; c'est la place du bien et du mal, selon que vous la leur faictes. Et si vous avez vescu un jour, vous avez tout veu ; un jour est égal à touts jours. Il n'y a point d'aultre lumière ni d'aultre nuit : ce soleil, cette lune, ces estoiles, cette disposition, c'est celle mesme que vos ayeuls ont jouye et qui entretiendra vos arrière-neveux. Et au pis aller, la distribution et varieté de touts les actes de ma comédie se parfournit en un an. Si vous avez prins garde au bransle de mes quatre saisons, elles embrassent l'enfance, l'adolescence, la virilité et la vieillesse du monde : il a joué son jeu ; il n'y sçait d'aultre finesse que de recommencer ; ce sera tousjours cela mesme. Je ne suis pas deliberée de vous forger aultres nouveaux passetemps : faictes place aux aultres, comme d'aultres vous l'ont faicte. » *Essais* I, 19.

3. « Il y aurait quelque curiosité, etc. » Remarque originale et digne d'un homme qui a passé sa vie dans l'étude et l'observation.

4. « Impatient. » Qui désire ardemment ; ce mot signifie aussi « qui ne peut souffrir »

Impatient déjà d'expier son offense,
Au-devant de ton bras je le sens qui s'avance.
     RACINE, *Phèdre*, II, 5.

Dans les champs de la Thrace un coursier orgueilleux,
Impatient du frein, vole et bondit sur l'herbe.
     VOLTAIRE, *la Henriade*, VIII

5. « Inviolablement. » Par une loi qui n'est jamais violée, *immanquablement*.

6. « Se résoudre. » Swift, l'auteur ingénieux des *Voyages de Gulliver*, suppose des hommes qui naissent pour l'immortalité ; il trace leur histoire et leur vie. Rien n'est

nous fixe, et nous ôte l'embarras de choisir ; et la mort, qu'elle nous rend nécessaire, est encore adoucie par la religion.

* Si ma religion était fausse, je l'avoue, voilà le piége le mieux dressé qu'il soit possible d'imaginer ; il était inévitable de ne pas donner tout au travers, et de n'y être pas pris : quelle majesté, quel éclat des mystères ! quelle suite et quel enchaînement de toute la doctrine ! quelle raison éminente ! quelle candeur, quelle innocence de vertus [1] ! quelle force invincible et accablante des témoignages rendus successivement et pendant trois siècles entiers par des millions de personnes les plus sages, les plus modérées qui fussent alors sur la terre, et que le sentiment d'une même vérité soutient dans l'exil, dans les fers, contre la vue de la mort et du dernier supplice [2] ! Prenez l'histoire, ouvrez, remontez jusques au commencement du monde, jusques à la veille de sa naissance, y a-t-il eu rien de semblable dans tous les temps ? Dieu même pouvait-il jamais mieux rencontrer pour me séduire ? par où échapper ? où aller ? où me jeter, je ne dis pas pour trouver rien de meilleur, mais quelque chose qui en approche ? S'il faut périr [3], c'est par là que je veux périr ; il m'est plus doux de nier Dieu [4] que de l'accorder avec une tromperie si spécieuse et si entière. mais je l'ai approfondi, je ne puis être athée, je suis donc ramené et entraîné dans ma religion ; c'en est fait.

* La religion est vraie, ou elle est fausse [5] ; si elle n'est qu'une

plus triste que le sort de ces malheureux qui ne peuvent mourir, et qui voient à chaque instant tomber autour d'eux, tous ceux qui leur sont le plus chers.

1. « Innocence de vertus. » Expression originale et juste. Beaucoup d'éditions portent à tort : « Innocence de mœurs. »

2. « Supplice. » Cette énumération est présentée avec beaucoup de verve et de force. Bossuet s'est également servi de l'exclamation et de l'interrogation, figures naturelles aux convictions vives : « Quelle consolation aux enfants de Dieu ! Mais quelle conviction de la vérité, quand elles voient que d'Innocent XI, qui remplit aujourd'hui si dignement le premier siége de l'Église, on remonte sans interruption jusqu'à saint Pierre, établi par Jésus-Christ, prince des apôtres ; d'où, en reprenant les pontifes qui ont servi sous la loi, on va jusqu'à Aaron et jusqu'à Moïse, de là jusqu'aux patriarches et jusqu'à l'origine du monde ! Quelle suite, quelle tradition, quel enchaînement merveilleux ! Si notre esprit naturellement incertain, et devenu par ses incertitudes le jouet de ses propres raisonnements, a besoin, dans les questions où il y va du salut, d'être fixé et déterminé par quelque autorité certaine, quelle plus grande autorité que celle de l'Église catholique, qui réunit en elle-même toute l'autorité des siècles passés, et les anciennes traditions du genre humain, jusqu'à sa première origine ? » *Discours sur l'Histoire universelle*, part. II, c. 31, page 315 de l'édition annotée par M. Delachapelle.

3. « S'il faut périr. » S'il faut renoncer aux vérités surnaturelles.

4. « Il m'est plus doux, etc. » Je croirais plutôt qu'il n'y a point de Dieu, que de croire qu'un Dieu ait voulu me tromper de la sorte.

5. « Fausse. » C'est la règle des paris de Pascal, présentée sous une forme beaucoup moins singulière et moins obscure.

vaine fiction, voilà, si l'on veut, soixante années perdues pour l'homme de bien, pour le chartreux ou le solitaire; ils ne courent pas un autre risque. Mais si elle est fondée sur la vérité même, c'est alors un épouvantable malheur pour l'homme vicieux; l'idée seule des maux qu'il se prépare me trouble l'imagination; la pensée est trop faible pour les concevoir, et les paroles trop vaines pour les exprimer. Certes, en supposant même dans le monde moins de certitude qu'il ne s'en trouve en effet sur la vérité de la religion, il n'y a point pour l'homme un meilleur parti que la vertu [1].

* Je ne sais si ceux qui osent nier Dieu méritent qu'on s'efforce de le leur prouver, et qu'on les traite plus sérieusement que l'on n'a fait dans ce chapitre. L'ignorance, qui est leur caractère, les rend incapables des principes les plus clairs et des raisonnements les mieux suivis. Je consens néanmoins qu'ils lisent celui que je vais faire, pourvu qu'ils ne se persuadent pas que c'est tout ce que l'on pouvait dire sur une vérité si éclatante.

Il y a quarante ans [2] que je n'étais point, et qu'il n'était pas en moi de pouvoir jamais être, comme il ne dépend pas de moi, qui suis une fois, de n'être plus. J'ai donc commencé, et je continue d'être par quelque chose qui est hors de moi, qui durera après moi, qui est meilleur et plus puissant que moi. Si ce quelque chose n'est pas Dieu, qu'on me dise ce que c'est.

Peut-être que moi qui existe, n'existe ainsi que par la force d'une nature universelle qui a toujours été telle que nous la voyons, en remontant jusques à l'infinité des temps [3]. Mais cette nature, ou elle est seulement esprit, et c'est Dieu, ou elle est matière, et ne peut par conséquent avoir créé mon esprit; ou elle est un composé de matière et d'esprit : et alors ce qui est esprit dans la nature, je l'appelle Dieu.

---

1. « Vertu. » « Quel mal vous arrivera-t-il en prenant ce parti? Vous serez fidèle, honnête, humble, reconnaissant, bienfaisant, sincère, véritable. A la vérité, vous ne serez point dans les plaisirs empestés, dans la gloire, dans les délices. Mais n'en aurez-vous point d'autres? Je vous dis que vous gagnerez en cette vie, et qu'à chaque pas que vous ferez en ce chemin, vous verrez tant de certitude de gain, et tant de néant dans ce que vous hasardez, que vous connaîtrez à la fin que vous avez parié pour une chose certaine et infinie, et que vous n'avez rien donné pour l'obtenir. » PASCAL.
2. « Il y a quarante ans. » L'auteur raisonne d'après les principes de Descartes que Bossuet a suivis dans son livre *De la Connaissance de Dieu et de soi-même*, et Fénelon dans son *Traité de l'existence de Dieu*.
3. « Des temps. » Objection ou système des libertins. (*Note de La Bruyère*).

Peut-être aussi que ce que j'appelle mon esprit n'est qu'une portion de matière qui existe par la force d'une nature universelle qui est aussi matière, qui a toujours été, et qui sera toujours telle que nous la voyons, et qui n'est point Dieu [1] : mais du moins faut-il m'accorder que ce que j'appelle mon esprit, quelque chose que ce puisse être, est une chose qui pense, et que s'il est matière, il est nécessairement une matière qui pense, car l'on ne me persuadera point qu'il n'y ait pas en moi quelque chose qui pense, pendant que je fais ce raisonnement. Or, ce quelque chose qui est en moi et qui pense, s'il doit son être et sa conservation à une nature universelle, qui a toujours été et qui sera toujours, laquelle il reconnaisse comme sa cause, il faut indispensablement que ce soit à une nature universelle, ou qui pense, ou qui soit plus noble et plus parfaite que ce qui pense ; et si cette nature ainsi faite est matière, l'on doit encore conclure que c'est une matière universelle qui pense, ou qui est plus noble et plus parfaite que ce qui pense.

Je continue, et je dis : Cette matière telle qu'elle vient d'être supposée, si elle n'est pas un être chimérique, mais réel, n'est pas aussi imperceptible à tous les sens ; et si elle ne se découvre pas par elle-même, on la connaît du moins dans le divers arrangement de ses parties, qui constitue les corps, et qui en fait la différence : elle est donc elle-même tous ces différents corps ; et comme elle est une matière qui pense selon la supposition, ou qui vaut mieux que ce qui pense, il s'ensuit qu'elle est telle du moins selon quelques-uns de ces corps, et, par une suite nécessaire, selon tous ces corps, c'est-à-dire qu'elle pense dans les pierres, dans les métaux, dans les mers, dans la terre, dans moi-même qui ne suis qu'un corps, comme dans toutes les autres parties qui la composent : c'est donc à l'assemblage de ces parties si terrestres, si grossières, si corporelles, qui toutes ensemble sont la matière universelle ou ce monde visible, que je dois ce quelque chose qui est en moi, qui pense, et que j'appelle mon esprit ; ce qui est absurde.

Si, au contraire, cette nature universelle, quelque chose que ce puisse être, ne peut pas être tous ces corps, ni aucun de ces corps, il suit de là qu'elle n'est point matière, ni perceptible par aucun

---

[1] « Qui n'est point Dieu. » Instance des libertins. (*Note de La Bruyère.*)

des sens, si cependant elle pense, ou si elle est plus parfaite que ce qui pense, je conclus encore qu'elle est esprit, ou un être meilleur et plus accompli que ce qui est esprit : si d'ailleurs il ne reste plus à ce qui pense en moi, et que j'appelle mon esprit, que cette nature universelle à laquelle il puisse remonter pour rencontrer sa première cause et son unique origine, parce qu'il ne trouve point son principe en soi, et qu'il le trouve encore moins dans la matière, ainsi qu'il a été démontré, alors je ne dispute point des noms ; mais cette source originaire de tout esprit, qui est esprit elle-même, et qui est plus excellente que tout esprit, je l'appelle Dieu.

En un mot, je pense ; donc Dieu existe : car ce qui pense en moi, je ne le dois point à moi-même, parce qu'il n'a pas plus dépendu de moi de me le donner une première fois, qu'il dépend encore de moi de me le conserver un seul instant : je ne le dois point à un être qui soit au-dessus de moi, et qui soit matière, puisqu'il est impossible que la matière soit au-dessus de ce qui pense : je le dois donc à un être qui est au-dessus de moi et qui n'est point matière ; et c'est Dieu.

* De ce qu'une nature universelle qui pense exclut de soi généralement tout ce qui est matière, il suit nécessairement qu'un être particulier qui pense ne peut pas aussi admettre en soi la moindre matière ; car, bien qu'un être universel qui pense renferme dans son idée infiniment plus de grandeur, de puissance, d'indépendance et de capacité qu'un être particulier qui pense, il ne renferme pas néanmoins une plus grande exclusion [1] de matière, puisque cette exclusion dans l'un et l'autre de ces deux êtres est aussi grande qu'elle peut être et comme infinie, et qu'il est autant impossible que ce qui pense en moi soit matière, qu'il est inconcevable que Dieu soit matière : ainsi, comme Dieu est esprit, mon âme aussi est esprit.

* Je ne sais point si le chien choisit, s'il se ressouvient, s'il affectionne, s'il craint, s'il imagine, s'il pense ; quand donc l'on me dit que toutes ces choses ne sont en lui ni passions, ni sentiment, mais l'effet naturel et nécessaire de la disposition de sa machine préparée par le divers arrangement des parties de la matière, je

---

1. « Renfermer une exclusion » est une locution bizarre.

puis au moins acquiescer à cette doctrine [1]. Mais je pense, et je suis certain que je pense : or, quelle proportion y a-t-il de tel ou de tel arrangement des parties de la matière, c'est-à-dire, d'une étendue selon toutes ses dimensions, qui est longue, large et profonde, et qui est divisible dans tous ces sens, avec ce qui pense ?

* Si tout est matière, et si la pensée en moi, comme dans tous les autres hommes, n'est qu'un effet de l'arrangement des parties de la matière, qui a mis dans le monde toute autre idée que celle des choses matérielles ? La matière a-t-elle dans son fond une idée aussi pure, aussi simple, aussi immatérielle qu'est celle de l'esprit ? Comment peut-elle être le principe de ce qui la nie et l'exclut de son propre être ? Comment est-elle dans l'homme ce qui pense, c'est-à-dire, ce qui est à l'homme même une conviction qu'il n'est point matière ?

* Il y a des êtres qui durent peu, parce qu'ils sont composés de choses très-différentes, et qui se nuisent réciproquement : il y en a d'autres qui durent davantage, parce qu'ils sont plus simples ; mais ils périssent, parce qu'ils ne laissent pas d'avoir des parties selon lesquelles ils peuvent être divisés. Ce qui pense en moi doit durer beaucoup, parce que c'est un être pur, exempt de tout mélange et de toute composition ; et il n'y a pas de raison qu'il doive périr : car qui peut corrompre ou séparer un être simple, et qui n'a point de parties ?

* L'âme voit la couleur par l'organe de l'œil, et entend les sons par l'organe de l'oreille ; mais elle peut cesser de voir ou d'entendre, quand ces sens ou ces objets lui manquent, sans que pour cela elle cesse d'être, parce que l'âme n'est point précisé-

---

1. « A cette doctrine. » Celle de Descartes que La Fontaine (*Fables*, x, 1) expose ainsi :

> .... Ils disent donc
> Que la bête est une machine ;
> Qu'en elle tout se fait sans choix et par ressorts :
> Nul sentiment, point d'âme ; en elle tout est corps.
> Telle est la montre qui chemine
> A pas toujours égaux, aveugle et sans dessein.
> Ouvrez-la, lisez dans son sein :
> Mainte roue y tient lieu de tout l'esprit du monde ;
> La première y meut la seconde ;
> Une troisième suit : elle sonne à la fin.
> Au dire de ces gens, la bête est toute telle.

Il va sans dire que La Fontaine combat cette théorie, et défend l'honneur des bêtes qu'il fait si bien penser et parler.

ment ce qui voit la couleur, ou ce qui entend les sons ; elle n'est que ce qui pense. Or, comment peut-elle cesser d'être telle ? Ce n'est point par le défaut d'organe, puisqu'il est prouvé qu'elle n'est point matière ; ni par le défaut d'objet, tant qu'il y aura un Dieu et d'éternelles vérités : elle est donc incorruptible.

« Je ne conçois point qu'une âme que Dieu a voulu remplir de l'idée de son être infini et souverainement parfait, doive être anéantie.

« Voyez, *Lucile*, ce morceau de terre [1] plus propre et plus orné que les autres terres qui lui sont contiguës : ici, ce sont des compartiments mêlés d'eaux plates [2] et d'eaux jaillissantes ; là, des allées en palissade [3] qui n'ont pas de fin, et qui vous couvrent des vents du nord ; d'un côté, c'est un bois épais qui défend de tous les soleils, et d'un autre un beau point de vue ; plus bas, une Yvette ou un Lignon [4], qui coulait obscurément entre les saules et les peupliers, est devenu un canal qui est revêtu [5] ; ailleurs, de longues et fraîches avenues se perdent dans la campagne, et annoncent la maison, qui est entourée d'eau : vous récrierez-vous, Quel jeu du hasard ! combien de belles choses se sont rencontrées ensemble inopinément ! Non sans doute ; vous direz au contraire, Cela est bien imaginé et bien ordonné ; il règne ici un bon goût et beaucoup d'intelligence. Je parlerai comme vous, et j'ajouterai que ce doit être la demeure de quelqu'un de ces gens chez qui un NAUTRE [6] va tracer et prendre des alignements dès le jour même qu'ils sont en place. Qu'est-ce pourtant que cette pièce de terre ainsi disposée, et où tout l'art d'un ouvrier habile a été employé pour l'embellir ? si même toute la terre n'est qu'un atome suspendu en l'air, et si vous écoutez ce que je vais dire ?

Vous êtes placé, ô Lucile [7], quelque part sur cet atome, il faut

1. « Ce morceau de terre. » Le parc de Chantilly. Cette description donne de la nouveauté et de l'intérêt à l'argument fort juste, mais fort ancien, dont se sert La Bruyère.
2. « D'eaux plates. » De bassins.
3. « Des allées en palissade. » « Allées où l'on plante des arbres qui portent des branches dès le bas, qu'on tend et qu'on étend, en sorte qu'ils paraissent comme une muraille couverte de feuilles. » FURETIÈRE.
4. « Lignon. » Noms propres au lieu du nom commun, « petit ruisseau. »
5. « Revêtu. » Un canal dont les deux parois sont revêtues de pierres, de briques ou de gazon.
6. « Un Nautre. » André Le Nostre, fameux jardinier, qui a dessiné les jardins de Versailles, de Saint-Cloud, des Tuileries, etc.
7. « Lucile. » L'auteur donne à ses arguments la forme d'une conversation familière pour échapper à l'ennui d'une dissertation méthodique.

donc que vous soyez bien petit [1], car vous n'y occupez pas une grande place : cependant vous avez des yeux, qui sont deux points imperceptibles ; ne laissez pas de les ouvrir vers le ciel : qu'y apercevez-vous quelquefois? la lune dans son plein? Elle est belle alors et fort lumineuse, quoique sa lumière ne soit que la réflexion de celle du soleil : elle paraît grande comme le soleil [2], plus grande que les autres planètes et qu'aucune des étoiles. Mais ne vous laissez pas tromper par les dehors ; il n'y a rien au ciel de si petit que la lune : sa superficie est treize fois plus petite que celle de la terre, sa solidité quarante-huit fois ; et son diamètre de sept cent cinquante lieues n'est que le quart de celui de la terre [3] ; aussi est-il vrai qu'il n'y a que son voisinage qui lui donne une si

---

1. « Bien petit. » La Bruyère a imité dans les pages suivantes un des plus beaux morceaux de Pascal : « Que l'homme ne s'arrête donc pas à regarder simplement les objets qui l'environnent. Qu'il contemple la nature entière dans sa haute et pleine majesté; qu'il considère cette éclatante lumière, mise, comme une lampe éternelle, pour éclairer l'univers; que la terre lui paraisse comme un point, au prix du vaste tour que cet astre décrit, et qu'il s'étonne de ce que ce vaste tour n'est lui-même qu'un point très-délicat à l'égard de celui que les astres qui roulent dans le firmament embrassent. Mais si notre vue s'arrête là, que l'imagination passe outre. Elle se lassera plutôt de concevoir, que la nature de fournir. Tout ce que nous voyons du monde, n'est qu'un trait imperceptible dans l'ample sein de la nature. Nulle idée n'approche de l'étendue de ces espaces. Nous avons beau enfler nos conceptions, nous n'enfantons que des atomes, au prix de la réalité des choses. C'est une sphère infinie dont le centre est partout, la circonférence nulle part. Enfin c'est un des plus grands caractères sensibles de la toute-puissance de Dieu, que notre imagination se perde dans cette pensée..... Mais pour présenter à l'homme un autre prodige aussi étonnant, qu'il recherche dans ce qu'il connaît les choses les plus délicates. Qu'un ciron lui offre par exemple dans la petitesse de son corps des parties incomparablement plus petites, des jambes avec des jointures, des veines dans ces jambes, du sang dans ces veines, des humeurs dans ce sang, des gouttes dans ces humeurs, des vapeurs dans ces gouttes ; que divisant encore ces dernières choses, il épuise ses forces et ses conceptions, et que le dernier objet auquel il peut arriver soit maintenant celui de notre discours. Il pensera peut-être que c'est là l'extrême petitesse de la nature. Je veux lui faire voir là-dessus un abîme nouveau. Je veux lui peindre non-seulement l'univers visible, mais encore tout ce qu'il est capable de concevoir de l'immensité de la nature, dans l'enceinte de cet atome imperceptible. » — La Bruyère n'a ni cette force ni cette imagination; il cherche à y suppléer, en appelant à son aide les détails et les découvertes de la science, en mettant à la portée des gens du monde les principaux résultats des calculs astronomiques. Il suit en cela l'exemple des anciens, qui mêlaient volontiers les mathématiques à la philosophie. On regrette que Fénelon dans son *Traité de l'existence de Dieu*, n'ait pas cru devoir se servir des travaux de la science moderne; l'on admire au contraire dans *la Connaissance de Dieu et de soi-même*, de Bossuet, une érudition précise et solide sur les points les plus étrangers à ses études habituelles.

2. « Grande comme le soleil. » Le diamètre apparent de la lune, observé lors du passage au méridien, varie de 29 minutes 1/3 à 33 1/2; celui du soleil de 31 minutes 1/2 à 32 minutes 3/5 ; ainsi la lune nous paraît tantôt plus grande, tantôt plus petite que le soleil; mais la différence est assez faible pour que l'auteur ait pu leur donner la même grandeur.

3. « Le quart de celui de la terre. » Si le diamètre de la lune n'était que le quart du diamètre terrestre, sa superficie serait 16 fois plus petite que celle de la terre, et sa solidité 64 fois. Mais le rapport des deux diamètres est en réalité de 3 à 11 ; d'où il

grande apparence, puisqu'elle n'est guère plus éloignée de nous que de trente fois le diamètre de la terre, ou que sa distance n'est que de cent mille lieues [1]. Elle n'a presque pas même de chemin à faire en comparaison du vaste tour que le soleil fait dans les espaces du ciel; car il est certain qu'elle n'achève par jour que cinq cent quarante mille lieues : ce n'est par heure que vingt-deux mille cinq cents lieues, et trois cent soixante et quinze lieues dans une minute [2]. Il faut néanmoins, pour accomplir cette course, qu'elle aille cinq mille six cents fois plus vite qu'un cheval de poste qui ferait quatre lieues par heure; qu'elle vole quatre-vingts fois plus légèrement que le son, que le bruit, par exemple, du canon et du tonnerre, qui parcourt en une heure deux cent soixante et dix-sept lieues [3].

Mais quelle comparaison de la lune au soleil pour la grandeur, pour l'éloignement, pour la course! vous verrez qu'il n'y en a aucune. Souvenez-vous seulement du diamètre de la terre, il est de trois mille lieues; celui du soleil est cent fois plus grand, il est donc de trois cent mille lieues. Si c'est là sa largeur en tous sens, quelle peut être toute sa superficie! quelle sa solidité! Comprenez-vous bien cette étendue, et qu'un million de terres comme la nôtre ne seraient toutes ensemble pas plus grosses que le soleil [4]! Quel est donc, direz-vous, son éloignement, si l'on en juge par son apparence? Vous avez raison, il est prodigieux; il est démontré qu'il

résulte que les rapports des superficies et des volumes sont 13 1/2 et 49, nombres très-approchés de ceux que donne l'auteur. Le rayon moyen de la terre est de 1433 lieues de 25 au degré; celui de la lune, de 391.

1. « Cent mille lieues. » La distance de la lune à la terre varie entre 56 et 64 rayons terrestres; la distance moyenne est donc de 60 rayons, ou de 30 diamètres, comme le dit l'auteur. Ces 30 diamètres valent 85,960 lieues de 25 au degré, ou 98,000 lieues de poste, de 2,000 toises.

2. « Dans une minute. » La lune rétrogradant chaque jour de 13° vers l'orient ne parcourt en 24 heures que les 347/360 d'un cercle d'environ 100,000 lieues de poste de rayon; ce qui donne encore plus de 600,000 lieues par jour, au lieu de 540,000. — Il faudrait changer proportionnellement les autres nombres du texte. Ces différences ne modifieraient du reste que fort peu le raport des chemins parcourus en 24 heures par la lune et par le soleil. Il nous semble d'ailleurs inutile d'insister sur cet article, le raisonnement de l'auteur perdant toute sa force, lorsqu'on ne voit, dans le mouvement diurne de la voûte céleste, qu'une apparence produite par la révolution de la terre autour de son axe.

3. « Deux cent soixante-dix-sept lieues. » Le son parcourt 332 mètres environ par seconde; ce qui fait plus de 300 lieues de poste en une heure, au lieu de 277.

4. « Plus grosses que le soleil. » Le diamètre du soleil est 110 fois plus grand que celui de la terre, et son volume 1,331,000 fois plus considérable. Si le centre du soleil coïncidait avec celui de la terre, la lune serait comprise dans l'intérieur du globe solaire et se trouverait un peu plus qu'à moitié chemin du centre à la surface.

ne peut pas y avoir de la terre au soleil moins de dix mille diamètres de la terre, autrement moins de trente millions de lieues; peut-être y a-t-il quatre fois, six fois, dix fois plus loin; on n'a aucune méthode pour déterminer cette distance [1].

Pour aider seulement votre imagination à se la représenter, supposons une meule de moulin qui tombe du soleil sur la terre; donnons-lui la plus grande vitesse qu'elle soit capable d'avoir, celle même que n'ont pas les corps tombant de fort haut; supposons encore qu'elle conserve toujours cette même vitesse, sans en acquérir et sans en perdre; qu'elle parcourt quinze toises par chaque seconde de temps, c'est-à-dire, la moitié de l'élévation des plus hautes tours, et ainsi neuf cents toises en une minute; passons-lui mille toises en une minute, pour une plus grande facilité, mille toises font une demi-lieue commune : ainsi en deux minutes la meule fera une lieue, et en une heure elle en fera trente, et en un jour elle fera sept cent vingt lieues : or, elle a trente millions à traverser avant que d'arriver à terre, il lui faudra donc quarante et un mille six cent soixante-six jours, qui sont plus de cent quatorze années, pour faire ce voyage [2]. Ne vous effrayez pas, Lucile, écoutez-moi : la distance de la terre à Saturne est au moins décuple de celle de la terre au soleil : c'est vous dire qu'elle ne peut être moindre que de trois cents millions de lieues, et que cette pierre emploierait plus de onze cent quarante ans pour tomber de Saturne en terre [3].

Par cette élévation de Saturne élevez [4] vous-même, si vous le pouvez, votre imagination à concevoir quelle doit être l'immensité du chemin qu'il parcourt chaque jour au-dessus de nos têtes : le cercle que Saturne décrit a plus de six cents millions de lieues de diamètre [5], et par conséquent plus de dix-huit cents millions de

---

1. « Cette distance. » La distance moyenne du soleil à la terre est de 24,096 rayons terrestres et surpasse 34 millions de lieues, de 25 au degré.
2. « Pour faire ce voyage. » Un courrier qui parcourrait 100 lieues par jour, mettrait un peu plus de 14 jours pour aller du centre de la terre à sa surface, et 1,000 ans environ pour arriver au centre du soleil.
3. « De Saturne en terre. » En prenant pour unité la distance moyenne de la terre au soleil, celle de Saturne est 9 1/2; par suite la distance de la terre à Saturne est entre 8 1/2 et 10 1/2. La distance moyenne est donc, comme le dit l'auteur, de plus de 300 millions de lieues. Uranus, découvert en 1787 par Herschell, est à environ 660 millions de lieues du soleil.
4. « Par cette élévation.... élevez, » est un vrai jeu de mots indigne d'un sujet aussi sérieux.
5. « De diamètre. » Saturne parcourt son orbite en 29 ans et demi, à peu près.

lieues de circonférence. Un cheval anglais qui ferait dix lieues par heure n'aurait à courir que vingt mille cinq cent quarante-huit ans pour faire ce tour [1].

Je n'ai pas tout dit, ô Lucile, sur le miracle de ce monde visible, ou, comme vous parlez quelquefois, sur les merveilles du hasard, que vous admettez seul pour la cause première de toutes choses ! il est encore un ouvrier plus admirable que vous ne pensez : connaissez le hasard, laissez-vous instruire de toute la puissance de votre Dieu. Savez-vous que cette distance de trente millions de lieues qu'il y a de la terre au soleil, et celle de trois cents millions de lieues de la terre à Saturne, sont si peu de chose, comparées à l'éloignement qu'il y a de la terre aux étoiles, que ce n'est pas même s'énoncer assez juste que de se servir, sur le sujet de ces distances, du terme de comparaison ? Quelle proportion, à la vérité, de ce qui se mesure, quelque grand qu'il puisse être, avec ce qui ne se mesure pas ? On ne connaît point la hauteur d'une étoile ; elle est, si j'ose ainsi parler, *immensurable* [2] ; il n'y a plus ni angles, ni sinus, ni parallaxes, dont on puisse s'aider. Si un homme observait à Paris une étoile fixe, et qu'un autre la regardât du Japon, les deux lignes qui partiraient de leurs yeux pour aboutir jusqu'à cet astre ne feraient pas un angle, et se confondraient en une seule et même ligne, tant la terre entière n'est pas espace par rapport à cet éloignement. Mais les étoiles ont cela de commun avec Saturne et avec le soleil : il faut dire quelque chose de plus. Si deux observateurs, l'un sur la terre et l'autre dans le soleil, observaient en même temps une étoile, les deux rayons visuels de ces deux observateurs ne formeraient point d'angle sensible [3]. Pour concevoir la chose autrement, si un homme était situé

---

1. « Pour faire ce tour. » Voir la fin de la note 2, page 435.
2. « Immensurable. » Qu'on ne peut mesurer. Cette expression n'est pas adoptée par l'usage, quoique elle soit fort bonne. *Incommensurable* n'a pas le même sens, et se dit de deux lignes comparées l'une à l'autre, et qui n'ont point de mesure commune, quelque petite qu'elle soit. Le côté du carré est *incommensurable* avec sa diagonale. La distance qui nous sépare de la voie lactée est *immensurable*.
3. « D'angle sensible. » Quelques astronomes prétendent que pour certaines étoiles, telles que *Sirius* et *la Lyre*, cet angle peut être déterminé et s'élève à une seconde. En admettant cette hypothèse, l'étoile fixe la plus rapprochée serait encore à environ 3,450 milliards de lieues, c'est-à-dire 100,000 fois plus éloignée de nous que le soleil. Pour nous faire une idée de cette distance, nous remarquerons que la lumière nous arrive du soleil en un peu plus de huit minutes, et que par conséquent elle parcourt 4 millions de lieues environ par minute. Malgré cette prodigieuse vitesse, la lumière de *Sirius* ou de *la Lyre* mettrait encore 18 mois à nous parvenir.

dans une étoile, notre soleil, notre terre, et les trente millions de lieues qui les séparent, lui paraîtraient un même point. cela est démontré.

On ne sait pas aussi la distance d'une étoile d'avec une autre étoile, quelque voisines qu'elles nous paraissent. Les Pléiades se touchent presque, à en juger par nos yeux : une étoile paraît assise sur l'une de celles qui forment la queue de la grande Ourse, à peine la vue peut-elle atteindre à discerner la partie du ciel qui les sépare, c'est comme une étoile qui paraît double. Si cependant tout l'art des astronomes est inutile pour en marquer la distance, que doit-on penser de l'éloignement de deux étoiles qui en effet paraissent éloignées l'une de l'autre, et à plus forte raison des deux polaires? Quelle est donc l'immensité de la ligne qui passe d'une polaire à l'autre? et que sera-ce que le cercle dont cette ligne est le diamètre? Mais n'est-ce pas quelque chose de plus que de sonder les abîmes, que de vouloir imaginer la solidité du globe, dont ce cercle n'est qu'une section? Serons-nous encore surpris que ces mêmes étoiles, si démesurées dans leur grandeur, ne nous paraissent néanmoins que comme des étincelles? N'admirerons-nous pas plutôt que d'une hauteur si prodigieuse elles puissent conserver une certaine apparence, et qu'on ne les perde pas toutes de vue? Il n'est pas aussi imaginable combien il nous en échappe. On fixe le nombre des étoiles, oui, de celles qui sont apparentes : le moyen de compter celles qu'on n'aperçoit point, celles, par exemple, qui composent la voie de lait [1], cette trace lumineuse qu'on remarque au ciel dans une nuit sereine du nord au midi, et qui, par leur extraordinaire élévation, ne pouvant percer jusqu'à nos yeux pour être vues chacune en particulier, ne font au plus que blanchir cette route des cieux où elles sont placées?

Me voilà donc sur la terre comme sur un grain de sable qui ne tient à rien, et qui est suspendu [2] au milieu des airs : un nombre presque infini de globes de feu d'une grandeur inexprimable et qui confond l'imagination, d'une hauteur qui surpasse nos con-

---

1. « Voie de lait. » On l'appelle plus ordinairement « voie lactée. »
2. « Suspendu. » « Qui se considérera de la sorte s'effrayera sans doute, de se voir comme suspendu dans la masse que la nature lui a donnée entre ces deux abîmes de l'infini et du néant, dont il est également éloigné. Il tremblera dans la vue de ces merveilles; et je crois que sa curiosité se changeant en admiration, il sera plus disposé à les contempler en silence, qu'à les rechercher avec présomption. » PASCAL.

ceptions, tournent, roulent autour de ce grain de sable, et traversent chaque jour, depuis plus de six mille ans, les vastes et immenses espaces des cieux. Voulez-vous un autre système, et qui ne diminue rien du merveilleux? La terre elle-même est emportée avec une rapidité inconcevable autour du soleil, le centre de l'univers[1] : je me les représente tous ces globes, ces corps effroyables qui sont en marche; ils ne s'embarrassent point l'un l'autre, ils ne se choquent point, ils ne se dérangent point : si le plus petit d'eux tous venait à se démentir et à rencontrer la terre, que deviendrait la terre? Tous au contraire sont en leur place, demeurent dans l'ordre qui leur est prescrit, suivent la route qui leur est marquée, et si paisiblement[2] à notre égard, que personne n'a l'oreille assez fine pour les entendre marcher, et que le vulgaire ne sait pas s'ils sont au monde. O économie merveilleuse du hasard! l'intelligence même pourrait-elle mieux réussir? Une seule chose, Lucile, me fait de la peine : ces grands corps sont si précis et si constants dans leur marche, dans leurs révolutions et dans tous leurs rapports, qu'un petit animal relégué en un coin de cet espace immense qu'on appelle le monde, après les avoir observés, s'est fait une méthode infaillible de prédire à quel point de leur course tous ces astres se trouveront d'aujourd'hui en deux, en quatre, en vingt mille ans : voilà mon scrupule, Lucile; si c'est par hasard qu'ils observent des règles si invariables, qu'est-ce que l'ordre? qu'est-ce que la règle?

Je vous demanderai même ce que c'est que le hasard : est-il corps, est-il esprit? Est-ce un être distingué des autres êtres qui ait son existence particulière, qui soit quelque part? ou plutôt n'est-ce pas un mode, ou une façon d'être? Quand une boule rencontre une pierre, l'on dit : C'est un hasard; mais est-ce autre chose que ces deux corps qui se choquent fortuitement? Si par ce

---

1. « Le centre de l'univers. » Le soleil n'est pas le centre de l'univers, mais seulement de notre système planétaire.
2. « Paisiblement. » Molière s'est moqué de cette théorie des tourbillons : il fait dire Trissotin :

Je viens vous annoncer une grande nouvelle.
Nous l'avons en dormant, Madame, échappé belle.
Un monde près de nous a passé tout du long,
Est chu tout au travers de notre tourbillon;
Et s'il eût, en chemin, rencontré notre terre,
Elle eût été brisée en morceaux comme verre.
Les Femmes savantes, IV, 3.

hasard ou cette rencontre la boule ne va plus droit, mais obliquement ; si son mouvement n'est plus direct, mais réfléchi ; si elle ne roule plus sur son axe, mais qu'elle tournoie et qu'elle pirouette, conclurai-je que c'est par ce même hasard qu'en général la boule est en mouvement ? Ne soupçonnerai-je pas plus volontiers qu'elle se meut, ou de soi-même, ou par l'impulsion du bras qui l'a jetée ? Et parce que les roues d'une pendule sont déterminées l'une par l'autre à un mouvement circulaire d'une telle ou telle vitesse, examinai-je moins curieusement quelle peut être la cause de tous ces mouvements, s'ils se font d'eux-mêmes ou par la force mouvante d'un poids qui les emporte ? Mais ni ces roues, ni cette boule, n'ont pu se donner le mouvement d'eux-mêmes, ou ne l'ont point par leur nature, s'ils peuvent le perdre sans changer de nature : il y a donc apparence qu'ils sont mus d'ailleurs, et par une puissance qui leur est étrangère. Et les corps célestes, s'ils venaient à perdre leur mouvement, changeraient-ils de nature ? seraient-ils moins des corps ? Je ne me l'imagine pas ainsi ; ils se meuvent cependant, et ce n'est point d'eux-mêmes et par leur nature. Il faudrait donc chercher, ô Lucile, s'il n'y a point hors d'eux un principe qui les fait mouvoir, qui que vous trouviez, je l'appelle Dieu.

Si nous supposions que ces grands corps sont sans mouvement on ne demanderait plus, à la vérité, qui les met en mouvement mais on serait toujours reçu à demander qui a fait ces corps, comme on peut s'informer qui a fait ces roues ou cette boule ; et quand chacun de ces grands corps serait supposé un amas fortuit d'atomes qui se sont liés et enchaînés ensemble par la figure et la conformation de leurs parties, je prendrais un de ces atomes, et je dirais : Qui a créé cet atome ? est-il matière ? est-il intelligence ? a-t-il eu quelque idée de soi-même, avant que de se faire soi-même ? Il était donc un moment avant que d'être, il était et il n'était pas tout à la fois ; et s'il est auteur de son être et de sa manière d'être, pourquoi s'est-il fait corps plutôt qu'esprit ? Bien plus, cet atome n'a-t-il point commencé ? est-il éternel, est-il infini ? ferez-vous un dieu de cet atome[1] ?

---

1. « Atome. » La dialectique de La Bruyère est pleine de vigueur et de vivacité ; on voit qu'il avait sérieusement étudié Platon et Descartes, dont il exprime ici les idées avec autant de verve que les siennes propres.

« Le ciron a des yeux ; il se détourne à la rencontre des objets qui lui pourraient nuire ; quand on le met sur de l'ébène pour le mieux remarquer, si, dans le temps qu'il marche vers un côté, on lui présente le moindre fétu, il change de route : est-ce un jeu du hasard que son cristallin, sa rétine et son nerf optique?

L'on voit, dans une goutte d'eau que le poivre qu'on y a mis tremper a altérée, un nombre presque innombrable de petits animaux, dont le microscope nous fait apercevoir la figure, et qui se meuvent avec une rapidité incroyable, comme autant de monstres dans une vaste mer[1], chacun de ces animaux est plus petit mille fois qu'un ciron, et néanmoins c'est un corps qui vit, qui se nourrit, qui croît, qui doit avoir des muscles, des vaisseaux équivalents aux veines, aux nerfs, aux artères, et un cerveau[2] pour distribuer les esprits animaux[3].

Une tache de moisissure de la grandeur d'un grain de sable paraît, dans le microscope, comme un amas de plusieurs plantes très-distinctes, dont les unes ont des fleurs, les autres des fruits ; il y en a qui n'ont que des boutons à demi ouverts ; il y en a quelques-unes qui sont fanées. de quelle étrange petitesse doivent être les racines et les filtres qui séparent les aliments de ces petites plantes? et si l'on vient à considérer que ces plantes ont leurs graines ainsi que les chênes et les pins, et que ces petits animaux dont je viens de parler se multiplient par voie de génération comme les éléphants et les baleines, où cela ne mène-t-il point[4] ? Qui a su travailler à des ouvrages si délicats, si fins, qui échappent à la vue des hommes, et qui tiennent de l'infini comme les cieux, bien que dans l'autre extrémité? Ne serait-ce point celui qui a fait les cieux[5], les astres, ces masses énormes, épou-

---

1. « Comme autant de monstres, etc. » Comparaison heureuse, qui agrandit le sujet.
2. « Un cerveau. » L'existence, chez les animaux microscopiques, d'organes appropriés aux diverses fonctions de la vie, a été mise hors de doute par de nombreuses expériences et spécialement au moyen du microscope solaire.
3. « Les esprits animaux. » On entendait par là une sorte de fluide, qui transmettait aux muscles la volonté de l'esprit. Cette hypothèse est aujourd'hui complètement abandonnée par la science.
4. « Ne mène-t-il point. » Bernardin de Saint-Pierre a développé ces idées avec beaucoup de grâce et d'éloquence ; nul n'a mieux parlé que lui des *harmonies de la nature*. Buffon, au contraire, dans son grand ouvrage, n'a peut-être pas fait ressortir d'une manière assez éclatante la puissance divine ; ce qui le frappe surtout dans la nature, c'est la grandeur de l'homme, qui lutte avec elle, qui la dompte et l'améliore.
5. « Les cieux. » L'antithèse de Pascal entre l'infini de grandeur et l'infini de petitesse est rappelée ici d'une manière fort heureuse.

vantables par leur grandeur, par leur élévation, par la rapidité et l'étendue de leur course, et qui se joue [1] de les faire mouvoir?

* Il est de fait que l'homme jouit du soleil, des astres, des cieux et de leurs influences, comme il jouit de l'air qu'il respire, et de la terre sur laquelle il marche et qui le soutient; et s'il fallait ajouter à la certitude d'un fait la convenance ou la vraisemblance, elle y est tout entière, puisque les cieux et tout ce qu'ils contiennent ne peuvent pas entrer en comparaison pour la noblesse [2] et la dignité avec le moindre des hommes qui sont sur la terre, et que la proportion qui se trouve entre eux et lui est celle de la matière incapable de sentiment, qui est seulement une étendue selon trois dimensions, à ce qui est esprit, raison ou intelligence. Si l'on dit que l'homme aurait pu se passer à moins pour sa conservation, je réponds que Dieu ne pouvait moins faire pour étaler son pouvoir, sa bonté et sa magnificence, puisque, quelque chose que nous voyions qu'il ait faite, il pouvait faire infiniment davantage.

Le monde entier, s'il est fait pour l'homme, est littéralement la moindre chose que Dieu ait faite pour l'homme; la preuve s'en tire du fond de la religion. Ce n'est donc ni vanité ni présomption à l'homme de se rendre sur ses avantages [3] à la force de la vérité, ce serait en lui stupidité et aveuglement, de ne pas se laisser convaincre par l'enchaînement des preuves dont la religion se sert pour lui faire connaître ses privilèges, ses ressources, ses espérances; pour lui apprendre ce qu'il est et ce qu'il peut devenir. Mais la lune est habitée, il n'est pas du moins impossible qu'elle le soit. Que [4] parlez-vous, Lucile, de la lune, et à quel propos? En supposant Dieu, quelle est en effet la chose impossible? Vous

---

1. « Qui se joue. » Belle expression qui rappelle celle du *psaume* 104, le chef-d'œuvre des poésies qui ont chanté la création : « O Éternel, que tes œuvres sont en grand nombre! tu les as faites avec sagesse; la terre est pleine de richesses. Comme elle est vaste cette mer qui étend au loin ses bras spacieux! Des animaux sans nombre, et de toutes grandeurs, se meuvent dans son sein, et les vaisseaux passent sur ses ondes. Là nage ce grand dragon des mers, que tu as formé *pour se jouer* dans les flots. »

2. « Pour la noblesse. » C'est encore un emprunt fait à Pascal : « L'homme n'est qu'un roseau le plus foible de la nature; mais c'est un roseau pensant. Il ne faut pas que l'univers entier s'arme pour l'écraser : une vapeur, une goutte d'eau suffit pour le tuer. Mais quand l'univers l'écraserait, l'homme serait encore plus noble que ce qui le tue, parce qu'il sait qu'il meurt; et l'avantage que l'univers a sur lui, l'univers n'en sait rien. Ainsi toute notre dignité consiste dans la pensée. C'est de là qu'il faut nous relever, non de l'espace et de la durée. »

3. « De se rendre sur ses avantages. » D'être convaincu de ses avantages.

4. « Que parlez-vous. » *Que* est ici comme le latin *quid* dans le sens de *pourquoi*.

demandez peut-être si nous sommes les seuls dans l'univers que Dieu ait si bien traités? s'il n'y a point dans la lune ou d'autres hommes, ou d'autres créatures que Dieu ait aussi favorisées? Vaine curiosité, frivole demande! La terre, Lucile, est habitée, nous l'habitons, et nous savons que nous l'habitons; nous avons nos preuves, notre évidence, nos convictions sur tout ce que nous devons penser de Dieu et de nous-mêmes: que ceux qui peuplent les globes célestes, quels qu'ils puissent être, s'inquiètent pour eux-mêmes, ils ont leurs soins, et nous les nôtres. Vous avez, Lucile, observé la lune; vous avez reconnu ses taches, ses abîmes, ses inégalités, sa hauteur, son étendue, son cours, ses éclipses: tous les astronomes n'ont pas été plus loin [1]. Imaginez de nouveaux instruments, observez-la avec plus d'exactitude: voyez-vous qu'elle soit peuplée, et de quels animaux? ressemblent-ils aux hommes? sont-ce des hommes? Laissez-moi voir après vous, et si nous sommes convaincus l'un et l'autre que des hommes habitent la lune, examinons alors s'ils sont chrétiens, et si Dieu a partagé ses faveurs entre eux et nous.

* Tout est grand et admirable dans la nature, il ne s'y voit rien qui ne soit marqué au coin de l'ouvrier. Ce qui s'y voit quelquefois d'irrégulier et d'imparfait suppose règle et perfection [2]. Homme vain et présomptueux! faites un vermisseau que vous foulez aux pieds, que vous méprisez: vous avez horreur du crapaud, faites un crapaud, s'il est possible. Quel excellent maître que celui qui fait des ouvrages, je ne dis pas que les hommes admirent, mais qu'ils craignent! Je ne vous demande pas de vous mettre à votre atelier pour faire un homme d'esprit, un homme bien fait, une belle femme, l'entreprise est forte et au-dessus de vous; essayez [3] seulement de faire un bossu, un fou, un monstre, je suis content.

Rois, monarques, potentats, sacrées majestés, vous ai-je nommés par tous vos superbes noms? grands de la terre, très-hauts

---

1. « Plus loin. » La Bruyère rend indirectement hommage à la science astronomique qu'il vient de déployer.
2. « Perfection. » Les œuvres qui nous paraissent le plus imparfaites n'ont pu être créées cependant que par un être parfait.
3. « Essayez. » Ces démonstrations familières de la puissance de Dieu et de la faiblesse humaine, frappent plus vivement peut-être que les raisonnements les mieux déduits.

très-puissants et peut-être bientôt *tout-puissants seigneurs*, nous autres hommes nous avons besoin, pour nos moissons, d'un peu de pluie, de quelque chose de moins, d'un peu de rosée : faites de la rosée, envoyez sur la terre une goutte d'eau [1].

L'ordre, la décoration, les effets de la nature, sont populaires [2]: les causes, les principes ne le sont point. Demandez à une femme comment un bel œil n'a qu'à s'ouvrir pour voir, demandez-le à un homme docte.

* Plusieurs millions d'années, plusieurs centaines de millions d'années, en un mot, tous les temps ne sont qu'un instant, comparés à la durée de Dieu, qui est éternelle. Tous les espaces du monde entier ne sont qu'un point, qu'un léger atome, comparés à son immensité. S'il est ainsi, comme je l'avance (car quelle proportion du fini à l'infini?), je demande, qu'est-ce que le cours de la vie d'un homme, qu'est-ce qu'un grain de poussière qu'on appelle la terre, qu'est-ce qu'une petite portion de cette terre que l'homme possède et qu'il habite? Les méchants prospèrent pendant qu'ils vivent, quelques méchants, je l'avoue; la vertu est opprimée et le crime impuni sur la terre : quelquefois, j'en conviens. C'est une injustice. Point du tout : il faudrait, pour tirer cette conclusion, avoir prouvé qu'absolument les méchants sont heureux, que la vertu ne l'est pas, et que le crime demeure impuni. Il faudrait du moins que ce peu de temps où les bons souffrent et où les méchants prospèrent eût une durée, et que ce que nous appelons prospérité et fortune ne fût pas une apparence fausse et une ombre vaine qui s'évanouit [3]; que cette terre, cet atome, où il paraît que la vertu et le crime rencontrent si rarement ce

---

1. « Goutte d'eau. » Ce passage est vif, piquant et sensé.
2. « Populaires. » Faciles à comprendre et à connaître de tous.
3. « S'évanouit. » « Qu'est-ce que cent ans, qu'est-ce que mille ans, puisqu'un seul moment les efface? Multipliez vos jours comme les cerfs que la fable ou l'histoire de la nature fait vivre durant tant de siècles, et durez autant que ces grands chênes sous lesquels nos ancêtres se sont reposés et qui donneront encore de l'ombre à notre postérité. Entassez dans cet espace qui paraît immense, honneurs, richesses, plaisirs; que vous profitera cet amas, puisque le dernier souffle de la mort, tout faible, tout languissant, abattra tout à coup cette vaine pompe avec la même facilité qu'un château de cartes, vain amusement des enfants? Et que vous servira d'avoir tant écrit sur ce livre, d'en avoir rempli toutes les pages de beaux caractères, puisque enfin une seule rature doit tout effacer? Encore une rature laisserait-elle quelque trace du moins d'elle-même; au lieu que ce dernier moment qui effacera d'un seul trait toute votre vie, s'ira perdre lui-même avec tout le reste dans le gouffre du néant : il n'y aura plus sur la terre aucuns vestiges de ce que nous sommes » BOSSUET, *Sermon sur la mort*

qui leur est dû, fût le seul endroit de la scène où se doivent passer la punition et les récompenses [1].

De ce que je pense, je n'infère pas plus clairement que je suis esprit, que je conclus de ce que je fais ou ne fais point, selon qu'il me plait, que je suis libre. Or, liberté, c'est choix, autrement une détermination volontaire au bien ou au mal, et ainsi une action bonne ou mauvaise, et ce qu'on appelle vertu ou crime. Que le crime absolument soit impuni, il est vrai, c'est injustice, qu'il le soit sur la terre, c'est un mystère [2]. Supposons pourtant, avec l'athée, que c'est injustice ; toute injustice est une négation ou une privation de justice ; donc, toute injustice suppose justice [3]. Toute justice est une conformité à une souveraine raison : je demande en effet quand il n'a pas été raisonnable que le crime soit puni, à moins qu'on ne dise que c'est quand le triangle avait moins de trois angles : or, toute conformité à la raison est une vérité, cette conformité, comme il vient d'être dit, a toujours été ; elle est donc de celles que l'on appelle des éternelles vérités. Cette vérité, d'ailleurs, ou n'est point et ne peut être, ou elle est l'objet d'une connaissance ; elle est donc éternelle cette connaissance, et c'est Dieu.

Les dénoûments qui découvrent les crimes les plus cachés, et où la précaution des coupables pour les dérober aux yeux des hommes a été plus grande, paraissent si simples et si faciles, qu'il semble qu'il n'y ait que Dieu seul qui puisse en être l'auteur ; et les faits d'ailleurs que l'on en rapporte sont en si grand nombre, que s'il plait à quelques-uns de les attribuer à de purs hasards,

---

1. « Récompenses. » Ces raisonnements sont rassemblés avec une vivacité et une brièveté qui ne les empêchent pas d'être clairs et concluants.

2. « Mystère » « S'il vous paraît quelque désordre, s'il vous semble que la récompense court trop lentement à la vertu, et que la peine ne poursuive pas d'assez près le vice, songez à l'éternité de ce premier être ; ses desseins formés et conçus dans le sein immense de cette immuable éternité, ne dépendent ni des années, ni des siècles qu'il voit passer devant lui comme des moments, et il faut la durée entière du monde, pour développer tout à fait les ordres d'une sagesse si profonde ; et nous mortels misérables, nous voudrions en nos jours qui passent si vite voir toutes les œuvres de Dieu accomplies ! Pendant que nous et nos conseils sommes limités en un temps si court, nous voudrions que l'infini se renfermât aussi dans les mêmes bornes, et qu'il déployât en si peu d'espace tout ce que sa miséricorde prépare aux bons, et tout ce que sa justice prépare aux méchants. Il ne serait pas raisonnable. Laissons agir l'Éternel suivant les lois de son éternité, et bien loin de le réduire à notre mesure, tâchons d'entrer plutôt dans toute son étendue. » Bossuet, Sermon sur la Providence.

3. « Justice. » C'est le raisonnement de Descartes, qui démontrait que nous ne pourrions savoir ce qu'est l'imperfection, si nous n'avions d'abord l'idée de ce qui est parfait.

il faut donc qu'ils soutiennent que le hasard, de tout temps, a passé en coutume.

* Si vous faites cette supposition [1], que tous les hommes qui peuplent la terre, sans exception, soient chacun dans l'abondance, et que rien ne leur manque, j'infère de là que nul homme qui est sur la terre n'est dans l'abondance, et que tout lui manque [2]. Il n'y a que deux sortes de richesses, et auxquelles les autres [3] se réduisent, l'argent et les terres : si tous sont riches, qui cultivera les terres et qui fouillera les mines ? Ceux qui sont éloignés des mines ne les fouilleront pas, ni ceux qui habitent des terres incultes et minérales ne pourront pas en tirer des fruits ; on aura recours au commerce, et on le suppose. Mais si les hommes abondent de biens, et que nul ne soit dans le cas de vivre [4] par son travail, qui transportera d'une région à une autre les lingots ou les choses échangées ? Qui mettra des vaisseaux en mer ? qui se chargera de les conduire ? Qui entreprendra des caravanes ? On manquera alors du nécessaire [5] et des choses utiles. S'il n'y a plus de besoins, il n'y a plus d'arts, plus de sciences, plus d'invention, plus de mécanique. D'ailleurs, cette égalité de possessions et de richesses en établit une autre dans les conditions, bannit toute subordination, réduit les hommes à se servir eux-mêmes, et à ne pouvoir être secourus les uns des autres ; rend les lois frivoles et inutiles ; entraîne une anarchie universelle, attire la violence, les injures, les massacres, l'impunité.

Si vous supposez, au contraire, que tous les hommes sont pauvres, en vain le soleil se lève pour eux sur l'horizon, en vain il échauffe la terre et la rend féconde ; en vain le ciel verse sur elle ses influences ; les fleuves en vain l'arrosent, et répandent dans les

---

1. « Supposition. » Saint Jean Chrysostome avait déjà fait cette ingénieuse comparaison entre deux états de fortune tout à fait inégale ; Bossuet l'a reproduite et développée dans son beau sermon *sur l'éminente dignité des pauvres dans l'Eglise*, dont nous avons cité un passage page 293, note 7.

2. « Manque. » Voyez dans les *Métamorphoses* d'Ovide l'histoire du roi Midas, qui changeait en or tout ce qu'il avait touché.

3. « Les autres. » Les éditions publiées du temps de La Bruyère portent : les *deux* autres. Mais c'est évidemment une faute d'impression.

4. « Dans le cas de vivre. » Forcé de vivre.

5. « Du nécessaire. » Montesquieu prétend qu'une des causes principales de la décadence de la monarchie espagnole, c'est la facilité qu'elle avait de tirer d'immenses richesses des mines de l'Amérique.

diverses contrées la fertilité et l'abondance¹; inutilement aussi la mer laisse sonder ses abîmes profonds, les rochers et les montagnes s'ouvrent pour laisser fouiller dans leur sein et en tirer tous les trésors qu'ils y renferment. Mais si vous établissez que de tous les hommes répandus dans le monde, les uns soient riches et les autres pauvres et indigents, vous faites alors que le besoin rapproche mutuellement les hommes, les lie, les réconcilie; ceux-ci servent, obéissent, inventent, travaillent, cultivent, perfectionnent, ceux-là jouissent, nourrissent, secourent, protégent, gouvernent : tout ordre est rétabli, et Dieu se découvre.

* Mettez l'autorité, les plaisirs et l'oisiveté d'un côté, la dépendance, les soins et la misère de l'autre ; ou ces choses sont déplacées par la malice des hommes, ou Dieu n'est pas Dieu.

Une certaine inégalité dans les conditions, qui entretient l'ordre et la subordination, est l'ouvrage de Dieu, ou suppose une loi divine ; une trop grande disproportion, et telle qu'elle se remarque parmi les hommes, est leur ouvrage, ou la loi des plus forts².

Les extrémités sont vicieuses, et partent de l'homme : toute compensation est juste, et vient de Dieu.

Si on ne goûte point ces Caractères, je m'en étonne³; et si on les goûte, je m'en étonne de même⁴.

1. « La fertilité et l'abondance. »
   Sans doute qu'à tes yeux elles montrent leurs pas,
   Moi, j'ai des yeux d'esclave et je ne les vois pas.
   Je n'y vois qu'un sol dur, laborieux, servile,
   Que j'ai, non pas pour moi, contraint d'être fertile ;
   Où, sous un ciel brûlant, je moissonne le grain
   Qui va nourrir un autre et me laisse ma faim.
   Voilà quelle est la terre; elle n'est point ma mère,
   Elle est pour moi marâtre ; et la nature entière
   Est plus nue à mes yeux, plus horrible à mon cœur,
   Que ce vallon de mort qui te fait tant d'horreur !
        A. Chénier, *Idylles*, la Liberté.

2. « Des plus forts. » La Bruyère ne pouvait mieux terminer son livre que par ces réflexions si fortes contre l'extrême inégalité des conditions, qui était le trait le plus remarquable, et le plus grand mal du siècle dont il a décrit les mœurs.

3. « Je m'en étonne. » Parce que la satire y divertit le lecteur aux dépens du prochain.

4. « Je m'en étonne de même. » Parce que j'entreprends d'instruire et de moraliser le lecteur. — Pourquoi finir par une pensée obscure et recherchée ?

FIN DES CARACTÈRES.

DISCOURS

PRONONCÉ

DANS L'ACADÉMIE FRANÇAISE

LE LUNDI 15 JUIN 1693.

PRÉFACE.

Ceux qui, interrogés sur le discours que je fis à l'Académie française le jour que j'eus l'honneur d'y être reçu, ont dit sèchement que j'avais fait des caractères, croyant le blâmer en ont donné l'idée la plus avantageuse que je pouvais moi-même désirer; car le public ayant approuvé ce genre d'écrire où je me suis appliqué depuis quelques années, c'était le prévenir en ma faveur que de faire une telle réponse. Il ne restait plus que de savoir si je n'aurais pas dû renoncer aux caractères dans le discours dont il s'agissait; et cette question s'évanouit dès qu'on sait que l'usage a prévalu qu'un nouvel académicien compose celui qu'il doit prononcer le jour de sa réception, de l'éloge du roi, de ceux du cardinal de Richelieu, du chancelier Séguier, de la personne à qui il succède, et de l'Académie française. De ces cinq éloges, il y en a quatre de personnels; or, je demande à mes censeurs qu'ils me posent si bien la différence qu'il y a des éloges personnels aux caractères qui louent, que je la puisse sentir, et avouer ma faute. Si, chargé de faire quelque autre harangue, je retombe encore dans des peintures, c'est alors qu'on pourra écouter leur critique, et peut-être me condamner; je dis peut-être, puisque les caractères, ou du moins les images des choses et des personnes, sont inévitables dans l'oraison, que tout écrivain est peintre, et tout excellent écrivain excellent peintre.

J'avoue que j'ai ajouté à ces tableaux, qui étaient de commande, les louanges de chacun des hommes illustres qui composent l'Académie française; et ils ont dû me le pardonner, s'ils ont fait attention qu'autant pour ménager leur pudeur que pour éviter les caractères, je me suis abstenu de toucher à leurs personnes, pour ne parler que de leurs ouvrages, dont j'ai fait des éloges publics plus ou moins étendus, selon que les sujets qu'ils y ont traités pouvaient l'exiger. J'ai loué des académiciens encore vivants, disent quelques-uns. Il est vrai; mais je les ai loués tous : qui d'entre eux aurait une raison de se plaindre? C'est une coutume toute nouvelle, ajoutent-ils, et qui n'avait point encore eu d'exemple. Je veux en convenir, et que j'ai pris soin de m'écarter des lieux communs et des phrases proverbiales usées depuis si long temps, pour avoir servi à un nombre infini de pareils discours depuis la naissance de l'Académie française. M'était-il donc si difficile de faire entrer Rome et Athènes, le Lycée et le Portique, dans l'éloge de cette savante compagnie? *Être au comble de ses vœux de se voir académicien, protester que ce jour où l'on jouit pour la première fois d'un si rare bonheur, est le jour le plus beau de sa vie; douter si cet honneur qu'on vient de recevoir est une chose vraie ou qu'on ait* songée; espérer de puiser désormais à la source les plus pures eaux de l'éloquence française; n'avoir accepté, n'avoir désiré une telle place que pour profiter des lumières de tant de personnes si éclairées; promettre que, tout indigne de leur choix qu'on se reconnaît, on s'efforcera de s'en rendre digne : cent autres formules de pareils compliments sont-elles si rares et si peu connues que je n'eusse pu les trouver, les placer, et en mériter des applaudissements?

Parce donc que j'ai cru que, quoi que l'envie et l'injustice publient de l'Académie française, quoi qu'elles veuillent dire de son âge d'or et de sa décadence, elle n'a jamais, depuis son établissement, rassemblé un si grand nombre de personnes illustres par toutes sortes de talents et en tout genre d'érudition qu'il est facile aujourd'hui d'y en remarquer; et que, dans cette prévention où je suis, je n'ai pas espéré que cette compagnie pût être une autre fois plus belle à peindre, ni prise dans un jour plus favorable, et que je me suis servi de l'occasion, ai-je rien fait qui doive m'attirer les moindres reproches? Cicéron a pu louer impunément Brutus, César Pompée, Marcellus, qui étaient vivants, qui étaient présents; il les a loués plusieurs fois, il les a loués seuls, dans le sénat, souvent en présence de leurs ennemis, toujours devant une compagnie jalouse de leur mérite, et qui avait bien d'autres délicatesses de politique sur la vertu des grands hommes, que n'en saurait avoir l'Académie française. J'ai loué les académiciens, je les ai loués tous, et ce n'a pas été impunément : que me serait-il arrivé si je les avais blâmés tous?

Je viens d'entendre, a dit Théobalde, *une grande vilaine harangue qui m'a fait bâiller vingt fois, et qui m'a ennuyé à la mort.* Voilà ce qu'il a dit, et voilà ensuite ce qu'il a fait, lui et peu d'autres qui ont cru devoir entrer dans les mêmes intérêts. Ils partirent pour la cour le lendemain de la prononciation de ma harangue; ils allèrent de maisons en maisons; ils dirent aux personnes auprès de qui ils ont accès, que je leur avais balbutié la veille un discours où il n'y avait ni style, ni sens commun; qui était rempli d'extravagances, et une vraie satire. Revenus à Paris, ils se cantonnèrent en divers quartiers, où ils répandirent tant de venin contre moi, s'acharnèrent si fort à diffamer cette harangue, soit dans leurs conversations, soit dans les lettres qu'ils écrivirent à leurs amis dans les provinces, en dirent tant de mal et le persuadèrent si fortement à qui ne l'avait pas entendue, qu'ils crurent pouvoir insinuer au public, ou que les caractères faits de la même main étaient mauvais, ou que s'ils étaient bons, je n'en étais pas l'auteur; mais qu'une femme de mes amies m'avait fourni ce qu'il y avait de plus supportable. Ils prononcèrent aussi que je n'étais pas capable de faire rien de suivi, pas même la moindre préface, tant ils estimaient impraticable, à un homme même qui est dans l'habitude de penser et d'écrire ce qu'il pense, l'art de lier ses pensées et de faire des transitions.

Ils firent plus : violant les lois de l'Académie française, qui défend aux académiciens d'écrire ou de faire écrire contre leurs confrères, ils lâchèrent sur moi deux auteurs associés à une même gazette[1]; ils les animèrent, non pas à publier contre moi une satire fine et ingénieuse, ouvrage trop au-dessous des uns et des autres, *facile à manier, et*

---

[1] « Une gazette. » Mer. Gal. (*Note de La Bruyère.*) — C'est le *Mercure Galant* dont de Visé était alors rédacteur.

dont les moindres esprits se trouvent capables, mais à me dire de ces injures grossières et personnelles, si difficiles à rencontrer, si pénibles à prononcer ou à écrire, surtout à des gens à qui je veux croire qu'il reste encore quelque pudeur et quelque soin de leur réputation.

Et en vérité je ne doute point que le public ne soit enfin étourdi et fatigué d'entendre depuis quelques années de vieux corbeaux croasser autour de ceux qui, d'un vol libre et d'une plume légère, se sont élevés à quelque gloire par leurs écrits[1]. Ces oiseaux lugubres semblent, par leurs cris continuels, leur vouloir imputer le décri universel où tombe nécessairement tout ce qu'ils exposent au grand jour de l'impression; comme si on était cause qu'ils manquent de force et d'haleine, ou qu'on dût être responsable de cette médiocrité répandue sur leurs ouvrages. S'il s'imprime un livre de mœurs assez mal digéré pour tomber de soi-même et ne pas exciter leur jalousie, ils le louent volontiers, et plus volontiers encore ils n'en parlent point; mais s'il est tel que le monde en parle, ils l'attaquent avec furie. Prose, vers, tout est sujet à leur censure; tout est en proie à une haine implacable qu'ils ont conçue contre ce qui ose paraître dans quelque perfection, et avec les signes d'une approbation publique. On ne sait plus quelle morale leur fournir qui leur agrée; il faudra leur rendre celle de La Serre[2] ou de Desmarets[3], et, s'ils en sont crus, revenir au *Pédagogue chrétien* et à la *Cour sainte*. Il paraît une nouvelle satire écrite contre les vices en général, qui, d'un vers fort et d'un style d'airain, enfonce ses traits contre l'avarice, l'excès du jeu, la chicane, la mollesse, l'ordure et l'hypocrisie, où personne n'est nommé ni désigné, où nulle femme vertueuse ne peut ni ne doit se reconnaître[4]; un BOURDALOUE en chaire ne fait point de peintures du crime ni plus vives ni plus innocentes : il n'importe, *c'est médisance, c'est calomnie*. Voilà, depuis quelque temps, leur unique ton, celui qu'ils emploient contre les ouvrages de mœurs qui réussissent : ils y prennent tout littéralement; ils les lisent comme une histoire; ils n'y entendent ni la poésie, ni la figure; ainsi ils les condamnent; ils y trouvent des endroits faibles; il y en a dans Homère, dans Pindare, dans Virgile et dans Horace : où n'y en a-t-il point? si ce n'est peut-être dans leurs écrits. BERNIN[5] n'a pas manié le marbre, ni traité toutes ses figures, d'une égale force; mais on ne laisse pas de voir, dans ce qu'il a moins heureusement rencontré, de

---

1. « Leurs écrits. » « Quel est ce corbeau qui croasse, ce *Théobalde* qui bâilla si fort et si haut à la harangue de La Bruyère, et qui avec quelques académiciens, faux confrères, ameuta les coteries et le *Mercure Galant*, lequel se vengeait (c'est tout simple) d'avoir été mis *immédiatement au-dessous de rien* ? Benserade, à qui le signalement de *Théobalde* sied assez, était mort. Etait-ce Boursault qui, sans appartenir à l'Académie, avait pu se coaliser avec quelques-uns de dedans? Etait-ce le vieux Boyer, ou quelque autre de même force? D'Olivet montre trop de discrétion là-dessus. » SAINTE-BEUVE.

2. « La Serre, » né en 1600, mort en 1665, méchant écrivain souvent raillé par Boileau.

3. « Desmarets, » auteur de plusieurs pièces de théâtre, et des *Vertus Chrétiennes* poëme en huit chants, de divers écrits contre les Jansénistes, ennemi de Racine et de Boileau.

4. « Une nouvelle satire, etc. » C'est la xe Satire de Boileau.

5. « Bernin. » « Ceci fait allusion à la statue dite *la statue équestre de Curtius*, qui se trouve à l'extrémité de la pièce d'eau des Suisses, à Versailles. Elle fut faite par le célèbre Bernin, avec un bloc de marbre destiné par lui à être la statue de Louis XIV, qu'il manqua. Telle est du moins la tradition sur cette statue. » WALCKENAER.

certains traits si achevés tout proche de quelques autres qui le sont moins, qu'ils découvrent aisément l'excellence de l'ouvrier. Si c'est un cheval, les crins sont tournés d'une main hardie ; ils voltigent, et semblent être le jouet du vent ; l'œil est ardent, les naseaux soufflent le feu et la vie, un ciseau de maître s'y retrouve en mille endroits ; il n'est pas donné à ses copistes ni à ses envieux d'arriver à de telles fautes par leurs chefs-d'œuvre. L'on voit bien que c'est quelque chose de manqué par un habile homme, et une faute de PRAXITÈLE.

Mais qui sont ceux qui, si tendres et si scrupuleux, ne peuvent même supporter que, sans blesser et sans nommer les vicieux, on se déclare contre le vice? Sont-ce des chartreux et des solitaires? sont-ce les jésuites, hommes pieux et éclairés? sont-ce ces hommes religieux qui habitent en France les cloîtres et les abbayes? Tous, au contraire, lisent ces sortes d'ouvrages, et en particulier, et en public à leurs récréations ; ils en inspirent la lecture à leurs pensionnaires, à leurs élèves; ils en dépeuplent les boutiques, ils les conservent dans leurs bibliothèques. N'ont-ils pas les premiers reconnu le plan et l'économie du Livre des Caractères? n'ont-ils pas observé que de seize chapitres qui le composent, il y en a quinze, qui, s'attachant à découvrir le faux et le ridicule qui se rencontrent dans les objets des passions et des attachements humains, ne tendent qu'à ruiner tous les obstacles qui affaiblissent d'abord, et qui éteignent ensuite dans tous les hommes la connaissance de Dieu : qu'ainsi ils ne sont que des préparations au seizième et dernier chapitre, où l'athéisme est attaqué et peut-être confondu ; où les preuves de Dieu, une partie du moins de celles que les faibles hommes sont capables de recevoir dans leur esprit, sont apportées ; où la providence de Dieu est défendue contre l'insulte et les plaintes des libertins ? Qui sont donc ceux qui osent répéter contre un ouvrage si sérieux et si utile ce continuel refrain : *C'est médisance, c'est calomnie?* Il faut les nommer : ce sont des poètes ; mais quels poètes? Des auteurs d'hymnes sacrées ou des traducteurs de psaumes, des Godeaux[1] ou des Corneilles[2]? Non ; mais des faiseurs de stances et d'élégies amoureuses, de ces beaux esprits qui tournent un sonnet sur une absence ou sur un retour ; qui font une épigramme sur une belle gorge, et un madrigal sur une jouissance. Voilà ceux qui, par délicatesse de conscience, ne souffrent qu'impatiemment qu'en ménageant les particuliers avec toutes les précautions que la prudence peut suggérer, j'essaye, dans mon Livre des Mœurs, de décrier, s'il est possible, tous les vices du cœur et de l'esprit, de rendre l'homme raisonnable, et plus proche de devenir chrétien. Tels ont été les Théobaldes, ou ceux du moins qui travaillent sous eux et dans leur atelier.

Ils sont encore allés plus loin ; car, palliant d'une politique zélée le chagrin de ne se sentir pas à leur gré si bien loués et si longtemps que chacun des autres académiciens, ils ont osé faire des applications délicates et dangereuses de l'endroit de ma harangue où, m'exposant seul à prendre le parti de toute la littérature contre leurs plus irréconciliables ennemis, gens pécunieux, que l'excès d'argent ou qu'une fortune faite par de certaines voies, jointe à la faveur des grands qu'elle leur attire nécessairement, mène jusqu'à une froide insolence, je leur

---

1. « Godeau, » évêque de Grasse et de Vence, mort en 1672, a traduit les *Psaumes* en vers français. Boileau dit de lui qu'il est un poëte fort estimable, mais qui n'a point cette force de style et cette vivacité d'expression, qui font durer un ouvrage.
2. « Corneille. » L'auteur du *Cid* avait traduit en vers *l'Imitation de Jésus-Christ*

fais à la vérité à tous une vive apostrophe, mais qu'il n'est pas permis de détourner de dessus eux pour la rejeter sur un seul, et sur tou autre.

Ainsi en usent à mon égard, excités peut-être par les Théobaldes, ceux qui, se persuadant qu'un auteur écrit seulement pour les amuser par la satire, et point du tout pour les instruire par une saine morale, au lieu de prendre pour eux et de faire servir à la correction de leurs mœurs les divers traits qui sont semés dans un ouvrage, s'appliquent à découvrir, s'ils le peuvent, quels de leurs amis ou de leurs ennemis ces traits peuvent regarder, négligent dans un livre tout ce qui n'est que remarques solides ou sérieuses réflexions, quoiqu'en si grand nombre qu'elles le composent presque tout entier, pour ne s'arrêter qu'aux peintures ou aux caractères; et, après les avoir expliqués à leur manière et en avoir cru trouver les originaux, donnent au public de longues listes, ou, comme ils les appellent, des clefs ; fausses clefs, et qui leur sont aussi inutiles qu'elles sont injurieuses aux personnes dont les noms s'y voient déchiffrés, et à l'écrivain qui en est la cause, quoique innocente.

J'avais pris la précaution de protester, dans une préface, contre toutes ces interprétations, que quelque connaissance que j'ai des hommes m'avait fait prévoir, jusqu'à hésiter quelque temps si je devais rendre mon livre public, et à balancer entre le désir d'être utile à ma patrie par mes écrits, et la crainte de fournir à quelques-uns de quoi exercer leur malignité : mais puisque j'ai eu la faiblesse de publier ces Caractères, quelle digue élèverai-je contre ce déluge d'explications qui inonde la ville, et qui bientôt va gagner la cour? Dirai-je sérieusement, et protesterai-je avec d'horribles serments, que je ne suis ni auteur ni complice de ces clefs qui courent; que je n'en ai donné aucune; que mes plus familiers amis savent que je les leur ai toutes refusées; que les personnes les plus accréditées de la cour ont désespéré d'avoir mon secret? N'est-ce pas la même chose que si je me tourmentais beaucoup à soutenir que je ne suis pas un malhonnête homme, un homme sans pudeur, sans mœurs, sans conscience, tel enfin que les gazetiers dont je viens de parler ont voulu me représenter dans leur libelle diffamatoire?

Mais d'ailleurs comment aurais-je donné ces sortes de clefs, si je n'ai pu moi-même les forger telles qu'elles sont et que je les ai vues? Étant presque toutes différentes entre elles, quel moyen de les faire servir à une même entrée, je veux dire à l'intelligence de mes remarques? Nommant des personnes de la cour et de la ville à qui je n'ai jamais parlé, que je ne connais point, peuvent-elles partir de moi et être distribuées de ma main? Aurais-je donné celles qui se fabriquent à Romorantin, à Mortagne et à Belesme, dont les différentes applications sont à la baillive, à la femme de l'assesseur, au président de l'élection, au prévôt de la maréchaussée et au prévôt de la collégiale? Les noms y sont fort bien marqués; mais ils ne m'aident pas davantage à connaître les personnes. Qu'on me permette ici une vanité sur mon ouvrage : je suis presque disposé à croire qu'il faut que mes peintures expriment bien l'homme en général, puisqu'elles ressemblent à tant de particuliers, et que chacun y croit voir ceux de sa ville ou de sa province. J'ai peint à la vérité d'après nature, mais je n'ai pas toujours songé à peindre celui-ci ou celle-là dans mon Livre des Mœurs. Je ne me suis point loué au public pour faire des portraits qui ne fussent que vrais et ressemblants, de peur que quelquefois ils ne fussent pas croyables et ne parussent feints ou imaginés : me rendant plus difficile je suis allé plus loin, j'ai pris un trait d'un côté et un trait d'un autre et de ces divers traits qui pouvaient convenir à une même personne j'en ai fait des peintures vraisemblables, cherchant moins à réjouir les lecteurs par le caractère, ou, comme le disent les mécontents, par la satire de quelqu'un, qu'à leur proposer des défauts à éviter et des modèles à suivre.

Il me semble donc que je dois être moins blâmé que plaint de ceux qui, par hasard, verraient leurs noms écrits dans ces insolentes listes que je désavoue, et que je condamne autant qu'elles le méritent. J'ose même attendre d'eux cette justice, que, sans s'arrêter à un auteur moral qui n'a eu nulle intention de les offenser par son ouvrage, ils passeront jusqu'aux interprètes, dont la noirceur est inexcusable. Je dis en effet ce que je dis, et nullement ce qu'on assure que j'ai voulu dire, et je réponds encore moins de ce qu'on me fait dire et que je ne dis point. Je nomme nettement les personnes que je veux nommer, toujours dans la vue de louer leur vertu ou leur mérite ; j'écris leurs noms en lettres capitales, afin qu'on les voie de loin, et que le lecteur ne coure pas risque de les manquer. Si j'avais voulu mettre des noms véritables aux peintures moins obligeantes, je me serais épargné le travail d'emprunter des noms de l'ancienne histoire, d'employer des lettres initiales qui n'ont qu'une signification vaine et incertaine, de trouver enfin mille tours et mille faux-fuyants pour dépayser ceux qui me lisent, et les dégoûter des applications. Voilà la conduite que j'ai tenue dans la composition des Caractères.

Sur ce qui concerne la harangue qui a paru longue et ennuyeuse au chef des mécontents, je ne sais en effet pourquoi j'ai tenté de faire de ce remerciment à l'Académie française un discours oratoire qui eût quelque force et quelque étendue. De zélés académiciens m'avaient déjà frayé ce chemin ; mais ils se sont trouvés en petit nombre, et leur zèle pour l'honneur et pour la réputation de l'Académie n'a eu que peu d'imitateurs. Je pouvais suivre l'exemple de ceux qui, postulant une place dans cette compagnie sans avoir jamais rien écrit, quoiqu'ils sachent écrire, annoncent dédaigneusement, la veille de leur réception, qu'ils n'ont que deux mots à dire et qu'un moment à parler, quoique capables de parler longtemps et de parler bien.

J'ai pensé, au contraire, qu'ainsi que nul artisan n'est agrégé à aucune société, ni n'a ses lettres de maîtrise sans faire son chef-d'œuvre ; de même, et avec encore plus de bienséance, un homme associé à un corps qui ne s'est soutenu et ne peut jamais se soutenir que par l'éloquence, se trouvait engagé à faire, en y entrant, un effort en ce genre, qui le fît aux yeux de tous paraître digne du choix dont il venait de l'honorer. Il me semblait encore que puisque l'éloquence profane ne paraissait plus régner au barreau, d'où elle a été bannie par la nécessité de l'expédition, et qu'elle ne devait plus être admise dans la chaire, où elle n'a été que trop soufferte, le seul asile qui pouvait lui rester était l'Académie française ; et qu'il n'y avait rien de plus naturel, ni qui pût rendre cette compagnie plus célèbre, que si, au sujet des réceptions de nouveaux académiciens, elle savait quelquefois attirer la cour et la ville à ses assemblées par la curiosité d'y entendre des pièces d'éloquence d'une juste étendue, faites de main de maîtres, et dont la profession est d'exceller dans la science de la parole.

Si je n'ai pas atteint mon but, qui était de prononcer un discours éloquent, il me paraît du moins que je me suis disculpé de l'avoir fait trop long de quelques minutes; car si d'ailleurs Paris, à qui on l'avait promis mauvais, satirique et insensé, s'est plaint qu'on lui avait manqué de parole; si Marly, où la curiosité de l'entendre s'était répandue, n'a point retenti d'applaudissements que la cour ait donnés à la critique qu'on en avait faite; s'il a su franchir Chantilly, écueil des mauvais ouvrages; si l'Académie française, à qui j'avais appelé comme au juge souverain de ces sortes de pièces, étant assemblée extraordinairement, a adopté celle-ci, l'a fait imprimer par son libraire, l'a mise dans ses archives; si elle n'était pas, en effet, composée *d'un style affecté, dur et interrompu*, ni chargée de louanges fades et outrées, telles qu'on les lit dans *les prologues d'opéras* et dans tant *d'épîtres dédicatoires*, il ne faut plus s'étonner qu'elle ait ennuyé Théobalde. Je vois les temps (le public me permettra de le dire) où ce ne sera pas assez de l'approbation qu'il aura donnée à un ouvrage pour en faire la réputation, et que, pour y mettre le dernier sceau, il sera nécessaire que de certaines gens le désapprouvent, qu'ils y aient bâillé.

Car voudraient-ils, présentement qu'ils ont reconnu que cette harangue a moins mal réussi dans le public qu'ils ne l'avaient espéré, qu'ils savent que deux libraires ont plaidé [1] à qui l'imprimerait, voudraient-ils désavouer leur goût, et le jugement qu'ils en ont porté dans les premiers jours qu'elle fut prononcée? Me permettraient-ils de publier ou seulement de soupçonner une tout autre raison de l'âpre censure qu'ils en firent, que la persuasion où ils étaient qu'elle le méritait? On sait que cet homme [2], d'un nom et d'un mérite si distingué, avec qui j'eus l'honneur d'être reçu à l'Académie française, prié, sollicité, persécuté de consentir à l'impression de sa harangue par ceux mêmes qui voulaient supprimer la mienne et en éteindre la mémoire, leur résista toujours avec fermeté. Il leur dit *qu'il ne pouvait ni ne devait approuver une distinction si odieuse qu'ils voulaient faire entre lui et moi; que la préférence qu'ils donnaient à son Discours avec cette affectation et cet empressement qu'ils lui marquaient, bien loin de l'obliger, comme ils pouvaient le croire, lui faisait au contraire une véritable peine; que deux Discours également innocents, prononcés dans le même jour, devaient être imprimés dans le même jour.* Il s'expliqua ensuite obligeamment en public et en particulier sur le violent chagrin qu'il ressentait de ce que les deux auteurs de la Gazette que j'ai cités avaient fait servir les louanges qu'il leur avait plu de lui donner, à un dessein formé de médire de moi, de mon Discours et de mes Caractères; et il me fit sur cette satire injurieuse des explications et des excuses qu'il ne me devait point. Si donc on voulait inférer de cette conduite des Théobaldes, qu'ils ont cru faussement avoir besoin de comparaisons et d'une harangue folle et décriée pour relever celle de mon collègue, ils doivent répondre, pour se laver de ce soupçon qui les déshonore, qu'ils ne sont ni courtisans ni dévoués à la faveur, ni intéressés ni adulateurs; qu'au contraire ils sont sincères, et qu'ils ont dit naïvement ce qu'ils pensaient du plan, du style et des expressions de mon remercîment à l'Académie française. Mais on ne manquera pas d'insister et de leur dire que le jugement de la cour et de la ville, des grands et du peuple lui a été favorable. Qu'importe? ils répliqueront avec confiance que le public a son goût, et qu'ils

---

[1] « Plaidé. » L'instance était aux requêtes de l'hôtel. (*Note de La Bruyère.*)
[2] « Cet homme. » L'abbé J.-P. Bignon, petit-fils du savant Jérôme Bignon.

ont le leur ; réponse qui ferme la bouche et qui termine tout différend. Il est vrai qu'elle m'éloigne de plus en plus de vouloir leur plaire par aucun de mes écrits : car si j'ai un peu de santé avec quelques années de vie, je n'aurai plus d'autre ambition que celle de rendre, par des soins assidus et par de bons conseils, mes ouvrages tels, qu'ils puissent toujours partager les Théobaldes et le public.

DISCOURS

PRONONCÉ

DANS L'ACADÉMIE FRANÇAISE,

LE LUNDI QUINZIÈME JUIN 1693

MESSIEURS,

Il serait difficile d'avoir l'honneur de se trouver au milieu de vous, d'avoir devant ses yeux l'Académie française, d'avoir lu l'histoire de son établissement, sans penser d'abord à celui à qui elle en est redevable, et sans se persuader qu'il n'y a rien de plus naturel, et qui doive moins vous déplaire, que d'entamer ce tissu de louanges qu'exigent le devoir et la coutume, par quelques traits où ce grand cardinal soit reconnaissable, et qui en renouvellent la mémoire.

Ce n'est point un personnage qu'il soit facile de rendre ni d'exprimer par de belles paroles ou par de riches figures, par ces discours moins faits pour relever le mérite de celui que l'on veut peindre, que pour montrer tout le feu et toute la vivacité de l'orateur. Suivez le règne de Louis le Juste : c'est la vie du cardinal de Richelieu, c'est son éloge et celui du prince qui l'a mis en œuvre. Que pourrais-je ajouter à des faits encore récents et si mémorables? Ouvrez son Testament politique, digérez cet ouvrage : c'est la peinture de son esprit; son âme tout entière s'y développe; l'on y découvre le secret de sa conduite et de ses actions: l'on y trouve la source et la vraisemblance de tant et de si grands événements qui ont paru sous son administration : l'on y voit sans peine qu'un homme qui pense si virilement et si juste, a pu agir sûrement et avec succès; et que celui qui a achevé de si grandes choses, ou n'a jamais écrit, ou a dû écrire comme il a fait.

Génie fort et supérieur, il a su tout le fond et tout le mystère du gouvernement, il a connu le beau et le sublime du ministère; il a respecté l'étranger, ménagé les couronnes, connu le poids de leur alliance; il a opposé des alliés à des ennemis; il a veillé aux intérêts du dehors, à ceux du dedans; il n'a oublié que les siens : une vie laborieuse et languissante, souvent exposée, a été le prix d'une si haute vertu. Dépositaire des trésors de son maître, comblé de ses bienfaits, ordonnateur, dispensateur de ses finances, on ne saurait dire qu'il est mort riche.

Le croirait-on, Messieurs? cette âme sérieuse et austère, formidable aux ennemis de l'État, inexorable aux factieux, plongée dans la négociation, occupée tantôt à affaiblir le parti de l'hérésie, tantôt à déconcerter une ligue et tantôt à méditer une conquête, a trouvé le loisir d'être savante, a goûté les belles-lettres et ceux qui en faisaient profession. Comparez-vous, si vous l'osez, au grand Richelieu, hommes dévoués à la fortune, qui, par le succès de vos affaires particulières, vous jugez dignes que l'on vous confie les affaires publiques; qui vous donnez pour des génies heureux et pour de bonnes têtes; qui dites que vous ne savez rien, que vous n'avez jamais lu, que vous ne lisez point, ou pour marquer l'inutilité des sciences, ou pour paraître ne devoir rien aux autres, mais puiser tout de votre fonds : apprenez que le cardinal de Richelieu a su, qu'il a lu; je ne dis pas qu'il n'a point eu d'éloignement pour les gens de lettres, mais qu'il les a aimés, caressés, favorisés; qu'il leur a ménagé des priviléges, qu'il leur destinait des pensions, qu'il les a réunis en une compagnie célèbre, qu'il en a fait l'Académie française. Oui, hommes riches et ambitieux, contempteurs de la vertu, et de toute association qui ne roule pas sur les établissements et sur l'intérêt, celle-ci est une des pensées de ce grand ministre, né homme d'État, dévoué à l'État, esprit solide, éminent, capable dans ce qu'il faisait des motifs les plus relevés, et qui tendaient au bien public comme à la gloire de la monarchie; incapable de concevoir jamais rien qui ne fût digne de lui, du prince qu'il servait, de la France, à qui il avait consacré ses méditations et ses veilles.

Il savait quelle est la force et l'utilité de l'éloquence, la puissance de la parole qui aide la raison et la fait valoir; qui insinue aux hommes la justice et la probité, qui porte dans le cœur du soldat l'intrépidité et l'audace, qui calme les émotions populaires, qui excite à leurs devoirs les compagnies entières ou la multitude : il n'ignorait pas quels sont les fruits de l'histoire et de la poésie, quelle est la nécessité de la grammaire, la base et le fondement des autres sciences; et que, pour conduire ces choses à un degré de perfection qui les rendît avantageuses à la république, il fallait dresser le plan d'une compagnie où la vertu seule fût admise, le mérite placé, l'esprit et le savoir rassemblés par des suffrages : n'allons pas plus loin; voilà, Messieurs, vos principes et votre règle, dont je ne suis qu'une exception.

Rappelez en votre mémoire (la comparaison ne vous sera pas injurieuse), rappelez ce grand et premier concile, où les Pères qui le composaient étaient remarquables chacun par quelques membres mutilés, ou par les cicatrices qui leur étaient restées des fureurs de la persécution; ils semblaient tenir de leurs plaies le droit de s'asseoir dans cette assemblée générale de toute l'Église : il n'y avait aucun de vos illustres prédécesseurs qu'on ne s'empressât de voir, qu'on ne montrât dans les places, qu'on ne désignât par quelque ouvrage fameux qui lui avait fait un grand nom, et qui lui donnait rang dans cette Académie naissante qu'ils avaient comme fondée. Tels étaient ces grands artisans de la parole, ces premiers maîtres de l'éloquence française, tels vous vous êtes, Messieurs, qui ne cédez ni en savoir ni en mérite à nul d ceux qui vous ont précédés.

L'un[1], aussi correct dans sa langue que s'il l'avait apprise par règles et par principes, aussi élégant dans les langues étrangères que si elles lui étaient naturelles, en quelque idiome qu'il compose, semble toujours parler celui de son pays : il a entrepris, il a fini une pénible traduction que le plus bel esprit pourrait avouer, et que le plus pieux personnage devrait désirer d'avoir faite.

L'autre[2] fait revivre Virgile parmi nous, transmet dans notre langue les grâces et les richesses de la latine, fait des romans qui ont une fin, en bannit le prolixe et l'incroyable, pour y substituer le vraisemblable et le naturel.

Un autre[3], plus égal que Marot et plus poëte que Voiture, a le jeu, le tour et la naïveté de tous les deux; il instruit en badinant, persuade aux hommes la vertu par l'organe des bêtes, élève les petits sujets jusqu'au sublime; homme unique dans son genre d'écrire; toujours original, soit qu'il invente, soit qu'il traduise, qui a été au delà de ses modèles, modèle lui-même difficile à imiter.

Celui-ci[4] passe Juvénal, atteint Horace, semble créer les pensées d'autrui et se rendre propre tout ce qu'il manie; il a, dans ce qu'il emprunte des autres, toutes les grâces de la nouveauté et tout le mérite de l'invention; ses vers forts et harmonieux, faits de génie, quoique travaillés avec art, pleins de traits et de poésie, seront lus encore quand la langue aura vieilli, en seront les derniers débris. On y remarque une critique sûre, judicieuse et innocente, s'il est permis du moins de dire de ce qui est mauvais, qu'il est mauvais.

Cet autre[5] vient après un homme loué, applaudi, admiré, dont les vers volent en tous lieux et passent en proverbe, qui prime, qui règne sur la scène, qui s'est emparé de tout le théâtre : il ne l'en dépossède pas, il est vrai, mais il s'y établit avec lui; le monde s'accoutume à en voir faire la comparaison. Quelques-uns ne souffrent pas que Cor-

1. « L'un. » L'abbé de Choisy, homme spirituel et fort bizarre. Il avait composé, entre autres ouvrages, une traduction de *l'Imitation de Jésus-Christ*.
2. « L'autre. » Segrais, très-vanté par Boileau. Il a traduit les *Géorgiques* de Virgile. On lui attribuait à tort le joli roman de *Zaïde*, dont l'auteur est madame de La Fayette.
3. « Un autre. » La Fontaine.
4. « Celui-ci. » Boileau.
5. « Cet autre. » Racine.

neille, le grand Corneille, lui soit préféré ; quelques autres, qu'il lui soit égalé. Ils en appellent à l'autre siècle ; ils attendent la fin de quelques vieillards, qui, touchés indifféremment de tout ce qui rappelle leurs premières années, n'aiment peut-être dans Œdipe que le souvenir de leur jeunesse.

Que dirai-je de ce personnage[1] qui a fait parler si longtemps une envieuse critique et qui l'a fait taire ; qu'on admire malgré soi, qui accable par le grand nombre et par l'éminence de ses talents : orateur, historien, théologien, philosophe, d'une rare érudition, d'une plus rare éloquence, soit dans ses entretiens, soit dans ses écrits, soit dans la chaire ; un défenseur de la religion, une lumière de l'Église : parlons d'avance le langage de la postérité, un Père de l'Église. Que n'est-il point ? Nommez, Messieurs, une vertu qui ne soit pas la sienne.

Toucherai-je aussi votre dernier choix[2], si digne de vous ? Quelles choses vous furent dites dans la place où je me trouve ! Je m'en souviens ; et, après ce que vous avez entendu, comment osé-je parler, comment daignez-vous m'entendre ? Avouons-le : on sent la force et l'ascendant de ce rare esprit, soit qu'il prêche de génie et sans préparation, soit qu'il prononce un discours étudié et oratoire, soit qu'il explique ses pensées dans la conversation. Toujours maître de l'oreille et du cœur de ceux qui l'écoutent, il ne leur permet pas d'envier ni tant d'élévation, ni tant de facilité, de délicatesse, de politesse ; on est assez heureux de l'entendre, de sentir ce qu'il dit, et comme il le dit ; on doit être content de soi, si l'on emporte ses réflexions et si l'on en profite. Quelle grande acquisition avez-vous faite en cet homme illustre ! à qui m'associez-vous ?

Je voudrais, Messieurs, moins pressé par le temps et par les bienséances, qui mettent des bornes à ce discours, pouvoir louer chacun de ceux qui composent cette Académie, par des endroits encore plus marqués et par de plus vives expressions. Toutes les sortes de talents que l'on voit répandus parmi les hommes, se trouvent partagés entre vous : veut-on de diserts orateurs qui aient semé dans la chaire toutes les fleurs de l'éloquence ; qui, avec une saine morale, aient employé tous les tours et toutes les finesses de la langue ; qui plaisent par un beau choix de paroles ; qui fassent aimer les solennités, les temples, qui y fassent courir : qu'on ne les cherche pas ailleurs, ils sont parmi vous. Admire-t-on une vaste et profonde littérature qui aille fouiller dans les archives de l'antiquité, pour en retirer des choses ensevelies dans l'oubli, échappées aux esprits les plus curieux, ignorées des autres hommes ; une mémoire, une méthode, une précision à ne pouvoir dans ces recherches s'égarer d'une seule année, quelquefois d'un seul

1. « Ce personnage. » Bossuet.
2. « Votre dernier choix. » Fénelon fut reçu à l'Académie française la même année que La Bruyère. Voyez les *Dialogues sur l'éloquence*, de Fénelon, édit. annotée par M. Despois, à la fin du volume.

jour sur tant de siècles : cette doctrine admirable, vous la possédez ; elle est du moins en quelques-uns de ceux qui forment cette savante assemblée. Si l'on est curieux du don des langues joint au double talent de savoir avec exactitude les choses anciennes, et de narrer celles qui sont nouvelles avec autant de simplicité que de vérité, des qualités si rares ne vous manquent pas, et sont réunies en un même sujet. Si l'on cherche des hommes habiles, pleins d'esprit et d'expérience, qui, par le privilége de leurs emplois, fassent parler le prince avec dignité et avec justesse ; d'autres qui placent heureusement et avec succès, dans les négociations les plus délicates, les talents qu'ils ont de bien parler et de bien écrire ; d'autres encore qui prêtent leurs soins et leur vigilance aux affaires publiques, après les avoir employés aux judiciaires, toujours avec une égale réputation : tous se trouvent au milieu de vous, et je souffre à ne les pas nommer [1].

Si vous aimez le savoir joint à l'éloquence, vous n'attendrez pas longtemps ; réservez seulement toute votre attention pour celui qui parlera après moi [2]. Que vous manque-t-il enfin ? Vous avez des écrivains habiles en l'une et en l'autre oraison ; des poëtes en tout genre de poésie, soit morales soit chrétiennes, soit héroïques, soit galantes et enjouées ; des imitateurs des anciens ; des critiques austères ; des esprits fins, délicats, subtils, ingénieux, propres à briller dans les conversations et dans les cercles. Encore une fois, à quels hommes, à quels grands sujets m'associez-vous ?

Mais avec qui daignez-vous aujourd'hui me recevoir ? après qui vous fais-je ce public remerciment ? Il ne doit pas, néanmoins, cet homme si louable et si modeste, appréhender que je le loue : si proche de moi, il aurait autant de facilité que de disposition à m'interrompre. Je vous demanderai plus volontiers : A qui me faites-vous succéder ? à un homme QUI AVAIT DE LA VERTU.

Quelquefois, Messieurs, il arrive que ceux qui vous doivent les louanges des illustres morts dont ils remplissent la place, hésitent, partagés entre plusieurs choses qui méritent également qu'on les relève. Vous aviez choisi en M. l'abbé de la Chambre [3] un homme si pieux, si tendre, si charitable, si louable par le cœur, qui avait des mœurs si sages et si chrétiennes, qui était si touché de religion, si attaché à ses devoirs, qu'une de ses moindres qualités était de bien écrire : de solides vertus qu'on voudrait célébrer font passer légère-

---

1. « Nommer. » « Ces éloges flatteurs s'adressent aux personnages obscurs comme académiciens, mais illustres par leur rang et leurs dignités. C'étaient : Toussaint de La Roze, secrétaire de cabinet, qui imitait si bien l'écriture de Louis XIV, qu'il écrivait presque toutes les lettres *autographes* de ce monarque ; François de Clermont-Tonnerre, évêque de Noyon ; Nicolas Colbert, archevêque de Rouen ; le duc de Coislin, et de Callières, le diplomate. » WALCKENAER.

2. « Celui qui parlera après moi. » Charpentier, qui a laissé une traduction de la *Cyropédie* de Xénophon, etc. » Il était aussi membre de l'Académie des Inscriptions.

3. « L'abbé de la Chambre. » Curé de Saint-Barthélemy.

ment sur son érudition ou sur son éloquence; on estime encore plus sa vie et sa conduite que ses ouvrages. Je préférerais en effet de prononcer le discours funèbre de celui à qui je succède, plutôt que de me borner à un simple éloge de son esprit. Le mérite en lui n'était pas une chose acquise, mais un patrimoine, un bien héréditaire, si du moins il en faut juger par le choix de celui qui avait livré son cœur, sa confiance, toute sa personne, à cette famille qui l'avait rendue comme votre alliée, puisqu'on peut dire qu'il l'avait adoptée, et qu'il l'avait mise avec l'Académie française sous sa protection.

Je parle du chancelier Seguier[1]: on s'en souvient comme de l'un des plus grands magistrats que la France ait nourri depuis ses commencements. Il a laissé à douter en quoi il excellait davantage, ou dans les les lettres ou dans les affaires : il est vrai du moins, et on en convient, qu'il surpassait en l'un et en l'autre tous ceux de son temps. Homme grave et familier, profond dans les délibérations, quoique doux et facile dans le commerce, il a eu naturellement ce que tant d'autres veulent avoir et ne se donnent pas, ce qu'on n'a point par l'étude et par l'affectation, par les mots graves ou sentencieux, ce qui est plus rare que la science et peut-être que la probité, je veux dire de la dignité. Il ne la devait point à l'éminence de son poste; au contraire, il l'a anobli; il a été grand et accrédité sans ministère, et on ne voit pas que ceux qui ont su tout réunir en leurs personnes l'aient effacé.

Vous le perdîtes il y a quelques années, ce grand protecteur : vous jetâtes la vue autour de vous, vous promenâtes vos yeux sur tous ceux qui s'offraient, et qui se trouvaient honorés de vous recevoir; mais le sentiment de votre perte fut tel, que, dans les efforts que vous fîtes pour la réparer, vous osâtes penser à celui qui seul pouvait vous la faire oublier, et la tourner à votre gloire. Avec quelle bonté, avec quelle humanité ce magnanime prince vous a-t-il reçus! N'en soyons pas surpris, c'est son caractère; le même, Messieurs, que l'on voit éclater dans toutes les actions de sa belle vie, mais que les surprenantes révolutions arrivées dans un royaume voisin, et allié de la France, ont mis dans le plus beau jour qu'il pouvait jamais recevoir.

Quelle facilité est la nôtre, pour perdre tout d'un coup le sentiment et la mémoire des choses dont nous nous sommes vus le plus fortement imprimés! Souvenons-nous de ces jours tristes que nous avons passés dans l'agitation et dans le trouble, curieux, incertains quelle fortune auraient couru un grand roi, une grande reine, le prince leur fils, famille auguste, mais malheureuse, que la piété et la religion avaient poussée jusqu'aux dernières épreuves de l'adversité. Hélas! avaient-ils péri sur la mer ou par les mains de leurs ennemis, nous ne le savions pas; on s'interrogeait, on se promettait réciproquement les premières nouvelles qui viendraient sur un événement si lamentable. Ce n'était plus

---

1. « Seguier » Voyez page 368, note 1

une affaire publique, mais domestique; on n'en dormait plus, on s'éveillait les uns les autres pour s'annoncer ce qu'on en avait appris; et quand ces personnes royales, à qui l'on prenait tant d'intérêt, eussent pu échapper à la mer ou à leur patrie, était-ce assez? ne fallait-il pas une terre étrangère où ils pussent aborder, un roi également bon et puissant qui pût et qui voulût les recevoir? Je l'ai vue cette réception, spectacle tendre s'il en fut jamais! On y versait des larmes d'admiration et de joie. Ce prince n'a pas plus de grâce, lorsqu'à la tête de ses camps et de ses armées il foudroie une ville qui lui résiste, ou qu'il dissipe les troupes ennemies du seul bruit de son approche.

S'il soutient cette longue guerre, n'en doutons pas, c'est pour nous donner une paix heureuse; c'est pour l'avoir à des conditions qui soient justes et qui fassent honneur à la nation, qui ôtent pour toujours à l'ennemi l'espérance de nous troubler par de nouvelles hostilités. Que d'autres publient, exaltent ce que ce grand roi a exécuté, ou par lui-même ou par ses capitaines, durant le cours de ces mouvements dont toute l'Europe est ébranlée; ils ont un sujet vaste, et qui les exercera longtemps. Que d'autres augurent, s'ils le peuvent, ce qu'il veut achever dans cette campagne. Je ne parle que de son cœur, que de la pureté et de la droiture de ses intentions; elles sont connues, elles lui échappent; on le félicite sur des titres d'honneur dont il vient de gratifier quelques grands de son État : que dit-il? qu'il ne peut être content quand tous ne le sont pas, et qu'il lui est impossible que tous le soient comme il le voudrait. Il sait, Messieurs, que la fortune d'un roi est de prendre des villes, de gagner des batailles, de reculer ses frontières, d'être craint de ses ennemis; mais que la gloire du souverain consiste à être aimé de ses peuples, en avoir le cœur, et par le cœur tout ce qu'ils possèdent. Provinces éloignées, provinces voisines, ce prince humain et bienfaisant, que les peintres et les statuaires nous défigurent, vous tend les bras, vous regarde avec des yeux tendres et pleins de douceur; c'est là son attitude. Il veut voir vos habitants, vos bergers danser au son d'une flûte champêtre sous les saules et les peupliers, y mêler leurs voix rustiques, et chanter les louanges de celui qui, avec la paix et les fruits de la paix, leur aura rendu la joie et la sérénité.

C'est pour arriver à ce comble de ses souhaits, la félicité commune, qu'il se livre aux travaux et aux fatigues d'une guerre pénible, qu'il essuie l'inclémence du ciel et des saisons, qu'il expose sa personne qu'il risque une vie heureuse. Voilà son secret; et les vues qui le font agir, on les pénètre, on les discerne par les seules qualités de ceux qui sont en place, et qui l'aident de leurs conseils. Je ménage leur modestie : qu'ils me permettent seulement de remarquer qu'on ne devine point les projets de ce sage prince; qu'on devine, au contraire, qu'on nomme les personnes qu'il va placer, et qu'il ne fait que confirmer la voix du peuple dans le choix qu'il fait de ses ministres. Il ne se décharge pas entièrement sur eux du poids de ses affaires : lui-même, si je l'ose dire, il est son principal ministre. Toujours appliqué à nos besoins, il n'y a pour lui ni temps de relâche, ni heures privilégiées ; déjà la nuit s'avance, les gardes sont relevées aux avenues de son palais, les astres brillent au ciel et font leur course, toute la nature repose, privée du jour, ensevelie dans les ombres ; nous reposons aussi, tandis que ce roi, retiré dans son balustre, veille seul sur nous et sur l'État. Tel est, Messieurs, le protecteur que vous vous êtes procuré, celui de ses peuples.

Vous m'avez admis dans une compagnie illustrée par une si haute protection. Je ne le dissimule pas, j'ai assez estimé cette distinction pour désirer de l'avoir dans toute sa fleur et dans toute son intégrité, je veux dire de la devoir à votre seul choix ; et j'ai mis votre choix à tel prix, que je n'ai pas osé en blesser, pas même en effleurer la liberté par une importune sollicitation. J'avais d'ailleurs une juste défiance de moi-même ; je sentais de la répugnance à demander d'être préféré à d'autres qui pouvaient être choisis. J'avais cru entrevoir, messieurs, une chose que je ne devais avoir aucune peine à croire, que vos inclinations se tournaient ailleurs, sur un sujet digne, sur un homme[1] rempli de vertus, d'esprit et de connaissances, qui était tel avant le poste de confiance qu'il occupe, et qui serait tel encore s'il ne l'occupait plus. Je me sens touché, non de sa déférence, je sais celle que je lui dois, mais de l'amitié qu'il m'a témoignée, jusques à s'oublier en ma faveur. Un père mène son fils à un spectacle : la foule y est grande, la porte est assiégée ; il est haut et robuste, il fend la presse ; et, comme il est prêt d'entrer, il pousse son fils devant lui, qui, sans cette précaution, ou n'entrerait point, ou entrerait tard. Cette démarche d'avoir supplié quelques-uns de vous, comme il a fait, de détourner vers moi leurs suffrages, qui pouvaient si justement aller à lui, elle est rare, puisque, dans ces circonstances, elle est unique, et elle ne diminue rien de ma reconnaissance envers vous, puisque vos voix seules, toujours libres et arbitraires, donnent une place dans l'Académie française.

Vous me l'avez accordée, messieurs, et de si bonne grâce, avec un consentement si unanime, que je la dois et la veux tenir de votre seule magnificence. Il n'y a ni poste, ni crédit, ni richesses, ni titres, ni autorité, ni faveur, qui aient pu vous plier à faire ce choix. Je n'ai rien de toutes ces choses ; tout me manque. Un ouvrage qui a eu quelque succès par sa singularité, et dont les fausses, je dis les fausses et malignes applications pouvaient me nuire auprès des personnes moins équitables et moins éclairées que vous, a été toute la médiation que j'ai employée et que vous avez reçue. Quel moyen de me repentir jamais d'avoir écrit!

1. « Un homme. » Simon de la Loubère, précepteur du fils du ministre Pontchartrain, homme fort savant, et qui fut reçu quelque temps après La Bruyère à l'Académie française

DISCOURS
SUR THÉOPHRASTE.

Je n'estime pas que l'homme soit capable de former dans son esprit un projet plus vain et plus chimérique, que de prétendre, en écrivant de quelque art ou de quelque science que ce soit, échapper à toute sorte de critique, et enlever les suffrages de tous ses lecteurs.

Car sans m'étendre sur la différence des esprits des hommes, aussi prodigieuse en eux que celle de leurs visages, qui fait goûter aux uns les choses de spéculation, et aux autres celles de pratique; qui fait que quelques-uns cherchent dans les livres à exercer leur imagination, quelques autres à former leur jugement; qu'entre ceux qui lisent, ceux-ci aiment à être forcés par la démonstration, et ceux-là veulent entendre délicatement, ou former des raisonnements et des conjectures; je me renferme seulement dans cette science qui décrit les mœurs, qui examine les hommes, et qui développe leurs caractères; et j'ose dire que sur les ouvrages qui traitent de choses qui les touchent de si près, et où il ne s'agit que d'eux-mêmes, ils sont encore extrêmement difficiles à contenter.

Quelques savants ne goûtent que les apophthegmes des anciens, et les exemples tirés des Romains, des Grecs, des Perses, des Égyptiens; l'histoire du monde présent leur est insipide; ils ne sont point touchés des hommes qui les environnent, et avec qui ils vivent, et ne font nulle attention à leurs mœurs. Les femmes au contraire, les gens de la cour, et tous ceux qui n'ont que beaucoup d'esprit sans érudition, indifférents pour toutes les choses qui les ont précédés, sont avides de celles qui se passent à leurs yeux, et qui sont comme sous leur main; ils les examinent, ils les discernent, ils ne perdent pas de vue les personnes qui les entourent, si charmés des descriptions et des peintures que l'on fait de leurs contemporains, de leurs concitoyens, de ceux enfin qui leur ressemblent, et à qui ils ne croient pas ressembler, que jusque dans la chaire l'on se croit obligé souvent de suspendre l'Évangile pour les prendre par leur faible, et les ramener à leurs devoirs par des choses qui soient de leur goût et de leur portée.

La cour ou ne connaît pas la ville, ou, par le mépris qu'elle a pour elle, néglige d'en relever le ridicule, et n'est point frappée des images qu'il peut fournir; et si au contraire l'on peint la cour, comme c'est toujours avec les ménagements qui lui sont dus, la ville ne tire pas de cette ébauche de quoi remplir sa curiosité, et se faire une juste idée d'un pays où il faut même avoir vécu pour le connaître.

D'autre part, il est naturel aux hommes de ne point convenir de la beauté ou de la délicatesse d'un trait de morale qui les peint, qui les désigne, et où ils se reconnaissent eux-mêmes ; ils se tirent d'embarras en le condamnant ; et tels n'approuvent la satire, que lorsque, commençant à lâcher prise, et à s'éloigner de leurs personnes, elle va mordre quelque autre.

Enfin, quelle apparence de pouvoir remplir tous les goûts si différents des hommes par un seul ouvrage de morale ? Les uns cherchent des définitions, des divisions, des tables et de la méthode : ils veulent qu'on leur explique ce que c'est que la vertu en général, et cette vertu en particulier ; quelle différence se trouve entre la valeur, la force et la magnanimité ; les vices extrêmes par le défaut ou par l'excès entre lesquels chaque vertu se trouve placée, et duquel de ces deux extrêmes elle emprunte davantage : toute autre doctrine ne leur plaît pas. Les autres, contents que l'on réduise les mœurs aux passions, et que l'on explique celles-ci par le mouvement du sang, par celui des fibres et des artères, quittent un auteur de tout le reste.

Il s'en trouve d'un troisième ordre, qui, persuadés que toute doctrine des mœurs doit tendre à les réformer, à discerner les bonnes d'avec les mauvaises, et à démêler dans les hommes ce qu'il y a de vain, de faible et de ridicule, d'avec ce qu'ils peuvent avoir de bon, de sain et de louable, se plaisent infiniment dans la lecture des livres qui, supposant les principes physiques et moraux rebattus par les anciens et les modernes, se jettent d'abord dans leur application aux mœurs du temps, corrigent les hommes les uns par les autres par ces images de choses qui leur sont si familières, et dont néanmoins ils ne s'avisaient pas de tirer leur instruction.

Tel est le traité des Caractères des mœurs que nous a laissé Théophraste : il l'a puisé dans les Éthiques et dans les grandes Morales d'Aristote, dont il fut le disciple : les excellentes définitions que l'on lit au commencement de chaque chapitre sont établies sur les idées et sur les principes de ce grand philosophe, et le fond des caractères qui y sont décrits est pris de la même source. Il est vrai qu'il se les rend propres par l'étendue qu'il leur donne, et par la satire ingénieuse qu'il en tire contre les vices des Grecs, et surtout des Athéniens.

Ce livre ne peut guère passer que pour le commencement d'un plus long ouvrage que Théophraste avait entrepris. Le projet de ce philosophe, comme vous le remarquerez dans sa préface, était de traiter de toutes les vertus et de tous les vices. Et comme il assure lui-même dans cet endroit qu'il commence un si grand dessein à l'âge de quatre-vingt-dix-neuf ans, il y a apparence qu'une prompte mort l'empêcha de le conduire à sa perfection. J'avoue que l'opinion commune a toujours été qu'il avait poussé sa vie au delà de cent ans ; et saint Jérôme, dans une lettre qu'il écrit à Népotien, assure qu'il est mort à cent sept ans accomplis : de sorte que je ne doute point qu'il n'y ait eu une ancienne erreur ou dans les chiffres grecs qui ont servi de règle à Diogène Laërce, qui ne le fait vivre que quatre-vingt-quinze années, ou dans les premiers manuscrits qui ont été faits de cet historien ; s'il est vrai d'ailleurs que les quatre-vingt-dix-neuf ans que cet auteur se donne dans cette préface se lisent également dans quatre manuscrits de la bibliothèque Palatine, où l'on a aussi trouvé les cinq derniers chapitres des Caractères de Théophraste qui manquaient aux anciennes impressions, et où l'on a vu deux titres, l'un *Du goût qu'on a pour les vicieux*, et l'autre *Du gain sordide*, qui sont seuls, et dénués de leurs chapitres [1].

Ainsi cet ouvrage n'est peut-être même qu'un simple fragment, mais cependant un reste précieux de l'antiquité, et un monument de la vivacité de l'esprit, et du jugement ferme et solide de ce philosophe dans un âge si avancé. En effet, il a toujours été lu comme un chef-d'œuvre dans son genre : il ne se voit rien où le goût attique se fasse mieux remarquer, et où l'élégance grecque éclate davantage; on l'a appelé un livre d'or. Les savants, faisant attention à la diversité des mœurs qui y sont traitées, et à la manière naïve dont tous les caractères y sont exprimés, et la comparant d'ailleurs avec celle du poète Ménandre, disciple de Théophraste, et qui servit ensuite de modèle à Térence, qu'on a dans nos jours si heureusement imité, ne peuvent s'empêcher de reconnaître dans ce petit ouvrage la première source de tout le comique, je dis de celui qui est épuré des pointes, des obscénités, des équivoques ; qui est pris dans la nature, qui fait rire les sages et les vertueux.

Mais peut-être que pour relever le mérite de ce traité des Caractères, et en inspirer la lecture, il ne sera pas inutile de dire quelque chose de celui de leur auteur. Il était d'Érèse, ville de Lesbos, fils d'un foulon ; il eut pour premier maître dans son pays un certain Leucippe [2], qui était de la même ville que lui ; de là il passa à l'école de Platon, et s'arrêta ensuite à celle d'Aristote, où il se distingua entre tous ses disciples. Ce nouveau maître, charmé de la facilité de son esprit et de la douceur de son élocution, lui changea son nom qui était Tyrtame, en celui d'Euphraste, qui signifie celui qui parle bien ; et ce nom ne répondant point assez à la haute estime qu'il avait de la beauté de son génie et de ses expressions, il l'appela Théophraste, c'est-à-dire un homme dont le langage est divin. Et il semble que Cicéron ait entré dans les sentiments de ce philosophe, lorsque dans le livre qu'il intitule *Brutus, ou des Orateurs illustres*, il parle ainsi : Qui est plus fécond

---

1. Ces chapitres ont été retrouvés depuis, et ajoutés ici.
2. Un autre que Leucippe, philosophe célèbre, et disciple de Zénon. (*Note de La Bruyère.*)

et plus abondant que Platon? plus solide et plus ferme qu'Aristote? plus agréable et plus doux que Théophraste? Et dans quelques-unes de ses épîtres à Atticus on voit que parlant du même Théophraste, il l'appelle son ami, que la lecture de ses livres lui était familière, et qu'il en faisait ses délices.

Aristote disait de lui et de Callisthène, un autre de ses disciples, ce que Platon avait dit la première fois d'Aristote même et de Xénocrate, que Callisthène était lent à concevoir et avait l'esprit tardif; et que Théophraste au contraire l'avait si vif, si perçant et si pénétrant, qu'il comprenait d'abord d'une chose tout ce qui en pouvait être connu; que l'un avait besoin d'éperon pour être excité, et qu'il fallait à l'autre un frein pour le retenir.

Il estimait en celui-ci sur toutes choses un caractère de douceur qui régnait également dans ses mœurs et dans son style. L'on raconte que les disciples d'Aristote voyant leur maître avancé en âge et d'une santé fort affaiblie, le prièrent de leur nommer son successeur; que comme il avait deux hommes dans son école sur qui seuls ce choix pouvait tomber, Ménédème[1] le Rhodien, et Théophraste d'Érèse, par un esprit de ménagement pour celui qu'il voulait exclure, il se déclara de cette manière : il feignit, peu de temps après que ses disciples lui eurent fait cette prière, et en leur présence, que le vin dont il faisait un usage ordinaire lui était nuisible; il se fit apporter des vins de Rhodes et de Lesbos, il goûta tous les deux, dit qu'ils ne démentaient point leur terroir, et que chacun dans son genre était excellent; que le premier avait de la force, mais que celui de Lesbos avait plus de douceur, et qu'il lui donnait la préférence. Quoi qu'il en soit de ce fait qu'on lit dans Aulu-Gelle, il est certain que lorsqu'Aristote, accusé par Eurymédon, prêtre de Cérès, d'avoir mal parlé des dieux, craignant le destin de Socrate, voulut sortir d'Athènes, et se retirer à Chalcis, ville d'Eubée, il abandonna son école au Lesbien, lui confia ses écrits, à condition de les tenir secrets; et c'est par Théophraste que sont venus jusqu'à nous les ouvrages de ce grand homme.

Son nom devint si célèbre par toute la Grèce, que, successeur d'Aristote, il put compter bientôt, dans l'école qu'il lui avait laissée, jusques à deux mille disciples. Il excita l'envie de Sophocle[2] fils d'Amphiclide, et qui pour lors était préteur : celui-ci, en effet son ennemi, mais sous prétexte d'une exacte police, et d'empêcher les assemblées, fit une loi qui défendait, sous peine de la vie, à aucun philosophe d'enseigner dans les écoles. Ils obéirent ; mais l'année suivante Philon ayant succédé à Sophocle qui était sorti de charge, le peuple d'Athènes abrogea cette loi odieuse que ce dernier avait faite, le condamna à

---

1. Il y en a eu deux autres du même nom; l'un philosophe cynique, l'autre disciple de Platon. (*Note de La Bruyère.*)
2. Un autre que le poëte tragique. (*Note de La Bruyère.*)

une amende de cinq talents, rétablit Théophraste, et le reste des philosophes.

Plus heureux qu'Aristote, qui avait été contraint de céder à Eurymédon, il fut sur le point de voir un certain Agnonide puni comme impie par les Athéniens, seulement à cause qu'il avait osé l'accuser d'impiété; tant était grande l'affection que ce peuple avait pour lui et qu'il méritait par sa vertu.

En effet, on lui rend ce témoignage qu'il avait une singulière prudence, qu'il était zélé pour le bien public, laborieux, officieux, affable, bienfaisant. Ainsi, au rapport de Plutarque, lorsqu'Érèse fut accablée de tyrans qui avaient usurpé la domination de leur pays, il se joignit à Phydias[1] son compatriote, contribua avec lui de ses biens pour armer les bannis, qui rentrèrent dans leur ville, en chassèrent les traîtres, et rendirent à toute l'île de Lesbos sa liberté.

Tant de rares qualités ne lui acquirent pas seulement la bienveillance du peuple, mais encore l'estime et la familiarité des rois. Il fut ami de Cassandre, qui avait succédé à Aridée, frère d'Alexandre le Grand, au royaume de Macédoine; et Ptolémée fils de Lagus, et premier roi d'Égypte, entretint toujours un commerce étroit avec ce philosophe. Il mourut enfin accablé d'années et de fatigues, et il cessa tout à la fois de travailler et de vivre. Toute la Grèce le pleura, et tout le peuple athénien assista à ses funérailles.

L'on raconte de lui que dans son extrême vieillesse, ne pouvant plus marcher à pied, il se faisait porter en litière par la ville, où il était vu du peuple, à qui il était si cher. L'on dit aussi que ses disciples, qui entouraient son lit lorsqu'il mourut, lui ayant demandé s'il n'avait rien à leur recommander, il leur tint ce discours : « La vie nous séduit, elle nous promet de grands plaisirs dans la possession de la gloire; mais à peine commence-t-on à vivre, qu'il faut mourir : il n'y a souvent rien de plus stérile que l'amour de la réputation. Cependant, mes disciples, contentez-vous : si vous négligez l'estime des hommes, vous vous épargnez à vous-mêmes de grands travaux; s'ils ne rebutent point votre courage, il peut arriver que la gloire sera votre récompense. Souvenez-vous seulement qu'il y a dans la vie beaucoup de choses inutiles, et qu'il y en a peu qui mènent à une fin solide. Ce n'est point à moi à délibérer sur le parti que je dois prendre, il n'est plus temps : pour vous qui avez à me survivre, vous ne sauriez peser trop mûrement ce que vous devez faire. » Et ce furent là ses dernières paroles.

Cicéron, dans le troisième livre des Tusculanes, dit que Théophraste mourant se plaignit de la nature, de ce qu'elle avait accordé aux cerfs et aux corneilles une vie si longue et qui leur est si inutile, lorsqu'elle n'avait donné aux hommes qu'une vie très-courte, bien qu'il

---

1. Un autre que le fameux sculpteur. (*Note de La Bruyère.*)

leur importe si fort de vivre longtemps; que si l'âge des hommes eût pu s'étendre à un plus grand nombre d'années, il serait arrivé que leur vie aurait été cultivée par une doctrine universelle, et qu'il n'y aurait eu dans le monde ni art ni science qui n'eût atteint sa perfection. Et saint Jérôme, dans l'endroit déjà cité, assure que Théophraste à l'âge de cent sept ans, frappé de la maladie dont il mourut, regretta de sortir de la vie dans un temps où il ne faisait que commencer à être sage.

Il avait coutume de dire qu'il ne faut pas aimer ses amis pour les éprouver, mais les éprouver pour les aimer; que les amis doivent être communs entre les frères, comme tout est commun entre les amis; que l'on devait plutôt se fier à un cheval sans frein, qu'à celui qui parle sans jugement; que la plus forte dépense que l'on puisse faire est celle du temps. Il dit un jour à un homme qui se taisait à table dans un festin: « Si tu es un habile homme, tu as tort de ne pas parler; « mais s'il n'est pas ainsi, tu en sais beaucoup. » Voilà quelques-unes de ses maximes.

Mais si nous parlons de ses ouvrages, ils sont infinis, et nous n'apprenons pas que nul ancien ait plus écrit que Théophraste. Diogène Laërce fait l'énumération de plus de deux cents traités différents, et sur toutes sortes de sujets, qu'il a composés. La plus grande partie s'est perdue par le malheur des temps, et l'autre se réduit à vingt traités qui sont recueillis dans le volume de ses œuvres. L'on y voit neuf livres de l'histoire des plantes, six livres de leurs causes; il a écrit des vents, du feu, des pierres, du miel, des signes du beau temps, des signes de la pluie, des signes de la tempête, des odeurs, de la sueur, du vertige, de la lassitude, du relâchement des nerfs, de la défaillance, des poissons qui vivent hors de l'eau, des animaux qui changent de couleur, des animaux qui naissent subitement, des animaux sujets à l'envie, des caractères des mœurs. Voilà ce qui nous reste de ses écrits, entre lesquels ce dernier seul, dont on donne la traduction, peut répondre non-seulement de la beauté de ceux que l'on vient de déduire, mais encore du mérite d'un nombre infini d'autres qui ne sont point venus jusques à nous.

Que si quelques-uns se refroidissaient pour cet ouvrage moral par les choses qu'ils y voient, qui sont du temps auquel il a été écrit, et qui ne sont point selon leurs mœurs; que peuvent-ils faire de plus utile et de plus agréable pour eux, que de se défaire de cette prévention pour leurs coutumes et leurs manières, qui, sans autre discussion, non-seulement les leur fait trouver les meilleures de toutes, mais leur fait presque décider que tout ce qui n'y est pas conforme est méprisable, et qui les prive, dans la lecture des livres des anciens, du plaisir et de l'instruction qu'ils en doivent attendre.

Nous qui sommes si modernes serons anciens dans quelques siècles. Alors l'histoire du nôtre fera goûter à la postérité la vénalité des charges, c'est-à-dire le pouvoir de protéger l'innocence, de punir le crime, et de faire justice à tout le monde, acheté à deniers comptants comme une métairie; la splendeur des partisans[1], gens si méprisés chez les Hébreux et chez les Grecs. L'on entendra parler d'une capitale d'un grand royaume, où il n'y avait ni places publiques, ni bains, ni fontaines, ni amphithéâtres, ni galeries, ni portiques, ni promenoirs, qui était pourtant une ville merveilleuse. L'on dira que tout le cours de la vie s'y passait presque à sortir de sa maison, pour aller se renfermer dans celle d'un autre; que d'honnêtes femmes qui n'étaient ni marchandes, ni hôtelières, avaient leurs maisons ouvertes à ceux qui payaient pour y entrer; que l'on avait à choisir des dés, des cartes, et de tous les jeux; que l'on mangeait dans ces maisons, et qu'elles étaient commodes à tout commerce. L'on saura que le peuple ne paraissait dans la ville que pour y passer avec précipitation; nul entretien, nulle familiarité; que tout y était farouche et comme alarmé par le bruit des chars qu'il fallait éviter, et qui s'abandonnaient au milieu des rues, comme on fait dans une lice pour remporter le prix de la course. L'on apprendra sans étonnement qu'en pleine paix, et dans une tranquillité publique, des citoyens entraient dans les temples, allaient voir des femmes, ou visitaient leurs amis avec des armes offensives, et qu'il n'y avait presque personne qui n'eût à son côté de quoi pouvoir d'un seul coup en tuer un autre. Ou si ceux qui viendront après nous, rebutés par des mœurs si étranges et si différentes de leurs, se dégoûtent par là de nos mémoires, de nos poésies, de notre comique et de nos satires, pouvons-nous ne les pas plaindre par avance de se priver eux-mêmes, par cette fausse délicatesse, de la lecture de si beaux ouvrages, si travaillés, si réguliers, et de la connaissance du plus beau règne dont jamais l'histoire ait été embellie?

Ayons donc pour les livres des anciens cette même indulgence que nous espérons nous-mêmes de la postérité, persuadés que les hommes n'ont point d'usages ni de coutumes qui soient de tous les siècles, qu'elles changent avec les temps; que nous sommes trop éloignés de celles qui ont passé, et trop proches de celles qui règnent encore, pour être dans la distance qu'il faut pour faire des unes et des autres un juste discernement. Alors, ni ce que nous appelons la politesse de nos mœurs, ni la bienséance de nos coutumes, ni notre faste, ni notre magnificence, ne nous préviendront pas davantage contre la vie simple des Athéniens, que contre celle des premiers hommes, grands par eux-mêmes, et indépendamment de mille choses extérieures qui ont été depuis inventées pour suppléer peut-être à cette véritable grandeur qui n'est plus.

La nature se montrait en eux dans toute sa pureté et sa dignité, et n'était point encore souillée par la vanité, par le luxe, et par la sotte

---

[1]. Les traitants ou fermiers des impôts, les financiers. (*Note de l'éditeur.*)

ambition. Un homme n'était honoré sur la terre qu'à cause de sa force ou de sa vertu : il n'était point riche par des charges ou des pensions, mais par son champ, par ses troupeaux, par ses enfants et ses serviteurs ; sa nourriture était saine et naturelle, les fruits de la terre, le lait de ses animaux et de ses brebis ; ses vêtements simples et uniformes, leurs laines, leurs toisons ; ses plaisirs innocents, une grande récolte, le mariage de ses enfants, l'union avec ses voisins, la paix dans sa famille. Rien n'est plus opposé à nos mœurs que toutes ces choses ; mais l'éloignement des temps nous les fait goûter, ainsi que la distance des lieux nous fait recevoir tout ce que les diverses relations ou les livres de voyages nous apprennent des pays lointains et des nations étrangères.

Ils racontent une religion, une police, une manière de se nourrir, de s'habiller, de bâtir et de faire la guerre, qu'on ne savait point, des mœurs que l'on ignorait : celles qui approchent des nôtres nous touchent, celles qui s'en éloignent nous étonnent ; mais toutes nous amusent : moins rebutés par la barbarie des manières et des coutumes de peuples si éloignés, qu'instruits et même réjouis par leur nouveauté, il nous suffit que ceux dont il s'agit soient Siamois, Chinois, Nègres ou Abyssins.

Or ceux dont Théophraste nous peint les mœurs dans ses Caractères étaient Athéniens, et nous sommes Français : et si nous joignons à la diversité des lieux et du climat le long intervalle des temps, et que nous considérions que ce livre a pu être écrit la dernière année de la cent quinzième olympiade, trois cent quatorze ans avant l'ère chrétienne, et qu'ainsi il y a deux mille ans accomplis que vivait ce peuple d'Athènes dont il fait la peinture, nous admirerons de nous y reconnaître nous-mêmes, nos amis, nos ennemis, ceux avec qui nous vivons, et que cette ressemblance avec des hommes séparés par tant de siècles soit si entière. En effet, les hommes n'ont point changé selon le cœur et selon les passions ; ils sont encore tels qu'ils étaient alors, et qu'ils sont marqués dans Théophraste, vains, dissimulés, flatteurs, intéressés, effrontés, importuns, défiants, médisants querelleux, superstitieux.

Il est vrai, Athènes était libre, c'était le centre d'une république : ses citoyens étaient égaux, ils ne rougissaient point l'un de l'autre ; ils marchaient presque seuls et à pied dans une ville propre, paisible et spacieuse, entraient dans les boutiques et dans les marchés, achetaient eux-mêmes les choses nécessaires ; l'émulation d'une cour ne les faisait point sortir d'une vie commune : ils réservaient leurs esclaves pour les bains, pour les repas, pour le service intérieur des maisons, pour les voyages : ils passaient une partie de leur vie dans les places, dans les temples, aux amphithéâtres, sur un port, sous des portiques, et au milieu d'une ville dont ils étaient également les maîtres. Là, le peuple s'assemblait pour délibérer des affaires publiques ; ici, il s'entretenait avec les étrangers ; ailleurs, les philosophes tantôt enseignaient leur doctrine, tantôt conféraient avec leurs disciples : ces lieux étaient tout à la fois la scène des plaisirs et des affaires. Il y avait dans ces mœurs quelque chose de simple et de populaire, et qui ressemble peu aux nôtres, je l'avoue ; mais cependant quels hommes, en général, que les Athéniens, et quelle ville qu'Athènes ! quelles lois ! quelle police ! quelle valeur ! quelle discipline ! quelle perfection dans toutes les sciences et dans tous les arts ! mais quelle politesse dans le commerce ordinaire et dans le langage ! Théophraste, le même Théophraste dont l'on vient de dire de si grandes choses, ce parleur agréable, cet homme qui s'exprimait divinement, fut reconnu étranger, et appelé de ce nom par une simple femme de qui il achetait des herbes au marché, et qui reconnut par je ne sais quoi d'attique qui lui manquait, et que les Romains ont depuis appelé urbanité, qu'il n'était pas Athénien : et Cicéron rapporte que ce grand personnage demeura étonné de voir qu'ayant vieilli dans Athènes, possédant si parfaitement le langage attique, et en ayant acquis l'accent par une habitude de tant d'années, il ne s'était pu donner ce que le simple peuple avait naturellement et sans nulle peine. Que si l'on ne laisse pas de lire quelquefois, dans ce traité des Caractères, de certaines mœurs qu'on ne peut excuser, et qui nous paraissent ridicules, il faut se souvenir qu'elles ont paru telles à Théophraste, qu'il les a regardées comme des vices dont il a fait une peinture naïve qui fit honte aux Athéniens, et qui servit à les corriger.

Enfin, dans l'esprit de contenter ceux qui reçoivent froidement tout ce qui appartient aux étrangers et aux anciens, et qui n'estiment que leurs mœurs, on les ajoute à cet ouvrage. L'on a cru pouvoir se dispenser de suivre le projet de ce philosophe, soit parce qu'il est toujours pernicieux de poursuivre le travail d'autrui, surtout si c'est d'un ancien ou d'un auteur d'une grande réputation ; soit encore parce que cette unique figure qu'on appelle description ou énumération, employée avec tant de succès dans ces vingt-huit chapitres des Caractères, pourrait en avoir un beaucoup moindre, si elle était traitée par un génie fort inférieur à celui de Théophraste.

Au contraire, se ressouvenant que parmi le grand nombre des traités de ce philosophe, rapportés par Diogène Laërce, il s'en trouve un sous le titre de *Proverbes*, c'est-à-dire de pièces détachées, comme des réflexions ou des remarques ; que le premier et le plus grand livre de morale qui ait été fait, porte ce même nom dans les divines Écritures, on s'est trouvé excité par de si grands modèles à suivre selon ses forces une semblable manière[1] d'écrire des mœurs ; et l'on n'a point été détourné de son entreprise par deux ouvrages de morale qui sont dans les mains de tout le monde, et d'où, faute d'attention ou

---

[1]. L'on entend cette manière coupée dont Salomon a écrit ses Proverbes, et nullement les choses qui sont divines, et hors de toute comparaison. (*Note de La Bruyère.*)

par un esprit de critique, quelques-uns pourraient penser que ces remarques sont imitées.

L'un, par l'engagement de son auteur, fait servir la métaphysique à la religion, fait connaître l'âme, ses passions, ses vices; traite les grands et les sérieux motifs pour conduire à la vertu, et veut rendre l'homme chrétien. L'autre, qui est la production d'un esprit instruit par le commerce du monde, et dont la délicatesse était égale à la pénétration, observant que l'amour-propre est dans l'homme la cause de tous ses faibles, l'attaque sans relâche, quelque part où il le trouve ; et cette unique pensée, comme multipliée en mille manières différentes, a toujours, par le choix des mots et par la variété de l'expression, la grâce de la nouveauté.

L'on ne suit aucune de ces routes dans l'ouvrage qui est joint à la traduction des Caractères; il est tout différent des autres que je viens de toucher : moins sublime que le premier et moins délicat que le second, il ne tend qu'à rendre l'homme raisonnable, mais par des voies simples et communes, et en l'examinant indifféremment, sans beaucoup de méthode, et selon que les divers chapitres y conduisent par les âges, les sexes et les conditions, et par les vices, les faibles et le ridicule qui y sont attachés.

L'on s'est plus appliqué aux vices de l'esprit, aux replis du cœur, et à tout l'intérieur de l'homme, que n'a fait Théophraste; et l'on peut dire que comme ses Caractères, par mille choses extérieures qu'ils font remarquer dans l'homme, par ses actions, ses paroles et ses démarches, apprennent quel est son fond, et font remonter jusques à la source de son dérèglement; tout au contraire les nouveaux Caractères, déployant d'abord les pensées, les sentiments et les mouvements des hommes, découvrent le principe de leur malice et de leurs faiblesses, font que l'on prévoit aisément tout ce qu'ils sont capables de dire ou de faire, et qu'on ne s'étonne plus de mille actions vicieuses ou frivoles dont leur vie est toute remplie.

Il faut avouer que sur les titres de ces deux ouvrages l'embarras s'est trouvé presque égal. Pour ceux qui partagent le dernier, s'ils ne plaisent point assez, l'on permet d'en suppléer d'autres : mais à l'égard des titres des Caractères de Théophraste, la même liberté n'est pas accordée, parce qu'on n'est point maître du bien d'autrui. Il a fallu suivre l'esprit de l'auteur, et les traduire selon le sens le plus proche de la diction grecque, et en même temps selon la plus exacte conformité avec leurs chapitres, ce qui n'est pas une chose facile, parce que souvent la signification d'un terme grec, traduit en français mot pour mot, n'est plus la même dans notre langue : par exemple, ironie est chez nous une raillerie dans la conversation, ou une figure de rhétorique; et chez Théophraste c'est quelque chose entre la fourberie et la dissimulation, qui n'est pourtant ni l'un ni l'autre, mais précisément ce qui est décrit dans le premier chapitre.

Et d'ailleurs les Grecs ont quelquefois deux ou trois termes assez différents pour exprimer des choses qui le sont aussi, et que nous ne saurions guère rendre que par un seul mot; cette pauvreté embarrasse. En effet, l'on remarque dans cet ouvrage grec trois espèces d'avarice, deux sortes d'importuns, des flatteurs de deux manières et autant de grands parleurs; de sorte que les caractères de ces personnes semblent rentrer les uns dans les autres, au désavantage du titre; ils ne sont pas aussi toujours suivis et parfaitement conformes, parce que Théophraste, emporté quelquefois par le dessein qu'il a de faire des portraits, se trouve déterminé à ces changements par le caractère et les mœurs du personnage qu'il peint, ou dont il fait la satire.

Les définitions qui sont au commencement de chaque chapitre ont eu leurs difficultés. Elles sont courtes et concises dans Théophraste, selon la force du grec, et le style d'Aristote qui lui en a fourni les premières idées; on les a étendues dans la traduction pour les rendre intelligibles. Il se lit aussi dans ce traité des phrases qui ne sont pas achevées, et qui forment un sens imparfait, auquel il a été facile de suppléer le véritable : il s'y trouve de différentes leçons, quelques endroits tout à fait interrompus, et qui pouvaient recevoir diverses explications; et, pour ne point s'égarer dans ces doutes, on a suivi les meilleurs interprètes.

Enfin, comme cet ouvrage n'est qu'une simple instruction sur les mœurs des hommes, et qu'il vise moins à les rendre savants qu'à les rendre sages, l'on s'est trouvé exempt de le charger de longues et curieuses observations, ou de doctes commentaires qui rendissent un compte exact de l'antiquité. L'on s'est contenté de mettre de petites notes à côté de certains endroits que l'on a cru le mériter, afin que nuls de ceux qui ont de la justesse, de la vivacité, et à qui il ne manque que d'avoir lu beaucoup, ne se reprochent pas même ce petit défaut ne puissent être arrêtés dans la lecture des Caractères, et douter un moment le sens de Théophraste.

LES CARACTÈRES
DE THÉOPHRASTE

TRADUITS DU GREC

J'ai admiré souvent, et j'avoue que je ne puis encore comprendre quelque sérieuse réflexion que je fasse, pourquoi toute la Grèce étant placée sous un même ciel, et les Grecs nourris et élevés de la même manière [1], il se trouve néanmoins si peu de ressemblance dans leurs mœurs. Puis donc, mon cher Polyclès, qu'à l'âge de quatre-vingt-dix-neuf ans où je me trouve, j'ai assez vécu pour connaître les hommes; que j'ai vu d'ailleurs pendant le cours de ma vie toutes sortes de personnes et de divers tempéraments, et que je me suis toujours attaché à étudier les hommes vertueux, comme ceux qui n'étaient connus que par leurs vices; il semble que j'ai dû marquer les caractères [2] des uns et des autres, et ne me pas contenter de peindre les Grecs en général, mais même de toucher ce qui est personnel, et ce que plusieurs d'entre eux paraissent avoir de plus familier. J'espère, mon cher Polyclès, que cet ouvrage sera utile à ceux qui viendront après nous; il leur tracera des modèles qu'ils pourront suivre; il leur apprendra à faire le discernement de ceux avec qui ils doivent lier quelque commerce, et dont l'émulation les portera à imiter leur sagesse et leurs vertus. Ainsi, je vais entrer en matière; c'est à vous de pénétrer dans mon sens, et d'examiner avec attention si la vérité se trouve dans mes paroles. Et, sans faire une plus longue préface, je parlerai d'abord de la dissimulation; je définirai ce vice, je dirai ce que c'est qu'un homme dissimulé, je décrirai ses mœurs; et je traiterai ensuite des autres passions, suivant le projet que j'en ai fait.

DE LA DISSIMULATION

La dissimulation [3] n'est pas aisée à bien définir: si l'on se contente d'en faire une simple description, l'on peut dire que c'est un certain art de composer ses paroles et ses actions pour une mauvaise fin. Un

---

1. Par rapport aux barbares, dont les mœurs étaient très-différentes de celles des Grecs. (*Note de La Bruyère.*)
2. Théophraste avait dessein de traiter de toutes les vertus et de tous les vices. (*Note de La Bruyère.*)
3. L'auteur parle de celle qui ne vient pas de la prudence, et que les Grecs appelaient *ironie*. (*Note de La Bruyère.*)

homme dissimulé se comporte de cette manière : il aborde ses ennemis, leur parle, et leur fait croire par cette démarche qu'il ne les hait point ; il loue ouvertement et en leur présence ceux à qui il dresse de secrètes embûches, et il s'afflige avec eux s'il leur est arrivé quelque disgrâce ; il semble pardonner les discours offensants que l'on lui tient ; il récite froidement les plus horribles choses que l'on aura dites contre sa réputation, et il emploie les paroles les plus flatteuses pour adoucir ceux qui se plaignent de lui, et qui sont aigris par les injures qu'ils en ont reçues. S'il arrive que quelqu'un l'aborde avec empressement, il feint des affaires, et lui dit de revenir une autre fois ; il cache soigneusement tout ce qu'il fait ; et, à l'entendre parler, on croirait toujours qu'il délibère. Il ne parle point indifféremment ; il a ses raisons pour dire tantôt qu'il ne fait que revenir de la campagne, tantôt qu'il est arrivé à la ville fort tard, et quelquefois qu'il est languissant, ou qu'il a une mauvaise santé. Il dit à celui qui lui emprunte de l'argent à intérêt, ou qui le prie de contribuer [1] de sa part à une somme que ses amis consentent de lui prêter, qu'il ne vend rien, qu'il ne s'est jamais vu si dénué d'argent ; pendant qu'il dit aux autres que le commerce va le mieux du monde, quoiqu'en effet il ne vende rien. Souvent, après avoir écouté ce qu'on lui a dit, il veut faire croire qu'il n'y a pas eu la moindre attention : il feint de n'avoir pas aperçu les choses où il vient de jeter les yeux, ou s'il est convenu d'un fait, de ne s'en plus souvenir. Il n'a pour ceux qui lui parlent d'affaires, que cette seule réponse : J'y penserai. Il sait de certaines choses, il en ignore d'autres, il est saisi d'admiration ; d'autres fois il aura pensé comme vous sur cet événement, et cela selon ses différents intérêts. Son langage le plus ordinaire est celui-ci : Je n'en crois rien, je ne comprends pas que cela puisse être, je ne sais où j'en suis ; ou bien : Il me semble que je ne suis pas moi-même ; et ensuite : Ce n'est pas ainsi qu'il me l'a fait entendre ; voilà une chose merveilleuse, et qui passe toute créance : contez cela à d'autres. Dois-je vous croire ? ou me persuaderai-je qu'il m'ait dit la vérité ? Paroles doubles et artificieuses, dont il faut se défier comme de ce qu'il y a au monde de plus pernicieux. Ces manières d'agir ne partent point d'une âme simple et droite, mais d'une mauvaise volonté, ou d'un homme qui veut nuire : le venin des aspics est moins à craindre.

DE LA FLATTERIE.

La flatterie est un commerce honteux qui n'est utile qu'au flatteur. Si un flatteur se promène avec quelqu'un dans la place : Remarquez-vous, lui dit-il, comme tout le monde a les yeux sur vous ? cela n'arrive

---

[1]. Cette sorte de contribution était fréquente à Athènes, et autorisée par les lois. (*Note de La Bruyère.*)

qu'à vous seul. Hier il fut bien parlé de vous, et l'on ne tarissait point sur vos louanges; nous nous trouvâmes plus de trente personnes dans un endroit du Portique [1]; et comme par la suite du discours l'on vint à tomber sur celui que l'on devait estimer le plus homme de bien de la ville, tous d'une commune voix vous nommèrent, et il n'y en eut pas un seul qui vous refusât ses suffrages. Il lui dit mille choses de cette nature. Il affecte d'apercevoir le moindre duvet qui sera attaché à votre habit, de le prendre et de le souffler à terre. Si par hasard le vent a fait voler quelques petites pailles sur votre barbe ou sur vos cheveux, il prend soin de vous les ôter; et, vous souriant, Il est merveilleux, dit-il, combien vous êtes blanchi [2] depuis deux jours que je ne vous ai pas vu; et il ajoute : Voilà encore pour un homme de votre âge [3] assez de cheveux noirs. Si celui qu'il veut flatter prend la parole, il impose silence à tous ceux qui se trouvent présents, et il les force d'approuver aveuglément tout ce qu'il avance; et, dès qu'il a cessé de parler, il se récrie : Cela est dit le mieux du monde, rien n'est plus heureusement rencontré. D'autres fois, s'il lui arrive de faire à quelqu'un une raillerie froide, il ne manque pas de lui applaudir, d'entrer dans cette mauvaise plaisanterie; et quoiqu'il n'ait nulle envie de rire, il porte à sa bouche l'un des bouts de son manteau, comme s'il ne pouvait se contenir, et qu'il voulût s'empêcher d'éclater; et s'il l'accompagne lorsqu'il marche par la ville, il dit à ceux qu'il rencontre dans son chemin, de s'arrêter jusqu'à ce qu'il soit passé. Il achète des fruits, et les porte chez un citoyen; il les donne à ses enfants en sa présence; il les baise, il les caresse : Voilà, dit-il, de jolis enfants, et dignes d'un tel père. S'il sort de sa maison, il le suit; s'il entre dans une boutique pour essayer des souliers : Votre pied est mieux fait que cela. Il l'accompagne ensuite chez ses amis, ou plutôt il entre le premier dans leur maison, et leur dit : Un tel me suit et vient vous rendre visite; et retournant sur ses pas, Je vous ai annoncé, dit-il, et l'on se fait un grand honneur de vous recevoir. Le flatteur se met à tout sans hésiter, se mêle des choses les plus viles, et qui ne conviennent qu'à des femmes : s'il est invité à souper, il est le premier des conviés à louer le vin. Assis à table le plus proche de celui qui fait le repas, il lui répète souvent : En vérité, vous faites une chère délicate; et montrant aux autres l'un des mets qu'il soulève du plat, Cela s'appelle, dit-il, un morceau friand. Il a soin de lui demander s'il a froid, s'il ne voudrait point une autre robe; et il s'empresse de le mieux couvrir. Il lui parle sans cesse à l'oreille; et si quelqu'un de la compagnie l'interroge, il lui

---

1 Édifice public, qui servit depuis à Zénon et à ses disciples de rendez-vous pour leurs disputes; ils en furent appelés stoïciens : car *stoa*, mot grec, signifie portique. (*Note de La Bruyère.*)

2. Allusion à la nuance que de petites pailles font dans les cheveux. (*Note de La Bruyère.*)

3. Il parle à un jeune homme. (*Note de La Bruyère.*)

répond négligemment et sans le regarder, n'ayant des yeux que pour un seul. Il ne faut pas croire qu'au théâtre il oublie d'arracher des carreaux des mains du valet qui les distribue, pour les porter à sa place, et l'y faire asseoir plus mollement. J'ai dû dire aussi qu'avant qu'il sorte de sa maison, il en loue l'architecture, se récrie sur toutes choses, dit que les jardins sont bien plantés; et s'il aperçoit quelque part le portrait du maître, où il soit extrêmement flatté, il est touché de voir combien il lui ressemble, et il l'admire comme un chef-d'œuvre. En un mot, le flatteur ne dit rien et ne fait rien au hasard; mais il rapporte toutes ses paroles et toutes ses actions au dessein qu'il a de plaire à quelqu'un, et d'acquérir ses bonnes grâces.

DE L'IMPERTINENT, OU DU DISEUR DE RIEN

La sotte envie de discourir vient d'une habitude qu'on a contractée de parler beaucoup et sans réflexion. Un homme qui veut parler se trouvant assis proche d'une personne qu'il n'a jamais vue, et qu'il ne connaît point, entre d'abord en matière, l'entretient de sa femme, et lui fait son éloge, lui conte son songe, lui fait un long détail d'un repas où il s'est trouvé, sans oublier le moindre mets ni un seul service; il s'échauffe ensuite dans la conversation, déclame contre le temps présent, et soutient que les hommes qui vivent présentement ne valent point leurs pères. De là il se jette sur ce qui se débite au marché, sur la cherté du blé, sur le grand nombre d'étrangers qui sont dans la ville. Il dit qu'au printemps où commencent les Bacchanales[1], la mer devient navigable; qu'un peu de pluie serait utile aux biens de la terre, et ferait espérer une bonne récolte; qu'il cultivera son champ l'année prochaine, et qu'il le mettra en valeur; que le siècle est dur, et qu'on a bien de la peine à vivre. Il apprend à cet inconnu que c'est Damippe qui a fait brûler la plus belle torche devant l'autel de Cérès[2] à la fête des Mystères: il lui demande combien de colonnes soutiennent le théâtre de la musique; quel est le quantième du mois; il lui dit qu'il a eu la veille une indigestion: et si cet homme à qui il parle a la patience de l'écouter, il ne partira pas d'auprès de lui; il lui annoncera comme une chose nouvelle, que les Mystères[3] se célèbrent dans le mois d'août, les *Apaturies*[4] au mois d'octobre; et à la campagne dans le mois de décembre, les Bacchanales[5]. Il n'y a avec de si grands causeurs qu'un parti à prendre, qui est de fuir, si l'on veut du moins

---

1. Premières Bacchanales, qui se célébraient dans la ville. (*Note de La Bruyère.*)
2. Les mystères de Cérès se célébraient la nuit, et il y avait une émulation entre les Athéniens à qui y apporterait une plus grande torche. (*Note de La Bruyère.*)
3. Fête de Cérès. (Voy. ci-dessus.) (*Note de La Bruyère.*)
4. En français, la fête des tromperies; elle se faisait en l'honneur de Bacchus. Son origine ne fait rien aux mœurs de ce chapitre. (*Note de La Bruyère.*)
5. Secondes Bacchanales, qui se célébraient en hiver à la campagne. (*Note de La Bruyère.*)

éviter la fièvre. Car quel moyen de pouvoir tenir contre des gens qui ne savent pas discerner ni votre loisir, ni le temps de vos affaires?

DE LA RUSTICITÉ.

Il semble que la rusticité n'est autre chose qu'une ignorance grossière des bienséances. L'on voit en effet des gens rustiques et sans réflexion sortir un jour de médecine [1], et se trouver en cet état dans un lieu public parmi le monde; ne pas faire la différence de l'odeur forte du thym ou de la marjolaine, d'avec les parfums les plus délicieux; être chaussés large et grossièrement; parler haut et ne pouvoir se réduire à un ton de voix modéré; ne se pas fier à leurs amis sur les moindres affaires, pendant qu'ils s'en entretiennent avec leurs domestiques, jusques à rendre compte à leurs moindres valets de ce qui aura été dit dans une assemblée publique. On les voit assis, leur robe relevée jusqu'aux genoux et d'une manière indécente. Il ne leur arrive pas en toute leur vie de rien admirer, ni de paraître surpris des choses les plus extraordinaires que l'on rencontre sur les chemins; mais si c'est un bœuf, un âne ou un vieux bouc, alors ils s'arrêtent, et ne se lassent point de les contempler. Si quelquefois ils entrent dans leur cuisine, ils mangent avidement tout ce qu'ils y trouvent, boivent tout d'une haleine une grande tasse de vin pur; ils se cachent pour cela de leur servante, avec qui d'ailleurs ils vont au moulin, et entrent dans les plus petits détails du domestique. Ils interrompent leur souper, et se lèvent pour donner une poignée d'herbes aux bêtes de charrues [2] qu'ils ont dans leurs étables. Heurte-t-on à leur porte pendant qu'ils dînent, ils sont attentifs et curieux. Vous remarquez toujours proche de leur table un gros chien de cour qu'ils appellent à eux, qu'ils empoignent par la gueule, en disant : Voilà celui qui garde la place, qui prend soin de la maison et de ceux qui sont dedans. Ces gens, épineux dans les payements qu'on leur fait, rebutent un grand nombre de pièces qu'ils croient légères ou qui ne brillent pas assez à leurs yeux, et qu'on est obligé de leur changer. Ils sont occupés pendant la nuit d'une charrue, d'un sac, d'une faux, d'une corbeille, et ils rêvent à qui ils ont prêté ces ustensiles : et lorsqu'ils marchent par la ville, Combien vaut, demandent-ils aux premiers qu'ils rencontrent, le poisson salé? les fourrures se vendent-elles bien? n'est-ce pas aujourd'hui que les jeux nous ramènent une nouvelle lune [3]? D'autres fois, ne sachant que dire, ils vous apprennent qu'ils vont se faire raser, et qu'ils ne

---

1. Le texte grec nomme une certaine drogue qui rendait l'haleine fort mauvaise le jour qu'on l'avait prise. (*Note de La Bruyère.*)

2. Des bœufs. (*Note de La Bruyère.*)

3. Cela est dit rustiquement; un autre dirait que la nouvelle lune ramène les jeux : et d'ailleurs c'est comme si le jour de Pâques quelqu'un disait : N'est-ce pas aujourd'hui Pâques? (*Note de La Bruyère.*)

sortent que pour cela. Ce sont ces mêmes personnes que l'on entend chanter dans le bain, qui mettent des clous à leurs souliers, et qui, se trouvant tout portés devant la boutique d'Archias[1], achètent eux-mêmes des viandes salées et les apportent à la main en pleine rue.

DU COMPLAISANT [2].

Pour faire une définition un peu exacte de cette affectation que quelques-uns ont de plaire à tout le monde, il faut dire que c'est une manière de vivre où l'on cherche beaucoup moins ce qui est vertueux et honnête, que ce qui est agréable. Celui qui a cette passion, d'aussi loin qu'il aperçoit un homme dans la place, le salue en s'écriant : Voilà ce qu'on appelle un homme de bien; l'aborde, l'admire sur les moindres choses, le retient avec ses deux mains, de peur qu'il ne lui échappe; et après avoir fait quelques pas avec lui, il lui demande avec empressement quel jour on pourra le voir, et enfin ne s'en sépare qu'en lui donnant mille éloges. Si quelqu'un le choisit pour arbitre dans un procès, il ne doit pas attendre de lui qu'il lui soit plus favorable qu'à son adversaire; comme il veut plaire à tous deux, il les ménagera également. C'est dans cette vue que, pour se concilier tous les étrangers qui sont dans la ville, il leur dit quelquefois qu'il leur trouve plus de raison et d'équité que dans ses concitoyens. S'il est prié d'un repas, il demande en entrant à celui qui l'a convié où sont ses enfants; et dès qu'ils paraissent, il se récrie sur la ressemblance qu'ils ont avec leur père, et que deux figues ne se ressemblent pas mieux; il les fait approcher de lui, il les baise, et les ayant fait asseoir à ses deux côtés, il badine avec eux : A qui est, dit-il, la petite bouteille? à qui est la jolie coignée[3]? Il les prend ensuite sur lui et les laisse dormir sur son estomac, quoiqu'il en soit incommodé. Celui enfin qui veut plaire se fait raser souvent, a un fort grand soin de ses dents, change tous les jours d'habits, et les quitte presque tout neufs; il ne sort point en public qu'il ne soit parfumé; on ne le voit guère dans les salles publiques qu'auprès des comptoirs des banquiers[4], et dans les écoles, qu'aux endroits seulement où s'exercent les jeunes gens[5], et au théâtre, les jours de spectacle, que dans les meilleures places et tout proche des préteurs. Ces gens encore n'achètent jamais rien pour eux; mais ils envoient à Byzance toute sorte de bijoux précieux, des chiens de Sparte à Cyzique, et à Rhodes l'excellent miel du mont Hymette;

---

1. Fameux marchand de chairs salées, nourriture ordinaire du peuple. (*Note de La Bruyère.*)
2. Ou de l'envie de plaire. (*Note de La Bruyère.*)
3. Petits jouets que les Grecs pendaient au cou de leurs enfants. (*Note de La Bruyère.*)
4. C'était l'endroit où s'assemblaient les plus honnêtes gens de la ville. (*Note de La Bruyère.*)
5. Pour être connu d'eux et en être regardé, ainsi que de tous ceux qui s'y trouvaient. (*Note de La Bruyère.*)

et ils prennent soin que toute la ville soit informée qu'ils font ces emplettes. Leur maison est toujours remplie de mille choses curieuses qui font plaisir à voir, ou que l'on peut donner, comme des singes et des satyres[1] qu'ils savent nourrir; des pigeons de Sicile; des dés qu'ils font faire d'os de chèvre; des fioles pour des parfums; des cannes torses que l'on fait à Sparte, et des tapis de Perse à personnages. Ils ont chez eux jusques à un jeu de paume, et une arène propre à s'exercer à la lutte; et s'ils se promènent par la ville, et qu'ils rencontrent en leur chemin des philosophes, des sophistes[2], des escrimeurs ou des musiciens, ils leur offrent leur maison pour s'y exercer chacun dans son art indifféremment. Ils se trouvent présents à ces exercices; et se mêlant avec ceux qui viennent là pour regarder : A qui croyez-vous qu'appartienne une si belle maison et cette arène si commode? Vous voyez, ajoutent-ils en leur montrant quelque homme puissant de la ville, celui qui en est le maître, et qui en peut disposer.

DE L'IMAGE D'UN COQUIN.

Un coquin est celui à qui les choses les plus honteuses ne coûtent rien à dire ou à faire; qui jure volontiers, et fait des serments en justice autant que l'on lui en demande; qui est perdu de réputation, que l'on outrage impunément, qui est un chicaneur de profession, un effronté, et qui se mêle de toutes sortes d'affaires. Un homme de ce caractère entre sans masque dans une danse comique[3], et même sans être ivre; mais de sang-froid il se distingue dans la danse la plus obscène[4] par les postures les plus indécentes : c'est lui qui, dans ces lieux où l'on voit des prestiges[5], s'ingère de recueillir l'argent de chacun des spectateurs, et qui fait querelle à ceux qui étant entrés par billets croient ne devoir rien payer. Il est d'ailleurs de tous métiers : tantôt il tient une taverne, tantôt il est suppôt de quelque lieu infâme, une autre fois partisan. Il n'y a point de sale commerce où il ne soit capable d'entrer; vous le verrez aujourd'hui crieur public, demain cuisinier ou brelandier, tout lui est propre. S'il a une mère, il la laisse mourir de faim. Il est sujet au larcin, et à se voir traîner par la ville dans une prison, sa demeure ordinaire, et où il passe une partie de sa vie. Ce sont ces sortes de gens que l'on voit se faire entourer du peuple, appeler ceux qui passent, et se plaindre à eux avec une voix forte et enrouée, insulter ceux qui les contredisent. Les uns fendent la presse pour les voir, pendant que les autres, contents de les avoir vus, se

---

1. Une espèce de singes. (*Note de La Bruyère.*)
2. Une sorte de philosophes vains et intéressés. (*Note de La Bruyère.*)
3. Sur le théâtre avec des farceurs. (*Note de La Bruyère.*)
4. Cette danse, la plus déréglée de toutes, s'appelle en grec *cordax*, parce que l'on s'y servait d'une corde pour faire des postures. (*Note de La Bruyère.*)
5. Choses fort extraordinaires, telles qu'on en voit dans nos foires. (*Note de La Bruyère.*)

dégagent, et poursuivent leur chemin sans vouloir les écouter. Mais ces effrontés continuent de parler; ils disent à celui-ci le commencement d'un fait, quelque mot à cet autre; à peine peut-on tirer d'eux la moindre partie de ce dont il s'agit; et vous remarquerez qu'ils choisissent pour cela des jours d'assemblée publique, où il y a un grand concours de monde, qui se trouve le témoin de leur insolence. Toujours accablés de procès que l'on intente contre eux, ou qu'ils ont intentés à d'autres, de ceux dont ils se délivrent par de faux serments, comme de ceux qui les obligent de comparaître, ils n'oublient jamais de porter leur boîte [1] dans leur sein, et une liasse de papiers entre leurs mains; vous les voyez dominer parmi de vils praticiens à qui ils prêtent à usure, retirant chaque jour une obole et demie de chaque dragme [2]; fréquenter les tavernes, parcourir les lieux où l'on débite le poisson frais ou salé, et consumer ainsi en bonne chère tout le profit qu'ils tirent de cette espèce de trafic. En un mot, ils sont querelleux et difficiles, ont sans cesse la bouche ouverte à la calomnie, ont une voix étourdissante, et qu'ils font retentir dans les marchés et dans les boutiques

DU GRAND PARLEUR. [3]

Ce que quelques-uns appellent *babil*, est proprement une intempérance de langue qui ne permet pas à un homme de se taire. Vous ne contez pas la chose comme elle est, dira quelqu'un de ces grands parleurs à quiconque veut l'entretenir de quelque affaire que ce soit; j'ai tout su, et si vous vous donnez la patience de m'écouter, je vous apprendrai tout. Et si cet autre continue de parler, Vous avez déjà dit cela; songez, poursuit-il, à ne rien oublier. Fort bien; cela est ainsi, car vous m'avez heureusement remis dans le fait : voyez ce que c'est que de s'entendre les uns les autres. Et ensuite : Mais que veux-je dire? Ah! j'oubliais une chose : oui, c'est cela même, et je voulais voir si vous tomberiez juste dans tout ce que j'en ai appris. C'est par de telles ou semblables interruptions qu'il ne donne pas le loisir à celui qui lui parle, de respirer. Et lorsqu'il a comme assassiné de son *babil* chacun de ceux qui ont voulu lier avec lui quelque entretien, il va se jeter dans un cercle de personnes graves qui traitent ensemble de choses sérieuses, et les met en fuite. De là il entre dans les écoles publiques et dans les lieux des exercices [4], où il amuse les maîtres par de vains discours, et empêche la jeunesse de profiter de leurs leçons. S'il échappe à quelqu'un de dire, Je m'en vais, celui-ci se met à le suivre, et il ne

---

1. Une petite boîte de cuivre fort légère, où les plaideurs mettaient leurs titres et les pièces de leur procès. (*Note de La Bruyère.*)
2. Une obole était la sixième partie d'une dragme. (*Note de La Bruyère.*)
3. Ou du *babil*. (*Note de La Bruyère.*)
4. C'était un crime puni de mort à Athènes par une loi de Solon, à laquelle on avait un peu dérogé au temps de Théophraste. (*Note de La Bruyère.*)

l'abandonne point qu'il ne l'ait remis jusque dans sa maison. Si par hasard il a appris ce qui aura été dit dans une assemblée de ville, il court dans le même temps le divulguer. Il s'étend merveilleusement sur la fameuse bataille[1] qui s'est donnée sous le gouvernement de l'orateur Aristophon, comme sur le combat célèbre[2] que ceux de Lacédémone ont livré aux Athéniens sous la conduite de Lysandre. Il raconte une autre fois quels applaudissements a eus un discours qu'il a fait dans le public; en répète une grande partie; mêle dans ce récit ennuyeux des invectives contre le peuple; pendant que de ceux qui l'écoutent, les uns s'endorment, les autres le quittent, et que nul ne se ressouvient d'un seul mot qu'il aura dit. Un grand causeur, en un mot, s'il est sur les tribunaux, ne laisse pas la liberté de juger; il ne permet pas que l'on mange à table; et s'il se trouve au théâtre, il empêche non-seulement d'entendre, mais même de voir les acteurs. On lui fait avouer ingénument qu'il ne lui est pas possible de se taire; qu'il faut que sa langue se remue dans son palais comme le poisson dans l'eau; et que quand on l'accuserait d'être plus *babillard* qu'une hirondelle, il faut qu'il parle: aussi écoute-t-il froidement toutes les railleries que l'on fait de lui sur ce sujet; et jusques à ses propres enfants, s'ils commencent à s'abandonner au sommeil, Faites-nous, lui disent-ils, un conte qui achève de nous endormir.

DU DÉBIT DES NOUVELLES.

Un nouvelliste, ou un conteur de fables, est un homme qui arrange selon son caprice des discours et des faits remplis de fausseté; qui, lorsqu'il rencontre l'un de ses amis, compose son visage; et lui souriant, D'où venez-vous ainsi? lui dit-il; que nous direz-vous de bon? n'y a-t-il rien de nouveau? Et continuant de l'interroger, Quoi donc! n'y a-t-il aucune nouvelle? cependant il y a des choses étonnantes à raconter. Et sans lui donner le loisir de lui répondre, Que dites-vous donc? poursuit-il; n'avez-vous rien entendu par la ville? Je vois bien que vous ne savez rien, et que je vais vous régaler de grandes nouveautés. Alors ou c'est un soldat, ou le fils d'Astée le joueur de flûte[3], ou Lycon l'ingénieur, tous gens qui arrivent fraîchement de l'armée, de qui il sait toutes choses; car il allègue pour témoins de ce qu'il avance, des hommes obscurs qu'on ne peut trouver pour les convaincre de fausseté. Il assure donc que ces personnes lui ont dit que le roi[4] et Polysperchon[5] ont gagné la bataille, et que Cassandre leur ennemi est

---

1. C'est-à-dire sur la bataille d'Arbelles et la victoire d'Alexandre, suivies de la mort de Darius, dont les nouvelles vinrent à Athènes lorsque Aristophon, célèbre orateur, était premier magistrat. (*Note de La Bruyère.*)
2. Il était plus ancien que la bataille d'Arbelles, mais trivial et su de tout le peuple (*Note de La Bruyère.*)
3. L'usage de la flûte, très-ancien dans les troupes. (*Note de La Bruyère.*)
4. Aridée, frère d'Alexandre le Grand. (*Note de La Bruyère.*)
5. Capitaine du même Alexandre. (*Note de La Bruyère.*)

tombé vif entre leurs mains¹. Et lorsque quelqu'un lui dit, Mais en vérité cela est-il croyable? il lui réplique que cette nouvelle se crie et se répand par toute la ville; que tous s'accordent à dire la même chose; que c'est tout ce qui se raconte du combat, et qu'il y a eu un grand carnage. Il ajoute qu'il a lu cet événement sur le visage de ceux qui gouvernent; qu'il y a un homme caché chez l'un de ces magistrats depuis cinq jours entiers, qui revient de la Macédoine, qui a tout vu et qui lui a tout dit. Ensuite, interrompant le fil de sa narration, Que pensez-vous de ce succès? demande-t-il à ceux qui l'écoutent. Pauvre Cassandre, malheureux prince! s'écrie-t-il d'une manière touchante. Voyez ce que c'est que la fortune; car enfin Cassandre était puissant, et il avait avec lui de grandes forces. Ce que je vous dis, poursuit-il, est un secret qu'il faut garder pour vous seul; pendant qu'il court par toute la ville le débiter à qui le veut entendre. Je vous avoue que ces diseurs de nouvelles me donnent de l'admiration, et que je ne conçois pas quelle est la fin qu'ils se proposent; car, pour ne rien dire de la bassesse qu'il y a à toujours mentir, je ne vois pas qu'ils puissent recueillir le moindre fruit de cette pratique : au contraire, il est arrivé à quelques-uns de se laisser voler leurs habits dans un bain public, pendant qu'ils ne songeaient qu'à rassembler autour d'eux une foule de peuple, et à lui conter des nouvelles. Quelques autres, après avoir vaincu sur mer et sur terre dans le Portique², ont payé l'amende pour n'avoir pas comparu à une cause appelée. Enfin il s'en est trouvé qui, le jour même qu'ils ont pris une ville, du moins par leurs beaux discours, ont manqué de dîner. Je ne crois pas qu'il y ait rien de si misérable que la condition de ces personnes : car quelle est la boutique, quel est le portique, quel est l'endroit d'un marché public où ils ne passent tout le jour à rendre sourds ceux qui les écoutent, ou à les fatiguer par leurs mensonges?

DE L'EFFRONTERIE CAUSÉE PAR L'AVARICE.

Pour faire connaître ce vice, il faut dire que c'est un mépris de l'honneur dans la vue d'un vil intérêt. Un homme que l'avarice rend effronté ose emprunter une somme d'argent à celui à qui il en doit déjà, et qu'il lui retient avec injustice. Le jour même qu'il aura sacrifié aux dieux, au lieu de manger religieusement chez soi une partie des viandes consacrées³, il les fait saler pour lui servir dans plusieurs repas, et va souper chez l'un de ses amis; et là, à table, à la vue de

---

1. C'était un faux bruit; et Cassandre, fils d'Antipater, disputant à Aridée et à Polysperchon la tutelle des enfants d'Alexandre, avait eu de l'avantage sur eux (*Note de La Bruyère.*)
2. Voyez le chapitre de la Flatterie. (*Note de La Bruyère.*)
3. C'était la coutume des Grecs. (Voyez le chapitre du Contre-temps.) (*Note de La Bruyère.*)

tout le monde, il appelle son valet, qu'il veut encore nourrir aux dépens de son hôte; et lui coupant un morceau de viande qu'il met sur un quartier de pain, Tenez, mon ami, lui dit-il, faites bonne chère. Il va lui-même au marché acheter des viandes cuites[1]; et avant que de convenir du prix, pour avoir une meilleure composition du marchand, il lui fait ressouvenir qu'il lui a autrefois rendu service : il fait ensuite peser ces viandes, et il en entasse le plus qu'il peut; s'il en est empêché par celui qui les lui vend, il jette du moins quelques os dans la balance; si elle peut tout contenir, il est satisfait; sinon il ramasse sur la table des morceaux de rebut, comme pour se dédommager, sourit, et s'en va. Une autre fois, sur l'argent qu'il aura reçu de quelques étrangers pour leur louer des places au théâtre, il trouve le secret d'avoir sa place franche du spectacle, et d'y envoyer le lendemain ses enfants et leur précepteur. Tout lui fait envie; il veut profiter des bons marchés, et demande hardiment au premier venu une chose qu'il ne vient que d'acheter. Se trouve-t-il dans une maison étrangère, il emprunte jusqu'à l'orge et à la paille; encore faut-il que celui qui les lui prête fasse les frais de les faire porter chez lui. Cet effronté, en un mot, entre sans payer dans un bain public, et là, en présence du baigneur qui crie inutilement contre lui, prenant le premier vase qu'il rencontre, il le plonge dans une cuve d'airain qui est remplie d'eau, se la répand sur tout le corps[2] : Me voilà lavé, ajoute-t-il, autant que j'en ai besoin; et, sans avoir obligation à personne, remet sa robe et disparaît.

DE L'ÉPARGNE SORDIDE.

Cette espèce d'avarice est, dans les hommes, une passion de vouloir ménager les plus petites choses sans aucune fin honnête. C'est dans cet esprit que quelques-uns, recevant tous les mois le loyer de leur maison, ne négligent pas d'aller eux-mêmes demander la moitié d'une obole qui manquait au dernier payement qu'on leur a fait; que d'autres, faisant l'effort de donner à manger chez eux, ne sont occupés pendant le repas qu'à compter le nombre de fois que chacun des convives demande à boire. Ce sont eux encore dont la portion des prémices[3] des viandes que l'on envoie sur l'autel de Diane est toujours la plus petite. Ils apprécient les choses au-dessous de ce qu'elles valent; et de quelque bon marché qu'un autre en leur rendant compte veuille se prévaloir, ils lui soutiennent toujours qu'il a acheté trop cher. Implacables à l'égard d'un valet qui aura laissé tomber un pot de terre, ou cassé par malheur quelque vase d'argile, ils lui déduisent cette perte

---

1. Comme le menu peuple, qui achetait son soupé chez les charcutiers. (*Note de La Bruyère.*)
2. Les plus pauvres se lavaient ainsi, pour payer moins. (*Note de La Bruyère.*)
3. Les Grecs commençaient par ces offrandes leurs repas publics. (*Note de La Bruyère.*)

sur sa nourriture. Mais si leurs femmes ont perdu seulement un denier, il faut alors renverser toute une maison, déranger les lits, transporter des coffres, et chercher dans les recoins les plus cachés. Lorsqu'ils vendent, ils n'ont que cette unique chose en vue, qu'il n'y ait qu'à perdre pour celui qui achète. Il n'est permis à personne de cueillir une figue dans leur jardin; de passer au travers de leur champ; de ramasser une petite branche de palmier, ou quelques olives qui seront tombées de l'arbre. Ils vont tous les jours se promener sur leurs terres, en remarquent les bornes, voient si l'on n'y a rien changé, et si elles sont toujours les mêmes. Ils tirent intérêt de l'intérêt, et ce n'est qu'à cette condition qu'ils donnent du temps à leurs créanciers. S'ils ont invité à dîner quelques-uns de leurs amis, et qui ne sont que des personnes du peuple, ils ne feignent point de leur faire servir un simple hachis, et on les a vus souvent aller eux-mêmes au marché pour ces repas, y trouver tout trop cher, et en revenir sans rien acheter. Ne prenez pas l'habitude, disent-ils à leurs femmes, de prêter votre sel, votre orge, votre farine, ni même du cumin [1], de la marjolaine [2], des gâteaux [3] pour l'autel, du coton, de la laine; car ces petits détails ne laissent pas de monter, à la fin d'une année, à une grosse somme. Ces avares, en un mot, ont des trousseaux de clefs rouillées, dont ils ne se servent point; des cassettes où leur argent est en dépôt, qu'ils n'ouvrent jamais, et qu'ils laissent moisir dans un coin de leur cabinet. Ils portent des habits qui leur sont trop courts et trop étroits; les plus petites fioles contiennent plus d'huile qu'il n'en faut pour les oindre; ils ont la tête rasée jusqu'au cuir; se déchaussent vers le milieu du jour [4], pour épargner leurs souliers; vont trouver les foulons, pour obtenir d'eux de ne pas épargner la craie dans la laine qu'ils leur ont donnée à préparer, afin, disent-ils, que leur étoffe se tache moins [5].

DE L'IMPUDENT, OU DE CELUI QUI NE ROUGIT DE RIEN.

L'impudent est facile à définir; il suffit de dire que c'est une profession ouverte d'une plaisanterie outrée, comme de ce qu'il y a de plus honteux et de plus contraire à la bienséance. Celui-là, par exemple, est impudent, qui, voyant venir vers lui une femme de condition, feint dans ce moment quelque besoin, pour avoir occasion de se montrer à elle d'une manière déshonnête; qui se plaît à battre des mains au théâtre lorsque tout le monde se tait, ou y siffler les acteurs que les

1. Une sorte d'herbe. (*Note de La Bruyère.*)
2. Elle empêche les viandes de se corrompre, ainsi que le thym et le laurier. (*Note de La Bruyère.*)
3. Faits de farine et de miel, et qui servaient aux sacrifices. (*Note de La Bruyère.*)
4. Parce que dans cette partie du jour le froid, en toute saison, était supportable. (*Note de La Bruyère.*)
5. C'était aussi parce que cet apprêt avec de la craie, comme le pire de tous, et qui rendait les étoffes dures et grossières, était celui qui coûtait le moins. (*Note de La Bruyère.*)

autres volent et écoutent avec plaisir; qui, couché sur le dos, pendant que toute l'assemblée garde un profond silence, fait entendre de sales hoquets, qui obligent les spectateurs de tourner la tête et d'interrompre leur attention. Un homme de ce caractère achète en plein marché des noix, des pommes, toute sorte de fruits, les mange, cause debout avec la fruitière, appelle par leurs noms ceux qui passent sans presque les connaître, en arrête d'autres qui courent par la place, et qui ont leurs affaires; et s'il voit venir quelque plaideur, il l'aborde, le raille et le félicite sur une cause importante qu'il vient de plaider. Il va lui-même choisir de la viande, et louer pour un souper des femmes qui jouent de la flûte; et, montrant à ceux qu'il rencontre ce qu'il vient d'acheter, il les convie en riant d'en venir manger. On le voit s'arrêter devant la boutique d'un barbier ou d'un parfumeur, et là[1] annoncer qu'il va faire un grand repas et s'enivrer. Si quelquefois il vend du vin, il le fait mêler pour ses amis comme pour les autres, sans distinction. Il ne permet pas à ses enfants d'aller à l'amphithéâtre avant que les jeux soient commencés, et lorsque l'on paye pour être placé, mais seulement sur la fin du spectacle, et quand l'architecte[2] néglige les places et les donne pour rien. Étant envoyé avec quelques autres citoyens en ambassade, il laisse chez soi la somme que le public lui a donnée pour faire les frais de son voyage, et emprunte de l'argent de ses collègues; sa coutume alors est de charger son valet de fardeaux au delà de ce qu'il en peut porter, et de lui retrancher cependant de son ordinaire: et comme il arrive souvent que l'on fait dans les villes des présents aux ambassadeurs, il demande sa part pour la vendre. Vous m'achetez toujours, dit-il au jeune esclave qui le sert dans le bain, une mauvaise huile, et qu'on ne peut supporter; il se sert ensuite de l'huile d'un autre, et épargne la sienne. Il envie à ses propres valets qui le suivent la plus petite pièce de monnaie qu'ils auront ramassée dans les rues, et il ne manque point d'en retenir sa part, avec ce mot: *Mercure est commun*[3]. Il fait pis: il distribue à ses domestiques leurs provisions dans une certaine mesure, dont le fond, creux par-dessous, s'enfonce en dedans et s'élève comme en pyramide; et quand elle est pleine, il rase lui-même avec le rouleau le plus près qu'il peut [4]..... De même, s'il paye à quelqu'un trente mines[5] qu'il lui doit, il fait si bien qu'il y manque quatre dragmes[6], dont il profite: mais dans ces grands repas où il faut traiter toute une tribu[7], il fait recueillir, par ceux de ses

---

1. Il y avait des gens fainéants et désoccupés, qui s'assemblaient dans leurs boutiques. (*Note de La Bruyère.*)
2. L'architecte qui avait bâti l'amphithéâtre, et à qui la république donnait le louage des places en payement. (*Note de La Bruyère.*)
3. Proverbe grec qui revient à notre *Je retiens part*. (*Note de La Bruyère.*)
4. Quelque chose manque ici dans le texte. (*Note de La Bruyère.*)
5. Mine se doit prendre ici pour une pièce de monnaie. (*Note de La Bruyère.*)
6. Dragmes, petites pièces de monnaie, dont il en fallait cent à Athènes pour faire une mine. (*Note de La Bruyère.*)
7. Athènes était partagée en plusieurs tribus. Voyez le chapitre de la Médisance. *Note de La Bruyère.*)

domestiques qui ont soin de la table, le reste des viandes qui ont été servies, pour lui en rendre compte ; il serait fâché de leur laisser une rave à demi mangée.

DU CONTRE-TEMPS.

Cette ignorance du temps et de l'occasion est une manière d'aborder les gens, ou d'agir avec eux, toujours incommode et embarrassante. Un importun est celui qui choisit le moment que son ami est accablé de ses propres affaires, pour lui parler des siennes ; qui va souper chez sa maîtresse le soir même qu'elle a la fièvre ; qui, voyant que quelqu'un vient d'être condamné en justice de payer pour un autre pour qui il s'est obligé, le prie néanmoins de répondre pour lui ; qui comparaît pour servir de témoin dans un procès que l'on vient de juger ; qui prend le temps des noces où il est invité, pour se déchaîner contre les femmes ; qui entraîne à la promenade des gens à peine arrivés d'un long voyage, et qui n'aspirent qu'à se reposer. Fort capable d'amener des marchands pour offrir d'une chose plus qu'elle ne vaut, après qu'elle est vendue ; de se lever au milieu d'une assemblée pour reprendre un fait dès ses commencements, et en instruire à fond ceux qui en ont les oreilles rebattues, et qui le savent mieux que lui : souvent empressé pour engager dans une affaire des personnes qui, ne l'affectionnant point, n'osent pourtant refuser d'y entrer. S'il arrive que quelqu'un dans la ville doive faire un festin [1] après avoir sacrifié, il va lui demander une portion des viandes qu'il a préparées. Une autre fois s'il voit qu'un maître châtie devant lui son esclave : J'ai perdu, dit-il, un des miens dans une pareille occasion ; je le fis fouetter, il se désespéra, et s'alla pendre. Enfin il n'est propre qu'à commettre de nouveau deux personnes qui veulent s'accommoder, s'ils l'ont fait arbitre de leur différend. C'est encore une action qui lui convient fort, que d'aller prendre au milieu du repas, pour danser [2], un homme qui est de sang-froid, et qui n'a bu que modérément.

DE L'AIR EMPRESSÉ.

Il semble que le trop grand empressement est une recherche importune, ou une vaine affectation de marquer aux autres de la bienveillance par ses paroles et par toute sa conduite. Les manières d'un homme empressé sont de prendre sur soi l'événement d'une affaire qui est au-dessus de ses forces, et dont il ne saurait sortir avec honneur ; et dans

1. Les Grecs, le jour même qu'ils avaient sacrifié, ou soupaient avec leurs amis, ou leur envoyaient à chacun une portion de la victime. C'était donc un contre-temps de demander sa part prématurément et lorsque le festin était résolu, auquel on pouvait même être invité. (*Note de La Bruyère.*)
2. Cela ne se faisait chez les Grecs qu'après le repas, et lorsque les tables étaient (*Note de La Bruyère.*)

une chose que toute une assemblée juge raisonnable, et où il ne se trouve pas la moindre difficulté, d'insister longtemps sur une légère circonstance, pour être ensuite de l'avis des autres; de faire beaucoup plus apporter de vin dans un repas qu'on n'en peut boire; d'entrer dans une querelle où il se trouve présent, d'une manière à l'échauffer davantage. Rien n'est aussi plus ordinaire que de le voir s'offrir à servir de guide dans un chemin détourné qu'il ne connaît pas, et dont il ne peut ensuite trouver l'issue : venir vers son général, et lui demander quand il doit ranger son armée en bataille, quel jour il faudra combattre, et s'il n'a point d'ordres à lui donner pour le lendemain : une autre fois s'approcher de son père, Ma mère, lui dit-il mystérieusement, vient de se coucher, et ne commence qu'à s'endormir : s'il entre enfin dans la chambre d'un malade à qui son médecin a défendu le vin, dire qu'on peut essayer s'il ne lui fera point de mal, et le soutenir doucement pour lui en faire prendre. S'il apprend qu'une femme soit morte dans la ville, il s'ingère de faire son épitaphe ; il y fait graver son nom, celui de son mari, de son père, de sa mère, son pays, son origine, avec cet éloge : *Ils avaient tous de la vertu*[1]. S'il est quelquefois obligé de jurer devant des juges qui exigent son serment, Ce n'est pas, dit-il en perçant la foule pour paraître à l'audience, la première fois que cela m'est arrivé.

DE LA STUPIDITÉ

La stupidité est en nous une pesanteur d'esprit qui accompagne nos actions et nos discours. Un homme stupide ayant lui-même calculé avec des jetons une certaine somme, demande à ceux qui le regardent faire à quoi elle se monte. S'il est obligé de paraître dans un jour prescrit devant ses juges, pour se défendre dans un procès qu'on lui fait, il l'oublie entièrement, et part pour la campagne. Il s'endort à un spectacle, et il ne se réveille que longtemps après qu'il est fini et que le peuple s'est retiré. Après s'être rempli de viandes le soir, il se lève la nuit pour une indigestion, va dans la rue se soulager, où il est mordu d'un chien du voisinage. Il cherche ce qu'on vient de lui donner, et qu'il a mis lui-même dans quelque endroit, où souvent il ne peut le retrouver. Lorsqu'on l'avertit de la mort de l'un de ses amis, afin qu'il assiste à ses funérailles, il s'attriste, il pleure, il se désespère; et prenant une façon de parler pour une autre, A la bonne heure, ajoute-t-il ; ou une pareille sottise. Cette précaution qu'ont les personnes sages de ne pas donner sans témoin[2] de l'argent à leurs créanciers, il l'a pour en recevoir de ses débiteurs. On le voit quereller son valet dans le plus grand froid de l'hiver, pour ne lui avoir

---

1. Formule d'épitaphe. (*Note de La Bruyère.*)
2. Les témoins étaient fort en usage chez les Grecs, dans les payements et dans tous les actes. (*Note de La Bruyère.*)

pas acheté des concombres. S'il s'avise un jour de faire exercer ses enfants à la lutte ou à la course, il ne leur permet pas de se retirer qu'ils ne soient tout en sueur et hors d'haleine. Il va cueillir lui-même des lentilles, les fait cuire; et, oubliant qu'il y a mis du sel, il les sale une seconde fois, de sorte que personne n'en peut goûter. Dans le temps d'une pluie incommode, et dont tout le monde se plaint, il lui échappera de dire que l'eau du ciel est une chose délicieuse ; et si on lui demande par hasard combien il a vu emporter de morts par la porte sacrée[1] ? Autant, répond-il, pensant peut-être à de l'argent ou à des grains, que je voudrais que vous et moi en pussions avoir.

DE LA BRUTALITÉ

La brutalité est une certaine dureté, et j'ose dire une férocité qui se rencontre dans nos manières d'agir, et qui passe même jusqu'à nos paroles. Si vous demandez à un homme brutal, Qu'est devenu un tel? il vous répond durement : Ne me rompez point la tête. Si vous le saluez, il ne vous fait pas l'honneur de vous rendre le salut. Si quelquefois il met en vente une chose qui lui appartient, il est inutile de lui en demander le prix, il ne vous écoute pas; mais il dit fièrement à celui qui la marchande : Qu'y trouvez-vous à dire? Il se moque de la piété de ceux qui envoient leurs offrandes dans les temples, aux jours d'une grande célébrité : Si leurs prières, dit-il, vont jusques aux dieux, et s'ils en obtiennent les biens qu'ils souhaitent, l'on peut dire qu'ils les ont bien payés, et que ce n'est pas un présent du ciel. Il est inexorable à celui qui sans dessein l'aura poussé légèrement, ou lui aura marché sur le pied ; c'est une faute qu'il ne pardonne pas. La première chose qu'il dit à un ami qui lui emprunte quelque argent, c'est qu'il ne lui en prêtera point : il va le trouver ensuite, et le lui donne de mauvaise grâce, ajoutant qu'il le compte perdu. Il ne lui arrive jamais de se heurter à une pierre qu'il rencontre en son chemin, sans lui donner de grandes malédictions. Il ne daigne pas attendre personne; et si l'on diffère un moment à se rendre au lieu dont on est convenu avec lui, il se retire. Il se distingue toujours par une grande singularité; il ne veut ni chanter à son tour, ni réciter[2] dans un repas, ni même danser avec les autres. En un mot, on ne le voit guère dans les temples importuner les dieux, et leur faire des vœux ou des sacrifices.

DE LA SUPERSTITION.

La superstition semble n'être autre chose qu'une crainte mal réglée de la Divinité. Un homme superstitieux, après avoir lavé ses mains, et

---

1. Pour être enterrés hors de la ville, suivant la loi de Solon. (*Note de La Bruyère.*)
2. Les Grecs récitaient à table quelques beaux endroits de leurs poëtes, et dansaient ensemble après le repas. Voyez le chapitre du Contre-temps. (*Note de La Bruyère.*)

s'être purifié avec de l'eau lustrale[1] sort du temple, et se promène une grande partie du jour avec une feuille de laurier dans sa bouche : s'il voit une belette, il s'arrête tout court, et il ne continue pas de marcher, que quelqu'un n'ait passé avant lui par le même endroit que cet animal a traversé, ou qu'il n'ait jeté lui-même trois petites pierres dans le chemin, comme pour éloigner de lui ce mauvais présage. En quelque endroit de sa maison qu'il ait aperçu un serpent, il ne diffère pas d'y élever un autel : et dès qu'il remarque dans les carrefours de ces pierres que la dévotion du peuple y a consacrées, il s'en approche, verse dessus toute l'huile de sa fiole, plie les genoux devant elles, et les adore. Si un rat lui a rongé un sac de farine, il court au devin, qui ne manque pas de lui enjoindre d'y faire mettre une pièce; mais, bien loin d'être satisfait de sa réponse, effrayé d'une aventure si extraordinaire, il n'ose plus se servir de son sac, et s'en défait. Son faible encore est de purifier sans fin la maison qu'il habite; d'éviter de s'asseoir sur un tombeau, comme d'assister à des funérailles, ou d'entrer dans la chambre d'une femme qui est en couche : et lorsqu'il lui arrive d'avoir pendant son sommeil quelque vision, il va trouver les interprètes des songes, les devins et les augures, pour savoir d'eux à quel dieu ou à quelle déesse il doit sacrifier. Il est fort exact à visiter sur la fin de chaque mois les prêtres d'Orphée, pour se faire initier dans ses mystères[2]; il y mène sa femme, ou si elle s'en excuse par d'autres soins, il y fait conduire ses enfants par une nourrice. Lorsqu'il marche par la ville, il ne manque guère de se laver toute la tête avec l'eau des fontaines qui sont dans les places. Quelquefois il a recours à des prêtresses qui le purifient d'une autre manière, en liant et étendant autour de son corps un petit chien ou de la squille[3]. Enfin s'il voit un homme frappé d'épilepsie, saisi d'horreur, il crache dans son propre sein, comme pour rejeter le malheur de cette rencontre.

DE L'ESPRIT CHAGRIN.

L'esprit chagrin fait que l'on n'est jamais content de personne, et que l'on fait aux autres mille plaintes sans fondement. Si quelqu'un fait un festin, et qu'il se souvienne d'envoyer un plat[4] à un homme de cette humeur, il ne reçoit de lui pour tout remerciment que le reproche d'avoir été oublié. Je n'étais pas digne, dit cet esprit querelleux, de boire de son vin ni de manger à sa table. Tout lui est suspect, jusques aux caresses que lui fait sa maîtresse : Je doute fort, lui dit-il, que

1. Une eau où l'on avait éteint un tison ardent, pris sur l'autel où l'on brûlait la victime; elle était dans une chaudière à la porte du temple : l'on s'en lavait soi-même, ou l'on s'en faisait laver par les prêtres. (*Note de La Bruyère.*)
2. Instruire de ses mystères. (*Note de La Bruyère.*)
3. Espèce d'oignons marins. (*Note de La Bruyère.*)
4. C'a été la coutume des Juifs et d'autres peuples orientaux, des Grecs et des Romains. (*Note de La Bruyère.*)

vous soyez sincère, et que toutes ces démonstrations d'amitié partent du cœur. Après une grande sécheresse venant à pleuvoir, comme il ne peut se plaindre de la pluie, il s'en prend au ciel de ce qu'elle n'a pas commencé plus tôt. Si le hasard lui fait voir une bourse dans son chemin, il s'incline : Il y a des gens, ajoute-t-il, qui ont du bonheur; pour moi, je n'ai jamais eu celui de trouver un trésor. Une autre fois ayant envie d'un esclave, il prie instamment celui à qui il appartient d'y mettre le prix; et dès que celui-ci, vaincu par ses importunités, le lui a vendu, il se repent de l'avoir acheté. Ne suis-je pas trompé? demande-t-il; et exigerait-on si peu d'une chose qui serait sans défauts? A ceux qui lui font les compliments ordinaires sur la naissance d'un fils, et sur l'augmentation de sa famille, Ajoutez, leur dit-il, pour ne rien oublier, sur ce que mon bien est diminué de la moitié. Un homme chagrin, après avoir eu de ses juges ce qu'il demandait, et l'avoir emporté tout d'une voix sur son adversaire, se plaint encore de celui qui a écrit ou parlé pour lui, de ce qu'il n'a pas touché les meilleurs moyens de sa cause : ou lorsque ses amis ont fait ensemble une certaine somme pour le secourir dans un besoin pressant, si quelqu'un l'en félicite, et le convie à mieux espérer de la fortune : Comment, lui répond-il, puis-je être sensible à la moindre joie, quand je pense que je dois rendre cet argent à chacun de ceux qui me l'ont prêté, et n'être pas encore quitte envers eux de la reconnaissance d'un bienfait?

DE LA DÉFIANCE.

L'esprit de défiance nous fait croire que tout le monde est capable de nous tromper. Un homme défiant, par exemple, s'il envoie au marché l'un de ses domestiques pour y acheter des provisions, il le fait suivre par un autre qui doit lui rapporter fidèlement combien elles ont coûté. Si quelquefois il porte de l'argent sur soi dans un voyage, il le calcule à chaque stade[1] qu'il fait pour voir s'il a son compte. Une autre fois étant couché avec sa femme, il lui demande si elle a remarqué que son coffre-fort fût bien fermé, si sa cassette est toujours scellée, et si on a eu soin de bien fermer la porte du vestibule; et, bien qu'elle assure que tout est en bon état, l'inquiétude le prend, il se lève du lit, va en chemise et les pieds nus, avec la lampe qui brûle dans sa chambre, visiter lui-même tous les endroits de sa maison; et ce n'est qu'avec beaucoup de peine qu'il s'endort après cette recherche. Il mène avec lui des témoins quand il va demander ses arrérages, afin qu'il ne prenne pas un jour envie à ses débiteurs de lui dénier sa dette. Ce n'est point chez le foulon qui passe pour le meilleur ouvrier, qu'il envoie teindre sa robe; mais chez celui qui consent de ne point la recevoir sans donner caution. Si quelqu'un se hasarde de lui emprunter

---

[1]. Six cents pas. (*Note de La Bruyère.*)

quelques vases [1], il les lui refuse souvent; * ou s'il les accorde, il ne les laisse pas enlever qu'ils ne soient pesés; il fait suivre celui qui les emporte, et envoie dès le lendemain prier qu'on les lui renvoie * [2]. A-t-il un esclave qu'il affectionne et qui l'accompagne dans la ville, il le fait marcher devant lui, de peur que s'il le perdait de vue il ne lui échappât et ne prît la fuite. A un homme qui, emportant de chez lui quelque chose que ce soit, lui dirait : Estimez cela et mettez-le sur mon compte, il répondrait qu'il faut le laisser où on l'a pris, et qu'il a d'autres affaires que celle de courir après son argent.

D'UN VILAIN HOMME

Ce caractère suppose toujours dans un homme une extrême malpropreté, et une négligence pour sa personne qui passe dans l'excès, et qui blessent ceux qui s'en aperçoivent. Vous le verrez quelquefois tout couvert de lèpre, avec des ongles longs et malpropres, ne pas laisser de se mêler parmi le monde, et croire en être quitte pour dire que c'est une maladie de famille, et que son père et son aïeul y étaient sujets. Il a aux jambes des ulcères; on lui voit aux mains des poireaux et d'autres saletés, qu'il néglige de faire guérir; ou s'il pense à y remédier, c'est lorsque le mal, aigri par le temps, est devenu incurable. Il est hérissé de poil sous les aisselles, et par tout le corps comme une bête fauve; il a les dents noires, rongées, et telles que son abord ne se peut souffrir. Ce n'est pas tout, il crache ou il se mouche en mangeant; il parle la bouche pleine, fait en buvant des choses contre la bienséance. Il ne se sert jamais au bain que d'une huile qui sent mauvais, et ne paraît guère dans une assemblée publique qu'avec une vieille robe, et toute tachée. S'il est obligé d'accompagner sa mère chez les devins, il n'ouvre la bouche que pour dire des choses de mauvais augure [3]. Une autre fois, dans le temple et en faisant des libations [4], il lui échappera des mains une coupe ou quelque autre vase; et il rira ensuite de cette aventure, comme s'il avait fait quelque chose de merveilleux. Un homme si extraordinaire ne sait point écouter un concert ou d'excellents joueurs de flûte : il bat des mains avec violence

---

1. D'or ou d'argent. (*Note de La Bruyère.*)

2. Ce qui se lit entre les deux étoiles n'est pas dans le grec, où le sens est interrompu, mais il est suppléé par quelques interprètes. (*Note de La Bruyère.*) — « C'est Casaubon qui avait ainsi rempli assez heureusement la lacune des manuscrits; mais cette lacune n'existe pas dans le manuscrit du Vatican, depuis découvert, où on lit : « Il les refuse la plupart du temps; mais s'ils sont demandés par un ami ou par un parent, il est tenté de les essayer et de les peser, et exige presque une caution avant de les prêter. » WALCKENAER.

3. Les anciens avaient un grand égard pour les paroles qui étaient proférées, même par hasard, par ceux qui venaient consulter les devins et les augures prier ou sacrifier dans les temples. (*Note de La Bruyère.*)

4. Cérémonies où l'on répandait du vin ou du lait dans les sacrifices. (*Note de La Bruyère.*)

comme pour leur applaudir, ou bien il suit d'une voix désagréable le même air qu'ils jouent. Il s'ennuie de la symphonie, et demande si elle ne doit pas bientôt finir. Enfin si, étant assis à table, il veut cracher, c'est justement sur celui qui est derrière lui pour lui donner à boire.

D'UN HOMME INCOMMODE.

Ce qu'on appelle un fâcheux est celui qui, sans faire à quelqu'un un fort grand tort, ne laisse pas de l'embarrasser beaucoup; qui, entrant dans la chambre de son ami qui commence à s'endormir, le réveille pour l'entretenir de vains discours; qui se trouvant sur le bord de la mer, sur le point qu'un homme est prêt de partir et de monter dans son vaisseau, l'arrête sans nul besoin, l'engage insensiblement à se promener avec lui sur le rivage; qui, arrachant un petit enfant du sein de sa nourrice pendant qu'il tette, lui fait avaler quelque chose qu'il a mâché, bat des mains devant lui, le caresse et lui parle d'une voix contrefaite; qui choisit le temps du repas, et que le potage est sur la table, pour dire qu'ayant pris médecine depuis deux jours, il est allé par haut et par bas, et qu'une bile noire et recuite était mêlée dans ses déjections; qui devant toute une assemblée s'avise de demander à sa mère quel jour elle a accouché de lui; qui, ne sachant que dire, apprend que l'eau de sa citerne est fraîche; qu'il croît dans son jardin de bonnes légumes, ou que sa maison est ouverte à tout le monde comme une hôtellerie; qui s'empresse de faire connaître à ses hôtes un parasite [1] qu'il a chez lui, qui l'invite à table à se mettre en bonne humeur, et à réjouir la compagnie.

DE LA SOTTE VANITÉ.

La sotte vanité semble être une passion inquiète de se faire valoir par les plus petites choses, ou de chercher dans les sujets les plus frivoles du nom et de la distinction. Ainsi un homme vain, s'il se trouve à un repas, affecte toujours de s'asseoir proche de celui qui l'a convié. Il consacre à Apollon la chevelure d'un fils qui lui vient de naître; et dès qu'il est parvenu à l'âge de puberté, il le conduit lui-même à Delphes [2], lui coupe les cheveux, et les dépose dans le temple comme un monument d'un vœu solennel qu'il a accompli. Il aime à se faire suivre par un Maure. S'il fait un payement, il affecte que ce soit dans une monnaie toute neuve, et qui ne vienne que d'être frappée. Après qu'il a immolé un bœuf devant quelque autel, il se fait réserver la peau du front de cet animal, il l'orne de rubans et de fleurs, et l'attache à l'endroit

---

1. Mot grec qui signifie celui qui ne mange que chez autrui. (*Note de La Bruyère.*)
2. Le peuple d'Athènes ou les personnes plus modestes se contentaient d'assembler leurs parents, de couper en leur présence les cheveux de leur fils parvenu à l'âge de puberté, et de le consacrer ensuite à Hercule, ou à quelque autre divinité qui avait un temple dans la ville. (*Note de La Bruyère.*)

de sa maison le plus exposé à la vue de ceux qui passent, afin que personne du peuple n'ignore qu'il a sacrifié un bœuf. Une autre fois, au retour d'une cavalcade qu'il aura faite avec d'autres citoyens, il renvoie chez soi par un valet tout son équipage, et ne garde qu'une riche robe dont il est habillé, et qu'il traîne le reste du jour dans la place publique. S'il lui meurt un petit chien, il l'enterre, lui dresse une épitaphe avec ces mots : *Il était de race de Malte* [1]. Il consacre un anneau à Esculape, qu'il use à force d'y pendre des couronnes de fleurs. Il se parfume tous les jours. Il remplit avec un grand faste tout le temps de sa magistrature, et, sortant de charge, il rend compte au peuple avec ostentation des sacrifices qu'il a faits, comme du nombre et de la qualité des victimes qu'il a immolées. Alors, revêtu d'une robe blanche et couronné de fleurs, il paraît dans l'assemblée du peuple : Nous pouvons, dit-il, vous assurer, ô Athéniens, que pendant le temps de notre gouvernement nous avons sacrifié à Cybèle, et que nous lui avons rendu des honneurs tels que les mérite de nous la mère des dieux : espérez donc toutes choses heureuses de cette déesse. Après avoir parlé ainsi, il se retire dans sa maison, où il fait un long récit à sa femme de la manière dont tout lui a réussi au delà même de ses souhaits.

DE L'AVARICE.

Ce vice est dans l'homme un oubli de l'honneur et de la gloire, quand il s'agit d'éviter la moindre dépense. Si un homme a remporté le prix de la tragédie [2], il consacre à Bacchus des guirlandes ou des bandelettes faites d'écorces de bois, et il fait graver son nom sur un présent si magnifique. Quelquefois, dans les temps difficiles, le peuple est obligé de s'assembler pour régler une contribution capable de subvenir aux besoins de la république ; alors il se lève et garde le silence [3], ou le plus souvent il fend la presse et se retire. Lorsqu'il marie sa fille, et qu'il sacrifie selon la coutume, il n'abandonne de la victime que les parties seules qui doivent être brûlées [4] sur l'autel ; il réserve les autres pour les vendre ; et comme il manque de domestiques pour servir à table et être chargés du soin des noces, il loue des gens pour tout le temps de la fête, qui se nourrissent à leurs dépens, et à qui il donne une certaine somme. S'il est capitaine de galère, voulant ménager son lit, il se contente de coucher indifféremment avec les autres sur de la natte qu'il emprunte de son pilote. Vous verrez une autre fois cet homme sordide acheter en plein marché des viandes cuites, toutes sortes d'herbes, et les porter hardiment

---

1. Cette île portait de petits chiens fort estimés. (*Note de La Bruyère.*)
2. Qu'il a faite ou récitée. (*Note de La Bruyère.*)
3. Ceux qui voulaient donner se levaient, et offraient une somme ; ceux qui ne voulaient rien donner se levaient, et se taisaient. (*Note de La Bruyère.*)
4. C'était les cuisses et les intestins. (*Note de La Bruyère.*)

dans son sein et sous sa robe : s'il l'a un jour envoyée chez le teinturier pour la détacher, comme il n'en a pas une seconde pour sortir, il est obligé de garder la chambre. Il sait éviter dans la place la rencontre d'un ami pauvre, qui pourrait lui demander [1] comme aux autres quelque secours ; il se détourne de lui, et reprend le chemin de sa maison. Il ne donne point de servantes à sa femme, content de lui en louer quelques-unes pour l'accompagner à la ville toutes les fois qu'elle sort. Enfin, ne pensez pas que ce soit un autre que lui qui balaie le matin sa chambre, qui fasse son lit et le nettoie. Il faut ajouter qu'il porte un manteau usé, sale, et tout couvert de taches ; qu'en ayant honte lui-même, il le retourne quand il est obligé d'aller tenir sa place dans quelque assemblée.

DE L'OSTENTATION.

Je n'estime pas que l'on puisse donner une idée plus juste de l'ostentation, qu'en disant que c'est dans l'homme une passion de faire montre d'un bien ou des avantages qu'il n'a pas. Celui en qui elle domine s'arrête dans l'endroit du Pirée [2] où les marchands étalent, et où se trouve un plus grand nombre d'étrangers ; il entre en matière avec eux, il leur dit qu'il a beaucoup d'argent sur la mer ; il discourt avec eux des avantages de ce commerce, des gains immenses qu'il y a à espérer pour ceux qui y entrent, et de ceux surtout que lui qui leur parle y a faits. Il aborde dans un voyage le premier qu'il trouve sur son chemin, lui fait compagnie, et lui dit bientôt qu'il a servi sous Alexandre ; quels beaux vases et tout enrichis de pierreries il a rapportés de l'Asie, quels excellents ouvriers s'y rencontrent, et combien ceux de l'Europe leur sont inférieurs [3]. Il se vante dans une autre occasion d'une lettre qu'il a reçue d'Antipater [4], qui apprend que lui troisième est entré dans la Macédoine. Il dit une autre fois que, bien que les magistrats lui aient permis tels transports de bois [5] qu'il lui plairait sans payer de tribut, pour éviter néanmoins l'envie du peuple, il n'a point voulu user de ce privilège. Il ajoute que pendant une grande cherté de vivres, il a distribué aux pauvres citoyens d'Athènes jusqu'à la somme de cinq talents [6] ; et s'il parle à des gens qu'il ne

---

1. Par forme de contribution. Voyez les chapitres de la Dissimulation et de l'Esprit chagrin. (*Note de La Bruyère.*)
2. Port à Athènes, fort célèbre. (*Note de La Bruyère.*)
3. C'était contre l'opinion commune de toute la Grèce. (*Note de La Bruyère.*)
4. L'un des capitaines d'Alexandre le Grand, et dont la famille régna quelque temps dans la Macédoine. (*Note de La Bruyère.*)
5. Parce que les pins, les sapins, les cyprès, et tout autre bois propre à construire des vaisseaux, étaient rares dans le pays attique, l'on n'en permettait le transport en d'autres pays qu'en payant un fort gros tribut. (*Note de La Bruyère.*)
6. Un talent attique dont il s'agit valait soixante mines attiques ; une mine, cent dragmes ; une dragme, six oboles. Le talent attique valait quelque six cents écus de notre monnaie. (*Note de La Bruyère.*)

connaît point, et dont il n'est pas mieux connu, il leur fait prendre des jetons, compter le nombre de ceux à qui il fait ces largesses; et quoiqu'il monte à plus de six cents personnes, il leur donne à tous des noms convenables; et, après avoir supputé les sommes particulières qu'il a données à chacun d'eux, il se trouve qu'il en résulte le double de ce qu'il pensait, et que dix talents y sont employés, sans compter, poursuit-il, les galères que j'ai armées à mes dépens, et les charges publiques que j'ai exercées à mes frais et sans récompense. Cet homme fastueux va chez un fameux marchand de chevaux, fait sortir de l'écurie les plus beaux et les meilleurs, fait ses offres, comme s'il voulait les acheter. De même il visite les foires les plus célèbres, entre sous les tentes des marchands, se fait déployer une riche robe, et qui vaut jusqu'à deux talents; et il sort en querellant son valet de ce qu'il ose le suivre sans porter de l'or sur lui [1] pour les besoins où l'on se trouve. Enfin, s'il habite une maison dont il paye le loyer, il dit hardiment à quelqu'un qui l'ignore que c'est une maison de famille, et qu'il a héritée de son père; mais qu'il veut s'en défaire, seulement parce qu'elle est trop petite pour le grand nombre d'étrangers qu'il retire chez lui [2].

DE L'ORGUEIL

Il faut définir l'orgueil, une passion qui fait que de tout ce qui est au monde l'on n'estime que soi. Un homme fier et superbe n'écoute pas celui qui l'aborde dans la place pour lui parler de quelque affaire; mais sans s'arrêter, et se faisant suivre quelque temps, il lui dit enfin qu'on peut le voir après son souper. Si l'on a reçu de lui le moindre bienfait, il ne veut pas qu'on en perde jamais le souvenir; il le reprochera [3] en pleine rue à la vue de tout le monde. N'attendez pas de lui qu'en quelque endroit qu'il vous rencontre, il s'approche de vous, et qu'il vous parle le premier : de même, au lieu d'expédier sur-le-champ des marchands ou des ouvriers, il ne feint point de les renvoyer au lendemain matin, et à l'heure de son lever. Vous le voyez marcher dans les rues de la ville la tête baissée sans daigner parler à personne de ceux qui vont et viennent. S'il se familiarise quelquefois jusques à inviter ses amis à un repas, il prétexte des raisons pour ne pas se mettre à table et manger avec eux, et il charge ses principaux domestiques du soin de les régaler. Il ne lui arrive point de rendre visite à personne, sans prendre la précaution d'envoyer quelqu'un des siens pour avertir qu'il va venir [4]. On ne le voit point chez lui lorsqu'il mange ou qu'il se parfume [5]. Il ne se donne pas la peine de régler lui-

1. Coutume des anciens. (*Note de La Bruyère.*)
2. Par droit d'hospitalité. (*Note de La Bruyère.*)
3. Le manuscrit du Vatican ajoute : « Si on le choisit pour arbitre, il juge la cause en marchant dans les rues; s'il est élu pour quelque magistrature, il refuse, en affirmant par serment qu'il n'a pas le temps de s'en charger. » WALCKENAER.
4. Voyez le chapitre de la Flatterie. (*Note de La Bruyère.*)
5. Avec des huiles de senteur. (*Note de La Bruyère.*)

même des parties; mais il dit négligemment à un valet de les calculer, de les arrêter, et les passer à compte. Il ne sait point écrire dans une lettre, Je vous prie de me faire ce plaisir, ou de me rendre ce service; mais, J'entends que cela soit ainsi; j'envoie un homme vers vous pour recevoir une telle chose; je ne veux pas que l'affaire se passe autrement; faites ce que je vous dis promptement, et sans différer. Voilà son style.

DE LA PEUR, OU DU DEFAUT DE COURAGE.

Cette crainte est un mouvement de l'âme qui s'ébranle, ou qui cède en vue d'un péril vrai ou imaginaire; et l'homme timide est celui dont je vais faire la peinture. S'il lui arrive d'être sur la mer, et s'il aperçoit de loin des dunes ou des promontoires, la peur lui fait croire que c'est le débris de quelques vaisseaux qui ont fait naufrage sur cette côte; aussi tremble-t-il au moindre flot qui s'élève, et il s'informe avec soin si tous ceux qui navigent avec lui sont initiés [1]: s'il vient à remarquer que le pilote fait une nouvelle manœuvre, ou semble se détourner comme pour éviter un écueil, il l'interroge, il lui demande avec inquiétude s'il ne croit pas s'être écarté de sa route, s'il tient toujours la haute mer, et si les dieux sont propices [2]. Après cela il se met à raconter une vision qu'il a eue pendant la nuit, dont il est encore épouvanté et qu'il prend pour un mauvais présage. Ensuite, ses frayeurs venant à croître, il se déshabille et ôte jusqu'à sa chemise, pour pouvoir mieux se sauver à la nage; et, après cette précaution, il ne laisse pas de prier les nautoniers de le mettre à terre. Que si cet homme faible, dans une expédition militaire où il s'est engagé, entend dire que les ennemis sont proches, il appelle ses compagnons de guerre, observe leur contenance sur ce bruit qui court, leur dit qu'il est sans fondement, et que les coureurs n'ont pu discerner si ce qu'ils ont découvert à la campagne sont amis ou ennemis. Mais si l'on n'en peut plus douter par les clameurs que l'on entend, et s'il a vu lui-même de loin le commencement du combat, et que quelques hommes aient paru tomber à ses pieds; alors, feignant que la précipitation et le tumulte lui ont fait oublier ses armes, il court les quérir dans sa tente, où il cache son épée sous le chevet de son lit, et emploie beaucoup de temps à la chercher, pendant que d'un autre côté son valet va par ses ordres savoir des nouvelles des ennemis, observer quelle route ils ont

---

1. Les anciens navigeaient rarement avec ceux qui passaient pour impies, et ils se faisaient initier avant de partir, c'est-à-dire, instruire des mystères de quelque divinité, pour se la rendre propice dans leurs voyages. Voyez le chapitre de la Superstition. (Note de La Bruyère.)

2. Ils consultaient les dieux par les sacrifices, ou par les augures, c'est-à-dire, par le vol, le chant et le manger des oiseaux, et encore par les entrailles des bêtes. (Note de La Bruyère.)

prise, et où en sont les affaires. Et dès qu'il voit apporter au camp quelqu'un tout sanglant d'une blessure qu'il a reçue, il accourt vers lui, le console et l'encourage, étanche le sang qui coule de sa plaie, chasse les mouches qui l'importunent, ne lui refuse aucun secours, et se mêle de tout, excepté de combattre. Si pendant le temps qu'il est dans la chambre du malade, qu'il ne perd pas de vue, il entend la trompette qui sonne la charge : Ah! dit-il avec imprécation, puisses-tu être pendu, maudit sonneur qui cornes incessamment, et fais un bruit enragé qui empêche ce pauvre homme de dormir! Il arrive même que, tout plein d'un sang qui n'est pas le sien, mais qui a rejailli sur lui de la plaie du blessé, il fait accroire à ceux qui reviennent du combat, qu'il a couru un grand risque de sa vie pour sauver celle de son ami : il conduit vers lui ceux qui y prennent intérêt, ou comme ses parents, ou parce qu'ils sont d'un même pays; et là il ne rougit pas de leur raconter quand et de quelle manière il a tiré cet homme des ennemis, et l'a apporté dans sa tente.

DES GRANDS D'UNE RÉPUBLIQUE.

La plus grande passion de ceux qui ont les premières places dans un État populaire, n'est pas le désir du gain ou de l'accroissement de leurs revenus, mais une impatience de s'agrandir, et de se fonder, s'il se pouvait, une souveraine puissance sur celle du peuple. S'il s'est assemblé pour délibérer à qui des citoyens il donnera la commission d'aider de ses soins le premier magistrat dans la conduite d'une fête ou d'un spectacle, cet homme ambitieux, et tel que je viens de le définir, se lève, demande cet emploi, et proteste que nul autre ne peut si bien s'en acquitter. Il n'approuve point la domination de plusieurs, et de tous les vers d'Homère il n'a retenu que celui-ci :

Les peuples sont heureux, quand un seul les gouverne [1].

Son langage le plus ordinaire est tel : Retirons-nous de cette multitude qui nous environne; tenons ensemble un conseil particulier, où le peuple ne soit point admis; essayons même de lui fermer le chemin à la magistrature. Et s'il se laisse prévenir contre une personne d'une condition privée, de qui il croit avoir reçu quelque injure, Cela, dit-il, ne se peut souffrir; et il faut que lui ou moi abandonnions la ville. Vous le voyez se promener dans la place sur le milieu du jour, avec les ongles propres, la barbe et les cheveux en bon ordre; repousser fièrement ceux qui se trouvent sur ses pas; dire avec chagrin aux premiers qu'il rencontre, que la ville est un lieu où il n'y a plus moyen de vivre; qu'il ne peut plus tenir contre l'horrible foule des plaideurs, ni

---

1. Hom., *Iliade*, II, 204, 205.

supporter plus longtemps les longueurs, les crieries et les mensonges des avocats; qu'il commence à avoir honte de se trouver assis dans une assemblée publique, ou sur les tribunaux auprès d'un homme mal habillé, sale, et qui dégoûte; et qu'il n'y a pas un seul de ces orateurs dévoués au peuple, qui ne lui soit insupportable. Il ajoute que c'est Thésée[1] qu'on peut appeler le premier auteur de tous ces maux[2], et il fait de pareils discours aux étrangers qui arrivent dans la ville, comme à ceux avec qui il sympathise de mœurs et de sentiments.

D'UNE TARDIVE INSTRUCTION.

Il s'agit de décrire quelques inconvénients où tombent ceux qui, ayant méprisé dans leur jeunesse les sciences et les exercices, veulent réparer cette négligence dans un âge avancé par un travail souvent inutile. Ainsi un vieillard de soixante ans s'avise d'apprendre des vers par cœur, et de les réciter à table dans un festin, où, la mémoire venant à lui manquer, il a la confusion de demeurer court[3]. Une autre fois il apprend de son propre fils les évolutions qu'il faut faire dans les rangs à droite ou à gauche, le maniement des armes, et quel est l'usage, à la guerre, de la lance et du bouclier[4]. S'il monte un cheval que l'on lui a prêté, il le presse de l'éperon, veut le manier, et, lui faisant faire des voltes ou des caracoles, il tombe lourdement et se casse la tête. On le voit tantôt, pour s'exercer au javelot, le lancer tout un jour contre l'homme de bois[5]; tantôt tirer de l'arc, et disputer avec son valet lequel des deux donnera mieux dans un blanc avec des flèches; vouloir d'abord apprendre de lui; se mettre ensuite à l'instruire et à le corriger, comme s'il était le plus habile. Enfin, se voyant tout nu au sortir d'un bain, il imite les postures d'un lutteur, et, par le défaut d'habitude, il le fait de mauvaise grâce, et il s'agite d'une manière ridicule.

1. Thésée avait jeté les fondements de la république d'Athènes en établissant l'égalité entre les citoyens. (*Note de La Bruyère.*)
2. Le manuscrit du Vatican ajoute : « Quand cesserons-nous d'être ruinés par des charges onéreuses qu'il faut supporter, et des galères qu'il faut équiper ? » WALCKENAER.
3. Voyez le chapitre de la Brutalité. (*Note de La Bruyère.*)
4. Le manuscrit du Vatican fournit ici une addition importante : « Il se joint à des jeunes gens pour faire une course avec des flambeaux, en l'honneur de quelque héros. S'il est invité à un sacrifice fait à Hercule, il jette son manteau, et saisit le taureau pour le terrasser; et puis il entre dans la palestre pour s'y livrer encore à d'autres exercices. Dans ces petits théâtres des places publiques, où l'on répète plusieurs fois de suite le même spectacle, il assiste à trois ou quatre représentations consécutives, pour apprendre les airs par cœur. Dans les mystères de Sabasius (de Bacchus), il cherche à être distingué particulièrement par le prêtre. Il aime les courtisanes, enfonce leurs portes, et plaide pour avoir été battu par un rival. » WALCKENAER.
5. Une grande statue de bois qui était dans le lieu des exercices pour apprendre à darder. (*Note de La Bruyère.*)

DE LA MÉDISANCE.

Je définis ainsi la médisance, une pente secrète de l'âme à penser mal de tous les hommes, laquelle se manifeste par les paroles. Et pour ce qui concerne le médisant, voici ses mœurs : si on l'interroge sur quelque autre, et que l'on lui demande quel est cet homme, il fait d'abord sa généalogie : Son père, dit-il, s'appelait Sosie[1], que l'on a connu dans le service et parmi les troupes sous le nom de Sosistrate; il a été affranchi depuis ce temps et reçu dans l'une des tribus de la ville[2]; pour sa mère, c'était une noble thracienne[3], car les femmes de Thrace, ajoute-t-il, se piquent la plupart d'une ancienne noblesse : celui-ci, né de si honnêtes gens, est un scélérat, et qui ne mérite que le gibet. Et retournant à la mère de cet homme qu'il peint avec de si belles couleurs : Elle est, poursuit-il, de ces femmes qui épient sur les grands chemins[4] les jeunes gens au passage, et qui, pour ainsi dire, les enlèvent et les ravissent. Dans une compagnie où il se trouve quelqu'un qui parle mal d'une personne absente, il relève la conversation : Je suis, lui dit-il, de votre sentiment; cet homme m'est odieux, et je ne le puis souffrir : qu'il est insupportable par sa physionomie! Y a-t-il un plus grand fripon et des manières plus extravagantes? Savez-vous combien il donne à sa femme pour la dépense de chaque repas? trois oboles[5], et rien davantage; et croiriez-vous que, dans les rigueurs de l'hiver et au mois de décembre, il l'oblige de se laver avec de l'eau froide? Si alors quelqu'un de ceux qui l'écoutent se lève et se retire, il parle de lui presque dans les mêmes termes. Nul de ses plus familiers n'est épargné : les morts[6] mêmes dans le tombeau ne trouvent pas un asile contre sa mauvaise langue.

DU GOUT QU'ON A POUR LES VICIEUX

Le goût que l'on a pour les vicieux décèle un penchant au vice. Celui que ce penchant domine fréquente les condamnés politiques. Il espère par là se rendre plus habile et plus formidable. Cite-t-on devant lui quelques hommes recommandables par leurs vertus : Bah! dit-il, ils sont comme les autres; tous les hommes se ressemblent : ces vertueux sont des hypocrites. Il parle sans cesse contre les gens de bien. Attaque-

1. C'était chez les Grecs un nom de valet ou d'esclave. (*Note de La Bruyère.*)
2. Le peuple d'Athènes était partagé en diverses tribus. (*Note de La Bruyère.*)
3. Cela est dit par dérision des Thraciennes, qui venaient dans la Grèce pour être servantes, et quelque chose de pis. (*Note de La Bruyère.*)
4. Elles tenaient hôtellerie sur les chemins publics, où elles se mêlaient d'infâme commerces. (*Note de La Bruyère.*)
5. Il y avait au-dessous de cette monnaie d'autres encore de moindre prix. (*Note de La Bruyère.*)
6. Il était défendu chez les Athéniens de parler mal des morts, par une loi de Solon, leur législateur. (*Note de La Bruyère.*)

t-on un citoyen pervers, il déclare qu'on le calomnie, parce qu'il est libéral et indépendant. Il concède cependant en partie ce que l'on en dit, et prétend ignorer le reste; puis il ajoute : C'est un homme d'esprit, un cœur excellent, d'une capacité rare, jouissant d'un grand crédit. Toujours favorable à l'accusé traduit devant le peuple ou devant un tribunal, il s'assied près de lui, et s'écrie : Jugez donc l'homme, et non le fait. Celui qu'on accuse est le défenseur du peuple, c'est son chien vigilant; il le garde contre les oppresseurs, et les éloigne. Qui voudra se mêler des affaires publiques, si on abandonne à leurs persécuteurs de tels citoyens? Ainsi tout malfaiteur est son client; et, patron zélé, il le protége même contre les juges. S'il est juge lui-même, il interprétera les plaidoiries d'une manière perfide. L'affection pour les scélérats est sœur de la scélératesse, et le proverbe dit vrai : Qui se ressemble, s'assemble.

DU GAIN SORDIDE.

L'homme bassement intéressé accumule avec fureur des gains sordides. Il épargne le pain dans les repas, il emprunte de l'argent à l'étranger devenu son hôte par droit d'hospitalité. S'il sert à table, Il est juste, dit-il, que le distributeur ait une portion double; et il se l'adjuge.

. . . .

S'il donne son manteau à nettoyer, il en emprunte un de quelqu'un de sa connaissance, et s'en sert jusqu'à ce qu'on le redemande... Il achète secrètement l'objet que convoite un ami, pour le lui revendre bien cher. Il diminue le salaire du maître de ses enfants, si leur maladie l'empêche de les envoyer à l'école. Au mois anthestérion, il ne les enverra pas du tout. Il y a alors tant de fêtes, qu'il lui parait inutile de payer un mois de leçons. S'il reçoit une rétribution pour un esclave dont il a loué le travail, il exige un droit de change. Il en use de même envers l'économe qui lui rend ses comptes. S'il voyage avec ses amis, il se sert de leurs esclaves et loue le sien, sans leur donner part au profit qu'il en retire. S'il se fait chez lui un pique-nique, il met en réserve une petite partie de tout ce qu'on lui apporte, bois, lentilles, vinaigre, sel, huile de lampe. Si un de ses amis se marie, ou marie sa fille, il a eu soin de projeter d'avance un voyage, et son absence le dispense du présent de noces. Enfin, il emprunte à ses amis de ces choses qu'on ne redemande pas, et qu'on ne voudrait pas reprendre.

FIN DE THÉOPHRASTE.

TABLE ANALYTIQUE

DES MATIÈRES CONTENUES

DANS LES CARACTÈRES DE LA BRUYÈRE.

N. B. On a fait précéder d'une croix (†) les morceaux les plus remarquables, et de quelque étendue, sur lesquels, d'ordinaire, MM. les professeurs appellent plus particulièrement l'attention de leurs élèves.

A

ÆMILE. (Voy. *Condé.*)
† *Affairé* (l'), ou Clitiphon, 129.
† *Affairés* (les) importants, ou Cimon et Clitandre, 172.
Affliction. Comment on en sort, 91. — Seule affliction durable, 149.
Aigreur. Sa mauvaise influence sur le jugement, 332.
Aimer, 89 et suiv.
Ambitieux (l') dissimulé, ou d'Artemon, 181. — L'ambitieux qui s'est livré à la cour, 189.
Ambition. On n'en guérit point, 98. — Suspend les autres passions, 142.
Ames basses et sordides, 144. — Nobles âmes, *ibid.* — L'âme est incorruptible, 432.
Amis. Comment il faut les regarder et les cultiver, 51. — C'est assez pour soi d'un fidèle ami. Comment il faut vivre avec ses amis, 94.
Amitié. N'est pas pour les gens médiocres, 88. — Amitié pour les femmes, *ibid.* — Il faut être indulgent en amitié, 119.
Amour. Il naît brusquement. Comparé à l'amitié, 88. — On pardonne plus en amour qu'en amitié, 89.
AMYOT. Jugement sur ses écrits, 23.
Anciens. On doit les prendre pour modèles en écrivant, 10.
Art. Il a un point de perfection, 9.

Athéisme. Il n'est point, 420 et suiv.
Auteur. Il faut plus que de l'esprit pour l'être, 7. — Doit être modeste, 12. — Doit ne point s'inquiéter des mauvais plaisants, 17. — Modèle que doit suivre un auteur né copiste, 40. — La profession d'auteur n'enrichit point, 310.
Avare (l'). Dépense le jour de sa mort, 146. — Vie des avares, 287.
Avenir. Preuve d'un avenir, 135.
Avocat. Sa fonction, ses difficultés. Comparé au prédicateur, 412.

B

BALZAC. Jugement sur ses lettres, 21. — Son influence littéraire, 23.
BARON, sous le nom de Roscius, 72.
Bâtir. Manie de bâtir, 350.
† *Bibliomane* (le), 349.
Bienfaits. Ils attachent à ceux que l'on oblige, 96.
Biens de la fortune. Leur perte cause une affliction durable, 149.
Bon. L'homme bon, 64.
BOSSUET, sous le nom de Trophime. Son grand mérite, 52. — Comparé à Démosthène. Il a fait de mauvais censeurs, 410.
BOURDALOUE. Son talent comme orateur. Il a fait de mauvais copistes, 410.
Bourgeois de Paris. Sa vie commode, comparée à celle de ses ancêtres, 166.
Bravoure (le glorieux de), 333

C

Caprice (du) chez les femmes, 69.
Charges (amour général pour les), 47.
Chef-d'œuvre d'esprit. Ne peut guère être l'ouvrage de plusieurs, 9.
Cid (le). Accueil que reçut cet ouvrage à sa naissance. Son mérite, 18.
Ciel (le). Son immensité prodigieuse et ses merveilles, 434 et suiv.
Citations (la manie des), ou Hérille, 323.
Cœur. Ne se donne pas toujours avec la confiance, 90. — Devrait renfermer des sources inépuisables de douleur, 91. — Concilie les choses contraires, 98. — On est plus sociable par le cœur que par l'esprit, ibid.
Comédiens. Leur condition, 306. — Le comédien en carrosse éclabousse Corneille à pied, 307.
† *Commodités* (l'esclave de ses petites), ou Hermippe, 390.
† *Complaisant* (le) de tout le monde, ou Celse, 60.
Compliments (des) de félicitations, 193.
CONDÉ (prince de), sous le nom d'Æmile. Son portrait, 56.
Conditions (les). Leur disproportion, 147. — Charme de chaque condition, 202. — L'inégalité des conditions est dans les desseins de Dieu, 447.
Conduite. Pivots de la sage conduite, 328.
Confiance. On peut posséder celle de quelqu'un sans son cœur, 90. — Est dangereuse si elle n'est entière, 126.
Connaisseurs (les faux). Ils usurpent l'autorité des juges, découragent les poëtes et les musiciens, 28. — Leur mince savoir, 106.
Conseil. Nécessaire en affaires, quelquefois nuisible dans la société, 119. — Il y a dans les meilleurs de quoi déplaire. Pourquoi, 328.
† *Consultation* (la) médicale au temple d'Esculape, ou Irène, 264.
Content. Il est bien difficile de l'être de quelqu'un, 93.
† *Conteur* (le) diffus, 104.
† *Conteur* (l'impertinent), ou Arrias, 103.
† *Conversation* (du véritable esprit de) 107 et suiv.

Coquet. L'homme coquet, 70.
Coquette (la), ou Lise, 67.
† *Coquillages* (manie des), 352.
CORNEILLE (P.). Son mérite éminent 31. — Parallèle entre lui et Racine, 33. — Son portrait, 322.
Cour (la). Ne pas savoir la Cour, reproche honorable. Portrait de celui qui sait la Cour. On est petit à la Cour. Vue de la province, la Cour paraît admirable, 168. — Ce qu'est la Cour aux yeux d'un honnête homme, 169. — L'air de Cour est contagieux, 170. — On se couche et on se lève à la Cour sur l'intérêt, 174. — Tout est dissimulation à la Cour. Vie de Cour comparée au jeu, 191. — Tableau de la Cour, 193. — Il inspire le mépris du monde, 200, et l'amour de la solitude, ibid. — La Cour apprend à connaître les faux dévots, 360. — Les libertins ou les hypocrites y dominent, 421.
Courtisans. Sont enlaidis par la présence du prince, 169. — Courtisans de bas étage, 171. — Les courtisans sont ingénieux pour se dispenser d'obliger, 177. — Ont deux manières de congédier les solliciteurs, 180. — Avidité des courtisans, 182. — Peu osent honorer le mérite seul, 178. — † Le courtisan, 189 et suiv. — Le courtisan ressemble à une montre, 191. — Son esclavage, 192. — Voir le visage du prince est toute sa vie, 194. — Où se termine toute sa prudence et toute sa souplesse, 195. — Le courtisan d'autrefois et celui d'aujourd'hui, 359. — Vices du courtisan, 361.
Crime (le) vient du manque d'esprit, 259.
Critique (le). Est peu sensible aux belles choses, 13. — Métier qui veut de l'habitude, 40. — On détruirait un livre si on écoutait tous les critiques. Antagonisme de leurs jugements, 17.
Curiosité inhumaine pour voir des condamnés, 184. — Définition de la curiosité futile, 345.

D

Délicatesse (la fausse), 299.
Détails (science des). Son utilité dans le gouvernement, 241.
Devoir. Réciprocité de devoirs entre le

souverain et ses sujets, 243.—Nos devoirs nous coûtent. Pourquoi, 284.

Dévot. Le faux dévot, 360, 361. —Portrait d'Onuphre, 362.—Le vrai dévot, 366. —Le faux dévot ne croit pas en Dieu, 425.

Dévote (la), 74. — Comment on devient dévote, 75. — Zélie la dévote, 366.

Dévotion. Comment elle vient, surtout aux femmes, 75. — Bonheur que procure la vraie dévotion, 369.

Dieu. Du sentiment de Dieu, 420. — Dieu ne peut être expliqué, 424.

— † De l'existence de Dieu, 429.

— † Dieu, sa justice, sa durée, son immensité, 444

† *Digestion (l'homme né pour la)*, ou Cliton, 290.

Dignités. Deux voies pour y arriver, 184.

Directeurs (les) de femmes, 74.

Discernement (esprit de). Sa rareté, 323.

Discours prononcés. Font plus d'effet que les discours écrits, 413.

† *Distrait (le),* ou Ménalque, 251 et suiv.

Docteur (un), 54.

Duelliste (le), ou Don Fernand, 294.

Duels (manie des), 353.

E

Ecrire. Il faut être dans le vrai pour écrire naturellement, 10. — Comment il faut écrire, 36 et suiv.

Education. Ce qu'on en doit raisonnablement attendre, 330.

† *Egoïste (l'),* ou Gnathon, 289.

Eloquence (l'). Ce qu'entend par là le vulgaire. Elle est un don de l'âme, 34. — Eloquence de la chaire, 410.

† *Emire,* ou la jeune Smyrnéenne insensible. Son histoire, 85.

† *Empirique (l'),* ou Carro Carri, 391.

Emulation (l') et la jalousie, 278.

Enfants (les). Leurs défauts, 268. — Tout leur paraît grand. Jouent au gouvernement, 270. — Leur caractère, leur esprit, leur perspicacité, 271 et suiv.

Enfants (les) des dieux. Ce que c'est. Leurs qualités, 58.

Enrichie (l'), ou Arfure, 131.

Ennemis. Comment il faut vivre avec eux, 94. — On a tort de mentir pour décrier ses ennemis, 301.

Ennui. Est produit par la paresse 281.

Entretiens (les). Conduite à y tenir, 103.

Envie. S'unit toujours avec la haine, 279.

Equipage (l'homme qui ne vaut que par son), ou Philémon, 53.

ERASME. Son mérite éminent, 52.

† *Esprit (l'homme infatué de son),* ou Arsène, 15.

Esprit. Des divers genres d'esprit, 39. — Le bon esprit, 51. — Il y a peu d'esprits délicats, 100. — Un esprit raisonnable est indulgent. Pourquoi, 263. — Il y a beaucoup d'esprits médiocres, mais utiles, 280. — L'esprit s'use, 281. — Des divers esprits par rapport à la religion, 417.

Esprit (l') et le talent, 321.

† *Esprit (le bel) de profession,* ou Cydias, 123. — Le véritable bel-esprit, ou Euripile, 309.

Esprits forts. Ce que c'est, 416.

† *Estampes (la manie des),* ou Démocède, 348.

Etoiles (les). On ne connaît pas leurs distances respectives. Elles sont innombrables, 438.

Etoiles (l'homme né sous deux), ou Straton, 199.

Exécutions à mort. Inhumaine curiosité pour les voir, 184.

Extérieur simple. Convient aux hommes vulgaires, et pare les grands hommes, 49.

F

Familles. Peu gagnent à ce qu'on voye leur intérieur, 115.

† *Fats (les) importants.* Le fat se classe entre l'impertinent et le sot. Pourquoi, 102. — L'homme infatué de soi, 104.

† *Fat (le) impertinent,* ou Theodecte, 104.

Fausse (la femme), ou Glycère, 82.

Fautes. On ne profite pas de ses fautes. Pourquoi, 271

Faveur. Envie qu'elle excite, 176. — Relief qu'elle donne, 179.— Gens ensorcelés de la faveur, 188. — Gens qui sont surpris de celle qui leur arrive, 196.— Elle élève et abaisse tour à tour, 200. — Elle est utile pour les procès, 385.

Favori (le). Ce qu'annonce sa politesse, 198. — Ne se lie point, 238. — Compte à rendre de sa vie, 239. — Conseils aux favoris *ibid*

Femmes (les). Leur talent épistolaire, 21. — Comment elles se jugent entre elles, 64. — Leur affectation. Femmes de mérite, 65. — Leur goût pour la parure. Comment juger de leur taille, 66. — La galante et la coquette, 70. — Divers caractères des femmes dans le mariage, 76. — La prude et la sage. La savante, 78.

— † La femme aimable, ou Arténice, 314.

Fidéicommis (des). Leur inconséquence, au point de vue légal, 388.

Finesse. Ne doit point être devinée. Ses qualités équivoques, 197.

Flatteur. N'ose penser autrement que son patron, 195. — N'a pas assez bonne opinion de soi ni des autres, 331

† *Fleuriste (le)*, 346.

Fortune. Un caprice de fortune, 128. — Faire fortune, 137 et suiv. — Age d'y songer, 139. — Moyen de s'y faire aider, 140. — Durée d'une médiocre fortune, 151. — Jeux de fortune, 151.

Fourbes. Ils croient tout le monde fourbe, 262.

Fripons. Ne sont nécessaires à la Cour. Pourquoi, 183.

† *Fruits (l'amateur de)*, 346.

G

Génie. Moins difficile aux génies d'être sublimes que d'éviter des fautes, 18. — Un génie droit conduit à la règle, à la probité, à la vertu, 259

Gloire (la) guerrière. Est stupide, 341.

Glorieux. Il aime à se faire voir, 48.

Goût. Le bon et le mauvais, 9.

Gouvernement. Difficile de prononcer sur sa forme. Dans toutes il y a le moins bon et le moins mauvais, 224. — Utilité, dans le gouvernement, de la science des détails, 241. — Le bon gouvernement dépend en partie des peuples, 243.

Gouverner (art de) quelqu'un, 96.

Grandeur. La fausse et la vraie, 63.

Grands. De ceux qui s'empressent auprès d'eux, 193. — Prévention du peuple pour les grands, 201. — Les grands ont le cœur sec, 202. — Sont prometteurs, ingrats, 203. — Leur bonheur. Ils dédaignent les gens d'esprit, 204. — Croient être seuls parfaits, 206. — Prennent des noms historiques, 209. — Leur ignorance, 213. — Les grands et le peuple, *ibid*. — On souffre d'eux et de leur domestique, 214. — La plupart sont incapables de sentir le mérite, 214. — Sont égoïstes, 222. — Ils se gouvernent par sentiment, 224. — Sont peu touchés de la vertu et de l'esprit, 334. — Sont indifférents sur l'idée de Dieu, 420

† *Grand (le) plein de soi-même*, ou Pamphile, 220.

Guerre (la). Sa cruauté, 227. — Insouciance du peuple qui en est loin, 228.

H

Hasard (le) Comment le guerrier et la politique s'en servent, 328.

Homme (grand). Son universalité, 55.

Haine (la). Est violente contre les gens offensés par nous, 96.

Héros. Leur vie a enrichi l'histoire, 9 — Le héros est guerrier, 55.

Hommes. Il y en a peu doués de goût et d'une saine critique, 9. — Sont trop occupés d'eux-mêmes, 44. — Hommes rares et exquis, 51. — L'homme de bien est supérieur à tous, 55. — Sont, en amitié, supérieurs aux femmes, 80. — L'ambition suspend leurs autres passions, 142. — Les hommes composent ensemble une grande famille, 219. — Nature des hommes, 249. — Leur orgueil, 273.

— † L'honnête homme, l'habile homme, et l'homme de bien, 320.

† *Hommes (les)*. Sont indulgents pour leurs défauts, 272 et suiv.

† *Hypocrite (l')*, ou Onuphre, 362.

I

Ignorance. Elle inspire le ton dogmatique, 123.

Importants (les faux), 102

— † Portrait de Clitifon, 129.

Impôts (l'homme des), ou Ergaste, 135

Impudence (l'). Vraie et naïve, est nécessaire pour réussir à la Cour, 180.

Incapable (l'), ou Égésippe, 44.

Incivilité (l'). D'où elle provient, 258.

† *Indiscret (le sot)*, ou Mopse, 59.

† *Indiscrets (les)*, 126.

Inégal (l'homme), 251.

Inexplicable (l'homme), ou Straton, 199.

† *Insensible* (la jeune), ou Émire, 85.
Inutilité des individus, 42.
† IRÈNE consultant Esculape, 264.

J

Jalousie (la) littéraire, ou Zoïle, 12.
Jalousie (de la), 90. — De la jalousie, de l'émulation et de l'envie, 278.
Jeu (de la passion du), 147 et suiv. — Le grand jeu utile à un courtisan, 354.
Joueur (le). Où il réduit ses enfants, 379.
Juges littéraires n'osant hasarder leur jugement sur un ouvrage inédit, 13.

L

LA FONTAINE. Son portrait, 321.
Langues. Elles doivent être étudiées pendant l'enfance, 394.
Légataire (le) dissolu, ou Fauste, 285. — Frustré, ou Titius, 387.
Liberté (la), 336.
Libertins. Il y en a deux espèces, 425.
Logique (la). Sa définition, 34.
Louanges. Elles ne sont données souvent qu'après la mort, 329.
Lune (la). Le plus petit des astres. Ses proportions, 434.

M

Magie (la), 393.
Maîtres (les petits), 157.
MALHERBE. Jugement sur lui, 23.
† *Maniéré* (l'homme), ou Théognis, 219.
Marâtres. Leur caractère, 116.
Mariage (le). Range tout le monde, 52. — Le mariage d'argent, 145.
Maris (des), 83. — Maris absorbés par leurs femmes, 84.
MAROT. Jugement sur lui, 23.
† *Médailles* (la manie des), ou Diogète, 347.
Médecins. Goût général pour eux, 391.
Médiocrité. La Bruyère la préfère. Pourquoi, 441.
Menteurs. Les hommes sont nés menteurs. Pourquoi, 422.
Mérite. On ne s'avise pas de celui d'autrui, 44. — D'une personne de mérite, 47.

Ministre (nouveau). A partout des parents, 186.
Misanthrope (le), ou Timon, 301.
Mode (la). Son instabilité, 358.
Mode (la personne à la) et la personne de mérite, 354.
Modes (les). Il ne faut ni les affecter ni les fuir, 356. — L'esclave de la mode, ou Iphis, 357.
† *Modestie* (la). Sert au mérite, 49. — Sur la modestie, 273 et suiv.
Mœurs du théâtre. Ce qu'elles doivent être, 30.
MOLIÈRE. Jugement sur lui, 22.
Mondains (les), 417.
Monde (l'homme du) futile, ou Narcisse, 160.
Mondes (les deux), 426.
† *Moquerie* (la). Sa cruauté, 276.
Moribond (le) homme à projets, 291.
Mort (la). De la crainte qu'elle inspire, 266. — Avantages de la mort, 267. — La mort fait louer certains hommes, 329.
Mots. Vieux mots tombés en désuétude; autres ayant changé d'acception, 397.
† *Mystères* (l'homme aux), ou Théodote, 188.

N

Nature (la). Tout y est grand et admirable, 443.
Noble (le). Libre dans sa province, est esclave à la Cour, 102. — Le noble de province, 294.
Noble (le faux). Glorieux, 157.
Noces. Frais de noces, 164.
Nom. Il est difficile et pénible de se faire un grand nom, 44. — Manie des prénoms historiques, 209. — Multiplicité et altération des noms, 372.
† *Nouvelliste* (le) alarmiste, ou Démophile, 229. — Optimiste, ou Basilide, 230.

O

Obscurité (l'). Difficile à vaincre, 43.
† *Oiseaux* (la manie des), ou Diphile 351.
Opéra (l'). Ce que c'est, 26.
ORANGE (prince d'). Son portrait, 339. — Sur son usurpation, 343.

Orateurs. Il y en a peu d'excellents, 208. — L'orateur doit être probe, 384.

Orgueilleux (l'), 143, 220.

Ouvrage. Le plus accompli fondrait si l'auteur écoutait tous les censeurs, 17. — Un bel ouvrage et un ouvrage parfait, 18 — Signe d'un bon ouvrage, 19.

P

Papillons (la manie des), 352.

† *Parasite-maître (le),* ou Trolle, 105.

Parleurs (les) impertinents, 102.

Parti. L'esprit de parti. Sa mauvaise influence, 271.

Partisans (les). Mauvais sentiments qu'ils font éprouver, 134. — Il ne faut pas approfondir leur fortune, 134. — Leur vie partagée en deux portions. Comment, 136.

† *Parvenu (l'orgueilleux),* ou Périandre, 132.

Parvenus (les), 132 et suiv.

Passions (les). Toutes sont menteuses, 98. — La passion se met au-dessus de la raison, *ibid.*

Passions (l'homme sans), ou Ruffin, 291.

† *Pauvre (l'homme),* ou Phédon, 153.

† *Pauvres (les) et les riches.* Leur utilité mutuelle, 416.

Pauvreté (la). Obstacle à l'admission dans une riche abbaye, 379.

Paysans. Leur condition misérable, 293.

Pédants (les). Leur portrait, 39.

Perfidie (la). Sa définition, 70.

Petits. Les infiniment petits, 441.

Peuple. Immensité de ce terme, 224. — Sur les agitations du peuple, 226. — Ses sentiments belliqueux, 228.

† *Phébus (le diseur de),* ou Acis, 101.

Philosophe (le) vit mal avec ses préceptes, 281. — Passer pour philosophe n'est guère utile, 293, 325.

Philosophies (les deux), 327.

Plaideuse (la) éternelle, ou Orante, 381.

Plaisants. Les bons et les mauvais, 99.

Plaisanteries. Ruse pour faire passer mauvaises, 121.

Plénipotentiaires. Leur portrait, 232.

Politesse (la) fait paraître tel qu'on devrait être. Ne s'enseigne pas, 113. — La politesse des manières et celle de l'esprit, qualités qu'elles requièrent, 309.

Politique (le) ne sait pas se gouverner lui-même, 281. — Son habileté, 328.

Portraits par noms d'individus. — Acis, ou le diseur de Phébus, 101. — Alcippe, ou le poli par vanité, 275. — Antagoras, ou l'homme processif, 292. — Anthime, ou le critique envieux, 15. — Antisthène, ou l'auteur dégoûté, 310. — Antisthius, ou l'écrivain philosophe, 326. — Arfure, ou l'enrichie, 131. — Argyre, ou la sotte, 277. — Aristarque, ou la bienfesance affichée, 218. — Aristide, ou l'homme de mérite, 198. — Arrias, ou l'homme universel, 103. — Arsène, ou le superbe, 45. — Artemon (d'), ou l'ambitieux dissimulé, 181. — Artenice, ou la femme aimable, 314. — Basilide, ou le nouvelliste optimiste, 230. — Capys, ou le juge du beau style, 19. — Carro Carri, ou le charlatan, 391. — Celse, ou le complaisant de tout le monde, 66. — Champagne, ou le partisan, 132. — Chrysante, ou le riche impertinent, 142. — Chrysippe, ou le riche parvenu, 135. — Cimon et Clitandre, ou les importants, 172. — Cléanthe, ou le mari d'humeur incompatible, 115. — Cléarque, ou l'homme sans héritier, 145. — Cléon, ou l'homme incorrigible, 109. — Clitiphon, ou le faux important, 129. — Cliton, ou l'homme né pour la digestion, 290. — Crassus, ou l'ambitieux pour ses enfants, 50. — Crésus, ou l'homme ruiné, 132. — Crispins (les), ou les orgueilleux parvenus, 157. — Criton, ou l'homme plein de ses intérêts, 136. — Cydias, ou le bel-esprit de profession, 123. — Damophile, ou le nouvelliste pessimiste, 229. — Démocède, ou l'amateur d'estampes, 348. — Diognète, ou l'amateur de médailles, 347. Diphile, ou la manie des oiseaux, 351. — Don Fernand, ou le duelliste, 294. — Drance, ou le courtisan qui veut gouverner son maître, 97. — Egésippe, ou l'incapable, 44. — Emire, ou la jeune insensible, 85. — Ergaste, ou l'homme des impôts, 135. — Eumolpe, ou le favori de la fortune, 151. — Eustate, ou le favori noyé, 353. — Eutiphron, ou le riche égoïste, 109. — Fauste et Frontin, ou les deux héritiers, 285. — Géronte, ou le vieux mari intestat, 283. — Giton, ou le riche, 152. — Glycère, ou la femme qui hait les femmes,

82. — Gnaton, ou l'égoïste, 289. — Hérille, ou le citateur, 323. — Hermagoras, ou le savant des choses antiques, 122. — Hermippe, ou l'esclave de ses petites commodités, 390. — Iphis, ou l'esclave de la mode, 337. — Irène, ou la vieille consultant Esculape, 264. — Lise, ou la coquette, 67 ; ou la moqueuse, 80. — Lucile, ou l'homme qui veut vivre avec les grands, 203. — Ménalque, ou le distrait, 251. — Ménippe, ou l'oiseau paré de divers plumages, 61. — Ménophile, ou l'homme qui masque, 183. — Mopse, ou l'indiscret, 59. — N**, ou le moribond à projets, 291. — Narcisse, ou l'homme régulier, 160. — Nicandre, ou le veuf qui veut se remarier, 126. — Onuphre, ou l'hypocrite, 362. — Orante, ou la plaideuse éternelle, 381. — Oronte, ou le mariage d'argent, 143 — Pamphile, ou le grand plein de soi-même, 220. — Périandre, ou le riche orgueilleux, 132. — Phédon, ou le pauvre, 153. — Phidippe, ou le vieillard raffiné, 289. — Philante, ou l'homme de mérite oublié, 203. — Ruffin, ou l'homme sans passions, 291. — Sannion (les), ou les parvenus anoblis, 157. — Sosie, ou l'impudent enrichi, 131. — Straton, ou l'homme né sous deux étoiles, 199. — Sylvain, ou l'ennobli, 132. — Télèphe, ou l'homme à prétentions exagérées, 297. — Téléphon, ou l'homme riche et en faveur, 207. — Théagène, ou l'homme vicieux, 201. — Théobalde, ou l'auteur vieilli, 120. — Théocrine, ou l'auteur personnel, 16. — Théodas, ou l'auteur bizarre, 322. — Théodat, ou le froid prédicateur, 408. — Théodecte, ou l'impertinent, 104. — Théodote, ou le mystérieux, 188. — Théodule, ou le prédicateur, 407. — Théognis, ou l'homme à démonstrations, 219. — Théonas, ou l'ambition croissante, 185. — Théophile, ou l'homme qui veut gouverner les grands, 205. — Thrasylle, ou le vicieux qui se trahit, 388. — Théramène, ou le riche à marier, 162. — Timante, ou le favori, 186. — Timon, ou le misanthrope, 301. — Tite, ou l'homme de mérite sacrifié à un favori, 377. — Titius, ou le légataire frustré, 387. — Troile, ou le parasyte-maître, 105. — Typhon, ou le coquin, 389. — Xantippe, ou le favori imprévu, 192. — Zélie, ou la dévote enrichie, 366. - Zélotes, ou l'envieux littéraire, 14. — Zoïle, ou le jaloux, 12.

Précieuses (les), 120.
Prédicateurs (des), 402.
† *Prétentions* (l'homme à) *exagérées*, ou Télèphe, 297.
Prince (le). Empressement à son lever, 192. — Est très-respecté des grands. Pourquoi, 194. — Les princes ont un goût de comparaison, 217. — Le prince comparé à un berger, 244.
† *Processif* (l'homme), ou Antagoras, 292.
Promenades (les) *publiques* de Paris, 154.
Puristes (les), 107.

Q

Querelles particulières. Comment le monde les juge, 111.
Question (la) *judiciaire*. Ses graves inconvénients, 384.

R

RABELAIS. Jugement sur son livre, 24.
RACINE, mis en parallèle avec Corneille, 33.
Raillerie. Notre goût à railler et notre colère contre ceux qui nous raillent, 276
Raison. Elle tient de la vérité. Difficulté de ne s'en point écarter, 302.
Rares (hommes), 51
Reconnaissance (la). Elle produit l'amitié, 90. — Seul excès qui soit beau, 99.
Réhabilitation. Ce que c'est, 370.
Religion (la). Ses défenseurs l'altèrent quelquefois. Comment, 421.
† — Vérité de la religion, 428.
République (la). Des innovations qu'on y fait, 225.
† *Riche* (le), ou Giton, 152.
† — à marier, ou Théramène, 162.
Riches. Les riches et les pauvres, 141.
Ridicule. N'en point voir où il n'y en a point, 41. — D'où il vient. L'homme ridicule, 319.
Robe. La grande et la petite, 156. — Des gens de robe, 157.
Roman. Pourrait être utile, 31.
RONSARD. Jugement sur lui, 23.
ROSCIUS. (Voy. BARON.)

Roture (la) est nuisible à la cour, 174.

S

Sage (le) guérit de l'ambition. Comment, 64. — Évite quelquefois le monde. Pourquoi, 127.

Santeul. Son portrait, 322.
Sarrazin. Jugement sur lui, 355.
Saturne. Sa distance de la terre, 436.
† *Savant* (le) *des choses antiques*, ou Hermagoras, 122.
Savants (les). Préventions contre eux, 307. — Contre leur aptitude aux affaires, 309.
— Savants superficiels, 349.
Savante (de la), 78.
† *Savoir* (le). Intempérance de savoir. Ses inconvénients, 349.
Sciences (les). Elles nourrissent et consument l'esprit, 281.
Secret. Comment gardé par les hommes et les femmes, 80. — Révélation d'un secret, 126.
Serment. Abus ridicule qu'on en fait. Est inutile pour un honnête homme, 108.
Socrate. Jugement sur lui, 325.
Soleil (le). Son diamètre, son éloignement de la terre, 435.
Sot (le) ne fait rien comme un homme d'esprit, 59. — Son portrait, 298. — Définition du sot, 319.
Sottise. Plaisir d'avoir évité d'en faire une, 271.
Souverain (le). Sa responsabilité, 245. — Son caractère, 246.
† *Spectateur* (le) de profession, 161.
Stoïcisme (le). Jeu d'esprit, 249.
Style (le) a été perfectionné. Comment, 10. — Ses ressources, 41.
Sublime (le). Ce que c'est, 35.
Suffisants (les). Leur portrait, 110.

T

Talent. Sur l'universalité des talents, 58.
Temps (le). De son emploi, 335.
Térence. Jugement sur lui, 22.
Testaments (faiseurs de), 386.
Textes (les). Comment ils doivent être étudiés, 395.
Théâtre. On y rit librement, on a honte d'y pleurer. Pourquoi, 28. — Quelles doivent être les mœurs du théâtre, 30.
Théophile. Jugement sur lui, 23.
Tragédie (la). Ses effets, 29.
Trophime. (Voy. Bossuet.)

U

Univers. Immensité de l'univers, 433.
† *Universel* (l'homme), ou Arrias, 103.

V

† *Vain* (l'homme) sans mérite, ou Ménippe, 61.
† *Vaniteux* (le grand), ou Pamphile, 220.
Vauban. Sa réputation, 332.
Vérité (la) n'est pas à l'homme; elle lui vient du ciel, 422.
Vertu (la) touche peu. Pourquoi, 51. — A la mode ou non, elle demeure vertu, 353. — C'est le meilleur parti pour l'homme, 429.
† *Veuf* (le) qui veut se remarier, ou Nicandre, 126.
Vice (le) a une fausse ressemblance avec la vertu, 98. — Vices innés et vices acquis, 260. — Les vices partent d'une dépravation du cœur, 319.
Vie (la). Sa brièveté, 95. — Se passe à désirer, 264. — Est un sommeil, 267.
† *Vie* (la) mécaniquement régulière, ou Narcisse, 160.
— La vie d'autrefois à Paris, 166.
Vieillards. Du vieillard amoureux, 286. — Les vieillards sont avares. Pourquoi, ibid. — Souvenir de la jeunesse chez eux, 287. — De leur parure. Du vieillard qui a vécu à la Cour, 288.
† *Vieille* (la) sans le savoir, ou Irène consultant Esculape, 264.
Vieillesse (la). On la craint sans être sûr de l'atteindre, 266.
Ville (la petite), 117. — Coteries de la ville, 155.
Visage (un beau), 68.
Voiture. Jugement sur lui, 21, 355.

Z

Zénobie. Sa magnificence, 150.

TABLE DES CHAPITRES

DES CARACTÈRES

DE LA BRUYÈRE ET DE THÉOPHRASTE.

	Pages.
Avertissement sur cette nouvelle édition.	5
Notice sur la personne et les écrits de La Bruyère, par Suard.	I
Jugements littéraires sur La Bruyère.	XVII

CARACTÈRES DE LA BRUYÈRE :

	Pages
Chapitre I. Des Ouvrages de l'esprit.	7
— II. Du Mérite personnel.	42
— III. Des Femmes.	64
— IV. Du Cœur.	88
— V. De la Société et de la Conversation.	99
— VI. Des Biens de la fortune.	127
— VII. De la Ville.	154
— VIII. De la Cour.	168
— IX. Des Grands.	201
— X. Du Souverain ou de la République.	224
— XI. De l'Homme.	249
— XII. Des Jugements.	303
— XIII. De la Mode.	345
— XIV. De quelques Usages.	369
— XV. De la Chaire.	401
— XVI. Des Esprits forts.	416
Préface du Discours prononcé dans l'Académie française.	448
Discours.	456

CARACTÈRES DE THÉOPHRASTE.

Discours de La Bruyère sur Théophraste.	465
De la Dissimulation.	476
De la Flatterie.	477
De l'Impertinent, ou du Diseur de rien.	479
De la Rusticité.	480
Du Complaisant.	481
D l'Image d'un Coquin.	482
Du grand Parleur.	483
Du Débit des nouvelles.	484

TABLE DES CHAPITRES.

De l'Effronterie causée par l'Avarice... 485
De l'Épargne sordide... 486
De l'Impudent, ou de celui qui ne rougit de rien................................. 487
Du Contre-temps... 489
De l'Air empressé... ibid.
De la Stupidité... 490
De la Brutalité... 491
De la Superstition.. ibid.
De l'Esprit chagrin... 492
De la Défiance.. 493
D'un Vilain homme... 494
D'un Homme incommode.. 495
De la sotte Vanité.. ibid.
De l'Avarice.. 496
De l'Ostentation.. 497
De l'Orgueil.. 498
De la Peur, ou du Défaut de courage... 499
Des Grands d'une République... 500
D'une tardive Instruction... 501
De la Médisance... 502
Du goût qu'on a pour les Vicieux.. ibid.
Du Gain sordide... 503
Table analytique des matières... 505

FIN

SOCIÉTÉ ANONYME D'IMPRIMERIE DE VILLEFRANCHE-DE-ROUERGUE
Jules Bardoux, Directeur.

A LA MÊME LIBRAIRIE

OUVRAGES A L'USAGE DE LA CLASSE DE RHÉTORIQUE

LANGUE FRANÇAISE

Morceaux choisis des classiques français, par N.-M. BERNARDIN, précédés d'un tableau de la littérature.
XVIIᵉ siècle. In-12, cart. 2 25
XVIIIᵉ siècle. In-12, cart. 2 25
XIXᵉ siècle. In-12, cart. 2 25
Recueil nouveau de morceaux choisis, par ETIENNE et RIGAULT (classe de rhétorique). In-12, cart. .... 4 »
Corneille : Sertorius (HEINRICH)... 1 »
— Rodogune (HÉMON). In-12, cart. 1 »
— Le Menteur (HÉMON). In-12, cart. 1 »
— Polyeucte (HÉMON). In-12, cart... 1 »
— Pompée (HÉMON). In-12, cart. 1 »
Racine : Phèdre (BERNARDIN)...... 1 »
Molière : Le Misanthrope (PELLISSON) 1 »
— Tartufe (PELLISSON). In-12, cart. 1 »

Boileau : Art poétique (PELLISSIER). 1 »
La Fontaine : Fables (COLINCAMP). 1 60
Pascal : Pensées (HAVET). In-12, cart. 3 »
— Lettres provinciales (I, IV, XIII) (HAVET). In-12, cart. 1 50
Bossuet : Oraisons funèbres (DIDIER) 1 60
La Bruyère : Les Caractères (H. MARQUINQUER). In-12, cart. 2 80
Fénelon : Lettre sur les occupations de l'Académie française (DESPOIS).... » 80
Buffon : Discours sur le style (HÉMON) » 50
Voltaire : Siècle de Louis XIV (DAMAN). In-12, cart. .... » 75
Histoire de la littérature française, par H. TIVIER. In-12, cart......... 3 50

LANGUE LATINE

Grammaire latine à l'usage des classes de lettres et des candidats aux examens de licence et d'agrégation, par SALOMON REINACH. In-8, relié percaline...... 5 »
Térence : Les Adelphes, (MACIN).. » 80
Lucrèce : Extraits (H. BERGSON). 1 50
P. Virgilii Maronis Opera (DUVAUX). In-12 .... 3 »
— Le même (BOUCHOT). In-12, cart... 2 25
Horatii (Q.) Flacci Opera (CARTELIER). In-12, cart................ 2 »
Cicéron : Pro Milone (CABOCHE)... » 30
— Pro Murena (NOEL). In-12, br.... » 30

Tacite : Annales (NAUDET, GIBON LAS). In-12, cart. 3 25
— Livres XIV et XV, (NICOLAS)... » 90
— Histoires (DEMOGEOT). In-12, c. 1 20
Exercices méthodiques de version latine, par J. MONNIER. In-12, br... 2 »
Conciones latinæ, texte latin (GIRARD). In-12, cart. 2 50
Choix de discours latins (matières et développements), par un professeur. 1 50
Histoire de la littérature romaine, par F. DELTOUR. In-12 br........ 4 »
Lexique latin-français, par Louis BAIZE. In-8, cart. 8 50

LANGUE GRECQUE

Homère : L'Iliade, chants I, VI, XVIII, XXII et XXIV (CARTELIER). Chacun. » 25
Sophocle : Antigone (BERGER)..... 1 »
— Œdipe à Colone (BERGER)...... 1 »
— Le même (CROISET). In-12, cart... 1 »
— Œdipe roi (BERGER). In-12, cart. 1 »
— Le même (CROISET). In-12, cart... 1 »
Aristophane.. Morceaux choisis, par Paul GIRARD. In-12, cart....... 2 »
— Nouveaux Extraits (HATZFELD). 2 »
Platon : Criton, texte grec (DRUON). » 50
Phédon, texte grec (THUROT)..... » 65

Démosthène : Philippiques (les quatre (ETIENNE). In-12, cart. .... » 80
— Première philippique seule...... » 25
— Discours sur la Couronne (LANDOIS). 1 25
— Le même ouvrage (CROISET)...... 1 10
Cours élémentaire de métrique grecque et latine de L. HAVET, rédigé par J. DUVAU. In-12, br.............. 4 »
Histoire de la littérature grecque, par F. DELTOUR. In-12, br........ 4 »

HISTOIRE ET GÉOGRAPHIE

Histoire de l'Europe et particulièrement de la France, de 1610 à 1789, par TOUSSENEL. In-12, cart........ 3 50
Histoire de l'Europe, de 1610 à 1789, par DAUBAN et GRÉGOIRE. In-12, cart. 3 50
— Le même, avec 10 cartes hors texte. 5 50
Atlas historique pour servir à l'Histoire de l'Europe, de 1610 à 1789, par

CH. PÉRIGOT. Grand in-4 Jésus, cart tonné ....
Géographie physique, politique économique de la France et de possessions coloniales, par E. LEVASSEUR. In-12, cart. .... 3 »
Atlas correspondant, par E. LEVASSEUR et PÉRIGOT. Petit In-4 cart....... 5

SCIENCES

Géométrie, par J. DUFAILLY (baccalauréat ès lettres). In-12, br......... 3 »
Cosmographie, par LE MÊME. In-8 b. 4 »
Cosmographie, par H. FABRE... 3 50

Leçons nouvelles de Cosmographie, par GARCET, revues par SIMON. In-8, br. ....
Leçons de chimie, par P. POIRÉ. 3 »

Sceaux. — Imp.